Rudolf Mellinghoff (Hrsg.)
Steuerstrafrecht an der Schnittstelle zum Steuerrecht

Veröffentlichungen der Deutschen
Steuerjuristischen Gesellschaft e.V.

DStJG Band 38

Steuerstrafrecht an der Schnittstelle zum Steuerrecht

39. Jahrestagung
der Deutschen Steuerjuristischen Gesellschaft e.V.
Bremen, 22. und 23. September 2014

Herausgegeben im Auftrag der
Deutschen Steuerjuristischen Gesellschaft e.V.

von

Prof. Dr. h.c. Rudolf Mellinghoff
Präsident des Bundesfinanzhofs
München

2015

otto**schmidt**

Zitierempfehlung
Verf., DStJG 38 (2015), S. ...

*Bibliografische Information
der Deutschen Nationalbibliothek*

Die Deutsche Nationalbibliothek verzeichnet diese Publikation in der Deutschen Nationalbibliografie; detaillierte bibliografische Daten sind im Internet über http://dnb.d-nb.de abrufbar.

Verlag Dr. Otto Schmidt KG
Gustav-Heinemann-Ufer 58, 50968 Köln
Tel. 02 21/9 37 38-01, Fax 02 21/9 37 38-943
info@otto-schmidt.de
www.otto-schmidt.de

ISBN 978-3-504-62040-0

©2015 by Verlag Dr. Otto Schmidt KG, Köln

Das Werk einschließlich aller seiner Teile ist urheberrechtlich geschützt. Jede Verwertung, die nicht ausdrücklich vom Urheberrechtsgesetz zugelassen ist, bedarf der vorherigen Zustimmung des Verlages. Das gilt insbesondere für Vervielfältigungen, Bearbeitungen, Übersetzungen, Mikroverfilmungen und die Einspeicherung und Verarbeitung in elektronischen Systemen.

Das verwendete Papier ist aus chlorfrei gebleichten Rohstoffen hergestellt, holz- und säurefrei, alterungsbeständig und umweltfreundlich.

Satz: WMTP, Birkenau
Druck und Verarbeitung: Kösel, Krugzell
Printed in Germany

Inhalt*

Seite

Prof. Dr. h.c. Rudolf Mellinghoff, Präsident des Bundesfinanzhofs, München
Steuerstrafrecht an der Schnittstelle zum Steuerrecht
Eröffnung der Tagung und Rechtfertigung des Themas   1
    I. Besondere Aktualität des Themas   1
    II. Vom Kavaliersdelikt zur konsequenten Strafverfolgung der
        Steuerhinterziehung   2
    III. Konzeption der Tagung   4

Univ.-Prof. Dr. Erich Kirchler, Universität Wien, Fakultät für Psychologie
Steuern und Psychologie
Überlegungen zur Wirkung von Steuern auf Steuerzahler   7
    I. Einleitung   7
    II. Über die Wirkung von Steuern   8
    III. Ablehnung von Steuern 10
    IV. Steuern – Ein soziales Dilemma 13
    V. Determinanten der Steuerhinterziehung 14
    VI. Über die Bedeutung von Macht und Vertrauen für die
        Steuerehrlichkeit 20
    VII. Zusammenfassung 22
    VIII. Literatur 23

Prof. Dr. Markus Jäger, Richter am Bundesgerichtshof, Karlsruhe
Stellung, Abgrenzung und Sanktionierung der Steuerhinterziehung im Strafrechtssystem 29
    I. Das Urteil des EuGH vom 3.7.2014 in der Rechtssache
       C-165/13 29
    II. Die Stellung der Steuerhinterziehung im Strafrechtssystem . . 32
    III. Die Abgrenzung der Steuerhinterziehung im Strafrechtssystem 44
    IV. Die Sanktionierung der Steuerhinterziehung im Strafrechtssystem 46
    V. Fazit 50

---

* Ausführliche Inhaltsverzeichnisse jeweils zu Beginn der Beiträge.

Prof. Dr. Uwe Hellmann, Universität Potsdam
Stellung, Abgrenzung und Sanktionierung der Steuerhinterziehung
im Strafrechtssystem – aus der Sicht der Wissenschaft   53
    I. Vorbemerkung   53
    II. Stellung der Steuerhinterziehung im Strafrechtssystem   54
    III. Abgrenzung von anderen Straftatbeständen   73
    IV. Sanktionierung der Steuerhinterziehung   75
    V. Fazit   77

Diskussion   78

*Dr. Rainer Spatscheck, Rechtsanwalt, Fachanwalt für Steuerrecht
und Strafrecht in München*
Reichweite der Steuerhinterziehung:
Strafbares Unterlassen, Berichtigungspflicht und Selbstanzeige –
§ 153 AO und § 371 AO   89
    I. Die steuerliche Berichtigungspflicht, § 153 AO   90
    II. Selbstanzeige nach der Verschärfung ab 1.1.2015   96

*Prof. Dr. Lothar Kuhlen, Mannheim, Lehrstuhl für Strafrecht und
Kriminologie, Wirtschafts- und Umweltstrafrecht Universität
Mannheim*
Vorsatz und Irrtum im Steuerstrafrecht   117
    I. Einleitung   117
    II. Die herrschende Meinung: Steueranspruchstheorie   118
    III. Einwände gegen die Steueranspruchstheorie   120
    IV. Zusammenfassung und Ergebnis   138

Prof. Dr. Hinrich Rüping, Rechtsanwalt, Hannover
Zur Legitimation der Selbstanzeige im Steuerstrafrecht   143
    I. Legitimation und Gestaltung der strafbefreienden Selbstanzeige   143
    II. Das Rechtsinstitut im AWG sowie in ausländischen Rechtsordnungen   146
    III. Das Rechtsinstitut im Visier der Politik   148
    IV. Fazit   150

Inhalt VII

Hon.-Prof. Dr. Roman Leitner, Linz, Wirtschaftsprüfer und Steuerberater, Linz, Hon.-Prof. für Finanzstrafrecht, Universität Graz
Rechtfertigung und Grenzen der Selbstanzeige aus
österreichischer Sicht 153
    I. Einführung 153
    II. Strafaufhebung im Fall der Schadensgutmachung bei Vermögensdelikten als Systemprinzip 154
    III. Telos einschlägiger Strafaufhebungsgründe bei Schadensgutmachung 157
    IV. Selbstanzeige in Österreich – ein Überblick 161
    V. Grundrechtlicher Stellenwert der strafaufhebenden
Selbstanzeige 165
    VI. Fazit 168

Dr. Dr. h.c. Thomas Weckerle, Rechtsanwalt, Wirtschaftsprüfer, Steuerberater, Hagen
Steuerstrafrechtliche Verantwortung des Beraters 171
    I. Einführung 171
    II. § 370 AO, steuerstrafrechtliche Grundnorm auch für den
Berater 173
    III. Abgrenzung zur leichtfertigen Steuerverkürzung nach
§ 378 AO 188
    IV. Sonstige für den Berater relevante Tatbestände bzw. Normen . 191
    V. Zusammenfassung 192

Dr. Christian Kaeser, Rechtsanwalt, München
Steuerstrafrechtliche Verantwortung im Unternehmen und
selbstregulierende Tax Compliance 193
    I. Einleitung 193
    II. Begriff der Tax Compliance 194
    III. Bedeutung der Tax Compliance im Konzern 194
    IV. Einflussfaktoren für die Tax Compliance 196
    V. Steuerstrafrechtliche Rahmenbedingungen der Tax Compliance . 202
    VI. Selbstregulierende Tax Compliance 209
    VII. Fazit 212

Diskussion 213

Prof. Dr. Klaus-Dieter Drüen, Heinrich-Heine-Universität Düsseldorf, Richter am FG Düsseldorf
Außenprüfung und Steuerstrafverfahren 219
    I. Einleitung: Der „Klimawandel" im Prüfungsalltag und seine Folgen 219
    II. Grundlagen: Abschichtung der Verfahren und ihrer Funktionen 221
    III. Schnittstellen von Außenprüfung und Steuerstrafverfahren in der Praxis 230
    IV. Weichenstellungen gegen eine Überkriminalisierung im Zuge der Außenprüfung 237
    V. Fazit und Ausblick 246

Regierungsdirektor Klaus Herrmann, Koblenz Oberfinanzdirektion Koblenz
Doppelfunktion der Steuerfahndung als Steuerkriminalpolizei und Finanzbehörde 249
    I. Vorbemerkung 249
    II. Vom Kavaliersdelikt zu Tax Compliance 250
    III. Aufgabe der Steuerfahndung 252
    IV. Befugnisse der Steuerfahndung, § 208 Abs. 1 S. 2 AO 258
    V. Risikokontrolle durch Steueraufsicht nach § 208 Abs. 1 Nr. 3 AO 270
    VI. Zusammenfassung 275

Prof. Dr. Franz Salditt, Neuwied, FernUniversität Hagen
Bürger zwischen Steuerrecht und Strafverfolgung 277
    I. Die neue Verbindung zwischen Steuer- und Polizeibehörden . . 277
    II. Das Nemo-Tenetur-Prinzip bei der Besteuerung krimineller Geschäfte 282
    III. Selbstbelastung durch indirekte Offenbarung begangener Steuerstraftaten 290
    IV. Die Alternative 295

Diskussion 300

Prof. Dr. Roman Seer, Ruhr-Universität Bochum
Verständigungen in Steuer- und Steuerstrafverfahren 313
    I. Vorbemerkung 313
    II. Verständigungen in Steuerverfahren 314

Inhalt

III. Verständigungen in Steuerstrafverfahren 321
IV. Verfahrensverknüpfung und Gesamtbereinigung im
Steuerstrafrecht 331
V. Verfahrensfolgerungen 339

Prof. Dr. Katharina Beckemper, Universität Leipzig
Gewinnung und Verwertung von Erkenntnissen Dritter – im
Grenzbereich der Legalität?! 341
  I. Vorbemerkung 341
  II. Verwertbarkeit sog. Steuer-CDs – Nur eine Ausprägung einer
      allgemeinen Frage 342
  III. Aus dem Rechtsstaat folgendes Verwertungsverbot aufgrund
       der Strafbarkeit deutscher Amtsträger? 343
  IV. Verwertbarkeit strafrechtswidrig erlangter Beweise Privater . . 347
  V. Steuer„dieb" als verlängerter Arm des Staates 349
  VI. Fazit und Ausblick 352

Dr. Dirk Pohl, Rechtsanwalt, Steuerberater, München
Die Bewältigung internationaler Sachverhalte im Steuerstrafrecht . . 355
  I. Einleitung 355
  II. Internationale Kooperation und (Schweizer) Bankgeheimnis . 357
  III. Zwischenstaatliche Amtshilfe im Einzelfall 359
  IV. Das Scheitern der „*anonymen*" Erhebung von Quellensteuern . 365
  V. USA: Foreign Account Tax Compliance Act (FATCA) 367
  VI. „*Weißgeldstrategie*" der Schweizer Banken 369
  VII. Multilaterale Convention on Mutual Administrative
       Assistance in Tax Matters 369
  VIII. Gruppenanfragen 371
  IX. Fazit 372

Prof. Dr. Gerhard Dannecker, Universität Heidelberg
Europäisierung und Internationalisierung des Steuerstrafrechts 373
  I. Zur Notwendigkeit der Bekämpfung steuerdelinquenten Verhaltens auf nationaler, europäischer und internationaler Ebene . . 375
  II. Aktuelle Rechtslage auf dem Gebiet der Steuerhinterziehung
      und des Betruges 379
  III. Europäisierung des Steuerstrafrechts 406
  IV. Internationale Vorgaben zur Bekämpfung der Steuerhinterziehung 433

V. Notwendigkeit der Differenzierung zwischen Steuerplanung, rechtsmissbräuchlichen Gestaltungen und steuerdelinquentem Verhalten 435
VI. Fazit und Ausblick 437

Diskussion 440

Prof. Dr. h.c. Rudolf Mellinghoff, Präsident des Bundesfinanzhofs, München

Resümee 445
    I. Einführung 445
    II. Steuerstrafrecht im Wandel 445
    III. Steuerhinterziehung im Strafrechtssystem 448
    IV. Selbstanzeige 453
    V. Überschneidungen von Besteuerungsverfahren und Steuerstrafverfahren 455
    VI. Die Internationale Perspektive 458

Univ.-Prof. Dr. Tina Ehrke-Rabel, Karl-Franzens-Universität Graz
Laudatio aus Anlass der Verleihung des Albert-Hensel-Preises 2014 an Herrn Dr. Ralf Stollenwerk 461

Deutsche Steuerjuristische Gesellschaft e.V.
    Satzung 467
    Vorstand und Wissenschaftlicher Beirat 469
    Teilnehmerverzeichnis 470

Stichwortverzeichnis 479

Steuerstrafrecht an der Schnittstelle zum Steuerrecht
Eröffnung der Tagung und Rechtfertigung des Themas

Prof. Dr. h.c. *Rudolf Mellinghoff*
Präsident des Bundesfinanzhofs, München

Inhaltsübersicht

I. Besondere Aktualität des Themas
II. Vom Kavaliersdelikt zur konsequenten Strafverfolgung der Steuerhinterziehung
III. Konzeption der Tagung

I. Besondere Aktualität des Themas

Als sich die Deutsche Steuerjuristische Gesellschaft vor zwei Jahren entschied, die diesjährige Tagung dem Verhältnis von Steuerstrafrecht und Steuerrecht zu widmen, konnte sie nicht ahnen, dass dieses Thema heute von besonderer Aktualität ist. Spektakuläre Fälle von Steuerhinterziehung, wie derjenige von Uli Hoeneß, werden vor deutschen Gerichten unter großer Medienbegleitung verhandelt. Immer wieder berichtet die Presse von der Steuerhinterziehung prominenter Persönlichkeiten, obwohl doch auch für diese das Steuergeheimnis gelten sollte. Der Ankauf von Steuerdaten, der jedenfalls teilweise rechtsstaatliche bedenklich ist, erhöht den Fahndungsdruck und führt zu einem enormen Anstieg von Selbstanzeigen, die von der Finanzverwaltung nur noch mit Mühen zeitnah bewältigt werden können. Durch den Ankauf von sog. Steuer-CD's hat sich die Zahl der Selbstanzeigen 2013 um über 200 % erhöht. Im ersten Quartal 2014 schnellte die Zahl der Selbstanzeigen noch einmal in die Höhe. Von Januar bis März zählten die Behörden bundesweit rund 13 500 Anzeigen, wie eine Umfrage der Nachrichtenagentur dpa bei den Finanzministerien der Länder ergab. Das waren etwa dreimal so viele wie im Vorjahreszeitraum. Seit dem Ankauf der ersten Schweizer Steuer-CD im Februar 2010 sollen mehr als 60 000 Selbstanzeigen eingegangen sein und zu Einnahmen von rund 3,5 Milliarden Euro geführt haben.

Die aktuellen Fälle von Steuerhinterziehung und die große Zahl strafbefreiender Selbstanzeigen hat die Politik auf den Plan gerufen. So zeigt sich der Koalitionsvertrag der Großen Koalition zu materiellen Steuerfragen bemerkenswert zurückhaltend, bekennt sich dagegen aber mehrfach zur Bekämpfung der Steuerhinterziehung.

II. Vom Kavaliersdelikt zur konsequenten Strafverfolgung der Steuerhinterziehung

Die aktuelle politische Diskussion dokumentiert ein deutlich gewandeltes Bewusstsein für die Strafbarkeit und die Strafwürdigkeit der Steuerhinterziehung. Während früher Steuervergehen vielfach noch als Kavaliersdelikt empfunden wurden, wird heute auch in der allgemeinen Öffentlichkeit mehrheitlich die Steuerhinterziehung als strafbares Unrecht verurteilt.

Als die Deutsche Steuerjuristische Gesellschaft sich 1982 – also vor 32 Jahren – in Düsseldorf mit der Strafverfolgung und Strafverteidigung im Steuerstrafrecht befasste, berichtete *Kohlmann*, dass in Deutschland Steuerhinterziehung als Kavaliersdelikt angesehen werde. Er schilderte darüber hinaus Erhebungen aus England, nach denen lediglich ein Fünftel der Befragten den Steuerstraftäter mit einem Kriminellen vergleichen würden. Jeder Zehnte betrachtete den Steuersünder als Ehrenmann. Ähnliche Befunde gab es in den Niederlanden.[1]

Als sich das BVerfG 1991 und 2004 mit der Besteuerung von Kapitaleinkünften[2] und den Spekulationseinkünften[3] beschäftigte, gingen offensichtlich ebenfalls noch viele Steuerpflichtige davon aus, dass es sich nur um ein Kavaliersdelikt handelte, wenn sie diese Einkünfte in ihrer Steuererklärung nicht angaben. Anlass dieser Verfahren war die allgemein bekannte und durch Erhebungen des Bundesrechnungshofes bestätigte Tatsache, dass ein erheblicher Teil der Kapitaleinkünfte und Einkünfte aus Spekulationsgewinnen nicht versteuert wurden. Das BVerfG stellte in beiden Fällen ein strukturelles Vollzugsdefizit fest, weil Gesetzgeber und Verwaltung es unterlassen haben, das Deklarationsprinzip durch ein Verifikationsprinzip zu ergänzen.

Auch schon damals handelte es sich jedoch um Sachverhalte, die steuerstrafrechtliche Relevanz hatten. Jedenfalls 1991 wurde diese Thematik aber nicht aufgegriffen, sondern hervorgehoben, dass eine Durchsetzung des Steueranspruchs dem Standort Deutschland schaden könne. Ich kann mich nicht erinnern, dass die Politik die weit verbreitete Nichterklärung von Kapitaleinkünften zum Anlass genommen hätte, den Kampf gegen diese weit verbreitete Steuerhinterziehung aufzunehmen. Dass unter diesen Voraussetzungen nicht bei allen Steuerpflichtigen die Einsicht herrschte, dass es sich um strafbares Unrecht handelte, erklärt sich von selbst.

Heute scheint dagegen das Pendel in eine andere Richtung auszuschlagen. Nicht nur die Fälle eindeutig strafbaren Verhaltens werden angeprangert.

---

1 *Kohlmann*, Der Straftatbestand der Steuerhinterziehung – Anspruch und Wirklichkeit, in *Kohlmann* (Hrsg.), Strafverfolgung und Strafverteidigung im Steuerstrafrecht, DStjG 6 (1983), S. 5 (10).
2 BVerfG, Urt. v. 27.6.1991 – 2 BvR 1493/89, BVerfGE 84, 239–285, BStBl. II 1991, 654.
3 BVerfG, Urt. v. 9.3.2004 – 2 BvL 17/02, BVerfGE 110, 94–141, BStBl. II 2005, 56.

Vielmehr werden grenzüberschreitende Gewinnverlagerungen global agierender Unternehmen, nicht verbotene Steuervermeidungsstrategien und unliebsame Steuergestaltungen in einem Atemzug mit der Bekämpfung der Steuerhinterziehung genannt. Hier vermischen sich steuerpolitische Gerechtigkeitsforderungen mit der Verurteilung strafbaren Unrechts. So behandelt auch der Koalitionsvertrag der gegenwärtigen Regierung unter der Überschrift „Steuerhinterziehung bekämpfen – Steuervermeidung eindämmen"[4] sowohl die steuerpolitische und gesetzgeberische Aufgabe, Lücken im geltenden Steuerrecht zu schließen und für einen fairen Steuerwettbewerb zu sorgen, als auch die Forderung strafrechtlich relevantes Verhalten besser zu ermitteln und zu verfolgen. Derjenige, der unter Ausnutzung rechtlich zulässiger Steuergestaltungen seine Steuerlast minimiert sieht sich in die Nähe des Straftäters gerückt und muss sich – jedenfalls moralisch – vor der Allgemeinheit rechtfertigen.

Unter dem Eindruck des Anstiegs der Selbstanzeigen nachdem das Entdeckungsrisiko gestiegen ist, plant die Bundesregierung zudem eine weitere deutliche Verschärfung an eine strafbefreiende Selbstanzeige, die es dem Steuerpflichtigen erschweren wird, den Weg zurück in die Steuerehrlichkeit zu gehen.

Das veränderte Bewusstsein wirkt sich auch im Verhältnis von Steuerpflichtigem und der Finanzverwaltung aus. Nicht nur, dass inzwischen in manchen Bundesländern die Finanzbeamten bei Außenterminen von sog. Flankenschutzfahndern begleitet werden. Während auf der Jahrestagung 1982 noch beklagt wurde, dass viele Fälle, die den Tatbestand der Steuerhinterziehung erfüllten, aus fiskalischen Gründen weiterhin als bloße Besteuerungsfälle behandelt würden, berichten mir heute Steuerberater davon, dass Streitigkeiten über Verrechnungspreise und Bewertungsfragen nicht mehr in der Veranlagung geklärt, sondern der Steuerfahndung übergeben werden. Auch beklagen Steuerberater vermehrt, dass sie im Rahmen von Betriebsprüfungen unter Androhung einer Steuerfahndung zu Zugeständnissen veranlasst werden.

Schließlich hat sich die Rechtsprechung im Steuerstrafrecht unter Anleitung des ersten Strafsenats des BGH deutlich verschärft. Dies lässt sich insbesondere an der Rechtsprechung zur Strafzumessung zeigen. Mit seinem berühmten Urteil zur Eine-Millionen-Euro-Grenze für eine unbedingte Freiheitsstrafe[5] hat der BGH deutliche Hinweise für die Instanzgerichte und die Strafverfolgungsbehörden gegeben. Darüber hinaus sorgen Hinweise von Richtern des BGH, dass sich ein Finanzbeamter der Strafvereitelung

---

4 Deutschlands Zukunft gestalten – Koalitionsvertrag von CDU, CSU und SPD, 18. Legislaturperiode vom 17.12.2013, S. 91.
5 BGH, Urt. v. 7.2.2012 – 1 StR 525/11, BGHSt 57, 123.

im Amt schuldig machen könne, wenn er nicht hinreichend bei der Verfolgung von Steuerstraftaten mitwirke, für Verunsicherung in den Veranlagungsstellen der Finanzämter. Probleme gibt es auch, wenn eine umstrittene Rechtsfrage im Steuerrecht noch nicht geklärt ist oder wenn im Rahmen von strafrechtlichen Ermittlungsverfahren Fakten geschaffen werden, die dann höchstrichterlich nicht mehr überprüft werden.

III. Konzeption der Tagung

In einer solchen Situation ist es notwendig, sich auf die Grundlagen von Steuerrecht und Steuerstrafrecht zu besinnen. Besteuerungsverfahren und Steuerstrafverfahren verfolgen dasselbe Ziel. Sie dienen der „Sicherung der Gleichmäßigkeit der Besteuerung durch Durchsetzung des Anspruchs der steuerberechtigten Körperschaften auf rechtzeitigen und vollständigen Ertrag der betreffenden Steuern".

Gleichzeitig bestehen jedoch gravierende Unterschiede zwischen dem Besteuerungsverfahren, das auf die Mitwirkung der Steuerpflichtigen angewiesen und von der Kooperationsmaxime geprägt ist, während im Strafverfahren der nemo-tenetur-Grundsatz gilt und der Staat dem Steuerhinterzieher seine Taten in einem ordnungsgemäßen strafprozessualen Verfahren nachweisen muss.

Gleichzeitig nimmt der Tatbestand des § 370 AO das gesamte materielle Steuerrecht in Bezug nimmt. Die Frage, ob eine „steuerlich erhebliche Tatsache" und eine „Steuerverkürzung" oder ein „ungerechtfertigter Steuervorteil" vorliegen, richtet sich nach den Vorschriften des materiellen Steuerrechts. Der Zustand des geltenden Steuerrechts lässt nicht unbedingt vermuten, dass sich der Gesetzgeber in allen Fällen bewusst ist, dass jede Steuerrechtsnorm zugleich die Grundlage strafrechtlicher Ermittlungen sein kann und deshalb auch dem strafrechtlichen Bestimmtheitsgebot genügen muss. Der Blankettcharakter des Steuerstrafrechts veranlasste schon Kruse zu der Bemerkung, dass man nach der Lektüre des § 370 AO, erst recht nach Lektüre eines Kommentars je nach nervlicher Verfassung betreten bis entsetzt sei.[6]

Steuerrecht und Steuerstrafrecht sind damit untrennbar miteinander verbunden. Von daher ist es wichtig, dass Strafrechtler und Steuerrechtler sich über die dogmatischen Grundlagen des Steuerstrafrechts vergewissern.

Wir wollen uns zunächst den Grundlagen des Steuerstrafrechts widmen. Dabei ist es interessant zu wissen, aus welchen Gründen Steuern hinterzo-

---

6 *Kruse*, Rechtfertigung des Themas – Ziel der Tagung, in Kohlmann (Hrsg.), Strafverfolgung und Strafverteidigung im Steuerstrafrecht, DStjG 6 (1983), S. 1 (2).

gen oder aber pünktlich bezahlt werden. Ich freue mich besonders, dass wir mit *Erich Kirchler* einen anerkannten Fachmann gewonnen haben, der uns die Besteuerung und Steuermoral aus steuerpsychologischer Sicht erläutern kann. In mehreren Referaten wird dann die materiell-rechtliche Grundlage der Steuerhinterziehung untersucht. Mit *Markus Jäger* stellt ein Richter des zuständigen Strafsenats des BGH die Sicht der Rechtsprechung dar, während *Uwe Hellmann* aus Potsdam die Sicht der Wissenschaft erläutert. Die zwei weiteren Referate von *Rainer Spatscheck* zum strafbaren Unterlassen und der Berichtigungspflicht sowie von *Lothar Kuhlen* zum Vorsatz und Irrtum im Steuerstrafrecht geht es dann um weitere Voraussetzungen der Strafbarkeit im Steuerstrafrecht.

Die Selbstanzeige bei Steuerhinterziehung ist in jüngerer Zeit Gegenstand intensiver Diskussionen und heftiger Kontroversen. Schon das geltende Recht führt dazu, dass jedenfalls bei den Voranmeldungssteuern erhebliche Verwerfungen bestehen und es schon heute außerordentlich schwierig ist, eine formvollendete Selbstanzeige abzugeben. Zu Beginn des kommenden Jahres sollen die Regeln der Selbstanzeige weiter verändert werden. Aus diesem Grund sind die beiden Vorträge zu Rechtfertigung und Grenzen der Selbstanzeige aus deutscher Sicht von *Hinrich Rüping* und aus österreichischer Sicht von *Roman Leitner* von besonders aktuellem Interesse. Zurechnungs- und Verantwortlichkeitsfragen werden *Thomas Weckerle* für die Berater und *Christian Kaeser* für die Unternehmen behandeln.

Für das Steuerstrafrecht ist neben dem Tatbestand, den Rechtsfolgen und den Verantwortlichen das Verfahrensrecht von besonderer Bedeutung. Die strafprozessualen Ermittlungsbefugnisse, die auch der Steuerfahndung zur Verfügung stehen, können tief in die Grundrechte der Steuerpflichtigen eingreifen. Die mögliche Einleitung oder die Androhung eines Steuerstrafverfahrens ist ein Druckmittel, das Steuerpflichtige zu erheblichen Zugeständnissen veranlassen kann. Aus diesem Grund bildet das Verfahrensrecht den Schwerpunkt des zweiten Tages unserer Jahrestagung.

Klaus-Dieter Drüen widmet sich in seinem Referat der Abgrenzung von Außenprüfung und Steuerstrafverfahren. *Klaus Herrmann* zeigt demgegenüber die Doppelfunktion der Steuerfahndung als Steuerkriminalpolizei und Finanzbehörde. *Franz Salditt* beleuchtet die Stellung des Bürgers zwischen Steuerrecht und Strafverfolgung. Auch vor dem Hintergrund der Rechtsprechung des BVerfG zum Deal im Strafrecht dürfte der Vortrag von *Roman Seer* zu Verständigungen in Steuer- und Steuerstrafverfahren von großem Interesse sein.

Die zunehmende Globalisierung und die Schwierigkeiten der Ermittlung steuerrechtlich relevanter Sachverhalte haben eine Entwicklung eingeleitet, die grundlegende verfassungsrechtliche, staatsrechtliche und strafprozessuale Fragen aufwirft. Die umfangreichen Ankäufe teilweise illegal erworbener

Datenbestände durch die Finanzverwaltung wirft die Frage auf, ob und inwieweit diese Erkenntnisse verwertet werden dürfen. Diesem Thema widmet sich *Katharina Beckemper*. Abgeschlossen wird die Tagung dann durch zwei Vorträge von *Dirk Pohl* und *Gerhard Dannecker* zu internationalen Fragen des Steuerstrafrechts.

Steuern und Psychologie
Überlegungen zur Wirkung von Steuern auf Steuerzahler

Univ.-Prof. Dr. *Erich Kirchler** und Mg. *Matthias Kasper***
beide Wien

Inhaltsübersicht

I. Einleitung
II. Über die Wirkung von Steuern
III. Ablehnung von Steuern
IV. Steuern – Ein soziales Dilemma
V. Determinanten der Steuerhinterziehung
VI. Über die Bedeutung von Macht und Vertrauen für die Steuerehrlichkeit
VII. Zusammenfassung
VIII. Literatur

I. Einleitung

Im Schatten der Wirtschafts- und Finanzkrise, die Ende des ersten Jahrzehnts des neuen Jahrtausends begann und deren Auswirkungen die öffentliche Debatte nachhaltig prägen, entwickelte sich eine breite Auseinandersetzung über Steuern und Steuerehrlichkeit. Deren gesellschaftspolitische Dimension fand vor allem auch durch Thomas Pikettys' Kapitalismuskritik (*Piketty*, 2014) viel Beachtung. Im Spannungsfeld zwischen Individuum und Gesellschaft beschäftigen sich verschiedene Sozialwissenschaften, darunter auch die Sozialpsychologie, mit der Analyse des Steuerverhaltens, der Steuermoral und der Steuergerechtigkeit.

Angesichts der globalisierten Wirtschaftsordnung bietet die Gestaltung von Steuersystemen einen wesentlichen Wettbewerbsfaktor, der in den letzten Jahrzehnten u.a. zu stetig sinkenden Körperschaftssteuersätzen innerhalb der Europäischen Union führte. Schädlichem Steuerwettbewerb begegnet die Europäische Union mit dem Streben nach Harmonisierung von Bemessungsgrundlagen und Steuersätzen, der Einführung von flächendeckenden Netto-Umsatzsteuern, sowie der Automatisierung des länderübergreifenden Informationsaustauschs. Auf globaler Ebene bestimmt seit Jahren die OECD-Initiative gegen Gewinnkürzungen und Gewinnverlagerungen (z.B. OECD, 2013a) die steuerpolitische Diskussion. Die Initiative hat es sich

---

* Universität Wien, Fakultät für Psychologie, Universitätsstraße 7, 1010 Wien.
**Wirtschaftsuniversität Wien, Institut für Österreichisches und Internationales Steuerrecht, Welthandelsplatz 1, 1020 Wien.

zur Aufgabe gemacht, die Gewinnverlagerungen internationaler Konzerne zu reglementieren. Über den Erfolg derartiger Maßnahmen entscheiden – neben der Konzeption und ihrer konkreten Umsetzung – kulturspezifische Faktoren, die sich u.a. in der Einstellung der Steuerpflichtigen zum Staat, zu Steuern, zu Steuerdelikten, zu Steuersündern und -strafen äußern. Auf der Verhaltensebene schlagen sich diese Faktoren im Ausmaß der Steuererfüllung, beziehungsweise der Steuerhinterziehung nieder (*Strümpel* & *Katona*, 1983). Bereits 1927 beschreibt Otto Veit Steuermoral, also die Einstellung zur gewissenhaften Erfüllung der Steuerpflicht, als „absolutes, immanentes Ingredienz des staatsbürgerlichen Pflichtenkomplexes" (*Veit*, 1927, S. 323). Damit hebt er die Bedeutung der Steuermoral und der Steuerehrlichkeit für die gesellschaftliche Ordnung hervor. Diese ist eng geknüpft an die staatliche Finanzierung des Gemeinwesens: die Bereitstellung öffentlicher Güter im Sinne des Gemeinwohls, die Regulierung von Verhaltens- und Wirtschaftsprozessen sowie die gerechte Verteilung von Ressourcen, die sich durch ausreichende Steuermittel sicherstellen lässt.

II. Über die Wirkung von Steuern

Die Einführung von Steuern kann unterschiedliche Reaktionen der Steuerzahler bedingen: Einerseits könnte der dadurch bedingte Einkommensverlust dazu motivieren, mehr und intensiver zu arbeiten, um den Steuereffekt auszugleichen. Andererseits führen Steuern möglicherweise auch zu Resignation und Frustration. Doch wie reagieren Menschen tatsächlich auf Steuern? Überaus hohe Steuerlasten können dazu führen, dass weniger gearbeitet und mehr Freizeit genossen wird, da der Gewinn durch Arbeit abnimmt und damit „der Preis der Freizeit" sinkt. Dies deckt sich mit dem ökonomischen Argument, dass eine hohe Besteuerung zur Reduktion von Arbeitsleistung führt, wie es beispielsweise die Laffer-Kurve ausdrückt, die ab einer gewissen Steuerhöhe einen negativen Zusammenhang zwischen dem Steuersatz und dem Steueraufkommen postuliert. Dahingegen könnte das Motiv, den eigenen Lebensstandard zu halten, zu einer Erhöhung der Arbeitsleistung und des Einkommens führen.

Aus den klassischen ökonomischen Grundannahmen lässt sich keine klare Präferenz für eine der beiden Wirkungsrichtungen ableiten. Eine Übersicht über Studien, die den Effekt von Steuern und reduziertem Einkommen untersuchen, liefern *Lea*, *Tarpy* und *Webley* (1987). In einem Experiment, das die Auswirkung steigender Steuerbelastung auf das Arbeitsverhalten untersucht, fanden *Garboua*, *Masclet* und *Montmarquette* (2009), dass die Abgaben ab einem Steuersatz von etwa 50 % als besonders unfair empfunden werden und die Arbeitsleistung sinkt. *Swenson* (1988), *Sillamaa* (1999) sowie *Sutter* und *Weck-Hannemann* (2003) berichten ähnliche Ergebnisse. Unterschiedliche Studienergebnisse deuten darauf hin, dass Männer und Frauen unterschiedlich auf Veränderungen des Einkommens reagieren: So erhöhten Frauen ihren Arbeitseinsatz, wenn ihr Einkommen stieg, und verminderten ihn, wenn das Einkommen ihrer Männer stieg. Steuererhöhungen scheinen bei Männern zu einem erhöhten und bei Frauen zu einem verminderten Arbeitseinsatz zu führen, wobei Frauen im Gegensatz zu Männern mehr im Haushalt arbeiteten (*Aschenfelter* & *Heckman*, 1974; *Leuthold*, 1983; *James*, 1992). Befragungen (z.B. *Calderwood* & *Webley*, 1992; *Lea*, *Tarpy* & *Webley*, 1987; *Wiswede*, 1991) legen nahe, dass Steueränderungen bewusst wahrgenommen werden, die Arbeitsbereitschaft allerdings von anderen Faktoren abhängt. Aus theoretischer und empirischer Perspektive lässt sich daher die Frage, ob Steuern das Arbeitsverhalten entscheidend beeinflussen, nicht eindeutig beantworten.

Eine weitere potentiell regulative Funktion von Steuern ist die Nivellierung von Einkommen. Grundsätzlich erscheint eine gerechte Verteilung von Ressourcen wünschenswert, die redistributive Funktion von Steuern ist jedoch aus verschiedenen Gründen umstritten. Erkenntnisse aus der Motivationsforschung deuten darauf hin, dass differenzierte Einkommenskategorien einen positiven Einfluss auf die Leistungsmotivation ausüben, was sich wiederum in steigender Produktivität niederschlägt und somit das allgemeine Wohlstandsniveau erhöht.

Mit der nach ihm benannten Lorenz-Kurve entwickelte der amerikanische Statistiker Max Otto *Lorenz* eine Methode zur Bestimmung der Einkommensverteilung innerhalb einer Gesellschaft, um daraus wirtschaftspolitische Maßnahmen ableiten zu können (*Woll*, 1981). Hierzu trägt man in einem Diagramm die Einkommensbezieher von 0–100 % auf der Abszisse und das den jeweiligen Einkommensanteil von 0–100 % auf der Ordinate auf. Im Falle der Gleichverteilung von Einkommen in einer Gesellschaft würde die entsprechende Kurve eine Diagonale bilden. Mit zunehmender Ungleichverteilung von Einkommen weicht die Lorenz-Kurve von der Diagonalen ab.

Die Fläche zwischen der Lorenz-Kurve und der Gleichverteilungsdiagonalen drückt das Maß der Ungleichheit der Einkommensverteilung aus und wird als Gini-Koeffizient bezeichnet. Er dient beispielsweise als Armutsindikator (Weltbank, 2014) und verwendet, um die Verteilungseffekte von Steuerreformen zu erfassen. So konnten *Lea*, *Tarpy* und *Webley* (1987) zeigen, dass die Steuergesetzgebung in Großbritannien zu einem sinkenden Gini-Koeffizienten, also einer egalitäreren Einkommensverteilung führte.

Oishi, *Schimmack* und *Diener* (2012) untersuchten in einer internationalen Vergleichsstudie die Auswirkungen der Progressivität von Steuersystemen auf das Wohlbefinden. Ihre Ergebnisse deuten darauf hin, dass die Umverteilung von gesellschaftlichem Wohlstand durch progressive Besteuerung das allgemeine Wohlbefinden steigert. Ausschlaggebend für diesen Zusammenhang scheint jedoch die Zufriedenheit mit öffentlichen Gütern, wie dem Bildungssystem und den öffentlichen Transportmöglichkeiten, zu sein.

Scheinbar trägt die finanzielle Umverteilung durch Besteuerung also auf aggregierter Ebene zum allgemeinen Wohlbefinden bei. Dass sich diese Ergebnisse jedoch auf individueller Ebene bestätigen lassen, scheint eher unwahrscheinlich.

Ein weit verbreitetes Dilemma bleibt bestehen: Ein Großteil der Bevölkerung ist der Ansicht, dass Einkommen ungerecht verteilt sind – sowohl zwischen, als auch innerhalb gesellschaftlicher Schichten. Objektiv wird dieser Umstand durch Steuern reduziert, subjektiv werden diese jedoch häufig als ungerechtfertigte und persönlich schmerzhafte Abgaben ohne sichtbare Gegenleistung erlebt.

III. Ablehnung von Steuern

Eine einfache Klassifikation von Steuermodellen unterscheidet direkte von indirekten Steuern. Während unter direkten Besteuerungsformen beispielsweise die Lohn- und Einkommenssteuer, Körperschafts-, und Vermögenssteuer zusammengefasst sind, gelten Mehrwertsteuern und Verbrauchssteuern (z.B. Mineralölsteuern oder Getränkesteuern) als indirekte Steuern (*Henrichsmeyer, Gans & Evers*, 1982).

Die generelle Steuerbelastung ist aus historischer Perspektive nahezu stetig gestiegen. Die Abgabenquote betrug in Österreich 2012 44,6 % des BIP (Statistik Austria, 2014). In Deutschland liegt sie laut dem Bund der Steuerzahler im Jahr 2014 bei 51,5 % (Bund der Steuerzahler, 7.7.2014). Durchschnittlich arbeiteten deutsche Steuerzahler demnach pro Jahr etwa 188 Tage für die Bezahlung von Steuern und Sozialabgaben.

Häufig wird die Abgabenbelastung durch Steuern als hoch empfunden, die Rückzahlung in Form öffentlicher Güter wird dahingegen in der Regel wesentlich weniger deutlich wahrgenommen. Die Medien berichten regelmäßig über die Verschwendung öffentlicher Gelder, was den Unmut, Steuern zu zahlen, verstärkt. Darüber hinaus fällt es dem Großteil der Steuerzahler schwer, die Steuergesetzgebung zu verstehen, was allerdings weniger deren Unvermögen, sondern der Komplexität der Gesetzgebung geschuldet ist (z.B. Taxpayer Advocat Service, 2012). Eine britische Studie (*Lewis*, 1978) berücksichtigt u.a. die Satzlängen und die Anzahl von Silben in Standardtexten der Steuergesetzgebung, um das notwendige Lesealter für deren Verständnis zu berechnen. Dem zum Verständnis erforderlichen Lesealter von 13 Jahren steht ein durchschnittliches Lesealter der Britischen Bevölkerung von neun Jahren gegenüber. Ähnliche Ergebnisse werden für die USA und für Australien berichtet. In der Regel verstehen Steuerzahler demnach weder die Steuerrichtlinien, noch kennen sie ihre eigenen Steuersätze. Es überrascht also nicht, dass die allgemeine Einstellung zu Steuern nicht positiv ist (*Eriksen & Fallan*, 1996). Fragt man Steuerzahler jedoch nach ihren Präferenzen hinsichtlich der Gestaltung von Einnahmen- und Ausgabenpolitik, so finden verschiedene Studien paradoxerweise einerseits den Wunsch, Steuern zu reduzieren, andererseits allerdings gleichzeitig die Forderung, die Staatsausgaben für nahezu sämtliche öffentlichen Güter zu erhöhen (*Kemp*, 2008; *Kirchler*, 1997; *Schmölders*, 1975; *Tyszka*, 1994).

Kirchler (1998) zeigte, dass Steuern von verschiedenen Berufsgruppen unterschiedlich wahrgenommen werden. So erleben insbesondere unerfahrene Selbständige und Unternehmer Steuern als Einschränkung der unternehmerischen Freiheit, die demotivierend wirkt und mit Reaktanz und Hinterziehungstendenzen korreliert. Beamte und Angestellte dahingegen assoziieren Steuern häufig mit Begriffen wie soziale Gerechtigkeit und Wohlfahrt. Offensichtlich ist für sie die wahrgenommene Austauschbeziehung zwischen Staat und Individuum von besonderer Bedeutung. Die gleiche Studie erhob die Bewertung von Steuerzahlern, was zu teilweise überraschenden Ergebnissen führte. Während erwartungsgemäß ehrliche Steuerzahler positiver beschrieben wurden als Steuersünder, zeigte sich, dass Steuerhinterzieher als durchschnittlich fleißig und intelligent, typische Steuerzahler dahingegen als eher dumm und faul beschrieben wurden (Abbildung 1). Hinsichtlich der Steuermoral geben diese Ergebnisse wenig Anlass zur Hoffnung, dass Steuern ehrlich entrichtet werden.

Abbildung 1: Beurteilung von typischen Steuerzahlern, ehrlichen Steuerzahlern und Steuersündern nach Kirchler (1998)

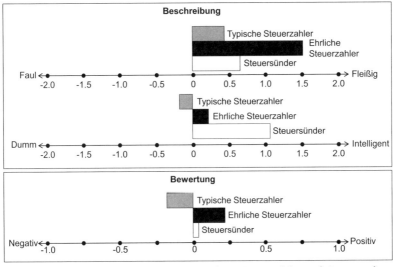

Anmerkung: Die Beurteilung der Beschreibungsdimensionen erfolgte auf einer 7-stufigen Skala von −3 („faul", „dumm") bis +3 („fleißig", „intelligent"). Die Bewertungsskala reicht von −1 (negativ) bis +1 (positiv).

Die negative Haltung gegenüber Steuern, die sich auch durch Änderungen des Steuerrechts nur geringfügig beeinflussen lässt (*De Kam*, 1992), hat laut *Webley*, *Robben*, *Elfers* und *Hessing* (1991) eine lange Tradition. Die daraus resultierende geringe Steuermoral ist aus psychologischer Perspektive wenig überraschend. Eine gängige Definition nach *Schmölders* (1966) bezeichnet Steuermoral als Einstellung zu Steuerdelikten, Steuersündern und zu Steuerstrafen. Diese korrelierte in seiner Studie mit ungerecht wahrgenommener Verteilung der Steuerlast sowie mit negativen Einstellungen zum Staat. Darüber hinaus berichtet Schmölders, dass Steuersünden eher als Kavaliersdelikt und weniger als Diebstahl beurteilt wurden. Als möglicher Erklärungsansatz verweist er auf Persönlichkeitsvariablen. Beispielsweise zeigten Personen mit einer hohen Erfolgsmotivation, die die Höhe des Einkommens und die Karriereperspektive als entscheidende Charakteristika ihres Berufs verstehen sowie religiös wenig engagierte Teilnehmer eine geringere Steuermoral. Eine Studie von *Prinz* (2004) belegt den Einfluss der Religiosität auf die Steuermoral. *Strümpel* (1969) identifizierte mit der wahrgenommenen Rigidität des Staates, also u.a. der Strenge der Strafverfolgung, eine weitere Einflussgröße.

Die geringe Bereitschaft Steuern zu zahlen, spiegelt sich u.a. auch in der Größe der Schattenwirtschaft wieder (*Alm*, *Martinez-Vazquez* & *Schneider* 2004), die für 2013 beispielsweise auf 7,5 % des BIP in Österreich und 13,0 % des BIP in Deutschland geschätzt wird (*Schneider*, 2013). Problematisch erscheint besonders, dass in vielen Fällen kein ausreichendes Problembewusstsein für Schwarzarbeit besteht. Steuerhinterziehung wird in Österreich in etwa so ernst wie Schwarzfahren, aber weniger schlimm als Ladendiebstahl eingestuft (*Kirchler* & *Muehlbacher*, 2007). Vor diesem Hintergrund wundert es nicht, dass in einer Umfrage der EU-Kommission aus dem Jahr 2013 etwa fünf % der Teilnehmer in Österreich zugab, im vergangenen Jahr schwarz gearbeitet zu haben (Europäische Kommission, 2013).

Eine Studie, die vom Nordrhein-Westfälischen Bund der Steuerzahler in Auftrag gegeben wurde, liefert interessante Einblicke in die aktuelle Steuerkultur und Steuermoral in Deutschland (Forschungsstelle für empirische Sozialökonomik, 2014). Einige ihrer Ergebnisse decken sich mit den oben berichteten Befunden, andere wiederum zeichnen ein positiveres Bild als Studien in der Vergangenheit. Die Steuermoral hat sich deutlich verbessert. Der Großteil der Befragten bewertet Steuerhinterziehung als unmoralisch und keineswegs als „Kavaliersdelikt". Allerdings hat sich die Steuermentalität, also die grundsätzliche Einstellung der Bürger zur individuell empfundenen Steuerlast, zur Steuergerechtigkeit und zum gesamten Steuersystem in Deutschland in den letzten Jahren verschlechtert. Als Gründe hierfür werden u.a. die große steuerliche Belastung, unverhältnismäßig hohe Compliance Kosten, die empfundene Ungerechtigkeit des Steuersystems sowie die Verschwendung von Steuergeldern angeführt. Als mögliche Erklärung dieser Befunde bietet sich einerseits der hohe Fahndungsdruck (beispielsweise durch den Ankauf von „Steuer-CDs") und andererseits eine Sensibilisierung für die Thematik angesichts der politischen Diskussion zum Thema Steuerhinterziehung an. Steuerhinterziehung stellt in vielen Ländern ein schwerwiegendes Problem dar (z.B. *Hessing, Elffers* & *Weigel*, 1988; *Schneider* & *Klinglmair*, 2004). Steuerzahlungen werden häufig als Freiheitseinschränkung empfunden, was dazu führt, dass versucht wird, verlorenen Handlungsspielraum zurück zu gewinnen. Dies trifft besonders auf Selbständige und Unternehmer zu, die im Gegensatz zu Angestellten ihrer Steuerpflicht aus jenen Mitteln nachkommen müssen, die sich bereits in ihrem Besitz befanden. *Kirchler* (1999) konnte diesen Effekt empirisch nachweisen: Unerfahrene Selbständige zeigten in seiner Studie besonders starke Reaktanzphänomene gegenüber Steuern. Gemäß der Prospect-Theorie (*Kahneman* & *Tversky*, 1979), werden Steuernachzahlungen am Ende des Fiskaljahres als besonders schmerzhafter Verlust erlebt, der zu riskantem Verhalten und zu Widerstand führen kann. Aus psychologischer Sicht wäre es daher theoretisch sinnvoll, periodisch im Voraus etwas höhere Beträge vorzuschreiben, so dass sich am Ende der Abrechnungsperiode für den Steuerpflichtigen ein Guthaben ergibt. Dieses würde als Gewinn empfunden, was zu einer größeren Bereitschaft führt, die Steuererklärung ordnungsgemäß durchzuführen. Tatsächlich findet sich in einer Studie von *Cox* und *Plumley* (1988) diesen Effekt. In der Untersuchung von 50 000 Steuererklärungen zeigte sich, dass die Bereitschaft Steuern zu zahlen davon abhängt, ob bei insgesamt gleicher Steuerbelastung zum Zeitpunkt der Steuererklärung eine Nachzahlung zu leisten ist, oder der Steuerpflichtige eine Rückzahlung aufgrund hoher Vorauszahlungen erwarten kann. Experimentelle Studien (u.a. *Elffers* & *Hessing*, 1997; *Schepanski* & *Kelsey*, 1990; *Schepanski* & *Shearer*, 1995) bestätigen diesen Effekt. Erklärungen dieser Ergebnisse bieten die Prospekt-Theorie und die „Spitzen-Ende-Regel" *Kahneman*, 1994; *Kahneman* & *Tversky*, 1979). Finanzämter sollten nach Möglichkeit hohe Steuervorschreibungen bevorzugt zu Jahresbeginn verschicken, so dass zum Zeitpunkt der Steuererklärungen keine Nachforderungen zu stellen sind.

IV. Steuern – Ein soziales Dilemma

Überlegungen, Steuern zu zahlen oder nicht, kommen Entscheidungen in einem sozialen Dilemma gleich, in dem individuelle Interessen den kollektiven gegenüberstehen (z.B. *Dawes*, 1980; *Kollock*, 1998; *Kopelman, Weber* & *Messick*, 2002; *Ledyard*, 1993; *van Lange, Liebrand, Messick* & *Wilke*, 1992). Einerseits optimiert jedes Individuum seinen Nutzen, indem es sich egoistisch verhält, anstatt zu kooperieren. Andererseits ermöglicht die Kooperation die Erzeugung gemeinschaftlicher Güter, die sich auf individueller Ebene nicht realisieren lassen. Egoistisches Verhalten, wie das Hinterziehen von Steuern, maximiert zwar den individuellen Nutzen, es schadet allerdings der Allgemeinheit und erzeugt in letzter Konsequenz eine für alle nachteilige Situation (*Kirchler* & *Pitters*, 2007). Intuitiv eingängige Beispiele bieten die Verschwendung von natürlichen Ressourcen und die damit verbundene Umweltverschmutzung, beziehungsweise das Schwarz- oder Trittbrettfahren (z.B. *Stroebe* & *Frey*, 1982). So berichten die Wiener Verkehrsbetriebe für das erste Halbjahr 2014, dass 2,3 % der kontrollierten Fahrgäste schwarzgefahren sei (Die Presse, 16.7.2014). Dieser historisch geringe Wert wird in erster Linie auf die enge Kontrolldichte sowie die hohen Strafen fürs Schwarzfahren zurückgeführt. Dennoch ist das Ausmaß der auf diese Weise entgangenen Einnahmen beträchtlich.

In zahlreichen Studien zeigte sich, dass Menschen egoistisch handeln. Es zeigte sich allerdings auch, dass Menschen häufig altruistisch und bestrebt sind, die Kosten für andere gering zu halten. Erklärt wird dieses Verhalten durch soziale Normen, moralische Standards und das soziale Bedürfnis Hilfe zu leisten. Die Möglichkeit miteinander zu kommunizieren, wahrgenommene Ähnlichkeit untereinander und Sympathie für die „Mitspieler" sowie die Annahme, die individuellen Beiträge oder Entnahmen seien identifizierbar, führen ebenfalls zu erhöhter Kooperationsbereitschaft (*Dawes*, 1980; *van Lange, Liebrand, Messing* & *Wilke*, 1992).

Viele der oben angeführten Erkenntnisse aus der Erforschung des Verhaltens in sozialen Dilemma-Situationen lassen sich in den Steuerkontext übersetzen. So lässt sich Steuerehrlichkeit beispielsweise durch die Furcht vor Sanktionen erklären. Aber auch hohe moralische Prinzipien und die Überzeugung, das Zahlen von Steuern sei eine gesellschaftlich getragene soziale Norm, reduzieren die Hinterziehungstendenz. Den wissenschaftlichen Beleg dieser Zusammenhänge liefern zahlreiche experimentelle Studien (z.B. *Alm* & *Torgler*, 2006; *Cummings, Martinez-Vazquez, McKee* & *Torgler*, 2009; *Dawes*, 1980; *Hallsworth, List, Metcalfe* & *Vlaev*, 2014; *Webley, Robben, Elffers* & *Hessing*, 1991).

V. Determinanten der Steuerhinterziehung

Im Gegensatz zur legalen Steuervermeidung, beispielsweise durch „Steuersparmodelle", oder die Reduktion von Konsum, beziehungsweise dem Arbeitsaufwand, ist die Hinterziehung von Steuern illegal. Die ökonomische Theorie besagt, dass Individuen bestrebt sind, ihre Steuerschuld zu minimieren und sich nur dann kooperativ verhalten, wenn entsprechende Anreize – also eine hohe Kontrollwahrscheinlichkeit und strenge Strafen für Steuervergehen – bestehen. Steuerhinterziehung lohnt sich, wenn die Wahrscheinlichkeit entdeckt zu werden klein und die möglichen Strafen gering sind. Tatsächlich stieg als Reaktion auf die Verurteilung einiger prominenter Steuersünder in der jüngsten Vergangenheit die Zahl der Selbstanzeigen deutlich an (Süddeutsche Zeitung, 15.4.2014). Diese Entwicklung deckt sich mit den Annahmen des ökonomischen Standardmodells der Steuerentscheidung (*Allingham* & *Sandmo*, 1972; *Srinivasan*, 1973), wonach individuelle monetäre Konsequenzen das Verhalten bestimmen und die Steuerehrlichkeit in erster Linie von der wahrgenommenen Kontrollwahrscheinlichkeit sowie der Strafhöhe abhängen. Experimentelle Forschungsergebnisse zeichnen ein weniger eindeutiges Bild. *Spicer* und *Lundstedt* (1976) fanden einen Einfluss der Kontrolle, nicht jedoch der Strafe, auf die Einstellung zur Steuerhinterziehung. Den Nachweis des Einflusses von möglicher Strafe auf die Steuerehrlichkeit konnte auch *Baldry* (1987) nicht erbringen. Dahingegen zeigten *Friedland*, *Maital* und *Rautenberg* (1978), dass unabhängig von der Überprüfungswahrscheinlichkeit hohe Strafen hinsichtlich der Deklarationshöhe wirksamer sind als niedrige. *Alm*, *Sanchez* und *De Juan* (1995) fanden, dass für hohe Steuerstrafen ein positiver Zusammenhang zwischen der Deklarationshöhe und der Überprüfungswahrscheinlichkeit besteht. Dieser ist laut einer Studie von *Alm*, *McClelland* und *Schulze* (1992) allerdings nicht linear. In ihrem Experiment stieg die Deklarationshöhe unterproportional zum Anstieg der Überprüfungswahrscheinlichkeit. Bezüglich der Wirksamkeit unterschiedlicher Kontrollmechanismen deuten andere Ergebnisse darauf hin, dass alternative Kontrollmethoden, beispielsweise in Verdachtsfällen rückwirkende Prüfungen mit verstärkten zukünftigen Prüfungen zu kombinieren, die Steuerehrlichkeit besonders stark beeinflussen (*Alm*, *Cronshaw* & *McKee*, 1993). Außerdem zeigte sich die Wirksamkeit unterschiedlicher Überprüfungsmuster. *Kastlunger*, *Kirchler*, *Mittone* und *Pitters* (2009) berichten, dass in ihrem Experiment große zeitliche Abstände zwischen den Steuerprüfungen mit sinkender Steuerehrlichkeit quittiert wurden und dass die Steuerehrlichkeit unmittelbar nach einer Steuerprüfung – vermutlich auf Grund falsch wahrgenommener Überprüfungswahrscheinlichkeiten – abnahm. Ähnliche Ergebnisse berichtet *Mittone* (2006). *Güth* und *Mackscheidt* (1985) dahingegen fanden in ihrem Experiment, dass sich die Studienteilnehmer hinsichtlich des von ihnen deklarierten Einkommens konsistent verhielten, weshalb die Autoren von einer konstanten moralischen Einstellung gegenüber Steuern ausgehen, die entweder zu konsistent ehrlichem oder zu konstant unehrlichem Steuerverhalten führt. In einem Experiment von *Alm*, *McClelland* und *Schulze* (1999) hatten die Studienteilnehmer die Möglichkeit, demokratisch über die Parameter des Steuersystems abzustimmen. Es zeigte sich, dass mehrheitlich gegen eine Verschärfung des Steuersystems durch höhere Überprüfungswahrscheinlichkeiten und Strafen gestimmt wurde. Als Erklärung führen die Autoren die „crowding out" Hypothese an, wonach soziale Normen und die intrinsische Motivation zur Steuerehrlichkeit durch äußere Straf- und Kontrollmechanismen negativ beeinflusst werden (*Frey*, 1992, 1997). Dahingegen legen Ergebnisse von *Fehr* und *Gächter* (2000) nahe, dass Teilnehmer im Experiment durchaus von der Möglichkeit, unehrliches Verhalten zu sanktionieren, Gebrauch machen, um die Beiträge für öffentliche Güter zu erhöhen. Hinsichtlich der Verwendung von Steuergeldern zeigten *Alm*, *Jackson* und *McKee* (1993), dass die Möglichkeit der Einflussnahme auf die Mittelverwendung die Beitragsmoral erhöht.

In allen bisher zitierten Experimenten, die den Wirkmechanismus von Kontrollen und Strafen auf das Steuerverhalten untersuchen, erhielten die Studienteilnehmer das zu versteuernde Einkommen ohne eine Gegenleistung vom Versuchsleiter. *Kirchler*, *Maciejovsky* und *Schwarzenberger* (2001) simulierten dahingegen einen fiktiven Aktienmarkt, an dem sich die Versuchsteilnehmer ihr Einkommen verdienen mussten. Auch hier zeigte sich, dass sowohl die Kontrollwahrscheinlichkeit, als auch die Strafhöhe einen positiven Einfluss auf die Steuerehrlichkeit haben.

Die empirischen Befunde verschiedener Studien bestätigen die abschreckende Wirkung von Strafen im Steuerkontext, aber die Effekte sind geringer als theoretisch postuliert (*Andreoni*, *Erard* & *Feinstein*, 1998; *Kirchler*, 2007). So berichten einige Studien positive Effekte von Strafen auf die Steuerehrlichkeit (z.B. *Alm*, *Jackson* & *McKee*, 1992; *Friedland*, 1982), andere wiederum finden keine Effekte (z.B. *Ali*, *Cecil* & *Knoblett*, 2001; *Webley*, *Robben*, *Elffers* & *Hessing*, 1991). Ebenso verhält es sich mit der Kontrollwahrscheinlichkeit, die einen positiven aber geringen Einfluss auf die Steuerehrlichkeit zu haben scheint (*Fischer*, *Wartick* & *Mark*, 1992). Größere Wirksamkeit bescheinigen *Alm*, *Sanchez* und *De Juan* (1995) einer Kombination aus hohen Strafen und hoher Kontrollwahrscheinlichkeit.

Einen alternativen Zugang zur Erfassung der Auswirkungen finanzieller Anreize auf die Steuerehrlichkeit wählten *Kastlunger*, *Muehlbacher*, *Kirchler* und *Mittone* (2011). In ihrem Experiment boten sie Steuerzahlern finanzielle Belohnungen für ihre Ehrlichkeit bei der Steuererklärung. Zwar konnten sie grundsätzlich keine höhere Steuerehrlichkeit bei jenen Steuerzahlern feststellen, denen für ihre Ehrlichkeit eine Belohnung in Aussicht gestellt wurde, es zeigte sich allerdings, dass die Teilnehmer, die zuvor für ihre Ehrlichkeit belohnt worden waren, in der darauffolgenden Runde weniger hinterzogen, als jene, die vorher keine Belohnung erhielten.

Hinsichtlich der Interpretation dieser Ergebnisse bleibt festzuhalten, dass in den berichteten Laborexperimenten in erster Linie Kontrollwahrscheinlichkeiten und Strafhöhen variiert wurden, weitere möglicherweise verhaltensbestimmende Variablen dahingegen keine Berücksichtigung fanden. An dieser Stelle offenbart sich ein wesentlicher Kritikpunkt am ökonomischen Standardmodell zur Steuerhinterziehung: Personenimmanente Motive, wie beispielsweise Gerechtigkeitsempfinden, Kooperationsbereitschaft, soziale Normen, oder Altruismus werden nicht berücksichtigt.

Strafen können auch das Gegenteil von Abschreckung bewirken, wie eine Studie aus Israel verdeutlicht (*Gneezy* & *Rustichini*, 2000). In einem Kindergarten begegnete man dem Umstand, dass viele Eltern ihre Kinder zu spät abholen mit der Einführung von Bußgeldern für das Zuspätkommen. Überraschenderweise hatte dies zur Folge, dass viele Eltern ihre Kinder noch später abholten. Offensichtlich erzeugte die Strafzahlung eine Möglichkeit, die Verspätung zu rechtfertigen. Das Bußgeld wog somit das schlechte Gewissen für die Unpünktlichkeit auf, wodurch die Geldstrafe nicht als Strafe, sondern als Preis für non-konformes Verhalten verstanden wurde. Übertragen auf den Wirtschaftskontext legt dies nahe, dass Bußgelder nicht notwendigerweise die effizienteste Strafform darstellen, sondern beispielsweise soziale Ächtung wirksamer sein könnte (*Braithwaite* & *Wenzel*, 2008; *Coricelli, Joffily, Montmarquette* & *Villeval*, 2007).

Zahlreiche Forschungsergebnisse unterstreichen, wie zentral eine angemessene Bemessungsgrundlage für die Wirksamkeit von Strafen ist. Einerseits muss die Strafe ausreichend hoch sein um ihre Wirkung zu entfalten, andererseits sind drakonische Strafen dazu in der Lage, unerwünschte Reaktionen, wie negative Einstellungen zu Steuern und den Behörden, zu provozieren (*Strümpel*, 1969). *Kirchler* und *Muehlbacher* (2007) berichten, dass in einer Studie mit österreichischen Steuerzahlern 86 % der Teilnehmer eine Geldstrafe für Steuerhinterzieher als angemessen bewerten, lediglich fünf Prozent beurteilten eine Freiheitsstrafe als gerecht. Eine Möglichkeit ein angemessenes Strafniveau festzulegen, besteht laut *Muehlbacher, Hölzl* und *Kirchler* (2007) z.B. darin, die finanzielle Leistungsfähigkeit des Steuersünders zu berücksichtigen und nicht ausschließlich den hinterzogenen Betrag. Grundsätzlich kritisch gegenüber Strafen äußert sich dahingegen *Bussmann* (2003). Er schlägt stattdessen die Förderung von Präventionsmaßnahmen in Wirtschaftsunternehmen vor, etwa durch die Vorgabe von ethischen Standards sowie die Änderung des Unternehmensklimas durch die Etablierung von Werten und Moralvorstellungen.

Eine Vielzahl empirischer Untersuchungen lässt darauf schließen, dass ökonomische Standardmodelle, in denen zwar monetäre Konsequenzen, nicht jedoch intrinsische Motivation, persönliche und soziale Normen, sowie Gerechtigkeitsüberlegungen und andere persönliche und situative Merkmale berücksichtigt werden, das Phänomen Steuerhinterziehung nicht ausreichend beschreiben (*Alm, McClelland* & *Schulze*, 1999; *Baldry*, 1987; *Bosco* & *Mittone*, 1997; *Cullis* & *Lewis*, 1997; *Kaplan* & *Reckers*, 1985; *Lewis*, 1982). Wenn nur Kontrollwahrscheinlichkeit und Strafhöhe verhaltenswirksam wären, müsste das reale Steueraufkommen wesentlich geringer sein, als es ist (*Alm*, 1991).

Um das Verhalten von Steuerzahlern zu verstehen, müssen ihre motivationalen Tendenzen berücksichtigt werden. Aus diesem Grund unterscheiden etwa die australischen Steuerbehörden zwischen jenem Großteil der Steuerzahler, die ihre Abgaben ehrlich leistet (Steuerzahler mit „commitment" als Motivationsmuster), und jenen, die Steuern zahlen, weil sie der Staatsmacht nicht entfliehen können („capitulation"). Nur wenige Steuerzahler leisten Widerstand („resistance") gegen das Steuersystem oder ignorieren es völlig („disengagement"). Schließlich gibt es einige Steuerpflichtige, die versuchen ihren Verpflichtungen zu entkommen („game playing"; *Braithwaite*, 2003a, 2009; *James, Hasseldine, Hite & Toumi*, 2003). Aus den Handlungsmotiven der Steuerpflichtigen wurden Strategien abgeleitet, um ein Höchstmaß an Compliance zu erzielen. Damit eignet sich dieses Klassifikationsschema (Abbildung 2) insbesondere zur Ableitung politischer Regulationsstrategien (*Braithwaite*, 2008, 2009).

Abbildung 2: Modell zur Steuerehrlichkeit (Australian Taxation Office; nach Braithwaite, 2003a, S. 3 und James, Hasseldine, Hite & Toumi, 2003)

In Übersichtsstudien (z.B. *Hessing, Kinsey, Elffers & Weigel*, 1988; *Webley, Robben, Elffers & Hessing*, 1991; *Weigel, Hessing & Elffers*, 1987) finden sich in erster Linie zwei Einflussgrößen auf die Motivation zur Steuerhinterziehung: Persönlichkeitsvariablen sowie der finanzielle Spielraum des Steuerpflichtigen. Finanzielle Probleme bei Steuerzahlern (*Wärneryd & Walerud*, 1982), beziehungsweise eine finanzielle Schlechterstellung als die relevante Vergleichsgruppe, scheinen die Hinterziehungstendenz zu verstärken. Zahlreiche Studien berichten darüber hinaus Auswirkungen des kulturellen Hintergrundes, der Studienwahl und des Geschlechts auf die Steuerehrlichkeit (z.B. *Lewis, Carrullis* & *Jones*, 2009). In einem Experiment fanden *Kastlunger, Dressler, Kirchler, Mittone* und *Voracek* (2010), zweierlei Geschlechtereffekte: Einerseits waren weibliche Teilnehmerinnen grundsätzlich ehrlicher als männliche, andererseits reagierten sie – im Gegensatz zu den männlichen Teilnehmern – auf Steuerprüfungen nicht mit geringerer Steuerehrlichkeit in den darauffolgenden Steuerzyklen.

Gerechtigkeitswahrnehmungen spielen für die Steuerehrlichkeit eine besondere Rolle (*Hofmann, Gangl, Kirchler* & *Stark*, 2014). Neben der distributiven Gerechtigkeit ist die prozedurale Gerechtigkeit von großer Bedeutung. *Tyler* (2006) betont, dass das Verhältnis zwischen Behörden und Steuerzahlern durch gegenseitigen Respekt, Neutralität und Wohlwollen geprägt sein sollte, um ein faires Verfahren sicher zu stellen.

Ein weiterer Forschungsansatz beschäftigt sich mit sozialen Normen. Gemäß *Fishbein* und *Ajzen* (1975) haben soziale Normen einen wesentlichen Einfluss auf unser Verhalten. Besonders wettbewerbsorientierte Personen, die ihren persönlichen Erfolg stark mit finanziellem Wohlstand verknüpfen, dürften daher eher Steuern zurückbehalten. *Ariely* (2008) bescheinigt sozialen Normen eine größere Wirksamkeit als finanziellen Anreizen. Im Steuerkontext sollte sich daher weniger auf Kontrollen und Strafen konzentriert werden, sondern Einsicht und das Bewusstsein, Verantwortung für das Gemeinwohl zu übernehmen, gefördert werden. Verschiedene Autoren (*Alm, Cherry, Jones* & *McKee*, 2010; *Bayer* & *Reichl*, 1997; *Braithwaite* & *Wenzel*, 2008; *Kirchler*, 2007) befürworten daher die Bereitstellung von Informationen und die Förderung von Transparenz im Steuerkontext. *Forest* und *Sheffrin* (2002) fanden außerdem, dass Steuerehrlichkeit mit zunehmender wahrgenommener Komplexität des Steuersystems abnimmt.

Abschließend sei auf den möglicherweise trivial anmutenden Umstand verwiesen, dass Steuerhinterziehung nur dort existiert, wo sie möglich ist. Zahlreiche Studien (z.B. *Vogel*, 1974; *Wallschutzky*, 1984) berichten, dass Selbständige eher Steuern hinterziehen als Angestellte. Dies ist möglicherweise darauf zurück zu führen, dass Erstgenannte ihre Steuern „aus der eigenen Tasche" bezahlen, sie damit als Verlust wahrnehmen und als Reaktion darauf bestrebt sind, ihre Steuerlast zu minimieren.

Eine Übersicht über die hier diskutierten Determinanten der Steuerhinterziehung liefern *Weigel, Hessing* und *Elffers* (1987; Abbildung 3).

Abbildung 3: Sozialpsychologisches Modell der Steuerhinterziehung nach Weigel, Hessing und Elffers (1987, S. 229)

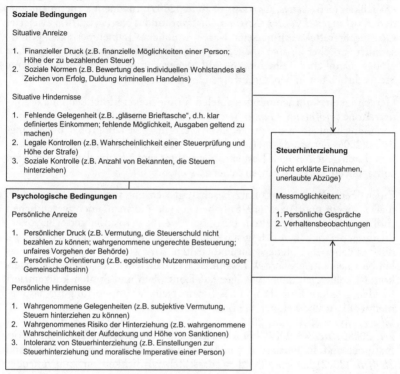

VI. Über die Bedeutung von Macht und Vertrauen für die Steuerehrlichkeit

Ursprünglich verfolgten viele Steuerbehörden eine Strategie, die auf strenge Kontrollen und die Androhung von Strafen setzte, um steuerehrliches Verhalten zu fördern. Häufig sind Steuerpflichtige jedoch von sich aus bereit zu kooperieren, anstatt ihren individuellen Nutzen zu maximieren.

Für die Entstehung einer kooperationsfördernden Umgebung ist das Interaktionsklima zwischen Steuerzahlern und den Steuerbehörden besonders wichtig. Wahrgenommene Fairness und die Überzeugung, dass Steuermittel sinnvoll verwendet werden, fördern die Bereitschaft zu kooperieren und Steuern ehrlich zu zahlen. Außerdem ist der Umgang von Steuerbehörden mit den Steuerpflichtigen entscheidend für das Steuerklima: Vertrauen schafft Vertrauen (*Feld* & *Frey*, 2002). Um das Vertrauen der Steuerzahler zu gewinnen und die Kooperationswilligkeit der Bürger zu erhöhen, empfiehlt *Braithwaite* (2003b) ein sachliches und faires Auftreten der Steuerbehörden im Sinne einer „Service-Kunden-Orientierung". Politische Initiativen folgen diesem Ansatz und entwickeln Richtlinien für die Interaktion zwischen Steuerzahlern und Behörden, beispielsweise das „Enhanced Relationship" und „Co-operative Relationship"- Konzept (OECD 2013b).

Die Entwicklung einer Vertrauensbasis zwischen Behörden und Steuerzahlern bedeutet jedoch nicht, Steuersünder mit Samthandschuhen anzufassen. Bei wiederholten Verstößen gegen das Steuerrecht empfehlen *Ayres* und *Braithwaite* (1992) harte Strafen. *Cialdini* (1996) und *Frey* (2003) weisen allerdings darauf hin, dass Überwachungs- und Kontrollmechanismen auch als Misstrauen gegenüber den Steuerpflichtigen verstanden werden können, so dass deren Kooperationsbereitschaft sinkt (*Tenbrunsel* & *Messick*, 1999). *Alm* und *Torgler* (2011) schlagen daher vor, dass die Steuerbehörden beide Strategien kombinieren sollen. Einerseits soll der notwendige Service zur Verfügung gestellt werden, um es Steuerzahlern zu erleichtern, ihren Pflichten nachzukommen. Andererseits soll Steuerbetrug mit der notwendigen Härte verfolgt und geahndet werden.

Das Slippery Slope Modell (*Kirchler*, 2007; *Kirchler, Hoelzl* & *Wahl*, 2008) integriert die Faktoren Macht und Vertrauen zur Erklärung der Kooperationsbereitschaft von Steuerpflichtigen (Abbildung 4). Es berücksichtigt beide Verhaltensoptionen der Steuerbehörden: einerseits den Fokus auf Kontrolle und Strafen und andererseits eine „Service-Kunden-Orientierung". Erzwungene Kooperationsbereitschaft stellt sich im Slippery Slope Modell als Konsequenz aus Kontrollen und Strafen, also der Macht des Staates dar. Freiwillige Kooperationsbereitschaft wird dagegen als Folge von wechselseitigem Vertrauen und Service-orientiertem Verhalten der Steuerbehörden verstanden. Die beiden entscheidenden Einflussgrößen auf das Verhalten der Steuerpflichtigen sind demnach die Macht des Staates und das Vertrauen in seine Institutionen. Das Modell beschreibt erzwungene Steuerehrlichkeit als die Konsequenz aus einem Zustand, in dem die Macht des Staates, Kontrollen durchzuführen und Strafen zu verhängen groß, das Vertrauen zwischen den beteiligten Parteien jedoch niedrig ist. Dahingegen entsteht freiwillige Steuerehrlichkeit ausschließlich in einem Klima des Vertrauens, unabhängig vom Ausmaß der staatlichen Macht.

Mit dem „Tax Compliance Inventory" (TAX-I) liefern *Kirchler* und *Wahl* (2010) einen Fragebogen, der die Motive für steuerehrliches beziehungsweise -unehrliches Verhalten erfasst. Im Sinne des Slippery Slope Modells wird einerseits zwischen freiwilliger und erzwungener Steuerehrlichkeit und andererseits zwischen Intentionen zur Steuervermeidung beziehungsweise Steuerhinterziehung unterschieden. Daneben gibt es inzwischen zahlreiche empirische und experimentelle Befunde, die die Annahmen des Slippery Slope Modells bestätigen (z.B. *Kirchler, Kogler* & *Muehlbacher*, 2014; *Lisi*,

2012; *Muehlbacher* & *Kirchler*, 2010; *Prinz, Muehlbacher* & *Kirchler*, 2014). Ergebnisse aus internationalen Vergleichsstudien (z.B. *Kastlunger, Lozza, Kirchler* & *Schabmann*, 2013; *Kogler, Batrancea, Nichita, Pantya, Belianin* & *Kirchler*, 2013) deuten auf die kulturübergreifende Gültigkeit des Modells hin. Steuerehrlichkeit lässt sich also nicht nur, wie traditionell angenommen, durch die Androhung von Strafen erzielen, sondern entsteht auch als Reaktion auf einen vertrauensvollen Umgang der Steuerbehörden mit den Steuerzahlern.

Abbildung 4: „Slippery Slope-Modell" – Kooperation in Abhängigkeit von der Macht des Staates und dem Vertrauen in den Staat (nach Kirchler, Hoelzl & Wahl, 2008)

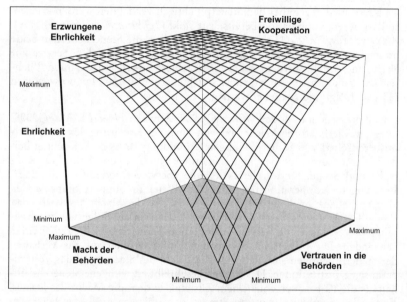

VII. Zusammenfassung

Ausgehend von der klassischen ökonomischen Theorie, nach der Steuerehrlichkeit von der Einkommenshöhe sowie den Rahmenbedingungen des Steuersystems abhängt, identifiziert die sozialpsychologische Forschung zahlreiche weitere Faktoren, die das Steuerverhalten beeinflussen. Hierzu zählen auf der individuellen Ebene Persönlichkeitseigenschaften, wie das Gerechtigkeitsempfinden oder die Erfolgsmotivation, insbesondere die finanzielle Gewinnorientierung. Scheinbar zahlen Steuerpflichtige besonders dann ungern ihre Steuern, wenn die Steuerzahlung als Freiheitseinschränkung empfunden und an der Qualität staatlicher Leistungen gezweifelt wird. Außerdem wird immer wieder die Komplexität der Steuergesetzgebung kritisiert, die zu Unsicherheit und hohen Compliance Kosten führt. Daneben beeinflussen kulturelle und soziale Faktoren das Steuerverhalten. Forschungsergebnisse deuten auf die große Wirkung sozialer Normen hin. Zahlreiche Autoren beschäftigen sich außerdem mit der Steuermoral, die u.a. von der wahrgenommenen Verteilung der Steuerlast und der Einstellung zu Staat beeinflusst wird. Steuerpolitische Ansätze zur Erhöhung der Steuerehrlichkeit sollten auf der Grundlage dieser Ergebnisse sowohl die klassische Theorie – also die Ausübung von Kontrollen und Strafen – als auch Erkenntnisse der Sozialpsychologie berücksichtigen. Insbesondere ein vertrauensvoller, service-orientierter Umgang zwischen Steuerzahlern und Steuerbehörden sowie Transparenz, prozedurale und distributive Gerechtigkeit sollten moderne Steuersysteme charakterisieren.

VIII. Literatur

Ali, M. M., Cecil, H. W., & Knoblett, J. A. (2001). The effects of tax rates and enforcement policies on taxpayer compliance: A study of self-employed taxpayers. Atlantic Economic Journal, 29, 186–202.
Allingham, M., & Sandmo, A. (1972). Income tax evasion: A theoretical analysis. Journal of Public Economics, 1, 323–338.
Alm, J. (1991). A perspective on the experimental analysis of taxpayer reporting. The Accounting Review, 3, 577–593.
Alm, J., Cherry, T., Jones, M., & McKee, M. (2010). Taxpayer information assistance services and tax compliance behavior. Journal of Economic Psychology, 2010, 31(4), 577–586.
Alm, J., Cronshaw, M. B., & McKee, M. (1993). Tax compliance with endogenous audit selection rules. Kyklos, 46, 27–45.
Alm, J., Jackson, B., & McKee, M. (1992). Estimating the determinants of taxpayer compliance with experimental-data. National Tax Journal, 45, 107–114.
Alm, J., Jackson, B. R., & McKee, M. (1993). Fiscal exchange, collective decision institutions, and tax compliance. Journal of Economic Behavior and Organization, 22, 285–303.
Alm, J., Martinez-Vazquez, J., & Schneider, F. (2004). „Sizing" the problem of the hard-to tax. In J. Alm, J. Martinez-Vazquez, & S. Wallace (Eds.), Taxing the hard-to-tax. Lessons from theory and practice (pp. 11–75). Amsterdam, NL: Elsevier.
Alm, J., McCelland, G. H., & Schulze, W. D. (1992). Why do people pay taxes? Journal of Public Economics, 48, 21–38.
Alm, J., McClelland, G. H., & Schulze, W. D. (1999). Changing the social norm of tax compliance by voting. Kyklos, 52, 141–171.
Alm, J., Sanchez, I., & De Juan, A. (1995). Economic and noneconomic factors in tax compliance. Kyklos, 48, 3–18.
Alm, J., & Torgler, B. (2006). Culture differences and tax morale in the United States and in Europe. Journal of Economic Psychology, 27 (2), 224–246.
Alm, J., & Torgler, B. (2011). Do Ethics Matter? Tax Compliance and Morality. Journal of Business Ethics, 101 (4), 635–651.
Andreoni, J., Erard, B., & Feinstein, J. S. (1998). Tax compliance. Journal of Economic Literature, 36, 818–860.
Ariely, D. (2008). Denken hilft zwar, nützt aber nichts. Warum wir immer wieder unvernünftige Entscheidungen treffen. München: Econ.

Aschenfelter, P., & Heckman, J. (1974). The estimation of income and substitution effects in a model of family labour supply. Econometrica, 42, 73–85.
Ayres, I., & Braithwaite, J. (1992). Responsive regulation: Transcending the deregulation debate. New York, NY: Oxford University Press.
Baldry, J. C. (1987). Income tax evasion and the tax schedule: Some experimental results. Public Finance, 42, 357–383.
Bayer, R.-C., & Reichl, N. (1997). Ein Verhaltensmodell der Steuerhinterziehung. Berlin: Duncker & Humbolt.
Bosco, L., & Mittone, L. (1997). Tax evasion and moral constraints: Some experimental evidence. Kyklos, 50, 297–324.
Braithwaite, V. (2003a). Dancing with tax authorities; Motivational postures and non-compliant actions. In V. Braithwaite (Ed.), Taxing democracy: understanding tax avoidance and evasion (pp. 15–39). Hants, UK: Ashgate.
Braithwaite, V. (Ed.). (2003b). Taxing democracy: Understanding tax avoidance and evasion. Hants, UK: Ashgate.
Braithwaite, J. (2008). Regulatory capitalism. How it works, ideas for making it work better. Cheltenham, UK: Elsevier.
Braithwaite, V. (2009). Defiance in taxation and governance. Resisting and dismissing authority in a democracy. Cheltenham, UK: Edward Elgar.
Braithwaite, V., & Wenzel, M. (2008). Integrating explanations of tax evasion and avoidance. In A. Lewis (Ed.), The Cambridge handbook of psychology and economic behaviour (pp. 304–331). Cambridge, UK: Cambridge University Press.
Bund der Steuerzahler (2014). http://www.steuerzahler.de/Steuerzahlergedenktag-am-8-Juli-2014/61645c71420i1p637/index.html.
Bussmann, K. D. (2003). Causes of economic crime and the impact of values: Business ethics as a crime prevention measure. Paper presented at the Conference „Coping with EconCrime – Risks and Strategies", Swiss-Re, Zurich. http://bussmann2.jura.uni-halle.de/econcrime/Bussmann2003-Causes_of_EconCrime.pdf.
Calderwood, G., & Webley, P. (1992). Who responds to changes in taxation? The relationship between taxation and incentive to work. Journal of Economic Psychology, 13, 735–748.
Cialdini, R. (1996). The triple tumor structure of organizational behavior. In D. M. Messick & A. E. Tenbrunsel (Eds.), Codes of conduct (pp. 44–58). New York, NY: Sage.
Coricelli, G., Joffily, M., Montmarquette, C., & Villeval, M. C. (2007). Tax evasion: Cheating rationally or deciding emotionally? (IZA DP No. 3103). Forschungsinstitut zur Zukunft der Arbeit/Institute for the Study of Labor, Bonn.
Cox, D., & Plumley, A. (1988). Analysis of voluntary compliance rates for different income source classes (Unpublished report). International Revenue Service, Research Division, Washington, DC.
Cullis, J. G., & Lewis, A. (1997). Why people pay taxes: From a conventional economic model to a model of social convention. Journal of Economic Psychology, 18, 305–321.
Cummings, R. G., Martinez-Vazquez, J., McKee, M., & Torgler, B. (2009). Tax morale affects tax compliance: Evidence from surveys and an artefactual field experiment. Journal of Economic Behavior & Organization, 70, 447–457.
Dawes, R. M. (1980). Social dilemmas. Annual Review of Psychology, 31, 169–93.
De Kam, F. (1992). Tax reform: Dreaming about tough realities. Journal of Economic Psychology, 13, 679–686.
Die Presse (16.7.2014). http://diepresse.com/home/panorama/wien/3839251/Immer-weniger-Schwarzfahrer-bei-den-Wiener-Linien.
Elffers, H., & Hessing, D. J. (1997). Influencing the prospects of tax evasion. Journal of Economic Psychology, 18, 289–304.
Eriksen, K., & Fallan, L. (1996). Tax knowledge and attitudes towards taxation; A report on a quasi experiment. Journal of Economic Psychology, 17, 387–402.

Überlegungen zur Wirkung von Steuern auf Steuerzahler

Europäische Kommission (2013). Special Eurobarometer 402. Undeclared work in the European Union. http://ec.europa.eu/public_opinion/archives/ebs/ebs_402_en.pdf.
Fehr, E., & Gächter, S. (2000). Cooperation and punishment in public goods experiments. American Economic Review, 90, 980–994.
Feld, L. P., & Frey, B. S. (2002). Trust breeds trust: How taxpayers are treated. Economics of Governance, 3, 87–99.
Fischer, C. M., Wartick, M., & Mark, M. M. (1992). Detection probability and taxpayer compliance: A review of the literature. Journal of Accounting Literature, 11, 1–46.
Fishbein, M., & Ajzen, I. (1975). Belief, attitude, intention, and behavior: An introduction to theory and research. Reading, MA: Addison Wesley.
Forest, A., & Sheffrin, S. M. (2002). Complexity and compliance: An empirical investigation. National Tax Journal, 55, 75–88.
Forschungsstelle für empirische Sozialökonomik (2014). Steuerkultur und Steuermoral in Deutschland 2014. Bund der Steuerzahler Nordrhein-Westfalen e.V. http://deutsche-wirtschafts-nachrichten.de/wp-content/uploads/2014/07/Statement_2014_Folien1.pdf.
Frey, B. S. (1992). Tertium datum: Pricing, regulating, and intrinsic motivation. Kyklos, 45, 161–184.
Frey, B. S. (1997). Not just for the money: An economic theory of personal motivation. Cheltenham, UK: Edward Elgar Publishers.
Frey, B. S. (2003). Deterrence and tax morale in the European Union. European Review, 11, 385–406.
Friedland, N. (1982). A note on tax evasion as a function of the quality of information about the magnitude and credibility of threatened fines: some preliminary research. Journal of Applied Social Psychology, 12, 54–59.
Friedland, N., Maital, S., & Rutenberg, A. (1978). A simulation study of income tax evasion. Journal of Political Economics, 10, 107–116.
Garboua, L., Masclet, D., & Montmarquette, C. (2009). A behavioral Laffer curve: Emergence of a social norm of fairness in a real effort experiment. Journal of Economic Psychology, 30, 147–161.
Gneezy, U., & Rustichini, A. (2000). A fine is a price. Journal of Legal Studies, 29, 1–18.
Güth, W., & Mackscheidt, K. (1985). Die Erforschung der Steuermoral durch Experimente (Mimeo). Universität Köln.
Hallsworth, M., List, J. A., Metcalfe, R. D., & Vlaev, I. (2014). The behavioralist as tax collector: using natural field experiments to enhance tax compliance. National Bureau of Economic Research NBER Working paper Nr. 20007.
Henrichsmeyer, W., Gans, O., & Evers, I. (1982). Einführung in die Volkswirtschaftslehre. Stuttgart: UTB-Ulmer.
Hessing, D. J., Elffers, H., & Weigel, R. (1988). Exploring the limits of self-reports and reasoned action: An investigation of the psychology of tax evasion behavior. Journal of Personality and Social Psychology, 54, 405–413.
Hessing, D. J., Kinsey, K. A., Elffers, H., & Weigel, R. H. (1988). Tax evasion behavior: Measurement strategies and theoretical models. In W. F. van Raaij, G. M. Van Veldhoven, & K.-E. Wärneryd (Eds.), Handbook of Economic Psychology (pp. 517–537). Dordrecht: Kluwer.
Hofmann, E., Gangl, K., Kirchler, E., & Stark, J. (2014). Enhancing Tax Compliance through Coercive and Legitimate Power of Tax Authorities by Concurrently Diminishing or Facilitating Trust in Tax Authorities. Law and Policy, 36 (3), 290–313.
James, S. (1992). Taxation and female participation in the labour market. Journal of Economic Psychology, 13, 715–734.
James, S., Hasseldine, J., Hite, P. A., & Toumi, M. (2003). Tax compliance policy: An international comparison and new evidence on normative appeals and auditing. Paper pre-

sented at the ESRC Future Governance Workshop, Institute for Advanced Studies, Vienna, Austria.
Kahneman, D. (1994). New challenges to the rationality assumption. Journal of Institutional and Theoretical Economics. Zeitschrift für die gesamte Staatswissenschaft, 150, 18–36.
Kahneman, D., & Tversky, A. (1979). Prospect theory: An analysis of choice under risk. Econometrica, 47, 263–291.
Kaplan, S. E., & Reckers, P. M. J. (1985). A study of tax evasion judgments. National Tax Journal, 38, 97–102.
Kastlunger, B., Dressler, S. G., Kirchler, E., Mittone, L., & Voracek, M. (2010). Sex differences in tax compliance: Differentiating between demographic sex, gender-role orientation, and prenatal masculinization (2D:4D). Journal of Economic Psychology, 31, 542–552.
Kastlunger, B., Kirchler, E., Mittone, L., & Pitters, J. (2009). Sequences of audits, tax compliance, and taxpaying strategies. Journal of Economic Psychology, 30, 405–418.
Kastlunger, B., Lozza, E., Kirchler, E., & Schabmann, A. (2013). Powerful authorities and trusting citizens: The Slippery Slope Framework and tax compliance in Italy. Journal of Economic Psychology, 34, 36–45.
Kastlunger, B., Muehlbacher, S., Kirchler, E., & Mittone, L. (2011). What goes around comes around? Experimental evidence on the effect of rewards on taxpayer compliance. Public Finance Review, 39 (1), 150–167.
Kemp, S. (2008). Lay perceptions of government economic activity. In A. Lewis (Ed.), The Cambridge handbook of psychology and economic behaviour (pp. 255–280). Cambridge, UK: Cambridge University Press.
Kirchler, E. (1997). Balance between giving and receiving: Tax morality and satisfaction with fiscal policy as they relate to the perceived just distribution of public resources. Reitaku International Journal of Economic Studies, 5, 59–70.
Kirchler, E. (1998). Differential representations of taxes: Analysis of free associations and judgments of five employment groups. Journal of Socio Economics, 27, 117–131.
Kirchler, E. (1999). Reactance to taxation: Employers' attitudes towards taxes. Journal of Socio Economics, 28, 131–138.
Kirchler, E. (2007). The economic psychology of tax behaviour. Cambridge, UK: Cambridge University Press.
Kirchler, E., Hoelzl, E., & Wahl, I. (2008). Enforced vs. voluntary tax compliance: The „slippery slope" framework. Journal of Economic Psychology, 29, 210–225.
Kirchler, E., Kogler, C., & Muehlbacher, S. (2014). Cooperative Tax Compliance: From Deterrence to Deference. Current Directions in Psychological Science, 23 (2), 87–92.
Kirchler, E., Maciejovsky, B., & Schwarzenberger, H. (2001). Mental accounting and the impact of tax penalty and audit frequency on the declaration of income: An experimental analysis (SFB-373 Discussion Paper 16). Humboldt-University of Berlin.
Kirchler, E., & Muehlbacher, S. (2007). Kontrollen und Sanktionen im Steuerstrafrecht aus der Sicht der Rechtspsychologie. 12. Finanzstrafrechtliche Tagung, Linz.
Kirchler, E., & Pitters, J. (2007). Kontraproduktives Verhalten durch Schädigung öffentlicher Güter. In K. Moser (Ed.). Wirtschaftspsychologie (pp. 357–378). Berlin, Heidelberg: Springer.
Kirchler, E., & Wahl, I. (2010) Tax compliance inventory TAX-I: Designing an inventory for surveys of tax compliance. Journal of Economic Psychology, 31, 331–346.
Kogler, C., Batrancea, L., Nichita, A., Pantya, J., Belianin, A., & Kirchler, E. (2013). Trust and power as determinants of tax compliance. Testing the assumptions of the slippery slope framework in Austria, Hungary, Romania and Russia. Journal of Economic Psychology, 34 (1), 169–180.
Kollock, P. (1998). Social dilemmas: The anatomy of cooperation. Annual Review of Sociology, 24, 183–214.

Kopelman, S., Weber, J. M., & Messick, D. M. (2002). Factors influencing cooperation in commons dilemmas: A review of experimental psychological research. In E. Ostrom, T. Dietz, N. Dolsak, P. C. Stern, C. Stonich, & E. U. Weber (Eds.). The drama of the commons (pp. 113–156). Washington, DC: National Academy Press.
Lea, S. E. G., Tarpy, R. M., & Webley, P. (1987). The individual in the economy. A survey of economic psychology. Cambridge, UK: Cambridge University Press.
Ledyard, J. O. (1993). Public goods: A survey of experimental research. In J. H. Kagel & A. E. Roth (Eds.). Handbook of experimental economics (pp. 111–194). Princeton, NJ: Princeton University Press.
Leuthold, J. H. (1983). Home production and the tax system. Journal of Economic Psychology, 3, 145–157.
Lewis, A. (1978). Perceptions of tax rates. British Tax Review, 6, 358–366.
Lewis, A. (1982). The Psychology of taxation. Oxford, UK: Martin Robertson.
Lewis, A., Carrullis, J., & Jones, P. (2009). Individual, cognitive and cultural differences in tax compliance: UK and Italy compared. Journal of Economic Psychology, 30, 431–445.
Lisi, G. (2012). Testing the slippery slope framework. Economics Bulletin, 32, 1369–1377.
Mittone, L. (2006). Dynamic behaviour in tax evasion: An experimental approach. The Journal of Socio-Economics, 35(5), 813–835.
Muehlbacher, S., Hölzl, E., & Kirchler, E. (2007). Steuerhinterziehung und die Berücksichtigung des Einkommens in der Strafbemessung. Wirtschaftspsychologie, 9, 116–121.
Muehlbacher, S., & Kirchler, E. (2010). Tax Compliance by Trust and Power of Authorities, International Economic Journal, 24:4, 607–610.
OECD (2013a), Action Plan on Base Erosion and Profit Shifting, OECD Publishing. http://www.oecd.org/ctp/BEPSActionPlan.pdf.
OECD (2013b). Co-Operative Compliance: A Framework – From Enhanced Relationship to Co-Operative Compliance. http://www.oecd.org/ctp/administration/Co-operative-Compliance-Preliminary.pdf.
Oishi, S., Schimmack, U., & Diener, E. (2012). Progressive Taxation and the Subjective Well-Being of Nations. Psychological Science, 23 (1), 86–92.
Piketty, T. (2014). Capital in the Twenty-First Century, Harvard University Press, Cambridge, MA.
Prinz, A. (2004). Steuermoral und Religiösität in Ost- und Westdeutschland. Schmollers Jahrbuch, Zeitschrift für Wirtschafts- und Sozialwissenschaften, 124, 511–537.
Prinz, A., Muehlbacher, S., & Kirchler, E. (2014). The slippery slope framework on tax compliance: An attempt to formalization. Journal of Economic Psychology, 40, 20–34.
Schepanski, A., & Kelsey, D. (1990). Testing for framing effects in taxpayer compliance decisions. Journal of the American Taxation Association, 12, 60–77.
Schepanski, A., & Shearer, T. (1995). A prospect theory account of the income tax withholding phenomenon. Organizational Behavior and Human Decision Processes, 63, 174–186.
Schmölders, G. (1966). Psychologie des Geldes. Reinbeck bei Hamburg: Rowohlt.
Schmölders, G. (1975). Einführung in die Geld- und Finanzpsychologie. Darmstadt: Wissenschaftliche Buchgesellschaft.
Schneider, F. (2013). Size and Development of the Shadow Economy of 31 European and 5 other OECD Countries from 2003 to 2013: A Further Decline (Working Paper). http://politeia.org.ro/wp-content/uploads/2013/05/ShadEcEurope31_Jan2013.pdf.
Schneider, F., & Klinglmair, R. (2004). Shadow economics around the world: What do we know? (Working Paper No. 1167). Center for Economic Studies & Ifo Institute for Economic Research CESifo.
Sillamaa, M. A. (1999). Taxpayer behavior in response to taxation: Comment and new experimental evidence. Journal of Accounting and Public Policy, 18, 165–177.

Spicer, M. W., & Lundstedt, S. B. (1976). Understanding tax evasion. Public Finance, 31, 295–305.
Srinivasan, T. N. (1973). Tax evasion: A model. Journal of Public Economics, 2, 339–346.
Statistik Austria (2014): http://www.statistik.at/web_de/statistiken/oeffentliche_ finanzen_ und_steuern/oeffentliche_finanzen/steuereinnahmen/.
Stroebe, W., & Frey, S. (1982). Self-interest and collective action: The economics and psychology of public goods. British Journal of Social Psychology, 21, 121–137.
Strümpel, B. (1969). The contribution of survey research to public finance. In A. T. Peacock (Ed.), Quantitative analysis in public finance (pp. 14–32). New York, NY: Praeger.
Strümpel, B., & Katona, G. (1983). Psychologie gesamtwirtschaftlicher Prozesse. In M. Irle & W. Sussmann (Hrsg.), Handbuch der Psychologie. Marktpsychologie (1. Halbbd.). Marktpsychologie als Sozialwissenschaft (S. 225–247). Göttingen: Hogrefe.
Süddeutsche Zeitung (15.4.2014). http://www.sueddeutsche.de/geld/steuerhinterziehung-zahl-der-selbstanzeigen-steigt-rasant-1.1937758.
Sutter, M., & Weck-Hannemann, H. (2003). Taxation and the veil of ignorance: A real effort experiment on the Laffer curve. Public Choice, 115, 217–240.
Swenson, C. (1988). Taxpayer behavior in response to taxation: An experimental analysis. Journal of Accounting and Public Policy, 7, 1–28.
Taxpayer Advocate Service (2012). Annual Report to Congress. Washington, D.C.: Department of the Treasury.
Tenbrunsel, A. E., & Messick, D. M. (1999). Sanctioning systems, decision frames, and cooperation. Administrative Science Quarterly, 44, 684–707.
Tyler, T. R. (2006). Psychological perspectives on legitimacy and legitimation. Annual Review of Psychology, 57, 375–400.
Tyszka, T. (1994). Cognitive representation of economics. Paper presented at the IAREP/SABE conference, Rotterdam, NL.
Van Lange, P. A. M., Liebrand, W. B. G., Messick, D. M., & Wilke, H. A. M. (1992). Social dilemmas: The state of the art. In W. Liebrand, D. Messick, & H. Wilke (Eds.), Social dilemmas. Theoretical issues and research findings (pp. 3–28). Oxford, UK: Pergamon Press.
Veit, O. (1927). Grundlagen der Steuermoral. Zeitschrift für die gesamte Staatswissenschaft, 83, 317–344.
Vogel, J. (1974). Taxation and public opinion in Sweden: An interpretation of recent survey data. National Tax Journal, 27, 78–85.
Wallschutzky, I. G. (1984). Possible causes for tax evasion. Journal of Economic Psychology, 5, 371–384.
Wärneryd, K. E., & Walerud, B. (1982). Taxes and economic behavior: Some interview data on tax cheating in Sweden. Journal of Economic Psychology, 2, 187–211.
Webley, P., Robben, H. S. J., Elffers, H., & Hessing, D. J. (1991). Tax evasion: An experimental approach. Cambridge, UK: Cambridge University Press.
Weigel, R. H., Hessing, D. J., & Elffers, H. (1987). Tax evasion research: A critical appraisal and theoretical model. Journal of Economic Psychology, 8, 215–235.
Weltbank (2014). GINI index. http://data.worldbank.org/indicator/SI.POV.GINI
Wiswede, G. (1991). Einführung in die Wirtschaftspsychologie. München: UTB.
Woll, A. (1981). Allgemeine Volkswirtschaftslehre. München: Vahlen.

Stellung, Abgrenzung und Sanktionierung der Steuerhinterziehung im Strafrechtssystem

Prof. Dr. *Markus Jäger*
Richter am Bundesgerichtshof, Karlsruhe

Inhaltsübersicht

I. Das Urteil des EuGH vom 3.7.2014 in der Rechtssache C-165/13
II. Die Stellung der Steuerhinterziehung im Strafrechtssystem
   1. Der Tatbestand der Steuerhinterziehung
   2. Das Rechtsgut der Steuerhinterziehung
   3. Steuerstrafrecht als Teil des Nebenstrafrechts
   4. Die Deliktsnatur der Steuerhinterziehung
      a) Blankettcharakter der Steuerhinterziehung
         aa) Steuerhinterziehung als „Blankettstrafnorm"
         bb) Die Steuerhinterziehung im Spannungsfeld unterschiedlicher Rechtsmaterien
         cc) Besondere Bedeutung des Art. 103 Abs. 2 GG für das Steuerstrafrecht
         dd) Kollision zwischen richtlinienkonformer Auslegung und dem Analogieverbot
         ee) Lösung des Falles 1
      b) Die Steuerhinterziehung als Erklärungsdelikt
      c) Die Steuerhinterziehung als Erfolgsdelikt
         aa) Tatererfolg der Steuerhinterziehung
         bb) Verletzungs- oder Gefährdungsdelikt?
      d) Die Steuerhinterziehung als reines Vorsatzdelikt
III. Die Abgrenzung der Steuerhinterziehung im Strafrechtssystem
IV. Die Sanktionierung der Steuerhinterziehung im Strafrechtssystem
   1. Ahndung der Steuerhinterziehung mit Kriminalstrafe
      a) Kriminalstrafe als ultima ratio
      b) Besonderheit: Strafaufhebungsgrund Selbstanzeige
   2. Strafrahmen
      a) Regelstrafrahmen der Steuerhinterziehung
      b) Besonders schwere Fälle der Steuerhinterziehung
         aa) Strafrahmen und Regelbeispiele für besonders schwere Fälle der Steuerhinterziehung
         bb) Regelbeispiel der Hinterziehung in großem Ausmaß
         cc) Erfordernis einer Gesamtwürdigung
   3. Strafzumessung im engeren Sinn
      a) Maßstäbe für die Strafzumessung
      b) Hinterziehung „auf Zeit"
V. Fazit

I. Das Urteil des EuGH vom 3.7.2014 in der Rechtssache C-165/13

Am 3.7.2014 hat der Gerichtshof der Europäischen Union (EuGH) in der Rechtssache Gross (C-165/13) sein Urteil verkündet.[1] Die Entscheidung,

---

1 EuGH, Urt. v. 3.7.2014 – Rs. C-165/13 – Gross, ABl. EU 2014, Nr C 292, 7-8 (Leitsatz), ZfZ 2014, 253 (Leitsatz und Gründe).

die sich auf die Tabaksteuer bezieht, ist in einem Vorabentscheidungsverfahren ergangen. Ihre zentrale Aussage ist, *dass derjenige, der zu gewerblichen Zwecken verbrauchsteuerpflichtige Waren in Besitz hält, die in einem anderen Mitgliedstaat der Europäischen Union in den steuerrechtlich freien Verkehr übergeführt worden sind, auch dann Schuldner der Verbrauchsteuer ist, wenn er nicht der erste Besitzer der Waren im Bestimmungsmitgliedstaat gewesen ist*[2]. Dies ergebe sich – so der EuGH – aus Art. 7 i.V.m. Art. 9 der Verbrauchsteuer-System-Richtlinie 92/12/EWG.[3] Denn nach Art. 7 Abs. 3 der Richtlinie 92/12/EWG werde die Verbrauchsteuer u.a. von der Person geschuldet,

„*bei der die Waren innerhalb eines anderen Mitgliedstaats als dem, in dem sie bereits in den steuerrechtlich freien Verkehr übergeführt worden sind, bereitgestellt werden.*"

Eine engere Auslegung, nach der nur der erste Besitzer der Waren nach dem Verbringen in den Bestimmungsmitgliedstaat Steuerschuldner ist, sei mit der Richtlinie nicht vereinbar.[4] Dies bedeutet letztlich, dass jeder, der unversteuerte Zigaretten erlangt und mit diesen handeln will, Schuldner der Tabaksteuer wird.

Was hat dieses Urteil des EuGH mit der Stellung des Straftatbestands der Steuerhinterziehung (§ 370 AO) im Strafrechtssystem zu tun? Auf den ersten Blick wenig; es geht um die Auslegung der Verbrauchsteuer-System-Richtlinie zum Begriff des Steuerschuldners. Bei näherem Hinsehen wird aber deutlich: Es geht hier auch um die Anwendungsbereich des Straftatbestandes der Steuerhinterziehung und seine Abgrenzung von anderen Straftatbeständen, etwa der Steuerhehlerei (§ 374 AO). Dies zeigt ganz deutlich die Vorgeschichte zu der Entscheidung des EuGH. Sie ist auf ein Vorabentscheidungsersuchen des BFH[5] hin ergangen. Das Ausgangsverfahren hatte einen Fall zum Gegenstand, in dem von einer Schmugglerorganisation mehrfach unversteuerte und unverzollte Zigaretten vorschriftswidrig aus einem anderen Mitgliedstaat der Europäischen Union nach Deutschland verbracht worden waren. Er soll fortan als **Fall 1** bezeichnet werden. Ein Abnehmer solcher Zigaretten war von einem Strafgericht rechtskräftig wegen gewerbsmäßiger Steuerhehlerei in vier Fällen zu einer Freiheitsstrafe verurteilt worden. Unabhängig davon war er vom FG als Steuerschuldner zur Zahlung der

---

2 EuGH, a.a.O., Rz. 25, 26.
3 Richtlinie 92/12/EWG des Rates vom 25.2.1992 über das allgemeine System, den Besitz, die Beförderung und die Kontrolle verbrauchsteuerpflichtiger Waren, ABl. EG 1992 Nr. L 76, 1, ber. ABl. EG 1995 Nr. L 17, 20 (im Folgenden: Richtlinie 92/12/EWG); sie wurde ersetzt durch die Richtlinie 2008/118/EG des Rates vom 16.12.2008 über das allgemeine Verbrauchsteuersystem und zur Aufhebung der Richtlinie 92/12/EWG, ABl. EU 2009 Nr. L 9, 12 (im Folgenden: Verbrauchsteuer-System-Richtlinie 2008/118/EG).
4 EuGH, a.a.O., Rz. 26.
5 BFH, Beschl. v. 12.12.2012 – VII R 44/11, ZfZ 2013, 138 und NZWiSt 2014, 232 mit Anmerkung *Allgayer/Sackreuther* S. 235.

Tabaksteuer verurteilt worden, weil er die Zigaretten als Empfänger in Besitz genommen habe. Dies ergebe sich aus § 19 Satz 2 TabStG in der zum Tatzeitpunkt geltenden Fassung. Diese Vorschrift lautet:[6]

„Steuerschuldner ist, wer verbringt oder versendet und der Empfänger, sobald er Besitz an den Tabakwaren erlangt hat.

Der BFH hielt die Anknüpfung der Steuerschuldnerschaft an dem Besitz der Zigaretten für richtig, weil nach Art. 9 Abs. 1 Unterabs. 1 der Richtlinie 92/12/EWG beim Verbringen oder Versenden verbrauchsteuerpflichtiger Waren in das inländische Steuergebiet alle Personen als Steuerschuldner anzusehen seien, die Herrschaft über die Ware erlangten.[7] Somit komme auch ein weiterer Empfänger im Steuergebiet, z.B. ein Zwischenhändler oder ein Abnehmer, als Schuldner der Tabaksteuer in Betracht. Der BFH sah sich aber an einer entsprechenden Entscheidung durch ein Urteil des 1. Strafsenats des BGH aus dem Jahr 2010 gehindert.[8] Dieses Urteil befasste sich mit der Abgrenzung der Steuerhinterziehung (§ 370 AO) von der Steuerhehlerei (§ 374 AO).

Dem Revisionsverfahren des BGH lag (vereinfacht) folgender Sachverhalt zugrunde:

Der Angeklagte erwarb in einer Lagerhalle in Deutschland unversteuerte Zigaretten der Marke Jin Ling, die von Schmugglern aus Russland über die Ukraine und Polen vorschriftswidrig nach Deutschland verschafft und dort gelagert worden waren. Er übernahm die Zigaretten von den Vortätern und wollte sie gewinnbringend weiterverkaufen.

Der BGH sah den Angeklagten lediglich als Haftungsschuldner nach § 71 AO an. Demgegenüber sei der Angeklagte nicht neben den Schmugglern weiterer Schuldner der Tabaksteuer, weil er den Besitz an den Zigaretten erst nach Beendigung des Verbringens erlangt habe. § 19 Satz 1 TabStG (a.F.) knüpfe aber das Entstehen der Tabaksteuerschuld an das Verbringen oder Versenden nach Deutschland an. Aus Wortlaut und Systematik der Vorschrift ergebe sich, dass als weiterer Steuerschuldner neben dem Verbringer allein derjenige „Empfänger" der Ware in Betracht komme, der im Rahmen des Verbringungsvorgangs selbst den Besitz an den Tabakwaren erlangt habe.[9] Der BGH entschied deshalb in dem anhängigen Revisionsverfahren, dass sich der Angeklagte nur als Steuerhehler (§ 374 AO), nicht aber als Steuerhinterzieher strafbar gemacht habe.

---

6 Die Vorschrift des § 19 Satz 2 TabStG galt in dieser Fassung bis zum 31.3.2010; sie wurde ersetzt durch die Regelung des § 23 Abs. 1 Satz 2 TabStG, nach der „Steuerschuldner ist, wer die Lieferung vornimmt oder die Tabakwaren in Besitz hält und der Empfänger, sobald er Besitz an den Tabakwaren erlangt hat".
7 BFH, Beschl. v. 12.12.2012 – VII R 44/11, NZWiSt 2014, 232 Rz. 2.
8 BGH, Urt. v. 2.2.2010 – 1 StR 635/09, wistra 2010, 226.
9 BGH, Urt. v. 2.2.2010 – 1 StR 635/09, Abschnitt II Nr. 2 Buchst. b, wistra 2010, 226.

Nun hat aber der EuGH judiziert, dass nach der Verbrauchsteuer-System-Richtlinie 92/12/EWG jeder Besitzer von Waren zu gewerblichen Zwecken als Steuerschuldner zu gelten habe.[10] Damit wäre der Angeklagte in dem vom BGH im Februar 2010 entschiedenen Fall selbst Steuerhinterzieher. Nicht nur das: Jeder gewerbsmäßige Steuerhehler wäre zugleich Steuerhinterzieher derjenigen Steuer, auf die sich seine Hehlerei bezieht. Kann das sein? In einer Handelskette würden dann alle aufeinanderfolgenden Besitzer dieselbe Tabaksteuer schulden. Alle müssten sie anmelden und alle könnten sie hinterziehen. Dies ist ein jedenfalls aus strafrechtlicher Sicht überraschendes Ergebnis, vor allem, wenn man im Ankauf von Zigaretten, die bereits Gegenstand einer Tabaksteuerhinterziehung waren, eine typische Hehlereihandlung i.S.d. § 374 AO sieht.

Nach dem Urteil des EuGH in der Rechtssache Gross (C-165/13)[11] stellt sich nun die Frage, ob damit im Ergebnis das Recht der Europäischen Union über die Anwendbarkeit und Reichweite von nationalen Straftatbeständen bestimmt. Mit anderen Worten: Gibt das Gebot der richtlinienkonformen Auslegung auch die Reichweite des Straftatbestands der Steuerhinterziehung (§ 370 AO) vor oder erfolgt die strafrechtliche Einordnung gegen steuerrechtliche Normen verstoßenden Verhaltens nach strafrechtlichen Maßstäben? Im Ergebnis hängt hiervon ab, ob der Erwerber unversteuerter Zigaretten wegen Steuerhehlerei (§ 370 AO), Steuerhinterziehung (§ 374 AO) oder womöglich wegen beider Delikte strafbar ist. Dies wirft insgesamt die Frage nach der Stellung der Steuerhinterziehung im Strafrechtssystem auf.

II. Die Stellung der Steuerhinterziehung im Strafrechtssystem

1. Der Tatbestand der Steuerhinterziehung

Die Stellung der Steuerhinterziehung im Strafrechtssystem wird zunächst von der Ausgestaltung des Straftatbestandes bestimmt. Die gesetzliche Regelung findet sich in § 370 Abs. 1 AO und enthält zwei Haupttatbestände, die für alle Steuerarten gelten. In diesem Absatz des § 370 AO sind sowohl die Tathandlungen als auch der Taterfolg bezeichnet. § 370 Abs. 1 Nr. 1 AO erfasst die Steuerhinterziehung durch aktives Tun, § 370 Abs. 1 Nr. 2

---

10 Zur Begründung hat der EuGH dabei ausdrücklich auch an die nun geltende Verbrauchsteuer-System-Richtlinie 2008/118/EG angeknüpft, welche die Richtlinie 92/12/EWG ersetzt hat. Diese Richtlinie stütze die Schlussfolgerung, dass auch nachfolgende Besitzer Steuerschuldner seien. Denn in Art. 33 Abs. 3 der Verbrauchsteuer-System-Richtlinie 2008/118/EG, der den Inhalt von Art. 7 der Richtlinie 92/12/EWG vereinfache, werde nur noch auf die Person Bezug genommen, „an die Waren im anderen Mitgliedstaat geliefert werden" (EuGH, a.a.O., Rz. 27).
11 EuGH, a.a.O.

AO die Tatbestandsverwirklichung durch Unterlassen.[12] Nach § 370 Abs. 1 Nr. 1 AO begeht eine Tathandlung,

„*wer den Finanzbehörden oder anderen Behörden über steuerlich erhebliche Tatsachen unrichtige oder unvollständige Angaben macht*".

Eine Tathandlung durch Unterlassen gem. § 370 Abs. 1 Nr. 2 AO begeht,

„*wer die Finanzbehörden pflichtwidrig über steuerlich erhebliche Tatsachen in Unkenntnis lässt*".

Einen Taterfolg i.S.d. § 370 Abs. 1 AO bewirkt, wer

„*Steuern verkürzt oder für sich oder einen anderen nicht gerechtfertigte Steuervorteile erlangt*".

2. Das Rechtsgut der Steuerhinterziehung

Die Stellung und die Reichweite des Straftatbestands der Steuerhinterziehung werden ganz wesentlich auch durch das geschützte Rechtsgut bestimmt. Rechtsgut des Straftatbestands der Steuerhinterziehung ist nach h.M. das öffentliche Interesse am rechtzeitigen und vollständigen Aufkommen jeder einzelnen Steuer.[13] Letztlich wird damit der konkrete Einzelsteueranspruch geschützt und nicht nur das Gesamtsteueraufkommen.[14] Da die Steueransprüche des Staates[15] zu dessen Vermögen zählen, ist nach

---

12 § 370 Abs. 1 Nr. 3 AO betrifft allein den Fall des pflichtwidrigen Unterlassens der Verwendung von Steuerzeichen oder Steuerstemplern.
13 BGH, Urt. v. 1.2.1989 – 3 StR 179/88, BGHSt, 36, 100, 102; vgl. auch *Jäger* in Klein, AO, 12. Aufl., § 370 AO Rz. 2, *Hellmann* in Hübschmann/Hepp/Spitaler, § 370 AO Rz. 40 ff. sowie *Joecks* in Franzen/Gast/Joecks, Steuerstrafrecht, 7. Aufl., Einleitung Rz. 8 und § 370 AO Rz. 14 ff. Zum Teil wird in der Rechtsprechung das Rechtsgut der Steuerhinterziehung auch bezeichnet als Anspruch des Steuergläubigers auf den vollen Ertrag jeder einzelnen Steuer (vgl. BGH, Urt. v. 6.6.2007 – 5 StR 127/07, BGHSt 51, 356 (361) m.w.N.; krit. *Ransiek* in Kohlmann, Steuerstrafrecht, § 370 AO, Lfg. 39, Rz. 55). Ein sachlicher Unterschied zwischen beiden Formulierungen besteht nicht (glA *Kuhlen*, Grundfragen der strafbaren Steuerhinterziehung, 2012, S. 37).
14 Auch wenn der Straftatbestand der Steuerhinterziehung gem. § 370 AO an den steuerlichen Erklärungspflichten anknüpft und nicht an der Nichtentrichtung der geschuldeten Steuer, ist das geschützte Rechtsgut nicht allein die Gewährleistung der Mitwirkung des Steuerpflichtigen im Besteuerungsverfahren. Denn neben dem Verstoß gegen diese Pflichten setzt der Tatbestand der Steuerhinterziehung noch den Taterfolg einer Steuerverkürzung oder der Erlangung eines nicht gerechtfertigten Steuervorteils voraus (vgl. dazu *Joecks* in Franzen/Gast/Joecks, a.a.O., Einleitung Rz. 8).
15 § 370 Abs. 6 AO trägt dem Binnenmarkt der Europäischen Union Rechnung und erweitert den strafrechtlichen Schutz in § 370 AO auf Einfuhr- und Ausfuhrabgaben sowie auf Umsatz- und Verbrauchsteuern, die von anderen Mitgliedstaaten der EU verwaltet werden oder einem Mitgliedstaat der Europäischen Freihandelsassoziation (EFTA) zustehen.

h.M. die Steuerhinterziehung, ebenso wie der Betrug, ein Vermögensdelikt.[16]

3. Steuerstrafrecht als Teil des Nebenstrafrechts

Das Steuerstrafrecht wird dem sog. Nebenstrafrecht zugeordnet. Das bedeutet aber nicht, dass es sich um nebensächliches oder unbedeutendes Strafrecht handelt. Beschrieben wird hierdurch nur die Regelungsstruktur. Im Nebenstrafrecht sind die Strafnormen nicht in reine Strafgesetze ausgegliedert; sie sind vielmehr Teil von wirtschafts- oder verwaltungsrechtlichen Regelungen.[17] Die Steuerhinterziehung ist deshalb wegen ihrer Verzahnung mit dem Steuerrecht in der Abgabenordnung geregelt.

Die Bedeutung von Vorschriften des Nebenstrafrechts in der Praxis ist häufig deutlich größer als die mancher Tatbestände des Kernstrafrechts. Dies zeigt sich etwa am Betäubungsmittelstrafrecht. Für das Steuerstrafrecht gilt dies ebenfalls, was sich bereits den Strafverfolgungsstatistiken entnehmen lässt.[18] Die Zuordnung zum Nebenstrafrecht sagt auch nichts über den Schweregrad der Delikte aus. Neben Taten mit geringem Unrechtsgehalt gibt es schwer wiegende Begehungsformen der Steuerhinterziehung. Als Beispiele seien die Umsatzsteuerkarussellgeschäfte[19], der „Vorsteuererstattungsbetrug"[20] und die Hinterziehung von Steuern in Millionenhöhe[21], darunter solche auf Kapitalerträge[22], genannt.

4. Die Deliktsnatur der Steuerhinterziehung

Zentrale Bedeutung für die Stellung der Steuerhinterziehung im Strafrechtssystem hat die Deliktsnatur des Straftatbestands des § 370 AO.

---

16 Vgl. *Kuhlen*, a.a.O., S. 38; *Hellmann*, a.a.O., Rz. 43; *Joecks* in Franzen/Gast/Joecks, a.a.O., Einleitung Rz. 8 und § 370 Rz. 14; *Ransiek*, a.a.O., Rz. 54.
17 Vgl. *Joecks* in MünchKomm/StGB, Band 1, 2. Aufl., Einleitung Rz. 9.
18 Nach der Statistik des Bundesministeriums der Finanzen wurden allein im Jahr 2012 von den Bußgeld- und Strafsachenstellen der Finanzämter 69 474 Ermittlungsverfahren abgeschlossen. Im gleichen Zeitraum wurden von den Gerichten und Staatsanwaltschaften in Steuerstrafsachen 14 640 Strafverfahren rechtskräftig abgeschlossen. Es ergingen 8179 Urteile und Strafbefehle wegen Steuerhinterziehung (§ 370 AO). Dem Strafmaß von insgesamt 2340 Jahren Freiheitsstrafe (einschließlich Bewährungsstrafen) und Geldstrafen von 56,5 Millionen Euro lagen 965,60 Millionen Euro an hinterzogenen Steuern zugrunde (Quelle: Monatsbericht des Bundesministeriums der Finanzen vom 21.10.2013 „Verfolgung von Steuerstraftaten und Steuerordnungswidrigkeiten: Ergebnisse 2012").
19 Vgl. dazu *Jäger* in Klein, AO, 12. Aufl., § 370 AO Rz. 373 ff. m.N.
20 Vgl. BGH, Beschl. v. 1.10.2013 – 1 StR 312/13, wistra 2014, 141; Beschl. v. 5.2.2014 – 1 StR 422/13, wistra 2014, 191.
21 Vgl. BGH, Urt. v. 2.12.2008 – 1 StR 416/08, BGHSt 53, 71; Urt. v. 7.2.2012 – 1 StR 525/11, BGHSt 57, 123.
22 Vgl. LG München II, Urt. v. 13.3.2014 – W 5 KLs 68 Js 3284/13, wistra 2015, 77.

a) Blankettcharakter der Steuerhinterziehung

aa) Steuerhinterziehung als „Blankettstrafnorm"

Steuerstrafrecht wird von der Rechtsprechung als „Blankettstrafrecht" bezeichnet.[23] Der BGH hat dabei darauf hingewiesen, dass der Unterschied eines Blankettstraftatbestandes zu anderen Straftatbeständen darin liegt, dass erst das Blankettstrafgesetz und die blankettausfüllenden Normen zusammen die maßgebliche Strafvorschrift bilden. Deshalb muss sich der im Steuerstrafverfahren tätige Richter selbst mit den blankettausfüllenden Normen des materiellen Steuerrechts befassen und diese auf den Einzelfall anwenden.[24] Das Begriffsverständnis der Rechtsprechung vom Steuerstrafrecht wird in der Literatur teilweise geteilt;[25] zum Teil ist es auf Kritik gestoßen.[26] Einige Autoren sehen im Straftatbestand des § 370 AO insgesamt keine Blankettstrafnorm[27], sondern einen normativen Tatbestand.[28] Nach der Auffassung anderer ist die Steuerhinterziehung zwar grundsätzlich ein normativer Straftatbestand, weil es sich bei den Merkmalen „steuerlich erhebliche Tatsachen", „Steuervorteil" und „Steuerverkürzung" um normative Tatbestandsmerkmale handele. Da aber das Merkmal „pflichtwidrig" in den beiden Unterlassungsvarianten des § 370 Abs. 1 AO im Sinne eines Blanketts auf die Handlungspflichten aus den Einzelsteuergesetzen verweise, handele es sich bei § 370 Abs. 1 Nr. 1 AO um einen normativen Tatbestand und bei § 370 Abs. 1 Nr. 2 und 3 AO um Blankettstraftatbestände.[29] Steuerstrafrecht sei daher allenfalls weitgehend, nicht aber immer Blankettstrafrecht.[30]

---

23 Vgl. BVerfG, Beschl. v. 16.6.2011 – 2 BvR 542/09, wistra 2011, 458; Beschl. v. 8.5.1974 – BVerfGE 37, 201 (208); vgl. zum Bezeichnung von Steuerstrafrecht als „Blankettstrafrecht" auch *Jäger* in Klein, AO, 12. Aufl., § 370 Rz. 5 f.
24 BGH, Beschl. v. 19.4.2007 – 5 StR 549/06, wistra 2007, 346 (347); vgl. auch BGH, Beschl. v. 24.6.2009 – 1 StR 229/09, wistra 2009, 396 (397); Beschl. v. 2.11.2010 – 1 StR 544/09, juris, Rz. 76 sowie zu weiteren Nachweisen aus der Rechtsprechung *Jäger*, StraFo 2006, 477.
25 *Allgayer* in Graf/Jäger/Wittig, Wirtschafts- und Steuerstrafrecht, 1. Aufl. 2011, § 369 AO Rz. 20 ff.; *Flore* in Flore/Tsambikakis, Steuerstrafrecht, § 370 AO Rz. 8; vgl. auch die Nachweise bei *Seer* in Tipke/Lang, Steuerrecht, 21. Aufl. 2013, § 23 Rz. 22.
26 Vgl. zusammenfassend zum Streitstand *Juchem*, § 370 AO – ein normativer Straftatbestand!, wistra 2014, 300.
27 Ein Blankettstrafgesetz ist ein förmliches Gesetz, in dem nur Art und Maß der Strafe bestimmt und im Übrigen angeordnet ist, dass diese Strafe denjenigen trifft, der eine durch eine ausfüllende Vorschriften festgesetzte Unterlassungs- oder Handlungspflicht verletzt. Blankettstrafgesetz und ausfüllende Normen ergeben somit erst gemeinsam die Vollvorschrift (*Fischer*, StGB, 62. Aufl., § 1 Rz. 9 und 10 m.w.N.).
28 Vgl. *Ransiek* in Kohlmann, Steuerstrafrecht, § 370 AO, Lfg. 49, Rz. 27 f.; *Hellmann* in Hübschmann/Hepp/Spitaler, AO, § 370 Rz. 47; *Juchem*, a.a.O., m.w.N.
29 *Schuster*, Das Verhältnis von Strafnormen und Bezugsnormen aus anderen Rechtsgebieten, 2012, S. 188, 195 f. und 211; *Wulf*, wistra 2011, 41 (43); *Schmitz/Wulf* in MünchKomm/StGB, Band 7, 2. Aufl. 2015, Rz. 13 ff. und 362 ff.
30 So ausdrücklich *Gaede* in wistra 2008, 184 (185).

In den meisten Fällen hat dieser Meinungsstreit keine praktischen Auswirkungen auf das Ergebnis. Auch wenn der Begriff des „Blankettstrafrechts" von einigen Autoren als irreführend bezeichnet wird, so bringt er doch anschaulich zum Ausdruck, dass die Sanktionsnorm selbst nicht alle Merkmale nennt, die für eine Strafbarkeit erfüllt sein müssen. Es muss stets auf die Vorschriften des Steuerrechts zurückgegriffen werden. Dies ist die zentrale Aussage, wenn der BGH den Begriff des „Blankettstrafrechts" verwendet. Der Begriff verdeutlicht, dass sich die für die Tathandlung bedeutsamen steuerlichen Erklärungspflichten und die für den Taterfolg, dabei insbesondere die Steuerentstehung und die Höhe der Steuer, maßgeblichen steuerlich erheblichen Tatsachen nicht aus der Strafvorschrift selbst, sondern aus den Normen des Steuerrechts ergeben. Diese müssen deshalb in den Blick genommen werden.[31] Auch müssen in einem Strafurteil nach § 267 Abs. 1 Satz 1 StPO die Urteilsgründe die für erwiesen erachteten Tatsachen, also das Tatgeschehen mitteilen, in dem die gesetzlichen Merkmale der Straftat gefunden werden. Hierzu gehören auch die Merkmale der steuerrechtlichen Normen, auf die beim Straftatbestand der Steuerhinterziehung zurückgegriffen werden muss. Denn beim Delikt der Steuerhinterziehung finden sich die Merkmale der Straftat in der Strafnorm des § 370 AO und in den im Einzelfall anzuwendenden steuerrechtlichen Normen, aus denen sich ergibt, welches steuerlich erhebliche Verhalten im Rahmen der jeweiligen Abgabenart zu einer Steuerverkürzung geführt hat.[32] Schließlich unterliegen nach der Rechtsprechung des BVerfG auch die Vorschriften der Abgabenordnung und der Einzelsteuergesetze, mit denen der Straftatbestand der Steuerhinterziehung (§ 370 Abs. 1 AO) ausgefüllt wird, den sich aus Art. 103 Abs. 2 GG für Bestimmtheit und möglichem Wortsinn als Auslegungsgrenze (Analogieverbot) geltenden Grenzen.[33]

bb) Die Steuerhinterziehung im Spannungsfeld unterschiedlicher Rechtsmaterien

Insbesondere aufgrund des „Blankettcharakters" des Straftatbestandes der Steuerhinterziehung besteht im Steuerstrafrecht ein Spannungsfeld unterschiedlicher Rechtsmaterien, deren Grundsätze in einem Steuerstrafverfahren jeweils zu beachten sind. Es sind dies neben dem Strafrecht und dem Steuerrecht auch die Regelungen des Strafprozessrechts und des steuerli-

---

31 Das Erfordernis dieses Rückgriffs wirft insbesondere in den Bereichen von Vorsatz und Irrtum, von Bestimmtheit und Wortlautgrenze (Art. 103 Abs. 2 GG) sowie zum zeitlichen Anwendungsbereich und zur Wirksamkeit der in Bezug genommenen steuerlichen Normen Fragen auf (vgl. *Allgayer* in Graf/Jäger/Wittig, Wirtschafts- und Steuerstrafrecht, 1. Aufl. 2011, § 369 AO Rz. 23).
32 St. Rspr.; vgl. BGH, Beschl. v. 24.6.2009 – 1 StR 229/09, wistra 2009, 396 und BGH, Urt. v. 12.5.2008 – 1 StR 718/08, wistra 2009, 398, jeweils m.w.N.
33 St. Rspr. des BVerfG; vgl. nur Beschl. v. 16.6.2011 – 2 BvR 542/09 Rz. 58, wistra 2011, 458.

chen Verfahrensrechts. Besondere Bedeutung kommt dem Recht der Europäischen Union, insbesondere den EU-Richtlinien, zu, soweit sie den nationalen Steuernormen zugrunde liegen. Soweit die jeweils anzuwendenden Grundsätze im Einzelfall miteinander nicht in Einklang zu bringen sind, muss bestimmt werden, welchen Grundsätzen der Vorrang zukommt.

cc) Besondere Bedeutung des Art. 103 Abs. 2 GG für das Steuerstrafrecht

Besondere Bedeutung im Steuerstrafrecht hat die im Grundgesetz verankerte Regelung des Art. 103 Abs. 2 GG. Sie bestimmt, ebenso wie § 1 StGB, dass eine Tat nur bestraft werden kann, wenn die Strafbarkeit bestimmt war, bevor die Tat begangen wurde (nulla poena sine lege). Aus diesem Grundsatz ergeben sich neben dem Gesetzesvorbehalt (Gesetzlichkeitsprinzip) und dem Rückwirkungsverbot auch das Bestimmtheitsgebot und das Analogieverbot.[34] Nach der Rechtsprechung des BVerfG gelten die verfassungsrechtlichen Anforderungen an die Bestimmtheit der Strafnorm und das Verbot, bei der Auslegung der Norm über deren möglichen Wortsinn hinauszugehen (Wortlautgrenze) auch für die Vorschriften der Abgabenordnung und der Einzelsteuergesetze, mit denen der Straftatbestand der Steuerhinterziehung ausgefüllt wird.[35] Damit sind – jedenfalls für das Strafrecht – an die steuerlichen Ausfüllungsnormen dieselben Bestimmtheitsanforderungen wie an Straftatbestände zu stellen. Dies gilt unabhängig davon, ob der Straftatbestand der Steuerhinterziehung als „echter" Blankettstraftatbestand oder „nur" als Straftatbestand mit normativen Tatbestandsmerkmalen anzusehen ist. Von Teilen der Literatur wird dies freilich anders gesehen. Da sie einen Blankettcharakter der steuerstrafrechtlichen Tatbestände verneinen, gilt nach ihrer Auffassung auch die Wortlautgrenze des Art. 103 Abs. 2 GG für die erforderliche steuerrechtliche Bewertung nicht.[36]

dd) Kollision zwischen richtlinienkonformer Auslegung und dem Analogieverbot

Schwieriger wird es, wenn die bei richtlinienkonformer Auslegung einer vom Straftatbestand der Steuerhinterziehung in Bezug genommenen steuerrechtlichen Norm gebotene Auslegung nach den Maßstäben des Art. 103 Abs. 2 GG im Strafrecht nicht zulässig ist. Dann besteht eine Kollision zwischen nationalem Verfassungsrecht und dem Grundsatz unionsrechtskonformer Auslegung.

---

34 Vgl. dazu im Einzelnen *Allgayer* in Graf/Jäger/Wittig, Wirtschafts- und Steuerstrafrecht, 1. Aufl. 2011, § 369 AO Rz. 29 ff.
35 St. Rspr.; vgl. nur BVerfG, Beschl. v. 16.6.2011 – 2 BvR 542/09, wistra 2011, 458 m.w.N.; vgl. auch die Nachweise bei *Allgayer*, a.a.O.
36 Vgl. *Ransiek* in Kohlmann, a.a.O., § 370 AO, Lfg. 49, Rz. 27; *Schmitz/Wulf* in MünchKomm/StGB, Band 7, 2. Aufl., § 370 AO Rz. 23.

Zur Frage, wie diese Kollision aufzulösen ist, bestehen unterschiedliche Auffassungen. Unstreitig ist, dass der Grundsatz der richtlinienkonformen Auslegung auch im Strafrecht zu beachten ist; denn es besteht ein Anwendungsvorrang des Unionsrechts vor dem nationalen Recht.[37] Die Mitgliedstaaten sind nach dem im EU-Vertrag verankerten Loyalitätsgebot[38] zur Durchsetzung des Unionsrechts sowie zur Gewährleistung seiner praktischen Wirksamkeit (sog. effet utile) verpflichtet.[39] Der Vorrang des Unionsrechts gebietet es den Mitgliedstaaten, dem Unionsrecht bei der Auslegung des nationalen Rechts Rechnung zu tragen. Dies gilt auch für das Strafrecht, das deshalb unionsrechtskonform auszulegen und im Lichte des Unionsrechts fortzubilden ist.[40]

Der EuGH geht davon aus, dass unionsrechtliche Normen stets gleich auszulegen sind, sei es im Rahmen eines außerstrafrechtlichen Verfahrens oder im Rahmen des Strafrechts, wenn dieses außerstrafrechtliche Regeln des Unionsrechts in Bezug nimmt.[41] Auch sonst sollte eine voneinander abweichende steuerrechtliche und steuerstrafrechtliche Auslegung (sog. „gespaltene" Auslegung) möglichst vermieden werden. Denn das Ergebnis erschiene ungereimt; es bestünde ein Steueranspruch des Staates, der strafrechtlich nicht geschützt ist.[42] Steht aber in einem Fall die unionsrechtskonforme Auslegung in klar erkennbarem Widerspruch zum Wortlaut des nationalen Gesetzes, könnte diese „Normspaltung" nur dann verhindert werden, wenn man der unionsrechtlichen Auslegung Vorrang vor der nationalen Verfassungsnorm des Art. 103 Abs. 2 GG einräumte. Gegen eine Anerkennung der unionsrechtlichen Auslegung als ranghöchstes Auslegungsprinzip spricht aber, dass selbst der EuGH die Auffassung vertritt, die unionsrechtskonforme Auslegung finde ihre Grenzen in den allgemeinen Rechtsgrundsätzen, die Teil des Unionsrechts sind, und dabei insbesondere in dem Grundsatz der Rechtssicherheit und im Rückwirkungsverbot.[43] Der Wortlaut des Gesetzes bildet daher im Strafrecht eine unüberwindliche Grenze für die unionsrechtskonforme Interpretation, sofern sie zu einer Ausweitung des Anwendungsbereichs einer Strafnorm über den Wortsinn hinaus führen würde.[44] Zwar

---

37 Vgl. dazu *Fischer*, StGB, 62. Aufl., Vor §§ 3-7 Rz. 6.
38 Art. 4 Abs. 3 EUV.
39 Vgl. *Heine* in Graf/Jäger/Wittig, a.a.O., § 369 AO Rz. 69.
40 Vgl. *Dannecker*, Leipziger Kommentar zum Strafgesetzbuch, 12. Aufl. 2007, § 1 StGB Rz. 342.
41 EuGH, Urt. v. 27.2.1986 – 238/84, Slg. 1986, 805; vgl. dazu *Dannecker*, a.a.O., Rz. 346 m.w.N.
42 Zutr. *Allgayer* in Graf/Jäger/Wittig, a.a.O., § 369 AO Rz. 38.
43 Vgl. *Dannecker*, a.a.O., Rz. 348 mit Hinweis auf EuGH, Urt. v. 8.10.1987 – Rs. 80/86 – Kolpinghuis Nijmegen, Slg. 1987, 3986.
44 Vgl. *Dannecker*, a.a.O., Rz. 348, der allerdings der Auffassung ist, dass Schranke für die unionsrechtskonforme Auslegung nicht nationales Verfassungsrecht und damit auch nicht Art. 103 Abs. 2 GG sei, sondern der unionsrechtliche Bestimmtheitsgrundsatz mit geringeren Anforderungen (Rz. 349).

trifft das nationale Gericht die Verpflichtung, die volle Wirkung des Unionsrechts zu gewährleisten; dies gilt aber nur, soweit dies im Rahmen der ihm zur Verfügung stehenden Auslegungsmethoden auch möglich ist.[45] Im Ergebnis müssen sich daher jedenfalls im Strafrecht der Bestimmtheitsgrundsatz und das Analogieverbot aus Art. 103 Abs. 2 GG durchsetzen.

Ob für die Auslegung im Besteuerungsverfahren und im Finanzgerichtsverfahren andere Maßstäbe mit geringeren Anforderungen an die Bestimmtheit der Norm gelten, ist streitig. *Schulze-Osterloh* hat bereits bei der Jahrestagung der Deutschen Steuerjuristischen Gesellschaft im Jahr 1982 die Auffassung vertreten, dass im Strafrecht und im Steuerrecht ein unterschiedlicher Bestimmtheitsgrundsatz gelte. Der strenge strafrechtliche Bestimmtheitsgrundsatz des Art. 103 Abs. 2 GG finde im Steuerrecht keine Anwendung. Vielmehr werde der steuerrechtliche Bestimmtheitsgrundsatz aus dem Rechtsstaatsgebot abgeleitet. Insoweit bestehe eine größere Freiheit, weil Besteuerung weniger in die Freiheitssphäre des Bürgers eingreife als Bestrafung.[46] Die Folge einer unterschiedlichen Auslegung im Steuerrecht und Strafrecht wäre dann – zumindest in Teilbereichen – ein „gespaltenes" Steuerrecht. Es stellt sich aber die Frage, ob eine richtlinienkonforme Auslegung, die dem eindeutigen Wortlaut einer nationalen Steuerrechtsnorm widerspricht, im Steuerrecht mit den Anforderungen an den Vorbehalt des Gesetzes und dem Grundsatz der Gesetzmäßigkeit der Besteuerung noch vereinbar sein kann.[47]

ee) Lösung des Falles 1

Ausgehend von diesen Grundsätzen dürfte im Ausgangsfall (**Fall 1**) eine der Entscheidung des EuGH in der Rechtssache Gross (C-165/13) entsprechende Auslegung, dass Empfänger verbrauchsteuerpflichtiger Waren beim Versenden oder Verbringen auch eine Person sein könne, die nicht die erste Person im Bestimmungsmitgliedstaat gewesen ist, mit dem Wortlaut des § 19 Satz 1 TabStG a.F. nicht mehr vereinbar sein und daher gegen Art. 103 Abs. 2 GG verstoßen. Zwar kann nach dem allgemeinen Sprachgebrauch als „Empfänger" jede Person verstanden werden, an die etwas Bestimmtes gerichtet ist bzw. an die etwas Bestimmtes übermittelt wird. Der Wortsinn des Wortes „Empfänger" ergibt sich hier aber aus dem Kontext mit den übrigen Formulierungen in § 19 TabStG. Danach ist nach einer Steuerentstehung durch Verbringen oder Versenden aus einem anderen Mitgliedstaat

---

45 Vgl. *Heine* in Graf/Jäger/Wittig, a.a.O., § 369 AO Rz. 69 mit Hinweis auf EuGH, Urt. v. 5.10.2004 – Rs. C-397/01 u.a. – Pfeiffer, Rz. 116, Slg. 04, I-8835 = NJW 2004, 3547.
46 *Schulze-Osterloh*, Unbestimmtes Steuerrecht und strafrechtlicher Bestimmtheitsgrundsatz, DStJG 1983, 42 (56).
47 S. dazu *Allgayer/Sackreuther*, NWiSt 2014, 235 (237); *Rüsken*, ZfZ 2014, 255 (256) und *Weidemann*, ZfZ 2015, 111 (112); vgl. zur Gesetzmäßigkeit der Besteuerung auch *Hey* in Tipke/Lang, Steuerrecht, 21. Aufl. 2013, § 3 Rz. 230 ff., 237.

der Europäischen Union Steuerschuldner der Tabaksteuer u.a. „der Empfänger, sobald er Besitz an den Tabakwaren erlangt hat". Es kommt daher auf die Besitzerlangung vor Abschluss des Verbringungsverfahrens an.[48] Das Tatbestandsmerkmal „Empfänger" hätte nach der Auslegung durch den BFH keine eigenständige Bedeutung; es käme vielmehr allein auf den Besitz an.[49] Jedenfalls für das Strafrecht ist damit eine richtlinienkonforme Auslegung nicht möglich.[50] Die Auslegung des Empfängerbegriffs in § 19 Satz 2 TabStG a.F. durch den BGH im Jahr 2010[51] ist daher auch nach dem Urteil des EuGH vom 3.7.2014 für das Strafrecht weiter maßgeblich.[52]

Eine auf Dauer „gespaltene Auslegung" des Begriffs des „Empfängers" im Tabaksteuergesetz ist gleichwohl nicht zu befürchten. Denn in Umsetzung der Verbrauchsteuer-System-Richtlinie 2008/118/EG wurde § 19 TabStG a.F. mit Wirkung vom 1.4.2010 durch eine neue Regelung in § 23 TabStG ersetzt. Nach dessen Abs. 1 Satz 2 ist Steuerschuldner, „wer die Lieferung vornimmt oder die Tabakwaren in Besitz hält und der Empfänger, sobald er Besitz an den Tabakwaren erlangt hat". Zwar wollte der Gesetzgeber mit der Neuregelung insoweit keine inhaltlichen Änderungen vornehmen.[53] Gegen eine beabsichtigte Änderung spricht auch die Reihenfolge der Aufzählung, in der der Besitzer nach demjenigen, der die Lieferung vornimmt und vor dem Empfänger genannt wird. Dies macht deutlich, dass nur der Besitz im Rahmen des Liefervorgangs erfasst werden sollte. Hätte der Gesetzgeber die Steuerschuldnerschaft an vorschriftswidrig nach Deutschland verbrachten Tabakwaren allein an den Besitz anknüpfen wollen, hätte es nicht der Aufnahme des besitzerlangenden Empfängers bedurft. Es spricht

---

48 GlA *Leplow*, wistra 2014, 421 (423) und *Weidemann*, wistra 2014, 433.
49 Vgl. die Anmerkung von *Allgayer/Sackreuther* in NZWiSt 2014, 235 (237) zum Vorabentscheidungsersuchen des BFH v. 12.12.2012 – VII R 44/11, NZWiSt 2014, 232; *Weidemann* hat dies in seiner Anmerkung zum Vorabentscheidungsersuchen des BFH anschaulich beschrieben mit den Worten „Empfängerbesitz ist nicht Besitz schlechthin" (wistra 2013, 422 [424]).
50 Für das Steuerrecht ist der BFH in seiner abschließenden Entscheidung vom 11.11.2014 bei seiner Auffassung geblieben, dass nach dem allgemeinen Sprachgebrauch als Empfänger jede Person verstanden werden kann, an die etwas gerichtet ist oder übermittelt wird (BFH, Urt. v. 11.11.2014 – VII R 44/11, ZfZ 2015, 108). Nach seiner Auffassung lässt sich der Begriff des Empfängers unterschiedlich deuten. Lasse aber der Gesetzestext mehrere Auslegungsmöglichkeiten zu, sei nur eine mit dem Unionsrecht vereinbar, so sei derjenigen Auffassung der Vorzug zu geben, nach der die Norm nicht als unionsrechtswidrig einzustufen sei (BFH, a.a.O.).
51 BGH, Urt. v. 2.2.2010 – 1 StR 635/09, wistra 2010, 226.
52 Vgl. auch *Rüsken*, ZfZ 2014, 255 (256) a.E.; *Weidemann*, wistra 2013, 422; 2014, 433 sowie ZfZ 2015, 111.
53 Vgl. insoweit auch die Gesetzesmaterialen (BT-Drucks. 16/12257, S. 80), die ausführen, dass der neue § 23 Abs. 1 TabStG im Wesentlichen der bisherigen Regelung entspreche.

damit einiges dafür, dass mit der ausdrücklichen Nennung des Empfängers am Ende der Aufzählung der Steuerschuldner wie bisher zum Ausdruck gebracht werden sollte, dass lediglich die von Beginn bis Ende des Verbringungsvorgangs beteiligten Personen als Steuerschuldner in Betracht kommen.[54] Im Hinblick darauf, dass der Besitzer nunmehr ausdrücklich neben dem Empfänger genannt wird, dürfte aber eine richtlinienkonforme Auslegung, dass nach einem Verbringen oder Versenden von Tabakwaren aus einem anderen Mitgliedstaat nicht nur der Empfänger, sondern auch jeder weitere Besitzer Steuerschuldner wird, nun ohne weiteres vom Wortlaut gedeckt und daher mit Art. 103 Abs. 2 GG vereinbar sein. Wegen des Anwendungsvorrangs des Unionsrechts ist sie daher auch vorzunehmen.

Der BGH wird nun für solche Fälle, in denen der Steuerhehler selbst Steuerschuldner wird, das Verhältnis von Steuerhehlerei (§ 374 AO) und Steuerhinterziehung (§ 370 AO) zu klären haben. Es ist nicht ersichtlich, dass dem Unionsrecht Vorgaben für die konkrete Fassung des Straftatbestands der Steuerhinterziehung und dessen konkurrenzrechtliches Verhältnis zu anderen Straftatbeständen des Steuerstrafrechts zu entnehmen ist. Die Mitgliedstaaten sind lediglich nach Art. 4 Abs. 3 EU-Vertrag – soweit erforderlich auch mit Mitteln des Strafrechts – zur effektiven Durchsetzung des Unionsrechts verpflichtet.

b) Die Steuerhinterziehung als Erklärungsdelikt

Weitere Besonderheiten der Deliktsnatur der Steuerhinterziehung lassen sich an folgendem **Fall 2** verdeutlichen:

Handwerker H hat im Juni eines Jahres Liquiditätsprobleme und will sich finanziell etwas „Luft" verschaffen. Er erwartet in drei Monaten einen größeren Zahlungseingang. Aus diesem Grund begleicht er die Umsatzsteuerschuld für Juni erst im September. Auch die Umsatzsteuervoranmeldung gibt er erst im September ab. Hat er sich wegen Steuerhinterziehung strafbar gemacht?

Die Deliktsnatur der Steuerhinterziehung wird ganz wesentlich durch die Ausgestaltung des Straftatbestands als Erklärungsdelikt[55] bestimmt. Zwar ist die Steuerhinterziehung ein sog. Jedermannsdelikt („wer").[56] Strafbar ist

---

54 Zutr. *Allgayer/Sackreuther*, NZWiSt 2014, 235 (237).
55 BGH, Beschl. v. 22.7.2014 – 1 StR 189/14, NStZ-RR 2014, 310; Urt. v. 12.5.2009 – 1 StR 718/08, wistra 2009, 398.
56 Vgl. BGH, Urt. v. 9.4.2013 – 1 StR 586/12, BGHSt 58, 218; *Jäger* in Klein, AO, 12. Aufl., § 370 AO Rz. 25 mit weiteren Nachweisen aus der Rechtsprechung. Die Erklärungspflicht erfasst jeden, der sich in dieser Situation befindet; sie ist auch kein besonderes persönliches Merkmal i.S.d. § 28 Abs. 1 StGB (vgl. BGH, Urt. v. 25.1.1995 – 5 StR 491/94, BGHSt 41, 1 sowie BGH, Beschl. v. 22.1.2013 – 1 StR 234/12, BGHSt 58, 115 (118) Rz. 9 = BGHR StGB § 28 Abs. 1 Merkmal 11).

aber allein ein Verstoß gegen die steuerlichen Erklärungspflichten,[57] nicht hingegen die bloße Nichtzahlung von Steuern.[58]

Somit führte im **Fall 2** die verspätete Zahlung der Umsatzsteuer für H nicht zu einer Strafbarkeit. Er beging lediglich eine Ordnungswidrigkeit der Schädigung des Umsatzsteueraufkommens nach § 26b UStG. Allerdings gab H entgegen § 18 Abs. 1 UStG auch nicht bis zum 10. Tag nach Ablauf des Voranmeldungszeitraums eine Umsatzsteuervoranmeldung ab. Damit beging er doch eine Tathandlung einer Steuerhinterziehung – nämlich durch Unterlassen (§ 370 Abs. 1 Nr. 2 AO) –, weil er pflichtwidrig keine Steuererklärung einreichte.

c) Die Steuerhinterziehung als Erfolgsdelikt

aa) Taterfolg der Steuerhinterziehung

Die Begehung einer Tathandlung verwirklicht den Tatbestand des § 370 Abs. 1 AO für sich allein nicht; denn der Straftatbestand der Steuerhinterziehung ist als Erfolgsdelikt ausgestaltet.[59] Der objektive Tatbestand ist erst dann verwirklicht, wenn die Tathandlung kausal zu einer Steuerverkürzung oder zum Erlangen eines nicht gerechtfertigten Steuervorteils geführt hat. Die Besonderheit der Steuerhinterziehung im Verhältnis zu anderen Vermögensstraftaten besteht hier darin, dass der gesetzliche Taterfolg weit in den Bereich der Vermögensgefährdung vorverlagert ist. Nach der gesetzlichen Definition in § 370 Abs. 4 Satz 1 AO[60] liegt eine Steuerverkürzung im steuerlichen Festsetzungsverfahren[61] bereits dann vor, wenn die Steuern nicht rechtzeitig festgesetzt[62] werden.

---

57 Täter einer Steuerhinterziehung durch Unterlassen (§ 370 Abs. 1 Nr. 2 AO) kann deshalb nur sein, wer selbst zur Aufklärung steuerlich erheblicher Tatsachen besonders verpflichtet ist (vgl. BGH, Urt. v. 9.4.2013 – 1 StR 586/12, BGHSt 58, 218 m.w.N.).
58 Eine Ausnahme bildet lediglich der Straftatbestand der gewerbs- oder bandenmäßigen Schädigung des Umsatzsteueraufkommens (§ 26c UStG).
59 BGH, Urt. v. 12.5.2009 – 1 StR 718/08, wistra 2009, 398.
60 § 370 Abs. 4 Satz 1 AO lautet: „Steuern sind namentlich dann verkürzt, wenn sie nicht, nicht in voller Höhe oder nicht rechtzeitig festgesetzt werden; dies gilt auch dann, wenn die Steuer vorläufig oder unter Vorbehalt der Nachprüfung festgesetzt wird oder eine Steueranmeldung einer Steuerfestsetzung unter Vorbehalt der Nachprüfung gleichsteht."
61 Auch im steuerlichen Erhebungs- und Beitreibungsverfahren ist noch eine Steuerhinterziehung möglich (vgl. BGH, Urt. v. 19.12.1997 – 5 StR 569/96, wistra 1998, 180; Beschl. v. 21.8.2012 – 1 StR 26/12, wistra 2012, 482; s. dazu *Jäger* in Klein, AO, 12. Aufl., § 370 AO Rz. 52).
62 Die Steuerfestsetzung erfolgt durch Steuerbescheid (§ 155 AO); Steueranmeldungen (§ 150 Abs. 1 Satz 3 AO) stehen unter den Voraussetzungen des § 168 AO einer Steuererfestsetzung unter Vorbehalt der Nachprüfung gleich.

Somit verwirklichte H im **Fall 2** den objektiven Tatbestand einer Steuerhinterziehung gem. § 370 Abs. 1 Nr. 2 AO, weil er die Umsatzsteuervoranmeldung nicht rechtzeitig abgab. Der Taterfolg „nicht rechtzeitig festgesetzt" trat dadurch ein, dass diese Anmeldung gem. § 168 Satz 1 AO die Wirkung einer Steuerfestsetzung gehabt hätte.

bb) Verletzungs- oder Gefährdungsdelikt?

Wegen der Maßgeblichkeit der steuerlichen Festsetzung für den Taterfolg ist die Steuerhinterziehung nach der Rechtsprechung des BGH nicht notwendig ein Rechtsgutsverletzungsdelikt. Für den Erfolgseintritt genügt die tatbestandsmäßige Gefährdung des Steueraufkommens, wenn die Steuer nicht rechtzeitig festgesetzt wird.[63] Ob das Steueraufkommen endgültig geschädigt wird, ist für die Tatbestandsverwirklichung unbeachtlich. Aufgrund des in § 370 Abs. 4 Satz 3 AO normierten Vorteilsausgleichsverbots (Kompensationsverbots) tritt der tatbestandliche Erfolg der Steuerhinterziehung selbst dann ein, wenn die Steuer, auf die sich die Tat bezieht, aus anderen Gründen hätte ermäßigt oder der Steuervorteil aus anderen Gründen hätte beansprucht werden können.[64]

d) Die Steuerhinterziehung als reines Vorsatzdelikt

Die Steuerhinterziehung (§ 370 Abs. 1 AO) ist nur in der Form der vorsätzlichen Begehung strafbar. Bedingter Vorsatz genügt;[65] einer Verkürzungsabsicht oder gar der Absicht einer rechtswidrigen Bereicherung, wie etwa beim Straftatbestand des Betrugs (§ 263 Abs. 1 StGB), bedarf es nicht.[66] Herrschend ist die sog. Steueranspruchstheorie. Danach gehört zum Vorsatz der Steuerhinterziehung, dass der Täter den Steueranspruch dem

---

63 BGH, Beschl. v. 22.11.2012 – 1 StR 537/12, BGHSt 58, 50; Beschl. v. 17.3.2009 – 1 StR 627/08, BGHSt 53, 221; Urt. v. 17.3.2009 – 1 StR 479/08, wistra 2009, 315; Beschl. v. 10.12.2008 – 1 StR 322/08, Rz. 22, BGHSt 53, 99.
64 Zum Vorteilsausgleichsverbot vgl. *Jäger* in Klein, AO, 12. Aufl., 370 AO Rz. 130 ff. mit Nachweisen aus der Rechtsprechung.
65 Da nicht nur das Machen unrichtiger Angaben, sondern auch unvollständige Angaben (§ 370 Abs. 1 Nr. 1 AO) sowie das pflichtwidrige Unterlassen der Abgabe einer Steuererklärung (§ 370 Abs. 1 Nr. 2 AO) als Steuerhinterziehung strafbar sind, bedarf die Annahme eines bedingten Hinterziehungsvorsatzes sorgfältiger Prüfung auch der voluntativen Seite des Tatvorsatzes; vgl. dazu *Jäger* in Klein, AO, 12. Aufl., § 370 AO Rz. 175 m.N.
66 Eine leichtfertige Steuerverkürzung kann gem. § 378 AO als Ordnungswidrigkeit verfolgt werden (vgl. dazu BGH, Urt. v. 17.12.2014 – 1 StR 324/14, ZWH 2015, 113). Daneben bestehen weitere Ordnungswidrigkeitentatbestände, die an die Gefährdung von Abgaben anknüpfen (§ 379 ff. AO) und für deren Verwirklichung zum Teil sogar einfache Fahrlässigkeit genügt (z.B. § 382 Abs. 1 AO).

Grund und der Höhe nach kennt oder zumindest für möglich hält und ihn auch verkürzen will.[67]

Im **Fall 2** hat sich H somit der Steuerhinterziehung – freilich lediglich auf Zeit[68] – schuldig gemacht. Er kannte den bestehenden Steueranspruch und gab gleichwohl pflichtwidrig nicht rechtzeitig eine Umsatzsteuervoranmeldung ab.

III. Die Abgrenzung der Steuerhinterziehung im Strafrechtssystem

Die Abgrenzung der Steuerhinterziehung von anderen Vermögensdelikten[69] richtet sich danach, ob Steuern oder Steueransprüche als Schutzgut betroffen sind. Dies ist erforderlichenfalls durch Auslegung der in Betracht kommenden Normen zu klären. Zur Veranschaulichung mag folgender **Fall 3** dienen:

Der „Betrüger" B glaubt, beim Finanzamt leichter unrechtmäßig an Geld zu kommen als bei Privatpersonen. Er spiegelt deshalb dem Finanzamt eine unternehmerische Tätigkeit vor und macht in seinem umsatzsteuerlichen Voranmeldungen und Jahreserklärungen einen Vorsteuerabzug aus Scheinrechnungen geltend.

Nach früherer Rechtsprechung wäre B tatsächlich als Täter eines Betruges (§ 263 Abs. 1 StGB) anzusehen, weil der ganze Steuervorgang frei erfunden war.[70] Diese Rechtsprechung hat der BGH jedoch bereits vor mehr als zwanzig Jahren aufgegeben.[71] Seitdem werden solche Sachverhalte unter den Straftatbestand der Steuerhinterziehung subsumiert (§ 370 Abs. 1 AO). Der BGH hat klargestellt, dass es sich beim Tatbestand des § 370 AO um eine abschließende Sonderregelung handelt, die gemäß ihrem gesetzgeberischen Zweck den allgemeinen Betrugstatbestand verdrängt und allenfalls dann eine tateinheitliche Begehung mit Betrug zulässt, wenn der Täter mit Mitteln der Täuschung außer der Verkürzung von Steuereinnahmen oder der Erlangung ungerechtfertigter Steuervorteile noch weitere Vorteile erstrebt.[72] Soweit der Straftatbestand der Steuerhinterziehung eingreift, geht er somit als Sondertatbestand dem Betrugstatbestand vor.

---

67 Vgl. zur Steueranspruchstheorie sowie zu der gegen sie vorgebrachten Kritik BGH, Urt. v. 8.11.2011 – 1 StR 38/11, wistra 2011, 465 sowie die weiteren Nachweise bei *Jäger* in Klein, AO, 12. Aufl., Rz. 171 ff.
68 Vgl. dazu *Jäger* in Klein, AO, 12. Aufl., § 370 AO Rz. 111.
69 Neben dem Straftatbestand des Betruges (§ 263 Abs. 1 StGB) kommt etwa auch der Subventionsbetrug (§ 264 Abs. 1 StGB) in Betracht.
70 Vgl. BGH, Beschl. v. 28.1.1986 – 1 StR 611/85, wistra 1986, 172 m.w.N.
71 BGH, Urt. v. 1.2.1989 – 3 StR 179/88, BGHSt 36, 100 und BGH, Beschl. v. 23.3.1994 – 5 StR 91/94, BGHSt 40, 109.
72 BGH, Urt. v. 1.2.1989 – 3 StR 179/88, BGHSt 36, 100.

Eine Hinterziehung von Umsatzsteuer liegt demnach auch dann vor, wenn ein Unternehmer gegenüber der Finanzbehörde steuerlich erhebliche Tatsachen vortäuscht, die zu einer Vorsteuererstattung führen sollen, obwohl er keine Umsätze getätigt hat und der steuerliche Vorgang insgesamt erfunden ist.[73] Entsprechendes gilt, wenn die Existenz eines Unternehmens nur vorgetäuscht wird, für das sodann ohne Bezug auf reale Vorgänge fingierte Umsätze angemeldet und Vorsteuererstattungen begehrt werden.[74] Denn für das Schutzgut des § 370 AO kann es bei Steuererstattungen nicht auf den behaupteten Steuervorgang und seine Existenz ankommen, sondern nur darauf, ob ein steuerlicher Vorteil von den Finanzbehörden zu Unrecht gewährt worden ist. Maßgeblich ist allein, ob der vom Täter erstrebte Vorteil ausschließlich auf steuerrechtlichen Regelungen beruht, unabhängig davon, in welchem Umfang dem Vorteil erfundene Vorgänge zugrunde liegen.[75] Die Tathandlung muss sich freilich auf Steuern[76] – nicht auf steuerliche Nebenleistungen oder Subventionen[77] – beziehen.[78]

Im **Fall 3** ist daher B wegen Steuerhinterziehung (in mehreren Fällen) und nicht wegen Betrugs strafbar. Er nahm, obwohl die Voraussetzungen des § 15 UStG nicht vorlagen, zu Unrecht aus Scheinrechnungen, denen keine Leistungen zugrunde lagen, einen Vorsteuerabzug vor.

---

73 BGH, Urt. v. 1.2.1989 – 3 StR 179/88, BGHSt 36, 100.
74 BGH, Beschl. v. 22.3.1994 – 5 StR 91/94, BGHSt 40, 109.
75 BGH, Beschl. v. 22.3.1994 – 5 StR 91/94, BGHSt 40, 109.
76 Der Begriff der Steuern ist in § 3 Abs. 1 AO gesetzlich definiert. § 3 Abs. 3 AO bestimmt, dass auch Einfuhr- und Ausfuhrabgaben nach Art. 4 Nr. 10 und 11 des Zollkodexes Steuern im Sinne der Abgabenordnung sind. Nach § 1 Abs. 1 AO gilt die Abgabenordnung, sofern nicht andere Vorschriften Abweichendes bestimmen (z.B. § 370 Abs. 6 AO) oder auf die Abgabenordnung verwiesen wird, für alle Steuern einschließlich der Steuervergütungen, die durch Bundesrecht oder Recht der Europäischen Union geregelt sind, soweit sie durch Bundesfinanzbehörden oder durch Landesfinanzbehörden verwaltet werden. Steuerliche Nebenleistungen (§ 3 Abs. 4 AO) sind keine Steuern; sie werden daher vom Straftatbestand der Steuerhinterziehung (§ 370 Abs. 1 AO) nicht erfasst (zu Erstattungszinsen auf Steuererstattungen vgl. BGH, Urt. v. 6.6.2007 – 5 StR 127/07, BGHSt 51, 356). Zur Verkürzung von Kirchensteuer vgl. BGH, Beschl. v. 17.4.2008 – 5 StR 547/07, wistra 2008, 310. Auf die Eigenheimzulage nach dem Eigenheimzulagengesetz ist § 370 AO nicht anwendbar (BGH, Beschl. v. 11.4.2013 – 1 StR 14/13 wistra 2013, 270).
77 Subventionen i.S.d. § 264 Abs. 7 StGB sind keine Steuern i.S.d. § 370 Abs. 1 AO; sie unterfallen nicht dem Straftatbestand der Steuerhinterziehung, sondern dem des Subventionsbetruges (§ 264 Abs. 1 AO). Im Gegensatz zur Verkürzung von Steuern ist beim Subventionsbetrug leichtfertiges Handeln nicht lediglich eine Ordnungswidrigkeit (vgl. § 378 AO), sondern Straftat (§ 264 Abs. 4 StGB).
78 Bei einer Tatbegehung durch Finanzbeamte kommt Tateinheit mit Untreue (§ 266 Abs. 1 StGB) in Betracht (vgl. BGH, Beschl. v. 8.6.2009 – 1 StR 214/09, wistra 2009, 398; Urt. v. 6.6.2007 – 1 StR 127/07, BGHSt 51, 356).

IV. Die Sanktionierung der Steuerhinterziehung im Strafrechtssystem

1. Ahndung der Steuerhinterziehung mit Kriminalstrafe

a) Kriminalstrafe als ultima ratio

Lenken wir nun den Blick auf die Sanktionierung der Steuerhinterziehung. Als Ausgangspunkt der Betrachtungen mag auch hier **Fall 2** dienen.

Handwerker H, der seine Umsatzsteuerschuld für Juni erst einige Monate später angemeldet und bezahlt hat, fragt sich, welche Sanktion ihm droht. Insbesondere möchte er wissen, ob auch bei bloßer Hinterziehung auf Zeit die Verhängung einer Freiheitsstrafe möglich ist.

Die Steuerhinterziehung ist als Vergehen (§ 12 Abs. 2 StGB) ausnahmslos mit Kriminalstrafe (Geldstrafe oder Freiheitsstrafe) bedroht; Ausnahmen sind selbst für den Bagatellbereich nicht vorgesehen. Dies ist auch vor dem Hintergrund, dass die Kriminalstrafe „ultima ratio" sein soll, nicht zu beanstanden. Bei der Steuerhinterziehung handelt es sich um echtes Strafunrecht, was der Gesetzgeber in der Strafdrohung unmissverständlich zum Ausdruck gebracht hat. Der Angriff auf das Gemeinwesen ist genauso schwer wiegend wie derjenige auf privates Vermögen. Der Umstand, dass der einzelne nur mittelbar geschädigt wird, lässt die Taten gegenüber einem Betrug nicht in einem milderen Licht erscheinen. Bei weniger schweren Straftaten kann das Verfahren aber gem. §§ 153, 153a StPO mit oder ohne Geldauflage eingestellt werden.

b) Besonderheit: Strafaufhebungsgrund Selbstanzeige

Ob im **Fall 2** Handwerker H überhaupt bestraft werden kann, hängt davon ab, ob die verspätet abgegebene Umsatzsteuervoranmeldung die Voraussetzungen einer Selbstanzeige i.S.v. § 371 AO, einem persönlichen Strafaufhebungsgrund, erfüllt. Stehen bei H der Wirksamkeit der Selbstanzeige Sperrgründe (§ 371 Abs. 2 AO) entgegen, kommt eine Bestrafung wegen Steuerhinterziehung in Betracht.

Die Möglichkeit, auch nach Tatvollendung unter bestimmten Voraussetzungen straffrei werden zu können (§ 371 Abs. 1 AO),[79] ist eine Besonderheit der Steuerhinterziehung (§ 370 AO), die der Gesetzgeber für die Straftat des Betruges (§ 263 StGB) nicht vorgesehen hat. Obwohl er Straffreiheit bei tätiger Reue, insbesondere als Anreiz zur Beseitigung von Gefahren

---

[79] Tritt die Straffreiheit nur deswegen nicht ein, weil der Hinterziehungsbetrag der einzelnen Tat 25 000 Euro übersteigt (§ 371 Abs. 2 Satz 1 Nr. 3 AO), kann der Täter gem. § 398a AO durch Nachzahlung der verkürzten Steuern und Zahlung eines der Höhe nach in dieser Vorschrift bestimmten zusätzlichen Geldbetrages ein Verfolgungshindernis erreichen (vgl. *Jäger* in Klein, AO, 12. Aufl., § 398a AO Rz. 35).

und Verhinderung weitergehender Schäden, auch für einige andere Straftatbestände normiert hat (z.b. §§ 306e, 314a, 320, 330b StGB), ist die Frage der Rechtfertigung der Selbstanzeige[80] gerade bei der Steuerhinterziehung als persönlicher Strafaufhebungsgrund seit Jahren heftig umstritten. Teilweise wird die strafbefreiende Selbstanzeige als ungerechtfertigte Besserstellung von Steuerhinterziehern gegenüber Betrügern[81] und als nicht zu rechtfertigende Bevorzugung der fiskalischen Interessen des Staates gegenüber den Vermögensinteressen Privater angesehen. Dabei wird allerdings oft übersehen, dass sich der Täter einer Steuerhinterziehung nach seiner Tat zumeist in einer Situation befindet, die mit der eines anderen Straftäters nicht vergleichbar ist. Wegen des Grundsatzes der Abschnittsbesteuerung ist er bei den meisten Steuerarten verpflichtet, für nachfolgende Besteuerungszeiträume weitere Steuererklärungen abzugeben, aus denen Rückschlüsse für die vorangegangenen Zeiträume auch auf strafbares Verhalten gezogen werden können.[82] Einen Zwang zur Selbstbelastung verbietet aber der verfassungsrechtlich verankerte Nemo-tenetur-Grundsatz.[83] Besteht jedoch die Möglichkeit einer strafbefreienden Selbstanzeige, befindet sich der Täter nicht in einer unauflösbaren Konfliktlage. Deshalb kann dann von ihm auch für zukünftige Besteuerungszeiträume die Abgabe vollständiger und zutreffender Steuererklärungen verlangt werden, ohne dass er gezwungen wäre, sich einer noch verfolgbaren Straftat selbst zu belasten und ohne dass für seine Angaben ein strafrechtliches Verwendungsverbot angenommen werden müsste.[84] Aus dem Blick gerät oft auch, dass bereits die bloße Gefährdung des Steueraufkommens eine vollendete Steuerhinterziehung darstellen kann. Die öffentliche, auch über die Medien ausgetragene Diskussion[85] über die strafbefreiende Selbstanzeige hat den Gesetzgeber innerhalb weniger Jahre bereits zweimal zur Änderung der Vorschriften über die Selbstanzeige bei Steuerhinterziehung veranlasst.[86]

---

80 Vgl. hierzu auch BGH, Beschl. v. 20.5.2010 – 1 StR 577/09, BGHSt 55, 180.
81 Nur selten in den Blick genommen wird die Regelung über die tätige Reue in Österreich gem. § 167 öStGB, die im Interesse der Geschädigten Straffreiheit durch tätige Reue für eine Vielzahl von weiteren Vermögensdelikten und anderen Straftaten normiert.
82 Vgl. *Joecks*, Zur Diskussion um die strafbefreiende Selbstanzeige, Stbg 2014, S. M 1.
83 Vgl. dazu mit Nachweisen aus der Rechtsprechung des BGH *Jäger* in Klein, AO, 12. Aufl., § 393 AO Rz. 26 ff.
84 Vgl. BGH, Beschl. v. 17.3.2009 – 1 StR 479/08, Rz. 26, BGHSt 53, 210 (218).
85 Vgl. etwa *Zacharkis*, Zankerei um die Selbstanzeige, Zeit-Online v. 12.2.2014.
86 Gesetz zur Verbesserung der Bekämpfung von Geldwäsche und Steuerhinterziehung (Schwarzgeldbekämpfungsgesetz) v. 28.4.2011 (BGBl. I, 676; s. auch BR-Drucks. 166/11) und Gesetz zur Änderung der Abgabenordnung und des Einführungsgesetzes zur Abgabenordnung v. 22.12.2014 (BGBl. I, 2415, s. auch BT-Drucks. 18/3018, 1 ff.).

2. Strafrahmen

a) Regelstrafrahmen der Steuerhinterziehung

Bei der Steuerhinterziehung (§ 370 Abs. 1 AO) umfasst der Regelstrafrahmen ebenso wie bei Betrug (§ 263 Abs. 1 StGB) eine Spanne von Geldstrafe einerseits bis zu Freiheitsstrafe von fünf Jahren andererseits. Innerhalb dieses Strafrahmens erfolgt die Strafzumessung nach den Grundsätzen des § 46 StGB.

b) Besonders schwere Fälle der Steuerhinterziehung

aa) Strafrahmen und Regelbeispiele für besonders schwere Fälle der Steuerhinterziehung

Beide Straftatbestände – Steuerhinterziehung und Betrug – enthalten daneben einen erhöhten Strafrahmen für besonders schwere Fälle. Er reicht jeweils von sechs Monaten bis zu zehn Jahren Freiheitsstrafe (§ 370 Abs. 3 AO; § 263 Abs. 3 StGB). Der Gesetzgeber hat insoweit keine Qualifikationstatbestände geschaffen, sondern den Gerichten die Bewertung der Tat im Einzelfall als besonders schwer oder nicht überlassen. Er hat dabei aber jeweils Beispiele für besonders schwere Fälle ins Gesetz aufgenommen, die sog. Regelbeispiele. Entspricht ein Fall einem solchen Regelbeispiel, ist dies ein Indiz für das Vorliegen eines besonders schweren Falls. Ein Fall ist dann besonders schwer, wenn er sich nach dem Gewicht von Unrecht und Schuld vom Durchschnitt der erfahrungsgemäß vorkommenden Fälle so abhebt, dass die Anwendung des Ausnahmestrafrahmens geboten ist.[87]

bb) Regelbeispiel der Hinterziehung in großem Ausmaß

Besondere Bedeutung im Steuerstrafrecht hat das Regelbeispiel der Hinterziehung „in großem Ausmaß" (§ 370 Abs. 3 Satz 2 Nr. 1 AO). Wann ein großes Ausmaß erreicht ist, hat der BGH bereits im Jahr 2008 entschieden.[88] Danach ist das Merkmal „in großem Ausmaß" nach objektiven Maßstäben zu bestimmen. In Anlehnung an die Rechtsprechung zum Vermögensverlust großen Ausmaßes bei Betrug (§ 263 Abs. 3 Satz 2 Nr. 2 StGB)[89] hat der BGH die Wertgrenze für das große Ausmaß bei 50 000 Euro angesetzt. Kommt es lediglich deswegen zu einer Gefährdung des Steueranspruchs, weil Besteuerungsgrundlagen verschwiegen wurden, hat die Tat einen geringeren Unrechtsgehalt. Deshalb wendet der BGH in solchen Fällen für das „große Ausmaß" eine höhere Betragsgrenze, nämlich von 100 000 Euro, an. Ein solcher Fall mit geringerem Unrechtsgehalt liegt aber jedenfalls dann nicht vor, wenn der Täter – bildlich gesprochen – einen

---
87 Vgl. *Fischer*, StGB, 62. Aufl., § 46 Rz. 88.
88 BGH, Urt. v. 2.12.2008 – 1 StR 416/08, BGHSt 53, 71.
89 BGH, Urt. v. 7.10.2003 – 1 StR 274/03, BGHSt 48, 360.

„Griff in die Kasse des Staates" vornimmt.[90] Dazu gehören insbesondere Taten, die zu ungerechtfertigten Erstattungen führen oder bei denen Betriebsausgaben oder Vorsteuerbeträge vorgetäuscht werden.

cc) Erfordernis einer Gesamtwürdigung

Maßgeblich für die Strafzumessung – auch für die Frage, ob ein besonders schwerer Fall vorliegt – ist stets die persönliche Schuld des Täters (§ 46 Abs. 1 Satz 1 StGB). Die Regelbeispiele haben dabei lediglich einen Indizcharakter dafür, dass ein besonders schwerer Fall der Steuerhinterziehung gegeben ist. Es bedarf daher immer noch einer Gesamtwürdigung aller für die Strafzumessung bedeutsamen Umstände. Dabei kann sich auch ergeben, dass die Indizwirkung des Regelbeispiels im Einzelfall widerlegt ist.[91]

3. Strafzumessung im engeren Sinn

a) Maßstäbe für die Strafzumessung

Im Rahmen der Strafzumessung innerhalb des eröffneten Strafrahmens sind die Tatgerichte bei der Gesamtbewertung der Taten zwar lediglich an die Maßstäbe des § 46 StGB gebunden. Sie haben dabei aber zu beachten, dass der gesetzliche Strafrahmen für besonders schwere Fälle von sechs Monaten bis zu zehn Jahren reicht (§ 370 Abs. 3 Satz 1 AO) und dass der Gesetzgeber für die Einstufung eines Falles als besonders schwer Regelbeispiele (§ 370 Abs. 3 Satz 2 AO) genannt hat. Dies bedeutet einerseits, dass bei Hinterziehungen „in großem Ausmaß" regelmäßig Freiheitsstrafen von mindestens sechs Monaten zu verhängen sind. Es bedeutet nach der Rechtsprechung des BGH aber auch, dass bei Hinterziehungen im Millionenbereich Freiheitsstrafen von zwei Jahren oder weniger regelmäßig nicht mehr schuldangemessen sind. Etwas anderes gilt nur dann, wenn besonders gewichtige Umstände des Einzelfalls ausnahmsweise eine andere Wertung zulassen.[92]

b) Hinterziehung „auf Zeit"

Im Rahmen der Strafzumessung sind insbesondere auch die verschuldeten Auswirkungen der Tat zu berücksichtigen (§ 46 Abs. 2 StGB). Deswegen ist auch im Steuerstrafrecht die nachträgliche Beseitigung des entstandenen Schadens ein Strafmilderungsgrund. Beabsichtigte der Täter von Anfang an nur eine Hinterziehung „auf Zeit", um sich Liquidität zu verschaffen, ist dies ebenfalls ein gewichtiger Strafmilderungsgrund.[93]

---

90 Vgl. zusammenfassend BGH, Beschl. v. 15.12.2011 – 1 StR 579/11, wistra 2012, 191.
91 BGH, Urt. v. 2.12.2008 – 1 StR 416/08, Rz. 44 ff., BGHSt 53, 71 (86).
92 BGH, Urt. v. 7.2.2012 – 1 StR 525/11, BGHSt 57, 123; Urt. v. 2.12.2008 – 1 StR 416/08 Rz. 42, BGHSt 53, 71 (86).
93 Vgl. BGH, Urt. v. 17.3.2009 – 1 StR 627/08, Rz. 40 ff., BGHSt 53, 221 (230).

Besonderheiten gelten für die Abgabe unrichtiger Umsatzsteuervoranmeldungen. Denn nach der Rechtsprechung des BGH führt sie stets zu einer Verkürzung „auf Zeit"; die endgültige Steuerverkürzung tritt erst bei einem Verstoß gegen die Pflicht zur Abgabe einer zutreffenden Umsatzsteuerjahreserklärung ein.[94] Gleichwohl besteht auch bei einer Umsatzsteuerhinterziehung „auf Zeit" der tatbestandliche Hinterziehungsumfang im Nominalbetrag der verkürzten Steuern und nicht nur in den Hinterziehungszinsen.[95] Berichtigt der Täter – seinem Tatplan entsprechend – seine unrichtigen Angaben oder holt er unterlassene Anmeldungen nach, liegt zumeist eine wirksame Selbstanzeige (§ 371 AO) vor.[96] War sein Vorsatz nur auf eine Steuerverkürzung auf Zeit gerichtet und tritt ausnahmsweise keine Straffreiheit gem. § 371 AO ein, ist der von Anfang an bestehend Wille zur Steuernachzahlung ebenso strafmildernd zu berücksichtigen wie die tatsächliche Wiedergutmachung des Steuerschadens.[97]

Diese Grundsätze gelten im **Fall 2** auch für den Handwerker H, der sich lediglich „auf Zeit" Liquidität verschaffen und die Umsatzsteuer nicht „auf Dauer" hinterziehen wollte.

V. Fazit

- Aufgrund der engen Verzahnung des Straftatbestands der Steuerhinterziehung mit dem Steuerrecht und im Hinblick auf seine Stellung im Spannungsfeld von Strafrecht, Steuerrecht und dem Recht der Europäischen Union können bei der Auslegung der im Einzelfall anzuwendenden Vorschriften immer wieder Konflikte zwischen den Rechtsgrundsätzen der einzelnen Rechtsgebiete auftreten, die aufzulösen sind.

- Ziel muss es sein, bei der Auslegung soweit wie möglich einen „Gleichlauf" zwischen Steuerrecht und Steuerstrafrecht herzustellen, damit die Akzessorietät des Strafrechts zum Steuerrecht gewahrt bleibt und kein „gespaltenes" Steuerrecht entsteht.

- Andererseits ist aber den Schutzgarantien des Strafrechts Rechnung zu tragen. Hierzu zählen etwa die Grundsätze aus Art. 103 Abs. 2 GG (Gesetzlichkeitsprinzip, Bestimmtheitsgrundsatz, Analogieverbot, Rückwirkungsverbot). Ihre Beachtung kann im Einzelfall dazu führen, dass trotz einer für das Steuerrecht gebotenen unionsrechtskonformen Auslegung, nach der eine Steuerhinterziehung anzunehmen wäre, im Steuerstrafrecht eine Bestrafung nicht in Betracht kommt. Der Anwendungsvorrang des Unionsrechts greift insoweit nicht.

---

94 Vgl. BGH, Urt. v. 17.3.2009 – 1 StR 627/08, BGHSt 53, 221 m.w.N.
95 BGH, Urt. v. 17.3.2009 – 1 StR 627/08, BGHSt 53, 221.
96 Vgl. nunmehr auch § 371 Abs. 2a AO in der Fassung des Gesetzes vom 22.12.2014 (BGBl. I, 2415).
97 Vgl. BGH, Urt. v. 17.3.2009 – 1 StR 627/08, Rz. 41, BGHSt 53, 221 (231).

- Eine Vorgabe für die konkrete Fassung des Straftatbestands der Steuerhinterziehung und dessen konkurrenzrechtliches Verhältnis zu anderen Straftatbeständen ist dem Unionsrecht nicht zu entnehmen. Die Mitgliedstaaten sind lediglich, soweit erforderlich auch mit Mitteln des Strafrechts, zur effektiven Durchsetzung des Unionsrechts verpflichtet.

- Für die Strafzumessung bei Steuerhinterziehung hat der BGH anhand der gesetzlichen Vorgaben aus § 370 AO und § 46 StGB allgemeine Maßstäbe entwickelt, die ausgehend von den Besonderheiten des Steuerstrafrechts stets eine schuldangemessene Bestrafung ermöglichen.

- Diese Rechtsprechung trägt erstens dem Umstand Rechnung, dass eine Steuerhinterziehung kein Kavaliersdelikt, sondern echtes Strafunrecht ist.

- Zweitens wird sie durch die Anknüpfung am Hinterziehungsumfang als bestimmendem Strafzumessungsgrund dem Charakter der Steuerhinterziehung als Vermögensdelikt gerecht.

- Drittens lässt sie, indem sie die persönliche Schuld des Täters in den Mittelpunkt der Betrachtung rückt, ausreichend Spielraum für eine den Grundsätzen des § 46 StGB entsprechende Sanktionierung im Einzelfall.

Stellung, Abgrenzung und Sanktionierung der Steuerhinterziehung im Strafrechtssystem – aus der Sicht der Wissenschaft

Prof. Dr. *Uwe Hellmann*
Universität Potsdam

Inhaltsübersicht

I. Vorbemerkung
II. Stellung der Steuerhinterziehung im Strafrechtssystem
  1. Einordnung des Tatbestandes in die AO
  2. Schutzgut der Steuerhinterziehung
  3. Deliktscharakter
    a) Steuerhinterziehung als Blankett- oder vollständiger Straftatbestand
      aa) Konsequenzen für den Tatvorsatz
      bb) Änderungen der Steuerrechtslage
      cc) Notwendigkeit einer „strafrechtsspezifischen" Anwendung des Steuerrechts?
    b) Gefährdungs- oder Verletzungsdelikt
  4. Betrugsähnliche Struktur des § 370 AO?
III. Abgrenzung von anderen Straftatbeständen
  1. Verhältnis zum Betrug und zum Subventionsbetrug
  2. „Abgaben-Betrug"
IV. Sanktionierung der Steuerhinterziehung
V. Fazit

I. Vorbemerkung

Selbstverständlich muss auch die (Straf-)Rechtsprechung darum bemüht sein, die Merkmale eines Straftatbestandes präzise zu bestimmen, um eine einheitliche Anwendung zu gewährleisten, dennoch ist – generell – ein gewisses Bestreben der Rechtsprechung, die Strafbarkeitsvoraussetzungen möglichst flexibel zu gestalten, nicht zu verkennen und auch verständlich. Die Rechtsprechung muss bei ihren Entscheidungen zwar Rechtssicherheit gewährleisten, aber Spielräume für Einzelfallgerechtigkeit belassen. Die Wissenschaft muss diesen Balanceakt nicht vollführen, sondern ihre Aufgaben bestehen in der Herausarbeitung einer eindeutigen, klaren Begrifflichkeit und einer schlüssigen Systematik. Deshalb darf und muss die wissenschaftliche Betrachtung des Steuerhinterziehungtatbestandes rigorosere Strandpunkte vertreten, wenngleich die Strafrechtswissenschaft kein Glasperlenspiel ist, sondern ihre Ergebnisse „praxistauglich" zu sein haben. Rechtsprechung und Wissenschaft haben im Übrigen das Problem gemeinsam, dass sie die Bezugspunkte ihrer Thesen nicht frei wählen können, da das Gesetz den Rahmen absteckt und Gesetze unvollkommen, lückenhaft und widersprüchlich sein können.

II. Stellung der Steuerhinterziehung im Strafrechtssystem

Um die „Stellung der Steuerhinterziehung im Strafrechtssystem" beschreiben zu können, sind zunächst die „Koordinaten" zu ermitteln. Das bereitet bereits nicht unerhebliche Probleme. Einer systematischen Auslegung steht die Einordnung des Steuerhinterziehungstatbestandes in die AO entgegen. Die Vorschläge für eine Eingliederung der Steuerstraftatbestände in das StGB durch den 49. Deutschen Juristentag (1972),[1] des Alternativ-Entwurfs eines StGB (1977)[2] und der „Sachverständigenkommission zur Bekämpfung der Wirtschaftskriminalität" (1980)[3] griff der Gesetzgeber bekanntlich nicht auf, so dass der Standort des § 370 AO keine Folgerungen für die Stellung der Steuerhinterziehung im Strafrechtssystem zulässt.

1. Einordnung des Tatbestandes in die AO

Ein überzeugender Grund für die Aufnahme des Steuerhinterziehungstatbestandes in den „allgemeinen Teil" des Steuerrechts besteht im Übrigen nicht. Zwar besitzt das Steuerrecht bei der Anwendung des Straftatbestandes eine erhebliche Bedeutung, da die steuerliche Erheblichkeit der Tatsachenangaben sowie das Vorliegen einer Steuerverkürzung und die Erlangung eines nicht gerechtfertigten Steuervorteils nur unter Heranziehung der für den konkreten Sachverhalt relevanten steuerrechtlichen Vorschriften festgestellt werden können. Einschlägig sein können auch allgemeine steuerrechtliche Regelungen der AO, zumeist sind aber die Vorschriften des auf den jeweiligen Steuersachverhalt anwendbaren Einzelsteuergesetzes für die strafrechtliche Beurteilung maßgeblich. Die Einordnung in die AO kann eher den – falschen – Eindruck erwecken, das Steuerstrafrecht sei ein „Annex"[4] oder gar der „Büttel" des Steuerrechts,[5] obwohl das Strafrecht eigenen Regeln unterliegt, die nicht im Steuerrecht gelten, genannt seien nur

---

1 Verhandlungen, Band II, M 203 f.
2 Alternativ-Entwurf eines Strafgesetzbuches, Besonderer Teil, Straftaten gegen die Wirtschaft, 1977, § 200 AE-StGB.
3 BMJ (Hrsg.), Bekämpfung der Wirtschaftskriminalität, Schlussbericht der Sachverständigenkommission, 1980, S. 52 ff.; s. auch Tagungsberichte, Band VII, S. 31, 35.
4 So noch *Mattern*, ZStW 67 (1955), 363 (374 ff.); DSt-Rundschau 1956, 265 (266); DStZ 1957, 97: „Das Steuerstrafrecht, und zwar das materielle wie das Verfahrensrecht, ist auch Strafrecht, es ist aber auch und in erster Linie S t e u e r recht, allerdings nicht Besteuerungsrecht." Dagegen schon *Moser*, DSt-Rundschau 1956, 463 f. und *Terstegen*, Steuerstrafrecht, 1956, S. 148 ff.
5 So ausdrücklich *Isensee*, NJW 1985, 1007 (1009): „Das Steuerstrafrecht ist der Büttel des Steuerschuldrechts, nicht sein Herr"; zustimmend LG Köln v. 23.10.1989 – 110-16/88, DStZ 1990, 69.

der Ultima ratio und fragmentarische Charakter des Strafrechts sowie der Bestimmtheits- und In-dubio-pro-reo-Grundsatz, die der Annahme einer bloß dienenden Funktion des Steuerstrafrechts entgegenstehen.

Die Einordnung des Steuerstrafrechts in die AO hat zudem erhebliche nachteilige Auswirkungen auf dessen gesetzliche Ausgestaltung. Da im Gesetzgebungsverfahren nicht – wie z.b. bei Änderungen des StGB und der StPO – der Rechtsausschuss und das Justizministerium, sondern der Finanzausschuss und das Finanzministerium zuständig sind, wird die steuerstrafrechtliche Gesetzgebung maßgeblich von Abgeordneten und Beamten, die sich mit dem Steuer-, aber nicht dem Strafrecht befassen, beeinflusst. Die letzten Änderungen der Selbstanzeige, die zum Teil mit straf- und strafverfahrensrechtlichen Grundsätzen nicht vereinbar sind, sondern eine „typische steuerrechtliche Handschrift" tragen, belegen dies.

Die Belassung im „Nebenstrafrecht" dürfte im Übrigen einen Grund dafür darstellen, dass bis heute nicht einmal über das Schutzgut der Steuerhinterziehung und den Deliktscharakter des § 370 AO Einigkeit besteht.

2. Schutzgut der Steuerhinterziehung

Die Feststellung des Schutzguts der Steuerhinterziehung begegnet besonderen Schwierigkeiten, weil § 370 Abs. 1 AO – anders als §§ 263 Abs. 1, 266 Abs. 1 StGB, die auf das Vermögen ausdrücklich Bezug nehmen – die Taterfolge anders beschreibt, nämlich durch die Termini Steuerverkürzung und Erlangung eines nicht gerechtfertigten Steuervorteils.

Vereinzelt[6] wird sogar behauptet, § 370 AO schütze nicht Rechtsgüter, die dem Staat vorgegeben sind, sondern „allein die positivrechtliche Ordnung des Steuerrechts in seiner jeweiligen, rasch veränderlichen Gestalt" und unterscheide sich wegen der Abhängigkeit des Steuerstrafrechts vom Steuerrecht vom „echten Kriminalstrafrecht", das ein eigenständiges Normenkonzept bilde, auf sozialethische Wertungen gründend ein „ethisches Minimum" absichere und die Lebenssachverhalte selbständig qualifiziere. Den einzelnen Steuergesetzen fehlten dagegen durchweg die sozialethische Evidenz und der unmittelbar einsichtige Bezug zur Idee der materialen Gerechtigkeit. Die Steuerhinterziehung sei letztlich lediglich „Sanktion des Steuerungehorsams". An dieser Stelle muss nicht entschieden werden, ob das Strafrecht ausschließlich dem Rechtsgüterschutz dient[7] oder auch der Schutz bestimmter Moralvorstellungen durch das Strafrecht rechtspolitisch legitim und verfassungsrechtlich legal sein kann.[8] Der Einsatz des (Kriminal-)Strafrechts zum

---

6 *Isensee*, NJW 1985, 1007 (1008).
7 So z.B. *Roxin*, Strafrecht Allgemeiner Teil, Band I, 4. Aufl. 2006, § 2 Rz. 7 ff.
8 Das BVerfG hat die Antwort auf diese Fragen in seiner „Inzestentscheidung" – v. 26.2.2008 – 2 BvR 392/07, BVerfGE 120, 224 (241 ff.) – offen gelassen; dazu *Greco*, ZIS 2008, 234 ff.

Schutz des bloßen Steuergehorsams wäre jedenfalls nicht legitim, da zur Sanktionierung bloßen „Ungehorsams" lediglich die Schaffung eines Ordnungswidrigkeitentatbestandes gerechtfertigt wäre. Es kann deshalb nicht ernsthaft zweifelhaft sein, dass § 370 AO dem Rechtsgutsschutz dient.

Die ganz h.M. sieht das ebenso, dennoch besteht über das Schutzgut keine Einigkeit. Überwiegend wird das öffentliche Interesse am vollständigen und rechtzeitigen Aufkommen der einzelnen Steuern bzw. der Anspruch des Staates auf den vollen Ertrag aus jeder einzelnen Steuerart als Schutzgut der Steuerhinterziehung bezeichnet.[9] In der Literatur finden sich jedoch zahlreiche abweichende Auffassungen. Zum Teil wird behauptet, Schutzgegenstand der Steuerhinterziehung sei die Pflicht der Steuerbürger zur Offenbarung aller steuererheblichen Tatsachen, also der Anspruch des Fiskus auf Sachverhalts- oder Tatbestandsvermittlung.[10] Andere betrachten das beitragspflichtige Vermögen aller Steuerpflichtigen,[11] das Besteuerungssystem als Ganzes,[12] die Steuerhoheit,[13] die soziale Funktion des Steueraufkommens[14] oder die gerechte und gleichmäßige Lastenverteilung nach dem Grundsatz der Leistungsfähigkeit[15] als Schutzgut der Steuerhinterziehung.

Der Meinungsstand kann – und muss – an dieser Stelle nicht eingehend diskutiert werden.[16] Die gegen die h.M. vorgebrachten Auffassungen greifen zum Teil plausible Gesichtspunkte auf, die behaupteten Schutzgüter ergeben sich daraus dennoch nicht. § 370 AO sanktioniert zwar Verletzungen der Pflicht des Steuerbürgers zur Offenbarung der steuererheblichen Tatsachen, damit ist aber keineswegs das Schutzgut der Steuerhinterziehung gefunden, sondern lediglich das dem Straftatbestand zugrunde liegende Gebot, nämlich die steuerlich erheblichen Tatsachen zu offenbaren, bzw. das Verbot, unrichtige oder unvollständige Angaben über steuerlich erhebliche Tatsachen zu machen, beschrieben. Die zum vermeintlichen Schutzgut erhobene Offenbarungspflicht entfaltet somit lediglich Relevanz bei der Kennzeichnung der konkreten Angriffsform, die dem Tatbestand unterfällt und bereits in den Tathandlungen zum Ausdruck gebracht wird. Da § 370

---

9 BGH v. 1.2.1989 – 3 StR 179/88, BGHSt 36, 100 (102); v. 23.3.1994 – 5 StR 91/94, BGHSt 40, 109 (111); v. 1.8.2000 – 5 StR 624/99, BGHSt 46, 107 (120); v. 2.12.2008 – 1 StR 416/08, BGHSt 53, 71 (Rz. 21); *Joecks* in Franzen/Gast/Joecks, Steuerstrafrecht, 7. Aufl. 2009, § 370 Rz. 17.
10 *Ehlers*, FR 1976, 504 (505); *Tiedemann*, ZStW 82 (1970), 976 (979).
11 *Terstegen*, (Fn. 4), S. 81.
12 *Dannecker*, Steuerhinterziehung im internationalen Wirtschaftsverkehr, 1984, S. 174 ff.
13 *Mattern*, Steuerstrafrecht Band I, 1949, S. 36, 41.
14 *von der Heide*, Tatbestands- und Vorsatzprobleme bei der Steuerhinterziehung nach § 370 AO, 1986, S. 58 f.
15 *Salditt* in FS Tipke, 1995, 475 (477 ff.); StraFo 1997, 65.
16 Eingehend dazu *Hellmann* in Hübschmann/Hepp/Spitaler, Abgabenordnung/Finanzgerichtsordnung, § 370 AO Rz. 41 f.

AO nur bestimmte Angriffsformen unter Strafe stellt, trifft auch die Behauptung, die Steuerhinterziehung schütze das Besteuerungssystem als Ganzes, nicht zu. Die Steuerhoheit kann nicht Schutzgut der Steuerhinterziehung sein, weil die tatbestandsmäßigen Handlungen die Steuerhoheit, d.h. die Kompetenz zur Steuergesetzgebung und das Recht, von den betroffenen Steuerbürgern zur Erzielung von Einnahmen Geldleistungen ohne Gegenleistung zu verlangen, nicht gefährden oder verletzen kann.[17] Die Auffassungen, die das Vermögen der beitragspflichtigen Steuerbürger, die soziale Funktion des Steueraufkommens oder die gerechte und gleichmäßige Lastenverteilung nach dem Grundsatz der Leistungsfähigkeit als Schutzgut des § 370 AO bezeichnen, greifen lediglich Schutzreflexe auf, die der Straftatbestand als Mittel zur „Bekämpfung" des Kriminalitätsphänomens Steuerhinterziehung bewirkt, bzw. erheben das Ziel jeglicher Steuergesetzgebung zum geschützten Rechtsgut. Weder das Vermögen der ehrlichen Steuerbürger noch die mit Steuermitteln zu erfüllenden Staatsaufgaben werden durch die einzelne Steuerhinterziehung in messbarer Weise beeinträchtigt, denn erst die Gesamtsumme aller hinterzogenen Steuern erreicht eine Größenordnung, die entweder eine zusätzliche Belastung der ehrlichen Steuerbürger erfordert, damit der Staat seine Aufgaben erfüllen kann, oder den Staat in seiner finanziellen Handlungsfähigkeit einschränkt. Die gerechte und gleichmäßige Lastenverteilung ist schon wegen des Gleichheitsgrundsatzes des Art. 3 Abs. 1 GG, den das BVerfG auch auf die Steuergesetze anwendet,[18] ein vom Gesetzgeber zu beachtendes Postulat. Die Schaffung „ungerechter" Steuergesetze stellt § 370 AO aber selbstverständlich nicht unter Strafe. Die einzelne Steuerhinterziehung ist wegen ihrer geringfügigen Auswirkungen auf das gesamte Steueraufkommen im Übrigen nicht in der Lage, die steuerliche Lastenverteilung spürbar zu verändern.

Zustimmung verdient somit – grundsätzlich – die h.M., § 370 AO schütze den Anspruch des Steuergläubigers auf den vollen Ertrag der Steuern. Diese Formel beschreibt das Schutzgut allerdings unscharf, indem sie den Eindruck erweckt, die Steuerhinterziehung könne nur durch eine Verringerung der Einnahmen des Steuergläubigers begangen werden. Die Vorläufertatbestände des § 370 AO beschrieben einen Tatverfolg der Steuerhinterziehung im Übrigen mit dem Terminus Verkürzung der „Steuereinnahmen" (§ 359 Abs. 1 RAO 1919, § 396 Abs. 1 S. 1 RAO 1931, § 392 Abs. 1 S. 1 RAO 1968). § 370 Abs. 1 AO verwendet dagegen den Begriff Steuerverkürzung, die gem. § 370 Abs. 4 S. 1 AO „namentlich" vorliegt, wenn die Steuer nicht, nicht in voller Höhe oder nicht rechtzeitig festgesetzt wird. Als Steuerhinterziehung nach

---

17 *Backes*, StuW 1982, 253 (260); *Hoff*, Das Handlungsunrecht der Steuerhinterziehung, 1999, S. 9.
18 Z.B. BVerfG v. 27.6.1991 – 2 BvR 1493/89, BVerfGE 84, 239 (271); v. 22.6.1995 – 2 BvL 37/91, BVerfGE 93, 121 (146 f.); v. 22.6.1995 – 2 BvR 552/91, NJW 1995, 2624 (2626).

§ 370 AO sind zudem auch sog. „Vorspiegelungstaten", d.h. Fälle, in denen der Täter den Steuervorgang erfindet, um eine Erstattung von Steuern, z.B. der vermeintlich gezahlten Vorsteuer, zu erlangen, strafbar. Die frühere Rechtsprechung hatte auf solche Taten den allgemeinen Betrugstatbestand mit der Begründung angewendet, zwar sei das Vermögen des Staates, nicht aber ein Steueranspruch verletzt.[19] Der BGH änderte jedoch zu Recht seinen Standpunkt und bejaht seither eine Steuerverkürzung auch bei einer – teilweisen oder vollständigen – Fingierung des Steuerfalls[20] (dazu unten II 1a). Schutzgut der Steuerhinterziehung ist deshalb das Vermögen des jeweiligen Steuergläubigers.[21] Die Beschreibung des Schutzguts durch die h.M. steht dem nicht entgegen, da wirksame und durchsetzbare Ansprüche unzweifelhaft zum Vermögen des Gläubigers gehören.[22] Obwohl der Erfolg der konkreten Steuerhinterziehungstat in der Verkürzung der betroffenen Steuerart hinsichtlich eines bestimmten Besteuerungszeitraums besteht, bedarf es einer Differenzierung nach einzelnen Steuerarten und Besteuerungszeiträumen bei § 370 AO ebenso wenig, wie es z.B. bei § 263 StGB erforderlich ist, eine isolierte Betrachtung einzelner Vermögensbestandteile vorzunehmen, da dies der Bestimmung des Schutzguts nicht dienlich ist. Der Umstand, dass Ertrags-, Verwaltungs- und Gesetzgebungshoheit bei den verschiedenen Steuern auf EU, Bund, Länder und Gemeinden verteilt sind, der zum Teil als Grund für die Notwendigkeit einer Differenzierung angegeben wird,[23] ist für die Bestimmung des geschützten Rechtsguts irrelevant.[24] Welcher Rechtsgutsinhaber durch die Tat betroffen ist, ist nur für die Feststellung des Taterfolgs im konkreten Fall von Bedeutung, nicht dagegen für die Bestimmung der Schutzrichtung des – abstrakten – Straftatbestandes.[25] Wegen der Ausdehnung des Geltungsbereichs des Steuerhinterziehungstatbestandes auf die in § 370 Abs. 6 AO genannten Abgaben, die einem anderen Mitgliedstaat der EU, der EFTA oder einem mit dieser assoziierten Staat zustehen, wird nicht nur das Vermögen des deutschen Staates, sondern – in engen Grenzen – auch das Vermögen bestimmter ausländischer Staaten geschützt.

---

19 BGH v. 11.4.1972 – 1 StR 45/72, NJW 1972, 1287 f.; v. 28.1.1986 – 1 StR 611/85, 1986, 172.
20 BGH v. 1.2.1989 – 3 StR 179/88, BGHSt 36, 100 ff.; v. 23.3.1994 – 5 StR 91/94, NJW 1994, 2302 f.; v. 6.6.2007 – 5 StR 127/07, BGHSt 51, 356 (Rz. 12 ff.).
21 BVerwG v. 30.11.1989 – 3 C 92/87, NJW 1990, 1864; *Gössel*, wistra 1985, 125 (129); *Hardtke* Steuerhinterziehung durch verdeckte Gewinnausschüttung, 1995, S. 63; *Hoff* (Fn. 17), S. 11; *Joecks* in Franzen/Gast/Joecks (Fn. 9), § 370 Rz. 14; *Ransiek* in Kohlmann, Steuerstrafrecht, § 370 Rz. 54.
22 *Fischer*, StGB, 62. Aufl. 2015, § 263 Rz. 91; *Perron* in Schönke/Schröder, StGB, 29. Aufl. 2014, § 263 Rz. 85, jeweils m.w.N.
23 *Franzen*, DStR 1965, 187 (188).
24 *Joecks* in Franzen/Gast/Joecks (Fn. 9), § 370 Rz. 17.
25 *Hellmann* in Hübschmann/Hepp/Spitaler (Fn. 16), § 370 AO Rz. 43.

3. Deliktscharakter

a) Steuerhinterziehung als Blankett- oder vollständiger Straftatbestand

Bis heute ist keine Einigkeit über den Normcharakter des § 370 AO erzielt. Die tradierte Auffassung von der Steuerhinterziehung als Blankettstrafgesetz wird nach wie vor von der Rechtsprechung überwiegend[26] und auch von Teilen der Literatur[27] für die Neufassung des Tatbestandes vertreten. Sie gerät durch eine im Vordringen befindliche Meinung aber zunehmend unter Druck.

Einige[28] erkennen den Blankettcharakter zwar grundsätzlich an, halten § 370 AO aber nicht für ein Blankettstrafgesetz „im klassischen Sinn", andere[29] betrachten § 370 AO als vollständigen Straftatbestand, der lediglich normative – unter Anwendung des Steuerrechts auszulegende – Tatbestandsmerkmale enthalte. In einem Beschluss bezeichnete auch das BVerfG[30] den Begriff der Steuerverkürzung nur als „blankettartige Verweisung auf Einzelsteuergesetze" und die Merkmale „steuerlich erhebliche Tatsache" und „Steuervorteile" als „aus sich heraus verständliche Begriffe".

---

26 BVerfG v. 8.5.1974 – 2 BvR 6363/72, BVerfGE 37, 201 (208); v. 16.6.2011 – 2 BvR 524/09, NJW 2011, 3778 (3779); BGH v. 8.1.1965 – 2 StR 49/64, BGHSt 20, 177 (180); v. 3.9.1970 – 3 StR 155/69, BGHSt 23, 319 (322); v. 20.11.2008 – 1 StR 354/08, BGHSt 53, 45 (Rz. 20); v. 17.3.2009 – 1 StR 627/08, BGHSt 53, 221 (Rz. 36); BFH v. 16.1.1973 – VIII R 52/69, BFHE 108, 286 (288); v. 27.10.2000 – VIII B 77/00, BFHE 193, 63 (68).
27 *Franzheim*, NStZ 1982, 137; *Isensee*, NJW 1985, 1007 (1008); *Kunert*, NStZ 1982, 276 (278); *Paufler*, Die Steuerhinterziehung, 1983, S. 31 f.; *Schäfer*, wistra 1983, 167; *Schleifer*, wistra 1986, 250; *Warda* Die Abgrenzung von Tatbestands- und Verbotsirrtum bei Blankettstrafgesetzen, 1955, S. 47. Offen gelassen von *Burckhardt*, wistra 1982, 178 (179), und *Schlüchter*, wistra 1985, 43 (45 f.). Widersprüchlich *Joecks* in Franzen/Gast/Joecks (Fn. 9), der die Straf- und Bußgeldtatbestände der §§ 369 ff. AO als Blankettvorschriften bezeichnet (Einleitung Rz. 5), die Annahme, § 370 AO stelle einen „echten" Blankett-Tatbestand dar, aber als unzutreffend ablehnt (§ 370 Rz. 140).
28 *Meyer*, NStZ 1986, 443 (445); *Rüping*, NStZ 1984, 450 (451). Unklar *Maiwald*, Unrechtskenntnis und Vorsatz im Steuerstrafrecht, 1984, S. 15 ff., der einerseits § 370 AO als Blankettstraftatbestand betrachtet, andererseits aber den „Steueranspruch" als normatives Tatbestandsmerkmal.
29 *Backes*, Zur Problematik der Abgrenzung von Tatbestands- und Verbotsirrtum im Steuerstrafrecht, 1981, S. 152 ff.; *Backes*, StuW 1982, 253 (261 ff.); *Enderle*, Blankettstrafgesetze, 2000, S. 243 ff.; *Joecks* in Franzen/Gast/Joecks, (Fn. 9), § 370 Rz. 27.1 (anders aber Einleitung Rz. 5); *Ransiek*, in Kohlmann (Fn. 21), § 370 Rz. 27.1; *von der Heide* (Fn. 14), S. 218 f. Zumindest hinsichtlich des Merkmals Steuerverkürzung ebenso *Puppe*, in Nomos Kommentar zum StGB, 4. Aufl. 2013, § 16 StGB Rz. 22; *Sternberg-Lieben/Schuster* in Schönke/Schröder (Fn. 22), § 15 Rz. 103. Schon für die RAO wurde diese Auffassung von *Schleeh*, BB 1971, 815 (817), und *Tiedemann*, ZStW 82 (1970), 969 (979), vertreten.
30 BVerfG v. 23.6.1994 – 2 BvR 1084/94, NJW 1995, 1883. S. aber die Nachweise der Entscheidungen in Fn. 26, in denen das BVerfG die Steuerhinterziehung als Blanketttatbestand bezeichnet.

Die Einordnung des Steuerhinterziehungstatbestandes als Blankettstrafgesetz ist allerdings immer rein theoretisch geblieben, weil die Vertreter dieser These die sich daraus eigentlich ergebenden Konsequenzen nicht gezogen haben. Unabhängig von weiteren materialen Kriterien[31] handelt es sich nämlich um ein Blankettstrafgesetz, wenn der Straftatbestand nicht alle Tatbestandsmerkmale, sondern lediglich ein „Strafblankett" enthält, das der Ergänzung durch Merkmale aus einer anderen Vorschrift, der „Ausfüllungsnorm", bedarf. Die Voraussetzungen der Ausfüllungsnorm müssen also in das Strafblankett „hineingelesen" werden und erst auf diese Weise entsteht der vollständige Straftatbestand.[32] Auf die Steuerhinterziehung angewendet würde das bedeuten, dass die Merkmale des § 370 AO und die in dem konkreten Fall einschlägigen steuerrechtlichen Merkmale gleichberechtigt nebeneinander stünden. Von Bedeutung ist die Einordnung als Blankettstrafgesetz zum einen für die Bestimmung der Anforderungen an den Tatbestandsvorsatz und zum anderen für die Anwendung des § 2 Abs. 3, Abs. 4 Satz 1 StGB, falls das ausfüllende (Steuer-)Gesetz geändert wird, der Blankettstraftatbestand selbst aber unberührt bleibt.

aa) Konsequenzen für den Tatvorsatz

Nach den weithin anerkannten Grundsätzen zum Tatbestandsvorsatz und unter Geltung der Schuldtheorie beim Irrtum, die in § 17 StGB legislatorisch festgeschrieben ist,[33] dürfte die Unkenntnis der das „Strafblankett" ausfüllenden (Steuer-)Norm an sich nur zu einem Verbotsirrtum i.S.d. § 17 StGB führen.[34] Der Tatbestandsvorsatz bliebe dagegen unberührt, wenn der Täter die tatsächlichen Umstände kennt, aus denen sich die Steuerpflicht ergibt. Hat der Steuerpflichtige z.B. ein „Spekulationsgeschäft" gem. §§ 22 Nr. 2, 23 Abs. 1 S. 1 Nr. 2 EStG getätigt und gibt er die Einkünfte daraus in seiner Einkommensteuererklärung nicht an, weil ihm unbekannt war, dass solche Geschäfte der Besteuerung unterliegen, so wäre bei konsequenter Anwendung der allgemeinen Regeln der Tatbestandsvorsatz gegeben, da der Steuerpflich-

---

31 Zu dem unübersichtlichen Streitstand s. *Enderle* (Fn. 29), S. 90 ff.
32 Vgl. *Warda* (Fn. 27), S. 18 ff.
33 *Neumann* in Nomos Kommentar zum StGB (Rz. 29), § 17 StGB Rz. 1; *Sternberg-Lieben/Schuster* in Schönke/Schröder (Fn. 22), § 17 StGB Rz. 3; A.A. *Kuhlen*, Die Unterscheidung von vorsatzausschließendem und nichtvorsatzausschließendem Irrtum, 1987, S. 424; *Puppe* in Nomos Kommentar zum StGB (Fn. 29), § 16 StGB Rz. 64 ff.
34 So die h.M. zu den Blankettstrafgesetzen allgemein, z.B. *Jakobs*, Strafrecht Allgemeiner Teil, 2. Aufl. 1991, S. 286; *Jescheck/Weigend*, Strafrecht Allgemeiner Teil, 5. Aufl. 1996, S. 309; *Roxin* (Fn. 7), § 12 Rz. 110 f.; *Sternberg-Lieben/Schuster* in Schönke/Schröder (Fn. 22), § 15 StGB Rz. 99; *Warda* (Fn. 27), S. 36 f. Die Gegenmeinung behandelt auch den Irrtum über die Existenz oder die Wirksamkeit der blankettausfüllenden Norm als Tatumstandsirrtum, z.B. *Herzberg*, GA 1993, 439 (457 ff.); *Kaufmann* in FS Lackner, 1987, S. 185 (190); *Kuhlen* (Fn. 33), S. 421 ff.; *Puppe* in Nomos Kommentar zum StGB (Fn. 29), § 16 StGB Rz. 64 ff.; *Tiedemann*, ZStW 81 (1970), 869 (876 ff.).

tige die tatsächlichen Voraussetzungen des Besteuerungstatbestandes kannte (Erzielung von Einkünften aus einem Veräußerungsgeschäft, bei dem der Zeitraum zwischen Anschaffung und Veräußerung nicht mehr als ein Jahr betrug). Die Unkenntnis der Steuerpflichtigkeit dieser sonstigen Einkünfte wäre ein bloßer Verbotsirrtum, der gem. § 17 S. 1 StGB nur dann die Schuld, also nicht den Vorsatz, ausschließt, wenn der Irrtum unvermeidbar war. Für die Steuerhinterziehung ist dieser Schluss allerdings – von wenigen Ausnahmen abgesehen[35] – nicht gezogen worden. Das war unter der Geltung der § 359 RAO 1919, § 396 RAO 1931, § 392 RAO 1967/68 auch einleuchtend, weil nach einhelliger Auffassung der Tatbestand der Steuerhinterziehung um das ungeschriebene Merkmal der Steuerunehrlichkeit zu ergänzen war. Die Steuerunehrlichkeit setzte begrifflich die Kenntnis des Täters von der Steuerpflicht voraus, zumindest musste er das Bestehen eines Steueranspruchs für möglich halten.[36] Die Nichtkenntnis des Steueranspruchs führte deshalb konsequenterweise zu einem „Tatirrtum" nach § 59 Abs. 1 StGB a.F. Im Übrigen schied gem. § 358 RAO 1919, § 395 RAO 1931 die Strafbarkeit wegen vorsätzlicher Begehung ohnehin aus, wenn der Täter sich in einem Irrtum über das Bestehen oder die Anwendbarkeit steuerrechtlicher Vorschriften befand und er die Tat deshalb für erlaubt hielt. Diese Regelung knüpfte an die Irrtumsrechtsprechung des Reichsgerichts an, das zwischen (vorsatzausschließendem) Tatsachen- und (den Vorsatz unberührt lassenden) Rechtsirrtum unterschied. Die Unkenntnis der Steuergesetze konnte nach dieser Rechtsprechung als Verbotsirrtum gewertet werden. Dieses dem Gesetzgeber unangemessen erscheinende Ergebnis zu vermeiden, war Beweggrund für die Schaffung des § 358 RAO 1919. Da sowohl das RG als auch der BGH den Irrtum über den Steueranspruch als Tatirrtum werteten und § 59 StGB a.F. anwendeten, hatte § 395 RAO 1931 (= § 359 RAO 1919) keine Funktion mehr, so dass die Vorschrift durch das 1. AOÄndG gestrichen wurde.[37] Auch zu § 370 AO wird zum Teil von denjenigen, welche die Neufassung des Steuerhinterziehungstatbestandes als Blankettstrafgesetz bezeichnen, der Standpunkt vertreten, zum Vorsatz der Steuerhinterziehung gehöre die Kenntnis des Steueranspruchs und es schließe deshalb den Vorsatz aus, wenn der Täter nicht weiß, dass ein Steueranspruch gegen ihn besteht.[38]

Im Ergebnis trifft dies zwar zu, mit der Einordnung des § 370 AO als Blankettstrafgesetz ist diese Sicht aber nicht zu vereinbaren. Der Steueranspruch ist kein Tatbestandsmerkmal (Tatumstand in der Terminologie des § 16

---

35 Z.B. OLG Hamm v. 6.5.1970 – 5 Ss Owi 52/70, ZfZ 1971, 340 (341); BayObLG v. 2.12.1980 – RReg.4 St 168/80, DB 1981, 874 (875); *Hartung* Steuerstrafrecht, 1950, S. 13 f., ausdrücklich aufgegeben aber in der 2. Aufl. 1965, S. 31 ff.
36 *Hartung*[2] (Fn. 35), S. 47.
37 BT-Drucks. V/1812, 23.
38 BGH v. 19.5.1989 – 3 StR 590/88, wistra 1989, 263 (264); v. 8.9.2011 – 1 StR 38/11, NStZ 2012, 160 (Rz. 21 f.); BayObLG v. 30.1.1990 – RReg.4 St 132/89, wistra 1990, 202 f.

Abs. 1 S. 1 StGB) der Steuerhinterziehung. Die Steuerpflicht und der Steueranspruch sind aber für die Tathandlungen (Machen unrichtiger bzw. unvollständiger Angaben oder pflichtwidriges Inunkenntnislassen über steuerlich erhebliche Tatsachen) und für den Taterfolg (Steuerverkürzung) relevant. Besteht keine Steuerpflicht bzw. kein Steueranspruch, so sind die Tatsachen steuerlich nicht relevant und es tritt auch kein Verkürzungserfolg ein. Weiß der Täter nicht, dass es sich um einen steuerpflichtigen Vorgang handelt, der einen Steueranspruch des Steuergläubigers begründet, so fehlt ihm die Kenntnis mehrerer Tatumstände des § 370 AO. Ihm ist nicht bewusst, dass er unrichtige bzw. unvollständige Angaben über steuerlich erhebliche Tatsachen gemacht oder die Finanzbehörde über solche Tatsachen pflichtwidrig in Unkenntnis gelassen und dadurch Steuern verkürzt hat. Es ist folglich nicht die Kenntnis der Steuerpflicht und des Steueranspruchs als solche relevant, sondern das Wissen um diese Umstände ist für die Erfassung des Bedeutungsinhalts der Tatbestandsmerkmale der Steuerhinterziehung von Bedeutung. Dafür reicht es aus, dass der Täter die Bedeutung der Tatumstände nach der „Parallelwertung in der Laiensphäre" erfasst.[39] Indem dies aber auch diejenigen anerkennen, die § 370 AO als Blankettstrafgesetz bezeichnen, wird deutlich, dass sie den Begriff offensichtlich nicht in dem üblichen technischen Sinn verstehen, sondern dadurch lediglich die besondere Bedeutung des Steuerrechts für die Auslegung des Steuerhinterziehungstatbestandes zum Ausdruck bringen wollen, dessen Voraussetzungen in der Sache aber – zutreffend – als normative Tatbestandsmerkmale betrachten. – Nur – dieses Verständnis wird dem Charakter des § 370 AO gerecht. Der Steuerhinterziehungstatbestand bedarf keiner Ergänzungen durch das Steuerrecht, sondern er beschreibt die Tathandlungen und den Taterfolg vollständig. Zwar erfolgt die Auslegung der normativen Tatbestandsmerkmale unter Berücksichtigung des Steuerrechts, das Steuerrecht füllt den Tatbestand deshalb aber nicht aus.[40] Die Struktur des § 370 AO entspricht somit derjenigen der §§ 242, 246 StGB, die zwar auf die Eigentumsordnung Bezug nehmen und daher der Auslegung anhand der das Eigentum zuordnenden Gesetze bedürfen, aber dennoch keine Blankettstrafgesetze sind.[41]

bb) Änderungen der Steuerrechtslage

Konsequenzen ergeben sich – entgegen einer in der Literatur vertretenen Auffassung[42] – aus der Kategorisierung der Steuerhinterziehung als Blan-

---

39 BayObLG v. 2.12.1980 – RReg. 4 St 168/80, MDR 1981, 427 f.; *Joecks* in Franzen/Gast/Joecks (Fn. 9), § 370 Rz. 234.
40 *Enderle* (Fn. 29), S. 178 ff.
41 S. dazu BVerfG v. 18.5.1988 – 2 BvR 579/84, BVerfGE 78, 205 (213).
42 *Ulsenheimer*, NJW 1985, 1929 (1934).

kettstrafgesetz im Übrigen auch dann nicht, wenn nach der Tatbegehung das relevante Steuergesetz gemildert oder gar aufgehoben wird. Bei Blankettstrafgesetzen ist das Rückwirkungsgebot des § 2 Abs. 3 StGB anerkanntermaßen[43] auch auf Milderungen der Ausfüllungsnorm anwendbar. Wären die Voraussetzungen des Steuergesetzes zugleich Tatbestandsmerkmale des § 370 AO, so hätte § 2 Abs. 3 StGB also eigentlich zur Folge, dass dem Täter die nachträgliche Milderung zugute käme. Der BGH[44] gelangte aber gleichwohl nicht zur Rückwirkung der „lex mitior", weil das (in dem konkreten Fall das Mineralöl-)Steuergesetz ein Zeitgesetz sei, das Milderungsgebot gem. § 2 Abs. 4 Satz 1 StGB also nicht gelte. Um Zeitgesetze im Sinne dieser Vorschrift handelt es sich nämlich nicht nur, wenn das Gesetz kalendermäßig befristet ist, sondern auch dann, wenn die Regelung für sich ändernde wirtschaftliche oder sonstige zeitbedingte Verhältnisse gedacht ist.[45] Die Literatur ist dem BGH zum Teil[46] mit der Maßgabe gefolgt, dass für jede steuerrechtliche Vorschrift zu prüfen sei, ob sie nur für eine bestimmte Zeitspanne oder auf Dauer gelten soll. Zum Teil[47] wird sogar behauptet, dass Steuergesetze generell Zeitgesetze seien.

Nach zutreffender Auffassung[48] ist § 2 Abs. 3 StGB auf Änderungen der Steuergesetze jedoch in aller Regel nicht anwendbar, ohne dass es eines Rückgriffs auf § 2 Abs. 4 StGB bedarf. Der zutreffende Grund für die Unanwendbarkeit des Rückwirkungsgebotes des § 2 Abs. 3 StGB besteht darin, dass Änderungen der Steuerrechtslage in der Regel nur für zukünftige Besteuerungszeiträume gelten, die Steuerrechtslage für die Vergangenheit also unberührt lassen. So regeln z.B. § 52 EStG und § 34 KStG, ab welchen Veranlagungszeiträumen die geänderten Vorschriften anwendbar sind. Daraus folgt aber zugleich, dass für die davorliegenden Besteuerungszeiträume die alte Rechtslage gilt. Um eine Milderung, wie sie § 2 Abs. 3 StGB voraussetzt, handelt es sich in diesen Fällen also nicht. Der dagegen erhobene Einwand, trotz Fehlens einer steuerrechtlichen Rückwirkung führe die Milderung des

---

43 BVerfG v. 22.8.1994 – 2 BvR 1884/93, NJW 1995, 315 (316); BGH v. 8.1.1965 – 2 StR 49/64, BGHSt 20, 177 (180 ff.); v. 14.12.1994 – 5 StR 210/94, BGHSt 40, 378 (381). A.A. das RG v. 28.2.1916 – III 930/15, RGSt 49, 410 (413), dem der BGH v. 5.4.1955 – 2 StR 552/54, BGHSt 7, 294 (295), zunächst gefolgt war.
44 BGH v. 8.1.1965 – 2 StR 49/64, BGHSt 20, 177 (180 ff.).
45 So die Begründung in dem RegE. des EGStGB, BT-Drucks. 7/550, 206.
46 *Joecks* in Franzen/Gast/Joecks (Fn. 9), § 369 Rz. 27; *Kunert*, NStZ 1982, 276 (278).
47 AG Bochum v. 13.2.1985 – 29 Cs 42 Js 542/82 AK 405/84, NJW 1985, 1968 (1969); AG Düsseldorf v. 20.9.1984 – 105 Cs 42 Js 660/82, NJW 1985, 1971; AG Köln v. 5.11.1984 – 584 Ls 36/84, NJW 1985, 1037 (1040); *Franzheim*, NStZ 1982, 137 (138); *Koch*, DStZ 1983, 244 (245, Fn. 5).
48 BGH v. 28.1.1987 – 3 StR 373/86, BGHSt 34, 272 (282); LG Hamburg v. 6.3.1986 – (92) 17/85 Kls, NJW 1986, 1885; *Bergmann*, NJW 1986, 233 (234); *Engelhardt*, DRiZ 1986, 88 (90); *Joecks* in Franzen/Gast/Joecks (Fn. 9), § 369 Rz. 27; *Samson*, wistra 1983, 235 (237 f.).

Steuergesetzes zu einer strafrechtlichen „Neubewertung" der Tat,[49] die auch für die Vergangenheit gelte, überzeugt nicht. Wählt der Gesetzgeber aus steuerpolitischen Gründen eine für den Steuerpflichtigen günstigere Gestaltung des Steuerrechts für die Zukunft, erlaubt dies nicht den Schluss, dass dadurch auch Steuerverkürzungen der Vergangenheit neu bewertet würden. Wenn der Gesetzgeber – abweichend von der steuerrechtlichen Regelung – eine strafrechtliche Rückwirkung herbeiführen will, so muss er dies ausdrücklich anordnen, in der Sache also eine Amnestie anordnen.

Anders liegt es dagegen, wenn das Steuergesetz – ausnahmsweise – mit Wirkung auch für die Vergangenheit geändert wird, so dass nach Maßgabe der neuen Regelung die während der Geltung des alten Rechts begangene Tat nicht mehr zu einer Steuerverkürzung führen würde. Sind die Angaben des Steuerpflichtigen auf der Grundlage der neuen – für die Vergangenheit geltenden – Rechtslage nicht mehr steuerlich erheblich und führen sie nicht mehr zu einer Steuerverkürzung, so scheidet der objektive Tatbestand der Steuerhinterziehung aus.

cc) Notwendigkeit einer „strafrechtsspezifischen" Anwendung des Steuerrechts?

Nach alldem ist festzuhalten, dass die Tatbestandsmerkmale steuerlich erhebliche Tatsache, Steuerverkürzung und nicht gerechtfertigter Steuervorteil durch eine „steuerrechtliche Subsumtion" im Rahmen des § 370 AO zu ermitteln sind. Die im konkreten Fall einschlägigen (einzel-)steuergesetzlichen Vorschriften sind im Steuerstrafverfahren so anzuwenden, wie sie auch im Besteuerungsverfahren gelten. Dies ist – wie dargelegt – im Übrigen unabhängig davon, ob die steuerrechtlichen Regelungen als Ausfüllungsnormen des Strafblanketts oder als außerstrafrechtliche Bezugsnormen der normativen Tatbestandsmerkmale angesehen werden.

Eine andere Frage ist jedoch, ob die „Steuerrechtsakzessorietät" generell und ausnahmslos gilt oder ob allgemeine strafrechtliche Grundsätze diese im Einzelfall überlagern können. Dieses Problem stellt sich bei § 370 AO z.B. dann, wenn der Täter bereits durch positives Tun – mit dolus eventualis – die Steuerverkürzung herbeigeführt, sich also bereits wegen Steuerhinterziehung strafbar gemacht hat, und anschließend eine – steuerrechtlich begründete (§ 153 Abs. 1 Nr. 1 AO) – Berichtigungspflicht mit dolus directus verletzt. Der 1. Strafsenat des BGH hat eine Steuerhinterziehung durch Unterlassen nach § 370 Abs. 1 Nr. 2 AO in einem Fall bejaht, in dem es der Unternehmer bei Abgabe seiner Umsatzsteueranmeldungen für mög-

---

49 *Tiedemann*, NJW 1986, 2475 (2476 ff.); NJW 1987, 1247 f., bzgl. der Anhebung der Grenzen für abziehbare Parteispenden, die das „Parteienfinanzierungsgesetz" v. 22.12.1983 (BGBl. I 1983, 1577) ausdrücklich erst mit Wirkung ab 1.1.1984 anordnete.

lich gehalten hatte, dass seine Angaben falsch sein könnten, und nachträglich die sichere Kenntnis von der Unrichtigkeit der Angaben erlangte.[50] Außer Betracht bleiben kann die umsatzsteuerrechtliche Besonderheit, dass der Unternehmen trotz – vorsätzlicher – unrichtiger Umsatzsteuervoranmeldung eine richtige Umsatzsteuerjahresanmeldung abgegeben muss und diese Erklärungspflicht verletzt, wenn er in seiner Jahresanmeldung die unrichtigen Angaben aus den Voranmeldungen wiederholt, so dass er eine weitere Steuerhinterziehung begeht.[51] Der BGH hat seine Auffassung in der genannten Entscheidung nämlich generalisiert und eine strafbewehrte Verletzung der Berichtigungspflicht des § 153 Abs. 1 Nr. 1 AO für alle Fälle angenommen, in denen der Steuerpflichtige, der seine Steuererklärung mit bedingtem Steuerhinterziehungsvorsatz abgegeben hatte, diese nach Erlangung sicherer Kenntnis von der Unrichtigkeit nicht berichtigt.

Vergleichbare Konstellationen, in denen der Täter den Taterfolg durch positives Tun mit dolus eventualis herbeiführt, d.h. das zum Taterfolg führende Geschehen in Gang gesetzt hat, und dann erkennt, dass der Erfolg mit Sicherheit eintreten wird, wenn er eine noch mögliche Erfolgsabwendungshandlung unterlässt, finden sich auch im allgemeinen Strafrecht. Fügt der Täter dem Opfer mit bedingtem Tötungsvorsatz Verletzungen zu, die den Tod herbeiführen können, bei sofortiger ärztlicher Hilfe der Tod aber noch abgewendet werden kann, so ist der Täter – nach zutreffender Auffassung der Rechtsprechung – auch dann – nur – wegen Totschlags bzw. Mordes durch positives Tun strafbar, wenn er nach Vornahme der Tötungshandlung erkennt, dass der Tod des Opfers mit Sicherheit eintreten wird, wenn es keine Hilfe erhält und der Täter die ihm mögliche Rettungshandlung unterlässt. So lehnte der BGH die Strafbarkeit wegen Aussetzung mit der Begründung ab, „der Täter, der vorsätzlich oder bedingt vorsätzlich einen Erfolg anstrebt oder billigend in Kauf nimmt, ist nicht zugleich verpflichtet, ihn anzuwenden".[52] In einer anderen Entscheidung hat das Gericht ein einheitliches (Tötungs-)Geschehen angenommen, wenn „zwischen der Tötungshandlung, dem Erkennen der Erforderlichkeit einer Hilfeleistung und dem Entschluss zur Verdeckung der Tat oder Täterschaft keine Maßnahmen zur Erfolgsabwendung zu unternehmen, eine zeitliche Zäsur liegt".[53] Diese Grundsätze beanspruchen im Steuerstrafrecht ebenfalls Beachtung.[54] Da die steuerrechtlichen Mitwirkungspflichten – ungeachtet des § 153 AO – generell bestehen bleiben, wenn der Steuerpflichtige unrichtige oder unvoll-

---

50 BGH v. 17.3.2009 – 1 StR 479/08, BGHSt 53, 210 (Rz. 15 ff.).
51 BGH v. 10.12.1991 – 5 StR 536/91, BGHSt 38, 165 (171); v. 21.1.1998 – 5 StR 686/97, wistra 1998, 146; v. 12.1.2005 – 5 StR 271/04, wistra 2005, 145 (146); v. 17.3.2009 – 627/08, BGHSt 53, 221 (Rz. 28).
52 BGH v. 24.10.1995 – 1 StR 465/95, NStZ-RR 1996, 131.
53 BGH v. 12.12.2002 – 4 StR 297/02, NStZ 2003, 312 (313).
54 Eingehend dazu *Bülte*, BB 2010, 607 (610 ff.).

ständige Angaben gemacht hat,[55] und er in aller Regel zur nachträglichen Berichtigung in der Lage sein wird, würden nahezu immer eine Steuerhinterziehung durch positives Tun und durch Unterlassen zusammentreffen. Dieses Ergebnis widerspräche allgemeinen strafrechtlichen Grundsätzen, so dass bei Vorliegen einer Steuerhinterziehung durch positives Tun die Strafbewehrung einer steuerrechtlichen Pflicht zur Berichtigung der die Steuerhinterziehung begründenden Erklärung ausscheidet.

b) Gefährdungs- oder Verletzungsdelikt

Umstritten ist zudem, ob die Steuerhinterziehung ein Verletzungs- oder Gefährdungsdelikt darstellt. Im Gegensatz zu der Forderung, bei §§ 263, 266 StGB auf den Begriff der konkreten Vermögensgefährdung zu verzichten, lässt der 1. Strafsenat des BGH bei der Steuerhinterziehung für die Tatvollendung eine konkrete Gefährdung genügen, weil § 370 AO zwar ein Erfolgs-, aber nicht notwendig ein Verletzungsdelikt sei.[56] Diese Sicht überrascht bei Betrachtung der in § 370 Abs. 1 AO genannten Taterfolge – Steuerverkürzung und Erlangung eines nicht gerechtfertigten Steuervorteils –, da sie eine Verringerung des Steueraufkommens intendieren. In der Literatur ist strittig, ob der tatbestandsmäßige Erfolg der Steuerhinterziehung in einer Verletzung[57] oder einer konkreten Gefährdung[58] des geschützten Rechtsguts, also des Steueraufkommens bzw. des Vermögens des Steuergläubigers besteht.

Die vereinzelt vertretene These, § 370 AO setze nicht einmal immer eine konkrete Gefährdung des Steueraufkommens voraus, sondern „realistischer" sei, „dass jedenfalls z.T. schon abstrakte Vermögensgefahren für die Vollendung des Tatbestands ausreichen",[59] überzeugt angesichts des Wortlauts nicht. Abstrakte Gefährdungsdelikte beschränken sich zwar bisweilen nicht auf die bloße Vornahme einer generell gefährlichen Handlung, sondern erfordern einen „Zwischenerfolg", z.B. das Inbrandsetzen eines Ge-

---

55 *Bülte*, BB 2010, 607 (609); *Wulf*, PStR 2009, 190 (193).
56 BGH v. 10.12.2008 – 1 StR 322/08, BGHSt 53, 99 (Rz. 22). Ebenso bereits OLG Hamburg v. 2.6.1992 – 1 Ss 119/91, wistra 1993, 274 (275).
57 Z.B. *Bilsdorfer*, DStZ 1985, 184 (191); *Hellmann* in Hübschmann/Hepp/Spitaler (Fn. 16), § 370 AO Rz. 57 ff.; *Kirchhof*, NStZ 1985, 2977 (2981); *Meyer*, NStZ 1987, 500 (501).
58 *Joecks* in Franzen/Gast/Joecks (Fn. 9), § 370 Rz. 15, 45 ff.; *Rolletschke* in Rolletschke/Kemper, Steuerverfehlungen, § 370 Rz. 35. Unklar *Hardtke*, Steuerhinterziehung durch verdeckte Gewinnausschüttung, 1995, der § 370 AO einerseits – auch – als Gefährdungsdelikt bezeichnet (S. 127), andererseits aber eine schadensgleiche Vermögensgefährdung verlangt (S. 144 f., 148).
59 *Ransiek* in Kohlmann (Fn. 21), § 370 AO Rz. 59; *Schmitz/Wulf* in MünchKomm/StGB, Band 6/1, 2010, § 370 AO Rz. 11.

bäudes nach § 306a Abs. 1 StGB.⁶⁰ Zumindest für die Unterlassungsalternative des § 370 Abs. 1 Nr. 2 AO wäre die Verknüpfung mit einem Zwischenerfolg aber völlig überflüssig, da das pflichtwidrige Inunkenntnislassen der Finanzbehörde über steuerlich erhebliche Tatsachen bereits zu einer abstrakten Gefährdung des Vermögens des Steuergläubigers führt. Diese Sicht ist zudem mit den „echten" Steuergefährdungstatbeständen der §§ 379–382 AO, die als Ordnungswidrigkeiten ausgestaltet sind, nicht vereinbar. Für den Charakter des § 370 AO als abstraktes Gefährdungsdelikt spricht im Übrigen nicht, dass die Steuerhinterziehung nach § 370 Abs. 4 S. 1 Halbs. 2 AO i.V.m. § 168 AO bereits mit der Anmeldung vollendet sei, „auch wenn die Unrichtigkeit offenkundig ist und der zuständige Finanzbeamte die Steuer gem. § 167 Abs. 1 S. 1 sofort richtig festsetzen wird".⁶¹ Folgt man der Auffassung, die Finanzbehörde verwerfe durch die – von der Anmeldung – abweichende Festsetzung die Erklärung des Steuerpflichtigen und setze die Steuer durch Bescheid fest,⁶² so würde § 167 Abs. 1 S. 1 AO der Fiktion der Steuerfestsetzung des § 168 AO⁶³ entgegenstehen mit der Folge, dass in diesem Fall der Verkürzungserfolg nicht eingetreten wäre, die Steuerhinterziehung also im Versuchsstadium „steckenbleiben" würde. Nach der Gegenmeinung, die in der Festsetzung eine Änderung der in der Anmeldung liegenden Steuerfestsetzung i.S.d. § 164 Abs. 2 AO sieht,⁶⁴ würde mit dem Zugang der Anmeldung das Vermögen des Steuergläubigers verringert, weil die Steuer nicht in voller Höhe festgesetzt wurde. Das gilt unabhängig von der Offensichtlichkeit der Unrichtigkeit und dem Zeitpunkt der Änderung, denn das Ergehen des Steuerbescheids nach § 167 Abs. 1 S. 1 AO würde lediglich eine für den Taterfolg des § 370 AO unerhebliche nachträgliche Schadenskompensation darstellen.

Der Charakter des § 370 AO als konkretes Gefährdungsdelikt wird auf zwei – weitere – Thesen gestützt. Zum einen wird behauptet, die Steuerverkürzung setze bei Taten im Festsetzungsverfahren „nicht die wirkliche Verletzung des Steueranspruchs oder die wirkliche Beeinträchtigung des Steueraufkommens" voraus, sondern § 370 Abs. 4 AO begnüge sich mit der Gefährdung der Durchsetzung des Steueranspruchs.⁶⁵ Zum anderen wird das sog. Kompensationsverbot des § 370 Abs. 4 S. 3 AO als Beleg für den

---

60 *Böse* in Nomos Kommentar zum StGB (Fn. 29), § 9 Rz. 10.
61 So *Schmitz/Wulf* in MünchKomm/StGB (Fn. 59), § 370 AO Rz. 11.
62 So *Heuermann* in Hübschmann/Hepp/Spitaler (Fn. 16), § 168 AO Rz. 10; im Ergebnis wohl ebenso *Seer* in Tipke/Kruse/Abgabenordnung – Finanzgerichtsordnung, § 168 AO Rz. 4.
63 *Heuermann* in Hübschmann/Hepp/Spitaler (Fn. 16), § 168 AO Rz. 3.
64 *Baum* in Koch/Scholtz, Abgabenordnung, 5. Aufl. 1996, § 168 Rz. 7; *von Wedelstädt* in Kühn/von Wedelstädt, Abgabenordnung und Finanzgerichtsordnung, 20. Aufl. 2011, § 167 AO Rz. 4.
65 BGH v. 10.12.2008 – 1 StR 322/08, BGHSt 53, 99 (Rz. 22); *Joecks* in Franzen/Gast/Joecks (Fn. 9), § 370 Rz. 15.

Gefährdungsdeliktscharakter benannt.⁶⁶ Beide Thesen erweisen sich bei näherer Betrachtung jedoch als nicht stichhaltig.

Der ersten Behauptung liegt ein extrem enger Verletzungsbegriff zugrunde, der den Eigentums- und Vermögensdelikten ansonsten fremd ist. Versteht man als „wirkliche" Verletzung des Steueranspruchs bzw. als „wirkliche" Beeinträchtigung des Steueraufkommens die endgültige, d.h. irreversible Nichterlangung der gesetzlichen Steuer, so träte dieser Erfolg erst mit dem Ablauf der steuerlichen Verjährung ein, die nach § 169 Abs. 2 AO bei einer Steuerhinterziehung zehn Jahre beträgt. § 171 Abs. 7 AO bestimmt zudem, dass die steuerliche Verjährung nicht endet, bevor die Steuerhinterziehung verjährt ist. Für die „einfache" Steuerhinterziehung beläuft sich die Verfolgungsverjährung gem. § 78 Abs. 3 Nr. 4 StGB auf fünf Jahre, die absolute Verjährungsfrist gem. § 78c Abs. 3 S. 2 StGB auf zehn Jahre; im Falle einer Steuerhinterziehung in einem besonders schweren Fall (§ 370 Abs. 3 AO) beträgt die Verfolgungsfrist nach § 376 Abs. 1 AO sogar zehn Jahre, die absolute Verjährungsfrist also 20 Jahre. Bei anderen Vermögensdelikten wird eine irreversible Beeinträchtigung des geschützten Rechtsguts – zu Recht – jedoch nicht gefordert. Ein Betrug wäre sonst erst nach Ablauf der Verjährung des deliktischen Schadensersatzanspruchs aus § 823 Abs. 2 BGB i.V.m. § 263 StGB vollendet. Diese Sicht vertritt – soweit ersichtlich – niemand. Dass insbesondere bei einer zu niedrigen Festsetzung der gesetzlich geschuldeten Steuer nur eine Gefährdung des Steueranspruchs, nicht dagegen dessen Verringerung vorliegen soll,⁶⁷ überzeugt nicht. Der Steueranspruch ergibt sich zwar aus den Steuergesetzen, die Konkretisierung erfolgt bei Veranlagungssteuern aber erst durch den Steuerbescheid der Finanzbehörde (§ 155 Abs. 1 S. 1 AO) bzw. bei Fälligkeitssteuern durch die Steueranmeldung, die gem. § 168 Abs. 1 AO einer Steuerfestsetzung unter dem Vorbehalt der Nachprüfung (§ 164 AO) gleich steht. Der Steuerbescheid bzw. die diesem gleichstehende Steueranmeldung ist die Grundlage der Verwirklichung der Ansprüche aus dem Steuerschuldverhältnis (§ 218 Abs. 1 AO). Das Vermögen des Steuergläubigers ist deshalb bei wirtschaftlicher Betrachtung mit einer Festsetzung bzw. Steueranmeldung, die niedriger ist als die gesetzlich geschuldete Steuer, auch „wirklich" vermindert, denn die Realisierung des Steueranspruchs durch die Erhebung der Steuer kann nur auf der Grundlage des Steuerbescheids bzw. der Steueranmeldung erfolgen. Der Vorhalt, diese Argumentation bedeute im Ergebnis, dass bereits die ungünstige Einwirkung auf das Tatobjekt – den Steueranspruch – über die Einordnung des § 370 AO als Verletzungs- oder Gefährdungsdelikt entscheide, es dafür aber „primär" auf die Einwirkung auf das Rechtsgut an-

---

66 *Ehlers*, FR 1976, 504 (505); *Hübner*, JR 1977, 58 (60); *Wassmann*, ZfZ 1987, 162 (166).
67 So aber BGH v. 10.12.2008 – 1 StR 322/08, BGHSt 53, 99 (Rz. 22) unter Berufung auf *Joecks* in Franzen/Gast/Joecks (Fn. 9), § 370 Rz. 15.

komme,[68] trifft nicht zu, weil das „Tatobjekt" – der Steueranspruch – zugleich einen Bestandteil des Schutzguts – des Vermögens des Steuergläubigers – darstellt. Die Situation ähnelt der des Prozessbetrugs, bei dem die Täuschung des Schuldners über die Höhe eines nach dem Gesetz bestehenden Anspruchs zur teilweisen Abweisung der Klage des Gläubigers durch den Zivilrichter führt. Ein vollendeter (Dreiecks-)Betrug liegt bereits durch das Erschleichen eines noch nicht rechtskräftigen, vorläufig vollstreckbaren Urteils vor.[69] Aber auch die Nichtabgabe und die verspätete Abgabe einer Steuererklärung oder Steueranmeldung, die dazu führen, dass die Festsetzung unterbleibt oder jedenfalls nicht rechtzeitig erfolgt, vermindert bei wirtschaftlicher Betrachtung das Vermögen des Steuergläubigers, da der Finanzbehörde – vorübergehend oder dauerhaft – die Informationen fehlen, die sie zur Konkretisierung und Durchsetzung des Steueranspruchs benötigt. Das Vermögen des Steuergläubigers wird dadurch verringert, weil er seine gesetzlichen Steueransprüche nicht bzw. nicht rechtzeitig geltend machen kann. Eine Verletzung des Schutzguts des § 370 AO ist zudem im Falle der Erlangung eines nicht gerechtfertigten Steuervorteils gegeben, da diesem Vorteil des Steuerpflichtigen notwendigerweise ein steuerlicher Nachteil des Steuergläubigers entsprechen muss.

Bei näherer Betrachtung resultiert der – vermeintliche – Gefährdungsdeliktscharakter der Steuerhinterziehung auch nicht aus dem in § 370 Abs. 4 S. 3 AO geregelten Kompensationsverbot. Es kann zwar – theoretisch – dazu führen, dass eine vollendete Steuerhinterziehung vorliegt, obwohl die – aufgrund der Angaben des Steuerpflichtigen – festgesetzte Steuer der gesetzlich geschuldeten entspricht oder diese sogar übersteigt, eine Schädigung des Steueraufkommens also letztlich nicht eintritt. Dieses auf den ersten Blick paradox erscheinende Ergebnis beruht aber darauf, dass der Umfang des tatbestandsmäßigen (Verkürzungs-)Erfolgs nicht notwendig der Höhe der Schädigung des Steuergläubigers, die im Rahmen der Strafzumessung zu berücksichtigen ist, entspricht.[70] Da das Ausmaß der tatsächlichen Schädigung des Steueraufkommens einen wichtigen Strafzumessungsfaktor darstellt, gilt das Kompensationsverbot insofern nicht.[71] Es handelt sich dabei keineswegs um eine steuerstrafrechtliche Besonderheit, denn beim Betrug existieren ebenfalls Konstellationen, in denen der tatbestandsmäßige Schaden in dem vollen wirtschaftlichen Wert des dem Opfer entzogenen Vermögensgegenstandes besteht, in die Feststellung der materiellen Schädigung als Strafzumessungsgesichtspunkt aber eine Schadenswiedergutmachung oder eine

---

68 *Joecks* in Franzen/Gast/Joecks (Fn. 9), § 370 Rz. 15; ebenso *Schmitz/Wulf* in Münch-Komm/StGB (Fn. 59), § 370 AO Rz. 12.
69 *Lackner/Kühl*, StGB, 28. Aufl. 2014, § 263 Rz. 42.
70 BayObLG v. 16.10.1989 – RReg. 4 St 162/89, wistra 1990, 112 f.; OLG Düsseldorf v. 30.11.1988 – 2 Ss 264/88-110/88 III, wistra 1989, 154 (155).
71 BGH v. 11.7.2002 – 5 StR 516/01, BGHSt 47, 343 (350 f.); v. 5.2.2004 – 5 StR 420/03, wistra 2004, 147 (149); *Rolletschke* in Rolletschke/Kemper (Fn. 58), § 370 Rz. 321.

sonstige Bereicherung des Opfers einfließt.[72] Hinzu kommt, dass die verschwiegenen steuermindernden Umstände u.U. noch nach der Festsetzung oder Anmeldung geltend gemacht werden können.[73] Wären sie dennoch schon bei der Feststellung des Steuerverkürzungserfolgs zu berücksichtigen und der Taterfolg deshalb zu verneinen, so würde die Strafbarkeit wegen Steuerhinterziehung scheitern. Die nachträgliche – zutreffende – Geltendmachung der steuerermäßigenden Gründe würde zwar das Steueraufkommen verringern, mangels unrichtiger Angaben aber nicht die Tathandlung der Steuerhinterziehung erfüllen. Die vorgeschlagene Lösung, eine vollendete Steuerhinterziehung anzunehmen, weil die Täuschungshandlung des Täters im „ersten Akt" wegen der Möglichkeit, in einem – tatbestandslosen – zweiten Akt einen Steuerschaden herbeizuführen, eine Vermögensgefährdung bewirke, die einem Vermögensschaden gleichgestellt werden könne,[74] lässt außer Betracht, dass die in dem ersten Steuerbescheid bzw. in der Anmeldung konkretisierte Steuerforderung mit einem Erstattungsanspruch belastet ist, die deren Wert bei wirtschaftlicher Betrachtung entsprechend mindert. Schon der „erste Akt" führt somit zu einem „echten" Vermögensschaden. Konsequenterweise steht § 370 Abs. 4 S. 3 AO der Berücksichtigung von Ermäßigungsgründen nicht entgegen, wenn der Täter sie nicht geltend machen kann, ohne damit zugleich zu offenbaren, dass er steuererhöhende Tatsache verschwiegen hat.[75] Eine solche Verknüpfung von Ermäßigungs- und Erhöhungsgründen beseitigt zwar nicht den Anspruch des Steuerpflichtigen, sie steht aber einer isolierten Geltendmachung entgegen, so dass bei wirtschaftlicher Betrachtung der Wert der Steuerforderung des Steuergläubigers nicht vermindert ist.

Die Behauptung des 1. Strafsenats des BGH, dass der unrichtige Feststellungsbescheid nach § 180 Abs. 1 Nr. 2a AO[76] und der unrichtige gesonderte Grundlagenbescheid zur Feststellung eines Verlustvortrags gem. § 10a GewStG, der nach § 182 Abs. 1 S. 1 AO für den jeweils nächsten Steuerbescheid und Verlustfeststellungsbescheid Bindungswirkung entfaltet,[77] nicht gerechtfertigte Steuervorteile darstellen würden und die Bewirkung eines falschen Feststellungsbescheids deshalb als vollendete Steuerhinterziehung strafbar sei, kollidiert mit dem Charakter der Steuerhinterziehung als Verletzungsdelikt. Nur auf den ersten Blick scheint die Bindungswirkung der Feststellungen in diesen Bescheiden für die spätere Steuerfestsetzung dafür zu sprechen, dass es sich um Ansprüche des Steuerpflichtigen gegen

---

72 Z.B. BGH NStZ 1995, 85 f., mit Anm. *Hellmann*, NStZ 1995, 232 f.
73 Näher dazu *Joecks* in Franzen/Gast/Joecks (Fn. 9), § 370 Rz. 73.
74 So *Joecks* in Franzen/Gast/Joecks (Fn. 9), § 370 Rz. 73.
75 BGH v. 31.1.1978 – 5 StR 458/77, GA 1978, 307; v. 5.2.2004 – 420/03, wistra 2004, 147 (149); *Joecks* in Franzen/Gast/Joecks (Fn. 9), § 370 Rz. 74.
76 BGH v. 10.12.2008 – 1 StR 322/08, BGHSt 53, 99 (Rz. 22); BGH NStZ-RR 2009, 340 (341); HRRS 2011, Nr. 223 (Rz. 94).
77 BGH HRRS 2011, Nr. 223 (Rz. 94).

den Steuergläubiger handelt und dessen Vermögen bereits deshalb verringert ist. Da diese „Ansprüche" erst in dem späteren Besteuerungsverfahren wirksam werden, die unrichtigen Feststellungen im Zeitpunkt der Erwirkung den Steueranspruch, d.h. das Vermögen des Steuergläubigers, also noch nicht mindern,[78] scheidet eine vollendete Steuerhinterziehung durch Erschleichen eines Feststellungsbescheids aus. Gegen die Annahme einer vollendeten Steuerhinterziehung spricht zudem, dass sich im Zeitpunkt der Erwirkung des Feststellungsbescheids der wirtschaftliche Wert der Feststellungen nicht beziffern lässt, weil die übrigen Besteuerungstatsachen nicht bekannt, u.U. noch nicht einmal entstanden sind. Eine Verlustfeststellung kann sogar gänzlich folgenlos bleiben, wenn das Unternehmen – ohne jemals Gewinne erzielt zu haben – insolvent und aufgelöst wird. Dass eine Minderung des Wertes des Steueranspruchs, d.h. eine Verringerung des Vermögens des Steuergläubigers, durch das Ergehen des unrichtigen Feststellungsbescheids nicht eintritt, gesteht auch im Übrigen auch der BGH zu.[79]

Das – vorsätzliche – Erschleichen eines unrichtigen Feststellungsbescheids ist dennoch nicht straflos, sondern es handelt sich – wegen dessen Verbindlichkeit für das spätere Besteuerungsverfahren – um eine versuchte Steuerhinterziehung.[80] Wie in anderen Versuchskonstellationen richtet sich die Strafzumessung – auch – danach, welchen Taterfolg der Täter in seinen Vorsatz aufgenommen hat.

4. Betrugsähnliche Struktur des § 370 AO?

Strittig ist, ob die Steuerhinterziehung eine betrugsähnliche Struktur aufweist, d.h. einen Irrtum des für Finanzbehörde Tätigen voraussetzt.

Relevant wird diese Frage, wenn – wie es in der Praxis bisweilen der Fall ist – der zuständige Sachbearbeiter die Unrichtigkeit der Angaben erkennt, er aber gleichwohl die Steuer auf der Grundlage der falschen Besteuerungstatsachen festsetzt. Dies kann geschehen, weil der Sachbearbeiter mit dem Steuerpflichtigen kollusiv zusammenwirkt oder weil der Sachbearbeiter sich zusätzliche Arbeit durch die Überprüfung der Angaben bzw. durch eine Schätzung der Besteuerungsgrundlagen ersparen will. Die Rechtsprechung bejaht eine Steuerhinterziehung, wenn der Sachbearbeiter von der Unrichtigkeit der Angaben positive Kenntnis oder den Steuerfall sogar selbst erfunden hatte.[81] § 370 Abs. 1 Nr. 1 AO setze keine gelungene Täuschung des zuständigen Finanzbeamten voraus. Dies folge bereits aus dem

---
[78] *Beckemper*, NStZ 2002, 518 (521).
[79] BGH v. 10.12.2008 – 1 StR 322/08, BGHSt 53, 99 (Rz. 22).
[80] Näher dazu *Hellmann* in Hübschmann/Hepp/Spitaler (Fn. 16), § 370 AO Rz. 299b f.
[81] BGH v. 19.12.1990 – 3 StR 90/90, BGHSt 37, 266 (285); v. 5.6.2007 – 5 StR 127/07, BGHSt 51, 356 (Rz. 24); v. 14.12.2010 – 1 StR 275/10, NJW 2011, 1299 (Rz. 27 ff.); BFH v. 28.4.1998 – IX R 46/96, DB 1998, 1599 ff.; v. 25.10.2005 – VII 10/04, BStBl. II 2006, 356 ff.; FG Bdb. v. 23.11.2003, wistra 2005, 274 (275 ff.).

vom Betrugstatbestand des § 263 StGB abweichenden Wortlaut der Vorschrift. Es genüge daher, dass die unrichtigen oder unvollständigen Angaben über steuerlich erhebliche Tatsachen in anderer Weise als durch eine Täuschung für die Steuerverkürzung oder das Erlangen nicht gerechtfertigter Steuervorteile ursächlich werden.[82] Die Literatur lehnt die Strafbarkeit wegen Steuerhinterziehung dagegen überwiegend ab, wenn der Sachbearbeiter die unrichtige Steuerfestsetzung in Kenntnis des wahren Sachverhalts vornimmt.[83]

Diejenigen, die dem Kenntnisstand der Finanzbehörde für § 370 Abs. 1 Satz 1 AO jegliche Bedeutung absprechen, können zwar den Gesetzestext für ihre Lösung in Anspruch nehmen, sie lassen aber die Struktur des Tatbestandes, strafrechtsdogmatische Grundsätze und den Zusammenhang mit § 370 Abs. 1 Nr. 2 AO außer acht. Die Steuerhinterziehung erfordert – außer in den Fällen der Steueranmeldung – notwendigerweise eine Mitwirkung des „Opfers". Setzt die Finanzbehörde die Steuer nämlich nicht – unrichtig – fest bzw. gewährt sie den – nicht gerechtfertigten – Steuervorteil nicht, so bleibt der Taterfolg aus. Die Situation ist deshalb nicht der bei reinen Erfolgsdelikten vergleichbar, bei denen der Kausalzusammenhang und die objektive Zurechnung grundsätzlich auch dann vorliegen, wenn eine weitere Person unabhängig vom Erstverursacher eine – weitere – Ursache für den Erfolgseintritt schafft.[84] Der Veranlagungsbeamte ist kein Dritter, sondern er ist „die" Finanzbehörde. Der Steuerhinterziehung durch positives Tun liegt ein bestimmtes Tatbild zugrunde, nämlich dass falsche Angaben, d.h. eine Täuschung, die Finanzbehörde zu der unrichtigen Steuerfestsetzung bzw. der Gewährung eines Steuervorteils, den der Empfänger der Vergünstigung nicht beanspruchen kann, bewegen. Das wird aber nur der Fall sein, wenn die Finanzbehörde den Angaben Glauben schenkt, da § 85 Satz 2 AO sie dazu verpflichtet, sicherzustellen, dass Steuern nicht verkürzt oder Steuererstattungen und Steuervergütungen nicht zu Unrecht gewährt werden. Die Steuerhinterziehung durch positives Tun setzt deshalb – als ungeschriebenes Tatbestandsmerkmal – eine durch die Falschangaben hervorgerufene Unkenntnis der Finanzbehörde voraus, d.h. die Fehlvorstellung, dass die Angaben des Steuerpflichtigen die Besteuerungstatsachen zutreffend wiedergeben.

Die Verknüpfung der Tathandlung mit dem Taterfolg würde im Übrigen nach allgemeinen Grundsätzen der Strafrechtsdogmatik selbst dann ausscheiden, wenn der Tatbestand nicht um das Merkmal der Unkenntnis zu ergänzen wäre. Die Kausalität ist nur eine notwendige, nicht jedoch eine

---

82 BGH v. 14.12.2010 – 1 StR 275/10, NJW 2011, 1299 (Rz. 27).
83 *Joecks* in Franzen/Gast/Joecks (Fn. 9), § 370 Rz. 198 f.; *Weyand*, wistra 1988, 180 (182). Der Rechtsprechung zustimmend *Ransiek* in Kohlmann (Fn. 21), § 370 Rz. 581 ff.
84 A.A. *Ransiek* in Kohlmann (Fn. 21), § 370 Rz. 586.

hinreichende Bedingung. Hinzukommen muss die objektive Zurechenbarkeit des Erfolges. In der Zurechnungsdogmatik ist über die „Lehre von den Verantwortungsbereichen" zwar noch keine Einigkeit erzielt, es entspricht aber der Ratio der Zurechnungsausschließung, den Erstverursacher von den Folgen seines Verhaltens zu entlasten, wenn einem Berufsträger die alleinige Kompetenz zur Erledigung bestimmter Aufgaben übertragen wurde.[85] Der Zurechnungszusammenhang fehlt hier deshalb, weil der Verkürzungserfolg allein in den Verantwortungsbereich der Finanzbehörde fällt, wenn sie die Unrichtigkeit der Angaben des Steuerpflichtigen erkennt, den Steuerbescheid aber dennoch auf der Grundlage seiner Angaben erlässt. § 90 Abs. 1 Satz 2 AO verpflichtet den Steuerpflichtigen lediglich zur Mitwirkung im Besteuerungsverfahren. Die gleichmäßige Festsetzung der Steuern nach Maßgabe der Gesetze und insbesondere die Verhinderung von Steuerverkürzungen sind gem. § 85 AO – alleinige – Aufgaben der Finanzbehörde.

Maßgeblich ist der Kenntnisstand des Sachbearbeiters. Eine vollendete Steuerhinterziehung scheidet somit aus, wenn er die Unrichtigkeit der Erklärung erkennt, die Steuer aber dennoch auf der Grundlage der als falsch erkannten Angaben festsetzt bzw. den Steuervorteil gewährt.

Der Ausschluss der Vollendungsstrafbarkeit bedeutet im Übrigen nicht, dass der Steuerpflichtige straflos ausgeht, wenn der Sachbearbeiter die Unrichtigkeit der Angaben erkennt. In der Regel wird der Täter davon ausgehen, dass seine Manipulation unentdeckt bleibt, der Sachbearbeiter seine Entscheidung also irrtumsbedingt treffen wird. Der Vorsatz des Täters ist dann auf eine Steuerhinterziehung gerichtet, so dass eine versuchte Steuerhinterziehung vorliegt.

Anders liegt es dagegen bei einem kollusiven Zusammenwirken mit dem Sachbearbeiter. Der Steuerpflichtige weiß dann, dass nicht seine Falschangaben den Taterfolg herbeiführen werden, sondern allein das Fehlverhalten des Sachbearbeiters. Dieser begeht eine Untreue gem. § 266 StGB, an der sich der Steuerpflichtige als Anstifter (§ 26 StGB), jedenfalls aber als Gehilfe (§ 27 StGB) beteiligt. Ggf. tritt ein Bestechungsdelikt hinzu.

III. Abgrenzung von anderen Straftatbeständen

Abzugrenzen ist die Steuerhinterziehung vom allgemeinen Betrugstatbestand (§ 263 StGB), vom Subventionsbetrug (§ 264 StGB) und von der Untreue (§ 266 StGB).

---

[85] Vgl. *Roxin* (Fn. 7), § 11 Rz. 138, für Amtsträger, die für Gefahrenabwehr zuständig sind, z.B. Feuerwehrleute und Polizisten.

1. Verhältnis zum Betrug und zum Subventionsbetrug

§ 370 AO steht sowohl zum allgemeinen Betrugstatbestand als auch zum Subventionsbetrug in einem Exklusivitätsverhältnis.[86] Obwohl sich die Regelfälle der Steuerhinterziehung auch dem Betrugstatbestand subsumieren lassen, ist § 370 AO also nicht lex specialis im Verhältnis zu § 263 StGB. Ob der Steuerhinterziehungstatbestand dennoch als „Steuerbetrug" zu verstehen ist, also auch einen Irrtum des für die Finanzbehörde handelnden Sachbearbeiters oder des Behördenleiters erfordert, ist freilich umstritten (dazu II.4.). Da § 264 StGB nur für direkte Subventionen gilt, also offen gewährter Zuwendungen öffentlicher Mittel ohne marktmäßige Gegenleistung (s. § 264 Abs. 7 StGB) kommt allein Steuerhinterziehung in Betracht, wenn der Täter eine steuerliche Besserstellung mit Subventionscharakter erschleicht.

Nach der älteren Rechtsprechung beging derjenige, welcher der Finanzbehörde einen steuerlich erheblichen Sachverhalt vorspiegelte, um Steuervergünstigungen zu erhalten, einen Betrug und keine Steuerhinterziehung.

Der BGH änderte jedoch seine Rechtsprechung zu den Vorspiegelungstaten. Er geht nun davon aus, dass bei erfundenen Steuerfällen nicht Betrug, sondern eine vollendete Steuerhinterziehung gegeben ist.[87] Steuervorteile i.S.d. § 370 AO könnten nach § 370 Abs. 4 S. 2 AO auch Steuervergütungen sein, die aufgrund eines steuerrechtlich erheblichen Verhaltens dem Täter von der Finanzverwaltung zu Unrecht gewährt oder belassen worden seien. Dabei käme es nicht darauf an, ob der behauptete Steueranspruch existiere, sondern nur darauf, ob der Steuervorteil zu Unrecht gewährt worden sei. Der BGH entwickelte diese Sicht zunächst in einem Fall, in dem ein tatsächlich existierender Unternehmer den konkreten steuerlichen Vorgang fingiert hatte,[88] und erstreckte sie dann auf Konstellationen, in denen unrichtige Angaben über fingierte Sachverhalte zu Steuervergütungen an tatsächlich existierende Personen führten.[89] Der Angeklagte hatte in seiner Eigenschaft als Sachbearbeiter in einem Finanzamt Steuerschuldverhältnisse ihm bekannter, in einem anderen örtlichen Zuständigkeitsbereich ansässiger Personen erfunden und auf Grund unzutreffender, von ihm erstellter Eingabewertbögen Einkommensteuer und Kirchensteuererstattungen an diese Personen bewirkt. Nach einer weiteren Entscheidung[90] ist § 370 AO auch

---

86 BGH v. 1.2.1989 – 3 StR 179/88, BGHSt 36, 100 (101), zum Verhältnis der Steuerhinterziehung zum Betrug.
87 BGH v. 1.2.1989 – 3 StR 179/88, BGHSt 36, 100 (102 ff.); v. 23.3.1994 – 5 StR 91/94, BGHSt 40, 109 (110 ff.); v. 6.6.2007 – 5 StR 127/07, BGHSt 51, 356 (Rz. 12 ff.).
88 BGH v. 1.2.1989 – 3 StR 179/88, BGHSt 36, 100 (102 ff.).
89 BGH v. 3.11.1989 – 3 StR 245/89, wistra 1990, 58.
90 BGH v. 23.3.1994 – 5 StR 91/94, BGHSt 40, 109 (110 ff.).

anwendbar, wenn der gesamte Steuervorgang erfunden ist. Alle „Vorspiegelungstaten" unterfallen somit dem Steuerhinterziehungstatbestand. Dem ist zuzustimmen.

2. „Abgaben-Betrug"

Um einen „Abgaben-Betrug" nach § 263 StGB, nicht um Steuerhinterziehung handelt es sich dagegen, wenn die Tat einen Steuerstraftatbestand und zugleich andere Strafgesetze verletzt und deren Verletzung Kirchensteuern oder andere öffentlich-rechtliche Abgaben betrifft, die an Besteuerungsgrundlagen, Steuermessbeträge oder Steuerbeträge anknüpfen.

Unmittelbar an Steuerbeträge knüpfen insbesondere Kirchensteuern an. Da Kirchensteuern nicht durch Bundesrecht oder Recht der EU, sondern landesrechtlich geregelt sind, gilt die Abgabenordnung insgesamt gem. § 1 Abs. 1 S. 1 AO für diese Abgaben nicht, somit auch nicht § 370 AO. Mit Ausnahme von Bayern, wo die Kirchen eigene Kirchensteuerämter eingerichtet haben, wird die Kirchensteuer als Zuschlag zur Einkommensteuer bzw. Lohnsteuer erhoben und von den Finanzämtern eingezogen und verwaltet. Als Zuschlag zur Einkommensteuer betragen sie 8 % oder 9 %.

Die strafrechtliche Zuordnung der Hinterziehung von Kirchensteuer fällt in die Kompetenz der Länder. Nur das Land Niedersachsen hat die Strafvorschriften der AO, also auch § 370 AO, für anwendbar erklärt.[91] Die Verkürzung von Kirchensteuern ist in den übrigen Bundesländern als „Abgaben"-Betrug nach § 263 StGB strafbar.[92]

IV. Sanktionierung der Steuerhinterziehung

Die Strafrahmen des § 370 AO, d.h. der Regelstrafrahmen des Abs. 1 und der für besonders schwere Fälle angedrohte Strafrahmen des Abs. 3, stimmen mit den Strafrahmen des § 263 Abs. 1, 3 StGB überein. Wegen der „Nähe" der Steuerhinterziehung zum Betrug erscheint dies sachgerecht. Keine Zustimmung verdient deshalb die vereinzelt geäußerte Kritik, der (Freiheits-)Strafrahmen der Steuerhinterziehung sei überhöht.[93] Diese Strafrahmen kennzeichnen die „einfache" Steuerhinterziehung zutreffend als Delikt der mittleren Kriminalität, das bei Vorliegen bestimmter Erschwerungsgründe allerdings der schwereren Kriminalität zugehören kann.

---

91 § 6 Abs. 1 Kirchensteuergesetz Nds. schließt zwar die Anwendbarkeit der verfahrensrechtlichen Regelungen in §§ 385–412 AO aus, nicht dagegen § 370 AO.
92 BGH v. 17.4.2008 – 5 StR 547/07, NStZ 2009, 157 (Rz. 14); *Rönnau*, wistra 1995, 47 (49 f.); a.A. *Randt* in Franzen/Gast/Joecks (Fn. 9), § 386 Rz. 21a.
93 *Hübner*, JR 1977, 58 (60).

Auffällig ist jedoch, dass in anderen Konstellationen erhebliche Abweichungen in der Sanktionierung mit vergleichbaren Tatbeständen des „Kernstrafrechts" bestehen. So fehlt ein § 263 Abs. 5 StGB, der den gewerbs- und bandenmäßig begangenen Betrug zu einem Verbrechen im technischen Sinne des § 12 Abs. 1 StGB „hochstuft", entsprechender Qualifikationstatbestand. § 370a AO enthielt – von 2002 bis zur Aufhebung im Jahre 2007[94] – einen Verbrechenstatbestand, der allerdings – alternativ – an die gewerbs- oder bandenmäßige Begehung anknüpfte, also nicht mit § 263 Abs. 5 StGB übereinstimmte. Die Schaffung eines Verbrechenstatbestandes der gewerbs- und bandenmäßigen Steuerhinterziehung wäre dagegen konsequent. Während der gewerbsmäßig begangene Betrug gem. § 263 Abs. 3 Nr. 1, Alt. 1 StGB ein Regelbeispiel für einen besonders schweren Fall darstellt, enthält § 370 Abs. 3 AO kein solches Regelbeispiel. Nur die gewerbsmäßige Hinterziehung von Einfuhr- oder Ausfuhrabgaben ist in § 373 Abs. 1 AO mit dem erhöhten Strafrahmen bedroht, aber nicht als besonders schwerer Fall der Steuerhinterziehung, sondern als „echter" Qualifikationstatbestand.

Erhebliche Divergenzen bestehen zudem im Vergleich mit dem Subventionsbetrug gem. § 264 StGB. Das ist durchaus bemerkenswert, weil der Entscheidung, ob Subventionen direkt durch Zuwendungen aus öffentlichen Mitteln oder indirekt durch Steuererleichterungen gewährt werden, in der Regel lediglich Zweckmäßigkeitsgesichtspunkte zugrunde liegen. Dennoch bedroht § 264 Abs. 1 Nr. 1 und 3 StGB bereits die Vornahme der – § 370 Abs. 1 Nr. 1 und 2 AO entsprechenden – Tathandlungen mit demselben Strafrahmen wie § 370 Abs. 1 AO – und § 263 Abs. 1 StGB. Der als abstraktes Gefährdungsdelikt ausgestaltete § 264 Abs. 1 StGB weist somit für Betrugsversuche den Strafrahmen des vollendeten Betrugs auf. Für die versuchte Steuerhinterziehung gilt dagegen die – fakultative – Strafmilderungsmöglichkeit des § 23 Abs. 2 StGB. Weitere Unterschiede finden sich bei den Regelbeispielen für besonders schwere Fälle; § 264 Abs. 2 Nr. 1, Alt. 1 StGB nennt noch die Variante des groben Eigennutzes, die in § 370 Abs. 3 Nr. 1 AO gestrichen wurde. § 264 Abs. 3 StGB ordnet die entsprechende Geltung des § 263 Abs. 5 StGB an, es existiert somit auch ein Verbrechenstatbestand des gewerbs- und bandenmäßigen Subventionsbetrugs. Den gravierendsten Unterschied offenbart jedoch § 264 Abs. 4 StGB, der die Strafbarkeit des leichtfertigen Subventionsbetrugs in den dort genannten Fällen anordnet. Die leichtfertige Steuerverkürzung stellt dagegen gem. § 378 AO lediglich eine Ordnungswidrigkeit dar. Alles in allem wird der Subventionsbetrug somit deutlich schärfer sanktioniert als vergleichbare Fälle der Steuerhinterziehung. Es ist jedoch zu begrüßen, dass der Gesetzgeber die Verschärfungen des § 264 StGB in § 370 AO nicht übernommen hat und nur die vorsätzliche, vollendete Steuerhinterziehung mit dem Strafrahmen, der

---

94 Art. 3 des Gesetzes zur Neuregelung der Telekommunikationsüberwachung und andere verdeckter Ermittlungsmaßnahmen vom 21.12.2007, BGBl. I 2007, 3198.

für vergleichbare Delikte mittlerer Kriminalität wie Betrug und Diebstahl vorgesehen ist, bedroht.

Die fehlende „Abstimmung" mit dem Kernstrafrecht offenbaren zudem die Qualifikationsmerkmale des § 373 Abs. 2 AO für die Einfuhr- oder Ausfuhrabgabenhinterziehung. Das Gesetz fordert hier – noch immer – das Beisichführen einer Schusswaffe (Nr. 1) und das Beisichführen einer Waffe oder eines sonstigen Werkzeugs mit Einsatzwillen (Nr. 2). Diese früher auch für den Diebstahl und Raub mit Waffen in § 244 StGB a.F. und § 250 StGB a.F. verwendeten strengeren Qualifikationsmerkmale wurden 1998 geändert; seitdem sind das Beisichführen einer Waffe oder eines anderen gefährlichen Werkzeugs (§§ 244 Abs. 1 Nr. 1a, 250 Abs. 1 Nr. 1a StGB) und das Beisichführen eines sonstigen Werkzeugs oder Mittels mit Einsatzwillen (§§ 244 Abs. 1 Nr. 1b, 250 Abs. 1 Nr. 1b StGB) Qualifikationsmerkmale. In § 373 AO wurde diese Änderung ohne erkennbaren Grund nicht nachvollzogen.

V. Fazit

§ 370 AO hat sich in den fast 40 Jahren seines Bestehens in der Praxis durchaus bewährt. Dennoch ist die „Eingliederung" in das Strafrechtssystem nicht in jeder Hinsicht gelungen, sondern es bestehen gewisse Friktionen im Vergleich zu Tatbeständen des „Kernstrafrechts", insbesondere zum Betrug. Das Steuerstrafrecht ist nach wie vor „Sonder-" bzw. „Expertenstrafrecht".

Diskussion

zu den Referaten von Prof. Dr. *Erich Kirchler*, Prof. Dr. *Markus Jäger* und Prof. Dr. *Uwe Hellmann*

Prof. Dr. h.c. *Rudolf Mellinghoff*, München

Herr *Kirchler*, ich habe als erstes eine Frage an Sie. Ich habe selber in meinem Eingangsstatement gesagt, dass wir in einer Situation sind, in der derjenige, der durch Steuergestaltung Steuern spart, gelegentlich sehr schnell in die Nähe des Straftäters gerückt wird. Das finden Sie, wie Sie in Ihrem Fazit gesagt haben, durchaus richtig. Aber wer bestimmt, was denn nun sozusagen die zutreffende, richtige, gerechte Steuerlast ist? Wenn es sich um Steuerzahlungen bei ein, zwei, drei Prozent handelt bei global agierenden Unternehmen ist das völlig eindeutig und klar, aber was machen wir bei Unternehmen, die 20, 30 Prozent zahlen? Ist es dann richtig, in einer moralischen Diskussion darüber zu befinden, wieviel Steuern gerecht sind? Und ist es nicht eine große Errungenschaft des Rechtsstaates, dass im Gesetz geregelt ist, wer welche Steuern schuldet und dies dann rechtsstaatlich durchgesetzt wird? Ist denn jeder verpflichtet, sein Leben so einzurichten, dass er eine bestimmte Summe an Steuern dem Staat zahlt?

Prof. Dr. *Erich Kirchler*, Wien

Eine lange Frage mit vielen Antworten: Aus Sicht der Psychologie interessiert das subjektive Verhalten, das Erleben von Personen, die subjektive Beurteilung von Erfahrungen. Es geht also in erster Linie darum zu untersuchen, wie Menschen Gesetze verstehen und darauf reagieren. Wie gehen sie mit der Komplexität von Regeln um? Wichtig sind Einstellungen und Gefühle dazu, beispielsweise das Gefühl, Regeln seien gerecht. Auch subjektive Normen sind relevant. Dies halte ich für die wichtigsten Komponenten, wenn es um das Steuerverhalten geht und die subjektive Beurteilung darüber, ob das Verhalten korrekt oder nicht korrekt ist. Ich habe den Eindruck – ich bin kein Jurist –, dass die Gesetze außerordentlich komplex sind, dass es außerordentlich schwierig ist zu verstehen, was korrekt und was nicht den Gesetzen entsprechend ist. Selbst Expertinnen und Experten streiten darüber, wie Grenzen auszulegen sind und wo die Grenze zwischen legalem und illegalem Verhalten zu ziehen ist. Für Steuerzahler wird es besonders schwierig. Ich halte es für wichtig, „das Volk zu hören" und dessen Verständnis von Recht. Das Plädoyer, das ich halte, zielt darauf ab, verständlich zu machen, um was es geht, in erster Linie auch zu erklären, wofür Steuern genutzt werden, um Verständnis und freiwillige Kooperation zu fördern. Was das Gesetz sagt, was der Buchstabe sagt, darüber kann man streiten, den Geist des Gesetzes durchzusetzen ist wichtig, aber auch schwierig.

Prof. Dr. *Roman Seer*, Bochum

Ich habe zwei Fragen, die erste an Herrn *Kirchler*. Sie haben gesagt: Macht und Vertrauen – beide Elemente benötige ich, um eine höchstmögliche Mitwirkungsbereitschaft – Tax Compliance in Neudeutsch – hervorzurufen. Haben Sie sich auch Gedanken darüber gemacht, wie die Situation ist, wenn ich nur Macht habe und kein Vertrauen – ich hatte immer nur so eine tendenzielle Schiene – und umgekehrt, wenn eine Art von Vertrauen existiert, aber der Staat machtlos geworden ist? Das wäre die eine Frage. Die zweite Frage – vielleicht auch eigene Bemerkung – geht an Sie beide, an die beiden Vorträge von Herrn *Jäger* und Herrn *Hellmann*. Sie haben sehr stark die Nähe zum Betrug betont, andererseits muss man sagen, dass der Betrug auch die Bereicherungsabsicht voraussetzt. Schon da wird es schwierig, noch mit Betrugsvergleichen zu kommen, weil wir mit dem dolus eventualis auf einem deutlich niedrigeren Willens- und Wissensmoment unterwegs sind und insoweit wäre es dann wohl eher, wenn ich den Betrug auch wirklich als Steuerbetrug, als Maßstab nehmen wollte der Vergleichbarkeit, müsste dann nicht auch der Steuertatbestand deutlich enger gefasst werden bei § 370 AO? Frage zwei: Rechtsgut – Sie haben so sehr einfach schlicht das Vermögen des Staates angesprochen. Als Herr *Kirchler* deutlich machte, dass es auch sehr stark um Fairness, um – wenn man so will – die Mitspieler geht, Gerechtigkeit geht, ist nicht doch ein wichtiger Punkt des Rechtsguts die Steuergleichheit, d.h., also wird nicht doch auch das Steuerindividuum in seiner Relation zu den Mitsteuerzahlern geschützt und nicht nur schlicht einfach das Vermögen? Wenn ich jetzt an den Betrug denke, ist nicht auch da ein Unterschied zu dem schlichten Betrug zu sehen in dem Dauerschuldverhältnis? In dem Dauerschuldverhältnis, in dem sich der Bürger gegenüber dem Staat sieht, wo der Staat und die Gemeinschaft durch erhebliche Mitwirkungspflichten ein dauerndes Agieren, ein dauerndes Sich-Rechtfertigen, Sich-Öffnen fordert und wo ich dann also doch in einer anderen Situation bin, als wenn ich ein anderes Individuum in einem Einzelfall täusche. Ist nicht deshalb doch die Steuerhinterziehung etwas anderes als der schlichte Betrug? Was ich bei Ihnen wirklich zu kurz fand, war, Sie haben auf der einen Seite Betrugsparallelen herausgearbeitet, aber die Ungleichheiten zum Betrug – zum Teil vielleicht auch aus Zeitgründen – verschwiegen.

Prof. Dr. *Erich Kirchler*, Wien

Zur Frage nach Macht bzw. Machtlosigkeit und Vertrauen: In den Studien, die wir durchführen, wo es vielfach um Szenarien geht, untersuchen wir natürlich auch Konsequenzen fehlender Macht der Autoritäten, geringes Vertrauen in Autoritäten und kombinieren hohe mit niedrigen Ausprägungen der Dimensionen Macht und Vertrauen. Die Ausgangshypothese der Untersuchungen basierte auf der Annahme, dass Kontrolle und Strafe Merkmale von Macht sind und Macht mit Vertrauen in Konkurrenz steht. Macht oder Vertrauen, das war die Frage. Wir haben beide Dimensionen in Experimenten manipuliert und untersucht, wie hoch die Compliance, die Steuerehrlichkeit, generell ist oder die Intentionen freiwillig oder aufgrund von Zwang, ehrlich zu sein, sind. Wir sind eines Besseren belehrt worden: Macht steht nicht in Konkurrenz zu Vertrauen. Macht kann als eine legitimierte, professionelle Expertenmacht definiert und verstanden werden und in diesem Fall wird Vertrauen durch Macht verstärkt. Macht kann aber auch Zwang sein und negativ erlebt werden. Wenn diese Machtform ausgeübt wird, kann immer noch hohes Vertrauen resultieren, und zwar dann, wenn hohe Bestrafungsmacht gekoppelt mit professioneller Macht klar zielgerichtet eingesetzt wird, wenn also Macht nicht diffus gegenüber der Gesellschaft ausgeübt wird, sondern Risikogruppen isoliert und streng kontrolliert werden. Effizienz und Effektivität von Prüfungen sind besonders wichtig. In dem Fall führt Zwang zu hohem Vertrauen, weil Macht Garant für Schutz vor Ausbeutung durch Trittbrettfahrer ist. Wenn es aber nicht gelingt, diese Art von Macht konzentriert auf bestimmte Personengruppen oder Firmengruppen auszuüben, dann resultieren Emotionen wie Angst, Ärger, Furcht, die zu strategischem Verhalten führen und zum Versuch, den Kontrollen zu entkommen.

Prof. Dr. *Uwe Hellmann*, Potsdam

Zu dem zweiten Komplex, den habe ich in erster Linie angesprochen, weil Herr *Jäger* diese Parallelen nicht gezogen hat. Erster Punkt: Wenn wir § 370 Abgabenordnung ersatzlos streichen würden, würde der ganz überwiegende Teil der Steuerhinterziehungen – ich wage jetzt keine Prognose, welche Prozentzahl – relativ problemlos von dem allgemeinen Betrugstatbestand erfasst. Ich glaube, da können wir uns einig werden. Bereicherungsabsicht: Ich denke nicht, dass im Regelfall die Steuerhinterziehung mit dolus eventualis, also mit bedingtem Vorsatz begangen wird, sondern ich vermute, dass in der Mehrzahl der Fälle die Steuererklärungspflichtigen genau wissen, dass ihre Angaben unrichtig sind, und der Beweggrund für diese unrichtige Erklärung oder für das Unterlassen einer Erklärung in dem Streben nach eigener Bereicherung liegt, also da hätte ich mit der Bereicherungsabsicht auch kein wirkliches Problem. Man könnte jetzt lange darüber diskutieren, ob Bereicherungsabsicht mit bedingtem Vorsatz zusammengeht – diese Diskussion können wir hier nicht führen. Zweiter Punkt Rechtsgut: Wenn diese Rechtsgutsdiskussion – eine dogmatische – Früchte tragen soll, dann warne ich davor, Reflexe, die häufig mit Straftatbeständen verbunden sind, in diesen Rechtsgutsbegriff zu integrieren oder zu sagen, der Tatbestand hat eine sehr viel breitere Schutzrichtung. Natürlich geht es um Fairness, natürlich geht es im Steuerrecht überhaupt und auch im Steuerstrafrecht darum, Belastungsgleichheit herbeizuführen. Diejenigen, die zu wenig Steuern zahlen, die belasten die anderen, weil im Zweifel die Steuersätze angepasst werden müssen, damit der Staat sein Aufkommen hat. Sie können noch sehr viel weiter gehen. Steuerhinterziehung hat natürlich auch bestimmte soziale Folgen. Oder: Die maroden Brücken in Deutschland sind eine Konsequenz der Steuerhinterziehung, aber das alles zum Rechtsgut zu schlagen, überzeugt mich nicht, es geht letztlich um Geld. Der Staat braucht Geld und das Steuerrecht sollte dazu dienen, dass die Belastungen auf die Bürger gleichmäßig verteilt werden, aber deshalb Fairness, Gleichheit der Besteuerung usw. zum Rechtsgut der Steuerhinterziehung zu erklären, passt nach meiner Ansicht nicht zu dem Tatbestand und zu dessen Merkmalen. Letzter Punkt: Ist das nicht eine andere Situation bei einem Dauerschuldverhältnis? Selbstverständlich ist die normale Betrugssituation nicht die, dass man schon seit Jahren, unter Umständen Jahrzehnten miteinander zu tun hat und der eine dem anderen immer irgendwelche Erklärungen abgeben muss; aber das ist gerade das Problem meiner Ansicht nach im Steuerstrafrecht, dass wir steuerliche Prinzipien, steuerliche Regelungen mit strafrechtlichen Prinzipien zusammenbringen müssen, und das geht nicht immer friktionslos. Wenn man z.B. daran denkt, Umsatzsteueranmeldung als selbständige Steuerhinterziehung, dann folgt die Jahresanmeldung als weitere Steuerhinterziehung. Das hat den Hintergrund, dass im Steuerrecht nicht nur gefordert wird, dass der Unternehmer seine Voranmeldungen, sondern dass er auch noch eine Jahresmeldung abgibt. Und dann tauchen daraus Probleme auf. Führt die Steueranmeldung nur zu einer Verkürzung auf Zeit, entsteht der eigentliche Steuerschaden nicht durch die Jahresmeldung? Wenn also jemand in den Steueranmeldungen unrichtige Angaben gemacht hat und diese in der Jahreserklärung wiederholt und man bestraft beides, dann könnte das – ich sage es vereinfacht – dazu führen, dass zwar an sich nur eine Leiche vorhanden ist, also ein Verkürzungsbetrag, aber der Täter dafür zweimal bestraft wird. Ich habe eine Leiche und er wird wegen zweifachen Totschlags bestraft. Das hängt schlicht damit zusammen, dass bestimmte steuerrechtliche Regelungen steuerrechtlich durchaus sinnvoll sind, sie aber unter Umständen schwer mit strafrechtlichen Prinzipien zusammenzubringen sind. Und deshalb richten sich mir immer so ein bisschen die Nackenhaare auf, wenn ich Blankettstrafgesetz höre, weil das nämlich intendiert, ich muss im Steuerstrafrecht alles so machen wie im Steuerrecht. Es ist aber erforderlich – nach meiner Überzeugung –, dass bei der Steuerhinterziehung – das ist ein Straftatbestand, es geht um Strafrecht – die Ergebnisse selbstverständlich auch mit strafrechtlichen Prinzipien zusammenpassen.

Prof. Dr. Dres. h.c. *Paul Kirchhof*, Heidelberg

Wir haben in unserer erfreulich grundsätzlichen ersten Runde letztlich die Frage behandelt, ob der nulla-poena-Grundsatz, also das Prinzip, dass der potentielle Straftäter im Gesetz lesen kann, was ihm verboten ist und die Sanktion aus dem Gesetz entnehmen kann, ob dieses tatsächlich gegeben ist. Das wollte ich ein bisschen verdeutlichen, Herr *Hellmann*, zunächst mit einer Frage an Sie. Sie haben ja den Telos, das Ziel der Strafwürdigkeit der Steuerhinterziehung ein bisschen relativiert in der Abstraktion, es sei ein Vermögensdelikt, das ist zweifellos richtig, aber ich glaube, wir müssen es gerade in unserer Gegenwart anschaulicher machen. Es ist die Sanktion dafür, dass der Bürger diesem Staat nicht in dem Pflichtenstatus begegnet, den das Gesetz erwartet. Er kann Einkommen erzielen, weil er seinen Gewerbebetrieb in ein Friedensgebiet stellen kann und nicht in ein Kriegsgebiet. Das ist ein gewaltiger Vorteil. Dafür muss er bezahlen. Er kann Einkommen erzielen, weil wir unser Vertragssystem haben, unsere Zivilgerichtsbarkeit, unsere Vollstreckungsordnung. Er kann gut ausgebildete Arbeitskräfte einstellen, weil wir die Universitäten und Schulen haben. Dafür muss er bezahlen. Er kann auf modernem Niveau verkaufen, weil er Kunden hat, die mit Scheck und Internet umgehen können und so fort. Ich glaube, man muss sehr deutlich, nicht im Sinne eines individualen Leistungstausches, aber doch in der Abstraktionsebene deutlich machen, dass derjenige, der diese Hochkultur nutzt, um Einkommen zu erzielen, dann auch zu bezahlen hat, und dann müssen wir die Gegenprinzipien sehen, da will ich nur erinnern an das, was *Rudolf Mellinghoff* gesagt hat. Das Bundesverfassungsgericht hat 1991 beim Zinsurteil gesagt: Der Gesetzgeber ist verpflichtet, wenn er die Steuer auf die Erklärung stützt und wegen damaligen Bankgeheimnisses die Kontrolle nicht ermöglichen kann, also Erklärung ohne Kontrolle, dann muss er Kontrollmitteilungen machen oder Quellenabzug. Der Verfassungsauftrag von 1991 ist bis heute nicht erfüllt. Damit rechtfertige ich nichts, aber damit zeige ich, dass die Verantwortlichkeiten nicht nur beim Steuerschuldner und beim Berater liegen. Zweite Frage, Herr *Kirchler*, nach der Bestimmtheit: Also mir geht es jetzt nicht darum, ob das eine Blankettnorm ist oder wie immer, mir geht es nur darum: Ich kann den Straftatbestand nur definieren, wenn ich die dynamische Verweisung des Strafrechts auf das materielle Steuerrecht nachvollziehe und dann weiß ich, welche Steuern der Steuerpflichtige zu zahlen hat und dann habe ich Verkürzung. Jetzt haben Sie eine ganz wichtige Bemerkung ein bisschen beiläufig gemacht – das Problem ist die Steuervermeidung, die Steuergestaltung, die Steuerplanung. Da ist sicherlich ein großes Problem, der Straftatbestand, der Steuertatbestand laufen gleich, Legalität und Gleichheit, die Steuerplanung sagt Legalität, aber Ungleichheit durch Gestaltungsgeschick. Da ist sicherlich ein Gegensatz, aber das ist ja bei unserem Steuerrecht schlechthin unvermeidlich. Wir haben das wirtschaftliche Eigentum, das nicht geschrieben ist. Wir haben die Missbrauchsfälle. Wir haben die Zurechnung zur Person, Inland – Ausland. Wir brauchen in wesentlichen Fragen die behördliche Zusage, weil wir nicht wissen, was das Gesetz bedeutet. Wenn ein neues Gesetz kommt, kann die Praxis es teilweise nicht vollziehen, braucht erst von der DATEV in Absprache mit der Finanzverwaltung den Computer, damit es vollzogen werden kann. Ist das noch die Legalität, wo der potentielle Straftäter das Gesetz liest im ruhigen Kämmerchen und weiß, was er darf und was er nicht darf? Ich glaube, wir müssen diese Frage schon elementar stellen. Eine letzte Frage, Herr *Jäger*, an Sie: Der normale, schlichte Steuerpflichtige bekommt die Rechtssicherheit erst im Steuerbescheid. Da steht drin, was er zu tun hat. Jetzt steht im Steuerbescheid, er schuldet 100. Der Strafrichter meint aber, er schuldet 200. Jetzt kommt der reuige Steuersünder und bezahlt die weiteren 100 an das Finanzamt. Das Finanzamt schickt das zurück und sagt: Das steht mir nicht zu. Wie koordinieren Sie die materielle Rechtssicherheit im Verwaltungsverfahren – bestandsfähiger Bescheid mit allen Vorbehalten – gegenüber dem Anspruch des Steuerstrafrichters? Er weiß es besser, obwohl es jetzt nicht mehr auf das Gesetz ankommt, sondern auf den Verwaltungsakt, den Bescheid.

Prof. Dr. *Gerhard Dannecker*, Heidelberg

Herr *Jäger* hat ausgeführt, Art. 103 Abs. 2 GG, der unter anderem gesetzliche Bestimmtheit fordert, betreffe nicht nur den Straftatbestand selbst, sondern auch das in Bezug genommene Steuerrecht. Dieses, so Herr *Kirchhof*, unterliege gleichermaßen hohen Bestimmtheitsanforderungen. Auch das Steuerrecht müsse, wenn es zur Begründung der Strafbarkeit herangezogen wird, den strafrechtlichen Anforderungen an die Vorhersehbarkeit entsprechen. Diese Auffassung, die auch die deutschen Gerichte vertreten, teilt der Europäische Gerichtshof allerdings nicht, und auch die anderen Mitgliedstaaten der Europäischen Union sind nicht so streng wie die deutschen Gerichte. Außerhalb Deutschlands gilt: Nur die Strafnorm selbst unterliegt dem strafrechtlichen Bestimmtheitsgrundsatz; außerstrafrechtliche Gesetze, die durch einen Straftatbestand im Wege der Blankettverweisung in Bezug genommen werden, unterliegen nicht dem Grundsatz nullum crimen sine lege mit seinen verschiedenen Ausprägungen, zudem auch das Bestimmtheitsgebot gehört. Für Deutschland stellt sich die Frage, ob sich die Sicht des deutschen Bundesverfassungsgerichts und des Bundesgerichtshofs, die das Bestimmtheitsgebot auch auf die Steuernormen beziehen, oder aber der Europäische Gerichtshof durchsetzen wird. Im Anwendungsbereich der Grundrechtecharta anerkennt der Europäische Gerichtshof, dass die europäischen und die nationalen Grundrechte zwar nebeneinander anwendbar sind, dass aber der nationale Grundrechtsschutz auf den europäischen Standard zu begrenzen ist, wenn dies im Interesse einer effektiven Durchsetzung des Unionsrechts erforderlich ist.

Herr *Hellmann* hat sich dafür ausgesprochen, den Straftatbestand der Steuerhinterziehung im Strafgesetzbuch zu regeln. Demgegenüber hat sich Herr *Seer* für eine Lozierung in der Abgabenordnung ausgesprochen, und auch die Ausführungen von Herrn *Kirchhof* tendieren in die letztere Richtung, wenn er den starken Bezug zum Steuerrecht herausstellt. Gerade dieses Ziel hat der Gesetzgeber zu Recht verfolgt, als er die Steuerhinterziehung in die

Abgabenordnung eingestellt hat. Der Gesetzgeber hat mit seiner Entscheidung für eine Lozierung im Strafrecht die sehr starke Abhängigkeit des Strafrechts vom materiellen Steuerrecht zu Recht herausgestellt, und hieran sollte nach meinem Dafürhalten festgehalten werden.

Hiermit ist nicht entschieden, ob das Tatbestandsmerkmal der Steuerverkürzung eine Blankettverweisung bzw. – so das Bundesverfassungsgericht – eine blankettartige Verweisung auf das materielle Steuerrecht oder ein rechtsnormatives Tatbestandsmerkmal ist, vergleichbar dem Merkmal „fremd" beim Diebstahl, das auf das Zivilrecht verweist. Da das Handlungsobjekt des vollständigen Steueraufkommens durch die Steuergesetze konstituiert wird, handelt es sich um ein rechtsnormatives Tatbestandsmerkmal. Diese Einordnung hat zur Folge, dass das strafrechtliche Bestimmtheitsgebot nicht auf die bei der Auslegung des Merkmals „Steuerverkürzung" heranzuziehenden Steuergesetze anwendbar ist. Die Steuergesetze sind nicht an Art. 103 Abs. 2 GG zu messen.

Die Grenzen des deutschen Gesetzlichkeitsprinzips (Art. 103 Abs. 2 GG) werden deutlich, wenn eine ausländische Mehrwertsteuerhinterziehung nach deutschem Strafrecht bestraft werden soll. Französische Gesetze können keine Strafbarkeit nach deutschem Recht im Sinne des Art. 103 Abs. 2 GG begründen, wohl aber können ausländische Gesetze herangezogen werden, um das normative Tatbestandsmerkmal Steuerverkürzung auszufüllen. Entsprechend gehen wir vor, wenn im Ausland erlangtes Eigentum gestohlen wird. Die Fremdheit bestimmt sich dann nach der ausländischen Rechtsordnung. Hierin wird kein Verstoß gegen das Gesetzlichkeitsprinzip des Art. 103 Abs. 2 GG gesehen. Insgesamt zeigt sich hier, dass das Verhältnis von Steuerrecht und Strafrecht noch nicht abschließend geklärt ist.

Prof. Dr. *Uwe Hellmann*, Potsdam

Ich bin als erster von Herrn *Kirchhof* angesprochen worden. Es mag verkürzt erscheinen, wenn man sagt, Schutzgut der Steuerhinterziehung ist das Vermögen des Staates, sind die Steueransprüche des Staates. Aber all das, was Sie gesagt haben, stützt diese Sicht eigentlich nur. Unser Staat braucht Geld für all die Aufgaben, die Sie geschildert haben, und er braucht es von seinen Bürgern, weil die Bürger diese Leistung in Anspruch nehmen. Deshalb gibt es auch überhaupt keinen Grund, die Steuerhinterziehung zu verharmlosen. Aber wenn man sie als Vermögensdelikt bezeichnet, ist das meiner Ansicht nach keine Verharmlosung. Ich schließe gleich die Antwort auf die Frage von Herrn *Dannecker* an: Wir können jetzt natürlich lange darüber diskutieren, ob die Steuerhinterziehung in der Abgabenordnung oder im StGB geregelt sein soll, aber ich denke nicht, dass die Platzierung der Steuerhinterziehung im Strafgesetzbuch mit der gleichen Formulierung irgendetwas ändern würde. Dann stünde immer noch im Gesetz, „steuerlich erhebliche Tatsachen und Steuerverkürzung" und man müsste natürlich immer noch ins Steuerrecht schauen, um diese Merkmale auszufüllen. Aber es hätte vielleicht den Vorteil, dass nicht nur „die Spezialisten" über Steuerhinterziehung diskutieren. Glücklicherweise ist der Kreis derjenigen, die sich mit dem Steuerstrafrecht beschäftigen, in den letzten Jahren erheblich gewachsen. Das war vor zwanzig Jahren noch völlig anders. Aber bei einer Einordnung ins StGB würde auch im *Schönke/Schröder* und es würde im *Fischer* und es würde in den Lehrbüchern über Steuerhinterziehung diskutiert. Wir hätten einen Stand, den ich mir wünschen würde, dass die Steuerhinterziehung, die ein „klassischer" Straftatbestand ist, in den Kontext des allgemeinen Strafrechts gestellt würde, und ich könnte mir vorstellen, dass das auch erhebliche Vorteile bei der Auslegung und in der Diskussion über die Steuerhinterziehung bringen wird.

Prof. Dr. *Markus Jäger*, Karlsruhe

Herr *Seer* hat die Frage aufgeworfen, ob Steuerhinterziehung nicht deswegen etwas anderes sei als der schlichte Betrug, weil sich der Bürger in einem Dauerschuldverhältnis zum Staat befinde, das von erheblichen Mitwirkungspflichten geprägt sei. Er hat damit zu Recht das Spannungsverhältnis zwischen Steuerrecht und Strafrecht angesprochen. Es ergibt sich daraus, dass der Bürger im Besteuerungsverfahren gegenüber den Finanzbehörden besondere Mitwirkungspflichten hat, die sogar dann noch fortbestehen, wenn ein Ermittlungsverfahren wegen Steuerhinterziehung eingeleitet worden ist. Demgegenüber hat ein Beschuldigter im Strafverfahren das Recht zu schweigen; er darf nicht gezwungen werden, sich selbst zu belasten. Ein Spannungsverhältnis zwischen Steuerrecht und Strafrecht besteht insbesondere bei Lebenssachverhalten, die sich über mehrere Besteuerungszeiträume erstrecken, so dass für nachfolgende Zeiträume zum selben Lebenssachverhalt weitere steuerrechtliche Erklärungspflichten bestehen können, obwohl für vorangegangene Zeiträume bereits verfolgbare Steuerstraftaten begangen wurden. Dieses Spannungsverhältnis musste aufgelöst werden und wurde von der strafrechtlichen Rechtsprechung auch aufgelöst. Dem Umstand, dass zu denselben oder zusammenhängenden Sachverhalten oft mehrfach Erklärungen abgegeben werden müssen, hat der Bundesgerichtshof im Rahmen seiner Rechtsprechung zum Nemo-tenetur-Grundsatz, dem Verbot eines Zwangs zur Selbstbelastung, Rechnung getragen. Danach kann der Steuerpflichtige für fehlende Angaben in Steuererklärungen nicht bestraft werden, wenn er sich bei vollständigen Angaben einer Straftat oder Ordnungswidrigkeit hätte bezichtigen müssen. Dies gilt jedoch nur, wenn ihm nicht mehr die Möglichkeit einer strafbefreienden Selbstanzeige offen gestanden hatte. Dies unterstreicht die Bedeutung der strafbefreienden Selbstanzeige für Lebenssachverhalte, die sich über mehrere Besteuerungszeiträume erstrecken. Sie ermöglicht einem Steuerhinterzieher nicht nur, für bereits begangene Straftaten straflos zu werden, sondern erlaubt ihm auch, nach unrichtigen Angaben in späteren Steuererklärungen nun zutreffende

Angaben zu machen, ohne sich selbst dem Risiko einer Strafverfolgung für vergangene Zeiträume aussetzen zu müssen.

Würde der Gesetzgeber das Rechtsinstitut der Selbstanzeige als persönlichem Strafaufhebungsgrund abschaffen, müsste die Rechtsprechung reagieren, um den Nemo-tenetur-Grundsatz zu wahren. Dies könnte darin bestehen, dass vermehrt strafrechtliche Verwertungsverbote für steuerrechtlich gebotene Angaben angenommen werden müssten, wenn ein Steuerpflichtiger sich bereits zuvor strafbar gemacht hat. Der Bürger würde hierdurch keinen Nachteil erleiden; allerdings könnte durch vermehrte Verwertungsverbote der Schutz des Steueraufkommens durch das Strafrecht eher abnehmen.

Angesprochen wurde auch bereits die Strafzumessung bei Steuerhinterziehung. Von Teilen der Literatur wurde die Rechtsprechung des Bundesgerichtshofs hierzu als zu streng bezeichnet. Es ist aber darauf hinzuweisen, dass nach dieser Rechtsprechung der Hinterziehungsumfang zwar ein gewichtiger Strafzumessungsgrund, jedoch nicht der allein maßgebliche ist. Es bedarf stets einer Gesamtwürdigung aller für die Strafzumessung bedeutsamen Umstände. Der Bundesgerichtshof hat auch betont, dass es für die Strafzumessung von Bedeutung sein kann, ob sich der Täter sonst steuerehrlich verhalten hat. Eine einmalige Hinterziehung einer Person, die über Jahre hinweg steuerehrlich geblieben ist, muss anders behandelt werden als die Tat einer Person, die ihr ganzes Unternehmen auf die Hinterziehung von Steuern ausgelegt hat.

Herr *Kirchhof* hat die Frage aufgeworfen, wer letztlich über die Höhe der geschuldeten Steuer entscheidet: Das Finanzgericht oder der Strafrichter? Die Antwort lautet: Beide, jeder in seinem Verfahren und nach den dort geltenden Verfahrensgrundsätzen. Zwar entscheidet der Strafrichter im Ergebnis nur über die Bestrafung. Um den Schuldumfang der Steuerstraftaten feststellen zu können, muss er aber die Höhe der verkürzten Steuern ermitteln. Es mag immer wieder Einzelfälle geben, in denen der Strafrichter hinsichtlich der geschuldeten Steuern zu einem anderen Ergebnis gelangt als das Finanzgericht. Das dürfte aber in den meisten Fällen nicht an fehlerhafter Rechtsanwendung liegen, sondern an den unterschiedlichen Beweisgrundsätzen in den beiden Verfahrensordnungen sowie an unterschiedlichen Beweiserhebungen. Divergierende Ergebnisse sind hinzunehmen, wenn man das Nebeneinander der beiden Prozessordnungen und ihre unterschiedlichen Beweisgrundsätze anerkennt. Im Regelfall ist es dabei so, dass der Strafrichter im Hinblick auf den Grundsatz „in dubio pro reo" und auf abweichende Maßstäbe für die Schätzung eher zu geringeren Steuerbeträgen gelangt als das Finanzgericht. Hinzu kommt im Strafrecht noch die die Strafbarkeit begrenzende Funktion des Vorsatzes. Eine Steuerhinterziehung liegt nur insoweit vor, als die Steuerverkürzung vom Vorsatz umfasst ist. Es sind aber Fälle denkbar, in denen der vom Strafgericht ermittelte und vom Vorsatz umfasste Hinterziehungsbetrag höher ist als die nach der Würdigung des Finanzgerichts entstandene Steuer. Dies ist vor allem dann nicht auszuschließen, wenn der Strafrichter Beweismittel, etwa Zeugenaussagen, anders würdigt als das Finanzgericht. Die unterschiedlichen Ergebnisse sind dann aber jeweils auf der Grundlage eines prozessordnungsgemäß durchgeführten Verfahrens entstanden. Der Umstand, dass sie unterschiedlich ausfallen können, ist somit letztlich hinzunehmen. Jedenfalls liegt darin kein Verstoß gegen rechtsstaatliche Grundsätze. In besonders gelagerten Fällen, etwa wenn das Finanzgericht aus materiellrechtlichen Gründen die Steuerbarkeit eines Vorgangs verneint hat, obwohl das Strafgericht von einer Steuerhinterziehung ausgegangen ist, kommt für den Staat zur Vermeidung von Wertungswidersprüchen grundsätzlich auch noch die Durchführung eines Gnadenverfahrens in Betracht. Es ist aber nochmals zu betonen, dass der Strafrichter nicht entscheidet, welche Steuerhöhe letztlich geschuldet ist. Er entscheidet allein über die Strafe, die zu verhängen ist. Jedenfalls sollte man sich die Fälle, in denen das Finanzamt gar nicht von einer Steuerentstehung ausgegangen ist, während der Strafrichter einer Steuerhinterziehung angenommen hat, genauer ansehen. Es dürfte sich um absolute Ausnahmefälle handeln. Häufiger dürften die Fälle sein, bei denen im Besteuerungsverfahren und im Strafverfahren unterschiedlich hohe Steuerbeträge ermittelt worden sind. Ein solches Ergebnis ist aber – wie bereits erwähnt – ausgehend von unterschiedlichen Verfahrensordnungen das Ergebnis einer unterschiedlichen Beweisaufnahme und Beweiswürdigung. So kommt es vor, dass das Strafgericht andere Zeugen hört als das Finanzgericht oder sich eine andere Überzeugung von der Glaubhaftigkeit der Angaben der Zeugen macht. Die Folge ist ein unterschiedliches Ergebnis. Um dies zu vermeiden, ist vorgeschlagen worden, den Steuerstrafprozess und das finanzgerichtliche Verfahren in einem einheitlichen Verfahren zusammenzuführen. Dies dürfte aber wegen der in beiden Verfahrensordnungen unterschiedlichen Beweisgrundsätze und dem Schweigerecht eines Beschuldigten im Strafprozess nur schwer umsetzbar sein.

Herr *Dannecker* hat ein sehr pessimistisches Bild von den Auswirkungen der zukünftigen Rechtsprechung des EuGH auf das Strafrecht gezeichnet. Ist aber wirklich zu befürchten, dass der EuGH uns demnächst vorgeben wird, was zu bestrafen ist und was nicht? Ich sehe zwar auch am Horizont, dass der EuGH sich zukünftig häufiger zu steuerstrafrechtlichen Fragen äußern wird. Insbesondere wird er auf den Gebieten des Steuerrechts, die vergemeinschaftet sind, auch Aussagen zur Strafbarkeit treffen. Ich glaube aber nicht, dass der EuGH für Fälle eine Bestrafung fordern wird, in denen für den Bürger nicht erkennbar war, was von ihm verlangt wird. Auch die Feststellung des Vorsatzes im Strafprozess, so meine ich, wird sich weiterhin nach den Verfahrensgrundsätzen der Mitgliedstaaten richten.

Prof. Dr. *Erich Kirchler*, Wien

Ich habe den Hinweis auf Hinterziehung und Vermeidung mehr als eine Bemerkung denn als Frage verstanden. Kurz dazu: Hier wird der Unterschied zwischen legalem und illegalem Verhalten angesprochen und in beiden Fällen widerspricht das Verhalten dem Geist des Gesetzes. Was ich besonders interessant finde, ist, dass durchaus das, was als legal befunden wird, von der Bevölkerung als nicht nach dem Geiste des Gesetzes verstanden wird. In der Bevölkerung wird die legale Verkürzung von Steuern häufig toleriert und akzeptiert. Deshalb ist es wichtig, Aufklärung zu betreiben und durch vertrauensbildende Maßnahmen die Steuermoral und freiwillige Kooperation zu fördern, zum Wohle aller.

Reichweite der Steuerhinterziehung: Strafbares Unterlassen, Berichtigungspflicht und Selbstanzeige – § 153 AO und § 371 AO

Dr. *Rainer Spatscheck*
Rechtsanwalt, Fachanwalt für Steuerrecht und Strafrecht in München*

Inhaltsübersicht

I. Die steuerliche Berichtigungspflicht, § 153 AO
  1. Struktur
  2. Strafbarkeit nach § 370 Abs. 1 Nr. 2 AO
  3. Offene Fragen
     a) Unrichtige oder unvollständige Tatsachenangaben als Auslöser der Pflicht
     b) „Unverzügliche" Erfüllung der Pflicht
     c) Umgang mit in mehrfacher Hinsicht fehlerhaften Ursprungserklärungen
     d) Keine Anzeigepflicht bei Rechtsprechungsänderungen, Gesetzesänderungen oder Änderungen der Rechtsauffassung der Finanzverwaltung
     e) Berichtigungspflicht wegen der Bekanntgabe von Feststellungsbescheiden?
     f) Korrektur von Erklärungen im Zusammenhang mit Betriebsprüfungen
II. Selbstanzeige nach der Verschärfung ab 1.1.2015
  1. Die laufende Verschärfung von § 371 AO durch die Rechtsprechung und den Gesetzgeber
     a) Bisherige Entwicklung
     b) Entwicklungen in den Nachbarstaaten
  2. Formerfordernisse im Allgemeinen
  3. Adressat
  4. Offene und verdeckte Stellvertretung bei Abgabe der Nacherklärung
  5. Der notwendige Inhalt der „Berichtigung"
     a) Für eine Veranlagung ausreichende „Materiallieferung"
     b) Schätzungen und die Selbstanzeige „in Stufen"
  6. Der notwendige Umfang der Selbstanzeige (Vollständigkeitsgebot)
     a) Mindestberichtigungszeitraum von zehn Kalenderjahren
     b) Bestimmung der „unverjährten Steuerstraftaten"
     c) Begriff der Steuerart
     d) Unbewusste Unvollständigkeit
     e) Ausnahmen vom Vollständigkeitsgebot für Umsatzsteuervoranmeldungen und Lohnsteueranmeldung (§ 371 Abs. 2a AO nF)
  7. Die Sperrgründe des § 371 Abs. 2 AO
     a) Sperre durch schriftliche Anordnung einer Außenprüfung (§ 371 Abs. 2 Nr. 1a AO)
     b) Sperre durch Umsatzsteuer- oder Lohnsteuernachschau (§ 371 Abs. 2 Nr. 1d AO)
     c) Sperre bei Steuerhinterziehung von mehr als 25 000 Euro (§ 371 Abs. 2 Nr. 3 AO)
     d) Sperre bei Vorliegen von Regelbeispielen (§ 371 Abs. 2 Nr. 5 AO)
  8. Verfahrenseinstellung nach § 398a AO
     a) Struktur
     b) Persönliche Reichweite der Auflagenzahlung

---

* Der Autor ist Partner bei Streck Mack Schwedhelm Partnerschaft mbB.

Das deutsche Steuerrecht kennt eine Vielzahl von Mitwirkungspflichten für den Steuerpflichtigen. Neben der Pflicht zur Abgabe von Steuererklärungen spielt die allgemeine steuerliche Berichtigungspflicht nach § 153 AO von nachträglich als unzutreffend erkannten Erklärungen eine immer wichtiger werdende Rolle. Wer keine Steuererklärung abgibt oder die Berichtigung nach § 153 AO unterlässt, macht sich wegen Steuerhinterziehung strafbar. Straffreiheit kann durch die Abgabe einer Selbstanzeige i.S.v. § 371 AO erreicht werden. Deren Voraussetzungen wurden zum 1.1.2015 erneut eingeschränkt. Die beiden Normen bilden den Schwerpunkt des nachfolgenden Beitrags.

I. Die steuerliche Berichtigungspflicht, § 153 AO[1]

1. Struktur

Ausgangspunkt ist der gesetzliche Wortlaut, der folgende Tatbestandsmerkmale hat:

- Es muss eine unrichtige oder unvollständige Erklärung abgegeben worden sein;
- der Steuerpflichtige muss dies nachträglich erkennen;
- es muss eine Steuerverkürzung eingetreten sein (oder drohen) und
- die Festsetzungsfrist für die entsprechende Veranlagung darf noch nicht abgelaufen sein.

In der Rechtsfolge verpflichtet § 153 Abs. 1 zu zwei verschiedenen Handlungen: Zunächst muss die erkannte Unrichtigkeit der abgegebenen Erklärung gegenüber dem zuständigen Finanzamt angezeigt werden (Korrekturanzeige). Im zweiten Schritt ist dann eine weitere Erklärung erforderlich, die eigentliche Berichtigung, d.h. die Mitteilung der aufgearbeiteten und zutreffenden Besteuerungsgrundlagen gegenüber dem Finanzamt (Berichtigungserklärung).

Von zentraler Bedeutung für das Verständnis der Regelung und für die Lösung von Detailfragen ist die Erkenntnis, dass das Gesetz hinsichtlich der Frist zwischen der Korrekturanzeige und der Berichtigungserklärung differenziert:

- Nur die Anzeige hat „unverzüglich" zu erfolgen, also ohne schuldhaftes Zögern, nachdem der Berichtigungsbedarf erkannt worden ist.
- Für die inhaltliche Berichtigung bestimmt das Gesetz dagegen keine Frist, sie ist nicht „unverzüglich" zu erstatten. Eine Frist gilt insoweit nur, wenn sie vom Finanzamt ausdrücklich gesetzt wird. Rechtsgrundlage für eine solche Fristsetzung wäre § 149 Abs. 1 Satz 2 AO.

---

[1] *Wulf*, steueranwaltsmagazin 2014, 132 ff., m.w.N.

Diese Differenzierung ist in ihrer steuerlichen und strafrechtlichen Bedeutung erstmals von *Samson* klar erkannt und herausgestellt worden.[2] In der Praxis der Strafgerichte wird sie anerkannt.[3] Auch die steuerliche Kommentarliteratur folgt dieser Differenzierung nahezu einheitlich.[4] Richtigerweise steht die Festsetzung und Bemessung einer angemessenen[5] Frist zur Abgabe der „Berichtigungserklärung" im Ermessen der Finanzbehörde.

2. Strafbarkeit nach § 370 Abs. 1 Nr. 2 AO

Eine Strafbarkeit wegen Steuerhinterziehung durch Unterlassen setzt neben der Verletzung von § 153 AO weitergehende Merkmale voraus. Sie erfüllt zunächst nur das Merkmal der „Pflichtwidrigkeit" i.S.v. § 370 Abs. 1 Nr. 2 AO. Objektive Voraussetzung der Strafbarkeit ist weitergehend, dass sich die Finanzbehörde „in Unkenntnis" befindet. Schließlich muss es durch die Pflichtwidrigkeit zu einer Steuerverkürzung als Taterfolg gekommen sein. Der objektive Tatbestand der Strafvorschrift ist erst in dem Zeitpunkt erfüllt, in dem bei ordnungsgemäßem Verhalten die Steuerfestsetzung nachgeholt oder korrigiert worden wäre. Bei genauer Betrachtung kommt es insoweit auf den (hypothetischen) Zeitpunkt der Bekanntgabe einer zutreffenden Steuerfestsetzung an. Für die Bestimmung dieses Zeitpunkts gilt zugunsten des Beschuldigten der strafrechtliche Zweifelsgrundsatz („in dubio pro reo").

Objektiv lässt sich die Pflichtwidrigkeit eines Verhaltens nur feststellen, wenn eine Frist bestimmt ist, innerhalb derer die vorgeschriebene Handlung vorgenommen worden sein muss. Dies bedeutet für § 370 Abs. 1 Nr. 2 i.V.m. § 153 AO: Eine Steuerhinterziehung durch Unterlassen kann nur durch die unterlassene Korrekturanzeige begangen werden. Für die Prüfung der Vollendung ist die Fristsetzung zur Abgabe der Berichtigungserklärung durch das Finanzamt und die Nichterfüllung dieser nachgelagerten Pflicht durch das Unternehmen hinzuzudenken. Die strafrechtliche Betrachtung entspricht insoweit den Fällen der Erbschaftsteuerhinterziehung durch Verletzung der Anzeigepflicht aus § 30 ErbStG. Bleibt der Steuerpflichtige hingegen untätig, nachdem er fristgerecht die Unrichtigkeit

---

2 *Samson*, BayObLG v. 12.1.1990 – 1 ObOWi 174/89, wistra 1990, 245 (247).
3 Instruktiv OLG Karlsruhe v. 8.2.1996 – 2 Ss 107/95, nv. (juris, Tz. 16).
4 Vgl. nur *Heuermann* in Hübschmann/Hepp/Spitaler, AO, § 153 Rz. 15 (April 2014); *Dumke* in Schwarz, AO, § 153 Rz. 2 und Rz. 2a (Mai 2012); *Stöcker* in Beermann/Gosch, AO, § 153 Rz. 23 (April 2000); *Cöster* in Pahlke/Koenig, AO, 3. Aufl. 2014, § 153 Rz. 6; *Kuhfus* in Kühn/von Wedelstädt, AO, 20. Aufl. 2011, § 153 Rz. 14 sowie *Helmrich*, DStR 2009, 2132 (2134), und zuletzt *Jehke/Dreher*, DStR 2012, 2467; geringfügig abweichend nur *Seer* in Tipke/Kruse, AO/FGO, § 153 AO Rz. 15 (Juni 2012), und *Rätke* in Klein, AO, 12. Aufl. 2014, § 153 Rz. 20, die formulieren, die Richtigstellung „könne" nachfolgen.
5 *Dumke* (Fn. 4), § 153 AO Rz. 2 und Rz. 2a; *Stöcker* (Fn. 4), § 153 AO Rz. 23; *Cöster* (Fn. 4), § 153 AO Rz. 6.

als solche angezeigt hat, so führt dieses Unterlassen nicht zur Strafbarkeit, solange das Finanzamt nicht eine Frist zur Einreichung der Berichtigungserklärung gesetzt hat.

Subjektive Voraussetzung der Strafbarkeit ist, dass der betroffene Steuerpflichtige vorsätzlich die Pflicht zur Korrektur verletzt und den Taterfolg herbeiführt. Ausreichend ist Eventualvorsatz. Die Kenntnis der in § 153 AO beschriebenen Merkmale reicht für den subjektiven Tatbestand des § 370 Abs. 1 Nr. 2 AO zumeist aus, hieraus ergibt sich regelmäßig auch bereits der Eventualvorsatz hinsichtlich des Erfolgseintritts in der Form der Beibehaltung der Steuerverkürzung. Die Kenntnis der aus § 153 AO folgenden Rechtspflicht ist nicht erforderlich. Denn der Irrtum über die entstandene Verpflichtung ist nach allgemeiner Auffassung nur ein Verbotsirrtum i.S.v. § 17 StGB. Er führt nur zur Straffreiheit, wenn er unvermeidbar war – was in der Praxis schwer vorstellbar ist.

Wichtig ist schließlich die Beschränkung des Kreises der tauglichen Täter. Die Pflicht entsteht in einem Unternehmen nur für die Personen, die entweder gesetzliche Vertreter (§ 34 AO, also Geschäftsführer, Vorstände etc.) oder Verfügungsbefugte i.S.v. § 35 AO sind (vgl. § 153 Abs. 1 Satz 2 AO). Untergeordnete Mitarbeiter bis hin zu Prokuristen sind nicht zur Abgabe einer Korrekturanzeige verpflichtet, soweit sie nicht ausnahmsweise die Voraussetzungen des § 35 AO erfüllen. Gleiches gilt für externe (Steuer-)Berater.

3. Offene Fragen

a) Unrichtige oder unvollständige Tatsachenangaben als Auslöser der Pflicht

Bei den unzutreffenden Tatsachenangaben muss es sich nicht um eine förmliche Steuererklärung handeln, auch andere Ursprungserklärungen im Rahmen des Steuerfestsetzungsverfahrens sind erfasst,[6] worauf die Norm sich bezieht.[7]

Es besteht keine Anzeigepflicht, wenn die Erklärung nur in rechtlicher Hinsicht unzutreffend war.[8] Zwar wird in der Literatur vereinzelt Abweichendes behauptet und die Ansicht vertreten, der Steuerpflichtige sei auch zur Korrektur verpflichtet, wenn er eine allein in rechtlicher Hinsicht fehlerhafte Steuererklärung abgegeben habe.[9] Diese Ansicht beruht aber auf ei-

---

6 *Rätke* (Fn. 4), § 153 AO Rz. 2, mit Nachweisen zur Gegenauffassung.
7 So zutreffend *Deibel*, Die Reichweite des § 153 Abs. 1 AO, 2011, 110–112.
8 Zur Abgrenzung zwischen unzutreffenden Tatsachenangaben und dem unschädlichen Zugrundelegen einer unzutreffenden Rechtsauffassung gelten die allgemeinen, zu § 370 Abs. 1 Nr. 1 entwickelten Grundsätze.
9 *Stöcker* (Fn. 4), § 153 AO Rz. 11.

ner ungenauen Analyse. Sie verstößt gegen das Grundprinzip, wonach die steuerlichen Mitwirkungspflichten nur darauf ausgerichtet sein können, den Finanzbehörden die maßgeblichen Sachverhaltsinformationen zu vermitteln.[10] Im Ergebnis besteht eine Korrekturverpflichtung nur, wenn zuvor unrichtige Angaben über steuerlich erhebliche Tatsachen gemacht worden sind.[11] Auf reine Rechtsfehler muss nicht hingewiesen werden.

Eindeutig greift § 153 AO nicht ein, wenn das Finanzamt selbst bei der Veranlagung einen Fehler begangen hat. Hat der Steuerpflichtige seine gesetzlichen Erklärungspflichten erfüllt, so darf er eine für ihn günstige, aber fehlerhafte Veranlagung hinnehmen, ohne das Finanzamt auf den Fehler hinweisen zu müssen.[12] Dies gilt auch, wenn ein Steuerpflichtiger das Finanzamt von einer falschen, aber für ihn günstigen Rechtsansicht überzeugen konnte.[13]

b) „Unverzügliche" Erfüllung der Pflicht

Unklar ist vielfach, welche Zeit genau den Verantwortlichen verbleibt, bis die Korrekturanzeige beim Finanzamt eingegangen sein muss. Das Gesetz verlangt „unverzügliches" Handeln. Unverzüglich bedeutet hier, wie allgemein, „ohne schuldhaftes Zögern".

Die angemessene Frist bemisst sich nach den Umständen des Einzelfalls. Diese Vorgaben näher zu konkretisieren, bereitet erhebliche Probleme.[14] Fraglich ist, ob dem Steuerpflichtigen eine gewisse „Mindestreaktionszeit" zuzubilligen ist, also eine Zeitspanne, die dem Betroffenen jedenfalls zusteht, bevor sein Verhalten die Grenze zur Pflichtwidrigkeit überschreitet. Die Abgabenordnung selbst geht hinsichtlich der Wiedereinsetzung in den vorherigen Stand davon aus, dass noch fristgerecht handelt, wer innerhalb eines Monats nach Wegfall des Hindernisses die versäumte Handlung nachholt. M.E. sollte dies als Parallele herangezogen werden, um überhaupt einen Anhaltspunkt zu gewinnen, so dass noch pflichtgemäß handelt, wer die Korrekturanzeige einen Monat nach Kenntnis beim Finanzamt einreicht.

---

10 Wie hier deshalb *Seer* (Fn. 4), § 153 AO Rz. 8.
11 BGH v. 10.11.1999 – 5 StR 221/99, wistra 2000, 137 (139 f.).
12 BFH v. 4.12.2012 – VIII R 50/10, DStR 2013, 703 Rz. 33 ff.; *Seer* (Fn. 4), § 153 AO Rz. 10, m w N zur Rechtsprechung; *Joecks* in Franzen/Gast/Joecks, Steuerstrafrecht, 7. Aufl. 2009, Rz. 181; *Möller*, Die Berichtigungspflicht nach § 153 AO und die strafrechtlichen Folgen einer Pflichtverletzung, 1996, 126.
13 Zutreffend hat der BGH zur Umsatzsteuer im Übrigen festgestellt, dass keine Pflicht zur Berichtigung besteht, wenn der Unternehmer nachträglich die Steuerunehrlichkeit eines Lieferanten erkennt. Denn in dieser Konstellation lagen beim Leistungsbezug noch die (subjektiven) Voraussetzungen für eine Inanspruchnahme des Vorsteuerabzugs vor, so dass keine unrichtige Erklärung abgegeben wurde, vgl. BGH v. 1.10.2013 – 1 StR 312/13, DStR 2014, 365 ff.
14 Zum Versuch einer weiteren Präzisierung vgl. *Jehke/Dreher*, DStR 2012, 2467.

Damit verlagert sich das Problem allerdings nur darauf, festzustellen, wann genau die „nachträgliche Kenntnis" i. S. d. Berichtigungspflicht vorliegt. Sicher ist: Der bloße Verdacht von Fehlern oder Unregelmäßigkeiten löst noch keine Anzeigepflicht aus. Das Gesetz spricht von „Kenntnis". Für den Grad der Kenntnis, ab dem eine Pflicht zur Berichtigung besteht, können wohl strafrechtliche Grundsätze herangezogen werden. Sobald der Steuerpflichtige einen Fehler konkret für möglich hält und damit die für den strafrechtlichen Eventualvorsatz kennzeichnenden Voraussetzungen erfüllt sind, ist er zur Berichtigung verpflichtet.[15] Auch dieser Maßstab ist jedoch höchst unbestimmt.

Werden z.B. in einem Unternehmen die Organe auf möglichen Korrekturbedarf aufmerksam, müssen Mitarbeiter oder Berater zur Aufklärung eingesetzt werden. Die Aufarbeitung komplexer Sachverhalte kann sich über Wochen hinziehen. Bei strenger Interpretation könnte man ein solches Vorgehen allerdings für pflichtwidrig halten. Schließlich ist dem Wortlaut nach die genaue Kenntnis der betragsmäßigen Auswirkungen nicht erforderlich, um die Korrekturanzeige abzugeben. Man könnte behaupten, § 153 AO verpflichte schon zur Einschaltung der Finanzbehörden, sobald dem Grunde nach konkrete Informationen über die Fehlerhaftigkeit der Ursprungserklärung vorliegen, selbst wenn die Fehler noch nicht sicher feststehen und die betragsmäßigen Auswirkungen nicht absehbar sind. Das Problem relativiert sich, wenn man mit der hier vertretenen Auffassung jedenfalls eine Reaktions- und Aufarbeitungszeit von einem Monat einräumt.

Es verbleibt ein gewisser „Puffer" bis zum Eintritt der Strafbarkeit: Zögert der Steuerpflichtige zu lange, so stellt die verspätete Anzeige zunächst einen Rücktritt vom Versuch dar (§ 24 StGB). Erst wenn der Zeitpunkt verstrichen ist, zu dem bei hypothetisch ordnungsgemäßem Verhalten ein korrigierter Steuerbescheid ergangen wäre, schlägt der Versuch in Vollendung um. Erfolgt die Anzeige nach diesem Zeitpunkt, kann sie immer noch sanktionsbefreiend wirken, soweit sie inhaltlich die Voraussetzungen einer Selbstanzeige i.S.v. § 371 AO erfüllt. Schon aus diesem Grunde sollte die Erklärung möglichst „selbstanzeigetauglich" ausgestaltet sein. Probleme können im Unternehmen bei verspäteten Korrekturanzeigen allerdings wegen der Rechtsfolgen des § 398a AO eintreten.

---

15 So im Ergebnis auch FG München v. 6.9.2006 – 1 K 55/06, DStRE 2007, 1054 (1056); abweichend u.U. BGH v. 17.3.2009 – 1 StR 479/08, wistra 2009, 312 – dieser Entscheidung könnte man entnehmen, dass eine Anzeigepflicht erst besteht, wenn der Steuerpflichtige sichere Kenntnis von der Unrichtigkeit erlangt hat. Die Argumentation des BGH in dieser Entscheidung ist aber in mehrfacher Hinsicht schwerwiegenden Einwänden ausgesetzt (vgl. nur *Wulf*, PStR 2009, 190), weshalb sie keine tragfähige Basis für eine weitergehende Argumentation darstellt.

c) Umgang mit in mehrfacher Hinsicht fehlerhaften Ursprungserklärungen

Besteht die Verpflichtung des § 153 AO mehrfach, wenn erst nach und nach Fehler der Ursprungserklärung auftauchen? Systematisch entsteht die Pflicht zur Abgabe der Korrekturanzeige einmal, nämlich mit der (ersten) Kenntnis von der Fehlerhaftigkeit der Ursprungserklärung. Die hinzugetretenen Sachverhalte wären aber natürlich in eine nachfolgende Berichtigungserklärung mit aufzunehmen. In umfangreicheren Ermittlungsfällen bietet es sich an, mit dem Finanzamt und den Ermittlungsbehörden zu vereinbaren, mit Abschluss der Aufarbeitung eine finale Berichtigung einzureichen – anstatt den jeweils aktuellen Stand mitzuteilen.

d) Keine Anzeigepflicht bei Rechtsprechungsänderungen, Gesetzesänderungen oder Änderungen der Rechtsauffassung der Finanzverwaltung

Nach einheitlicher Auffassung besteht keine Pflicht zur Anzeige gem. § 153 AO, wenn eine Erklärung aufgrund geänderter Rechtsprechung unrichtig geworden ist.[16] Dies folgt schon daraus, dass es in diesem Fall an unrichtigen Angaben über steuerlich erhebliche Tatsachen in der Ursprungserklärung fehlt. In dieser Situation hat der Steuerpflichtige mit seiner Erklärung keine Ursache für den Berichtigungsbedarf gesetzt, was erforderlich wäre, um ihn zur Korrektur zu verpflichten.[17] Im Übrigen hat die Behörde die geänderte Rechtsprechung auch von Amts wegen zu berücksichtigen. Gleiches gilt im Fall einer (rückwirkenden) Gesetzesänderung oder wenn die Finanzverwaltung ihre in den Richtlinien etc. veröffentlichte Rechtsauffassung ändert. Eine Pflicht zur Anzeige und Berichtigung besteht in diesen Fällen nicht.

e) Berichtigungspflicht wegen der Bekanntgabe von Feststellungsbescheiden?

Nach der zutreffenden Auffassung in der Literatur[18] und der veröffentlichten Rechtsprechung der Finanzgerichte[19] besteht auch keine Pflicht zur Abgabe einer Korrekturanzeige, wenn sich aus der zwischenzeitlichen Be-

---

16 Vgl. nur FG Berlin v. 11.3.1998 – 6 K 6305/93, EFG 1998, 1166 (1170); *Heuermann* (Fn. 4), § 153 AO Rz. 9; *Leopold* in Leopold/Madle/Rader, AO, § 153 Rz. 5 (Juli 2014); *Trame* in Pump/Lohmeyer, AO, § 153 Rz. 30 (Juni 2002).
17 BFH VIII R 50/10 (Fn. 12), 703 Rz. 35, unter Hinweis auf BFH v. 5.10.1966 – VI 328/65, BStBl. III 1967, 231, und *Heuermann* (Fn. 4), § 153 AO Rz. 8 f.
18 *Seer* (Fn. 4), § 153 AO Rz. 15.
19 FG München v. 10.6.2011 – 8 K 1016/08, EFG 2011, 2123; nachfolgend BFH v. 23.7.2013 – VIII R 32/11, DStR 2013, 1999 (die Revisionsentscheidung des BFH hat das Urteil des FG in dem hier maßgeblichen Punkt bestehen lassen, vgl. BFH VIII R 32/11, a.a.O., Tz. 19; die Revision des Finanzamts war aus anderen Gründen erfolgreich).

kanntgabe von Feststellungsbescheiden eine Abweichung zu der abgegebenen Ursprungserklärung ergibt. Erstmalige oder geänderte Feststellungen nach dem AStG, einheitliche und gesonderte Gewinnfeststellungen für nachgelagerte Personengesellschaften oder Feststellungen gem. § 14 Abs. 5 KStG für Organgesellschaften lösen keine Korrekturpflicht aus.[20]

f) Korrektur von Erklärungen im Zusammenhang mit Betriebsprüfungen

Zur Begründung der Anzeigepflicht nach § 153 Abs. 1 AO muss der Steuerpflichtige die Unrichtigkeit tatsächlich erkennen, ein Erkennenmüssen oder ein Erkennenkönnen genügt, wie oben ausgeführt, nicht.[21] Die Anzeige muss dann gegenüber dem für die jeweilige Erklärung zuständigen Veranlagungsfinanzamt abgegeben werden.[22] Streitig ist, was hieraus für den Umgang mit neuen Erkenntnissen innerhalb einer anhängigen Betriebsprüfung folgt.

Teilweise wird vertreten, dass eine Anzeigepflicht nicht besteht, soweit der Betriebsprüfer im Rahmen seiner Prüfungshandlungen einen Fehler in den abgegebenen Steuererklärungen des Prüfungszeitraums erkennt und den Steuerpflichtigen hierüber informiert.[23] Andere gehen prinzipiell vom Bestehen einer Anzeigepflicht aus, soweit der Erklärende aufgrund des Hinweises des Prüfers vom Vorliegen eines Fehlers überzeugt ist. Allerdings dürfe der Steuerpflichtige regelmäßig darauf vertrauen, dass der Prüfer das Veranlagungsfinanzamt eigenständig informiert, so dass das Unterlassen der Anzeige nicht sanktionswürdig sei.[24]

II. Selbstanzeige nach der Verschärfung ab 1.1.2015

1. Die laufende Verschärfung von § 371 AO durch die Rechtsprechung und den Gesetzgeber

Mit der Selbstanzeige (§ 371 AO) hat der Gesetzgeber die Möglichkeit geschaffen, rückwirkend die Strafbarkeit der Steuerhinterziehung zu beseiti-

---

20 So auch FG München – 8 K 1016/08 (Fn. 19).
21 *Seer* (Fn. 4), § 153 AO Rz. 12, m.w.N.
22 Einheitliche Auffassung vgl. nur BFH v. 28.2.2008 – VI R 62/06, BStBl. II 2008, 595.
23 So insbesondere *Seer* (Fn. 4), § 153 AO Rz. 12.
24 *Dumke* (Fn. 4), § 153 AO Rz. 15; in diesem Sinne auch *Stöcker* (Fn. 4), § 153 AO Rz. 17; ähnlich FG Münster v. 20.1.2009 – 1 K 1873/06 U, EFG 2009, 982: Zwar sei ein Unternehmer nach der einvernehmlichen Feststellung von Erklärungsfehlern in der Schlussbesprechung einer laufenden Betriebsprüfung zur Abgabe einer Berichtigungserklärung gegenüber dem Finanzamt verpflichtet, ein darauf aufbauender Haftungsbescheid gegen den Geschäftsführer sei aber in besonderem Maße begründungsbedürftig, denn der Geschäftsführer habe von einer zeitnahen Information des Finanzamts durch die Betriebsprüfung ausgehen dürfen; im Ergebnis wurde die Sache zur erneuten Ermessensausübung an das Finanzamt zurückverwiesen.

gen. Die Regelung erscheint vielen Laien und damit auch manchem Politiker wie ein Fremdkörper im Strafgesetzbuch und eine Besonderheit des deutschen Steuerstrafrechts. Tatsächlich ist dies nicht der Fall.

Denn im deutschen Recht finden sich an vielen Stellen Vorschriften, die dem Täter Straffreiheit oder Strafmilderung zusichern, soweit er sich bereits strafbar gemacht hat, aber die nachteiligen Folgen seiner Tat wieder beseitigt. Dies gilt bspw. für die Regelung über den strafbefreienden Rücktritt vom Versuch (§ 24 StGB), die bei vielen Gefährdungstatbeständen vorzufindenden Regelungen über die tätige Reue (z.B. bei den Brandstiftungsdelikten, § 306e StGB), die Regelung über den Täter-Opfer-Ausgleich (§ 46a StGB) oder bspw. die analog zu § 371 AO ausgestaltete Regelung zur strafbefreienden Selbstanzeige in den Fällen unzulässiger Parteifinanzierung (§ 31d Abs. 1 Satz 2 PartG).

Ebenso wie in Deutschland besteht in vielen anderen Industriestaaten gleichermaßen die Möglichkeit, durch die Offenlegung von bewusst verschwiegenen oder auch nur rechtlich zweifelhaften Sachverhalten gegenüber den Finanzbehörden – gesetzlich garantiert – das strafrechtliche Risiko eines Steuervergehens auszuräumen.[25] Es handelt sich mithin auch nicht um eine Besonderheit des deutschen Rechts.

Für das System der steuerlichen Mitwirkungspflichten hat die Möglichkeit der Selbstanzeige zentrale Bedeutung: Der Bürger kann so dem Steuerfiskus auch nach einer bereits eingereichten Steuererklärung offen gegenübertreten, ohne strafrechtliche Verfolgung fürchten zu müssen. Gäbe es den Weg der strafbefreienden Selbstanzeige nicht, so müsste man demjenigen, der dauerhaft seine Einnahmen aus einer bestimmten Einkommensquelle verschwiegen hat, für den Fall der erstmaligen Abgabe einer zutreffenden Steuererklärung ein Verwertungsverbot hinsichtlich der Vergangenheit zubilligen, um diesen Steuerpflichtigen nicht (unzulässigerweise) durch Strafandrohung (§ 370 AO) hinsichtlich der aktuellen Erklärung zu einer Selbstbezichtigung hinsichtlich der Vergangenheit zu zwingen.

Die dargestellten Gründe, die für den Erhalt der Selbstanzeige sprechen, werden auch von den Fachleuten der Finanzverwaltung anerkannt. Vor diesem Hintergrund hat sich der Gesetzgeber trotz kritischer Stimmen entschlossen, die strafbefreiende Selbstanzeige als Rechtsinstitut beizubehalten.

---

25 Eine kurze Übersicht findet sich in der Erwiderung der Bundesregierung auf eine parlamentarische Anfrage der Fraktion „Die Linke" v. 6.4.2010, BT-Drucks. 17/1352, auszugsweise wiedergegeben im Gesetzgebungsbericht der wistra 2010, VI.

a) Bisherige Entwicklung

In den vergangenen Jahren ist eine kontinuierliche Verschärfung der gesetzlichen Regelungen herbeigeführt worden.

- Im Anschluss an die durch den Kauf gestohlener Bankdaten ausgelöste Welle von Nacherklärungen ist in den Jahren 2008/2009 eine rechtspolitische Diskussion über die Zukunft der Selbstanzeige entbrannt.
- Im Mai 2010 hat dann der für das Steuerstrafrecht zuständige Strafsenat des BGH in diese Diskussion eingegriffen und in seiner Entscheidung vom 20.5.2010 in Form von „obiter dicta" höchst missverständliche Leitlinien zur Selbstanzeige formuliert, die erkennen lassen, dass der Senat einer Einschränkung der bestehenden Selbstanzeigemöglichkeiten wohlwollend gegenübersteht.[26]
- Die Anregungen des BGH sind im Gesetzgebungsverfahren aufgenommen worden. Der Bundesrat hatte sich in einer Beschlussempfehlung zum Jahressteuergesetz 2010 der Entscheidung des 1. Strafsenats angeschlossen und zunächst noch weit über die Anregung des BGH hinausgehende Einschränkungen von § 371 AO vorgeschlagen.[27]
- Diese Vorschläge wurden in etwas abgemilderter Form durch die Bundesregierung im „Schwarzgeldbekämpfungsgesetz" aufgegriffen, das am 3.5.2011 in Kraft getreten ist. § 371 AO wurde durch die Reform des Jahres 2011 in wesentlichen Punkten umgestaltet. Dies gilt insbesondere für das neu eingeführte „Vollständigkeitsgebot" (gleichbedeutend mit der „Abschaffung der Teilselbstanzeige"), die Ausweitung der Sperrgründe in § 371 Abs. 2 AO (hier insbesondere die zeitliche Vorverlegung der Sperrwirkung bei Anordnung der Betriebsprüfung) und die Neueinführung eines Selbstanzeigeverfahrens „zweiter Klasse" für Taten ab einem Verkürzungsvolumen von mehr als 50 000 Euro, für die statt der Strafbefreiung nur noch eine Verfahrenseinstellung gegen Auflagezahlung möglich ist.
- Im Verlauf des Jahres 2013 haben Veröffentlichungen über umfangreiche Selbstanzeigen von Personen des öffentlichen Lebens die Diskussion um die Selbstanzeige nochmals verschärft. Immense Auswirkungen auf die öffentliche Debatte hatten vor allem die Berichterstattung über die (fehlgeschlagene) Selbstanzeige im Fall Uli Hoeneß und die Berichterstattung über die (wohl gelungene) Selbstanzeige im Fall Alice Schwarzer.
- Die Finanzminister der Länder haben daraufhin eine Arbeitsgruppe von Fachleuten eingesetzt, die im Winter 2013/2014 Vorschläge für eine

---

26 BGH v. 20.5.2010 – 1 StR 577/09, BGHSt 55, 180, mit kritischer Anmerkung *Salditt*, PStR 2010, 168; *Weidemann*, PStR 2010, 175; *Wulf*, wistra 2010, 286; dem BGH zustimmend hingegen *Meyberg*, PStR 2010, 162.
27 BR-Drucks. 318/10, 79 ff.

mögliche Reform des § 371 AO erarbeitet haben. Im Ergebnis plädierten die Fachleute der Finanzverwaltung für eine Beibehaltung des Rechtsinstituts, stellten in ihrem Bericht aber denkbare Ansätze für eine inhaltliche Verschärfung dar.

- Auf Basis dieses Berichts hat sich die Große Koalition im Bund im Frühjahr auf eine erneute Reform des § 371 AO verständigt. Das BMF legte am 27.8.2014 einen Referentenentwurf vor.[28] Schwerpunkt der Neuregelung in dieser Fassung war die einheitliche Verlängerung der Strafverfolgungsverjährung in allen Fällen der Steuerhinterziehung auf zehn Jahre (mit dem Ziel, die Steuerpflichtigen bei Dauersachverhalten stets zur Berichtigung von zehn Jahren zu zwingen) und die Erhöhung der Auflagenzahlungen nach § 398a AO unter gleichzeitiger Herabsenkung des Grenzwerts auf einen Hinterziehungsbetrag von 25 000 Euro.
- Nach der Abstimmung der Fachressorts und der Einholung von Stellungnahmen wurde am 26.9.2014 der darauf aufbauende Regierungsentwurf veröffentlicht.[29] Gegenüber dem Referentenentwurf enthielt dieser Entwurf noch einmal signifikante Änderungen. Insbesondere ist nicht länger die allgemeine Verlängerung der Strafverfolgungsverjährung von fünf auf zehn Jahre beabsichtigt, sondern die gewünschte Ausweitung des „Berichtigungszeitraums" soll durch eine isolierte Anordnung in § 371 Abs. 1 AO herbeigeführt werden. Ferner soll das seit dem Jahr 2011 bestehende Vollständigkeitsgebot teilweise wieder gelockert werden. Der Regierungsentwurf ist im nachfolgenden Gesetzgebungsverfahren nicht mehr abgeändert worden. Auch die Sachverständigenanhörung im Finanzausschuss hat zu keinen Änderungen geführt. Die folgende Darstellung orientiert sich deshalb am zum 1.1.2015 in Kraft getretenen Gesetz.

b) Entwicklungen in den Nachbarstaaten

Es werden unverändert gestohlene Bankdaten durch die Finanzministerien der Länder angekauft und ausgewertet. In anderen Fällen konnten Listen mit Kunden ausländischer Banken bei der Durchsuchung von Filialen inländischer Schwestergesellschaften sichergestellt werden – Mitarbeiter der Banken hatten ungeschützt mit ihren Kollegen im Ausland per E-Mail konferiert und diesen E-Mails große Datenpakete angehängt, die von IT-Fahndern in den Speichern rekonstruiert werden konnten. Die Listen von aufgetauchten bzw. angekauften CDs scheinen unendlich. Beispiele aus der jüngeren Vergangenheit:

---

[28] Abrufbar unter http://www.bundesfinanzministerium.de.
[29] BR-Drucks. 431/14.

- Anfang Juni 2012 Privatbank Julius Bär;
- Juni 2012 Credit Suisse Life Bermuda Ltd. „Versicherungs-Mäntel";
- Juli 2012 Privatbank Coutts;
- Juli 2012 Merrill Lynch;
- August 2012 UBS AG;
- April 2013 Offshore-Leaks-Daten;
- April 2013 Credit Suisse AG, Clariden Leu, Neue Aargauer Kantonalbank.

Kaum ein Steuerpflichtiger, der über verschwiegenes Vermögen im Ausland verfügt oder in der Vergangenheit verfügte, kann ausschließen, dass er auf einer der CDs erfasst ist, die der Finanzverwaltung bereits vorliegen oder von derselben noch angekauft werden. Das Entdeckungsrisiko ist allgegenwärtig.

Nachdem die ausländischen Banken lange Zeit die Gefahr der Entdeckung nicht erklärter Kapitalanlagen den Kunden gegenüber herunterspielten, verfolgten sie verstärkt nach dem Scheitern des Steuerabkommens zwischen der Schweiz und Deutschland Anfang 2013 die sog. „Weißgeldstrategie": Kunden werden zur Abgabe von Selbstanzeigen gedrängt. Verbunden ist dieses Drängen mit der Erklärung, die Bankbeziehung werde einseitig beendet, wenn der Nachweis der Steuerehrlichkeit nicht gegenüber der Bank erbracht werde. Als Frist galt das Ende des Jahres 2013. Dies ist von einzelnen Banken bis August 2014 verlängert worden (so z.B. von der UBS AG). Damit bestand damals die reelle Gefahr, dass sich der Bankkunde Ende 2014 in der Situation sieht, dass sein Konto aufgelöst ist und ihm tatsächlich lediglich ein Scheck über seinen Anlagebetrag vorliegt. Teilweise liegen solche „Closing Letter" in Fällen, in denen keine Selbstanzeige abgegeben wurde, bereits vor.

Die „Weißgeldstrategie" der Banken ist motiviert durch die Sorge, sich der Beihilfe zur Steuerhinterziehung schuldig zu machen. In diesem Zusammenhang ist auch die Einigung der Schweizer UBS AG mit der Staatsanwaltschaft Bochum im Juli 2014 zu sehen. Die Einigung sieht eine Einstellung der gegen Mitarbeiter wegen Beihilfe zur Steuerhinterziehung eingeleiteten Steuerstrafverfahren gegen Zahlung von 300 Mio. Euro vor.[30]

2. Formerfordernisse im Allgemeinen

Das Gesetz schreibt für die Selbstanzeige keine Form vor. Sie kann schriftlich oder mündlich erstattet werden. Um späteren Streit um die Frage auszuschließen, ob, wann und mit welchem Inhalt eine Selbstanzeige erstattet

---

[30] Vgl. Süddeutsche Zeitung v. 29.7.2014.

wurde, sollte die Selbstanzeige aber stets schriftlich erfolgen. Die Selbstanzeige muss nicht den Begriff „Selbstanzeige" beinhalten. Es ist auch nicht erforderlich, dass sich der Anzeigende einer Hinterziehung bezichtigt. Er kann und sollte sich auf die reine Nacherklärung der relevanten Zahlen beschränken.

3. Adressat

Die Selbstanzeige ist „gegenüber der Finanzbehörde" zu erstatten. Gemessen an der Legaldefinition des § 6 Abs. 2 AO könnte die Selbstanzeige bei jeder der dort genannten Behörden abgegeben werden.[31]

Ungeachtet dessen sollte der Berater Wert darauf legen, das jeweils örtlich und sachlich zuständige Finanzamt zu ermitteln und die Nacherklärung dort einzureichen, um Verzögerungen oder Irrtümer bei der nach § 111 Abs. 1 AO gebotenen Weiterleitung innerhalb der Finanzverwaltung zu vermeiden und möglichst zügig einen konkreten Ansprechpartner für das Verfahren zu erhalten.

Sind mehrere Finanzämter für einen Hinterziehungskomplex zuständig (ESt bei dem Finanzamt A, ErbSt bei dem Finanzamt B), kann die gesamte Selbstanzeige bei einem Finanzamt abgegeben werden. Dennoch empfiehlt es sich auch in solchen Fällen, das andere Finanzamt durch Weiterleitung einer Kopie des Selbstanzeigeschreibens ebenfalls zu informieren. Ist für mehrere Personen eine Selbstanzeige abzugeben (z.B. Ehegatte, Mitgesellschafter, GmbH und Gesellschafter bei einer Hinterziehung durch vGA), sollte die Selbstanzeige bei jedem der zuständigen Finanzämter abgegeben werden. Hier ist besondere Sorgfalt darauf zu verwenden, dass die Anzeigen zeitgleich eingehen.

Dringend abzuraten ist von der Abgabe einer Selbstanzeige gegenüber der Staatsanwaltschaft. Zwar ist auch diese als Behörde zur Weitergabe an das zuständige Finanzamt verpflichtet. Höchstrichterlich ist aber nicht geklärt, ob dies ausreicht oder ob nicht zeitlich vor der Weiterleitung bereits mit Eingang bei der Staatsanwaltschaft der Sperrgrund der Tatentdeckung eintritt, da die Staatsanwaltschaft gerade keine Finanzbehörde i.S.d. § 371 Abs. 1 AO ist.

4. Offene und verdeckte Stellvertretung bei Abgabe der Nacherklärung

Jeder Beteiligte, der § 370 AO verletzt, sei er Alleintäter, Mittäter, mittelbarer Täter, Anstifter oder Gehilfe, kann Selbstanzeige erstatten. Jeder erstattet grundsätzlich für sich persönlich Selbstanzeige. Es ist jedoch nicht erforderlich, dass die Selbstanzeige höchstpersönlich abgegeben wird. Der

---

[31] So auch *Jäger* in Klein, AO, 12. Aufl. 2014, § 371 Rz. 34.

Täter kann sich vertreten lassen. Die Vertretung kann durch einen Berufsträger (Steuerberater bzw. Rechtsanwalt), aber auch durch jede andere Person erfolgen.[32] Der Bevollmächtigte muss jedoch aufgrund einer entsprechenden Vollmacht handeln, die vor Erstattung der Selbstanzeige erteilt wurde. Wie die Vollmacht erteilt worden ist, ist irrelevant. Es genügt eine mündliche oder telefonische Bevollmächtigung.

Mit der Einführung des § 398a AO dürfte die Möglichkeit der Abgabe der Selbstanzeige in verdeckter Stellvertretung, also in den Fällen des § 371 Abs. 2 Nr. 3 AO, d.h. bei einer Steuerverkürzung pro Tat von mehr als 25 000 Euro, ausgelaufen sein. Denn hier kommt schon nach bisher geltendem Recht u.U. – je nachdem, wie man § 398a AO interpretiert – unabhängig von dem persönlichen Vorteil für jeden Beteiligten ein Strafzuschlag i.H.v. 5 % der Verkürzungsbeträge in Betracht.[33]

5. Der notwendige Inhalt der „Berichtigung"

a) Für eine Veranlagung ausreichende „Materiallieferung"

Nach § 371 Abs. 1 AO müssen nur „die unrichtigen Angaben berichtigt, die unvollständigen Angaben ergänzt oder die unterlassenen Angaben nachgeholt" werden.

Die inhaltlichen Anforderungen an eine selbstanzeigetaugliche Mitteilung gegenüber den Finanzbehörden haben sich durch die Neuregelung zum 1.1.2015 nicht verändert. Maßstab für den Umfang und den Inhalt ist nach wie vor die ordnungsgemäße Erklärung. Das Finanzamt muss aufgrund der Selbstanzeige in der Lage sein, die notwendigen Steuerfolgen zu ziehen und die Steuerbescheide zu verfügen (sog. „Materiallieferung"). Hinreichend ist, wenn das Finanzamt ohne langwierige Nachforschungen den Sachverhalt aufklären und die Steuern berechnen kann. Eine gewisse eigene Auswertungstätigkeit wird dem Finanzamt also durchaus zugemutet. Die rechtliche Beurteilung der nachgemeldeten Tatsachen obliegt dem Finanzamt. Die Übersendung von ausgefüllten Erklärungsvordrucken kann strafrechtlich nicht verlangt werden.

In Ausnahmesituationen kann die Überlassung der Buchführung mit der Bezeichnung des strafbezogenen Bereichs ausreichend sein, ohne dass der Steuerpflichtige die relevanten Zahlen selbst zusammenstellt.[34] Die Selbstanzeige sollte so formuliert sein, dass das Finanzamt sofort Steuerbescheide

---

32 Vgl. BGH v. 13.11.1952 – 3 StR 398/52, BGHSt 3, 373, zur Vorgängervorschrift des § 410 RAbgO.
33 In diesem Sinne bspw. *Jäger* (Fn. 31), § 398a AO Rz. 50 ff. Lesenswert auch LG Aachen v. 27.8.2014 – 86 Qs 11/14, wistra 2014, 493.
34 BGH v. 16.6.2005 – 5 StR 118/05, NJW 2005, 2723, unter Hinweis auf BGH v. 5.5.2004 – 5 StR 548/03, wistra 2004, 309.

fertigen kann. Auf Zahlenangaben darf daher nicht verzichtet werden. Eine Ausnahme besteht nur dann, wenn die bisher erklärten Zahlen zutreffend und nur die bisherige Qualifikation bzw. Zuordnung unrichtig war. Hier kann man sich auf die Korrektur der Qualifikation bzw. Zuordnung beschränken.

b) Schätzungen und die Selbstanzeige „in Stufen"

Häufig können die konkreten Zahlen nicht in der erforderlichen Zeit beschafft werden. In einem solchen Fall bietet sich die Selbstanzeige in Stufen[35] an:

- Dem Finanzamt werden im ersten Schritt geschätzte Zahlen mitgeteilt.
- Im zweiten Schritt erfolgt dann die Konkretisierung, ggf. anhand beigefügter Bankunterlagen, Auswertungen der Buchhaltung etc. Es kann auch darum gebeten werden, die endgültigen Beträge im Rahmen einer angekündigten Betriebsprüfung zusammen mit dem Finanzamt abzustimmen.

Eine solche Selbstanzeige in Stufen wird in der Praxis als ausreichend angesehen. Der 1. Strafsenat des BGH hat die beschriebene Vorgehensweise in seiner Leitentscheidung zur Verschärfung des Selbstanzeigerechts vom 20.5.2010 ausdrücklich als wirksam anerkannt.[36] Wichtig ist die Abgrenzung zur schädlichen „Ankündigung" einer Selbstanzeige. Die Mitteilung gegenüber dem Finanzamt, dass bestimmte Angaben dem Grunde nach unzutreffend waren und dass die konkreten Zahlen nachgereicht werden, genügt den Anforderungen des § 371 AO nicht. Es müssen immer – wenn auch geschätzte – Zahlen mitgeteilt werden, die den einzelnen Steuerarten konkret zugeordnet werden.

Die Angabe zu hoher Beträge zum Zweck einer möglichst sicheren Straffreiheit führt nicht dazu, dass man an diese Zahlen auch steuerlich gebunden ist. Der Steuerpflichtige kann gegen die Steuerbescheide, die die Selbstanzeige auswerten, Einspruch einlegen. Sogar ein Antrag auf Aussetzung der Vollziehung ist möglich. Hat das Finanzamt eine strafrechtliche Nachzahlungspflicht gesetzt, sollte allerdings besser zunächst vorläufig gezahlt und dann der Antrag auf Aufhebung der Vollziehung gestellt werden.[37]

Gestritten werden kann sowohl um die Höhe der nacherklärten Beträge als auch um die rechtliche Qualifikation. In der Argumentation ist allerdings eine gewisse Vorsicht geboten: Die Darstellung darf nicht darauf hinauslau-

---

35 Beachte: Der Begriff wird nicht einheitlich verwendet und mitunter für die unwirksame Ankündigung einer Selbstanzeige dem Grunde nach verwendet; vgl. z.B. *Jäger* (Fn. 31), § 371 AO Rz. 22.
36 BGH v. 20.5.2010 – 1 StR 577/09, wistra 2010, 304.
37 Dies ist gem. BFH v. 22.1.1992 – I B 77/91, BStBl. II 1992, 618 (621) zulässig.

fen, nachträglich einen abweichenden Sachverhalt zu präsentieren, denn dies könnte als ein schädlicher „Widerruf der Selbstanzeige" gewertet werden.[38] Auch darf nicht übersehen werden, dass man in der Praxis von dem selbst genannten Schätzungsniveau ohne Belege nur in Ausnahmefällen wieder herunterkommt.

6. Der notwendige Umfang der Selbstanzeige (Vollständigkeitsgebot)

Strafbefreiung i.S.d. § 371 Abs. 1 AO tritt ein, wenn für alle unverjährten Steuerstraftaten einer Steuerart in vollem Umfang die unrichtigen Angaben berichtigt, die unvollständigen Angaben ergänzt oder die unterlassenen Angaben nachgeholt werden.

Während nach altem Recht – auch i. S. d. Rechtsprechung des 1. Strafsenats – noch auf die einzelne Tat im materiellen Sinne und damit notwendigerweise auf den einzelnen Veranlagungszeitraum abzustellen war, um die Vollständigkeit zu prüfen, besteht seit der Änderung des § 371 Abs. 1 AO im Rahmen des Schwarzgeldbekämpfungsgesetzes nach der eindeutigen gesetzgeberischen Entscheidung das Erfordernis einer vollständigen zeitraumübergreifenden Nacherklärungspflicht hinsichtlich der jeweiligen Steuerart („Berichtigungsverbund").

Eine sog. Teilselbstanzeige war nach dem Schwarzgeldbekämpfungsgesetz eigentlich nicht mehr möglich. Ab dem 1.1.2015 hat der Gesetzgeber diese Vorgabe allerdings abgeschwächt und die Umsatzsteuervoranmeldungen sowie die Lohnsteueranmeldungen von dem strikten Vollständigkeitsgebot ausgenommen (§ 371 Abs. 2a AO nF).

In zeitlicher Hinsicht stellt § 371 AO für den Berichtigungszeitraum seit dem Schwarzgeldbekämpfungsgesetz auf die Verjährung ab. Aus der damaligen Gesetzesbegründung ergibt sich eindeutig, dass insoweit die strafrechtliche Verfolgungsverjährung gemeint war.[39] Seit dem 1.1.2015 sind diese zeitlichen Vorgaben erweitert. Das Erfordernis der Korrektur aller unverjährten Steuerstraftaten bleibt bestehen, zusätzlich müssen nun Angaben „mindestens aber zu allen Steuerstraftaten einer Steuerart innerhalb der letzten zehn Kalenderjahre erfolgen".

In der Praxis weist dieses Vollständigkeitsgebot sowohl in zeitlicher als auch in sachlicher Hinsicht Probleme auf:

a) Mindestberichtigungszeitraum von zehn Kalenderjahren

Das zum 1.1.2015 in Kraft getretene Gesetz sieht vor, dass die Berichtigungspflicht auf mindestens zehn Kalenderjahre vor Abgabe der Selbst-

---

38 Hierzu *Jäger* (Fn. 31), § 371 AO Rz. 32.
39 Bericht des Finanzausschusses, BT-Drucks. 17/5067 (neu), 21.

anzeige für alle Fälle der Steuerhinterziehung verlängert wird. Das bedeutet, dass auch in Fällen der einfachen Steuerhinterziehung ungeachtet einer zwischenzeitlich eingetretenen Strafverfolgungsverjährung zehn Kalenderjahre rückwirkend zu korrigieren sind, um eine Vollständigkeit der Selbstanzeige zu gewährleisten.

Ursprünglich hatte der Referentenentwurf noch eine generelle Verlängerung der Strafverfolgungsverjährung bei Steuerhinterziehung – also auch in den „einfachen" Fällen – auf zehn Jahre im Rahmen des § 376 AO vorgesehen. Es sollte auf diese Weise ein Gleichklang zwischen steuerlicher Festsetzungsverjährung (§ 169 Abs. 2 Satz 2 AO) und Strafverfolgungsverjährung hergestellt werden. Der systematische Bruch mit dem im Strafgesetzbuch geregelten System der Strafverfolgungsverjährung (§ 78 StGB) war eklatant. Durch die ursprünglich geplante Änderung des § 376 AO wäre jeder noch so kleine Fall der Steuerhinterziehung im Hinblick auf die Verjährung generell auf eine Stufe mit Delikten wie der schweren Körperverletzung oder der Brandstiftung gestellt worden.[40] Eine Vergleichbarkeit mit ähnlichen Delikten wie z.B. dem Betrug i.S.d. § 263 StGB hätte nicht mehr bestanden. Damit hätte ein Verstoß gegen den Gleichheitssatz i.S.d. Art. 3 Abs. 1 GG vorgelegen, der sich wohl nicht mehr innerhalb des gesetzgeberischen Spielraums für eine Ungleichbehandlung von grundsätzlich gleichen Delikten bzw. für eine Gleichbehandlung von nicht vergleichbaren Delikten bewegt hätte. Die Bundesregierung hat ihren Gesetzentwurf deshalb angepasst und einen durch § 371 AO n.F. eigenständigen Berichtigungszeitraum von zehn Kalenderjahren vorgesehen.

Der Wortlaut des Regierungsentwurfs lässt jedoch eine hinreichend sichere Bestimmung des Zehn-Jahres-Zeitraums allerdings nicht zu. Nach der Neuregelung sollen korrigierte Angaben mindestens zu allen Steuerstraftaten einer Steuerart innerhalb der letzten zehn Kalenderjahre erfolgen. Es ist zu vermuten, dass nach der Intention des Gesetzes – man spricht in der Begründung von einem fiktiven, festen Zeitraum – heute, d.h. im Jahr 2015, die Veranlagungszeiträume ab 2005 berichtigt werden müssen. Der Wortlaut des Gesetzes liest sich jedoch so, als seien alle Steuerstraftaten gemeint, die innerhalb der letzten zehn Jahre begangen wurden. Von einzelnen Stimmen wird sogar vertreten, es sei auf das Jahr der Beendigung der Tat abzustellen.[41] Im Jahr 2005 hat der Steuerpflichtige aber durch Abgabe einer falschen Steuererklärung die Einkommensteuerhinterziehung z.B. für das Jahr 2004 begangen. Ferner wurde z.B. die Einkommensteuerhinterziehung des Jahres 2003 erst im Januar 2015 durch die Bekanntgabe des Bescheids beendet. Je nach Sichtweise handelt es sich auch insoweit noch um Hinterziehungen „der letzten zehn Kalenderjahre". Ob diese Zeiträume in die Selbst-

---

40 Vgl. §§ 226, 306 jeweils i.V.m. § 78 Abs. 3 Nr. 3 StGB.
41 *Habammer/Pflaum*, DStR 2014, 2267 (2268).

anzeige einbezogen werden müssen, um eine wirksame Strafbefreiung herbeizuführen, lässt sich auf Basis des Gesetzeswortlauts nicht sicher sagen.[42]

Weitergehende Probleme ergeben sich aus dem selbstständigen Berichtigungszeitraum von zehn Kalenderjahren in Kombination mit dem Nachzahlungsgebot des § 371 Abs. 3 AO. Nach dem Wortlaut setzt die Wirksamkeit der Selbstanzeige eine (vollständige) Nachzahlung der zu eigenen Gunsten hinterzogenen Steuern voraus. Das AOÄndG erweitert dies noch um die angefallenen Zinsen nach § 233a bzw. § 235 AO. Es erscheint deshalb zweifelhaft, ob eine Teilzahlung auf die strafrechtlich noch unverjährten Zeiträume die Strafbefreiung herbeiführen kann. Vertritt man eine strenge und strikt am Wortlaut haftende Auslegung, so geht die Strafbefreiung insgesamt verloren, wenn nur ein Teil der auf die Altjahre entfallenden Steuern (oder sogar Zinsen!) nicht vollständig entrichtet werden kann.

b) Bestimmung der „unverjährten Steuerstraftaten"

Um die zeitliche Reichweite des maßgeblichen Berichtigungsverbunds zu bestimmen, muss ergänzend ermittelt werden, wann für die einzelnen Taten Strafverfolgungsverjährung eingetreten ist.

Dauer, Beginn und Unterbrechung der strafrechtlichen Verjährung sind im Strafgesetzbuch geregelt. Die Länge der Verjährungsfrist orientiert sich an der Strafdrohung. Für die einfachen Vermögensdelikte, welche im Höchstmaß mit Freiheitsstrafe von bis zu fünf Jahren bedroht sind (bspw. § 242, § 263 oder § 266 StGB), bestimmt das Gesetz eine Strafverfolgungsverjährung von ebenfalls fünf Jahren (§ 78c Abs. 3 Nr. 4 StGB). Diese Regelung gilt prinzipiell auch für die Steuerhinterziehung.

Steuerstrafrechtliche Besonderheiten ergeben sich aus § 376 Abs. 1 AO, der für die besonders schweren Fälle der Steuerhinterziehung i.S.d. § 370 Abs. 3 Satz 2 Nr. 1 bis 5 AO die Verlängerung der Frist von fünf auf zehn Jahre vorsieht.

c) Begriff der Steuerart

Der Begriff der Steuerart ist gesetzlich nicht definiert. In der Begründung zum Schwarzgeldbekämpfungsgesetz wird angeführt, dass bspw. alle strafrechtlich noch nicht verjährten „Einkommensteuerhinterziehungen" angegeben werden müssen. Sicher ist damit zunächst, dass alle Fehler mit Auswirkung auf die Einkommensteuer berichtigt werden müssen, unabhängig von der Einkunftsart und der Frage, ob es sich um identische, gleich gelagerte (wie bspw. zwei unterschiedliche Auslandskonten) oder völlig unter-

---

42 Besonders kurios ist dies im Beispiel für das Jahr 2003, denn für diesen Anspruch wäre im Januar 2015 auch bereits Festsetzungsverjährung eingetreten – was eine Einbeziehung in den Berichtigungszeitraum steuerlich sinnlos erscheinen lässt.

schiedliche Sachkomplexe handelt (bspw. Zinseinnahmen und überhöhte Sonderausgaben oder etwa eine parallel zu verschwiegenen Einnahmen zu Unrecht in Anspruch genommene Zusammenveranlagung getrennt lebender Ehegatten).

Unklar ist, welche Fälle darüber hinaus als Steuerstraftat „einer Steuerart" anzusehen sind. Die neue Fassung des Gesetzes lässt offen, ob sich das Kriterium der „Steuerart" nur auf die begangenen Steuerhinterziehungen des konkreten Steuerpflichtigen bezieht oder ob ggf. auch die Beteiligung an „gleichartigen" Steuerhinterziehungen verschiedener Steuerpflichtiger einzubeziehen ist. Aus der Gesetzgebungsgeschichte lässt sich hierzu nichts entnehmen. Dort wurde stets nur das Problem der Nacherklärung ausländischer Kapitaleinkünfte diskutiert. Die aus der Beteiligung verschiedener Personen entstehenden Probleme hat der Gesetzgeber komplett übersehen. Der Regierungsentwurf aus September 2014 versäumt es ebenfalls, dies klarzustellen.

Es ist erforderlich, den Wortlaut einschränkend dahin gehend auszulegen, dass nur die „Steuerart" ein und desselben Steuerschuldners einbezogen wird.[43] Bei dieser Lösung sind auch Abzugsteuerbeträge wie bspw. Lohnsteuern (als besondere Erhebungsform der Einkommensteuer des Arbeitnehmers) von dem Vollständigkeitsmaßstab ausgenommen. Dagegen wird man nicht so weit gehen können, verfahrensrechtlich abgesonderte Ermittlungsbereiche der Bemessungsgrundlage (also bspw. die Hinzurechnungsbeträge nach dem AStG) von der nachzuerklärenden „Steuerart" auszunehmen.

d) Unbewusste Unvollständigkeit

Bereits die Entscheidung des 1. Strafsenats vom 20.5.2010 hatte die Frage aufgeworfen, wie mit den Fällen umzugehen ist, in denen der Betroffene eine Selbstanzeige abgibt, dabei aber Teilbereiche nicht berücksichtigt, weil er an sie im Zeitpunkt der Abgabe der Erklärung einfach nicht mehr gedacht hat.[44] Bei abstrakter Betrachtung könnte man meinen, das Problem „nicht-doloser" Teilselbstanzeigen könne nicht auftreten. Denn wie soll jemand zunächst vorsätzlich (d. h. vereinfacht: wissentlich) eine unzutreffende Steuererklärung abgeben und damit eine Steuerhinterziehung begehen, dies dann aber nachfolgend bei der Berichtigung nicht mehr wissen? Die Praxis weiß, dass solche Fälle sehr wohl möglich sind. Dies gilt insbesondere auch vor dem Hintergrund, dass Vorsatz und Fahrlässigkeit bei der Steuerhinterziehung nicht immer klar voneinander zu unterscheiden sind.

---

43 A.A. *Jäger* (Fn. 31), § 371 AO Rz. 18d.
44 BGH – 1 StR 577/09 (Fn. 36).

Etwas entschärft wird das beschriebene Problem durch die neuere Rechtsprechung zur Unschädlichkeit geringfügiger Abweichungen. Danach ist von der Unschädlichkeit „geringfügiger" Abweichungen auszugehen. Der 1. Strafsenat hat dies höchstrichterlich klargestellt. Die maßgebliche Entscheidung stammt vom 25.7.2011. Danach soll eine Abweichung von bis zu 5 % als unschädlich anzusehen sein, wobei es sich allerdings um eine unbeabsichtigte Abweichung handeln muss – bewusste Fehlbeträge dürften von der Rechtsprechung stets als Unwirksamkeitsgrund angesehen werden.[45]

Die vom BGH genannte 5 %-Grenze ist wohl auf den Betrag der nachzuzahlenden Steuer zu beziehen. Unklar ist, ob sich die Größenordnung auf den Gesamtbetrag des „Berichtigungsverbunds" oder auf die einzelnen Verkürzungsbeträge pro Einzeltat bezieht. Dies ist praktisch von erheblicher Relevanz, insbesondere bei der Nacherklärung von Erträgen aus ausländischen Kapitalanlagen: Nur wenn man die „5 %-Klausel" auf den Gesamtzeitraum bezieht, wäre eine abweichende zeitliche Zuordnung von Erträgen unschädlich und es wäre möglich, in Schätzungsfällen eine zu geringe Schätzung für das Jahr 01 mit der überhöhten Schätzung des Jahres 02 auszugleichen. Bezieht man die Grenze hingegen auf die Einzeltat, wären die beschriebenen Fehler ggf. ausreichend, um zur Unwirksamkeit zu führen.

e) Ausnahmen vom Vollständigkeitsgebot für Umsatzsteuervoranmeldungen und Lohnsteueranmeldungen (§ 371 Abs. 2a AO nF)

Besondere Probleme stellten sich nach Einführung des Vollständigkeitsgebots bei den Anmeldesteuern.

Formal betrachtet erfüllt die verspätete Abgabe einer Steueranmeldung den objektiven Tatbestand der Steuerhinterziehung durch Unterlassen (§ 370 Abs. 1 Nr. 2 AO). Ebenso liegt der objektive Tatbestand vor, wenn eine abgegebene Steueranmeldung später korrigiert wird und die Korrektur zu einer höheren Festsetzung (unter dem Vorbehalt der Nachprüfung) als die Erstanmeldung führt. Der subjektive Tatbestand ist in beiden Fällen bereits dann erfüllt, wenn der Erklärende die Frist zur Abgabe der Steueranmeldung kennt bzw. wenn er es konkret für möglich hält, dass die eingereichte Anmeldung späterer Korrektur bedarf.

Gerade bei den Umsatzsteuervoranmeldungen oder auch bei der Lohnsteuer sind die dargestellten Konstellationen an der Tagesordnung. Bis zur Änderung des § 371 Abs. 1 AO durch das Schwarzgeldbekämpfungsgesetz blieb dies strafrechtlich nur deshalb irrelevant, weil die nachgereichten Erklärungen ohne Weiteres als „Selbstanzeigen" i.S.d. § 371 AO angesehen

---

45 BGH v. 25.7.2011 – 1 StR 631/10, wistra 2011, 428.

werden konnten. Eine weitergehende Tätigkeit der Finanzbehörden war nicht veranlasst.

Nach der zum 3.5.2011 in Kraft getretenen Gesetzeslage bestanden dagegen für Unternehmen erhebliche Probleme, denn die nachgereichte Erklärung musste jetzt dem Vollständigkeitsgebot genügen. Zudem wäre sie ab einem Nachzahlungsbetrag von 50 000 Euro eigentlich nicht mehr strafbefreiend (vgl. § 398a AO i.d.F. des SchwarzGeldBekG).

Die Finanzverwaltung hatte versucht, dieses Problem durch eine Verwaltungsanweisung zu lösen (vgl. Nr. 132 Abs. 2 AStBV (St) 2013 i. d. F. vom 30.10.2012). Bei der Umsatz- und Lohnsteuer sollten „berichtigte oder verspätet abgegebene Steuer(vor)anmeldungen nur in begründeten Einzelfällen an die BuStra weiterzuleiten" sein. Durch diese Verfahrensanweisung wurde sichergestellt, dass in den betreffenden Fällen keine Strafverfahren eingeleitet wurden – obwohl dies nach dem Legalitätsprinzip eigentlich hätte geschehen müssen!

Diesen unhaltbaren Zustand hat der Gesetzgeber zum 1.1.2015 beseitigt. Er führt – beschränkt auf den Bereich der Umsatzsteuervoranmeldungen und der Lohnsteueranmeldungen – die Teilselbstanzeige wieder ein.

Die stufenweise Korrektur von Umsatzsteuervoranmeldungen und Lohnsteueranmeldungen führt damit wieder zur (stufenweisen) Strafbefreiung.

Die Strafbefreiung kann insoweit (scheinbar) unabhängig von der Höhe des Verkürzungsbetrags eintreten. Denn die in § 371 Abs. 2 Nr. 3 AO geregelte Beschränkung auf Taten bis zu 25 000 Euro gilt ausdrücklich nicht (vgl. § 371 Abs. 2a Satz 1 AO).

Aber: Dem Gesetzgeber unterläuft erneut ein Lapsus. Denn über § 371 Abs. 2 Nr. 4 AO werden die Taten der Steuerhinterziehung „in großem Ausmaß" von der Strafbefreiung im eigentlichen Sinne ausgenommen. Für sie gilt nur die „Selbstanzeige zweiter Klasse" (§ 398a AO). Diese Einschränkung gilt dem Wortlaut nach auch für die Korrektur von Lohnsteueranmeldungen- und Umsatzsteuervoranmeldungen. Der Gesetzgeber hat dies bei der Formulierung in § 371 Abs. 2a AO übersehen. In der Sache ist nach Sinn und Zweck des Gesetzes zu befürworten, auch für die Taten nach § 370 Abs. 3 Nr. 1 AO („Steuerverkürzung in großem Ausmaß") im Bereich der Lohnsteueranmeldungen und der Umsatzsteuervoranmeldungen die unbedingte Strafbefreiung wieder einzuführen. Begründen lässt sich dies mit einem „Erst-Recht-Schluss" aus der Begünstigung für Taten nach § 371 Abs. 2 Nr. 3 AO.

§ 371 Abs. 2a Satz 2 AO stellt klar, dass die erste Korrektur einer Voranmeldung auch nicht als „Tatentdeckung" gewertet werden kann, um die zweite Korrektur für unwirksam zu erklären. Dem Gesetz nach bleibt es der Behörde aber wohl unbenommen, im Einzelfall nach der ersten Korrektur das Strafverfahren einzuleiten und dies bekannt zu geben. Damit wäre der Weg zu einer weitergehenden Teilberichtigung dann gesperrt.

Satz 3 der Sonderregelung hält klarstellend fest, dass die auf das Jahr bezogenen Anmeldungen (dh. insbesondere die Umsatzsteuerjahreserklärung) nicht von der Sonderregelung erfasst werden.

7. Die Sperrgründe des § 371 Abs. 2 AO

Bis zur Reform durch das Schwarzgeldbekämpfungsgesetz existierten drei gesetzliche Sperrgründe: Das Erscheinen des Prüfers zur steuerlichen Prüfung, die Bekanntgabe der Einleitung eines Ermittlungsverfahrens und die Tatentdeckung. Mit Wirkung ab dem 3.5.2011 sind die Sperrgründe erweitert worden. Die Sperre der steuerlichen Außenprüfung wurde zeitlich vorverlagert auf den Zeitpunkt der Bekanntgabe der Prüfungsanordnung. Neu eingeführt wurde eine betragsabhängige Sperre für (Einzel-)Taten mit einem Hinterziehungsvolumen von mehr als 50 000 Euro, verbunden mit der Regelung über die Einstellung des Verfahrens in diesen Fällen gegen Geldzahlung, § 398a AO.

Zum 1.1.2015 ist dieser Bereich erneut reformiert worden. Auf den ersten Blick ergeben sich Verschärfungen, insbesondere etwa durch Herabsenkung der betragsmäßigen Sperre auf 25 000 Euro pro Tat, im Detail führen die Modifikationen aber stellenweise auch zu Erleichterungen gegenüber dem geltenden Recht. Nach Inkrafttreten des AOÄndG sind innerhalb von § 371 Abs. 2 AO letztlich acht verschiedene Sperrgründe zu unterscheiden:

(1) Die Bekanntgabe einer steuerlichen Prüfungsanordnung (Nr. 1a);

(2) die Einleitung und Bekanntgabe des strafrechtlichen Ermittlungsverfahrens (Nr. 1b);

(3) das Erscheinen eines Amtsträgers zur steuerlichen Prüfung (Nr. 1c);

(4) das Erscheinen eines Amtsträgers zur Ermittlung wegen einer Steuerstraftat oder -ordnungswidrigkeit (Nr. 1d);

(5) das Erscheinen eines Amtsträgers zu einer steuerlichen Nachschau (Nr. 1e);

(6) Tatentdeckung (Nr. 2);

(7) Einzeltaten mit einem Hinterziehungsvolumen von mehr als 25 000 Euro (Nr. 3);

(8) das Vorliegen der Voraussetzungen eines Regelbeispiels aus dem Katalog des § 370 Abs. 3 AO (Nr. 4).

Abweichend von diesem Prinzip – welches durch das Schwarzgeldbekämpfungsgesetz im Jahr 2011 eingeführt worden ist – hat der Gesetzgeber jetzt für die Sperre der Außenprüfung (Bekanntgabe der Prüfungsanordnung gem. § 371 Abs. 2 Nr. 1a AO und Erscheinen des Prüfers gem. § 371 Abs. 2 Nr. 1c AO) Erleichterungen geschaffen. Die Sperre gilt nur jeweils für die Veranlagungszeiträume und Steuerarten, für die eine Prüfungsanordnung vorliegt. Eine entsprechende isolierte Sperrwirkung gilt auch für die „materiellen Sperrgründe", d.h. bei Überschreitung der Betragsgrenze von 25 000 Euro und bei Vorliegen eines der Regelbeispiele aus § 370 Abs. 3 AO. Die Neuregelungen seit 1.1.2015:

a) Sperre durch schriftliche Anordnung einer Außenprüfung (§ 371 Abs. 2 Nr. 1a AO)

Der Gesetzgeber hat mit dem Schwarzgeldbekämpfungsgesetz die durch eine steuerliche Außenprüfung eintretende Sperrwirkung zeitlich vorverlagert. Während die Sperrwirkung zuvor erst im Zeitpunkt des körperlichen Erscheinens des Prüfers eintrat, stellt § 371 Abs. 2 Nr. 1a AO (seit dem Jahr 2011) bereits auf die Bekanntgabe der Prüfungsanordnung ab. Der Gesetzgeber des Schwarzgeldbekämpfungsgesetzes hat insoweit einen Mittelweg gewählt, indem er einerseits der – argumentativ kaum untermauerten – Forderung nach einer Verschärfung in diesem Bereich nachgekommen ist, andererseits aber dem Vorschlag des Bundesrats nicht gefolgt ist, der die Sperrwirkung bereits mit dem Absenden der Prüfungsanordnung hatte eintreten lassen wollen.[46]

Der inhaltliche Umfang der Sperrwirkung bestimmt sich bei einer Außenprüfung sachlich, zeitlich und persönlich nach der Prüfungsanordnung.[47] Die Prüfung der Gewinnfeststellung bei einer Personengesellschaft sperrt nach bisherigem Verständnis die Abgabe einer Selbstanzeige hinsichtlich der Einkommensteuer der Gesellschafter nicht.[48] Ob hieran nach der Neuformulierung des Gesetzes noch festzuhalten ist, ist leider etwas unklar. Denn nunmehr ist die Nacherklärung hinsichtlich aller zum „Berichtigungsverbund" zählenden Taten einer Steuerart erforderlich.

§ 371 Abs. 2 Nr. 1a AO i.d.F. des Schwarzgeldbekämpfungsgesetzes sieht eine Sperre nur vor, wenn „dem Täter oder seinem Vertreter" die Prüfungsanordnung bekannt gegeben worden ist. Eine Sperre tritt nach dieser Formulierung wohl nicht ein, wenn der Täter nur Mitarbeiter eines Unternehmens ist, ohne Organ zu sein. Denn die Prüfungsanordnung richtet sich

---

46 BR-Drucks. 318/10, 79 f.
47 So: BGH v. 15.1.1988 – 3 StR 465/87, wistra 1988, 151; *Joecks* (Fn. 12), § 371 Rz. 149 ff.
48 So: BGH – 3 StR 465/87 (Fn. 47), für die Gewinnfeststellung einer GmbH & Still; zum Problem *Joecks* (Fn. 12), § 371 Rz. 154.

dann nicht an den Täter. Dieser Fehler wird mit der Neufassung zum 1.1.2015 bereinigt. Die neue Formulierung führt eine umfassende Sperrwirkung herbei, indem die Bekanntgabe gegenüber jedem Tatbeteiligten oder dem durch die Tat nach § 370 AO Begünstigten sowie gegenüber deren jeweiligem Vertreter ausreicht, um die Sperre herbeizuführen. Die neue Formulierung erfasst auf den ersten Blick alle denkbaren Konstellationen, so dass zukünftig die Bekanntgabe der Prüfungsanordnung in persönlicher Hinsicht eine umfassende Sperrwirkung für alle aktuellen und ehemaligen Mitarbeiter eines Unternehmens auslösen dürfte.

Dagegen ergibt sich zum 1.1.2015 eine Erleichterung im Hinblick auf die gesperrten Zeiträume. Die Sperrwirkung wird beschränkt auf den „sachlichen und zeitlichen Umfang der angekündigten Außenprüfung". Für Veranlagungszeiträume, die nicht Gegenstand der Prüfungsanordnung sind, bleibt der Weg zur Strafbefreiung damit offen. Dies hat große Bedeutung für die dauergeprüften Unternehmen.

b) Sperre durch Umsatzsteuer- oder Lohnsteuernachschau (§ 371 Abs. 2 Nr. 1d AO)

Mit der Reform zum 1.1.2015 ist die Frage einer möglichen Sperrwirkung in den Fällen der Umsatzsteuernachschau (§ 27b UStG) und den Fällen der Lohnsteuernachschau (§ 42g EStG) durch das Gesetz entschieden worden. Die Sperrwirkung wurde in § 371 Abs. 2 Nr. 1d AO verankert.

Die Sperrgründe des § 371 Abs. 2 AO setzen allerdings alle voraus, dass der Betroffene prinzipiell erkennen kann, ob die Sperre eingetreten ist. Um dies auch für die Fälle der Nachschau zu gewährleisten, bestimmt das Gesetz, dass die Sperrwirkung erst eintritt, wenn der Amtsträger sich im Rahmen der Nachschau legitimiert, d.h. „sich ausgewiesen hat".

Das Gesetz erwähnt ausdrücklich die Umsatzsteuer- und die Lohnsteuernachschau. Welche weiteren Fälle der „Nachschau" relevant werden können, ist nicht abschließend geklärt. Denkbar sind Fälle im Zoll- und Verbrauchsteuerrecht. Die hier mögliche Nachschau auf Basis von § 210 AO dürfte eine Sperre nach § 371 Abs. 2 Nr. 1d AO, jeweils bezogen auf die geprüfte Abgabenart, herbeiführen. Dagegen sind rein verwaltungsrechtliche Maßnahmen (vgl. nur § 29 GewO) nicht ausreichend, da ihnen der steuerliche Bezug fehlt.

Inhaltlich ist die Sperrwirkung der Nachschau nach der bisherigen Formulierung stets umfassend, also bezogen auf alle Taten des Berichtigungsverbunds („Infektionswirkung", vgl. den Einleitungssatz in § 371 Abs. 2 Nr. 1 AO).

c) Sperre bei Steuerhinterziehung von mehr als 25 000 Euro (§ 371 Abs. 2 Nr. 3 AO)

Im Gesetzgebungsverfahren zum Schwarzgeldbekämpfungsgesetz war zunächst vorgeschlagen worden, die strafbefreiende Wirkung der Selbstanzeige generell von der Zahlung eines Zuschlags i.H.v. 5 % auf die hinterzogene Steuer abhängig zu machen.[49] Hiergegen wurden verfahrensökonomische und verfassungsrechtliche Einwände erhoben.[50] Nach den Sachverständigenanhörungen einigte man sich im Finanzausschuss dann darauf, einen solchen Zuschlag nur in den Fällen der Steuerhinterziehung mit einem „Schaden" von mehr als 50 000 Euro zu erheben. Zum 1.1.2015 ist die Sperre verschärft worden. Sie greift jetzt ab einer Steuerverkürzung oder Vorteilserlangung von mehr als 25 000 Euro pro Tat ein.

Die Sperrwirkung des § 371 Abs. 2 Nr. 3 AO ist jeweils bezogen auf die einzelne Tat im materiellen Sinne zu prüfen. Eine Tat im materiellen Sinne wird im Regelfall durch den Steuerpflichtigen, die Steuerart und den Veranlagungszeitraum bestimmt. Das Verschweigen von Einnahmen in einem gewerblichen Einzelunternehmen für drei Jahre führt also zu neun Taten im materiellen Sinne (ESt, GewSt und USt, jeweils bezogen auf drei Jahre).

Im Ergebnis führt § 371 Abs. 2 Nr. 3 AO dazu, dass aus dem „Berichtigungsverbund" des § 371 Abs. 1 AO einzelne Taten ausscheiden, für die keine Strafbefreiung durch die abgegebene Selbstanzeige eintritt. Statt des Strafaufhebungsgrunds der Selbstanzeige ist dann das auf Einstellung der Ermittlungen gegen Geldzahlung gerichtete Verfahren des § 398a AO einschlägig.

Ein Problem besteht darin, die Höhe der verkürzten Steuer zu bestimmen. Der strafrechtlich relevante Verkürzungsbetrag stimmt vielfach nicht mit dem Betrag überein, der in den Änderungsbescheiden (bezogen auf die jeweilige Steuerart etc.) als Nachzahlung festgesetzt wird. Unterschiede können sich zum einen daraus ergeben, dass im Hinblick auf Schätzungen oder im Hinblick auf steuerliche Nachweispflichten strafrechtlich andere Beweismaßstäbe als im Besteuerungsverfahren gelten. Zum anderen können Fälle auftreten, in denen subjektiv (für die Frage des Vorsatzes) zwischen strafrechtlich relevanten und strafrechtlich irrelevanten Nachzahlungsbeträgen zu differenzieren ist.

Die aus der Neuregelung folgende Ungleichbehandlung verschiedener Fälle ist nach Maßgabe des allgemeinen Gleichheitssatzes nur gerechtfertigt, wenn ihr ein sachgerechtes Differenzierungskriterium zugrunde liegt. Im straf-

---

49 § 371 Abs. 3 AO-E in der Fassung der Bundesratsempfehlungen zum JStG 2010, BT-Drucks. 318/1/10, 80.
50 Vgl. nur *Mack*, Stbg 2011, 162.

rechtlichen Regelungskontext kann dieses Differenzierungskriterium nur die individuelle Schuld des Täters sein. Nominell identische Verkürzungsbeträge können aber auf Taten mit einem erheblich abweichenden Unrechtsgehalt beruhen. Die Leitentscheidung des BGH vom 2.12.2008 zur Strafzumessung hat dies mit deutlichen Worten betont – auch wenn sie vielfach zu Unrecht im Sinne einer gleichsam mathematischen Strafzumessungslehre verstanden wird. Dieses Problem wird durch die Neufassung zum 1.1.2015 verschärft, da § 398a Abs. 2 AO anordnet, dass für die Bemessung der Geldauflage auf die nominellen Verkürzungsbeträge gem. § 370 Abs. 4 AO (einschließlich der Geltung des Kompensationsverbots) und nicht auf den für die individuelle Strafzumessung maßgeblichen „Steuerschaden" i.S.v. § 46 StGB abgestellt werden soll.[51]

d) Sperre bei Vorliegen von Regelbeispielen (§ 371 Abs. 2 Nr. 5 AO)

Zum 1.1.2015 ist ein weiterer Sperrgrund in Kraft getreten. Ausgeschlossen ist die Selbstanzeige nunmehr auch in den Fällen, in denen einer der in § 370 Abs. 3 Nr. 1 bis Nr. 5 genannten besonders schweren Fälle vorliegt. Das Regelbeispiel der Hinterziehung von Steuern „in großem Ausmaß" spielt insoweit allerdings keine Rolle, denn dies würde einen Steuerschaden von (mindestens) mehr als 50 000 Euro pro Tat voraussetzen. Eine strafbefreiende Selbstanzeige ist aber durch § 371 Abs. 2 Nr. 4 AO in jedem Fall bereits ab einer Verkürzung von nur 25 000 Euro gesperrt. Damit verbleiben als mögliche Anwendungsfälle nur die Steuerhinterziehung unter Beteiligung von Amtsträgern (§ 370 Abs. 3 Nr. 2 und Nr. 3 AO), die wiederholte Steuerhinterziehung unter Verwendung gefälschter Urkunden (§ 370 Abs. 3 Nr. 4 AO) und die bandenmäßige Umsatz- und Verbrauchsteuerhinterziehung (§ 370 Abs. 3 Nr. 5 AO). Rechtsfolge ist – wie bei § 371 Abs. 2 Nr. 4 AO –, dass der Beteiligte nur die Einstellung des Ermittlungsverfahrens gegen Zahlung einer Geldauflage erreichen kann (s. § 398a AO).

8. Verfahrenseinstellung nach § 398a AO

a) Struktur

Das neue Prozedere ist der Regelung des § 153a StPO nachempfunden.[52] Der Täter wird nicht straffrei, sondern hat gem. § 398a AO lediglich einen Anspruch auf Einstellung des Verfahrens, wenn er neben der hinterzogenen Steuer einen weitergehenden Betrag i.H.v. (mindestens) 5 % der hinterzogenen Steuer an die Staatskasse zahlt.

---

51 A.A. *Jäger* (Fn. 31), § 371 AO Rz. 79.
52 BT-Drucks. 17/5067 (neu), 20.

Nach neuem Recht ergibt sich ab dem 1.1.2015 folgende Staffelung:

Verkürzung	Prozent	Zahlungsauflage pro Tat	
bis 25 000 Euro	–	keine Auflage	
ab 25 001 Euro	10 %	2 500 Euro	10 000 Euro
ab 100 000 Euro	15 %	15 000 Euro	150 000 Euro
> 1 Mio. Euro	20 %	ab 200 000 Euro	

Die Berechnung der Höhe der Auflage ist jeweils tatbezogen vorzunehmen, eine Zusammenrechnung mehrerer Taten kann auch für die Einordnung innerhalb der Staffel des § 398a AO nicht erfolgen! Für die Beratung von Privatpersonen werden die Fragen von § 371 Abs. 2 Nr. 3 AO und § 398a AO nur im Ausnahmefall relevant. Steuerverkürzungen von mehr als 25 000 Euro pro Tat sind hier nicht an der Tagesordnung.

Die Strafverfolgungsbehörde (dh. die Staatsanwaltschaft oder – an ihrer Stelle – die StraBu) verfügt die vorläufige Einstellung des Verfahrens und teilt ihre Entscheidung dem Betroffenen mit. Gleichzeitig wird der Täter über die im Gesetz vorgesehene Zahlungspflicht für die Steuernachzahlung und den Zuschlag belehrt. Erfolgt die Zahlung dann fristgemäß, folgt die endgültige Verfahrenseinstellung nach § 398a AO.

Das Gesetz regelt nicht, wie sich der Betroffene gegen eine Zahlungsaufforderung nach § 398a AO wehren kann. Aus allgemeinen Rechtsgrundsätzen lassen sich drei mögliche Varianten ableiten:

– Der Betroffene kann die Zahlung verweigern, die Strafsachenstelle wird das Verfahren dann durch den Antrag auf Erlass eines Strafbefehls abschließen (alternativ: Abgabe an Staatsanwaltschaft und Anklageerhebung). Ob § 398a AO einschlägig ist, wäre dann im Einspruchsverfahren gegen den Strafbefehl oder bei Eröffnung des Hauptverfahrens durch das Gericht zu entscheiden. Spätestens in der öffentlichen Hauptverhandlung wäre die Frage zu thematisieren. Folgt das Gericht der Einordnung der Strafverfolgungsbehörde, wäre (wohl) eine erneute Fristsetzung erforderlich, damit der Betroffene dann noch die Gelegenheit erhält, die Verfahrenseinstellung zu erreichen.

– Der Betroffene kann gegenüber der Entscheidung der Strafsachenstelle einen Antrag an das OLG nach § 23 EGGVG stellen. Dieser Rechtsbehelf ist zulässig, wenn es sich um einen „Justizverwaltungsakt" handelt und keine anderweitige Form des Rechtsschutzes geregelt ist.

– Alternativ dazu könnte ein Antrag an das AG analog § 98 Abs. 2 Satz 2 StPO gestellt werden, um eine Entscheidung des Amtsrichters einzuholen, die dann wiederum mit der Beschwerde beim LG angefochten werden könnte.

Die Rechtsnatur des „Zuschlags" ist ungeklärt. In der ab dem 1.1.2015 geltenden Fassung hat der Gesetzgeber klargestellt, was im Falle des „Scheiterns" der Selbstanzeige mit der bereits geleisteten Zahlung zu tun ist: Stellt sich nachträglich heraus, dass die Angaben in der Selbstanzeige unvollständig oder unrichtig waren (bspw. weil der Täter entgegen § 371 Abs. 1 AO nicht alle erklärungsbedürftigen Taten des „Berichtigungsverbunds" angegeben hat), so darf das strafrechtliche Ermittlungsverfahren wieder aufgenommen werden (§ 398a Abs. 3 AO). Die bereits gezahlten Beträge werden nicht erstattet, können aber auf eine dann zu verhängende Geldstrafe angerechnet werden (§ 398a Abs. 4 AO).

b) Persönliche Reichweite der Auflagenzahlung

§ 398a AO setzt zunächst voraus, dass die hinterzogene Steuer nachgezahlt wird. Allerdings trifft diese Verpflichtung – ebenso wie bei § 371 AO – nur denjenigen, der zu eigenen Gunsten Steuern hinterzogen hat. Im Umkehrschluss bedeutet dies: Wer als Mitarbeiter eines Unternehmens falsche Steuererklärungen abgegeben oder daran mitgewirkt hat, der kann durch eine Berichtigung Straffreiheit erlangen, ohne dafür eine Steuernachzahlung leisten zu müssen. Diese praktische bedeutsame Einschränkung wird durch das Gesetz für die Auflagenzahlung nicht übernommen. § 398a AO i. d. F. des Schwarzgeldbekämpfungsgesetzes ließ noch Argumentationsspielraum, da in dieser Gesetzesfassung ausdrücklich nur eine Zahlungsverpflichtung des „Täters" angeordnet wurde.[53] In der ab dem 1.1.2015 geltenden Neufassung ist wohl eine Klarstellung erfolgt. Zur Auflagenzahlung verpflichtet sind dann „alle an der Tat Beteiligten", und zwar unabhängig davon, ob sie einen Vorteil erlangt haben.

---

53 Zur Diskussion um diese Formulierung vgl. nur *Jäger* (Fn. 31), § 371 AO Rz. 50 f., m.w.N.

Vorsatz und Irrtum im Steuerstrafrecht

Prof. Dr. *Lothar Kuhlen*, Mannheim
Lehrstuhl für Strafrecht und Kriminologie, Wirtschafts- und Umweltstrafrecht, Universität Mannheim

Inhaltsübersicht

I. Einleitung
II. Die herrschende Meinung: Steueranspruchstheorie
III. Einwände gegen die Steueranspruchstheorie
 1. Vereinbarkeit mit der Schuldtheorie bzw. § 17 StGB?
 2. Vereinbarkeit der Steueranspruchstheorie mit § 370 AO als Blankettstrafgesetz?
 3. Vereinbarkeit der Steueranspruchstheorie mit der Lehre von der Parallelwertung in der Laiensphäre?
 4. Potentieller Vorsatz?
IV. Zusammenfassung und Ergebnis

I. Einleitung

Das Thema „Vorsatz und Irrtum im Steuerstrafrecht" ist praktisch bedeutsam und mit zahlreichen dogmatischen Streitfragen verknüpft. Das ist für den Strafrechtsdogmatiker reizvoll, für denjenigen, der ein halbstündiges Referat zu halten hat, aber natürlich ein Problem, das zur Auswahl und damit zum Verzicht auf manche interessante Frage nötigt.[1] Ich werde mich deshalb in der Folge zum einen auf die *Steuerhinterziehung* als den praktisch bei weitem wichtigsten Tatbestand des Steuerstrafrechts beschränken. Zum anderen werde ich von den unterschiedlichen Varianten dieses Tatbestandes, insbesondere also von der gesetzlichen Differenzierung zwischen Hinterziehung durch positives Tun (§ 370 Abs. 1 Nr. 1 AO) und Unterlassen (§ 370 Abs. 1 Nr. 2 und 3 AO), absehen und mich auf die ihnen gemeinsame Frage konzentrieren, wann Steuern vorsätzlich *verkürzt* werden. Bei der Erörterung dieser Frage schließlich werde ich mich besonders darum bemühen, die Beziehungen der spezifisch steuerstrafrechtlichen Vorsatz- und Irrtumsproblematik zur *allgemeinen* Strafrechtsdogmatik zu verdeutlichen. Dazu besteht Anlass, weil derzeit die vereinzelt schon früher vertretene Auffassung an Boden gewinnt, die bislang fast einhellige Mei-

---

1 Letzteres gilt vor allem für das Problem des *bedingten Vorsatzes* bei der Steuerhinterziehung, das seit dem Urteil des BGH v. 8.9.2011 (1 StR 38/11, wistra 2011, 465 Rz. 24 ff.) praktische Bedeutung gewonnen hat. Gegenüber dieser Frage, bei der es darum geht, wann der Handelnde die Umstände des Tatbestandes *kennt* (§ 16 Abs. 1 StGB), ist vorrangig die hier erörterte, welche Umstände er *kennen muss*, um vorsätzlich zu handeln.

nung zu Vorsatz und Irrtum bei der Steuerhinterziehung stehe in Widerspruch zu Regeln der allgemeinen Vorsatz- und Irrtumslehre.[2]

II. Die herrschende Meinung: Steueranspruchstheorie

Das geltende Recht bewertet die Steuerhinterziehung (§ 370 AO) als gravierende Straftat. Es handelt sich um ein reines Vorsatzdelikt.[3] Bei fahrlässiger Begehung kommt lediglich eine Ordnungswidrigkeit in Betracht.[4] Die Abgrenzung zwischen Vorsatz und Fahrlässigkeit hat deshalb bei der Steuerhinterziehung erhebliche praktische Bedeutung.

Der Begriff der vorsätzlichen Handlung ist alltagssprachlich vertraut. Die juristisch übliche Kurzformel, Vorsatz sei Wissen und Wollen der Tatumstände, knüpft an dieses Verständnis an.[5] Eine *positive* Fassung des Vorsatzbegriffs enthält das StGB nicht, wohl aber eine partielle *negative* Charakterisierung. Nach § 16 Abs. 1 S. 1[6] handelt *nicht* vorsätzlich, wer bei Begehung der Tat einen Umstand nicht kennt, der zum gesetzlichen Tatbestand gehört.[7] Der Tatumstandsirrtum im engeren Sinne einer positiven Fehlvorstellung (error) schließt also den Vorsatz aus, ebenso die bloße Unkenntnis (ignorantia) der Tatumstände. Positiv formuliert: Die vorsätzliche Erfüllung eines Tatbestandes setzt voraus, dass der Handelnde bei Begehung der Tat alle Umstände kennt, die zum Tatbestand gehören.[8]

Der objektive Tatbestand des § 370 Abs. 1 AO erfordert, dass *Steuern verkürzt* werden.[9] Eine Steuer ist verkürzt, wenn die Ist-Einnahme hinter der

---

2 So *Allgayer* in Graf/Jäger/Wittig, Wirtschafts- und Steuerstrafrecht, 2011 (GJW), § 369 AO Rz. 28; *Meyberg*, PStR 2011, 308 (309 f.); *Roth*, ZWH 2013, 373; *Jäger* in Klein, Abgabenordnung, Kommentar, 12. Aufl. 2014 (Klein), § 370 AO Rz. 173.
3 § 369 Abs. 2 AO i.V.m. § 15 StGB.
4 Und dies auch nur bei leichtfertigem, also grob fahrlässigem Handeln (leichtfertige Steuerverkürzung gem. § 378 AO).
5 Freilich in durchaus anfechtbarer Weise. Vgl. dazu nur *Wessels/Beulke/Satzger*, Strafrecht Allgemeiner Teil, 44. Aufl. 2014 (AT), Rz. 203, wo stattdessen der herrschende Vorsatzbegriff als „Wille zur Verwirklichung eines Straftatbestandes in Kenntnis aller seiner objektiven Tatumstände" definiert wird.
6 Paragraphen ohne Gesetzesangabe sind solche des StGB.
7 Auch diese Formulierung ist anfechtbar, denn nach dem juristisch üblichen Verständnis des Begriffs „Tatbestand" *gehören* zum gesetzlichen Tatbestand als sprachlicher Entität die gleichfalls sprachlich gefassten Tatbestandsvoraussetzungen bzw. Tatbestandsmerkmale, nicht aber die Umstände, die den Tatbestand erfüllen und somit den Tatbestandsvoraussetzungen *entsprechen*. In der Folge verwende ich statt der klareren Formulierung, ein Tatumstand entspreche einem Tatbestandsmerkmal, auch den gesetzlichen Ausdruck, ein Tatumstand gehöre zum Tatbestand.
8 Einführend dazu *Warda*, Jura 1979, 1 (2 f.).
9 Alternativ nennt § 370 Abs. 1 AO als Taterfolg der Steuerhinterziehung, dass der Handelnde „für sich oder einen anderen nicht gerechtfertigte Steuervorteile erlangt". Die folgenden Ausführungen beschränken sich auf die praktisch ungleich bedeutsamere

Soll-Einnahme des Staates zurückbleibt, was voraussetzt, dass ein entsprechender Steueranspruch besteht.[10] Nach fast einhelliger Auffassung ergibt sich daraus, dass für die *vorsätzliche* Steuerhinterziehung Kenntnis dieses Zurückbleibens und damit auch des entsprechenden Steueranspruchs erforderlich ist.[11] Diese Auffassung ist seit mehr als hundert Jahren in der deutschen Strafrechtspraxis und Literatur herrschend. Auch der BFH folgt ihr.[12] Man bezeichnet sie seit der Kakaobutter-Entscheidung des BGH aus dem Jahr 1953 als *Steueranspruchstheorie*. Denn der BGH argumentierte damals, in Anknüpfung an *Welzel*, da Gegenstand der Verkürzungshandlung der Steueranspruch (nicht aber die tatsächliche Steuereinnahme) sei, fordere der Vorsatz der Steuerhinterziehung, „dass der Täter den bestehenden bestimmten Steueranspruch kennt und ihn trotz dieser Kenntnis ... verkürzen will".[13]

Gänzlich unbestritten ist diese Ansicht, soweit die Kenntnis der Steuerverkürzung aufgrund eines *tatsächlichen Irrtums* fehlt, etwa weil der Steuerpflichtige eine Quittung verwechselt oder eine Honorarzahlung vergessen hat. Ein solcher Irrtum mag auf leichter oder auch grober Fahrlässigkeit beruhen, aber das ändert unstrittig nichts daran, dass er den Hinterziehungsvorsatz ausschließt. Nicht mehr unbestritten ist der *steuerrechtliche Irrtum*, der Fall also, dass der Steuerpflichtige in Kenntnis aller relevanten tatsächlichen Umstände von der durch sein Verhalten bewirkten Steuerverkürzung deshalb nichts weiß, weil ihm unbekannt ist, dass das Steuerrecht an diese Umstände einen Steueranspruch des Staates knüpft.

Um ein Beispiel aus eigenem Erleben zu nennen: Nachdem ich vor einigen Jahren erstmals ein größeres Rechtsgutachten erstattet und das recht erfreuliche Honorar im Folgejahr in meiner Einkommensteuererklärung angegeben hatte, wurde mir vom Finanzamt mitgeteilt, dass ich nicht länger Kleinunternehmer sei (§ 19 Abs. 1 S. 1 UStG), womit meine Einkünfte aus Nebentätigkeiten der *Umsatzsteuer* unterlagen (§ 1 Abs. 1 Nr. 1 UStG). Da mir das völlig neu war, hatte ich meine Nebeneinkünfte des Folgejahres

---

Steuerverkürzung, lassen sich aber unschwer auf das Erlangen nicht gerechtfertigter Steuervorteile übertragen.
10 *Joecks* in Franzen/Gast/Joecks, Steuerstrafrecht, 7. Aufl. 2009 (FGJ), § 370 AO Rz. 40; *Ransiek* in Kohlmann, Steuerstrafrecht, Kommentar (Stand Dezember 2013) (Kohlmann), § 370 AO Rz. 394.
11 Vgl. nur *Rolletschke* in Rolletschke/Kemper, Steuerstrafrecht, Kommentar (Stand März 2014), § 370 AO Rz. 361 ff.; Kohlmann/*Ransiek* § 370 AO Rz. 658 ff., jeweils m.w.H.
12 BFH v. 31.7.1996 – XI R 74/95, BFHE 181, 230 (234 f.); v. 29.4.2008 – VIII R 28/07, BFHE 220, 332 (334).
13 So BGH v. 13.11.1953 – 5 StR 342/53, BGHSt 5, 90 (92) unter Berufung auf *Welzel*, NJW 1953, 486.

nicht zur Umsatzsteuer angemeldet.[14] Damit hatte ich durch pflichtwidriges Unterlassen die Umsatzsteuer verkürzt (§ 370 Abs. 1 Nr. 2 AO).[15] Es mag sein, dass meine Unkenntnis des staatlichen Umsatzsteueranspruchs auf Fahrlässigkeit beruhte. Jedenfalls schloss sie aber nach der Steueranspruchstheorie eine vorsätzliche Hinterziehung ebenso aus, wie ein tatsächlicher Irrtum es getan hätte. Denn ich kannte zwar die den Steueranspruch begründenden Umstände, nicht aber diesen Anspruch selbst.

Die Steueranspruchstheorie ist seit den 50er Jahren des letzten Jahrhunderts mit dogmatischen Argumenten aus dem Umkreis der Schuldtheorie vereinzelt kritisiert worden. Nachdem diese Kritik jahrzehntelang ohne nennenswerte Resonanz geblieben war, hat der BGH im Jahr 2011 ausdrücklich offen gelassen, ob der h.M. weiterhin zu folgen sei.[16] Das ist auf energischen Widerspruch gestoßen,[17] hat aber auch Zustimmung gefunden[18] und bereits zu erstaunlichen Neueinschätzungen der Argumentationslage geführt.[19] So ist aus einer Frage, die ich noch vor fünf Jahren als dogmatischen Ladenhüter eingestuft hätte, ein hochaktuelles und m.E. grundsätzlich bedeutsames Problem geworden, und ich bin sehr froh, dass ich heute die Gelegenheit habe, vor diesem Forum dazu Stellung zu nehmen.

III. Einwände gegen die Steueranspruchstheorie

1. Vereinbarkeit mit der Schuldtheorie bzw. § 17 StGB?

Die in der Kakaobutter-Entscheidung nicht diskutierte Frage, ob die Steueranspruchstheorie mit der Schuldtheorie, nach deren Übernahme durch den Gesetzgeber also: mit § 17, vereinbar ist, hat 1984 *Maiwald* aufgeworfen und verneint. Er weist zutreffend darauf hin, dass hinter jener Theorie der („lobenswerte") Versuch steht, „dem modernen Wohlfahrtsstaat, der bis

---

14 Wozu ich gem. § 18 Abs. 1 S. 1, Abs. 2 S. 1 UStG bis zum 10. Tag nach Quartalsende verpflichtet war.
15 Bei der Umsatzsteuer tritt die Steuerverkürzung mit dem fruchtlosen Eintritt des Fälligkeitstermins ein (*Rolletschke*, Steuerstrafrecht, 4. Aufl. 2012, Rz. 134).
16 BGH v. 8.9.2011 – 1 StR 38/11, wistra 2011, 465 Rz. 23 f.
17 So bei *Duttge*, HRRS 2012, 359; *Ransiek*, wistra 2012, 365; *Wulf*, Stbg 2012, 19. Eher pragmatische Kritik bei *Nöcker/Hüning*, AO-StB 2012, 316 (318 f.).
18 So bei *Meyberg*, PStR 2011, 308; *Roth*, ZWH 2013, 373.
19 So bei *Schützeberg*, NZWiSt 2012, 74; *Roth*, ZWH 2013, 373. Näher dazu *Kuhlen*, Vorsätzliche Steuerhinterziehung trotz Unkenntnis der Steuerpflicht?, in Albrecht u.a. (Hrsg.), FS für Walter Kargl, 2015, S. 219 ff. Da verbreitet angenommen wird, es sei nur eine Frage der Zeit, dass der BGH die Steueranspruchslehre aufgibt (so etwa *Reichling*, StraFo 2012, 316 [320]; *Roth*, ZWH 2013, 373), sei darauf hingewiesen, dass diese Aufgabe nicht ohne weiteres möglich ist. Sie setzt vielmehr, solange der BFH dieser Lehre folgt (s. Fn. 12), eine Anrufung des Gemeinsamen Senats (Art. 95 Abs. 3 GG) voraus (§ 2 Abs. 1 RsprEinhG).

zum Übermaß alles regelt, ein Stück Liberalität entgegenzusetzen".[20] Sie widerspreche jedoch dem „Gesetzesbefehl, der in § 17 StGB den Verbotsirrtum für alle strafrechtlichen Bereiche gleich behandelt",[21] und der seinerseits auf der für einen „hoch entwickelten und modernen Staat" unabdingbaren Forderung nach „starker Identifikation mit der staatlichen Ordnung" beruhe, die vom einzelnen fordere, sich mit dem Staat „so weit zu identifizieren, dass man auch diejenigen Normen kennt, die der Staat zur Wahrnehmung seiner Ordnungsfunktion erlassen hat, und die auf einer Zweckmäßigkeit beruhen".[22] Ich lasse offen, ob wirklich der moderne Staat zu derart weitreichenden und schwerlich realistischen Anforderungen an seine Bürger gezwungen ist, und wende mich sogleich der Frage nach dem Gesetzesbefehl des § 17 zu.

Nach § 17 S. 1 führt nur der unvermeidbare Verbotsirrtum zum Ausschluss der Schuld und damit zur Straflosigkeit. Das ist der praktisch wichtigste Unterschied zum Tatumstandsirrtum, der gem. § 16 Abs. 1 ohne weiteres, also auch dann, wenn er leicht vermeidbar war, den Vorsatz ausschließt und damit bei einem reinen Vorsatzdelikt wie der Steuerhinterziehung ebenfalls die Straflosigkeit zur Folge hat. *Maiwald* zufolge hat sich der Gesetzgeber mit der Einführung von § 17 und der damit verbundenen Kodifizierung der Schuldtheorie für ein „Zweistufenmodell" entschieden. Auf der ersten Stufe gehe es um den Vorsatz (bzw. die Kenntnis der sozialen Bedeutung des Handelns), der durch einen Irrtum gem. § 16 Abs. 1 ausgeschlossen wird, auf der zweiten um das (potentielle) Unrechtsbewusstsein, das lediglich bei einem unvermeidbaren Verbotsirrtum fehlt.[23]

Die Steueranspruchstheorie sei mit diesem Modell unvereinbar. Denn bei der Steuerhinterziehung lasse sich die Kenntnis der sozialen Bedeutung und damit der Vorsatz vom Unrechtsbewusstsein nicht trennen.[24] Der Täter, der nicht weiß, „dass er überhaupt Steuern schuldet", irre deshalb notwendig „über das Verbotensein seiner Tat als ganze" und dies sei ein Fall des in § 17 geregelten Verbotsirrtums.[25] Der steuerrechtliche Irrtum über das Bestehen des Steueranspruchs lasse deshalb den Vorsatz der Steuerhinterziehung unberührt und führe nur bei Unvermeidbarkeit zur Straflosigkeit.

---

20 *Maiwald*, Unrechtskenntnis und Vorsatz im Steuerstrafrecht, 1984, S. 43.
21 *Maiwald* (Fn. 20), S. 43.
22 *Maiwald* (Fn. 20), S. 42.
23 *Maiwald* (Fn. 20), S. 19.
24 Der Täter könne also „niemals der Ansicht sein, zwar der Steuerpflicht zu unterliegen, nicht aber Unrecht zu tun, wenn er der Pflicht nicht nachkommt" (*Maiwald* [Fn. 20], S. 21).
25 *Maiwald* (Fn. 20), S. 22 f. unter Berufung auf *Roxins* Lehre von den Rechtspflichtmerkmalen (*Roxin*, Offene Tatbestände und Rechtspflichtmerkmale, 1959). Ebenso *Safferling*, Vorsatz und Schuld, 2008, S. 151.

Dieses zentrale Argument *Maiwalds*[26] ist unhaltbar. Zwar trifft es zu, dass mit der Verkennung des bestehenden Steueranspruchs *auch* ein Verbotsirrtum verbunden ist. Aber das ist der triviale Standardfall des vorsatzausschließenden Irrtums. Wer an der Garderobe eines Restaurants einen fremden Mantel mitnimmt, den er aufgrund einer Verwechslung für den eigenen hält, geht davon aus, sein Verhalten sei erlaubt, handelt also in einem Verbotsirrtum. Das ist jedoch unbestritten kein Fall des § 17,[27] sondern ein Tatumstandsirrtum,[28] der ohne weiteres den Diebstahlsvorsatz ausschließt. Wie das Beispiel zeigt, gilt § 17 nur für den *reinen* Verbotsirrtum, nicht dagegen für denjenigen, der einen vorsatzausschließenden Irrtum begleitet.[29] Praktisch sichergestellt wird dieses Ergebnis dadurch, dass man dort, wo aufgrund eines Tatumstandsirrtums bereits der Tatbestandsvorsatz fehlt, gar nicht mehr zur Prüfung von § 17 kommt.

Hat das nun aber nicht, wie *Maiwald* behauptet, bei der Steuerhinterziehung, wenn man der Steueranspruchstheorie folgt, zur Konsequenz, dass § 17 leerläuft und damit das „Zweistufenmodell" des Gesetzes aus den Angeln gehoben wird? Diese Frage ist schon deshalb zu verneinen, weil auch nach der Steueranspruchstheorie Fälle des reinen Verbotsirrtums denkbar bleiben, so wenn der Handelnde zwar weiß, dass er durch sein Verhalten eine von ihm geschuldete Steuer verkürzt,[30] aber zu Unrecht annimmt, das sei ausnahmsweise gerechtfertigt, weil nur so sein Betrieb fortgeführt und

---

26 Seine weiteren Überlegungen dienen nur noch der „Bestätigung der gefundenen Ergebnisse" (*Maiwald* [Fn. 20], S. 25–36). Sie begründen, wie an dieser Stelle nur angemerkt werden soll, ebenfalls keine Kritik an der Steueranspruchstheorie. Das gilt insbesondere für die Erwägung, nach dem sog. Umkehrprinzip müsse die Steueranspruchstheorie zu einer unangemessenen Ausweitung der Versuchsstrafbarkeit führen (*Maiwald* [Fn. 20], S. 29 ff.). Letzteres ist zwar richtig, jedoch verdient das Umkehrprinzip keine Zustimmung. Vgl. dazu speziell mit Blick auf die Steuerhinterziehung *Reiß*, wistra 1986, 193 ff. (mit Angaben zur Rechtsprechung auf S. 194) sowie allgemein zuletzt *Burkhardt*, GA 2013, 346. Im Ergebnis ebenso, freilich mit anderer Begründung, *Schuster*, Das Verhältnis von Strafnormen und Bezugsnormen aus anderen Rechtsgebieten, 2012, S. 191 ff.
27 Was zur Folge hätte, dass der Handelnde bei Vermeidbarkeit der Verwechslung wegen Diebstahls strafbar wäre.
28 Irrtum über die *Fremdheit* der Sache als einen zum Tatbestand des § 242 gehörenden Tatumstand.
29 Diese Erkenntnis ist alles andere als neu. In aller Klarheit findet sie sich etwa bei *Welzel*, NJW 1953, 486 und *Warda*, Die Abgrenzung von Tatbestands- und Verbotsirrtum bei Blankettstrafgesetzen, 1955, S. 34 f. Zutreffend rügt deshalb *Bachmann*, Vorsatz und Rechtsirrtum im Allgemeinen Strafrecht und im Steuerstrafrecht, 1993, S. 175 f., es sei „erstaunlich, dass *Maiwald* das Vorliegen des Verbotsirrtums feststellt, obgleich er nicht untersucht hat, ob überhaupt Vorsatz gegeben ist". *Müller*, Vorsatz und Erklärungspflicht im Steuerstrafrecht, 2007, S. 136 ff., schließt sich *Maiwalds* Auffassung an, geht aber ebenfalls auf die vorrangige Frage nach dem notwendigen Inhalt des *Hinterziehungsvorsatzes* nicht ein.
30 Womit er bei Kenntnis der sonstigen Tatumstände vorsätzlich handelt.

damit die dort bestehenden Arbeitsplätze erhalten werden können.[31] Das ist ein reiner Verbotsirrtum,[32] der nur bei Unvermeidbarkeit die Strafbarkeit wegen Steuerhinterziehung ausschließt.

Richtig ist allerdings, dass *regelmäßig* der Verbotsirrtum bei der Steuerhinterziehung auf einem Irrtum über die Steuerpflicht beruhen wird und dass in diesem praktischen Regelfall die Steueranspruchstheorie, da sie bereits den Vorsatz verneint, nicht zu einer Anwendung des strengeren § 17 gelangt. Das verstößt jedoch in keiner Weise gegen die Schuldtheorie, deren „Zweistufenmodell" oder § 17. Ein solcher Verstoß wäre nur gegeben, wenn § 17 *generell* ganz oder praktisch gegenstandslos gemacht würde, wenn man also etwa mit der Vorsatztheorie ganz allgemein für den Vorsatz das Unrechtsbewusstsein des Handelnden verlangen würde. Diese Lehre ist deshalb in der Tat mit § 17 unvereinbar.[33] Dieser garantiert dagegen nicht, dass bei jedem *einzelnen* Straftatbestand ein nennenswerter Bereich für den reinen Verbotsirrtum „übrig bleiben" müsste.[34]

Tatsächlich gibt es neben der Steuerhinterziehung eine Reihe anderer Straftatbestände, bei denen neben dem vorsatzausschließenden Irrtum für § 17 wenig Raum bleibt.[35] Das ist jedoch hinzunehmen,[36] solange es sich aus der vorrangig durchzuführenden angemessenen Bestimmung des Tatvorsatzes ergibt.[37] Bei der Steuerhinterziehung entspricht es übrigens, worauf weder

---

31 Darauf hat ebenfalls bereits *Warda* (Fn. 29), S. 45 hingewiesen. Es wurde auch alsbald gegen *Maiwald* eingewendet (vgl. *Reiß*, wistra 1987, 161 [163 f.]).
32 Und nicht etwa ein – nach zutreffender Ansicht ebenfalls den Vorsatz ausschließender – Erlaubnistatbestandsirrtum. Vgl. dazu Kohlmann/*Ransiek* § 370 AO Rz. 648.
33 Näher dazu *Kuhlen*, Die Unterscheidung von vorsatzausschließendem und nichtvorsatzausschließendem Irrtum, 1987, S. 276 ff. mit Kritik an vereinzelten Versuchen, trotz § 17 an der Vorsatztheorie festzuhalten.
34 So bereits *Kuhlen* (Fn. 33), S. 427 f. Zustimmend etwa *Bachmann* (Fn. 29), S. 176 Fn. 63; *Stiller*, Der Rechtsirrtum des Steuerberaters und sein Strafbarkeitsrisiko, 2000, S. 171. Auch *Roxin*, Strafrecht Allgemeiner Teil I, 4. Aufl. 2006 (AT I), § 12 Rz. 108 Fn. 198 hat deshalb die früher von ihm vertretene Auffassung, auf die sich *Maiwald* noch berufen hatte, inzwischen aufgegeben und hält es zu Recht für unbedenklich, „dass bei Tatbeständen wie § 370 AO und § 170 ein Verbotsirrtum kaum möglich ist".
35 Vgl. die Hinweise bei *Kuhlen* (Fn. 33), S. 428; *Walter*, Ist Steuerstrafrecht Blankettstrafrecht?, in Sieber u.a. (Hrsg.), FS für Klaus Tiedemann, 2008, S. 969 (976).
36 In der Tat entspricht es nicht nur dem „Buchstaben" des Gesetzes, sondern dem „Geist" der Schuldtheorie, durch eine angemessene Vorsatzbestimmung sicherzustellen, „dass in der vorsätzlichen Verwirklichung des Tatbestandes tatsächlich ein bedeutungsvoller Appell an den Täter liegt, die Rechtmäßigkeit seines Verhaltens zu prüfen", bevor es zur Anwendung des „strengen" § 17 kommt (so zutreffend *Gaede*, HRRS 2013, 449 [453]).
37 Im Übrigen ist darauf hinzuweisen, dass man § 17 auch dann weitgehend „leerlaufen" lässt, wenn man annimmt, der *Erlaubnistatbestandsirrtum* schließe ohne weiteres (also auch bei Vermeidbarkeit) eine Vorsatzstrafbarkeit aus. Auch darin könnte man einen Verstoß gegen das „Zweistufenmodell" des Gesetzes sehen. Es entspricht aber gefestigter Rechtsprechung und h.L. (vgl. *Stratenwerth/Kuhlen*, Strafrecht Allgemeiner Teil,

Maiwald noch seine vereinzelten Gefolgsleute[38] eingehen, auch der *Absicht des Gesetzgebers.* Denn als dieser 1968 das Steuerstrafrecht reformierte, hat er klar erkannt, dass nach der Rechtsprechung des BGH „ein Fall des Verbotsirrtums ... im Steuerrecht kaum denkbar" ist.[39] Er hat das jedoch nicht etwa kritisiert und geändert, sondern im Gegenteil *gebilligt* und im Vertrauen auf die Fortdauer dieser Judikatur die bis dahin geltende Irrtumsregelung des § 395 RAO abgeschafft.[40]

2. Vereinbarkeit der Steueranspruchstheorie mit § 370 AO als Blankettstrafgesetz?

Wann ein Steueranspruch besteht, damit auch: wann er verkürzt wird, regelt § 370 AO nicht selbst, es ergibt sich vielmehr aus den Steuergesetzen. Das ist an sich nichts Außergewöhnliches, wie die Eigentumsdelikte zeigen. Denn auch, ob sich die Wegnahme, Zueignung oder Beschädigung eines Gegenstandes auf eine *fremde* Sache bezieht, wie Diebstahl, Unterschlagung und Sachbeschädigung voraussetzen, lässt sich nicht den entsprechenden Straftatbeständen, sondern nur dem ihnen vorgelagerten Bürgerlichen Recht entnehmen. Man betrachtet deshalb fast einmütig den Begriff „fremd" als normatives Tatbestandsmerkmal und den tatsächlichen ebenso wie den zivilrechtlich begründeten Irrtum über die Fremdheit als vorsatzausschließend.[41]

a) Anders als bei den Eigentumsdelikten ist jedoch der Charakter des Verweises auf die vorstrafrechtlichen Normen bei der Steuerhinterziehung umstritten. Die Literatur zum allgemeinen wie zum Steuerstrafrecht sieht fast einhellig in der Steuerverkürzung ein *normatives Tatbestandsmerkmal,* was nach heute überwiegender Auffassung zur Folge hat, dass der (tatsächliche oder rechtliche) Irrtum über den Steueranspruch den Hinterziehungsvorsatz ebenso ausschließt wie der Irrtum über die Fremdheit des Tatobjekts den Vorsatz bei den Eigentumsdelikten.[42] Vielfach nimmt man

---

6. Aufl. 2011 [AT], § 9 Rz. 161 ff.), obwohl es nach dem Gesetz (anders als der Vorrang von § 16 vor § 17 beim Deliktstatbestandsirrtum) nicht zwingend ist.
38 *Meyer,* NStZ 1986, 443 ff.; *Müller* (Fn. 29), S. 136 ff.; *Safferling* (Fn. 25), S. 150 ff.
39 BT-Drucks. V/1812, 23.
40 Näher dazu unter IV. 3.
41 Vgl. etwa BVerfG v. 18.5.1988 – 2 BvR 579/84, BVerfGE 78, 205 (213); *Frister,* Strafrecht Allgemeiner Teil, 6. Aufl. 2013 (AT), 11. Kap. Rz. 33; *Kühl,* Strafrecht Allgemeiner Teil, 7. Aufl. 2012 (AT), § 5 Rz. 96; *Roxin,* AT I § 12 Rz. 100; *Stratenwerth/Kuhlen* AT § 8 Rz. 70; *Wessels/Beulke/Satzger* AT Rz. 243. Anders *Safferling* (Fn. 25), S. 147.
42 So etwa, jeweils m.w.H., *Hellmann* in Hübschmann/Hepp/Spitaler, Abgabenordnung, Kommentar, Stand April 2014, § 370 AO Rz. 47; Kohlmann/*Ransiek* § 370 AO Rz. 658 ff.; *Rolletschke* (Fn. 15), Rz. 122; *Tiedemann,* Wirtschaftsstrafrecht. Einführung und Allgemeiner Teil, 4. Aufl. 2014 (AT), Rz. 198, 345; *Juchem,* wistra 2014, 300 ff. Nach *Sternberg-Lieben/Schuster* in Schönke/Schröder, Kommentar zum StGB, 29. Aufl. 2014 (Schönke/Schröder), § 15 Rz. 103 a.E. handelt es sich um eine im Ergebnis nahezu einhellige Auffassung („anders nur GJW-Allgayer § 369 AO Rz. 28").

allerdings auch an, es handele sich bei § 370 Abs. 1 AO um ein *Blankettgesetz*.[43]

Für die Steueranspruchstheorie könnte das ein Problem sein, weil in der *allgemeinen* Irrtumslehre überwiegend die Ansicht vertreten wird, der Irrtum bei Blankettmerkmalen folge anderen und strengeren Regeln als der bei normativen Tatbestandsmerkmalen. Denn nur der Irrtum über die *Anwendungsvoraussetzungen*, nicht aber der über die *Existenz* der blankettausfüllenden Normen schließe den Vorsatz aus.[44] Hiernach hätte ich also – wenn die Steuerverkürzung ein Blankettmerkmal wäre – im zuvor genannten Eigenbeispiel vorsätzlich Steuern verkürzt, weil mir die den Umsatzsteueranspruch begründenden Tatsachen bekannt waren.[45] Mein steuerrechtlicher Irrtum hätte folglich zu einem bloßen Verbotsirrtum geführt. Dieser aber hätte, wenn er vermeidbar war, an meiner Strafbarkeit wegen vorsätzlicher Steuerhinterziehung nichts geändert.

b) Zum Verständnis der heute h.M. ist ein kurzer Rückblick erforderlich. Das RG differenzierte nicht zwischen normativen und Blankettmerkmalen, sondern zwischen (vorsatzausschließendem) außerstrafrechtlichem und (unbeachtlichem) strafrechtlichem Irrtum.[46] Diese Auffassung führt bei der Steuerhinterziehung ebenso zum Ergebnis der Steueranspruchstheorie wie etwa die insbesondere von *Tiedemann*[47] vertretene Ansicht, im Nebenstrafrecht sei der Vorsatztheorie zu folgen. In den 50er Jahren des letzten Jahr-

---

43 So die ständige Rechtsprechung des BVerfG (vgl. BVerfG v. 8.5.1974 – 2 BvR 636/72 BVerfGE 37, 201 [208 f.]; v. 16.6.2011 – 2 BvR 542/09, wistra 2011, 458 Rz. 59; offengelassen jedoch von BVerfG v. 29.4.2010 – 2 BvR 871/04, 2 BvR 414/08, wistra 2010, 396 Rz. 64) sowie des BGH (BGH v. 8.1.1965 – 2 StR 49/64, BGHSt 20, 177 [180 f.]; v. 28.1.1987 – 3 StR 373/86, BGHSt 34, 272 [282]; v. 17.3.2009 – 1 StR 627/08, BGHSt 53, 221 Rz. 36). Zustimmend etwa F/G/J/*Joecks* Einleitung Rz. 5. Ablehnend *Dannecker* in Leipziger Kommentar zum StGB, 12. Aufl. 2007 (LK), § 1 Rz. 149; Kohlmann/*Ransiek* § 370 AO Rz. 27.1.; *Juchem*, wistra 2014, 300 (302 ff.).
44 Dazu *Roxin*, AT I § 12 Rz. 110 ff.; Schönke/Schröder/*Sternberg-Lieben/Schuster*, § 15 Rz. 99 ff. m.w.H. Vielfach wird diese Auffassung allerdings abgelehnt (vgl. die Hinweise bei Schönke/Schröder/*Sternberg-Lieben/Schuster*, § 15 Rz. 103). Dementsprechend wird (m.E. auch zu Recht) auch die Auffassung vertreten, die Steueranspruchstheorie treffe unabhängig davon zu, ob § 370 AO Blankettvorschrift ist oder nicht. So etwa *Müller-Magdeburg*, Die Abgrenzung von Tatbestandsirrtum und Verbotsirrtum bei Blankettnormen, 1998, S. 198 ff., 202 ff.; *Dietmeier*, Blankettstrafrecht – Ein Beitrag zur Lehre vom Tatbestand, 2001, S. 178 ff., 221 ff.; *Bülte*, NStZ 2013, 65 (72).
45 Davon sei an dieser Stelle ohne weiteres ausgegangen (worauf *Ransiek*, wistra 2012, 365 [366 f.] hinweist). Man muss jedoch zu ihm kommen, wenn man von der Steueranspruchstheorie in der Sache abweichen will, worum es derzeit geht. Vgl. GJW/*Allgayer* § 369 AO Rz. 28; Klein/*Jäger* § 370 AO Rz. 173 f.
46 Näher dazu *Kuhlen* (Fn. 33), S. 421 ff.
47 *Tiedemann*, Tatbestandsfunktionen im Nebenstrafrecht, 1969, S. 335 ff.; *Tiedemann*, AT, Rz. 336 ff. im Anschluss an *Lange*, JZ 1956, 73 ff., 519 ff.; aktuell etwa *Bülte*, NStZ 2013, 65 ff.

hunderts setzte sich jedoch im Gefolge der Schuldtheorie die heute überwiegende Meinung durch. Ihr zufolge sind Blankettgesetze unvollständig und werden erst dadurch komplettiert, dass man sie mit ihren Ausfüllungsnormen „zusammenliest".[48] Letztere würden damit zu Merkmalen des Tatbestandes. Der Irrtum über die Merkmale des Tatbestandes aber betreffe nicht dessen Tatumstände, sondern diesen selbst und könne daher allenfalls einen Verbotsirrtum begründen.

Durchaus zu Recht hat deshalb *Warda*, schon im Jahr 1955, die Frage gestellt, ob die Steueranspruchstheorie mit dieser damals neuen Lehre vereinbar sei. Er hat sie verneint, weil der Hinterziehungstatbestand der Ausfüllung durch die Steuergesetze bedürfe und deshalb ein Blanketttatbestand sei.[49] Im Ergebnis hielt er freilich die Steueranspruchstheorie doch für richtig, da das von der seinerzeit h.M. geforderte *steuerunehrliche Verhalten* die Kenntnis des Steueranspruchs voraussetze.[50] Da diese Begründung mit der Neufassung der AO im Jahr 1977 hinfällig geworden ist, könnte man überlegen, ob der von *Warda* gerügte Widerspruch zwischen der überwiegend vertretenen allgemeinen Lehre zum Irrtum bei Blankettgesetzen und der Steueranspruchstheorie fortbesteht und eine Korrektur zu deren Lasten erfordert. Diese Ansicht wird in der Literatur vereinzelt vertreten,[51] jedoch zu Unrecht.

c) Schon prima facie ist sie sehr unplausibel. Es trifft zwar zu, dass der BGH (ebenso wie das BVerfG) in ständiger Rechtsprechung § 370 AO als Blankettgesetz betrachtet. Gleichzeitig folgt er aber bis heute in ständiger Judikatur der Steueranspruchstheorie. Sollte er wirklich einen logischen Widerspruch zwischen beidem nicht bemerkt haben, obwohl dieser schon vor fast 60 Jahren behauptet und die Frage seitdem in einer Vielzahl von Publikationen behandelt wurde? Und sollte dem BGH ebenso wie *Welzel*, die 1952 der heute herrschenden Lehre vom Irrtum bei Blankettstrafgesetzen zum Durchbruch verhalfen,[52] entgangen sein, dass sie sich zu dieser in

---

48 So, in Anknüpfung an *Warda*, JR 1950, 546 (550 f.), *Welzel*, MDR 1952, 584 (586) (bei Blankettgesetzen sei ein „Zusammenlesen der getrennten Tatbestandsmerkmale zu einem einheitlichen Tatbestand" erforderlich). Ihm folgend dann *Warda* (Fn. 29), S. 37. Überblick über anschließende Stellungnahmen der Literatur bei *Schuster* (Fn. 26), S. 95 ff.
49 *Warda* (Fn. 29), S. 46 ff., gegen *Welzel*, NJW 1953, 486 ff.
50 *Warda* (Fn. 29), S. 48 f.
51 *Meyer*, NStZ 1986, 443 (445); GJW/*Allgayer*, § 369 Rz. 28; Klein/*Jäger*, § 370 AO Rz. 173. *Weidemann*, wistra 2006, 132 f. und *Seer* in Tipke/Lang, Steuerrecht, 21. Aufl. 2013 (Tipke/Lang), § 23 Rz. 45 f. weisen ebenfalls auf das genannte Problem hin, ohne es freilich zu Lasten der Steueranspruchstheorie zu lösen.
52 *Welzel*, MDR 1952, 584 (586). Im gleichen Jahr sprach sich der BGH (in einem Urteil v. 16.12.1952 zu § 356 – 2 StR 198/51) erstmals für diese neue Lehre aus (BGHSt 3, 400 [401 ff.]; dazu *Kuhlen* [Fn. 33], S. 247 ff.).

Widerspruch setzten, als sie gerade einmal ein Jahr später für die Steueranspruchstheorie eintraten?[53]

d) Tatsächlich besteht ein solcher Widerspruch nicht. Das wird deutlich, wenn man von der formelhaften Aussage, § 370 AO sei ein Blankettgesetz, zu einer *differenzierteren Betrachtung* übergeht.[54] Dann zeigt sich, dass der Begriff des Blankettstrafgesetzes, der in einer furchterregenden Vielzahl von Bedeutungen gebraucht wird,[55] in ganz *verschiedenen Sachzusammenhängen* Verwendung findet. Zum einen spielt er eine Rolle, soweit es um Art. 103 Abs. 2 GG, insbesondere dessen Bestimmtheitsgrundsatz geht.[56] Zum anderen misst man ihm Bedeutung für die Frage nach der zeitlichen Geltung von Strafgesetzen (§ 2) zu.[57] Und schließlich kommt es nach heute überwiegender Auffassung eben in der Vorsatz- und Irrtumslehre darauf an, ob es um die Tatumstände eines normativen oder die Ausfüllungsnormen eines Blankettmerkmals geht.[58] Für diese heterogenen Sachprobleme muss es keine Lösung geben, die mit einem einheitlichen Verständnis der Begriffe „normatives Tatbestandsmerkmal" und „Blankettmerkmal" verknüpft wäre. Diese müssen vielmehr mit Blick auf den jeweiligen Sachzusammenhang konkretisiert werden und das kann ohne Widerspruch zu unterschiedlichen Ergebnissen führen.[59]

---

53 *Welzel*, NJW 1953, 486 ff. Ihm folgend das Urteil des BGH v. 13.11.1953 – 5 StR 342/53, BGHSt 5, 90 (Kakaobutter).
54 So zu Recht schon *Wulf*, Stbg 2012, 19 (21); *Solka*, Bucerius Law School Journal 2013, 19 (25), gegen die pauschalen und deshalb fehlgehenden Ausführungen bei GJW/*Allgayer*, § 369 AO Rz. 28.
55 Vgl. dazu *Enderle*, Blankettstrafgesetze, 2000, S. 80 ff.; *Walter* (Fn. 35), S. 971 ff.; *Schuster* (Fn. 26), S. 95 ff., 226 ff.
56 In diesem Zusammenhang stuft etwa BVerfG v. 16.6.2011 – 2 BvR 542/09, wistra 2011, 458 Rz. 59 § 370 Abs. 1 AO als Blankettgesetz ein, mit der Folge, dass auch die es ausfüllenden steuerrechtlichen Vorschriften dem Bestimmtheitsgebot des Art. 103 Abs. 2 GG unterliegen.
57 In diesem Kontext ordnet etwa BGH v. 8.1.1965 – 2 StR 49/64, BGHSt 20, 177 (180 f.) § 396 RAO (also den Vorläufer von § 370 AO) als Blankettgesetz ein mit der Folge, dass gem. § 2 Abs. 2 S. 2 StGB a.F. (heute: § 2 Abs. 3) ein Wechsel nicht nur des Blankettgesetzes selbst, sondern auch der Ausfüllungsnormen zugunsten des Täters zu berücksichtigen ist.
58 Weitere Sachfragen, die mit dem Begriffspaar normatives Tatbestandsmerkmal/Blankettmerkmal verknüpft werden (können), nennt *Walter* (Fn. 35), S. 977 ff.
59 Dementsprechend differenziert etwa *Tiedemann* (Fn. 47), S. 135 ff., 282 ff. ebenso wie *Enderle* (Fn. 55), S. 288 ff. zwischen der Garantiefunktion (relevant für die Grundsätze der Verhältnismäßigkeit und der Gesetzesbestimmtheit) und der Irrtums- und Vorsatzfunktion des Tatbestandes, *Bachmann* (Fn. 29), S. 26 f., 167 ff. zwischen Blankettgesetzen im materiellen Sinne (relevant für die Irrtumslehre) und im formellen Sinne (relevant für die Bestimmtheitsanforderungen), *Müller* (Fn. 29), S. 72 ff. zwischen garantiefunktionaler und irrtumsfunktionaler Abgrenzung von Blankettbegriffen und normativen Tatbestandsmerkmalen (missachtet die eigene Unterscheidung allerdings auf S. 130) sowie *Schuster* (Fn. 26), S. 26 ff., 212 ff. zwischen dem Problem, das Be-

Beim Tatbestand der Steuerhinterziehung kommt hinzu, dass er *verschiedene* Merkmale enthält, die nur mit Hilfe des Steuerrechts konkretisiert werden können. Hierzu zählen neben der „Steuerverkürzung" die „steuerlich erheblichen Tatsachen" (§ 370 Abs. 1 Nr. 1, Nr. 2) und die „Pflichtwidrigkeit" bestimmter Unterlassungen (§ 370 Abs. 1 Nr. 2, Nr. 3). Es ist widerspruchsfrei möglich und wird auch tatsächlich vielfach vertreten, dass einige dieser Merkmale normative, andere dagegen Blankettmerkmale sind,[60] womit sich § 370 Abs. 1 AO insgesamt als „Mischtatbestand" darstellt.[61]

e) Daraus ergibt sich zunächst, dass es nicht widersprüchlich ist, § 370 AO in einem Zusammenhang als Blankettgesetz aufzufassen, in einem anderen Kontext aber eines oder mehrere seiner Merkmale als normative Tatbestandsmerkmale zu betrachten. Die *Rechtsprechung des BGH* lässt sich also zwanglos – und die Konstruktion einer seit langem zutiefst widersprüchlichen Judikatur vermeidend – so verstehen, dass sie § 370 Abs. 1 AO in einigen Zusammenhängen, insbesondere bei der Frage nach der zeitlichen Geltung, als Blankettgesetz einstuft, andererseits aber das Merkmal der Steuerverkürzung als normatives Tatbestandsmerkmal betrachtet, was auf der Basis seiner allgemeinen Irrtumslehre zur Steueranspruchstheorie führt. Dies ist denn auch das übliche und vernünftige Verständnis der Judikatur: „In der Sache"[62] bzw. „im Ergebnis"[63] behandelt sie hinsichtlich des Vorsatzerfordernisses das Merkmal der Steuerverkürzung als normatives Tatbestandsmerkmal.[64] Es ist bereits methodisch verfehlt, wenn man gegen diese Rechtsprechung pauschal einwendet, § 370 AO sei aber doch ein Blankettgesetz.

---

zugsnormen aus anderen Rechtsgebieten für die Irrtumslehre einerseits, das Gebot des positivierten Strafgesetzes andererseits bilden.
60 So stufen etwa Kohlmann/*Ransiek*, § 370 AO Rz. 619, 658 ff., 668 f.; *Rolletschke* (Fn. 15), Rz. 122–122d mit entsprechenden Irrtumskonsequenzen die Steuerverkürzung, nicht aber die Pflichtwidrigkeit als normatives Tatbestandsmerkmal ein.
61 *Solka*, Bucerius Law School Journal 2013, 19 (24 f.).
62 So *Walter* (Fn. 35), S. 984.
63 So Schönke/Schröder/*Sternberg-Lieben*/*Schuster*, § 15 Rz. 103. Ebenso *Rolletschke* (Fn. 15), Rz. 122, der im Anschluss an *Tiedemann*, Wirtschaftsstrafrecht, Besonderer Teil, 3. Aufl. 2011, § 4 Rz. 111, die Bezeichnung von § 370 AO als Blankettgesetz im Rahmen der Irrtumslehre als sachlich belanglose „Fehlterminologie" einstuft.
64 Dass dies auch dem *Selbstverständnis* der Rechtsprechung entspricht, zeigt sehr klar BGH v. 25.9.1956 – 5 StR 219/56, BGHSt 9, 358 (360 f.). Der BGH bezeichnet hier den „Steueranspruch in § 395 RAbgO" ebenso wie die „Fremdheit der Sache in den §§ 242, 246 StGB" als „rechtliche Eigenschaften oder Verhältnisse", auf die sich der Vorsatz beziehen muss, und stellt dem vorsatzausschließenden Irrtum über diese Eigenschaften und Verhältnisse den bloßen Verbotsirrtum über den „Umfang des gesetzlichen Verbots" gegenüber. Deutlicher kann man die Einordnung des Steueranspruchs und damit der Steuerverkürzung als normatives Tatbestandsmerkmal im Sinne der Vorsatz- und Irrtumslehre kaum zum Ausdruck bringen.

f) Des Weiteren ergibt sich, dass an die Stelle der undifferenzierten Frage, ob § 370 AO ein Blankettgesetz ist oder nicht, diejenige treten muss, ob das Merkmal der *Steuerverkürzung im Sinne der Irrtums- und Vorsatzlehre* ein normatives oder ein Blankettmerkmal ist. Auf diese Frage gibt es in der heutigen Literatur eine fast einhellige Antwort: Es handelt sich um ein normatives Tatbestandsmerkmal. Zu diesem Ergebnis, und damit zur *Bestätigung* der Steueranspruchstheorie, sind insbesondere *alle* Arbeiten gekommen, die im Anschluss an *Warda* die Abgrenzung zwischen Blankett- und normativem Merkmal mit Blick auf die Irrtumsfrage bei der Steuerverkürzung eingehend untersucht haben.[65] Auch die vereinzelten Kritiker der Steueranspruchstheorie behaupten meist gar nicht, die Steuerverkürzung sei ein Blankettmerkmal im Sinne der Vorsatz- und Irrtumslehre.[66]

g) Tatsächlich ist die Steuerverkürzung ein *normatives Tatbestandsmerkmal* des Hinterziehungstatbestandes.[67] Sie ist nach § 370 Abs. 1 AO Vorausset-

---

65 So mit im Einzelnen unterschiedlichen Begründungen die Dissertationen von *Backes*, Zur Problematik der Abgrenzung von Tatbestands- und Verbotsirrtum im Steuerstrafrecht, 1981, S. 111 ff.; *von der Heide*, Tatbestands- und Vorsatzprobleme bei der Steuerhinterziehung nach § 370 AO – zugleich ein Beitrag zur Abgrenzung der Blankettstrafgesetze von Strafgesetzen mit normativen Tatbestandsmerkmalen, 1986, S. 170 ff., 199 ff.; *Bachmann* (Fn. 29), S. 169 ff.; *Dickopf*, Steuerberatung und steuerstrafrechtliche Risiken, 1991, S. 157 ff.; *Fissenewert*, Der Irrtum bei der Steuerhinterziehung, 1993, S. 188 ff., 221 ff.; *Stiller* (Fn. 34), S. 164 ff., 175 f.; *Menke*, Die Bedeutung des sog. Kompensationsverbots in § 370 AO – zugleich eine Untersuchung zu Rechtsgut, Handlungsobjekt und Erfolg der Steuerhinterziehung –, 2004, S. 109 f.; *Höll*, Vorsatz bei der Steuerhinterziehung: Kognitive und voluntative Anforderungen bei akzessorischen Tatbeständen, 2012, S. 106 ff.; *Juchem*, Angehörigengeschäfte im Steuer- und Steuerstrafrecht, 2013, S. 164 ff., 187 f. Zum gleichen Resultat gelangen die jüngste umfassende Untersuchung der Abgrenzung zwischen normativen Tatbestandsmerkmalen und Blankettmerkmalen, die 2012 erschienene Habilitationsschrift von *Schuster* (Fn. 26), S. 187 ff., sowie die 2015 erscheinende Habilitationsschrift von *Gaede*, Der Steuerbetrug, D II.

66 *Maiwald* (Fn. 20), S. 15 f. bezeichnet die Frage nach dem Blankettcharakter des § 370 AO als formales Problem, von dessen Lösung die Beantwortung der Sachfrage nach der Rechtsfolge des steuerrechtlichen Irrtums nicht abhängen dürfe. Ebenso *Müller* (Fn. 29), S. 134 f.; *Safferling* (Fn. 25), S. 150 f. *Lauer*, Der Irrtum über Blankettstrafgesetze am Beispiel des § 106 UrhG, 1997, S. 68, 119 ff. charakterisiert die Steuerverkürzung zwar als „unpräzise formuliertes Blankettmerkmal", will den Irrtum darüber aber wie den über ein normatives Tatbestandsmerkmal behandeln. Bei GJW/*Allgayer* § 369 AO Rz. 28 lässt sich die Einstufung der Steuerverkürzung als Blankettmerkmal immerhin aus seiner pauschalen Kritik der h.M. (die ohne Begründungsversuch als „dogmatischer Kunstgriff" abqualifiziert wird) erschließen.

67 Das kann hier nicht für die „unzähligen Ansätze" (so *Schuster* [Fn. 26], S. 95) durchkonjugiert werden, die seit 1955 in der Literatur für die Abgrenzung von Tatbestands- und Verbotsirrtum bzw. Blankett- und normativen Merkmalen entwickelt wurden. Stattdessen wird in der Folge lediglich anhand einiger besonders häufig vertretener Begriffsverständnisse gezeigt, dass das Merkmal „Steuerverkürzung" jedenfalls zum Kernbereich des (nach h.M. für die Vorsatzlehre relevanten) Begriffs „normatives Tatbestandsmerkmal" gehört.

zung für die Bestrafung wegen Steuerhinterziehung. Da sie unbestritten keine objektive Strafbarkeitsbedingung ist, ist sie Tatbestandsvoraussetzung, des Näheren objektives *Tatbestandsmerkmal*.[68] Dieses Merkmal bewirkt – anders als ein Blankettmerkmal – eine *gehaltvolle und aus sich selbst heraus verständliche* Eingrenzung des strafbaren Verhaltens, die deutlich macht, dass der Tatbestand einen Handlungserfolg voraussetzt und welcher das ist.[69] Man braucht keine Kenntnis des jeweils geltenden Steuerrechts und muss deshalb dieses auch nicht mit § 370 AO „zusammenlesen", um zu verstehen, was „Steuerverkürzung" bedeutet, nämlich die Beeinträchtigung eines Steueranspruchs.[70] Das Merkmal der Steuerverkürzung „erschöpft sich" deshalb auch nicht „in der Weiterverweisung auf genau bezeichnete Vorschriften".[71]

Freilich bedarf es der *Konkretisierung* durch die Steuergesetze. Deshalb ist es kein deskriptives, sondern ein normatives Merkmal, dem in der Realität mit dem beeinträchtigten Steueranspruch keine natürliche, sondern eine *institutionelle Tatsache* entspricht.[72] Weil die Merkmalskonkretisierung nicht durch soziale, sondern durch Rechtsnormen erfolgt, handelt es sich um ein *rechtsnormatives* Merkmal.[73] Des Weiteren kann man von einem *rechtsinstitutionellen* Tatbestandsmerkmal sprechen,[74] da das zur Konkretisierung heranzuziehende Steuerrecht zu den rechtlichen Verhältnissen gehört, die „ein selbständiges Dasein außerhalb des Verbots haben, das der gesetzliche Tatbestand ausdrückt".[75]

---

68 Gleichfalls unbestritten ist, dass § 370 Abs. 1 AO kein erfolgsqualifiziertes Delikt, die Steuerverkürzung also keine „besondere Folge" ist, auf die sich gem. § 18 StGB der Vorsatz nicht beziehen müsste.
69 Vgl. *Tiedemann*, Zum Stand der Irrtumslehre, insbesondere im Wirtschafts- und Nebenstrafrecht, in Schlüchter (Hrsg.), FS für Friedrich Geerds, 1995, S. 95 (107).
70 Zur Verständlichkeit normativer Merkmale für juristische Laien s. *Puppe*, GA 1990, 145 (157 f.). *Warda* (Fn. 29), S. 47 hat diesen Umstand noch übersehen und den Blankettcharakter der Steuerverkürzung einfach daraus hergeleitet, dass sich erst aus den Steuergesetzen ergibt, „wann ‚Steuern verkürzt' oder ‚Steuervorteile nicht gerechtfertigt' sind". Letzteres ist zwar richtig, gilt aber gleichermaßen für rechtsnormative Tatbestandsmerkmale (wann eine Sache fremd ist, ergibt sich aus dem Sachenrecht) und kann daher die Abgrenzung zwischen beiden Merkmalsarten, um die es doch gerade geht, nicht leisten.
71 Worauf – mit Blick auf die Pflichtwidrigkeit bei der Untreue – das BVerfG (v. 23.6.2010 – 2 BvR 2559/08, 2 BvR 105/09, 2 BvR 491/09, BVerfGE 126, 170 [204]) und ihm folgend BGH v. 13.9.2010 – 1 StR 220/09, BGHSt 55, 288 Rz. 35 abstellen.
72 Was seit *Darnstädt*, JuS 1978, 441 (443), der seinerseits an *Searle*, Sprechakte, 1973, S. 78 ff. anknüpft, vielfach (und m.E. überzeugend) als Charakteristikum normativer Merkmale betrachtet wird.
73 Vgl. *Warda*, Jura 1979, 71 (82); LK-*Dannecker*, § 1 Rz. 149. Bei derartigen Merkmalen muss sich der Vorsatz auf die durch sie bezeichnete „rechtlich-institutionelle Tatsache" beziehen (*Marwedel*, ZStW 123 [2011], 548 [559 f.]).
74 So *Walter* (Fn. 35), S. 976.
75 So BGH v. 25.9.1956 – 5 StR 219/56, BGHSt 9, 358 (360 f.); Schönke/Schröder/*Sternberg-Lieben/Schuster*, § 15 Rz. 103.

All das liegt bei der *Steuerverkürzung* genauso wie bei der für die Eigentumsdelikte wichtigen *Fremdheit* des Tatobjekts.⁷⁶ Wer diese verkennt, weil er die Sache als ausschließlich ihm gehörend betrachtet, handelt nicht vorsätzlich. Das gilt nach fast einhelliger Auffassung nicht nur bei einem tatsächlichen, sondern auch bei einem zivilrechtlichen Irrtum, also etwa dann, wenn ein Vermächtnisnehmer dem Erben den Vermächtnisgegenstand entwendet, weil er sich zu Unrecht für dessen Eigentümer hält. Nicht anders verhält es sich bei der Steuerhinterziehung.

h) Die Steueranspruchstheorie steht folglich in völligem Einklang mit der heute überwiegend vertretenen allgemeinen Lehre zum Irrtum bei normativen Tatbestandsmerkmalen einerseits, Blankettmerkmalen andererseits. Da diese Lehre nicht unbestritten ist, möchte ich darauf hinweisen, dass die Steueranspruchstheorie von ihr nicht abhängt, sondern auf einem tragfähigen *materialen Grundgedanken* beruht. Ihm zufolge begeht nur derjenige ein Delikt vorsätzlich, der die Umstände kennt, die das *Unrecht dieses Delikts begründen*.⁷⁷ Für das Unrecht der Steuerhinterziehung hat nun aber die Beeinträchtigung des Steueranspruchs die gleiche konstitutive Bedeutung wie die Fremdheit des Tatobjekts für das Unrecht der Eigentumsdelikte. *Deshalb* muss diese Beeinträchtigung vom Vorsatz umfasst sein. Und *deshalb* fehlt der Vorsatz, wie es der Steueranspruchstheorie entspricht, bei Unkenntnis des Steueranspruchs, beruhe diese nun auf einem tatsächlichen oder steuerrechtlichen Irrtum.

i) Damit erweist es sich im Übrigen auch als gut begründet, dass der *Gesetzgeber* bei der Steuerhinterziehung nicht auf das normative Merkmal der Steuerverkürzung und bei den Eigentumsdelikten nicht auf das normative Merkmal der Fremdheit verzichtet hat. Denn nur so drückt „der objektive Tatbestand das tatbestandsspezifische Unrecht" aus,⁷⁸ und darauf wiederum beruht es, dass die schlichte Anwendung der allgemeinen Vorsatz- und Irrtumsregeln zum inhaltlich angemessenen Ergebnis der Steueranspruchstheorie führt.

j) Schließlich ist darauf hinzuweisen, dass die Steuerverkürzung ein *gesetzliches* Merkmal des objektiven Tatbestandes der Steuerhinterziehung ist. Dieser Gesetzesbegriff lässt sich nicht ohne Rekurs auf den in concreto bestehen-

---

76 Dieser Vergleich wird vielfach und zu Recht gezogen, so etwa von BGH v. 25.9.1956 – 5 StR 219/56, BGHSt 9, 358 (360) und *Wulf*, Stbg 2012, 19 (21).
77 Vgl. dazu mit Hinweis auf verschiedene Formulierungen dieses Grundgedankens *Roxin*, Über Tatbestands- und Verbotsirrtum, in Sieber u.a. (Hrsg.), FS für Klaus Tiedemann, 2008, S. 375 (377 ff.); *Schlüchter*, wistra 1985, 43 (44); *Papathanasiou*, Die Widerspiegelung der gesetzgeberischen Grundentscheidung im Verständnishorizont des Täters, in Heinrich u.a. (Hrsg.), FS für Claus Roxin, 2011, S. 467 ff.
78 Darauf weist mit Blick auf die Eigentumsdelikte zu Recht *Puppe*, GA 1990, 145 (154) hin.

den Steueranspruch bestimmen:[79] Steuerverkürzung ist die Beeinträchtigung eines bestehenden Steueranspruchs.[80] Es verstieße gegen das *Analogieverbot* des Art. 103 Abs. 2 GG, wollte man dieses gesetzliche Tatbestandsmerkmal durch irgendeine „Interpretation" aus dem objektiven Tatbestand eliminieren, der den Vorsatzgegenstand festlegt. Genau das geschieht aber, wenn man § 370 Abs. 1 AO mit den steuerrechtlichen Ausfüllungsnormen „zusammenliest"[81] und dabei die Beeinträchtigung des Steueranspruchs unter den Tisch fallen lässt.[82]

k) Zusammengefasst ergibt sich damit: Die Auffassung, der Irrtum über die Existenz blankettausfüllender Normen wirke nicht vorsatzausschließend, sondern begründe allenfalls einen Verbotsirrtum, spricht nicht gegen die Steueranspruchstheorie.

3. Vereinbarkeit der Steueranspruchstheorie mit der Lehre von der Parallelwertung in der Laiensphäre?

Die Frage, ob sich aus dem Erfordernis der Parallelwertung in der Laiensphäre ein Einwand gegen die Steueranspruchstheorie ergibt, ist meines Wissens in der Literatur bisher nicht erörtert worden. Es besteht aber aktueller Anlass, das nachzuholen.

Nach der in Praxis und Lehre seit langem herrschenden Auffassung ist für den Vorsatz bzgl. normativer Tatbestandsmerkmale eine Parallelwertung in der Laiensphäre des Täters nötig, aber auch ausreichend.[83] Das Parallelwer-

---

79 Die gegenteilige Auffassung von *Meyer*, NStZ 1986, 443 (444 ff.) ist – von *Bachmann* (Fn. 29), S. 174 f. – zu Recht als „abwegig" kritisiert worden. Entgegen *Meyer* kommt es nicht darauf an, ob der Steueranspruch ein „ungeschriebenes" (so *Meyer*, NStZ 1986, 443 [445]; NStZ 1987, 500 [501]) oder „eigenständiges" (so *Meyer*, NStZ 1986, 443 [444]) Tatbestandsmerkmal ist, also eines, das neben dem der Steuerverkürzung postuliert würde, sondern lediglich darauf, dass sich das geschriebene Merkmal der Steuerverkürzung nicht ohne Bezugnahme auf den Steueranspruch verstehen lässt. Zum von *Meyer* des Weiteren angeführten Argument aus dem Kompensationsverbot des § 370 Abs. 4 S. 3 AO vgl. *Bachmann* (Fn. 29), S. 180.
80 Davon geht auch die partielle Legaldefinition des § 370 Abs. 4 S. 1 AO aus.
81 Zur Kritik des „Zusammenlesens" vgl. *Kuhlen* (Fn. 33), S. 430; *Tiedemann*, AT Rz. 339 f.; *Müller-Magdeburg* (Fn. 44), S. 195 ff.; *Dietmeier* (Fn. 44), S. 118 ff.; *Enderle* (Fn. 55), S. 337 ff.; *Puppe*, GA 1990, 145 (154 ff., 166 ff.); *Herzberg*, JZ 1993, 1017 f.; *Müller* (Fn. 29), S. 134 f. m.w.H. in Fn. 321.
82 Letzteres, also ein „*Weglesen*" des Merkmals „Steuerverkürzung", seine *Ersetzung* durch die es konkretisierenden Steuergesetze, wäre aber nötig, um das gewünschte Ergebnis (bloßer Verbotsirrtum bei steuerrechtlich begründeter Verkennung des Steueranspruchs) zu erzielen. Denn durch bloßes „Hinzulesen" der Steuergesetze würde der Vorsatzgegenstand lediglich erweitert, es bliebe also unverändert dabei, dass die Beeinträchtigung des Steueranspruchs vom Vorsatz umfasst sein muss. Zutreffend *Bülte*, NStZ 2013, 65 (70).
83 Ständige Rechtsprechung seit BGH v. 28.10.1952 – 1 StR 450/52, BGHSt 3, 248 (254 f.). Die heute übliche Formulierung geht zurück auf *Mezger*, JW 1927, 2006

tungspostulat lässt sich in zwei Teilaussagen aufspalten. Nach der *ersten* genügt es nicht, dass der Handelnde die Tatsachen kennt, aus denen sich bei zutreffender rechtlicher bzw. juristischer Beurteilung ergibt, dass das jeweilige Tatbestandsmerkmal erfüllt ist. Er muss vielmehr die Tatsachen zutreffend – also parallel zu ihrer juristisch korrekten Bewertung – beurteilen. Diese Beurteilung muss jedoch – so die *zweite* Teilaussage – mit der juristischen nicht völlig übereinstimmen, sich also nicht auf die Details der juristischen Subsumtion erstrecken, sondern lediglich dazu führen, dass der Täter die soziale Bedeutung seines Verhaltens erkennt.

Es liegt auf der Hand, dass der erste Teilsatz des Parallelwertungspostulats nicht gegen die Steueranspruchstheorie spricht, die ja für den Vorsatz gerade Kenntnis nicht nur der anspruchsbegründenden Umstände, sondern des Anspruchs selbst fordert. Eher schon könnte sie mit dem zweiten Teilsatz in Konflikt geraten. Denn da sie die Kenntnis des Täters vom Steueranspruch verlangt, bleibt für den bloß juristisch-technischen Irrtum, der nach der Parallelwertungslehre den Vorsatz nicht ausschließt, (wiederum) „wenig übrig". Ein wirklicher Widerspruch besteht freilich auch insofern nicht. Bei einer durch Rechtsnormen konstituierten Tatsache, wie dem Bestehen eines Steueranspruchs, fällt eben die Kenntnis der sozialen Bedeutung der anspruchsbegründenden Umstände mit deren rechtlicher Wertung weitgehend zusammen.[84] Soweit hier bloße Subsumtionsirrtümer verbleiben, etwa die irrige Annahme des Hinterziehers, der von ihm als solcher erkannte Steueranspruch ergebe sich aus einer bestimmten Vorschrift oder trage einen bestimmten Namen, ist zwar richtig, dass sie den Hinterziehungsvorsatz nicht ausschließen. Aber das behauptet auch die Steueranspruchstheorie nicht.[85]

(2007), der – gegen die Auffassung *v. Liszts*, der Vorsatz erfordere „die richtige Subsumtion der Tatsachen unter das Gesetz" – mit Blick auf juristische „Laien" bezüglich normativer Tatbestandsmerkmale für den Vorsatz (nur) „eine in der Gedankensphäre des Täters parallele Wertung mit derjenigen des Richters" forderte. Weitere Angaben zur Rechtsprechung und Literatur bei *Roxin*, AT I § 12 Rz. 100 ff.; Schönke/Schröder/ *Sternberg-Lieben/Schuster*, § 15 Rz. 43a. Zum Anwendungsbereich der Lehre *Kuhlen* (Fn. 33), S. 182 ff.; zur Dogmengeschichte und Kritik *Schulz*, Parallelwertung in der Laiensphäre und Vorsatzbegriff. Skizzen zur Dogmengeschichte eines dogmatischen Kuriosums, in Schulz/Vormbaum (Hrsg.), FS für Günter Bemmann, 1997, S. 246 ff.; *Papathanasiou* (Fn. 77), S. 467 ff.

84 So zu Recht Kohlmann/*Ransiek*, § 370 AO Rz. 659; *Roxin* (Fn. 77), S. 378 f. Das gilt nicht nur für die Steuerhinterziehung, sondern auch für andere Tatbestände, die mit rechtsnormativen Tatbestandsmerkmalen formuliert sind, etwa die Eigentumsdelikte. Zutreffend *Fakhouri Gomez*, GA 2010, 259 (268).

85 F/G/J/*Joecks*, § 370 AO Rz. 235; Kohlmann/*Ransiek*, § 370 AO Rz. 661. Auch *Warda* (Fn. 29), S. 33, 48 hat deshalb, von der Parallelwertungslehre ausgehend, zutreffend angenommen, dass der Irrtum über die Steuerpflicht vorsatzausschließender Tatbestandsirrtum ist, wenn man den Steueranspruch als normatives Tatbestandsmerkmal betrachtet.

Es ist also zunächst einmal nicht recht einzusehen, weshalb diese Lehre mit dem Parallelwertungspostulat in Konflikt geraten könnte. Gleichwohl hat im Jahr 2013 das AG Köln eine mit der Steueranspruchstheorie unverträgliche Entscheidung getroffen und sich dabei auf die Parallelwertungslehre berufen.[86] Dabei ging es um folgenden Fall:

Der Angeklagte A war Vorstandsmitglied einer Sparkasse, diese wiederum Gesellschafterin eines Golfclubs. Einer für alle „firmenspielberechtigten" Vorstandsmitglieder getroffenen Vereinbarung entsprechend wurde A bei seinem Ausscheiden aus dem Vorstand im Jahr 2007 die „Ehrenmitgliedschaft" im Golfclub und damit verbunden eine lebenslange Spielberechtigung verliehen. A ersparte dadurch die einmalig anfallende Gebühr i.H.v. 21 600 Euro sowie für die Jahre 2007–2009 den Jahresbeitrag von 2400 Euro, insgesamt also fast 29 000 Euro. Die ersparten Beträge gab er in seinen Einkommensteuererklärungen nicht an.

Das erfüllte nach Auffassung des AG Köln den objektiven Tatbestand von § 370 Abs. 1 Nr. 1 AO, weil die Beträge als beruflich bedingte geldwerte Vorteile der Einkommensteuer unterlagen.[87] Fraglich war der Vorsatz. Das AG nahm insofern an, A sei der Auffassung gewesen, dass die ersparten Aufwendungen „nicht zu versteuern seien, da sie nicht im Zusammenhang mit seiner ehemaligen Vorstandstätigkeit stünden".[88] Wenn man dieser tatsächlichen Annahme folgt, handelte A nach der Steueranspruchstheorie nicht vorsätzlich.

Das AG gelangt zum gegenteiligen Ergebnis und begründet dies folgendermaßen. Der in concreto bestehende Steueranspruch[89] sei ein normatives Tatbestandsmerkmal. Bei solchen Merkmalen komme es „für die Frage des Vorsatzes darauf an, dass der Täter die richtige Parallelwertung in seiner Laiensphäre vornehmen *kann*", „unerheblich für die Frage des Vorsatzes" sei, „ob er eine rechtskonforme Wertung vornimmt".[90] Die *Möglichkeit* einer zutreffenden Parallelwertung habe für A jedoch bestanden. Also habe er vorsätzlich gehandelt, sein Irrtum sei lediglich ein vermeidbarer Verbotsirrtum i.S.v. § 17 StGB gewesen.[91]

---

86 AG Köln v. 10.1.2013 – 585 Ds 124/12, ZWH 2013, 371 mit Anm. *Roth*.
87 AG Köln v. 10.1.2013 – 585 Ds 124/12, ZWH 2013, 371 Rz. 31 ff.
88 AG Köln v. 10.1.2013 – 585 Ds 124/12, ZWH 2013, 371 Rz. 44.
89 In der Formulierung des Gerichts: „Der Umstand, ob es sich bei den hier ersparten Aufwendungen um geldwerte Vorteile im Sinne des Einkunftsbegriffes des § 8 EStG handelt" (AG Köln v. 10.1.2013 – 585 Ds 124/12, ZWH 2013, 371 Rz. 44).
90 AG Köln v. 10.1.2013 – 585 Ds 124/12, ZWH 2013, 371 Rz. 44 (Sperrung vom Verf.).
91 AG Köln v. 10.1.2013 – 585 Ds 124/12, ZWH 2013, 371 Rz. 45 f.

Diese Auffassung beruht auf einem krassen Missverständnis der Parallelwertungslehre.[92] Unter den Anhängern und Kritikern dieser Lehre bestand bei allen Meinungsunterschieden im Einzelnen bisher immer Einigkeit darüber, dass für den Vorsatz die *wirklich erfolgte*, nicht aber die bloße *Möglichkeit* einer zutreffenden Parallelwertung erforderlich ist.[93] Dem AG ist das offenbar gar nicht klar gewesen,[94] ebenso wenig wie ihm anscheinend bewusst war, dass seine Auffassung im Widerspruch zur Steueranspruchstheorie steht und dass mit dem Übergang von der wirklichen zur bloß möglichen Kenntnis der Schritt vom Vorsatz zur Fahrlässigkeit getan ist.

Bemerkenswert ist eine *Anmerkung* zu diesem Urteil. Deren Verfasser macht zu Recht darauf aufmerksam, dass es der Steueranspruchstheorie widerspricht.[95] Er kritisiert das jedoch nicht, weil diese Lehre „von weiten Teilen der Literatur ... mittlerweile (zu Recht) abgelehnt (werde), da sie mit den allgemeinen strafrechtlichen Irrtumsgrundsätzen für normative Tatbestandsmerkmale nicht in Übereinstimmung zu bringen ist".[96] Dass tatsächlich die Ausführungen des *Gerichts* zum Ausreichen einer bloß möglichen Parallelwertung „den allgemeinen strafrechtlichen Irrtumsgrundsätzen" widersprechen, hat der Rezensent nicht bemerkt oder doch nicht für erwähnenswert gehalten. Stattdessen verknüpft er die Würdigung der Entscheidung mit einem Ausblick auf die Zukunft: „Soweit ersichtlich hat damit das AG Köln als erstes Gericht (wissentlich oder unwissentlich) die

---

92 Auch sonst wird die seit immerhin 60 Jahren herrschende Irrtumslehre in der Praxis vielfach missverstanden. So wird in oberlandesgerichtlichen Entscheidungen die Steueranspruchstheorie damit *begründet* (!), dass es sich bei § 370 AO um ein Blankettgesetz handele (BayObLG v. 20.7.1992 – RReg. 4 St 190/91, wistra 1992, 312 [313]; OLG Köln v. 4.3.2004 – 2 Ws 702/03, NJW 2004, 3504 [3505]). Und das AG Hamburg nahm in einem Urteil aus dem Jahr 2008 an, eine Tänzerin, die das ihr für ihren „table dance" zugesteckte „Spielgeld" zu Unrecht als steuerfreies Trinkgeld betrachtete, habe *ohne Hinterziehungsvorsatz* gehandelt (was zutrifft) und sei wegen eines *unvermeidbaren Verbotsirrtums* straflos (eine Ungereimtheit, die in der Urteilsanmerkung von *Wolsfeld*, PStR 2009, 110 ff. gänzlich übersehen wird).
93 Dafür nur einige Belege aus der Lehrbuchliteratur: *Frister*, AT, 11. Kap. Rz. 35; *Kühl*, AT § 5 Rz. 93, 98; *Roxin*, AT I § 12 Rz. 100 f.; *Stratenwerth/Kuhlen*, AT § 8 Rz. 71, 74; *Wessels/Beulke/Satzger*, AT Rz. 243.
94 Jedenfalls findet sich in dem Urteil kein Hinweis darauf, dass das Gericht die eingebürgerte Parallelwertungslehre revolutionieren wollte.
95 Und damit, so die Formulierung des Rezensenten, „eine Abkehr des BGH von der Steueranspruchstheorie stillschweigend vorweggenommen" hat (*Roth*, ZWH 2013, 373).
96 *Roth*, ZWH 2013, 373 unter Hinweis auf GJW/*Allgayer*, § 369 Rz. 28; *Meyberg*, PStR 2011, 308 f.; Tipke/Lang/*Seer* § 23 Rz. 45. Ganz abgesehen davon, ob das „weite Teile der Literatur" sind, ist dieser Hinweis jedenfalls unzutreffend, weil die genannten Autoren einen Verstoß der Steueranspruchstheorie gegen die Irrtumsregeln behaupten (bzw. erörtern, so *Seer*), die nach h.M. für *Blankettvorschriften* und gerade nicht für normative Tatbestandsmerkmale gelten, was – anders als die These, diese Theorie verstoße gegen die „allgemeinen strafrechtlichen Irrtumsgrundsätze für normative Tatbestandsmerkmale" – immerhin nachvollziehbar ist.

Steueranspruchstheorie aufgegeben und eine Rechtsprechungsänderung hin zur allgemeinen Verbotsirrtumslehre vollzogen".[97] Mein Fazit fällt etwas anders aus: Dem Gericht ist aufgrund eines klaren Fehlers entgangen, dass seine Begründung mit der im Steuerstrafrecht wie im allgemeinen Strafrecht h.M. unvereinbar ist.

4. Potentieller Vorsatz?

Aus der Schuldtheorie, der Lehre vom Irrtum bei Blankettstrafgesetzen und der Parallelwertungslehre ergeben sich, wie dargelegt, keine durchgreifenden Einwände gegen die Steueranspruchstheorie. Es sind die einzigen Argumente aus dem Bereich der allgemeinen Vorsatz- und Irrtumslehre, die gegen diese Theorie bislang vorgetragen wurden.[98] Da sie allesamt aus dem Umkreis der Schuldtheorie stammen, die den Zenit ihres wissenschaftlichen Ansehens wie ihres praktischen Einflusses in den 50er Jahren des letzten Jahrhunderts erreicht hatte, fragt man sich natürlich, weshalb diese seit langem bekannten Positionen, die in der steuerstrafrechtlichen Diskussion bislang zu Recht keine nennenswerte Resonanz gefunden haben, nunmehr plötzlich Anlass zum Bruch mit einer über hundertjährigen Tradition geben sollten.

a) Eine naheliegende Antwort auf diese Frage lautet sicherlich, dass es sich bei der Steueranspruchstheorie um eine *liberale*, für den Bürger günstige Lösung der Irrtumsproblematik handelt, die mit der enormen Zunahme und Komplizierung des Steuerrechts verbunden ist. Diese liberale Position passt rechtspolitisch nicht in den Trend einer ständigen Verschärfung des Steuerstrafrechts, der in Deutschland seit einigen Jahren mit Händen zu greifen ist.[99] Des Näheren befürchtet der 1. Strafsenat des BGH offenbar, die Steueranspruchstheorie könne in der Praxis zur Folge haben, dass Beschuldigte aufgrund bloßer Schutzbehauptungen freigesprochen werden.[100] Da es an dieser Stelle nur darum geht, ob diese Theorie dem geltenden Recht entspricht, mag der Hinweis genügen, dass beide genannten Gründe offenkundig nicht dazu führen können, das Ausmaß der für den Steuerhinterziehungsvorsatz erforderlichen Kenntnisse herabzusetzen. Insbesondere das Beweisproblem bietet kein zulässiges Argument, denn es liegt auf der Hand, dass der Nachweis der subjektiven Tatseite bei *jedem* Vorsatzdelikt schwieriger ist als bei einem entsprechenden Fahrlässigkeitsdelikt.

---

97 *Roth*, ZWH 2013, 373.
98 Zu den spezifisch auf § 370 AO gestützten Einwänden *Meyers* s. Fn. 79.
99 Darauf weisen zu Recht *Duttge*, HRRS 2012, 359 (360 ff.); *Wulf*, Stbg 2012, 19 hin.
100 Vgl. dazu die ausführlichen Anweisungen für die Beweiswürdigung zur subjektiven Tatseite bei BGH v. 8.9.2011 – 1 StR 38/11, wistra 2011, 465 Rz. 8 ff. Zustimmend *Löwe-Krahl*, PStR 2012, 66 (70), der wegen Beweisschwierigkeiten die Aufgabe der Steueranspruchstheorie für „erwägenswert" hält. Kritisch *Duttge*, HRRS 2012, 359 (361); *Wulf*, Stbg 2012, 19 (20 ff.).

b) Die sich abzeichnende Distanzierung von der Steueranspruchstheorie ist aber nicht allein auf spezifisch steuerstrafrechtliche Erwägungen zurückzuführen. Sie entspricht vielmehr, was ich an dieser Stelle wenigstens erwähnen möchte, einem neueren Trend in der *allgemeinen* Strafrechtsdogmatik.[101] Mit diesem Trend sind wir, obwohl die Kritiker der Steueranspruchstheorie besonderen Wert darauf legen, dass die seit langem bekannten Argumente, auf die sie sich stützen, „mittlerweile"[102] „in der neueren Literatur"[103] bzw. „in neuerem Schrifttum"[104] vertreten werden, erstmals bei der aktuellen strafrechtlichen Diskussion angelangt. Dort votieren insbesondere Vertreter einer strikt normativistisch orientierten Strafrechtskonzeption für ein radikales Umdenken in der allgemeinen Vorsatz- und Irrtumslehre. Historisch gesehen knüpfen die heutigen Bestrebungen an die gemeinrechtliche Lehre vom dolus indirectus an, die seit Beginn des 19. Jahrhunderts als überwunden galt.[105] Sie sind also einerseits sehr aktuell, andererseits sehr alt.

Seit über 200 Jahren geht man davon aus, dass für den Vorsatz die *wirkliche Kenntnis* der relevanten Umstände erforderlich ist und dass dort, wo sie fehlt, lediglich eine Fahrlässigkeitsstrafbarkeit in Betracht kommt.[106] Dieses *Kenntnisprinzip* ist auch heute die bei weitem überwiegende und meist als selbstverständlich betrachtete Auffassung.[107] Es gilt auch dann, wenn das Fehlen der für den Vorsatz erforderlichen Kenntnis auf einem gravierenden Verschulden des Handelnden beruht. Darin sehen einige Autoren eine ungerechtfertigte Privilegierung dessen, der aus Gleichgültigkeit oder Rücksichtslosigkeit unwissend und damit nach geltendem Recht von Vorsatzstrafe befreit bleibt.[108] Zur Lösung dieses Problems wird ein Begriff des „potentiellen Vorsatzes"[109] vorgeschlagen, demzufolge vorsätzlich handelt, wer die relevanten Umstände wirklich kennt *oder* aber aus ihn besonders belastenden Gründen nicht kennt.[110]

---

101 Darauf weist bereits *Duttge*, HRRS 2012, 359 f. zu Recht hin.
102 So *Roth*, ZWH 2013, 373.
103 So BGH v. 8.9.2011 – 1 StR 38/11, wistra 2011, 465 Rz. 23.
104 So *Meyberg*, PStR 2011, 308 (309).
105 Zur Dogmengeschichte *Puppe*, ZStW 103 (1991), 1 (23 ff.); *Puppe* in Nomos Kommentar zum StGB, 4. Aufl. 2013 (NK), § 15 Rz. 14 ff.; *Jakobs*, ZStW 114 (2002), 584 (589 ff.); *Stuckenberg*, Vorstudien zu Vorsatz und Irrtum im Völkerstrafrecht, 2007, S. 556 ff.; *Pawlik*, Das Unrecht des Bürgers, 2012, S. 302 ff.
106 Exemplarisch *Welzel*, MDR 1952, 584 (587): „Es hilft nichts: Der Vorsatz verlangt *aktuelles* Tatbestandsbewusstsein im Augenblick der Handlung, sonst gerät der Unterschied zur Fahrlässigkeit ins Wanken."
107 Vgl. dazu die Hinweise bei *Gaede*, ZStW 121 (2009), 239 f.
108 So *Jakobs*, ZStW 114 (2002), 584 ff.; *Pawlik* (Fn. 105), S. 304, 380, 393 mit weiteren Literaturhinweisen in Fn. 811.
109 So die treffende Bezeichnung von *Gaede*, ZStW 121 (2009), 239 ff., der die neuere Tendenz „zur normativen Relativierung des Vorsatzerfordernisses" kritisch analysiert.
110 So etwa *Pawlik* (Fn. 105), S. 380 ff., der fordert, dass „real vorhandene Kenntnis und schlechthin unentschuldbare Unkenntnis einander *umfassend* gleichgestellt werden" (S. 394).

Die hier kritisierte Auffassung des AG Köln, es komme für den Vorsatz bzgl. der Steuerverkürzung auf die *Möglichkeit* einer zutreffenden Parallelwertung in der Laiensphäre an, wäre hiernach jedenfalls nicht mehr abwegig.[111] Eine Abwendung von der Steueranspruchstheorie passte also durchaus in einen neueren Trend der allgemeinen Strafrechtsdogmatik.

Ob dieser Trend Zustimmung oder aber, wie ich meine, entschiedene Ablehnung verdient,[112] muss und kann an dieser Stelle offen bleiben. Denn jedenfalls de lege lata ist er nicht vertretbar, weil mit § 16 Abs. 1 S. 1 unverträglich.[113] Nach dieser Vorschrift fehlt der Vorsatz immer dann, wenn der Handelnde die zum gesetzlichen Tatbestand gehörenden Tatumstände *nicht kennt*, und dies unabhängig davon, ob diese Unkenntnis auf mehr oder weniger belastenden Gründen beruht. Die bloße Möglichkeit der Kenntnisverschaffung kann also nur einen Fahrlässigkeitsvorwurf begründen.

IV. Zusammenfassung und Ergebnis

Mein Ergebnis lautet: Die Steueranspruchstheorie entspricht dem geltenden Recht, die vereinzelt vertretene Gegenauffassung nicht. Um das zu noch einmal zu verdeutlichen, möchte ich die in Auseinandersetzung mit verschiedenen Einwänden skizzierte positive Begründung der Steueranspruchslehre abschließend im Zusammenhang darstellen und um einige Aspekte ergänzen.

1. Diese Begründung beruht auf zwei Prämissen.

P 1: Die vorsätzliche Erfüllung eines Straftatbestandes setzt voraus, dass der Handelnde bei Begehung der Tat alle Umstände kennt, die zum gesetzlichen Tatbestand gehören (§ 16 Abs. 1 S. 1).

P 2: Die Beeinträchtigung des Steueranspruchs, damit auch dessen Bestehen, ist ein Tatumstand, der zum gesetzlichen Tatbestand der Steuerhinterziehung (§ 370 Abs. 1 AO), des Näheren zum Tatbestandsmerkmal der Steuerhinterziehung gehört.

---

111 Ob das AG in dem von ihm beurteilten Fall zu Recht den Hinterziehungsvorsatz bejaht hat, hinge vielmehr von der Wertungsfrage ab, ob die Unkenntnis des A auf besonders belastende Gründe zurückzuführen war oder lediglich auf normaler Fahrlässigkeit beruhte.
112 Ebenso *Gaede*, ZStW 121 (2009), 239 (262 ff.); *Duttge*, HRRS 2012, 359 (362).
113 Zutreffend *Vogel*, GA 2006, 386 (388) („flagrante Verletzung des Art. 103 II GG"); *Gaede*, ZStW 121 (2009), 239 (262 ff.); *Duttge*, HRRS 2012, 359 (361); NK-*Puppe*, § 15 Rz. 70. Auch *Pawlik* (Fn. 105), S. 395 hält eine „gesetzgeberische Korrektur" des § 16 Abs. 1 S. 1 für erforderlich, um dem potentiellen Vorsatzbegriff zum Durchbruch zu verhelfen. Anscheinend bereits de lege lata für einen solchen Begriff *Jakobs*, ZStW 114 (2002), 584 (597 f.); *Jakobs*, Dolus malus, in Rogall u.a. (Hrsg.), FS für Hans-Joachim Rudolphi, 2004, S. 107 (110); *Pérez Barberá*, GA 2013, 454 (458).

Daraus folgt die Conclusio:

Wer bei Begehung der Tat das Bestehen des Steueranspruchs nicht kennt, erfüllt den Tatbestand der Steuerhinterziehung nicht vorsätzlich.

Das aber ist die Aussage der Steueranspruchstheorie. Da sich P 1 ohne weiteres aus § 16 Abs. 1 S. 1 ergibt, kann allenfalls die Begründung von P 2 problematisch sein. Sie stützt sich auf mehrere Argumente.

2. Das erste Argument ist ein *strafrechtsdogmatisches*. Die Steuerverkürzung und damit das Bestehen eines Steueranspruchs ist eine normative Tatbestandsvoraussetzung der Steuerhinterziehung. Bei derartigen Tatbestandsmerkmalen muss sich der Vorsatz nach herrschender und zutreffender Meinung nicht nur auf die Tatsachen, sondern auch auf deren rechtlich relevante soziale Bedeutung beziehen. Diese Bedeutungskenntnis hat bzgl. des rechtsnormativen Merkmals der Steuerverkürzung nur, wer den bestehenden Steueranspruch kennt. Dieser ist damit ein Tatumstand, der zum gesetzlichen Tatbestand der Steuerhinterziehung gehört.

Diese Begründung ergibt sich aus weithin akzeptierten Aussagen der *allgemeinen* Vorsatz- und Irrtumslehre.[114] Ihre – für die heute herrschende Irrtumslehre entscheidende – Prämisse, dass es sich beim gesetzlichen Merkmal der Steuerverkürzung um ein normatives handelt, entspricht fast einhelliger und zutreffender Auffassung. Dieses Merkmal bewirkt eine gehaltvolle und aus sich heraus verständliche Eingrenzung des strafbaren Verhaltens, die deutlich macht, dass der Tatbestand der Steuerhinterziehung gem. § 370 Abs. 1 AO einen Handlungserfolg voraussetzt und welcher das ist. Dass dieses Merkmal der Konkretisierung durch die Steuergesetze bedarf, spricht nicht etwa dagegen, dass es sich um ein normatives Tatbestandsmerkmal handelt, sondern *begründet* ganz im Gegenteil diese Merkmalseigenschaft. All das liegt hier genauso wie bei der Fremdheit des Tatobjekts als rechtsnormativer Tatbestandsvoraussetzung der Eigentumsdelikte.

Die Steueranspruchstheorie ergibt sich aber nicht nur zufällig aus irgendwelchen dogmatischen Regeln, sondern aus einem material tragfähigen Grundsatz. Ihm zufolge begeht nur derjenige ein Delikt vorsätzlich, der die Umstände kennt, die das Unrecht dieses Delikts begründen. *Dieses* Erfor-

---

114 Das betont zu Recht auch *Schuster* (Fn. 26), S. 188 f.: „Es ist damit völlig zutreffend und (auch für den Gegner einer nebenstrafrechtlichen Irrtumssonderdogmatik) keinesfalls folgewidrig, dass bei § 370 AO zum Inhalt des Vorsatzes die Kenntnis oder – genauer – zumindest die Inkaufnahme eines nicht in gesetzlicher Höhe festgesetzten Steueranspruchs gehört". Gleichermaßen kommt *Gaede* (Fn. 65), D II 2 a (2) (b) zu dem Ergebnis, die Steueranspruchslehre der Rechtsprechung sei „konsequent und wohlbegründet".

dernis soll durch das Parallelwertungspostulat, aber auch durch andere dogmatische Ansätze sichergestellt werden.[115] Für das Unrecht der Steuerhinterziehung hat nun aber das Bestehen des Steueranspruchs die gleiche konstitutive Bedeutung wie die Fremdheit des Tatobjekts für das Unrecht der Eigentumsdelikte.

3. Das zweite Argument ergibt sich aus der *Absicht des Gesetzgebers*. Als dieser im Jahr 1968 das Steuerstrafrecht reformierte, war ihm bekannt, dass „nach den Grundsätzen der Rechtsprechung, die als gesichert gelten", „bei Steuervergehen der Irrtum über das Bestehen oder den Umfang einer steuerlichen Pflicht stets einen Tatbestandsirrtum dar(stellt)", womit „ein Fall des Verbotsirrtums im Steuerrecht kaum denkbar ist".[116] Er billigte diese Judikatur und schaffte im Vertrauen auf ihre Fortdauer die *spezielle Irrtumsregelung* des § 395 RAO ab,[117] da durch die Rechtsprechung des BGH „der Grund für die Einfügung dieser Vorschrift ... weggefallen" sei.[118] Damit war dem Gesetzgeber des Weiteren klar und wurde von ihm ebenfalls bewusst angeordnet, dass die im gleichen Gesetz erfolgte Einstufung der *fahrlässigen* (leichtfertigen) Steuerverkürzung als bloße *Ordnungswidrigkeit* auch die Fälle betrifft, in denen der Hinterziehungsvorsatz aufgrund eines steuerrechtlichen Irrtums fehlt.

Mit der Einführung der AO 1977 wollte der Gesetzgeber den Tatbestand der Steuerhinterziehung präzisieren,[119] aber die Rechtslage im Ergebnis nicht ändern. Damit entsprach seiner Absicht auch die Beibehaltung der ihm als praktisch gesicherte Rechtsprechungsauffassung wohl bekannten Steueranspruchstheorie.[120]

4. Das dritte Argument ergibt sich aus dem *alltagssprachlichen Vorsatzbegriff*. Der strafrechtliche Vorsatzbegriff geht über diesen, insbesondere beim dolus eventualis, sicherlich hinaus. Aber man darf vom alltagssprachlichen *Kern* des Vorsatzbegriffs nicht unbegrenzt abweichen.[121] Umgangs-

---

115 Die wie etwa die reichsgerichtliche Lehre vom vorsatzausschließenden außerstrafrechtlichen Irrtum oder die für das Nebenstrafrecht auch de lege lata vertretene Vorsatztheorie im Ergebnis ebenfalls zur Steueranspruchstheorie gelangen.
116 BT-Drucks. V/1812, 23.
117 Die dem (unverschuldeten oder verschuldeten) steuerrechtlichen Irrtum vorsatzausschließende Wirkung beigelegt hatte, weil „das Steuerrecht mit den vielfältigen, häufig wechselnden Einzelvorschriften für den Normadressaten schwer zu überschauen ist" (BT-Drucks. V/1812, 23).
118 BT-Drucks. V/1812, 23.
119 Indem er das von der Rechtsprechung entwickelte ungeschriebene Tatbestandsmerkmal der Steuerunehrlichkeit in eine gesetzliche Formulierung brachte, um „dem Verfassungsgrundsatz des Art. 103 Abs. 2 GG besser Genüge" zu tun (so die Begründung zu § 353 AO 1974, BT-Drucks. VI/1982, 194).
120 So zutreffend *Weidemann*, wistra 2006, 132 (133).
121 Zu Recht weist *Gaede*, ZStW 121 (2009), 239 (269) – gegen den potentiellen Vorsatzbegriff gerichtet – darauf hin, dass man „den Kontakt zum Rechtsadressaten ver-

sprachlich ist es nun aber ausgeschlossen, zu sagen, dass jemand etwas vorsätzlich verkürzt, das er gar nicht kennt, von dessen Existenz er gar nicht weiß. Wer einen Bindfaden durchschneidet, ohne ihn zu bemerken, verkürzt ihn ebenso wenig vorsätzlich, wie derjenige, der einen ihm nicht bekannten Steueranspruch beeinträchtigt, vorsätzlich die Steuer verkürzt.

5. Das vierte Argument ist ein *verfassungsrechtliches*. Die Steueranspruchstheorie wird durch das *Analogieverbot* des Art. 103 Abs. 2 GG erzwungen. Dafür spricht zum einen, dass nur sie mit dem alltagssprachlichen Verständnis des Vorsatzbegriffs übereinstimmt. Zum anderen ist die Gegenauffassung darauf angewiesen, das Merkmal der Steuerverkürzung aus dem Irrtumstatbestand der Steuerhinterziehung zu *eliminieren* und so dem Vorsatzerfordernis zu entziehen. Das ist jedoch, auch wenn es euphemistisch als „Zusammenlesen" von Straftatbestand und Ausfüllungsnormen etikettiert wird, genauso unzulässig wie die Entgrenzung von Straftatbeständen durch *Verschleifung* von Tatbestandsmerkmalen, die in der neueren Judikatur des BVerfG mehrfach als Verstoß gegen das Analogieverbot gerügt wurde.[122]

6. Aus alledem ergibt sich für mich als Fazit: Die akademisch-blasse Frage, ob die Steueranspruchstheorie zutrifft oder nicht, verharmlost das Problem. In Wahrheit geht es darum, ob wir weiterhin bereit sind, zu akzeptieren, dass § 370 AO nur die vorsätzliche, nicht aber die fahrlässige Steuerhinterziehung unter Strafe stellt.

---

liert", wenn man „die Anknüpfung des Vorsatzes an seine alltagssprachliche Bedeutung kappt".
122 Grundlegend BVerfG v. 23.6.2010 – 2 BvR 2559/08, 2 BvR 105/09, 2 BvR 491/09, BVerfGE 126, 170 (198). Vgl. des Weiteren BVerfG v. 1.11.2012 – 2 BvR 1235/11, NJW 2013, 365 (366); BGH v. 3.12.2013 – 1 StR 526/13, wistra 2014, 139 Rz. 8. Zur Steuerhinterziehung s. BGH v. 22.11.2012 – 1 StR 537/12, BGHSt 58, 50 (52 f.), wo zu Recht angenommen wird, es verstoße nicht gegen das Verschleifungsverbot, wenn man bereits den Erlass eines unrichtigen Feststellungsbescheides als Erlangen eines nicht gerechtfertigten Steuervorteils betrachtet (zur Kritik der Entscheidung *Wittig*, HRRS 2013, 393 ff.).

Zur Legitimation der Selbstanzeige im Steuerstrafrecht

Prof. Dr. *Hinrich Rüping*
Rechtsanwalt, Hannover

Inhaltsübersicht

I. Legitimation und Gestaltung der strafbefreienden Selbstanzeige
II. Das Rechtsinstitut im AWG sowie in ausländischen Rechtsordnungen
   1. Der Gedanke der tätigen Reue im Österreichischen Recht
2. Das Recht der Selbstanzeige in Schweizer Kantonen
III. Das Rechtsinstitut im Visier der Politik
IV. Fazit

I. Legitimation und Gestaltung der strafbefreienden Selbstanzeige

Seit dem 2011 in Kraft getretenen Schwarzgeldbekämpfungsgesetz kann von einer grundsätzlichen Debatte um Legitimation und Gestaltung der strafbefreienden Selbstanzeige im Steuerstrafrecht gesprochen werden. Als Kompromiss zwischen Forderungen der SPD, das Rechtsinstitut abzuschaffen, hat der Gesetzgeber die Voraussetzungen für eine Strafbefreiung verschärft durch das Vollständigkeitsgebot des in § 371 Abs. 2 Satz 1 AO, den neuen Ausschlussgrund des § 371 Abs. 2 Nr. 1a und durch die Einführung eines Zuschlags von 5 % der hinterzogenen Steuer bei einem Volumen der Hinterziehung von mehr als 50 000 Euro. Die Neuregelung hat insgesamt zu zahlreichen neuen Zweifelsfragen geführt, was etwa die Erstreckung des § 398a AO auf nicht nur Täter sondern auch weitere Tatbeteiligte angeht.

Was die eigentliche Legitimation der Selbstanzeige betrifft, stellen Rechtsprechung und Literatur ungeachtet der strafrechtlichen Wirkungen einer wirksamen Anzeige und der Verortung der Regelung im steuerstrafrechtlichen Teil der AO in erster Linie auf die fiskalische Bedeutung einer Anzeige des Betroffenen ab, nämlich durch Erfassung bisher nicht bekannter Steuerquellen dem Ziel einer gleichmäßigen Erfassung der Steuerpflichtigen näher zu kommen.[1] Als Folge werden die positiven Voraussetzungen der Selbstanzeige weit und die negativen eng interpretiert. Unter einem abge-

---

[1] RGSt 57, 313 (315); BGH v. 4.7.1979 – 3 StR 130/79, BGHSt 29, 37 (40); *Rüping* in H/H/Sp, AO, FGO, § 371 Rz. 19 f.; BGHSt 55, 180 ff.; zu dieser Theorie einer „goldenen Brücke" *Firnhaber*, Die strafbefreiende Selbstanzeige im Steuerrecht, 1962, 35.

wandelten Aspekt stellt sich die Selbstanzeige für den Betroffenen als Möglichkeit dar, wieder in die „Steuerehrlichkeit" zurückzukehren, da er sich wegen der periodisch wiederkehrenden Steuererhebungen bei Fortsetzung der Hinterziehung in stets neues Unrecht verstricken würde und ohne die Möglichkeit einer strafbefreienden Selbstanzeige keinen Ausweg aus diesem circulus vitiosus finden könnte.

Die auf diesem Wege zunächst kriminologisch für die Selbstanzeige begründete Perspektive leitet über zu einer strafrechtlichen Würdigung der Straffreiheit als Folge einer wirksamen Selbstanzeige. Als dogmatische Stütze eines derartigen Ansatzes können zahlreiche Erscheinungsformen eines zur Straffreiheit führenden Rücktrittes im geltenden Strafrecht dienen, wobei die hier erforderliche Freiwilligkeit des Rücktritts bei der Selbstanzeige in der Form wiederzukehren scheint, dass sich die Ausschlussgründe des § 371 Abs. 2 AO als gesetzlich formalisierte Gründe eines unfreiwilligen Verhaltens darstellen.[2] Abgesehen von den Zweifeln, eine eher im Bereich der Moral angesiedelte „Steuerehrlichkeit" auf den Schild zu heben, setzt sich der Versuch einer strafrechtlichen Einbeziehung des Rechtsinstituts der Selbstanzeige vor allem den Einwänden aus, die Erklärung der Anzeige könne in strafrechtlichen Kategorien nur das Handlungsunrecht beseitigen, nicht das allein von der künftigen ordnungsgemäßen Erfüllung der Steuerpflichten abhängende Erfolgsunrecht.

Angesichts des Spektrums unterschiedlicher und streitiger Ansätze zur Legitimation des Rechtsinstituts der Selbstanzeige bietet sich der Versuch an, nach einem übergeordneten Aspekt der Legitimation der Selbstanzeige zu fragen. Entsprechende Ansätze erscheinen in der Literatur unter dem Aspekt, dem Rechtsinstitut durch seine Wertung als eines „Tatausgleichs durch Restitution" Konturen zu verleihen.[3]

Den Ausgangspunkt für dieses methodische Vorgehen bildet die dogmatische Qualifizierung einer wirksamen Selbstanzeige als eines sog. persönlichen Strafaufhebungsgrundes, der die beim Täter bereits eingetretene Strafbarkeit rückwirkend beseitigt.[4] Der Strafaufhebungsgrund macht deutlich, dass es sich um eine im Strafrecht beheimatete Kategorie handelt, nicht etwa um eine Sonderregelung im Steuerstrafrecht, und damit bereits gem. § 3 den „allgemeinen Gesetzen des Strafrechts" (einschließlich der allgemeinen Lehren) unterliegt wie auch den verfassungsrechtlichen Verbürgungen des Bestimmtheitsgebots, wie andererseits des Rückwirkungs- und Analogieverbots Art. 103 Abs. 2 GG). Gerade als Gegensatz zu den allgemeinen Ge-

---

[2] Zu diesem Ansatz *Joecks* in Franzen/Gast/Joecks, 2005, § 371 Rz. 133; *Löffler*, Grund und Grenzen der steuerstrafrechtlichen Selbstanzeige, 1992, 64 f., 96.
[3] Als Beleg nur BGH v. 13.5.1983 – 3 StR 82/83, wistra 1983, 197; 1984, 75.
[4] So wie die demnächst erscheinende Dissertation von *Karin Fiat*: „Legitimationsprobleme des Rechtsinstituts der strafbefreienden Selbstanzeige" vorgeht.

setzen und Lehren des Strafrechts hat der Gesetzgeber in der Sondervorschrift des § 398a AO keine materiell-rechtliche Lösung geschaffen, sondern in Gestalt der Einstellung des Verfahrens eine prozessuale.

Bezieht man das Rechtsinstitut der Selbstanzeige in die übergeordnete strafrechtliche Kategorie der Wiedergutmachung ein, müssen sich die Pflichten des Betroffenen, unrichtige steuerliche Angaben zu berichtigen sowie die fälligen steuerlichen Leistungen zu entrichten, als Restitution erscheinen können. In dieser allgemeinen Form handelt es sich um einen unter zahlreichen Erscheinungsformen auftretenden Gedanken, seien es, um nur ein historisches Beispiel zu nennen, Formen der „Kompensation" wie bereits in den Volksrechten oder als Beispiel in der Gegenwart Gesetze zur Entschädigung von Opfern für erlittenes Unrecht.

Bezogen auf den Restitutionsgedanken im Steuerstrafrecht, besteht dabei im Wesentlichen Einigkeit, dass eine strafrechtliche Wiedergutmachung über eine zivilrechtliche Kompensation des Schadens hinausgeht, damit auch strafrechtlichen Zwecken Rechnung tragen muss.[5] Was die rechtlichen Formen im Gesetz betrifft, kann der allgemeine Gedanke einer Wiedergutmachung im Strafrecht begegnen als Strafmilderungsgrund (§§ 46, 46a StGB), als Strafersatz (§ 153a StPO oder etwa als sanktionsbegleitende zusätzliche Reaktion.

Als generelle Forderung kann demnach festgehalten werden, eine im Strafrecht anzuerkennende Leistung zur Wiedergutmachung, kurz: eine zum Ausgleich der eingetretenen Tatfolgen geeignete Leistung, müsse sich einordnen lassen in das System der Strafzwecke.[6] Ohne in diesem Zusammenhang auf die Grundsatzdiskussion über die Strafzwecke im Einzelnen eingehen zu können, behaupten sich in der Theorie wie in der Praxis im wesentlichen Gedanken einer positiven Generalprävention, indem, vereinfachend ausgedrückt, eine strafrechtliche Intervention das Vertrauen der Allgemeinheit in die mit ihrer Durchsetzung demonstrierte Durchsetzung der Rechtsordnung bewahrt und gezielt stärkt.[7]

Um vor diesem Hintergrund gezielt die strafrechtliche Wiedergutmachung in die Begründung von Strafzwecken zu integrieren, werden unterschiedliche, zum Teil auch gegensätzliche Ansätze herangezogen. Betreffend den hier

---

5 *Seelmann*, ZEE 1981, 11 ff.; anderer Auffassung dagegen z.B. *Hirsch*, GedSchr. Armin Kaufmann, 1989, 699 (721); gegen ihn wiederum *Roxin* in FS Baumann, 1992, 245 ff. In diesem Zusammenhang zur Selbständigkeit des Täter-Opfer-Ausgleichs nach § 46a Nr. 1 StGB im Verhältnis zur zivilrechtlichen Schadensrestitution BGH, NStZ 2008, 452.
6 Auf diese Weise lassen sich zusammenfassen Positionen etwa von *Joecks* in Franzen/Gast/Joecks, § 372 Rz. 23 ff., *Kratzsch*, StuW 1974, 69, *Rüping*, DStR 2010, 1768.
7 Zu Einzelheiten Nachweise bei *Meier*, Strafrechtliche Sanktionen, S. 422 ff.; *Roxin* in FS Lerche, 1993, 301 ff.; entsprechende Ansätze in der Rechtsprechung bei BVerfGE 45, 187 (187, 256); BGH v. 7.8.1986 – 4 StR 318/86, BGHSt 34, 150 f.

interessierenden Zusammenhang lässt sich festhalten: Wenn sich Strafe nicht in Prävention erschöpft, sondern auch den Schuldausgleich einbezieht, äußert das Nachtatverhalten, auch soweit Unrecht wie Schuld mit dem Abschluss der strafbaren Handlung ebenfalls abgeschlossen sind, durch das positive Nachtatverhalten eine zumindest noch schuldrelevante Indizwirkung, und dies erst recht, soweit die Theorie dem Nachverhalten unmittelbare Bedeutung für die Schuld beilegt.[8] Auf diesem Wege lässt sich eine Wiedergutmachung auch in die mit den für die Spezialprävention maßgeblichen Gedanken integrieren, gerade soweit der Wiedergutmachung ein hohes Potential an Wirksamkeit zukommen soll.[9] Und auch für die Strafwirkung der negativen Generalprävention wird schließlich angenommen, die mit der Tat begangene Störung der Rechtsordnung könne zumindest durch eine freiwillige Wiedergutmachung wieder die vorangegangene Erschütterung des Rechtsbewusstseins weitgehend wiederherstellen.[10]

II. Das Rechtsinstitut im AWG sowie in ausländischen Rechtsordnungen

Der hier beschrittene Weg, das Institut der Selbstanzeige in das Recht zu integrieren, findet auch seine Bestätigung durch die Novellierung des AWG in § 22 IV der Neufassung von 2013, das sich in detaillierter Form mit der hier möglichen Selbstanzeige befasst.[11]

Seine wichtigste Stütze findet das Rechtsinstitut in verwandten Rechtsordnungen, so im Österreichischen Recht und in dem einzelner Kantone der Schweiz.

1. Der Gedanke der tätigen Reue im Österreichischen Recht

Ist demnach sowohl der eigentliche Rechtsgrund als auch die Ausgestaltung der Selbstanzeige in ihren einzelnen Voraussetzungen weiterhin Gegenstand einer weithin öffentlich geführten Diskussion, bedarf es zum Erhalt des Rechtsinstituts der Selbstversicherung einer im Strafrecht angelegten Möglichkeit nachträglich zu erlangender Straffreiheit. Zur Verfestigung dieser Aufgabe erscheint ein Vergleich mit Regelungen an anderen, verwandten Rechtsordnungen. Dies gilt primär der Strafbefreienden Selbstanzeige sowie der sog. Tätigen Reue nach Österreichischem Recht. Interessant erscheint dieser Blick vor allem vor dem Hintergrund, dass sich der Gedanke einer strafbefreienden Wiedergutmachung nicht nur im Österreichischen

---

8 In der Lit. so dezidiert *Lang-Hinrichsen* in FS Engisch, S. 359 f. sowie *Zipf* in Maurach/Gössel/Zipf, Strafrecht AT, Bd. 2 § 63 Rz. 19.
9 *Roxin* in FS Lerche, 1993, 301 ff.
10 So *Meier*, GA 1999, 1 ff.
11 Zu Einzelheiten *Pelz/Hofschneider*, wistra 2014, 1 ff.

Finanzstrafrecht und damit für sämtliche Finanzdelikte findet, sondern darüber hinausgehend als Prinzip der Tätigen Reue in zahlreichen Vermögensdelikten.[12]

Die Selbstanzeige entspricht dabei nach ihrer rechtlichen Konstruktion als Strafaufhebungsgrund wie auch nach dem Ziel, den durch den Einnahmeausfall entstandenen Schaden wiedergutzumachen, der deutschen Regelung. Jedoch stellen sich einzelne Voraussetzungen der Wirksamkeit als entgegenkommender dar, wenn etwa auch Dritte die konkludent mögliche Erklärung abgeben können.

Die Frist zur Nachentrichtung beträgt generell 1 Monat, und eine Teilselbstanzeige gilt als zulässig, da das Gesetz die Straffreiheit bindet an den Umfang der offengelegten Umstände.

Als Sperrgründe kehren im Vergleich zu deutschen Recht wieder z.B. laufende Verfolgungshandlungen, die Entdeckung der Tat sowie das Erscheinen eines Amtsträgers zur steuerlichen Prüfung. In bestimmtem Umfang sichtbare Parallelen setzen sich allerdings im Österreichischen Recht auch insoweit fort, als die Novelle von 2014 als neuen Sperrgrund eingeführt hat, dass eine bereits hinsichtlich eines einzelnen Abgabenanspruchs erklärte Anzeige eine erneute Erklärung ausschließt. Auf der Grundlage der bis dahin geltenden Regelung führte eine erneute Anzeige zu einem Zuschlag i.H.v. 25 % des sich neuerlich ergebenden Mehrbetrages.

Der für die gegenwärtige Diskussion entscheidende Unterschied des Österreichischen Rechts liegt dagegen in der übergreifenden Regelung des § 167 ÖStGB. Beruhend auf einer eigenen, langen Rechtstradition schafft die Regelung für Täter einzeln aufgeführter Vermögensdelikte einen persönlichen Strafaufhebungsgrund, wenn sie den Schaden rechtzeitig, freiwillig und vollständig wiedergutmachen. Dabei bestand bereits für die erste Fassung einer derartigen Bestimmung in § 167 des Österreichischen StGB von 1813 Einigkeit, das privatrechtliche Interesse an einem Ausgleich sei vorrangig gegenüber der Durchsetzung eines staatlichen Strafanspruchs.[13]

2. Das Recht der Selbstanzeige in Schweizer Kantonen

Steuergesetze Schweizer Kantone enthielten für direkte wie indirekte Steuern uneinheitliche Einzelregelungen, bis das Bundesgesetz über die Harmonisierung der direkten Steuern der Kantone und Gemeinden („Harmonisierungsgesetz) 1990 eine Vereinheitlichung erreichte, wie sie das Bundesgesetz über die direkten Steuern (DBG) bereits seit 1990 als Rahmengesetz kennt. Hin-

---

12 § 29 Abs. 1 Finanzstrafgesetz, zuletzt in der Fassung BGBl. Nr. 13/2014 sowie § 167 ÖStGB, zuletzt in der Fassung des BGBl. I Nr. 152/2004.
13 Zur modernen Diskussion der Vorschrift insbesondere *Müller-Dietz*, ÖJZ 1977, 343 ff.

sichtlich der indirekten Steuern kommt interessanter Weise das Gesetz über das Verwaltungsstrafrecht zur Anwendung. Das Bewirken einer unrechtmäßig unterbliebenen oder unvollständigen Veranlagung führt zur Festsetzung einer Buße (§ 175 Abs. 1 DBG), ermöglicht jedoch nach dem 2008 geschaffenen Gesetz über die Vereinfachung der Nachbesteuerung in Erbfällen Straflosigkeit, wenn der Steuerpflichtige die Hinterziehung selbst anzeigt, die Steuerbehörden bei der Aufklärung vorbehaltlos unterstützt und sich – wiederum rein pragmatisch gesehen – ernstlich um die Zahlung der Nachsteuer bemüht (Art. 175 Abs. 3a, b und c DBG). Die pragmatische Ausrichtung an der zuverlässigen Nachholung der Mitwirkungspflichten im Sinne einer genuinen Fiskalpolitik trägt eine Ausweitung der Straflosigkeit wegen sämtlicher zum Zweck der Hinterziehung begangenen Straftaten (§ 186 Abs. 3 sowie auch für Teilnehmer Art. 177 Abs. 3). Ungeachtet zahlreicher Auslegungsfragen ist damit auch für den Bereich der Schweiz die zur Straflosigkeit führende Selbstanzeige als Rechtsinstitut anerkannt.

III. Das Rechtsinstitut im Visier der Politik

Besitzt das Rechtsinstitut der Selbstanzeige demnach eine genuin strafrechtliche Legitimation, gerät die strafrechtliche Selbstanzeige doch zusehends in das Visier der Finanz- und Steuerpolitik, die ihre primär fiskalischen Beweggründe weitgehend offen artikuliert. Aufschlussreicher als eine Anführung der einzelnen Streitpunkte erscheint zunächst der Hinweis auf den eigenen Weg, den etwa die Gerichtsbarkeit des früheren Reichsfinanzhofs bereits in den 20er Jahren eingeschlagen hatte. Kennzeichnend für einen methodischen Weg der Anwendung der Steuergesetze, der sich von dem des Zivilrechts in seiner Handhabung durch das Reichsgericht gelöst hatte, soll hier die methodisch interessante Entfernung vom System des Zivilrechts mit der Orientierung am Wortlaut und stattdessen der reinen Orientierung am fiskalisch ausgewiesenen Zweck Erwähnung finden.[14] Ohne dass es im Zusammenhang dieses Textes auf die Nachzeichnung der vielfältigen Streitpunkte ankommen kann, ist zu erinnern an die heftigen Kontroversen, was etwa die Verfassungsmäßigkeit der „besonders schweren Fälle" angeht. an Das aus Fachzeitschriften nicht ersichtliche Ausmaß von Interventionen seitens der Politik wird deutlich, wenn man zahlreiche Beiträge in den Medien auswertet.

Sie betreffen den grundsätzlichen Streit um die Legitimation des Rechtsinstituts der Selbstanzeige sowie die Weiterführung in der Sonderregelung

---

14 Nachweise zur freirechtlichen Methode des RFH, zur Verselbständigung des Zweckgedankens und zur folgenden Vertrauenskrise der Steuerrechtsprechung bei *Rüping*, Aufstieg und Fall des Reichsfinanzhofs, FS Nörr, 2003, 829 ff.

des § 398a AO.[15] Dabei legen populäre, auch popularisierende Thesen zur Bekämpfung der Steuer- und Wirtschaftskriminalität durch Verschärfung von Sanktionen,[16] wenn nicht gleich durch Abschaffung der Möglichkeit der Selbstanzeige offen.[17] Die Diskussion kreist um neue Fragen, die die Zulässigkeit des Ankaufs von Steuer-CDs durch den Staat,[18] sie thematisiert das Ansteigen von Selbstanzeigen nach prominenten Fällen von Hinterziehung,[19] die Pervertierung des Prinzips der Öffentlichkeit in Gestalt einer Medienhetze,[20] soweit Prominente betroffen sind, und schließlich etwa Konflikte der Fahndung mit dem Ausland.

Das Rechtsinstitut der Selbstanzeige im Steuerstrafrecht erscheint im politischen Alltag als denaturiert und zweckbestimmt zur Durchsetzung bestimmter politischer Forderungen. Seine Bedeutung reicht jedoch weiter, nicht nur

---

15 Zu den über 22 000 Anzeigen im 1. Halbjahr 2014 FAZ v. 14.7.2014; neben **Uli Hoeneß** und *Alice Schwarzer* (zu beiden *Mohr* in WamS v. 9.2.2014, sowie zu *Hoeneß Kilz/Lebert*, Die Zeit v. 2.5.2013) ist zu denken an *Theo Sommer, Klaus Zumwinkel, Artur Brauner*, den Berliner Staatssekretär *André Schmitz* (zu ihm v. *Bullion* in SZ v. 5.2.2014 und den Schatzmeister der CDU *Linssen* (zu ihm *Dörries* in SZ. v. 5.2.2014).
16 Zu den Vorschlägen einer Fachgruppe aus den Bundesländern *Randt*, FAZ v. 21.1.2014 sowie für die SPD *Gabriel* in FAZ v. 4.2.2014. Generalbundesanwältin *Harms* hat die Grundeinstellung im Steuerstrafrecht ausgerichtet an der Feststellung: „Jeder hinterzieht so gut, wie er kann" (erwähnt in FAZ v. 16.2.2008 betr. die Liechtenstein-Fälle. Zu den Beratungsrisiken bei komplexen rechtlichen Hürden für Anzeigen *Weber-Blank*, AO-StB 2014 I.
17 Gegen die Selbstanzeige, weil ein „Relikt feudaler Gesinnung, z.B. *Stegner* in Spiegel Online Politik v. 5.2.2014; verkürzt beim MF NW Borjans zur Sentenz: „Wir haben Gesetze, und die sind einzuhalten" (Sendung im 1. Programm mit *Günter Jauch* am 4.3.2013); zum italienischen Modell einer zentralen Datensammlung für Steuererklärungen sowie gleichzeitig persönlicher Daten FAZ v. 4.3.2008.
18 Zum Haftbefehlen gegen deutsche Fahnder in der Schweiz *Leyendecker*, SZ v. 10.4.2012 sowie v. 2.4.2012 mit der Wiedergabe eines Vermerks der Fahndung Wuppertal betr. die „Produktofferte Hilfestellung" zur wirkungsvollen Kaschierung von Schwarzgeld über „offizielle Konteneinrichtungen", bezogen auf Schwarzgeld in Luxemburg *Leyendecker*, SZ v. 15.10.2011. und betr. Liechtenstein FAZ v. 23.6.2008.; zur Verurteilung eines Datendiebes in der Schweiz FAZ v. 14.8.2013; zum rechtlichen Problem der Tatentdeckung in diesen Fällen *Beyer*, AO-StB 2014, 186 ff.; Zu Recht bleibt VerfGH Rheinland-Pfalz, VerfGH Rh.-Pf. v. 24.2.2014 – VGH B 26/13, AO-StB 2014, 100 ff. restriktiv gegenüber der Annahme eines Anfangsverdachts in derartigen Fällen.
19 Gezählt wurden im 1. Halbjahr 2013 9000 Fälle, im ganzen Jahr zuvor 11 800 Fälle (FAZ v. 27.7.2013); betr. den Ausschnitt von Schwarzgeld in Österreich *Hulverscheidt*, SZ v. 20.7.2014.
20 Bezogen auf Alice Schwarzer *Seibel*, Die Welt v. 3.2.2014, FAZ v. 4.2.2014, *Jahn* in FAZ v. 3.2.2014 sowie allgemein ms: Am mediatisierten Pranger der Selbstanzeige, Kösdi 3/2014, 18788.; gesondert zur Verletzung des Steuergeheimnisses im Fall *Hoeneß Bohsem/Hulverscheidt*, SZ v. 27.8.2014 und *Ott*, SZ v. 28.8.2014. Aufschlussreich befürchtet der Chef der Schweizer Finanzkontrolle, aus Angst vor einer Wiedergabe in den Medien weniger Informationen zu erhalten (*Grüter* in NZZ v. 4.1.2014).

unter fiskalischen Aspekten, dass mit der Abgabe der Erklärung dem Fiskus bisher nicht bekannte Steuerquellen offenbart werden, sondern vor allem unter dem weiterreichenden und nach wie vor entscheidenden Aspekt, im Strafrecht nach dessen Prämissen unter dem übergreifenden Gedanken der Wiedergutmachung verankert zu sein. Verfolgt der Gesetzgeber mit der Strafnorm des § 370 AO den Zweck, die Erreichung des vollständigen Steueraufkommens zu sichern[21] kann dieses Rechtsgut auch gewahrt werden, wenn die Pflichten, vollständige Angaben über das zu Versteuernde sowie die Nachzahlungen in voller Höhe geleistet werden. Soweit die frühesten Erscheinungsformen einer „Selbstanzeige" im Einkommensteuerrecht des 19. Jhdts. In diesem Zusammenhang von einer „Ordnungsvorschrift" sprechen, stellen sie damit ab auf eine nachträglich mögliche Restitution. Folgerichtig bestimmt der die Österreichische Regelung bestimmende Restitutionsgedanke, nachdem sich das Steuerrecht strafrechtlich verwirklicht, die Tat „höre damit auf, ein Verbrechen zu sein" und qualifiziert entstandene Unrecht als „Ordnungsunrecht", und dieses eröffnet gerade den Weg zu einem nachträglichen Ausgleich. Für die Verallgemeinerungsfähigkeit dieses Ansatzes spricht die dem deutschen Recht vergleichbare und auf langer Tradition beruhende weitreichende Verwirklichung im Österreichischen Recht wie auch die in Einzelheiten, dagegen nicht als Institution verwirklichte, dagegen in Details vergleichbare Handhabung in Schweizer Kantonen.[22]

IV. Fazit

Vor diesem Hintergrund ist denkbar, dass die künftige Diskussion auch andere Aspekte aufgreift, die über den weitgehend festgefahrenen Rahmen der Gegenwart hinausgehen. Dazu sollen demnächst Positionen von *Knobbe-Keuk* und von *Tipke* herangezogen werden. *Knobbe-Keuk* verweist auf die Erfahrung, der deutsche Steuergesetzgeber denke nicht daran, „Steuerbestimmungen oder ihre Praktizierung in Ordnung zu bringen, auch wenn sie über Jahre hinweg als verfassungswidrig angeprangert worden sind, ... Er wartet auf das BVerfG und Zeit = Geld".[23] Und *Tipke* ergänzt: Man muss hinzufügen, dass ein solcher, sich dem Recht offenbar wenig verpflichteter Gesetzgeber sich nicht beklagen darf, wenn Steuerpflichtige die Gleichmäßigkeit der Besteuerung selbst in die Hand nehmen – durch etwas, was man dann in Anbetracht der „rechtlosen" Besteuerungsmoral nur noch formal „Steuerhinterziehung" nennen kann".[24]

---

21 In diese Richtung gehen z.B. BGH, MDR 1954, 693 und *Bruns*, Strafzumessungsrecht, 2. Aufl. 1974, 575 ff.
22 Zu Einzelheiten *Leitner/Plückhahn*, Finanzstrafrecht kompakt, 2. Aufl. 2012, S. 39 ff.
23 *Knobbe/Keuk*, DStR 1993, 428.
24 Tipke, StuW 1995, 254 (261 Fn. 87).

Die Zukunft des Steuerstrafverfahrens wird davon abhängen, wieweit sich eine „Reform", die diesen Namen verdient, nicht in erweiterten Möglichkeiten eines fiskalischen Zugriffs erschöpft, sondern substantiell nachvollziehbare Regelungen schafft, im Verfahrensrecht die Bindung an Gesetz und Recht gerade der nicht in der Justiz beheimateten Verfahrensbeteiligten sicherstellt und sich der noch nicht in Angriff genommenen Aufgabe der Zukunft stellt, den im Europäischen Recht verwirklichten Garantien Rechnung zu tragen.

Rechtfertigung und Grenzen der Selbstanzeige aus österreichischer Sicht

Hon.-Prof. Dr. *Roman Leitner*, Linz*
Wirtschaftsprüfer und Steuerberater, Linz
Hon.-Prof. für Finanzstrafrecht, Universität Graz

Inhaltsübersicht

I. Einführung
II. Strafaufhebung im Fall der Schadensgutmachung bei Vermögensdelikten als Systemprinzip
 1. § 167 StGB (tätige Reue für zahlreiche Vermögensdelikte)
 2. § 29 FinStrG (Selbstanzeige)
 3. § 153c Abs. 3 StGB (Strafaufhebung bei nachträglicher Abfuhr von Sozialversicherungsbeiträgen)
III. Telos einschlägiger Strafaufhebungsgründe bei Schadensgutmachung
 1. Primär: Opferschutz, Wahrung der Interessen des Geschädigten
 2. Wesentliche Maxime der Auslegung
 3. Vermeidung jeglichen Anreizes zur Steuerhinterziehung bei Ausgestaltung der Selbstanzeige
  a) Strafverzinsung
  b) Vollständigkeitsgebot
  c) Tatsächliche Entrichtung und Tatbegriff
IV. Selbstanzeige in Österreich – ein Überblick
 1. Allgemeines
 2. Voraussetzungen zur Erlangung der Strafaufhebungswirkung
 3. Umfang der Strafaufhebung
 4. Finanzstrafgesetz-Novelle 2014: Strafzuschlag und neuer Sperrgrund
 5. Verjährungsregelungen
 6. Selbstanzeige in der Praxis
V. Grundrechtlicher Stellenwert der strafaufhebenden Selbstanzeige
 1. Abgabenrechtliches Mitwirkungssystem und Spannungsverhältnis zu „nemo tenetur"
 2. Selbstanzeige als Ausweg aus der „Hinterziehungsfalle"
 3. Angepriesene Strafaufhebung und enttäuschtes Vertrauen
VI. Fazit

I. Einführung

Bereits in der Stammfassung des Finanzstrafgesetzes 1959 war ein Strafaufhebungsgrund der Selbstanzeige enthalten und wurde vielfach zuletzt durch die FinStrG-Novelle 2014 novelliert.

Der Selbstanzeige kommt eine überragende Praxisrelevanz zu. Dem Steuerpflichtigen wird damit eine „goldene Brücke" zur Rückkehr in die Steuerehrlichkeit gebaut und dem Fiskus eine nachträgliche Erhebung verkürzter Steuern ermöglicht, um für die Zukunft ein fortlaufend jährlich wiederkeh-

---

* Für die Unterstützung bei der Ausarbeitung des Manuskriptes und die Literaturbearbeitung bedanke ich mich herzlich bei Dr. *Alexander Lehner*.

rendes vollständiges Steueraufkommen zu lukrieren. Zum anderen soll die Selbstanzeige steuerunehrliche Steuerpflichtige jedoch nicht sachwidrig begünstigen und keinesfalls Anreize zu planmäßiger Steuerhinterziehung bieten. Diese nicht immer leicht zu harmonisierenden Ziele bei der Ausgestaltung der Selbstanzeige spiegeln sich nunmehr insb. in den aktuellen Änderungen im Rahmen der FinStrG-Novelle 2014 wieder.

II. Strafaufhebung im Fall der Schadensgutmachung bei Vermögensdelikten als Systemprinzip

Das österreichische Strafrecht kennt eine Reihe von Rechtsinstituten, die in ähnlicher Weise Strafaufhebung bei Schadensgutmachung vorsehen. Derartige Regelungen finden sich sowohl im Kernstrafrecht (StGB), als auch in einschlägigen Spezialgesetzen (insb. FinStrG), wobei die Zielrichtung der Bestimmungen grundsätzlich immer dieselbe ist. Der Täter soll für ein Verhalten belohnt werden, welches die Rechtsbeeinträchtigung rückgängig macht und den Schaden gutmacht. Insofern dienen die Regelungen dem Opferschutz: die in Aussicht gestellte Belohnung soll den Täter zur Schadensgutmachung motivieren.[1]

1. § 167 StGB (tätige Reue für zahlreiche Vermögensdelikte)

Die tätige Reue sieht eine großzügige Straffreiheit für Täter zahlreicher in und auch außerhalb von § 167 StGB geregelter Vermögensdelikte (wie z.B. Betrug, Untreue, Veruntreuung, Entfremdung unbarer Zahlungsmittel etc.)[2] auf materiell-rechtlicher Ebene vor und ist traditionell fester Bestandteil der österreichischen Rechtsordnung.[3] Eine derartig umfassende Strafaufhebungsregelung bei Schadensgutmachung ist in dieser Form im europäischen Raum einzigartig und wird von der Lehre als vorbildliche, klare und mutige Lösung bezeichnet.[4]

---

1 *Schwaighofer*, Die Voraussetzungen der Selbstanzeige nach § 29 FinStrG im Kontext vergleichbarer Strafaufhebungsgründe, in Leitner/Zitta (Hrsg.), Die Darlegung der Verfehlung bei der Selbstanzeige nach dem FinStrG, 2001, S. 69 (70).
2 Vgl. etwa *Bertel/Schwaighofer*, Österreichisches Strafrecht – Besonderer Teil I, 11. Aufl. 2010, § 167 Rz. 2 ff.; *Fuchs/Reindl-Krauskopf*, Strafrecht Besonderer Teil I, 4. Aufl. 2014, S. 269.
3 *Höpfel*, Die strafbefreiende tätige Reue und verwandte Einrichtungen des österreichischen Rechts, in Eser/Kaiser/Madlener (Hrsg.), Neue Wege der Wiedergutmachung im Strafrecht, 1990, S. 171 (171); *Schwaighofer* in Leitner/Zitta (FN. 1), S. 71.
4 *Kienapfel*, Anm. zur Entscheidung des OGH v. 23.9.1986 – 11 Os 108/86, RZ 1987, 149 (149); *Müller-Dietz*, Kriminalpolitische und dogmatische Probleme des Strafaufhebungsgrundes der tätigen Reue (§ 167 StGB), ÖJZ 1977, 343 (350); *Schwaighofer* in Leitner/Zitta (FN. 1), S. 71 f.; zur tätigen Reue in der Rechtsordnung Griechenlands s. *Philippides*, Der Einfluss der deutschen Strafrechtswissenschaft in Griechenland, ZStW 70 (1958), 291.

Lehre und Rechtsprechung sehen dabei im Interesse des Opfers an einer prompten Gutmachung des Schadens den herausragenden Zweck der Bestimmung.[5] Das präventive Strafbedürfnis im Einzelfall ist bei der tätigen Reue nicht beachtlich.[6]

Straffreiheit gebührt dem Täter allerdings nur, wenn er freiwillig, rechtzeitig und vollständig den Schaden gutmacht. Insofern kommt eine teilweise Straffreiheit durch teilweise Schadensgutmachung nach dem StGB nicht in Betracht. Dieser Umstand kann im Einzelfall zu erheblichen Härten führen.[7]

Die Kriterien der Freiwilligkeit bzw. der Rechtzeitigkeit sind erfüllt, wenn der Täter den Schaden ohne äußeren physischen Zwang gutmacht[8] bzw. die Behörde noch nicht vom Verschulden des Täters erfahren hat.[9]

2. § 29 FinStrG (Selbstanzeige)

Das österreichische Finanzstrafgesetz regelt in § 29 FinStrG die Selbstanzeige, welche zwar weitgehend dieselbe Zielrichtung wie § 167 StGB verfolgt, in wesentlichen Punkten allerdings ganz erheblich von der Regelung der tätigen Reue (§ 167 StGB) abweicht. Insb. kennt § 29 FinStrG kein Vollständigkeitsgebot und grundsätzlich auch kein Erfordernis der Freiwilligkeit, wenngleich die ausführlichen Rechtzeitigkeitsanforderungen teilweise Gesichtspunkte der Freiwilligkeit beinhalten.

Zur Selbstanzeige im Detail s. Punkt IV.

---

5 OGH v. 27.10.1998 – 11 Os 97/98, JBl 1999, 479; 1.10.2008 – 13 Os 76/08p; *Bertl/Schwaighofer*, BT I (FN. 2), § 167 Rz. 1; *Burgstaller*, Aktuelles zur tätigen Reue gem. § 167 StGB, in Fuchs/Brandstetter (Hrsg.), FS für Winfried Platzgummer zum 65. Geburtstag, 1995, S. 97 (101 ff.); *Fuchs/Reindl-Krauskopf*, BT (FN. 2), S. 269; *Kirchbacher* in Höpfl/Ratz (Hrsg.), Wiener Kommentar zum StGB[2], § 167 StGB Rz. 10; *Löschnig-Gspandl*, Die Wiedergutmachung im österreichischen Steuerrecht: auf dem Weg zu einem neuen Kriminalrecht? 1996, S. 102 f.; *Schwaighofer* in Leitner/Zitta (FN. 1), S. 72; *Kienapfel/Höpfel*, Strafrecht Allgemeiner Teil, 14. Aufl. 2013, Z 23 Rz. 23.

6 *Schwaighofer* in Leitner/Zitta (FN. 1), S. 73.

7 *Brandstetter*, Die tätige Reue in der Judikatur des OGH, JBl 1987, 545 (550); *Fuchs/Reindl-Krauskopf*, BT (FN. 2), S. 271; *Huber/Brandstetter*, Zum Umfang der „Schadenersatzpflicht" bei tätiger Reue (§ 167 StGB), in Huber/Jesionek/Miklau (Hrsg.), FS für Reinhard Moos zum 65. Geburtstag, 1997, S. 129 (130 f.); *Schwaighofer* in Leitner/Zitta (FN. 1), S. 73.

8 Näher dazu *Bertl/Schwaighofer*, BT (FN. 2), § 167 Rz. 15; *Kirchbacher* in WK (FN. 5), § 167 StGB Rz. 42 ff.; vgl. auch *Schwaighofer* in Leitner/Zitta (FN. 1), S. 73.

9 Näher dazu *Bertl/Schwaighofer*, BT (FN. 2), § 167 Rz. 13 f.; *Kirchbacher* in WK (FN. 5), § 167 StGB Rz. 29 ff.; vgl. auch *Schwaighofer* in Leitner/Zitta (FN. 1), S. 74.

3. § 153c Abs. 3 StGB (Strafaufhebung bei nachträglicher Abfuhr von Sozialversicherungsbeiträgen)

Nach § 153c Abs. 1 StGB ist zu bestrafen, wer als Dienstgeber dem berechtigten Versicherungsträger Beiträge eines Dienstnehmers zur Sozialversicherung vorenthält.

Abs. 3 der Bestimmung sieht die Möglichkeit einer Strafaufhebung vor, sofern der Täter bis zum Schluss der Verhandlung die ausstehenden Beträge zur Gänze einzahlt, oder sich zur Einzahlung innerhalb einer bestimmten Frist verpflichtet. Insofern ist diese bei Schadensgutmachung eintretende Strafaufhebung äußerst großzügig gestaltet. Diesbezüglich muss angemerkt werden, dass Freiwilligkeit nicht erforderlich und die Schadensgutmachung schon dann rechtzeitig ist, wenn sie bis zum Schluss der Verhandlung erfolgt. Zu beachten ist allerdings, dass ein Vollständigkeitsgebot besteht und im Fall der verspäteten Entrichtung sozialversicherungsrechtlich erhebliche Verzugszinsen anfallen (Basiszinssätze plus 8 Prozentpunkte, vgl. § 59 Abs. 1 ASVG).

Die eben i.H.a. das Rechtzeitigkeitserfordernis angesprochene Großzügigkeit ist insofern geboten, als anders als bei den typischen, nach § 167 StGB reufähigen Vermögensdelikten der Täter bei Nichtabfuhr von Sozialversicherungsbeiträgen bereits mit Tatvollendung bekannt ist und demnach dem Täter der Weg in die Straffreiheit durch die weitgehend übliche, unverzügliche Erstattung einer Anzeige i.d.R. verschlossen geblieben wäre.[10]

Der österreichische Gesetzgeber hat die Schadensgutmachung als Strafaufhebungsgrund bei Vermögensdelikten somit weitgehend als Systemprinzip durchgehalten. Sachgerechter Weise sieht das österreichische Strafrecht allerdings keinen einheitlichen, umfassend anwendbaren Strafaufhebungsgrund für Vermögensdelikte bei Schadensgutmachung, sondern ausdifferenzierte, den unterschiedlichen Umständen und Rahmenbedingungen entsprechende, Sondertatbestände vor.

Während beispielsweise die tätige Reue nach dem StGB grundsätzlich nur strafaufhebend wirkt, wenn sie vollständig erstattet wird, kann die Selbstanzeige nach § 29 FinStrG auch teilweise mit strafaufhebender Wirkung erfolgen. Diese Differenzierung wird durch die Komplexität des Korrekturbedürfnisses in steuerlichen Gewinnermittlungen, insb. bei Betriebsstrukturen, gerechtfertigt. Ein 100 %iges Vollständigkeitsgebot würde in diesem Bereich vielfach unerträgliche Unsicherheiten i.H.a. die zu erwartende strafaufhebende Wirkung erzeugen.

---

10 *Schwaighofer* in Leitner/Zitta (FN. 1), S. 79.

III. Telos einschlägiger Strafaufhebungsgründe bei Schadensgutmachung

1. Primär: Opferschutz, Wahrung der Interessen des Geschädigten

Sämtlichen oben dargestellten Strafaufhebungsgründen liegt die Wahrung der Interessen des Geschädigten als primäre Zielrichtung zugrunde. Dementsprechend tritt das präventive Strafbedürfnis im Einzelfall zurück. Im Fall der Selbstanzeige nach dem FinStrG steht demnach der Schutz des Fiskal-Interesses im Mittelpunkt, wobei dieses allerdings nicht nur in die Vergangenheit, sondern auch in die Zukunft gerichtet ist: Vielfach werden im Rahmen von Selbstanzeigen jährlich wiederkehrende Verkürzungen (insb. bislang nicht erklärte Einkunftsarten) korrigiert und damit sichergestellt, dass nicht nur die Verkürzungen der Vergangenheit wieder gutgemacht, sondern zukunftsgerichtet insoweit die Einkünfte vollständig versteuert werden.[11] Zum bedeutenden Gesichtspunkt der Selbstanzeige als Ausweg aus der „Hinterziehungsfalle" vgl. Punkt V 2.

2. Wesentliche Maxime der Auslegung

Die österreichische, höchstgerichtliche Rechtsprechung geht nach wie vor davon aus, dass es sich sowohl bei § 167 StGB als auch bei § 29 FinStrG um eine eng auszulegende Begünstigungsbestimmung handelt.[12] Zu Recht hat die Lehre diese Rechtsprechung einhellig kritisiert und darauf hingewiesen, dass diese zentrale Bestimmung des österreichischen Strafrechts zum einen keine Ausnahmebestimmung darstellt und zum anderen in erster Linie nach ihrem Sinn und Zweck auszulegen ist.[13]

3. Vermeidung jeglichen Anreizes zur Steuerhinterziehung bei Ausgestaltung der Selbstanzeige

Insbesondere i.Z.m. der Einführung von speziellen Steueramnestien wurde die Frage, ob derartige Strafaufhebungsgründe nicht auch eine den Interes-

---

11 *Schwaighofer* in Leitner/Zitta (FN. 1), S. 80 u.H.a. *Scheil*, Die Selbstanzeige nach § 29 FinStrG, 1995, Rz. 58, 98; vgl. auch *Plückhahn*, Aktuelle Fragen zur Selbstanzeige, in Leitner/Plückhahn (Hrsg.), Gelber Brief des Instituts für Finanzwissenschaften und Steuerrecht Nr. 193, 1998, S. 1 (2).
12 Siehe beispielsweise OGH v. 13.3.1985 – 9 Os 190/84, RdW 1985, 564; v. 5.12.1996 – 15 Os 97/96; VwGH v. 27.2.2002 – 2001/13/0297; v. 23.2.2006 – 2003/16/0092; *Fellner*, Kommentar zum FinStrG, § 29 FinStrG Rz. 24; *Schwaighofer* in Leitner/Zitta (FN. 1), S. 85.
13 *Brandstetter*, JBl 1987, 545 (555) unter Hinweis auf *Bydlinski*, Juristische Methodenlehre und Rechtsbegriff, 2. Aufl. 1991, S. 81; s. auch *Leitner*, Aktuelle Fragen der Selbstanzeige, in Leitner/Plückhahn (Hrsg.), Gelber Brief des Instituts für Finanzwissenschaften und Steuerrecht Nr. 193, 1998, S. 24 (26); *Scheil*, Die Selbstanzeige nach § 29 FinStrG, 1995, Rz. 195 ff.; *Schrottmeyer*, Selbstanzeige nach § 29 FinStrG, 2. Aufl. 2012, Rz. 39 ff.; *Schwaighofer* in Leitner/Zitta (FN. 1), S. 85.

sen des geschädigten Fiskus zuwiderlaufende Einladung zur Steuerhinterziehung darstellen können, zum Teil emotional diskutiert.[14]

Besonders immer wieder kehrende Amnestieprogramme, die für den Pflichtigen schon prognostizierbar sind, wie sie z.b. immer wieder in Italien geregelt wurden, können eine derartige, schädliche Auswirkung auf die Steuermoral bewirken.

Diesbezüglich ist auch bei der Ausgestaltung der Selbstanzeige Vorsicht geboten und strikt darauf zu achten, dass keinerlei Anreizwirkung zur Steuerhinterziehung von derartigen Strafaufhebungsgründen ausgeht. Zu denken ist insbesondere an wirtschaftliche Gesichtspunkte, wonach die verzögerte Entrichtung infolge Selbstanzeige infolge einer in Österreich nur teilweise anwendbaren mäßigen Anspruchsverzinsung (z.B. nicht für Umsatzsteuer) für den Steuerpflichtigen wirtschaftlich vorteilhafter erscheint, als die sofortige pflichtgemäße Entrichtung oder im Zusammenspiel mit abgabenrechtlichen Verjährungsbestimmungen eine Schadensgutmachung für verjährte Perioden nicht mehr erforderlich ist, um Strafaufhebung zu erlangen und insofern der Hinterzieher – bei Inkaufnahme eines schwer kalkulierbaren Entdeckungsrisikos – in den Genuss kommt, eingetretene verjährte Verkürzungen nicht begleichen zu müssen.

In diesem Zusammenhang ist der Blick insb. auch auf Spezifika von Steuerdelikten zu richten: in aller Regel sind Steuerdelikte nur schwer zu entdecken. Sie hinterlassen vielfach kaum Spuren und die Kontrollen der Finanzbehörden können aus nachvollziehbaren Gründen nur stichprobenartig erfolgen.[15] Der Staat ist damit in besonderem Maße auf die Kooperationsbereitschaft der Abgabepflichtigen angewiesen und daher auch besonders bemüht, diese Kooperationsbereitschaft – die hoffentlich nicht nur ein Lippenbekenntnis darstellt – nicht zu gefährden.[16] Diese Ermittlungsschwierigkeiten, die durch spezielle Sparzwänge in der Verwaltung des Staates noch erheblich verschärft werden, erhöhen die Gefahr, dass Steuerpflichtige systematisch, in der Hoffnung nicht entdeckt zu werden und wenn erforderlich im letzten Moment während oder unmittelbar nach Ankündigung einer Betriebsprüfung erst Selbstanzeige zu erstatten, hinterziehen. Durch die Normierung eines in § 29 Abs. 3 lit. c verankerten Sperrgrundes, wonach nach Beginn einer Betriebsprüfung für vorsätzliche Finanzvergehen eine Selbstanzeige nicht mehr strafaufhebend erstattet werden kann, ist der Gesetzgeber in Österreich dieser Gefahr bereits entgegengetreten.

---

14 Siehe dazu den Diskurs zwischen *Leitner*, Amnestie erspart die Selbstanzeige nicht, Die Presse v. 29.3.2004 und *Scheil*, Steuerreform: Sich selbst amnestieren durch Anzeige, Die Presse v. 13.4.2004.
15 *Schwaighofer* in Leitner/Zitta (FN. 1), S. 85.
16 Vgl. https://www.bmf.gv.at/ministerium/presse/archiv-2012/september/tax-governance.html, („Tax Governance – Die Rolle der Finanzverwaltung in einer vernetzten Welt").

Im Rahmen der Finanzstrafgesetznovelle 2014 (BGBl. I 65/2014) hat der Gesetzgeber nunmehr bereits weitere strenge Vorkehrungen geschaffen, die einem Taktieren des Steuerpflichtigen entgegenwirken sollen (vgl. § 29 Abs. 3 lit. d, § 29 Abs. 6 sowie Punkt IV 4). Die Dringlichkeit dieser Maßnahmen ist in Anbetracht der zunehmenden Einschätzung der Bevölkerung von Steuerhinterziehung als Betrug am Gemeinwesen, demnach als schwerwiegendes Delikt vor dem Hintergrund der durch gefährliche Hinterziehungspraktiken bedrohten finanziellen Stabilität zahlreicher Mitgliedstaaten der EU (Umsatzsteuer-Karussellbetrug etc.), nachvollziehbar. Damit entsteht auch ein verstärkter Druck der Öffentlichkeit, die Selbstanzeige mehr und mehr einzuschränken und bei besonders gefährlichen Praktiken unter Umständen sogar abzuschaffen.[17] Um diesen wesentlichen Gesichtspunkten i.H.a. eine faire und sachgerechte Ausgestaltung der Selbstanzeige gerecht zu werden, sind folgende Überlegungen anzustellen:

a) Strafverzinsung

Mittels einer Strafverzinsung bei Selbstanzeigen könnte beispielsweise sichergestellt werden, dass der Täter auch im Fall der Selbstanzeige jedenfalls einen Nachteil erleidet. Diesbezüglich scheint jedoch nur eine maßvolle Erhöhung der Verzinsung der Nachzahlung von hinterzogenen Steuern sachgerecht, da pauschale Verzinsungen regelmäßig Sanktionen im Sinne der EMRK darstellen und folglich oftmals in den Konflikt mit dem Schuldgrundsatz geraten. Werden Zuschläge z.B. für mit schwerem Verschulden begangene selbstangezeigte Finanzvergehen verhängt (vgl. § 29 Abs. 6 z.B. bei Selbstanzeige anlässlich einer Betriebsprüfung), könnte dies entsprechend der österreichischen Regelung auf den ersten Blick als sachgerecht empfunden werden. Bei genauerer Betrachtung ist allerdings zu erkennen, dass eine solche Bestimmung in der Anwendung reichlich kompliziert sein und erhebliche Auslegungsschwierigkeiten bereiten wird.

b) Vollständigkeitsgebot

Ein 100 %iges Vollständigkeitsgebot – insb. dann, wenn die Selbstanzeige nicht nur einzelne Jahressteueransprüche betrifft, sondern für mehrere zusammenhängende Steueransprüche erstattet wird – steht in einem erheblichen Spannungsverhältnis zur zentralen Zielrichtung des Opferschutzes dieser Bestimmung, da der Steuerpflichtige naturgemäß dann, wenn er keine Strafaufhebung mehr erreichen kann, nichts mehr im Sinne des Aufdeckungsinteresses des Fiskus unternehmen und vergangenheitsbezogen und zukunftsorientiert in der Hinterziehung verharren wird. Darüber hi-

---

17 Zur Wahrnehmung der Gerechtigkeit einer Möglichkeit einer Selbstanzeige bei Hinterziehungsdelikten vgl. *Kirchler/Mühlbacher*, Kontrollen und Sanktionen im Steuerstrafrecht aus der Sicht der Rechtspsychologie, in Leitner (Hrsg.), Finanzstrafrecht 2007 (2008), S. 9 (29 ff.).

naus sprechen auch weitere triftige Gründe gegen ein 100 %iges Vollständigkeitsgebot: Zum einen sind abgabenrechtliche Bemessungsgrundlagen oftmals überaus vielschichtig und kompliziert und demnach im Rahmen einer nachträglichen Fehlerkorrektur schwer 100 %ig erfassbar. Zum anderen gibt es bei Finanzvergehen, anders als im allgemeinen Strafrecht (StGB), regelmäßig auch eine Fahrlässigkeitsstrafbarkeit, so dass der strafrechtlich gebotene Korrekturbedarf auch dann besteht, wenn dem Steuerpflichtigen der Fehler unbewusst unterlaufen ist (in Fällen unbewusster Fahrlässigkeit). Dementsprechend besteht die große Gefahr, dass einschlägige Regelungen äußerst kompliziert ausfallen und damit dem Sinn und Zweck der Selbstanzeige (Schutz der Fiskalinteressen) zunehmend zuwider laufen. Einer „insoweit"-Regelung wie in Österreich (s. Punkt IV. 3.) ist daher jedenfalls der Vorzug einzuräumen.

I.Z.m. dem Vollständigkeitsgebot ist auch darauf hinzuweisen, dass Regelungen, wonach abermalige Selbstanzeigen für denselben Steueranspruch nicht mehr strafaufhebend wirken (vgl. § 29 Abs. 3 lit. d FinStrG), die zentrale Zielrichtung der Selbstanzeige gefährden, wenngleich zuzugestehen ist, dass diese Bestimmung auch sachgerecht einem „Taktieren" entgegen wirkt (insb. in Fällen, in denen z.B. ein Depot in der Schweiz selbstangezeigt wird und erst dann, wenn ein Aufdeckungsrisiko für das Depot in Liechtenstein entsteht, entsprechend nachgebessert wird). Sachgerechter erschiene es, Strafzuschläge für abermalige Selbstanzeigen für denselben Steueranspruch in maßvollen Grenzen vorzusehen, um möglichst nicht in allzu große Konflikte mit dem Schuldgrundsatz zu geraten.[18]

c) Tatsächliche Entrichtung und Tatbegriff

Ein bedingungsloses Erfordernis einer „tatsächlichen" Entrichtung, wie dies der österreichische Gesetzgeber seit der FinStrG-Novelle 2010 vorsieht, erscheint nicht sachgerecht.[19] In Fällen der unverschuldeten Vermögenslosigkeit sollten beispielsweise verhältnismäßige Lösungen angeboten werden, um dem Betroffenen einen Ausbruch aus der Hinterziehungsfalle zu eröffnen.[20] Die diesbzgl. Schweizer Regelung, die ein ernsthaftes Bemühen um die Entrichtung als ausreichend normiert, erscheint sachgerecht.[21]

---

18 Siehe § 29 Abs. 6 i.d.F. FinStrG-Novelle 2014; vgl. *Grabenwarter*, Grundrechtsfragen des Finanzstrafrechts in Leitner (Hrsg.), Finanzstrafrecht 1996–2002, 2006, S. 583 (589 ff.); *Heber*, Zuschlag von 25 % zur („Zweit"-)Selbstanzeige als Strafe i.S.d. Art. 6 EMRK, taxlex 2011, 14 (16 f.).
19 Dies gilt ungeachtet des Umstandes, dass nach dem Wortlaut des § 29 Abs. 2, wonach nur geschuldete Abgaben nach zu entrichten sind, eine Nachsicht grundsätzlich der Strafaufhebung nicht entgegenstehen sollte.
20 Dafür plädierend auch *Scheil*, Selbstanzeige (FN. 13), Rz. 593 ff.
21 Art. 56 Abs. 1 Bst. C StHG und Art. 175 Abs. 3 Bst. C DBG.

Von grundlegender Bedeutung erscheint i.d.Z. auch die Frage, wie der Tatbegriff im Finanzstrafrecht i.Z.m. der Selbstanzeige aufzufassen ist. Nach herrschender Auffassung und Rechtsprechung ist die Abgabe einer unrichtigen Steuererklärung i.H.a. ein Jahr und eine bestimmte Steuerart typischerweise als Tat im Sinne des Finanzstrafrechts anzusehen.[22] Eine Selbstanzeige nach § 29 Abs. 3 ist dann nicht mehr rechtzeitig, wenn bereits Verfolgungshandlungen i.H.a. die Tat gesetzt wurden oder die Tat entdeckt wurde und dies dem Täter bekannt ist (s. dazu Punkt IV 2). Fraglich ist nun, ob auch hier der umfassende, die gesamte Jahressteuererklärung umfassende Tatbegriff zur Anwendung gelangt, oder ob nicht i.H.a. die Zielrichtung der Selbstanzeige ein segmentiertes Verständnis derart zugrunde zu legen ist, dass auf die einzelne Unrichtigkeit in der Abgabenerklärung abzustellen ist.

§ 33 Abs. 5 FinStrG ordnet beispielsweise an, dass der Verkürzungsbetrag, der die Bildung des Geldstrafrahmens bestimmt (Multiplar-System), nur jene Abgabenbeträge umfasst, deren Verkürzung i.Z.m. den Unrichtigkeiten, auf die sich der Vorsatz des Täters bezieht, bewirkt wurde. Damit wird i.H.a. § 33 FinStrG eine sachgerechte Strafrahmenbildung im Rahmen des österreichischen Multiplar-Systems sichergestellt, ohne dass dadurch – so jedenfalls die überwiegende Auffassung – der Tatbegriff an sich eingeengt würde.[23] Die Zielrichtung der Selbstanzeige (zentral: Opferschutz) könnte es als geboten erscheinen lassen, i.Z.m. der Verfolgungshandlung i.H.a. eine Tat und i.H.a. die Entdeckung einer Tat auf das Segment, nämlich die jeweilige Unrichtigkeit, abzustellen.[24]

IV. Selbstanzeige in Österreich – ein Überblick

1. Allgemeines

§ 29 FinStrG regelt den Strafaufhebungsgrund der Selbstanzeige, welcher im Wesentlichen dem Rechtsinstitut der tätigen Reue (§ 167 StGB) entspricht. Zu beachten ist, dass diese Bestimmung nicht nur auf alle Finanzvergehen (sowohl auf jene, die im als auch außerhalb des FinStrG geregelt sind), sondern auch im Bereich des landesgesetzlichen und kommunalsteuerlichen Abgabenstrafrechtes (§ 254 FinStrG) und entsprechend der Judika-

---

22 Siehe beispielsweise OGH v. 27.8.2008 – 13 Os 104/08f; v. 1.10.2008 – 13 Os 80/08a; v. 1.10.2008 – 13 Os 76/08p; v. 11.6.2008 – 13 Os 69/08h; v. 23.4.2008 – 13 Os 16/08i; v. 23.4.2008 – 13 Os 14/08w; *Kert*, Tatbegriff und Teilrechtskraft im Finanzstrafrecht, JBl 2010, 284 (284 ff.); *Reger/Nordmeyer/Hacker/Kuroki*, Das Finanzstrafgesetz, Bd. 1, 4. Aufl. 2013, § 33 FinStrG Rz. 75.
23 Vgl. *Fellner*, (FN. 12), § 33 FinStrG Rz. 77; *Lässig* in WK (FN. 5), § 33 FinStrG Rz. 47; *Reger/Nordmeyer/Hacker/Kuroki*, FinStrG (FN. 22), § 33 FinStrG Rz. 37.
24 *Leitner/Brandl*, Strafaufhebung auf Grundlage der Steuerabkommen CH-AT und FL-AT in Leitner (Hrsg.), Finanzstrafrecht 2013 (2014), S. 23 (47).

tur des VfGH auf sämtliche Abgabenmaterien, bei denen strafbewehrte Berichtigungspflichten bestehen, Anwendung findet (s. dazu Punkt V. 1.).

2. Voraussetzungen zur Erlangung der Strafaufhebungswirkung

Gem § 29 FinStrG kann eine Selbstanzeige nur dann eine strafaufhebende Wirkung entfalten, wenn die Verfehlung dargelegt wird, alle bedeutsamen Umstände ohne Verzug offengelegt werden, die Erstattung bei der zuständigen Behörde rechtzeitig erfolgt und die verkürzte Abgabe tatsächlich entrichtet wird.

Seit der FinStrG-Novelle 2010 kann die Selbstanzeige grundsätzlich bei jedem beliebigen Finanzamt eingereicht werden. Anderes gilt jedoch i.H.a. Abgaben, die nicht in den sachlichen Anwendungsbereich des FinStrG fallen (z.B. Landes- oder Gemeindeabgaben), und darüber hinaus in jenen Fällen, in denen das Zollamt die sachlich zuständige Behörde ist.[25]

Um dem Erfordernis der Darlegung der Verfehlung zu entsprechen und der Behörde die Möglichkeit zu bieten, das Verfahren zur richtigen Festsetzung unverzüglich in Gang zu setzen, hat der Steuerpflichtige der zuständigen Behörde mitzuteilen, dass es zu einer Abgabenverkürzung gekommen ist, welche Abgaben davon betroffen sind, wodurch diese Verkürzung bewirkt wurde und in welche Periode die Verkürzung fällt.[26] Zusätzlich zur Darlegung der Verfehlung hat eine Offenlegung der für die Abgabenfeststellung bedeutsamen Umstände – beispielsweise durch die Berichtigung falscher oder durch die Ergänzung unvollständiger Angaben – ohne Verzug und in einer solchen Weise zu erfolgen, dass die Vorschreibung der Abgaben ohne langwierige Nachforschungen möglich ist. Ohne Verzug bedeutet dabei, dass die Offenlegung ohne schuldhafte Verzögerung und zumindest zeitnah zur Darlegung der Verfehlung erfolgen muss. In der Praxis wird die Darlegung der Verfehlung allerdings ohnehin meist konkludent durch die Offenlegung der bedeutsamen Umstände geschehen.[27]

Rechtzeitigkeit i.S.d. § 29 FinStrG liegt insoweit nicht mehr vor, als zum Zeitpunkt der Selbstanzeige bereits Verfolgungshandlungen (§ 14 Abs. 3 FinStrG) gegen den Anzeiger, gegen andere an der Tat Beteiligte oder gegen Hehler gesetzt waren (§ 29 Abs. 3 lit. a FinStrG). In diesem Zusammenhang ist unerheblich, ob die Verfolgungshandlung dem Selbstanzeiger bekannt war. Darüber hinaus ist die Erstattung einer Selbstanzeige dann als verspätet zu erachten, wenn die Tat hinsichtlich ihrer objektiven Tatbestands-

---

25 *Leitner/Schrottmeyer*, Die steuerliche Selbstanzeige in Österreich, IWB 2014, 483 (484).
26 Vgl. *Scheil*, Selbstanzeige (FN. 13), Rz. 216 ff., 294 ff.
27 Ausführlich dazu *Leitner/Toifl/Brandl*, Österreichisches Finanzstrafrecht, 3. Aufl. 2008, Rz. 396 ff.

merkmale zum Zeitpunkt der Selbstanzeige bereits ganz oder zum Teil entdeckt und dies dem Anzeiger bekannt war (Beweislast auf Seiten der Behörde)[28] oder wenn die Selbstanzeige hinsichtlich eines vorsätzlich begangenen Finanzvergehens anlässlich einer finanzbehördlichen Nachschau, Beschau, Abfertigung oder Prüfung von Büchern oder Aufzeichnungen nicht schon bei Beginn der Amtshandlung erstattet wurde (§ 29 Abs. 3 lit. b und c FinStrG).[29]

Hinsichtlich der Notwendigkeit der Entrichtung der verkürzten Abgabe ist auszuführen, dass diese i.H.a. Selbstbemessungsabgaben innerhalb eines Monats ab Erstattung der Selbstanzeige und i.H.a. Veranlagungsabgaben innerhalb eines Monats ab Bescheiderlass zu erfolgen hat, doch kann für die Dauer von maximal zwei Jahren eine Zahlungserleichterung (Stundung) in Anspruch genommen werden. Zu beachten ist, dass seit der Finanzstrafgesetz-Novelle 2010 auch im Insolvenzfall eine Strafaufhebung nur durch tatsächliche Entrichtung eintreten kann und im Fall des Wiederauflebens von Abgabenansprüchen die Strafbarkeit wieder auflebt. Zumindest hinsichtlich abgabenrechtlich bereits verjährter Zeiträume kann eine Entrichtung für Zwecke der Strafaufhebung jedoch unterbleiben.[30]

3. Umfang der Strafaufhebung

Aufgrund der in § 29 FinStrG vorgesehenen, ausdrücklichen Abstandnahme von einem Vollständigkeitsgebot („insoweit") wird dem Steuerpflichtigen die Möglichkeit einer strafaufhebenden, teilweisen Selbstanzeige eröffnet. I.d.Z. ist allerdings zu beachten, dass einer späteren, abermaligen Selbstanzeige hinsichtlich desselben Abgabenanspruches seit der Finanzstrafgesetz-Novelle 2014 keine strafaufhebende Wirkung mehr zukommt (s. sogleich Punkt IV 4).

Hinsichtlich des persönlichen Umfanges der Strafaufhebungswirkung ist auf § 29 Abs. 5 FinStrG zu verweisen. Während dieser vor der Finanzgesetz-Novelle 2010 lediglich vorsah, dass die Selbstanzeige nur für Personen wirken solle, für die sie erstattet wird, soll die strafaufhebende Wirkung nunmehr ausdrücklich auch für den Anzeiger selbst eintreten.[31]

4. Finanzstrafgesetz-Novelle 2014: Strafzuschlag und neuer Sperrgrund

Im Zuge der Finanzstrafgesetz-Novelle 2014 wurde der Strafaufhebungsgrund der Selbstanzeige durch die Aufnahme eines neuen Sperrgrundes

---

28 *Leitner/Schrottmeyer*, IWB 2014, 486.
29 Ausführlich dazu *Leitner/Toifl/Brandl*, Finanzstrafrecht (FN. 27), Rz. 417 ff.
30 Vgl. *Leitner/Schrottmeyer*, IWB 2014, 485.
31 Näher dazu *Leitner/Plückhahn*, Finanzstrafrecht kompakt, 3. Aufl. 2014, Rz. 53; *Leitner/Schrottmeyer*, IWB 2014, 485.

(§ 29 Abs. 3 lit. d FinStrG) und eines Strafzuschlages (§ 29 Abs. 6 FinStrG) erheblich verschärft.

Während es dem Steuerpflichtigen nach bisheriger Rechtslage durch die Entrichtung eines Strafzuschlages i.H.v. 25 % möglich war, hinsichtlich jenes Abgabenanspruches, für den bereits zuvor eine Selbstanzeige erstattet wurde, durch erneute Selbstanzeige Strafbefreiung zu erlangen, ist eine solche Möglichkeit nunmehr ausdrücklich ausgeschlossen. Die Bestimmung umfasst alle nach dem 30.9.2014 erstatteten Selbstanzeigen und kommt sowohl für vorsätzlich als auch fahrlässig begangene Finanzvergehen zur Anwendung. Ob die „erste" Selbstanzeige vorsätzlich, fahrlässig oder sogar schuldlos unvollständig erstattet wurde, ist dabei bedeutungslos.[32]

Die Einschränkung gilt allerdings nicht für die abermalige Korrektur von Vorauszahlungen.

Gleich der Rechtslage vor der Finanzstrafgesetz-Novelle 2014 kommt Selbstanzeigen, die anlässlich einer finanzbehördlichen Nachschau, Beschau, Abfertigung oder Prüfung von Büchern oder Aufzeichnungen nach deren Anmeldung oder sonstigen Bekanntgabe erstattet werden, weiterhin eine strafbefreiende Wirkung zu, doch ist in Zukunft ein Strafzuschlag zu entrichten, wenn es sich um ein vorsätzlich oder grob fahrlässig begangenes Finanzvergehen gehandelt hat. Für bloß leicht fahrlässig begangene Finanzvergehen ist keine Abgabenerhöhung vorgesehen. Hinsichtlich des zu entrichtenden Strafzuschlages ist festzustellen, dass dieser nach der Höhe der Mehrbeträge gestaffelt ist und grundsätzlich 5 % eines sich aus der Selbstanzeige ergebenden Mehrbetrages beträgt. Übersteigt der Mehrbetrag 33 000 Euro, ist die Abgabenerhöhung mit 15 %, übersteigt der Mehrbetrag 100 000 Euro, mit 20 % und übersteigt der Mehrbetrag 250 000 Euro, mit 30 % zu bemessen (§ 29 Abs. 6 FinStrG). Die Bestimmung ist auf alle nach dem 30.9.2014 erstatteten Selbstanzeigen anzuwenden und soll einem Taktieren bei der Selbstanzeige vorbeugen.[33]

5. Verjährungsregelungen

Für Zwecke der Strafaufhebung haben die Offenlegung der bedeutsamen Umstände und die Entrichtung der verkürzten Abgaben lediglich für jene Zeiträume zu erfolgen, welche abgabenrechtlich noch nicht verjährt sind (s. Punkt IV. 2), wobei die abgabenrechtliche Bemessungsverjährung in Österreich fünf Jahre bzw. bei hinterzogenen Abgaben zehn Jahre beträgt. Im Gegensatz dazu beläuft sich die finanzstrafrechtliche Verjährungsfrist grundsätzlich auf fünf Jahre, doch beginnt diese insoweit nicht zu laufen, als der Täter abermals ein vorsätzliches Finanzvergehen innerhalb der Ver-

---

[32] Ausführlich dazu *Leitner/Brandl*, FinStrG-Novelle 2014, SWK 2014, 860 (860 f.).
[33] Ausführlich dazu *Leitner/Brandl*, SWK 2014, 861 ff.

jährungsfrist begeht (§ 31 Abs. 3 FinStrG). Dabei ist darauf hinzuweisen, dass bei gerichtlicher Zuständigkeit keine absolute Verjährungsfrist existiert.[34]

Insofern bleibt für Zeiträume, für die eine Abgabenvorschreibung aufgrund bereits eingetretener abgabenrechtlicher Bemessungsverjährung ausscheidet, vielfach noch ein Strafbarkeitsrisiko bestehen. Ein solches kann lediglich durch die Erstattung einer Selbstanzeige vermieden werden, wobei eine Darlegung der Verfehlung dem Grunde nach in derartigen Fällen als ausreichend erachtet wird und somit eine Offenlegung der Bemessungsgrundlagen im Einzelnen nicht erforderlich ist.[35]

6. Selbstanzeige in der Praxis

In Österreich werden Selbstanzeigen grundsätzlich prompt und diskret behandelt, weshalb die die Selbstanzeige erstattenden Personen meist nicht in die Öffentlichkeit geraten. In jenen Fällen, in denen hinsichtlich komplexer Sachverhalte Selbstanzeige erstattet wird und aufgrund mangelhafter Aufzeichnungen keine genauen Angaben zur Verkürzung gemacht werden können, akzeptiert die Praxis der Finanzbehörden zumeist eine plausible, nachvollziehbare und ausreichend hohe Schätzung.[36]

Die Überprüfung der Frage nach der strafaufhebenden Wirkung wäre grundsätzlich nur der jeweiligen zuständigen Strafverfolgungsbehörde – dem jeweiligen Finanzamt bzw. dem jeweiligen Gericht – vorbehalten. Aus Vereinfachungsgründen wird diese Beurteilung allerdings zumeist auch im Fall gerichtlicher Zuständigkeit den Finanzbehörden überlassen, wenn die Voraussetzungen der Strafaufhebung ganz offensichtlich von der Selbstanzeige erfüllt werden.[37]

V. Grundrechtlicher Stellenwert der strafaufhebenden Selbstanzeige

1. Abgabenrechtliches Mitwirkungssystem und Spannungsverhältnis zu „nemo tenetur"

I.Z.m. der Verkürzung von Gemeindeabgaben (Getränkesteuer), die nicht in den sachlichen Anwendungsbereich des FinStrG gefallen sind und auf die auch nach damaliger Rechtslage § 29 FinStrG nicht anwendbar war, judizierte der österreichische Verfassungsgerichtshof (VfGH), dass im Fall

---

34 *Leitner*, Selbstanzeige trotz abgabenrechtlicher Verjährung? taxlex 2010, 207 (207 f.); *Leitner/Schrottmeyer*, IWB 2014, 486.
35 *Leitner*, taxlex 2010, 208.
36 *Leitner/Schrottmeyer*, IWB 2014, 487.
37 *Leitner/Schrottmeyer*, IWB 2014, 486.

zwangsbewehrter Nacherklärungspflichten (Berichtigungspflichten) eine strafaufhebende Selbstanzeige aus grundrechtlichen Gesichtspunkten geboten ist und im Fall, dass eine derartige Regelung nicht besteht, analog Anwendung findet.[38] Diese Judikatur wurde von der Literatur teilweise kritisiert und teilweise als bahnbrechend richtig akklamiert.[39] Es ist zwar zutreffend, dass der aus Art. 6 EMRK (bzw. Art. 47 Abs. 2 GRC) erfließende nemo-tenetur-Grundsatz ein Verfahrensgrundrecht darstellt[40] und demnach unabhängig vom Ausgang des Strafverfahrens Anwendung finden muss – im konkreten Fall somit unabhängig davon, ob es in der Folge zu einer Strafaufhebung in Folge Selbstanzeige kommt –, doch kann wohl aus Verhältnismäßigkeitsgesichtspunkten zutreffend abgeleitet werden, dass durch die regelmäßig offenstehende Möglichkeit, durch Selbstanzeige Strafaufhebung zu erlangen, eine Entschärfung dieses Konfliktes eintritt. Abgesehen von diesem Spezialgesichtspunkt leistet die Selbstanzeige jedoch noch einen erheblich bedeutenderen Beitrag, grundrechtliche Spannungsverhältnisse im abgabenrechtlichen Mitwirkungssystem, insb. i.Z.m. seriell begangenen Finanzvergehen, zu entschärfen.

2. Selbstanzeige als Ausweg aus der „Hinterziehungsfalle"

Aus umfangreichen Erfahrungen aus der Praxis ist abzuleiten, dass die Korrektur von seriell begangenen Finanzvergehen mittels Selbstanzeige den Regelfall darstellt. Auf das Beispiel des Ertragssteuerrechts zugeschnitten hat der Steuerpflichtige seine Leistungsfähigkeit, zeitlich regelmäßig auf Jahresbesteuerungszeiträume zerlegt, der Besteuerung zu unterwerfen. Entscheidet sich der Pflichtige z.B. bei Aufnahme einer unternehmerischen Tätigkeit eine Einkunftsquelle nicht zu besteuern oder bestimmte rechtswidrige Verkürzungspraktiken anzuwenden, handelt es sich dabei um fortwirkende Weichenstellungen. Der Pflichtige ist faktisch gezwungen, eine konsistente Vorgehensweise zur Anwendung zu bringen: Würde er inkonsequent seine Vorgehensweise ändern und z.b. eine bislang verschwiegene Einkunftsquelle oder bislang angewendete Hinterziehungspraktiken künftig offenlegen bzw. nicht mehr anwenden, würde er in aller Regel den Aufdeckungsfokus der Finanzbehörden auf sich lenken. Dieser finanzstrafrechtstypische, serielle Verkürzungskontext erzeugt für den Fiskus eine besondere Gefahr, da der Täter sein Hinterziehungsverhalten in aller Regel auch in der Zukunft langfristig fortsetzen wird. Die Umkehr ist ihm regelmäßig verbaut, da, wie eben dargestellt, eine inkonsistente Vorgehensweise Rückschlüsse und Aufdeckungsrisiken auf/für Delikte in Vorperioden eröffnet.

---

38 VfGH v. 16.10.1997, B 552/94, B 848/94.
39 Zum Meinungsstand vgl. *Grabenwarter*, in Leitner (FN. 18), S. 595 ff. und *Scheil*, Selbstanzeige in Leitner (Hrsg.), Finanzstrafrecht 1996–2002, 2006, S. 185 (185 ff.).
40 In diesem Sinne *Grabenwarter*, in Leitner (FN. 18), S. 599; vgl. auch *Grabenwarter/Pabel*, Europäische Menschenrechtskonvention, 5. Aufl. 2012, § 24 Rz. 123.

Insofern ist dem Steuerpflichtigen die Rückkehr in die Steuerehrlichkeit verwehrt, wenn ihm nicht der Gesetzgeber – und das ist der besondere Stellenwert einschlägiger Strafaufhebungsgründe im Steuerstrafrecht – eine „goldene Brücke" zur Umkehr baut.[41]

Die Zielrichtung der „goldenen Brücke" ist nicht nur die Beseitigung der bewirkten Verkürzung im Sinne der Herbeiführung der Schadensgutmachung, sondern vor allem die Vermeidung künftiger Rechtsgutsverletzungen und damit die Sicherung eines fortlaufenden, jährlich wiederkehrenden, gleichmäßigen Steueraufkommens. Damit leistet die Selbstanzeige auch einen erheblichen Beitrag dazu, dass Besteuerungssysteme ausreichend effizient sind bzw. bleiben und nicht infolge strukturellem Vollzugsdefizit (partiell) unsachlich sind und damit in die Verfassungswidrigkeit abgleiten.[42]

Die einschlägige Judikatur der Höchstgerichte sieht in diesen mittelbaren, faktischen Selbstbezichtigungskonflikten in keinem Fall eine Grundrechtsverletzung. Ferner liegt eine solche auch insoweit nicht vor, als Straftäter unter Androhung von strafrechtlichem Zwang zur Einbekennung von Einkünften aus strafbaren Handlungen (z.b. gewerbsmäßiger Betrug) verhalten werden, obwohl die Offenlegung dieser Einkünfte naturgemäß ein erhebliches Aufdeckungsrisiko auslöst.[43]

3. Angepriesene Strafaufhebung und enttäuschtes Vertrauen

Einem Erkenntnis des VfGH[44] lag folgender Fall zugrunde:

Die strafprozessuelle Verwertung einer Äußerung, die der Angeklagte gegenüber seinem Parteienvertreter abgegeben hatte und später durch Beschlagnahme in die Hände der Strafbehörden gelangte, wurde als Verstoß gegen das materielle Anklageprinzip gewertet. Dies mit der Begründung, dass die Erlangung einer im Vertrauen auf eine gesetzliche Verschwiegenheitspflicht abgegebene Äußerung sich im Verfahren gleich einem (erzwungenen) Geständnis auswirke. Mit den Worten des VfGH würde die von einem berufsmäßigen Parteienvertreter vertretene Partei durch die Heranziehung der Äußerung an den Vertreter als Beweismittel „vom Gesetz gezwungen werden, ein allenfalls dem Gegenstand der Beschlagnahme bildendes Beweismit-

---

41 *Leitner*, Steuerhinterziehung und Strafaufhebung, in Steuerstrafrecht: Tagungsband der I. internationalen Konferenz vom 27.10.2006 in der Bethlehemskapelle, Prag, 2006, S. 60 (62).
42 *Leitner*, in Tagungsband Prag (FN. 41), S. 64.
43 Vgl. *Leitner*, Verbotener Zwang im Abgabenverfahren und im Finanzstrafverfahren, in Leitner (Hrsg.), Finanzstrafrecht 2005 (2006), S. 31 (55); *Leitner/Plückhahn*, Finanzstrafrecht kompakt (FN. 31), Rz. 19.
44 VfGH v. 3.12.1984 – G24/83, G50/83, G51/83, G52/83, G89/83, G107/84, VfSlg. 10291/1984.

tel selbst zu schaffen, das dann im Verfahren gegen sie verwendet werden kann".[45]

Grabenwarter[46] hat zutreffend auf die Parallele zwischen der Selbstanzeige und dem Fall der beschlagnahmten Äußerung gegenüber dem Parteienvertreter hingewiesen. In beiden Fällen wird zunächst eine Information freiwillig gegeben, im Vertrauen, dass diese Information dem Betroffenen nicht zum Nachteil gereicht. Derartige Konstellationen könnten auftreten, wenn der Steuerpflichtige eine Selbstanzeige aufgrund unklarer Regelungen erstattet oder durch bestehende „Fußangeln" zur Selbstanzeige in Erwartung der Strafaufhebung gelockt wird und dann aufgrund für ihn nicht vorhersehbarer Gründe keine Strafaufhebung erwirkt, sondern ein „erzwungenes" Geständnis abgegeben hat.

Der österreichische Gesetzgeber hat einschlägige Fußangeln, insb. jene, die vor der FinStrG-Novelle 2010 (BGBl. I 104/2010) bestanden (speziell i.Z.m. der eingeschränkten Zuständigkeit von Finanzbehörden zur wirksamen Entgegennahme von Selbstanzeigen), im Rahmen dieser Novellierung beseitigt, so dass nunmehr eine weitgehend klare, voraussehbare Abschätzung der strafaufhebenden Wirkung einer Selbstanzeige besteht. Dazu trägt auch die Abstandnahme von einem Vollständigkeitsgebot und die damit verbundene Möglichkeit einer strafaufhebenden, teilweisen Selbstanzeige („insoweit") bei (vgl. Punkt II 3, III 3 und IV 3). Dennoch bleiben auch nach österreichischer Rechtslage geringe Unwägbarkeiten bestehen, da z.B. eine dem Täter nicht bekannte Verfolgungshandlung i.H.a. das Finanzvergehen zur Sperrwirkung nach § 29 Abs. 3 lit. a führt.[47]

Eine klare, für den betroffenen Steuerpflichtigen abschätzbare Rechtslage i.H.a. einen zu erwartenden Eintritt der strafaufhebenden Wirkung ist somit zumindest aus Fairnessgesichtspunkten und zur Aufrechterhaltung eines kooperativen Steuerklimas unentbehrlich.

VI. Fazit

Strafaufhebung durch Schadensgutmachung nimmt im österreichischen Vermögensstrafrecht den Stellenwert eines Systemprinzips ein und gewinnt im Strafrecht ganz allgemein zunehmend an Bedeutung. Seit sich das Präventionsverständnis durch Einbeziehung der Interessen des Geschädigten erheblich gewandelt hat, spricht man i.d.Z. von restitutiver Strafrechtspflege bzw. von opferbezogener Kriminalpolitik.[48]

---

45 *Grabenwarter*, in Leitner (FN. 18), S. 601.
46 *Grabenwarter*, in Leitner (FN. 18), S. 601.
47 Zur Kritik vgl. *Scheil*, in Leitner (FN. 39), S. 190.
48 *Schwaighofer* in Leitner/Zitta (FN. 1), S. 87.

Im Bereich des Steuerstrafrechts kommt der Selbstanzeige in Österreich überragende Bedeutung zu, da sie nicht nur geeignet ist, verfassungsrechtliche Spannungen im abgabenrechtlichen Mitwirkungssystem aufzuweichen sondern auch ein Ausbrechen aus der Hinterziehungsfalle ermöglicht und ihre Zielrichtung, den Schutz der Opferinteressen, konsequent verfolgt. Diese zentrale Zielrichtung kann allerdings dann konterkariert werden, wenn die Selbstanzeige zugleich, wenn auch nur mittelbar, einen Anreiz zur Hinterziehung bietet. Derartigen Anreizen, die insb. auch in wirtschaftlichen Vorteilen des selbstanzeigenden Hinterziehers bestehen können, sollte mit geeigneten Maßnahmen entschlossen entgegen getreten werden. Nicht nur um die Zielrichtung der Selbstanzeige nicht zu unterlaufen, sondern auch um dem zunehmenden Interesse der Öffentlichkeit an strenger und gleichmäßiger Verfolgung von Steuerstraftaten gerecht zu werden. Die Regelung der Selbstanzeige sollte möglichst klar und einfach gehalten und unsichere Interpretationsspielräume vermieden werden. Ein „In-die-Falle-locken" des zur Umkehr mittels Selbstanzeige entschlossenen Steuerpflichtigen ist dringend zu vermeiden, um ein unbedingt erforderliches kooperatives Zusammenwirken der Steuerpflichtigen mit dem Steuerstaat nicht zu gefährden. Gerade in Zeiten massiver Finanzierungsprobleme der meisten Staatshaushalte in der Gemeinschaft und z.T. kontraproduktiver Sparzwänge in den öffentlichen Verwaltungen kommt der Selbstanzeige ein erheblicher Stellenwert zur Besteuerungseffizienz und der damit verbundenen Verhinderung eines in die Unsachlichkeit abgleitenden Besteuerungssystems aufgrund mangelnder Einhebungseffizienz zu.

Steuerstrafrechtliche Verantwortung des Beraters

Dr. Dr. h.c. *Thomas Weckerle*
Rechtsanwalt, Wirtschaftsprüfer, Steuerberater, Hagen

Inhaltsübersicht

I. Einführung
1. Tätigkeitsbild des steuerlichen Beraters
2. Keine Sonder-Tatbestände für den steuerlichen Berater

II. § 370 AO, steuerstrafrechtliche Grundnorm auch für den Berater
1. Steuerhinterziehung durch aktives Tun, § 370 Abs. 1 Nr. 1 AO
    a) Objektiver Tatbestand
        aa) Unrichtige Angaben
        bb) Unvollständige Angaben
    b) Subjektiver Tatbestand
    c) Begehungsformen
        aa) Bestimmung von Täterschaft und Teilnahme
        bb) Abgrenzung von Täterschaft und Beihilfe
2. Steuerhinterziehung des Beraters durch Unterlassen, § 370 Abs. 1 Nr. 2 AO?
    a) Keine Tatbestandsverwirklichung durch Berater
    b) Teilnahme

III. Abgrenzung zur leichtfertigen Steuerverkürzung nach § 378 AO
1. Tatbestandliche Voraussetzungen einer leichtfertigen Steuerverkürzung des Beraters
2. Leichtfertigkeit

IV. Sonstige für den Berater relevante Tatbestände bzw. Normen
1. Begünstigung, § 369 Abs. 1 Nr. 4 AO i.V.m. § 257 StGB
2. Haftung nach § 71 AO
3. Anhörung der Berufskammer nach § 411 AO

V. Zusammenfassung

I. Einführung

1. Tätigkeitsbild des steuerlichen Beraters

Das Tätigkeitsbild des steuerlichen Beraters ist weit gefächert. Die Tätigkeiten können von Angehörigen verschiedener Berufe erbracht werden, insbesondere dem Steuerberater, dem Anwalt und dem Wirtschaftsprüfer aber auch – unbeschadet der berufsrechtlichen Zulässigkeit – von Unternehmensberatern, Finanz- und Anlageberatern, Buchführungshelfern und anderen mehr.

Dabei variiert der Umfang der Tätigkeiten ganz erheblich. Sie reichen von mehr oder weniger handwerklichen Tätigkeiten, wie der Buchhaltung über die Erstellung von Jahresabschlüssen, Einnahmen-Überschuss-Rechnungen und Steuererklärungen bis hin zur Vertretung in Rechtsbehelfsverfahren und zur Gestaltungsberatung einschließlich der Unternehmensnachfolgeplanung und der Vermögensgestaltung im privaten Bereich.

Der Bezug dieser Tätigkeiten zum Steuerverhältnis des Auftraggebers kann mehr oder wenig direkt sein. Die Buchhaltung z.B. erlangt steuerliche Relevanz erst dadurch, dass sie als Grundlage der Bilanz oder Einnahmen-Überschuss-Rechnung in die steuerliche Bemessungsgrundlage einfließt. Demgegenüber zielt eine Beratung bezüglich einer unternehmerischen oder gesellschaftsrechtlichen Gestaltung typischerweise unmittelbar auf die steuerliche Auswirkung; hier ist es unmittelbare Aufgabe des steuerlichen Beraters für den Mandanten eine möglichst steuergünstige und doch legale Gestaltung zu finden. Dieser Bereich ist gemeint, wenn von der Pflichtenzange gesprochen wird,[1] in der sich der steuerliche Berater befindet oder von dem schmalen Grat zwischen zivilrechtlicher Verantwortlichkeit für eine steueroptimale Gestaltung einerseits und der steuerstrafrechtlichen Verantwortlichkeit andererseits.[2]

2. Keine Sonder-Tatbestände für den steuerlichen Berater

Der steuerliche Berater ist Normadressat der §§ 369 ff. und §§ 377 ff. der AO wie jeder andere und zwar sowohl, wenn er selbst Steuerpflichtiger ist wie auch in seiner Eigenschaft als Berater eines anderen.

§ 370 Abs. 1 Nr. 1 AO ist entsprechend weit gefasst: Jeder, der „den Finanzbehörden unrichtige oder unvollständige Angaben macht". § 370 Abs. 1 Nr. 1 AO ist ein Allgemeindelikt und kein eigenhändiges Delikt.[3] Auch die Bestimmung des pflichtwidrigen Unterlassens in Nr. 2, d.h. die Frage nach der Garantenstellung, bestimmt sich nach allgemeinen Grundsätzen. Und auch die Formulierung „bei Wahrnehmung der Angelegenheiten eines Steuerpflichtigen"[4] in § 378 AO besagt für den steuerlichen Berater nichts anderes.

---

1 *Streck*, Der Steuerhinterzieher als Mandant, BB 1984, 2205 (2206); *Felix/Streck*, Der steuerberatende Beruf zwischen aktueller Bürgervertretung und unzumutbaren Fiskalpflichten im Steuerrecht, Stbg 1980, 78.
2 Siehe z.B. *Marx*, Steuerstrafrechtliche und bußgeldrechtliche Verantwortung des Steuerberaters, DStR 1999, 1901; *Podewils/Hellinger*, Strafrechtliche Risiken für steuerliche Berater, DStZ 2013, 662; *Sieja*, Strafrechtliche Beteiligung des steuerlichen Beraters an Steuerdelikten und Sicherungsinstrumente in der Steuerberaterpraxis, DStR 2012, 991.
3 BGH v. 7.7.1993 – 5 StR 212/93, wistra 1993, 302; v. 6.10.1989 – 3 StR 80/89, wistra 1990, 100; v. 28.5.1986 – 3 StR 103/86, wistra 1986, 263; *Joecks* in Franzen/Gast/Joecks, Steuerstrafrecht (F/G/J), 7. Aufl. 2009, § 370 Rz. 18, 19; *Schmidt* in Wannemacher, Steuerstrafrecht (Wannemacher), 6. Aufl. 2013, S. 223 (224), Rz. 553 f.; *Jäger* in Klein, Abgabenordnung (Klein), 11. Aufl. 2012, § 370 Rz. 25, 30; *Blesinger* in Kühn/von Wedelstädt, Abgabenordnung und Finanzgerichtsordnung (Kühn/von Wedelstädt), 18. Aufl. 2004, § 370 AO Rz. 7.
4 Zu der in der Präzisierung enthaltenen Einschränkung – z.B. für Amtsträger – s. unten Fn. 89.

Andererseits ist festzuhalten, dass es im Steuerstrafrecht und im Steuerordnungswidrigkeitenrecht keine Sondertatbestände für den steuerlichen Berater gibt[5] und zwar unabhängig vom Umfang des dem Berater erteilten Auftrages.

Dementsprechend sind im Folgenden auch allg. Fragen des Steuerstrafrechts anzusprechen, nur eben aus dem Blickwinkel des steuerlichen Beraters.

II. § 370 AO, steuerstrafrechtliche Grundnorm auch für den Berater

1. Steuerhinterziehung durch aktives Tun, § 370 Abs. 1 Nr. 1 AO

a) Objektiver Tatbestand

Tathandlung des § 370 Abs. 1 Nr. 1 AO ist bekanntlich, dass jemand der Finanzbehörde über steuerlich erhebliche Tatsachen unrichtige oder unvollständige Angaben macht.

Der Begriff der Angaben ist umfassend; das sind nicht nur die Steuererklärungen, sondern jedwede Form von schriftlichen oder mündlichen Willenserklärungen, seien dies Anträge auf Herabsetzung von Vorauszahlungen,[6] Erläuterungen im Rahmen einer Betriebsprüfung, Anträge auf Stundung oder Erlass, Ausführungen im Rechtsbehelfsverfahren,[7] Sachverhaltsausführungen bei Verhandlungen über eine tatsächliche Verständigung[8] etc. Also überwiegend Angaben, die häufig vom steuerlichen Berater gemacht werden mit Ausnahme der Steuererklärungen, die nach § 150 AO eigenhändig unterschrieben werden müssen. Eine eigenhändige Unterschrift ist aber bei verschiedenen Steuererklärungen, wie z.B. Umsatzsteuervoranmeldungen oder Lohnsteueranmeldungen gar nicht vorgeschrieben, diese können also auch – und werden in der Praxis häufig – vom steuerlichen Berater abgegeben. Wenn Steuererklärungen im Authentifizierungsverfahren abgegeben und die zugehörigen Unterlagen dem Finanzamt vom steuerlichen Berater übersandt werden, sind allerdings im Rechtssinne die Steuererklärungen vom Pflichtigen und nicht vom Berater gegenüber dem Finanzamt

---

5 Allg. Meinung, s. z.B. *Danzer*, Die strafrechtliche Verantwortlichkeit des Beraters, in DStJG 6 (1983), S. 71; *Gotzens/Heinsius*, Die strafrechtliche Grauzone der steuerlichen Beratung, Stgb 2000, 209 (210); *Schmeer* in Gräfe/Lenzen/Schmeer, Steuerberaterhaftung (Gräfe/Lenzen/Schmeer), 5. Aufl. 2014, S. 779.
6 FG Nds. v. 18.12.2006 – 10 K 316/00, DStRE 2008, 1353.
7 OLG München v. 24.7.2012 – 4 St RR 099/12, wistra 2012, 490; *Höpfner/Schwartz*, Strafbarkeitsrisiken für Steuerberater – Fallstricke in der steuerlichen Beratungspraxis, PStR 2014, 61.
8 Siehe z.B. BGH v. 26.10.1998 – 5 StR 746/97, wistra 1999, 103 (106); *Seer* in FS Kohlmann, Konsensuale Paketlösungen im Steuerstrafverfahren (2003), S. 535 (547).

abgegeben. Der Berater ist lediglich Dienstleister bei der elektronischen Übermittlung.[9]

Es muss sich um unrichtige oder unvollständige Angaben über steuerlich erhebliche Tatsachen handeln.

aa) Unrichtige Angaben

Kein Thema sind die simplen Fälle der Übersendung gefälschter Belege oder von Jahresabschlüssen, in denen nicht alle Betriebseinnahmen erfasst sind. Rüping spricht hier von frisiertem Tatsachenmaterial.[10]

Problematisch sind aber die sog. Tatsachen kraft rechtlicher Subsumtion bzw. Tatsachen kraft Bewertung.[11] Dies sind insbesondere die steuerlich erheblichen Zahlen, die auf einer Subsumtion oder einer Bewertung bzw. zahlreichen Bewertungen beruhen. In die Steuererklärung wird beispielsweise nur der Gewinn eingetragen; dieser ist aber das Ergebnis zahlreicher im Rahmen der Jahresabschlusserstellung vorgenommener Bewertungen und Subsumtionen. Die Frage nach der Richtigkeit der Zahl ist zugleich die Frage nach der Richtigkeit der Bewertungen und Subsumtionen, die in die steuerlich erhebliche Zahl einfließen. Für die steuerstrafrechtliche Verantwortung des Beraters hat die Frage besondere Bedeutung, weil die Bewertungen und Subsumtionen – je nach Umfang des Steuerberatungsauftrages – typischerweise zu einem großen Teil von ihm vorgenommen werden.

„Richtig" nach dem Normzusammenhang ist die steuerrechtliche Richtigkeit.

Man kann es sich einfach machen und auf den Empfängerhorizont abstellen und argumentieren: da die Angaben gegenüber der Finanzbehörde zu machen sind, bestimmt deren Sichtweise, was richtig ist. Und was die Finanzverwaltung als richtig ansieht, ist bekannt: nur das, was den Richtlinien und Erlassen der Verwaltung und den im Bundessteuerblatt veröffentlichten Urteilen des BFH entspricht. So sahen es in der Vergangenheit Vertreter der

---

9 So auch *Kürzinger* in Wannemacher, S. 112 Rz. 136; *Wachter*; Die elektronische Steuererklärung als Haftungs- und Gebührenfalle für den Steuerberater, DStR 2013, 2025 (2027); offengelassen von *Mack*, Vorbereitung der Steuererklärung: keine verlängerte steuerliche Festsetzungsverjährung bei leichtfertigem Fehler des Steuerberaters, Stbg 2014, 179 (181).
10 *Rüping*, Steuerberatung, Steuerhinterziehung und Durchsuchung, DStR 2006, 1249.
11 *Hellmann* in Hübschmann/Hepp/Spitaler, Kommentar zur Abgabenordnung und Finanzgerichtsordnung, (H/H/Sp), § 370 Rz. 74; *Kürzinger* in Wannemacher, S. 98 Rz. 59; *Dörn*, Fragen des Steuerstraf- und Steuerordnungswidrigkeitenrechts, DStZ 1993, 478 (485); *Seer* in Tipke/Kruse, Kommentar zur Abgabenordnung, § 150 Rz. 14; *Seer/Krumm*, Die Kriminalisierung der Cum-/Ex-Dividende-Geschäfte als Herausforderung für den Rechtsstaat, DStR 2013, 1757 (1815 f.).

Literatur[12] und ein Teil sieht es so noch heute. *Jäger* beispielsweise konstatiert lapidar: Angaben, denen „eine unzutreffende Rechtsauffassung zugrunde liegt, sind unrichtig".[13]

Auf den Empfängerhorizont könnte man m.E. nur abstellen, wenn geschütztes Rechtsgut des § 370 AO das Informationsinteresse der Finanzverwaltung wäre.[14] Geschütztes Rechtsgut der Steuerhinterziehung ist aber, wenn man einmal absieht von der zutreffenden doppelten Rechtsgutdeutung von *Tipke* und *Salditt*[15] – auf die ich hier nicht näher eingehe –, jedenfalls nicht das Informationsinteresse der Verwaltung und auch nicht die Zahlung jedweder Steuer,[16] sondern nur die fristgerechte Zahlung der dem Fiskus aufgrund der Steuergesetze zustehenden Steuern[17] und die stehen möglicherweise erst nach einem finanzgerichtlichen Rechtsstreit fest.

Im Lichte des Art. 103 Abs. 2 GG[18] erlaubt schon der Wortlaut des § 370 AO nicht ein Abstellen auf den Empfängerhorizont der Finanzbehörde. „Richtig" in § 370 Abs. 1 Nr. 1 AO bezieht sich auf die Angaben und nicht auf die Finanzbehörde.[19] Wenn der Gesetzgeber etwas anderes wollte, müsste er dies klarstellen, beispielsweise durch den Satz: „Soweit Angaben

---

12 *Danzer* in DStJG 6 (1983), S. 94; *Schlüchter*, Steuerberatung im strafrechtlichen Risiko? (1986), S. 55 f.; *Heuermann* in H/H/Sp, § 150 Rz. 18.
13 *Jäger* in Klein, § 370 Rz. 44.
14 Dies erörtert *Wulf* in FS Streck, Reichweite steuerlicher Erklärungspflichten bei unklarer Rechtslage – wo beginnt der Bereich strafbaren Verhaltens (2011), S. 627 (637).
15 *Tipke* in FS Kohlmann, Über Abhängigkeiten des Steuerstrafrechts vom Steuerrecht (2003), S. 566 (561); *Tipke*, Besteuerungsmoral und Steuermoral (2000), S. 97 f.; *Tipke*; Steuerrechtsordnung III, 2. Aufl. 2012, S. 1417; *Salditt* in FS Tipke, Die Hinterziehung ungerechter Steuern (1995), S. 475 ff.; *Salditt* in Flore/Tsambikalis, Steuerstrafrecht (2012), S. 5; ähnlich auch *Seer* in Tipke/Lang, Steuerrecht (T/L), 21. Aufl. 2012, S. 1259, der darauf hinweist, dass Salditt nur auf die gleichmäßige Lastentragung aller Steuerpflichtigen abstellt.
16 So aber BGH v. 7.11.2001 – 5 StR 395/01, BStBl. II 2002, 259; ebenso h.M., s. z.B. *Hellmann* in H/H/Sp, § 370 Rz. 51 ff.; *Joecks* in F/G/J, § 370 Rz. 233b (anders aber in F/G/J, Einleitung, Rz. 8).
17 BGH v. 21.8.2012 – 1 StR 257/12, HRRS 2012, Nr. 789; v. 23.3.1994 – 5 StR 91/94, wistra 1994, 194; v. 24.4.1996 – 5 StR 142/96, wistra 1996, 259 (260); *Kürzinger* in Wannemacher, S. 92 Rz. 41 ff.; *Jäger* in Klein, § 370 Rz. 2; *Seer* in T/L, S. 1259; *Suhr*, Rechtsgut der Steuerhinterziehung und Steuerverkürzung (1989), S. 12 ff.
18 Auf das verfassungsrechtliche nulla-poena-Gebot hat insbesondere hingewiesen *Schulze-Osterloh* in DStJG 6 (1983), Unbestimmtes Steuerrecht und strafrechtlicher Bestimmtheitsgrundsatz, S. 43 ff.
19 Mittelbar bestätigt das auch der BGH, wenn er es – entgegen der Literatur – ausdrücklich ablehnt, die Unkenntnis der Finanzbehörde als ungeschriebenes Tatbestandsmerkmal in § 370 Abs. 1 Nr. 1 AO hineinzulesen, s. BGH v. 14.12.2010 – 1 StR 275/10, NJW 2011, 1299; dazu *Joecks* in F/G/J, § 370 Rz. 198, *Kürzinger* in Wannemacher, S. 107 Rz. 112, differenzierend *Ransiek* in Kohlmann, Steuerstrafrecht (Kohlmann), § 370 AO Rz. 580.

auf Wertungen beruhen sind sie auch unrichtig, wenn die Wertungen nicht mit den Richtlinien der Finanzverwaltung übereinstimmen".

Schulze-Osterloh hat schon 1983[20] auf der damaligen Jahrestagung der Deutschen Steuerjuristischen Gesellschaft herausgearbeitet, dass der Bestimmtheitsgrundsatz im Strafrecht und im Steuerrecht unterschiedlich zu bestimmen ist; im Steuerrecht ist er abgeleitet aus dem Rechtsstaatprinzip, im Strafrecht aus dem engeren Art. 103 Abs. 2 GG.[21] Er hat daraus gefolgert, dass dann, wenn einer Steuererklärung eine Rechtsauffassung zugrunde liegt, die mit dem Wortlaut des Steuergesetzes vereinbar ist, der objektive Tatbestand des § 370 Abs. 1 Nr. 1 AO nicht erfüllt ist, auch wenn diese Auffassung nicht mit der Rechtsprechung oder den Verwaltungsanweisungen übereinstimmt.[22]

Es ist zwar anerkannt, dass die finanzgerichtliche Rechtsprechung und insbesondere der BFH im verfassungsrechtlichen Rahmen zur richterlichen Rechtsfortbildung des Steuerrechts befugt ist und zwar nicht nur durch die Wortauslegung der einzelnen Steuernormen, sondern auch durch deren Erweiterung und die Entwicklung von Rechtsinstituten.[23] Beispiele sind das Tatbestandsmerkmal der Gewinnerzielungsabsicht, der gewerbliche Grundstückshandel, die Betriebsaufspaltung, die Gesamtplanrechtsprechung, aber auch das Sonderbetriebsvermögen und die verdeckte Gewinnausschüttung (vGA), deren Rechtsfolgen zwar in das Gesetz aufgenommen wurden, deren Rechtsgrund und Umfang aber nach wie vor Richterrecht sind.

Es ist ein Kennzeichen dieser Rechtsfortbildung, dass sie in ihren Randbereichen Schwankungen unterworfen ist; man denke z.B. an den Umfang des Sonderbetriebsvermögens, an die Gesamtplanrechtsprechung, an die immer neuen Varianten des gewerblichen Grundstückshandels oder an Entwicklungen bei der vGA unter den Stichwörtern Funktionsverlagerung,

---

20 *Schulze-Osterloh* in DStJG 6 (1983), S. 43 (56).
21 Auch *Sodan*, Grundgesetz, 2. Aufl. 2011, Art. 103 Rz. 19, weist darauf hin, dass der Bestimmtheitsgrundsatz des Art. 103 Abs. 2 GG enger ist als der des Rechtsstaatsprinzips.
22 In diesem Sinne meint auch *Dörn*, DStZ 1993, 478 (485), dass § 370 AO einen Kernbereich des Steuerrechts schützt; ausführlich dazu – wenn auch im Ergebnis abweichend – *Ransiek* in FS Tiedemann, Bestimmtheitsgrundsatz, Analogieverbot und § 370 AO, 2008, S. 171 ff.
23 Dabei werden typischerweise bei bestimmten Sachverhaltsgruppen Kriterien definiert, mit denen diese Sachverhalte steuerlichen Tatbeständen zugeordnet werden. Durch diese Methode wird ein Rückgriff auf § 42 AO entbehrlich, auch soweit sein Rechtsgedanke bei der Entwicklung des Rechtsinstituts Pate stand, die Sachverhaltsgruppen werden dann in fortschreitender Rechtsprechung zu ungeschriebenen Tatbestandsmerkmalen oder zu Rechtsinstituten verdichtet. Siehe dazu und zur Tendenz der Rechtsprechung diese Rechtsinstitute auszuweiten *Weckerle*, Zur teleologischen Begrenzung von Rechtsinstituten richterlicher Rechtsfortbildung im Steuerrecht, StuW 2012, 281 ff.

Verhältnis von Geschäftsführergrundgehalt und Tantieme, Nur-Pensionszusage u.a.[24] Diese Rechtsfortbildung entspricht deshalb höchstens in ihrem Kern, aber nicht in ihrem ganzen Umfang dem strafrechtlichen Bestimmtheitsgrundsatz des Art. 103 Abs. 2 GG.[25]

Hinzu kommt, dass bei Freiheitsstrafe androhenden Tatbeständen, wie dem § 370 AO, der nulla-poena-Satz verstärkt wird durch den Parlamentsvorbehalt des Art. 104 GG.[26] Bei der richterrechtlichen Rechtsfortbildung werden die Sachverhalte mit den Mitteln der juristischen Methodenlehre einem steuerlich bestimmten Tatbestandsmerkmal, bspw. dem Gewerbebetrieb, zugeordnet unabhängig von dessen allgemeinsprachlicher Umschreibung. Dies wird dem Parlamentsvorbehalt nicht gerecht. Das BVerfG hat mehrfach festgestellt, dass der die Grenze der Auslegung bildende Wortsinn aus der Sicht des Bürgers zu bestimmen ist[27] und dass eine sog. „erweiternde Auslegung", und dazu gehören auch richterliche Rechtsinstitute, den Anforderungen der Art. 103 Abs. 2 und 104 Abs. 1 GG nicht entspricht.[28]

Auch der Bereich des § 42 AO ist unter dem Aspekt der unrichtigen Angabe für den nulla-poena-Satz zu unbestimmt, weil die zum Vergleich heranzuziehende angemessene Gestaltung sich aus dem Gesetz nicht ableiten lässt.[29] Damit ist eine Berechenbarkeit des staatlichen Strafanspruchs nicht gegeben.

---

24 *Schwedhelm*, Verdeckte Gewinnausschüttung und (Steuer-)Strafrecht, Stra-Fo 1999, 361 (362 ff.), hat an typischen Einzelfällen der vGA dargelegt, dass die zugrunde liegenden Wertungen nicht den Tatbestand des § 370 AO erfüllen; s. auch *Flore*, Steuerhinterziehung durch vGA, GmbH-StB 1999, 15; *Böcher*, Steuerhinterziehung durch vGA?, DB 1989, 999; *Merkt*, Die vGA im Steuerstrafrecht, BB 1991, 313.
25 So auch *Weidemann*, Verdeckte Gewinnausschüttung und das Steuerstrafrecht, wistra 2007, 201 (205); allgemein zum Bestimmtheitserfordernis *Gusy* in von Mangoldt/Klein/Stark, Grundgesetz (v. M/K/S), 5. Aufl. 2005, Art. 104 Rz. 25.
26 BVerfG v. 13.10.1970 – 1 BvR 226/70, BVerfGE 29, 183, *Nolte* in v. M/K/S, Art. 103 Rz. 171; *Burkhardt* in Leibholz/Rinck, Grundgesetz (L/R), Lfg. 64 (2014), Art. 104 Rz. 83; *Hömig*, Grundgesetz, 8. Aufl. 2007, Art. 104 Rz. 3.
27 BVerfG v. 11.1.1995 – 2 BvR 1473/89, NJW 1995, 3050 (3051); v. 23.10.1985 – 1 BvR 1053/82, BVerfGE 71, 108 (109); s. auch *Nolte* in v. M/K/S, Art. 103 Rz. 141; Jarass/Pieroth, Grundgesetz für die Bundesrepublik Deutschland, 9. Aufl. 2007, Art. 103 Rz. 47.
28 BVerfG v. 10.1.1995 – 1 BvR 718/89, 1 BvR 719/89, 1 BvR 722/89, 1 BvR 723/89, BVerfGE 92, 1 (14 ff.); *Nolte* in v. M/K/S, Art. 103 Rz. 171; *Burghardt* in L/R, Art. 103 Rz. 1272, der in Rz. 1431 darauf hinweist, dass bei Blankettstrafnormen das umfassende Analogieverbot auch für die Norm gilt, auf die verwiesen wird.
29 Zutreffend LG Frankfurt/M. v. 28.3.1996 – 5/13 KLs 94 Js 36385/88 (M 3/96), wistra 1997, 152 (153); wie hier auch *Röckl*, Das Steuerstrafrecht im Spannungsfeld des Verfassungs- und Europarechts (2002), S. 280 ff.; *Wenderoth*, Die Steuerhinterziehung durch Steuerumgehung im Lichte des Art. 103 II GG (1990), S. 224 ff., 235 ff.; *Seipt* in Wannemacher, S. 431 Rz. 1337 ff.; a.A. die Rspr. und die h.M., s. BGH v. 27.1.1982 – 3 StR 217/81, wistra 1982, 108 (109); OLG Karlsruhe v. 18.8.1993 – 3 Ws 16/93, wistra 1993, 308 (311); *Joecks* in F/G/J, § 370 Rz. 139 f.

Und Verwaltungsanweisungen sind bekanntlich keine Normen. Auf sie kann bei der Bestimmung des Strafbarkeitsbereichs nicht abgestellt werden, insbesondere wenn sie nicht nur norminterpretierenden Charakter haben, sondern – wie z.B. der Umwandlungssteuererlass – im Gesetz offen gelassene Fälle oder Fragen regeln.

Es mag unbefriedigend sein, dass der Steueranspruch des Staates strafrechtlich unterschiedlich geschützt wird, je nach dem, ob er sich aus einer Wortinterpretation des Gesetztes ergibt oder aus richterrechtlichen Rechtsinstituten oder der Anwendung des § 42 AO. Das liegt aber an der missglückten Fassung des § 370 AO und eine Reparatur der Vorschrift kann aufgrund der Art. 103 und 104 GG nicht durch die Rechtsprechung erfolgen, sondern nur durch den Gesetzgeber.

Die Bedeutung dieser Einschränkung des Tatbestands hat außerordentlich zugenommen angesichts von Urteilen des BGH,[30] die praktisch zu einer Ausdehnung des Eventualvorsatzes im Steuerstrafrecht führen.[31] Wenn der subjektive Tatbestand ausufert, ist es umso wichtiger, den objektiven Tatbestand im Hinblick auf Art. 103 Abs. 2 GG zu begrenzen. Für die strafrechtliche Verantwortlichkeit des steuerlichen Beraters ist dies besonders wichtig, weil bei ihm im Bereich des subjektiven Tatbestandes aufgrund seiner steuerlichen Kenntnisse eher dolus eventualis angenommen wird.[32] Wenn man das Richterrecht, § 42 AO und die Verwaltungsanweisungen in den objektiven Tatbestand einbezieht und beim steuerlichen Berater von deren Kenntnis ausgeht, besteht die Gefahr, dass man zu einem Zweiklassensteuerstrafrecht kommt für Steuerpflichtige mit und ohne Berater.

Maßgebliche Stimmen in der Literatur und Rechtsprechung[33] anerkennen inzwischen die Begrenzung des objektiven Tatbestands derart, dass Angaben, die auf Wertungen beruhen, die nach dem Gesetzeswortlaut vertretbar sind, nicht unrichtig i.S.d. § 370 Abs. 1 Nr. 1 AO sind.

---

30 BGH v. 8.9.2011 – 1 StR 38/11, wistra 2011, 465; zum Beihilfevorsatz des Beraters s. BGH v. 20.9.1999 – 5 StR 729/98, NStZ 2000, 34.
31 Kritisch dazu Wulf, Bedingter Vorsatz im Steuerstrafrecht, Abschied von der „Steueranspruchslehre"?, Stbg 2012, 19; *Wiese* in Wannemacher, S. 185 ff. Rz. 444–447.
32 So auch *Dörn*, DStZ 1993, 478 (483).
33 *Tipke* in FS Kohlmann, S. 555 (566); *Schulze-Osterloh* in DStJG 6 (1983), S. 43 (46); *Joecks* in F/G/J, § 370 Rz. 128; *Kürzinger* in Wannemacher, S. 101 Rz. 72; *Dörn*, DStZ 1993, 478 (485); *Meilicke*, Wird das Steuerstrafrecht für die Steuerpraxis zum russischen Roulette? BB 1988, 788 ff.; *Werth*, Kann der Steuerberater Täter einer leichtfertigen Steuerverkürzung sein?, DStZ 2014, 131, stellt zutreffend fest, dass § 370 Abs. 1 Nr. 1 AO nach der Intention des Gesetzgebers, eine verfassungsrechtlich den Anforderungen an die Bestimmtheit der Strafgesetze genügende Regelung zu schaffen, eng auszulegen ist; so auch OLG Düsseldorf v. 2.2.1989 – 3 Ws 953/88, Stbg 1991, 521.

Exkurs: Aussetzung nach § 396 AO

In diesem Zusammenhang ist in einem kurzen Exkurs die Vorschrift des § 396 AO anzusprechen, deren zurückhaltende Anwendung in der Praxis gerade dann misslich ist, wenn es nicht um die klaren Fälle von Falschbuchungen u.Ä. geht, sondern um die Tatsachen Kraft rechtlicher Subsumtion.

Auf die Aussetzung im Verwaltungsverfahren nach § 361 AO besteht ein Rechtsanspruch, wenn die Voraussetzungen gegeben sind. Bei § 396 AO liegt die Aussetzung im Ermessen der Ermittlungsbehörde bzw. des Gerichts. Ablehnende Aussetzungsentscheidungen der Ermittlungsbehörde sind nach allg. Ansicht nicht anfechtbar[34] und im gerichtlichen Verfahren ist eine Ablehnung der Aussetzung nach h.M. nicht mit der Beschwerde, sondern nur zusammen mit dem Urteil in der Berufung oder Revision anfechtbar.[35] Damit ist die Aussetzung – wie Bernsmann es ausdrückt – „zur Rarität geworden".[36]

Zwar ist das strafrechtliche Interesse an einem zügigen Verfahren anzuerkennen.[37] Eine Aussetzung gegen den Willen des Beschuldigten sollte deshalb die Ausnahme sein. Aber wenn er sie beantragt, sollte ihm zumindest de lege ferenda ein Anspruch eingeräumt werden, wenn es nicht um simple Fälschungen u.Ä. geht, sondern um steuerliche Vor- und Gestaltungsfragen;[38] und de lege lata sollte in diesen Fällen nur eine antragsgemäße Aussetzung als ermessensgerecht angesehen werden.[39]

---

34 *Jäger* in Klein, § 396 Rz. 16; *Hellmann* in H/H/Sp, § 396 Rz. 76 ff.; *Gotzens* in Wannemacher, S. 1073 Rz. 4142.
35 *Jäger* in Klein, § 396 Rz. 16; *Hellmann* in H/H/Sp, § 396 Rz. 76 ff.; *Gotzens* in Wannemacher, S. 1073 Rz. 4142.
36 *Bernsmann* in FS Kohlmann, Aussetzung des Strafverfahrens nach § 396 AO, S. 377 (383); ebenso *Gast de Haan* in F/G/J, 6. Aufl., § 396 Rz. 20; kritisch auch *Dörn*, Steuerliche Beurteilung und Steuerhinterziehung, Stbg 1998, 158 (161), der darauf hinweist, dass umgekehrt die FG zur Aussetzung nach § 74 FGO neigen.
37 Zur Vorfragenkompetenz des Strafgerichts s. Hellmann in H/H/Sp. 396 Rz. 10; *Dörn*, Stbg 1998, 158 (161), *Gast de Haan* in F/G/J, 6. Aufl., § 396 Rz. 5; differenzierend *Gast de Haan* in DStJG 6 (1983), Steuerverfehlungen als Grundlage von steuerlichen und anderen Verwaltungseingriffen, S. 187 (193); zu den Fällen widerstreitender straf- und finanzgerichtlicher Entscheidungen s. auch *Reiß*, Widersprechende Entscheidungen von Straf- und Finanzgerichten in derselben Rechtssache, StuW 1986, 68 ff. in einer Besprechung des Kölner „Bardamenfalls".
38 So schon nach geltendem Recht *Bernsmann* in FS Kohlmann, S. 377 (385).
39 So auch *Schauf* in Kohlmann, § 396 AO Rz. 45; *Tipke* in FS Kohlmann, S. 553 (563): „im Zweifel ist die Aussetzung des Verfahrens geboten"; und auch der BFH meint in dem Beschl. v. 17.12.1992 – VIII B 88/92, BFH/NV 1993, 419, dass von der Aussetzung bei schwierigen steuerrechtlichen Fragen regelmäßig Gebrauch gemacht werden sollte.

bb) Unvollständige Angaben

Zurück zu den Tatsachen kraft rechtlicher Subsumtion. Der BGH und die h.M.[40] lösen das Problem mit einem Auslegungstrick, indem sie die beiden Tatbestandsalternativen unrichtige Angaben und unvollständige Angaben miteinander verknüpfen und die Ansicht vertreten, werde eine unzutreffende Rechtsauffassung zugrunde gelegt, sei die Angabe unvollständig, wenn der Finanzbehörde nicht zugleich die von der Finanzamtsmeinung abweichende Rechtsauffassung dargelegt wird.[41] Gestützt wird dies auf die allgemeine Mitwirkungspflicht nach § 90 AO.[42] Richtigerweise ist zu differenzieren:

Für sonstige Erklärungen gegenüber der Finanzbehörde, z.B. Anträge auf Herabsetzung von Vorauszahlungen, Beantwortung von Fragen der Veranlagungsstelle, Erklärungen im Rahmen der Betriebsprüfung etc. gilt uneingeschränkt § 90 AO. Hier ist bei Verschweigen der relevanten Unterlagen die zweite Tatbestandsalternative der unvollständigen Angaben verwirklicht und zwar auch dann, wenn es sich um Angaben oder Unterlagen handelt, die für die Beurteilung eines Gestaltungsmissbrauchs oder des Vorliegens eines richterrechtlichen Rechtsinstituts bedeutsam sind.[43]

Für die Abgabe von Steuererklärungen wird aber die allgemeine Mitwirkungspflicht konkretisiert und begrenzt in den §§ 149, 150 AO. § 150 Abs. 4 AO bestimmt, dass den Steuererklärungen die Unterlagen beigefügt werden müssen, die nach den Steuergesetzen vorzulegen sind. Es liegt am Gesetzgeber bzw. an der Finanzverwaltung, entsprechend beizufügende Unterlagen zu benennen bzw. Vorlagen und Auskunftspflichten in die Steuererklärungsvordrucke aufzunehmen, so, wie beispielsweise neuerdings mit der E-Bilanz eine Vielzahl von Zusatzinformationen abgefragt wird, die aus dem bisher vorzulegenden Jahresabschluss nicht ersichtlich waren.[44] Bei-

---

40 BGH v. 10.11.1999 – 5 StR 221/99, wistra 2000, 137, (140); v. 19.12.1990 – 3 StR 90/90, wistra 1991, 138 (140); *Hellmann* in H/H/Sp, § 370 Rz. 86; *Fissenewert*, Das Risiko des Steuerberaters hinsichtlich des Vertretens eigener (abweichender) Rechtsansichten bei der Abgabe von Steuererklärungen, DStR 1992, 1488 (1490); differenzierend *Schwedhelm*, Strafrechtliche Risiken steuerlicher Beratung, DStR 2006, 1017 (1020); insoweit i.S.d.h.M. auch *Seer/Krumm*, DStR 2013, 1957 (1816).
41 Dem widerspricht es in gewisser Weise, wenn der BGH andererseits in dem oben in Fn. 19 angesprochenen Beschl. v. 14.12.2010 – 1 StR 275/10, NJW 2011, 1299, einen vollendeten § 370 Abs. 1 Nr. 1 AO annimmt, obgleich der Finanzbehörde alle Tatsachen bekannt waren.
42 In der Literatur wird darauf hingewiesen, dass die Finanzbehörde verwaltungstechnisch gar nicht darauf eingestellt ist, mit den Steuererklärungen eine Vielzahl von Verträgen und schriftlichen Unterlagen in Empfang zu nehmen und zu bearbeiten, s. *Wulf* in FS Streck, S. 627 (634); *Meilicke*, BB 1984, 1885.
43 In diesem Sinne auch *Jäger* in Klein, § 370 Rz. 47; *Seer* in T/L, S. 1265.
44 In der ursprünglichen Fassung wurden in der E-Bilanz noch wesentlich mehr Informationen abgefragt; insoweit ist der Verordnungsgeber vor der entsprechenden Lobby von Wirtschaft und Steuerberatern erheblich eingeknickt.

spiele dafür, was sinnvollerweise in den Steuererklärungsvordrucken abgefragt werden könnte, hat Seer im Tipke/Kruse aufgelistet.[45] Dahingehende Versäumnisse des Gesetzgebers bzw. der Verwaltung dürfen weder nach dem rechtsstaatlichen Verhältnismäßigkeitsgrundsatz noch nach dem nullapoena-Grundsatz mit der strafrechtlichen Keule des § 370 AO[46] kompensiert werden. Tipke[47] hat schon vor Jahren zutreffend und mit aller Deutlichkeit darauf hingewiesen, dass weder der Steuerpflichtige noch der steuerliche Berater gehalten ist, dem Finanzamt mit der Steuererklärung unaufgefordert in den Erklärungsvordrucken nicht vorgesehene Unterlagen oder Erläuterungen einzureichen.

b) Subjektiver Tatbestand

Beim subjektiven Tatbestand liegen die Probleme für den steuerlichen Berater in der Abgrenzung zwischen dolus eventualis und Leichtfertigkeit.

Der bedingte Vorsatz hat bekanntlich ein kognitives und ein voluntatives Element.[48] Wenn man der provokanten These *Strecks*[49] folgt, wonach über 90 % aller Bürger steuerunehrlich sind, muss der Berater davon ausgehen, dass der überwiegende Teil seiner Mandanten Steuern hinterzieht, d.h. das kognitive „für möglich halten" ist im Allgemeinen oder doch zumindest sehr häufig gegeben. Da der Berater aber keine Garantenstellung gegenüber dem Fiskus hat, kann man von ihm nicht verlangen, dass er jeden einzelnen Mandanten ermahnt. Der generalisierenden Unterstellung des „für möglich Haltens" kann er entgegen wirken, indem er sich vom Mandanten eine Vollständigkeitserklärung unterzeichnen lässt.

Wegen der niedrigen Schwelle des „für möglich Haltens" wird zur Begrenzung des Strafbarkeitsrisikos für den steuerlichen Berater in der Literatur gefordert,[50] man solle nur bei positiver Kenntnis des Beraters Gehilfenvorsatz annehmen. Das ist zu weitgehend, weil durch eine solche Einschränkung des Eventualvorsatzes entgegen der allgemeinen Dogmatik des § 370 AO ein Sonderrecht für eine Berufsgruppe entstehen würde.

---

[45] *Seer* in Tipke/Kruse, § 150 Rz. 8.
[46] *Seer/Krumm*, DStR 2013, 1757 (1815) drücken dies unter Verweis auf BVerfG v. 25.2.1975 – 1 BvF 2/74, BVerfGE 39, 1 (47) und *Roxin*, Strafrecht AT, Bd. 1, 4. Aufl. 2006, § 2, etwas vornehmer aus, wenn sie von der Kriminalstrafe als ultima ratio des Rechts sprechen – gemeint ist das Gleiche.
[47] *Tipke* in FS Kohlmann, S. 555 (566).
[48] Siehe BGH v. 22.3.2012 – 4 StR 558/11, BGHSt 57, 183 (186); zu den hierzu vertretenen Theorien, insbesondere der sog. Billigungstheorie, s. *Sternberg-Lieben* in Schönke/Schröder, Strafgesetzbuch (Schönke/Schröder), 29. Aufl. 2014, § 15 Rz. 73a, 80; *Wessels/Beulke/Satzger*, Strafrecht, AT, 43. Aufl. 2013, S. 90; *Wiese* in Wannemacher, S. 186 Rz. 444.
[49] *Streck*, BB 1984, 2205.
[50] *Podewils/Hellinger*, DStZ 2013, 662 (663).

Erforderlich ist aber, dass das voluntative Element nicht einfach unterstellt, sondern ausdrücklich festgestellt wird, auch wenn die Ableitung dieser inneren Tatsache aus Indizien im Einzelfall schwer sein mag mit der Folge eines in dubio pro reo, wenn die innere Tatsache nicht festgestellt werden kann.[51]

Die Rechtsprechung des BGH ist hier schwankend. Während der 5. Senat noch 2008[52] die Notwendigkeit der Feststellung des voluntativen Elements hervorgehoben hat, hat der 1. Senat in der Entscheidung vom 8.9.2011[53] praktisch hierauf verzichtet. Das hat für den steuerlichen Berater zu einer erheblichen Ausdehnung des Strafbarkeitsrisikos geführt, da die Ermittlungsbehörden unter Berufung auf diese Rechtsprechung sehr schnell Eventualvorsatz unterstellen mit dem häufig erkennbaren Ziel, eine Einstellung nach § 153a StPO zu erreichen.

Die sog. Angstklauseln, mit denen sich Steuerberater und Wirtschaftsprüfer in ihren Bescheinigungen und Testaten freizeichnen wollen, sind – ebenso wie die zuvor erwähnte Vollständigkeitserklärung – im Bereich des direkten Vorsatzes unbeachtlich. Sie haben aber Bedeutung bei der Abgrenzung von Eventualvorsatz und Leichtfertigkeit. Wenn der Berater beispielsweise die Bilanz aufgrund einer vorgelegten Buchhaltung und erklärtermaßen ohne Prüfungs- oder Plausibilitätshandlungen erstellt, ist es schwieriger, ihm dolus eventualis nachzuweisen.

Der sog. Mitwirkungsvermerk auf den Steuererklärungen hat keine Bedeutung; er ist kein Indiz für die Annahme von Mittäterschaft oder Beihilfe des steuerlichen Beraters.[54]

c) Begehungsformen

aa) Bestimmung von Täterschaft und Teilnahme

Der steuerliche Berater kann sowohl Täter wie auch Teilnehmer einer Steuerhinterziehung sein.

---

51 Dazu *Sternberg-Lieben* in Schönke/Schröder, § 15 Rz. 87 b.
52 BGH v. 16.4.2008 – 5 StR 615/07, wistra 2008, 342; v. 20.3.2008 – 1 StR 488/07, wistra 2008, 343.
53 BGH v. 8.9.2011 – 1 StR 38/11, wistra 2011, 465; s. dazu kritisch *Wulf*, Stbg 2012, 19; *Wiese* in Wannemacher, S. 185 ff., Rz. 444–447.
54 Allg. Meinung, s. *Gotzens* in Wannemacher, S. 728 Rz. 2679; *Heine* in Schönke/Schröder, § 25 Rz. 61, 63, 70; *Jäger* in Klein, § 370 Rz. 31; *Schlüchter*, Steuerberatung im strafrechtlichen Risiko? (1986), S. 66; *Werth*, DStZ 2014, 131; BFH v. 29.10.2013 – VIII R 27/10, BStBl. II 2014, 295; a.A. *Rüping* in H/H/Sp., § 378 Rz. 25, der darin nicht nur eine Erklärung des Steuerpflichtigen über die Mitwirkung des Beraters sieht, sondern auch eine eigene Erklärung des Beraters.

Eine Alleintäterschaft[55] oder eine mittelbare Täterschaft des steuerlichen Beraters dürfte in der Praxis eher die Ausnahme sein, da Erklärungen des Beraters gegenüber der Finanzbehörde im Allgemeinen mit dem Mandanten abgestimmt sind, so dass nicht von Allein- sondern aufgrund des Zusammenwirkens von Mittäterschaft oder Beihilfe auszugehen ist. Ein Nichteinbeziehen des Mandanten wird wohl nur dort in Betracht kommen, wo der Berater einen eigenen früheren fahrlässigen Fehler kaschieren will.[56]

In der Praktikerliteratur[57] wird häufig darauf abgestellt, ob der Berater im Außenverhältnis oder lediglich im Innenverhältnis zum Mandanten tätig ist und es wird ihm empfohlen, sich möglichst auf die Beratung im Innenverhältnis zu beschränken, weil er dann nicht den Tatbestand des § 370 Abs. 1 Nr. 1 AO verwirkliche. Diese Aussage ist aber nur richtig bezüglich der eher seltenen Alleintäterschaft. Bei der Mittäterschaft oder Teilnahme hat die Unterscheidung Außenverhältnis/Innenverhältnis keine Bedeutung.[58]

Mittäterschaft liegt bekanntlich vor, wenn die Steuerhinterziehung aufgrund eines gemeinsamen Tatvorsatzes arbeitsteilig begangen wird,[59] während Beihilfe die Unterstützung der Tat eines anderen ist mit dem sog. doppelten Gehilfenvorsatz, d.h., der Gehilfe muss wissen, dass der Täter eine vorsätzliche Steuerhinterziehung begeht und er muss diese vorsätzlich unterstützen wollen.[60] Beihilfe zu einer leichtfertigen Steuerverkürzung ist deshalb nicht möglich.[61]

Sowohl die Tatbeiträge der Mittäter wie die Unterstützungshandlungen des Gehilfen können höchst unterschiedliches Gewicht haben und sich im Ex-

---

55 Z.B. OLG Koblenz v. 11.6.1987 – 1 Ss 198/87, wistra 1987, 263; OLG Düsseldorf v. 12.3.1985 – 3 Ws 64/85, Stbg 1984, 294; BGH v. 26.10.1998 – 5 StR 746/97, wistra 1999, 103.
56 Z.B. durch unzutreffende Angaben im Rahmen einer Betriebsprüfung oder durch einen Folgefehler in der nächsten Bilanz. Wenn diese fehlerhafte Folgebilanz dann nicht vom Berater sondern vom ahnungslosen Steuerpflichtigen beim Finanzamt eingereicht wird, kommt mittelbare Täterschaft in Betracht, wenn der Berater mit Tätervorsatz und nicht lediglich mit Gehilfenvorsatz handelt.
57 Siehe z.B. *Schmeer* in Gräfe/Lenzen/Schmeer, S. 774; *Webel*, Steuerfahndung – Steuerstrafverteidigung, 2. Aufl. 2014, S. 517 ff.; *Gotzens* in Wannemacher, S. 709 Rz. 2597; *Höpfner/Schwartz*, PStR 2014, 61.
58 So auch *Jäger* in Klein, § 370 Rz. 31. Auch ein Berater, wie ein Anlageberater oder ein Unternehmensberater, der nicht nach außen gegenüber der Finanzbehörde auftritt, weil er nicht ein Verfahren wegen unbefugter Hilfe in Steuersachen nach § 5 Steuerberatungsgesetz riskieren will, kann Mittäter oder Gehilfe einer Steuerhinterziehung sein.
59 Siehe z.B. BGH v. 12.2.1998 – 4 StR 428/97, NJW 1998, 2149 (2150); *Heine* in Schönke/Schröder, § 25 Rz. 61, 63, 70; *Jäger* in Klein, § 370 Rz. 211; *Schmidt* in Wannemacher, S. 232 Rz. 589.
60 *Heine* in Schönke/Schröder, § 27 Rz. 19; *Jäger* in Klein, § 370 Rz. 216; *Joecks* in F/G/J, § 369 Rz. 80; *Schmidt* in Wannemacher, S. 237 Rz. 618.
61 Allg. Meinung, s. z.B. *Schmidt* in Wannemacher, S. 234 Rz. 605.

tremfall auf die psychische Mitwirkung beschränken. Auch sog. berufsneutrale Handlungen, wie z.b. Buchung von Geschäftsvorfällen, können Tat- oder Unterstützungsbeiträge sein.[62]

Anstiftung zur Steuerhinterziehung durch den steuerlichen Berater dürfte eher selten sein. Auch der Anstifter muss den doppelten Teilnehmervorsatz haben.

bb) Abgrenzung von Täterschaft und Beihilfe

Am objektiven Tatbeitrag ist eine Abgrenzung von Mittäterschaft und Beihilfe nicht möglich.

Wenn man, wie die Rechtsprechung, von der animus-Theorie herkommt, liegt dies auf der Hand; aber auch die Tatherrschaftslehre, die für die Mittäterschaft einen wesentlichen Tatbeitrag verlangt, führt in der Praxis häufig nicht weiter.[63] Auf der subjektiven Seite stehen dem gemeinsamen Tatvorsatz der Mittäter der jeweils getrennte Vorsatz von Täter und Teilnehmer gegenüber; dabei kann der Täter dolus directus und der Berater als Teilnehmer dolus eventualis haben.

Die Abgrenzung hat für den steuerlichen Berater große Bedeutung[64] wegen der obligatorischen Strafmilderung für den Gehilfen nach §§ 27 Abs. 2, 49 Abs. 1 StGB.

Nach der ständigen Rechtsprechung und h.M. im Schrifttum soll die Abgrenzung in einer wertenden Betrachtung aller Gesamtumstände erfolgen.[65] Anhaltspunkte sind dabei der Grad des eigenen Interesses am Taterfolg, der Umfang der Tatbeteiligung und die Tatherrschaft oder zumindest der Wille zur Tatherrschaft.

In dieser Allgemeinheit ist dies zu beliebig. Dementsprechend sind auch einige Urteile des BGH nicht nachvollziehbar, in denen das jeweilige Landgericht in wertender Gesamtbetrachtung eine Beihilfe angenommen hat

---

62 Siehe BGH v. 1.8.2000 – 5 StR 624/99, NJW 2000, 3010; v. 20.9.1999 – 5 StR 729/98, NStZ 2000, 34; *Schmidt* in Wannemacher, S. 238 ff. Rz. 621 ff.; ausführlich *Kudlich*, Die Unterstützung fremder Straftaten durch berufsbedingtes Verhalten (2004), insbesondere S. 467.
63 Zum Theorienstreit s. *Joecks* in F/G/J, § 369 Rz. 70 ff.; *Schmidt* in Wannemacher, S. 221 Rz. 542 ff.
64 Die Beihilfe ist in der Praxis der wichtigste Fall der Strafbarkeit des Beraters in Steuersachen; so auch *Bornheim*, Steuerstrafrechtliche Risiken der Beratung und ihre Vermeidung, AO-StB 2001, 28; *Sieja*, DStR 2012, 991 (993); *Guntermann*, Die Verteidigung des steuerlichen Beraters gegen den Vorwurf der Teilnahme an einer durch den Mandanten begangenen Steuerhinterziehung, Stbg 2014, 38.
65 Siehe z.B. BGH v. 15.1.1991 – 5 StR 492/90, BGHSt 37, 289 (291); v. 20.1.1998 – 5 StR 501/97, NStZ-RR 1998, 136; *Jäger* in Klein, § 370 Rz. 212; *Schmidt* in Wannemacher, S. 222 Rz. 546.

und der BGH dann in seiner wertenden Gesamtbetrachtung zur Mittäterschaft kam.[66]

Maßgebliches Indiz muss das eigene wirtschaftliche Interesse am Erfolg der Tat sein, da die Steuerhinterziehung ein Vermögensdelikt ist.[67] Da es sich um ein Indiz handelt, kann zwar im Einzelfall die Summe aller anderen Anhaltspunkte zu einer abweichenden Beurteilung führen, aber im Regelfall ist das eigene wirtschaftliche Interesse das maßgebliche Kriterium für die Abgrenzung.

Dabei ist das reguläre Honorar des Beraters für seine steuerliche Beratung, beispielsweise nach der StBVV oder der RVG, entgegen der Ansicht des BGH,[68] zumindest im Bereich des Eventualvorsatzes, kein Anzeichen für ein wirtschaftliches Interesse am Erfolg der Tat.[69] Anders ist es nur, wenn der Berater ein erhöhtes Honorar verlangt oder wenn – unbeschadet der berufsrechtlichen Unzulässigkeit – ein Erfolgshonorar vereinbart wird und erst recht, wenn dies an die Höhe der verkürzten Steuer gekoppelt wird.[70]

2. Steuerhinterziehung des Beraters durch Unterlassen, § 370 Abs. 1 Nr. 2 AO?

a) Keine Tatbestandsverwirklichung durch Berater

Beim Unterlassungsdelikt[71] des § 370 Abs. 1 Nr. 2 AO entspricht die Pflicht, von der die Vorschrift ausgeht, einer Garantenstellung i.S.d. § 13 StGB.[72]

---

66 Siehe z.B. BGH v. 7.11.2006 – 5 StR 164/06, wistra 2007, 112; v. 30.6.2005 – 5 StR 12/05, NStZ 2006, 44.
67 *Hellmann* in H/H/Sp, § 370 Rz. 43; *Joecks* in F/G/J § 370 Rz. 14; *Suhr*, Rechtsgut der Steuerhinterziehung und Steuerverkürzung im Festsetzungsverfahren (1989), S. 12 ff. m.w.N.; *Joecks* in F/G/J, Einleitung Rz. 8.
68 BGH v. 18.6.1991 – 5 StR 32/91, wistra 1991, 343; v. 24.8.1983 – 3 StR 89/83, NJW 1984, 2170; zustimmend *Sieja*, DStR 2012, 991 (993).
69 So auch *Simon/Vogelberg*, Steuerstrafrecht (Simon/Vogelberg), 3. Aufl. 2011, S. 145; *Schmeer* in Gräfe/Lenzen/Schmeer, S. 791; anders aber die Rspr. in den von *Dickopf*, Steuerberatung und steuerstrafrechtliche Risiken (1991), S. 69 berichteten Fällen.
70 Bei Subventionsbeantragungen etwa ist es gängige Praxis von drauf spezialisierten Unternehmensberatern, dass sie ihr Honorar abhängig machen vom Umfang der erlangten Subvention, beispielsweise ein Drittel der ersparten Stromsteuer nach dem EEG; in solchen Fällen wird man den Berater allerdings schon von der Tatherrschaftsseite als Mittäter ansehen, weil er das gesamte Beantragungsverfahren steuert.
71 Nach h.M. handelt es sich um ein echtes Unterlassungsdelikt, s. *Jäger* in Klein, § 370 Rz. 61; *Kürzinger* in Wannemacher, S. 108 Rz. 117; BGH v. 22.5.2003 – 5 StR 520/02, wistra 2003, 344; *Brenner*, Muss der Steuerberater die Steuererklärung berichtigen, wenn er zugunsten seines Mandanten Steuern verkürzt hat?, BB 1987, 1856 (1857); offen gelassen bei *Hellmann* in H/H/Sp., § 370 Rz. 92; a.A. *Seer* in T/L, § 1265: unechtes Unterlassungsdelikt.
72 Siehe dazu *Hoff*, Das Handlungsunrecht der Steuerhinterziehung (1999), S. 67, 192 ff.; *Hellmann* in H/H/Sp, § 370 Rz. 69 f.; *Gunst*, Steuerhinterziehung durch Unterlassen (1996), S. 45 ff.

In der Vergangenheit ist immer wieder diskutiert worden, ob der steuerliche Berater, sei er nun Steuerberater oder Rechtsanwalt oder Wirtschaftsprüfer, wegen seiner durch Berufsgesetz und Berufssatzungen geregelten beruflichen Stellung eine Garantenstellung gegenüber der Finanzbehörde hat.

Die heute h.M. lehnt dies aus guten Gründen ab. Der steuerliche Berater ist zwar berufsrechtlich ein unabhängiges Organ der Steuerrechtspflege. Dies ist er aber im Interesse der Steuerpflichtigen; diese sollen einen kompetenten Berater haben, einen, der der Finanzbehörde fachlich paroli bieten kann. Es ist lediglich eine Reflexwirkung, dass es auch der Verwaltung die Arbeit erleichtert, wenn sie es mit einem kompetenten Gesprächspartner zu tun hat. Der steuerliche Berater ist aufgrund des Beratungsvertrages und aufgrund der Berufsgesetze der ausschließliche Interessenvertreter seines Mandanten.[73] Eine Pflichtenstellung gegenüber der Finanzbehörde würde das vom Gesetzgeber gewollte Vertrauensverhältnis zwischen Mandant und Berater beeinträchtigen und zu einer Pflichtenkollision mit der Verschwiegenheitspflicht nach § 203 Abs. 1 Nr. 3 StGB führen. Es geht um die Steuern des Pflichtigen; im Zweifel kann nur er entscheiden, welche Angaben gegenüber der Finanzbehörde gemacht werden sollen, nur ihn treffen die Erklärungspflichten gegenüber der Finanzbehörde.

Dies gilt nicht nur für die Erklärungspflicht nach § 150 AO[74] sondern auch für die Berichtigungspflicht nach § 153 AO. Diese trifft nach dem Wortlaut der Vorschrift ausschließlich den Steuerpflichtigen.[75] Nur er ist Normadressat. Selbst wenn der Berater einen von ihm selbst verursachten Fehler feststellt, darf er diesen nicht eigenmächtig gegenüber der Finanzbehörde korrigieren, sondern hat ihn als Nebenpflicht aus dem Beratungsvertrag gegenüber dem Steuerpflichtigen zu offenbaren. Dieser entscheidet, ob und wie die Berichtigung nach § 153 AO erfolgt. Da § 153 AO nach h.M. nicht nur Steuererklärungen, sondern alle Erklärungen betrifft,[76] gilt dies selbst

---

73 *Simon* in Simon/Vogelberg, S. 146; *Schmeer* in Gräfe/Lenze/Schmeer, S. 773; *Gotzens* in Wannemacher, S. 719 Rz. 2649; *Rüping*, DStR 2006, 1249; *Rüping* in FS Kohlmann, Der Steuerberater als „Organ der Steuerrechtspflege" im System staatlicher Kontrollen (2003), S. 499 (512); *Schaaf*, Die mögliche strafrechtliche Verantwortlichkeit des steuerlichen Beraters – Das Spannungsfeld zwischen Berufspflichten und steuerstrafrechtlichen Vorwürfen, AO-StB 2012, 349 (350); Sieja, DStR 2012, 991; anders noch *Danzer*, DStJG 6 (1983), S. 67 (70); *Bilsdorfer*, Die steuerstraf- und bußgeldrechtliche Verantwortlichkeit des steuerlichen Beraters, NWB 1993, Fach 13, 829 (830).
74 Und die Anzeigepflichten nach §§ 137 bis 139 AO.
75 H.M., s. *Seer* in Tipke/Kruse, § 153 Rz. 4; *Jäger* in Klein, § 370 Rz. 65; *Sieja*, DStR 2012, 991 (993); *Höpfner/Schwartz*, PStR 2014, 61; *Podewils/Hellinger*, DStZ 2013, 662 (664); anders noch BGH v. 1.11.1966 – 5 StR 479/66, DStZB 1967, 32 zur Vorgängervorschrift § 165e RAO.
76 Siehe *Rätke* in Klein, § 153 Rz. 2; *Heuermann* in H/H/Sp, § 53 Rz. 2; *Seer* in Tipke/Kruse, § 153 Rz. 7, differenzierend in Rz. 7a; a.A. *Cöster* in Pahlke/Koenig, Abgabenordnung, 2. Aufl. 2009, § 153 Rz. 14.

dort, wo der steuerliche Berater die fehlerhafte Erklärung selbst gegenüber dem Finanzamt abgegeben hat.[77]

Der Berater hat aufgrund seiner ausschließlich auf den Mandanten bezogenen Pflichtenstellung gegenüber der Behörde auch keine Garantenstellung aus vorangegangenem Tun und zwar unabhängig davon, ob man § 153 AO als einen gesetzlich abschließend geregelten Fall der Ingerenz[78] ansieht oder nicht.[79] Der steuerliche Berater ist nicht nur nicht verpflichtet, sondern unter der Strafdrohung des § 203 StGB[80] gar nicht berechtigt, abgegebene Erklärungen am Steuerpflichtigen vorbei gegenüber der Finanzbehörde zu korrigieren.

b) Teilnahme

Die Pflichtenstellung bei einer Unterlassungstat bezieht sich nach allg. strafrechtlichen Grundsätzen nur auf den Täter und nicht auf den Teilnehmer. Deshalb kann der steuerliche Berater Beihilfe und Anstiftung leisten zu einer Steuerhinterziehung durch Unterlassen nach § 370 Abs. 1 Nr. 2 AO.[81]

Strittig ist aber, ob die Pflichtenstellung des Steuerpflichtigen ein persönliches Merkmal i.S.v. § 28 Abs. 1 StGB ist[82] mit der Konsequenz der obligatorischen Strafmilderung für den Teilnehmer. Der BGH und ein Teil der Literatur lehnen dies zu Recht ab,[83] da der Unrechtsgehalt des Unterlassens nach § 370 Abs. 1 Nr. 2 AO voll dem der aktiven Hinterziehung nach Nr. 1 entspricht und die unterschiedliche Begehungsform bei der Strafbarkeit der Anstiftung keinen Unterschied machen kann.[84]

---

77 So auch *Seer* in Tipke/Kruse, § 153 Rz. 4a; *Kürzinger* in Wannemacher, S. 115 Rz. 151; *Schmeer* in Gräfe/Lenzen/Schmeer, S. 774; ein Fall des § 14 Abs. 2 StGB, d.h. des Handelns als Organ oder Betriebsleiter des Steuerpflichtigen, ist beim Berater in der Regel nicht gegeben, so auch *Danzer* in DStJG 6 (1983), S. 67 (75).
78 *Häcker* in Bieneck, Wirtschaftsstrafrecht, 5. Aufl. 2011, § 96 Rz. 26 f.; BGH v. 20.12.1995 – 5 StR 412/95, NStZ 1996, 563 (565); *Simon/Vogelberg*, S. 148; *Schmidt* in Wannemacher, S. 230 Rz. 582; offengelassen von *Harms*, Steuerliche Beratung im Dunstkreis des Steuerstrafrechts, Stbg 2005, 12; a.A. *Brenner*, BB 1987, 1856.
79 Und unabhängig davon, dass sich § 153 AO nur auf das Festsetzungs- und nicht auch auf das Erhebungs- und Vollstreckungsverfahren bezieht, s. *Seer* in Tipke/Kruse, § 153 Rz. 7a; *Kürzinger* in Wannemacher, § 153 Rz. 153.
80 Siehe dazu *Guntermann*, Stbg 2014, 38, der darauf hinweist, dass bei der Verteidigung des steuerlichen Beraters gegen den Beihilfevorwurf das Verteidigungsvorbringen regelmäßig mit der Verschwiegenheitspflicht kollidiert.
81 Siehe z.B. *Joecks* in F/G/J, § 370 Rz. 240; *Schmeer* in Gräfe/Lenzen/Schmeer, S. 819.
82 So *Joecks* in F/G/J, § 369 Rz. 83; *Schmidt* in Wannemacher, S. 243 Rz. 646; *Hellmann* in H/H/Sp, § 370 Rz. 109.
83 BGH v. 25.1.1995 – 5 StR 491/94, wistra 1995, 189 (191); *Seer* in T/L, S. 1266; *Jäger* in Klein, § 370 Rz. 61; *Blesinger* in Kühn/von Wedelstädt, § 370 AO Rz. 16.
84 Beim Gehilfen ergibt sich die Strafmilderung ohnehin schon aus § 27 Abs. 2 StGB.

III. Abgrenzung zur leichtfertigen Steuerverkürzung nach § 378 AO

1. Tatbestandliche Voraussetzungen einer leichtfertigen Steuerverkürzung des Beraters

Unter den Täterkreis des § 378 AO fällt auch der steuerliche Berater.[85] Die Präzisierung des Täterbegriffs gegenüber dem Wortlaut des § 370 AO hat für ihn keine Bedeutung.[86]

Tathandlung ist das leichtfertige Begehen einer der in § 370 Abs. 1 AO genannten Taten. Damit gelten für die Tatbestandsmerkmale, insbesondere die Unrichtigkeit bei Tatsachen Kraft rechtlicher Subsumtion, die obigen Ausführungen.

Erforderlich ist, dass der Täter selbst eine der in § 370 Abs. 1 AO genannten Taten begeht. Weil es im Bereich der Leichtfertigkeit keinen gemeinsamen Tatvorsatz und keinen doppelten Gehilfenvorsatz gibt, kommt ein Zusammenfassen von Tatbeiträgen oder von Tatbeiträgen mit Unterstützungshandlungen nicht in Betracht;[87] d.h. der Täter muss selbst unrichtige oder unvollständige Angaben gegenüber der Finanzbehörde machen.

Für den Begehenstatbestand des § 378 i.V.m. § 370 Abs. 1 Nr. 1 AO kommt es deshalb bezüglich der Tätigkeit des steuerlichen Beraters – anders als bei vorsätzlichem Handeln[88] – entscheidend auf die Differenzierung zwischen Außen- und Innenverhältnis an. Nur wenn der Berater selbst leichtfertig eine unrichtige oder unvollständige Erklärung gegenüber der Finanzbehörde abgegeben hat, kann er zur Verantwortung gezogen werden.

Deshalb ist der steuerliche Berater in den Fällen des § 150 AO, d.h. bei Abgabe der Steuererklärung durch den Pflichtigen, ordnungswidrigkeitenrechtlich nicht verantwortlich, auch wenn er die Steuererklärung leichtfertig

---

85 Hat der Steuerpflichtige eine Steuerberatungs- oder Wirtschaftsprüfungsgesellschaft beauftragt, kommen als Täter die für diese Gesellschaft selbständig handelnden Personen in Betracht; allg. Meinung, s. z.B. *Jäger* in Klein, § 378 Rz. 9; *Joecks* in F/G/J, § 378 Rz. 12 ff.; *Schmeer* in Gräfe/Lenzen/Schmeer, S. 847; *Seer* in T/L, S. 1284.
86 *Joecks* in F/G/J, § 378 Rz. 18, und *Seer* in T/L, S. 1285, stellen auf die eigenverantwortlich handelnden Personen, d.h. die Berufsträger, ab; das ist m.E. zu eng, auch ein qualifizierter Sachbearbeiter eines Steuerbüros handelt in Wahrnehmung der Angelegenheiten eines Steuerpflichtigen; die Präzisierung ist nur insoweit eine Einschränkung, als bspw. Amtsträger als Täter ausschließt, s. *Seer* in T/L, S. 1284; dabei kann offen bleiben, ob es sich aufgrund der Einschränkung um ein Sonderdelikt handelt, so *Rüping* in H/H/Sp, § 378 Rz. 12.
87 Siehe oben zu II.1.c), Fn. 61.
88 Siehe oben zu II.1.c), Fn. 58.

unrichtig oder unvollständig erstellt hat.[89] Er ist nicht selbst im Außenverhältnis gegenüber der Finanzbehörde aufgetreten.

Der IV. Senat des BFH[90] hatte dies anders gesehen und entgegen der strafrechtlichen Judikatur und der h.M. im Schrifttum[91] die Auffassung vertreten, leichtfertige Steuerverkürzung in der Tatvariante des § 370 Abs. 1 Nr. 1 AO könne auch der Berater begehen, der selbst keine Angaben gegenüber der Finanzbehörde macht. Diese Rechtsprechung wurde nunmehr zutreffenderweise mit Zustimmung des IV. Senats durch den VIII. Senat aufgegeben.[92]

Bei sonstigen Angaben, wie z.B. Herabsetzungsanträgen, Erklärungen im Rahmen der Betriebsprüfung oder auf Anfragen der Veranlagungsstelle, die der Berater gegenüber der Finanzbehörde gemacht hat, ist er der Täter und nur er und nicht der Steuerpflichtige ist nach § 378 AO verantwortlich.

Der Unterlassungstatbestand des § 378 i.V.m. § 370 Abs. 1 Nr. 2 AO hat für den Berater aus den o.g. Gründen mangels einer Garantenstellung auch bei der leichtfertigen Steuerverkürzung keine Bedeutung.[93] Die Tatbestandsvariante „bei Wahrnehmung der Angelegenheiten eines Steuerpflichtigen" geht insoweit ins Leere.

2. Leichtfertigkeit

Der subjektive Tatbestand des § 378 AO verlangt Leichtfertigkeit, als Kurzformel ausgedrückt, einen erhöhten Grad von Fahrlässigkeit.[94]

---

89 Siehe die Nachweise in Fn. 94; nach *Dörn*, DStZ 1993, 478 (480) kommt abweichend hiervon eine Zurechnung der Erklärungshandlung des Steuerpflichtigen zum Berater nach § 9 Abs. 2 Nr. 2 OWiG in Betracht, wenn er vom Betriebsinhaber mit der eigenverantwortlichen Aufgabenerfüllung beauftragt wurde; dagegen *Gotzens/Heinsius*, Stbg 2000, 209 (216).
90 BFH v. 19.12.2002 – IV R 37/01, BStBl. II 2003, 385.
91 BayObLG v. 9.11.1993 – 4St RR 54/93, wistra 1994, 34; OLG Braunschweig v. 8.3.1996 – Ss (B) 100/95, wistra 1996, 319; OLG Zweibrücken v. 23.10.2008 – 1 Ss 140/08, NStZ-RR 2009, 81; *Harms*, Stbg 2005, 12; *Jäger* in Klein, § 378 Rz. 9; *Joecks* in F/G/J, § 378 Rz. 25; *Gotzens* in Wannemacher, S. 735 Rz. 2706.
92 BFH v. 29.10.2013 – VIII R 27/10, BStBl. II 2014, 295; s. dazu *Mack*, Stbg 2014, 179; *Lübbersmann*, BFH justiert Zurechnung von fehlerhaften Angaben im Verhältnis von Steuerpflichtigem und Berater neu, PStR 2014, 37; *Werth*, DStZ 2014, 131; *Spernau*, Leichtfertige Steuerverkürzung durch Fehler des Steuerberaters, NWB 2014, 624.
93 Für den Berater im Ergebnis h.M. *Joecks* in F/G/J, § 378 Rz. 20a; *Rüping* in H/H/Sp, § 378 Rz. 28; *Gotzens* in Wannemacher, S. 738 Rz. 2713; a.A. OLG Koblenz v. 11.6.1987 – 1 Ss 198/87, wistra 1987, 263.
94 Siehe z.B. *Joecks* in F/G/J, § 378 Rz. 27; *Jäger* in Klein, § 378 Rz. 20; *Seer* in T/L, S. 1285; *Gotzens* in Wannemacher, S. 738 Rz. 2714.

Es ist in der Literatur viel darüber geschrieben worden, ob und wenn ja, in welchem Umfang den steuerlichen Berater aufgrund seiner beruflichen Stellung erhöhte Sorgfaltspflichten treffen[95] mit der Folge, dass bei ihm eher Leichtfertigkeit angenommen werden kann.

Da der steuerliche Berater bezüglich des von § 378 AO geschützten Rechtsguts[96] keine Garantenstellung hat, trifft ihn auch nicht eine generelle erhöhte Sorgfaltspflicht. Die Sorgfaltspflicht muss beurteilt werden im Hinblick auf die jeweils in Frage stehende Tathandlung i.S.d. § 370 Abs. 1 Nr. 1 AO. Fertigt der Berater für den Steuerpflichtigen die Buchhaltung, dann hat er dabei – wie jeder Buchhalter – die Grundsätze ordnungsmäßiger Buchführung zu beachten; erstellt er die Bilanz, dann hat er die maßgeblichen handels- und steuerbilanziellen Vorschriften zu beachten. Soweit er dabei Mitarbeiter einsetzt, hat er – wie jeder Kaufmann – Überwachungspflichten, die abgestuft sind in Abhängigkeit von der Komplexität der Materie und der Qualität der Mitarbeiter;[97] dabei muss für die Annahme der Kausalität feststehen, dass bei Einhaltung des Qualitätskontrollsystems die konkrete Steuerverkürzung nicht entstanden wäre.[98] Bei Tatsachen Kraft rechtlicher Subsumtion ist zu berücksichtigen, dass diese nach der hier vertretenen Ansicht dann, wenn sie auf einer Wertung beruhen, die nach dem Wortlaut der Steuergesetze vertretbar ist, nicht unrichtig i. S des § 371 Abs. 1 Nr. 1 AO sind und dass die Nichtbeachtung von Verwaltungsanweisungen und höchstrichterlicher Rechtsprechung und Rechtsinstituten den objektiven Tatbestand nicht erfüllt. Deshalb kommt es nicht darauf an, ob der Berater diese in concreto gekannt hat oder nicht.

Da es beim Berater nicht um die Abgabe von Steuererklärungen i.S.v. § 150 AO geht, sondern um sonstige Erklärungen, trifft ihn die Vollständigkeitspflicht nach § 370 Abs. 1 Nr. 1 i.V.m. § 90 AO. Diese trifft aber den Steuerpflichtigen in gleicher Weise.

---

95 Siehe *Danzer* in DStJG 6 (1983), S. 87 ff.; *Hoppe*, Rechtsgrundlagen und Grenzen ungeschriebener Pflichten des Steuerberaters im Steuerstrafrecht und Steuerbußgeldrecht, 2000; *Schmeer* in Gräfe/Lenzen/Schmeer, S. 851 ff.; *Gotzens/Heinsins*, Stbg 2000, 209 (218).
96 Das geschützte Rechtsgut entspricht grundsätzlich dem des § 371 (s. dazu oben unter II.1.a die in Fn. 15 und 17 genannte Literatur) mit der Erweiterung, dass es auch vor leichtfertiger Verkürzung geschützt werden soll; so auch *Joecks* in F/G/J, § 378 Rz. 3; *Seer* in T/L, S. 1284; *Jäger* in Klein, § 378 Rz. 1; *Wegner* in Wannemacher, S. 671 Rz. 2392.
97 Zur Funktion eines Qualitätskontrollsystems als Sicherungsinstrument gegen die Gefahr in Steuerstraftaten des Mandanten hineingezogen zu werden, s. *Sieja*, DStR 2012, 991 (993 f.).
98 So auch *Joecks* in F/G/J, § 378 Rz. 44 f.; *Rüping* in H/H/Sp, § 378 Rz. 53; *Jäger* in Klein, § 378 Rz. 26; *Gotzens* in Wannemacher, S. 739 Rz. 2721.

IV. Sonstige für den Berater relevante Tatbestände bzw. Normen

1. Begünstigung, § 369 Abs. 1 Nr. 4 AO i.V.m. § 257 StGB

Im Zusammenhang mit der Teilnahme des steuerlichen Beraters muss auch der gesonderte Steuerstraftatbestand der Begünstigung nach § 369 Abs. 1 Nr. 4 AO i.V.m. § 257 StGB genannt werden.

Faktisch handelt es sich um die Strafbarkeit einer nachträglichen Beihilfe, allerdings ohne Akzessorietät und mit etwas anderer Zielrichtung: es geht nicht mehr um die Förderung der Haupttat (diese ist schon abgeschlossen), sondern darum, die Vorteile der Haupttat zu sichern. Dabei ist nach dem BGH[99] eine zu niedrige Steuerfestsetzung ein Vorteil i.S.d. § 257 StGB. Und die Begünstigung ist im Gegensatz zur Beihilfe nicht akzessorisch; deshalb kann der steuerliche Berater nach einer leichtfertigen Steuerverkürzung des Mandanten wegen Steuerbegünstigung strafbar sein.[100]

2. Haftung nach § 71 AO

Neben der strafrechtlichen Verantwortlichkeit wegen Steuerhinterziehung oder Beihilfe dazu hat für den steuerlichen Berater besondere praktische Bedeutung auch die Haftungsvorschrift des § 71 AO. Danach haftet der Berater, der (Mit)Täter oder Teilnehmer einer Steuerhinterziehung ist, für die verkürzten Steuern (einschließlich Zinsen).[101]

3. Anhörung der Berufskammer nach § 411 AO

§ 411 AO bestimmt, dass die Finanzbehörde vor Erlass eines Bußgeldbescheids gegen einen Steuerberater, Rechtsanwalt oder Wirtschaftsprüfer der zuständigen Berufskammer Gelegenheit zur Stellungnahme gibt. Eine entsprechende gesetzliche Regelung im Steuerstrafverfahren fehlt und auch im gerichtlichen Bußgeldverfahren ist die Vorschrift nicht anzuwenden.[102] Das Fehlen einer entsprechenden Vorschrift im Steuerstrafverfahren und im

---

99 BGH v. 26.10.1998 – 5 StR 746/97, wistra 1999, 103 (104); *Gotzens* in Wannemacher, S. 731 Rz. 2692; *Schwedhelm*, DStR 2006, 1017 (1020); a.A. *Joecks* in F/G/J, § 369 Rz. 186c.
100 Beispielsweise, wenn er mit Eventualvorsatz falsche Auskünfte im Rahmen einer Betriebsprüfung erteilt.
101 Siehe dazu *Jope*, Haftung des Täters und des Gehilfen einer Steuerhinterziehung nach § 71 AO, Stbg 2010, 299; *Pflaum*, Zu den Voraussetzungen der Haftung des Steuerhinterziehers, § 71 AO, wistra 2010, 368; *Gehm*, Strafrechtliche Fallstricke für den steuerlichen Berater bei Wahrnehmung seines Mandats, Stbg 2010, 165, der darauf hinweist, dass die Haftung nach § 71 AO nicht im Fall der Begünstigung greift.
102 § 411 AO ist deshalb nicht zu vergleichen mit den als Vorgängervorschriften genannten § 423 RAO 1931 und § 448 RAO 1968, die die Einleitung eines Steuerstrafverfahrens bzw. den Erlass eines Bußgeldbescheids gegen einen Berufsträger von einem vorherigen berufsgerichtlichen Verfahren abhängig machten.

gerichtlichen Verfahren spricht dafür, dass der Gesetzgeber dem Berufsträger in den minder schweren Fällen des § 378 AO eine Unterstützung durch die Berufskammer geben wollte. Daraus folgt – entgegen Nr. 104 der Anweisungen für das Straf- und Bußgeldverfahren –, dass dann, wenn der Berufsträger dies beantragt, d.h. dann, wenn er die Unterstützung gar nicht haben will, die Anhörung zu unterbleiben hat.

V. Zusammenfassung

1. Der steuerliche Berater ist Normadressat der §§ 369 ff. und 377 ff. AO. Es gibt keine Sondertatbestände für den steuerlichen Berater.
2. Aufgrund der Art. 103 und 104 GG ist eine Angabe nicht unrichtig i.S.d. § 370 Abs. 1 Nr. 1 AO, wenn sie nach dem Wortlaut des Gesetzes vertretbar ist, auch wenn sie die steuerliche Rechtsprechung oder Verwaltungsanweisungen nicht berücksichtigt.
3. Bei steuerlichen Vorfragen sollte auf Antrag eine Aussetzung nach § 396 AO erfolgen.
4. In den Steuererklärungen nach § 150 AO ist nur das anzugeben, was im Formular abgefragt ist.
5. Beim subjektiven Tatbestand ist bei Annahme des bedingten Vorsatzes das voluntative Element ausdrücklich festzustellen.
6. Die Abgrenzung zwischen Mittäterschaft und Beihilfe hat nach dem eigenen wirtschaftlichen Interesse zu erfolgen; das reguläre Honorar des Beraters ist dafür in den Fällen des Eventualvorsatzes kein Indiz.
7. Der Berater kann mangels Garantenstellung den Unterlassenstatbestand des § 370 Abs. 1 Nr. 2 AO nicht erfüllen; Teilnahme ist aber möglich.
8. Bei der leichtfertigen Steuerverkürzung kommt es für den Berater auf die Unterscheidung zwischen Innen- und Außenverhältnis an; nur wenn er selbst gegenüber der Behörde Angaben macht, ist er nach § 378 AO verantwortlich.
9. Den Berater treffen aufgrund seiner beruflichen Stellung keine erhöhten Sorgfaltspflichten gegenüber der Finanzbehörde.
10. Die Begünstigung ist – im Gegensatz zur Teilnahme – nicht akzessorisch.
11. Auch als Teilnehmer haftet der Berater nach § 71 AO für die hinterzogenen Steuern.
12. Auf Antrag des Beraters sollte eine Anhörung der Berufskammer nach § 411 AO unterbleiben.

Steuerstrafrechtliche Verantwortung im Unternehmen und selbstregulierende Tax Compliance

Dr. *Christian Kaeser*
Rechtsanwalt, München

Inhaltsübersicht

I. Einleitung
II. Begriff der Tax Compliance
III. Bedeutung der Tax Compliance im Konzern
IV. Einflussfaktoren für die Tax Compliance
 1. Externe Komplexitätstreiber
 2. Interne Komplexitätstreiber
V. Steuerstrafrechtliche Rahmenbedingungen der Tax Compliance
 1. Der Straftatbestand der Steuerhinterziehung (§ 370 AO)
 2. Beziehung zwischen Strafrechtstatbestand der Steuerhinterziehung und materiellem Steuerrecht
  a) Ist der Tatbestand der Steuerhinterziehung (noch) ausreichend bestimmt?
  b) Geht die Auslegung des Eventualvorsatzes bei der Steuerhinterziehung durch die Strafgerichtsbarkeit zu weit?
 3. Ergebnis: Die Unbestimmtheit des § 370 AO wird durch eine ausufernde Auslegung des Eventualvorsatzes auf dem Rücken des Steuerpflichtigen eingegrenzt!
VI. Selbstregulierende Tax Compliance
 1. Begriff der selbstregulierenden Tax Compliance
 2. Unternehmenskultur und Wechselwirkungen im Bereich des subjektiven Tatbestands
 3. Selbstveranlagung und strafrechtliche Verantwortung
 4. Ansätze für weitergehende Lösungen im Bereich bestimmter Abzugssteuern
VII. Fazit

I. Einleitung

Das Steuerstrafrecht, lange Jahre wie auch etwa das gesamte Steuerrecht ein wenig publikumswirksames Thema, ist derzeit dank der konzertierten Bemühungen einiger Prominenter in aller Munde. Ob Uli Hoeneß oder Alice Schwarzer, Klaus Zumwinkel oder etwas weniger beachtet Georg Baselitz – sie alle und insbesondere die fokussierte Berichterstattung haben dazu beigetragen, dass in der öffentlichen Wahrnehmung der Eindruck entstanden ist, die sog. „Geldelite" habe durch die Bank weg ein Schwarzgeldkonto in der Schweiz oder einer anderen „Steueroase". Durch die gleichzeitige Initiative der G20 und der von ihr mit dem Projekt „Base Erosion & Profit Shifting" beauftragten OECD im Konzert mit einer wenig differenzierten Pressearbeit werden auch Unternehmen, insbesondere multinationale Konzerne, mit den unter Generalverdacht stehenden vermögenden Steuerbürgern in einen Topf geworfen. Und auch die Politik kann natürlich ein so leicht zu besetzendes Thema nicht ungenutzt vorüberziehen lassen. Getragen von der allgemeinen Stimmungslage will die große Koalition nach einigem Hin und Her die bereits verschärften Regelungen zur strafbefreienden Selbstanzeige (§ 370a AO) weiter verschärfen.[1] Dabei lohnt es sich, einmal einen Schritt zurück zu treten, und mit etwas Abstand zu betrachten, ob der vermögende Privatmann, der mit dem Wissen und Wollen, dem deutschen Fiskus Steuern zu hinterziehen, in einen Topf geworfen werden kann mit dem Unternehmen, dass sich jeden Monat aufs neue nach bestem Wissen und Gewissen bemüht, frist- und ordnungsgemäß etwa die Umsatzsteuervoranmeldung zu erstellen – die aber fast zwangsläufig Arbeitsfehler enthalten wird. Das gilt umso mehr, wenn man sich die Frage nach der Qualität des Gesetzesbefehls stellt: ist dieser beim Schwarzgeldkonto noch klar und offensichtlich, lässt er sich bzgl. vieler anderen Bereiche der Tax Compliance nur mit Mühe erfassen.

II. Begriff der Tax Compliance

Mit dem Begriff der Tax Compliance ist die Erfüllung steuerlicher Verpflichtungen gemeint. Dabei steht die Erfüllung der Steuererklärungspflicht zwar im Vordergrund, erfasst werden aber eben auch alle sonstigen aus steuerlichen Regelungen resultierenden Verpflichtungen. Dies können etwa Abzugs-, Dokumentations- oder Aufbewahrungsverpflichtungen sein. In der Begrifflichkeit „Compliance" steckt ein qualitatives Element – die Verpflichtungen werden erfüllt, d.h. der Begriff der Tax Compliance geht davon aus, dass die Verpflichtungen auf der einen Seite materiell richtig erfüllt werden, auf der anderen Seite aber auch die rein formalen Vorgaben beachtet werden, also die Pflichterfüllung vor allem form- und fristgerecht erfolgt. So betrachtet stellt die Tax Compliance die vornehmliche Aufgabe jeder Unternehmenssteuerabteilung, gewissermaßen deren Pflichtprogramm dar. Dass die Bedeutung der ordnungsgemäßen Pflichterfüllung tatsächlich für jedes Unternehmen fundamental ist, ergibt sich schlicht aus den Folgen bei Nichterfüllung bzw. Fehlern in diesem Bereich.

III. Bedeutung der Tax Compliance im Konzern

Werden steuerliche Verpflichtungen nicht oder fehlerhaft erfüllt, drohen Steuerpflichtigen finanzielle und nicht finanzielle Folgen. Dabei reichen die finanziellen Folgen steuerlicher Non-Compliance von der fälligen zusätzlichen Steuer über Zinsen und Zuschläge, die auf die Nachzahlung anfallen

---

[1] Kabinettsbeschluss vom 24.9.2014, Zustimmung des Bundesrats am 19.12.2014 erfolgt. Verschärfung wird zum 1.1.2015 wirksam.

bis zu Geldstrafen bzw. Geldbußen. Werden Nachzahlungen fällig, weil die ursprüngliche Steuererklärung unvollständig bzw. fehlerhaft war, kann der Ergebniseffekt regelmäßig auch nicht über bestehende Rückstellungen ausgeglichen bzw. geglättet werden – Rückstellungen werden für erkannte steuerliche Risiken gebildet, im Fall einer unvorsätzlichen Pflichtverletzung fehlt es also schon an der erforderlichen Kenntnis, so dass erst gar keine Rückstellung gebildet worden ist. Zinsen und sonstige Zuschläge können dabei ebenso schmerzhaft wie die eigentliche Nachzahlung sein; die 0,5 Prozent Zins, die Deutschland pro Monat auf Nachzahlungen erhebt und die den risikofreien Zins derzeit um das gut fünffache übersteigen, reichen als Beleg hierfür vollauf. Und mit Geldstrafen bzw. Geldbußen, die wegen der Pflichtverletzung erhoben werden, kann sich die Pflichtverletzung zum finanziellen Fiasko auswachsen. Italien erhebt beispielsweise bis zum 2,5-fachen des Nachzahlungsbetrags an „Penalties".

Von besonderer Bedeutung ist in Deutschland dabei die Vorschrift des § 130 OWiG. Danach handelt ordnungswidrig, wer als Inhaber eines Betriebs oder Unternehmens vorsätzlich oder fahrlässig die Aufsichtsmaßnahmen unterlässt, die erforderlich sind, um in dem Betrieb oder Unternehmen Zuwiderhandlungen gegen Pflichten zu verhindern, die den Inhaber treffen und deren Verletzung mit Strafe oder Geldbuße bedroht ist, wenn eine solche Zuwiderhandlung begangen wird, die durch gehörige Aufsicht verhindert oder wesentlich erschwert worden wäre. Zu den erforderlichen Aufsichtsmaßnahmen zählt § 130 Abs. 1 S. 2 OWiG dabei auch die Bestellung, sorgfältige Auswahl und Überwachung von Aufsichtspersonen. Die Geldbuße kann dabei bis zu 1 Million Euro betragen und gem. § 30 OWiG gegen das Unternehmen festgesetzt werden. § 130 OWiG umreißt damit das sog. „Organisationsverschulden" und kann abgewendet werden, wenn die für die Erfüllung steuerlicher Pflichten erforderlichen Prozesse und Ressourcen nicht etabliert wurden, also keine ordentliche Organisation der Steuerfunktion besteht.

Neben finanziellen Folgen können auch Ordnungsmaßnahmen drohen, wie etwa das Blacklisting für öffentliche Aufträge oder der Lizenzentzug. Aber auch allein die negative Publicity und damit die nachteiligen Auswirkungen auf die Kunden oder einen gesamten Markt, dürfen nicht unterschätzt werden. Dies gilt umso mehr, da Meldungen zu (angeblichen) Steuerverfehlungen von Konzernen es aktuell auf die Titelseiten schaffen und in Ländern wie etwa Großbritannien zu veritablen Proteststürmen mit Boykottaufrufen führen können.

Weitere nicht finanzielle Folgen der steuerlichen Non Compliance können sich aus dem Strafrecht ergeben. Dabei kann zwar in Deutschland strafrechtlich nicht gegen das Unternehmen selbst vorgegangen werden; wohl kennen aber andere Länder, wie etwa Österreich, ein Unternehmensstrafrecht, das auch Steuerdelikte einschließt. Persönlich strafbar kann sich machen, wer wissentlich und willentlich eine falsche Steuererklärung abgibt. Aber auch derjenige, der den Fehler verursacht hat und denjenigen, der die Steuererklärung abgibt, nicht darüber aufklärt, kann sich insofern der Steuerhinterziehung in mittelbarer Täterschaft strafbar machen. Dies trifft etwa auf den Vertriebsmann zu, der, um einen Auftrag zu erhalten, einen Mitarbeiter des Auftraggebers besticht und die Bestechung als „Vertriebskosten" verbuchen lässt. Die Bestechung ist gem. § 4 Abs. 5 Nr. 10 EStG steuerlich nicht abzugfähig. Klärt der Vertriebsmann intern nicht über die Art der „Vertriebskosten" auf, wird er zum mittelbaren Täter einer Steuerhinterziehung.

IV. Einflussfaktoren für die Tax Compliance

Die Erfüllung gesetzlicher Verpflichtungen wird vom Bürger und Unternehmen zu Recht erwartet, bilden Recht und Gesetz doch den vom Staat vorgegebenen Rahmen, in dem sich Privat- und Wirtschaftsleben erst entfalten können. Genauso selbstverständlich wie diese Vorgabe auch auf den ersten Blick ist, so schwierig ist es, ihr im Bereich des Steuerrechts stets und jederzeit vollständig nachzukommen. Dies liegt an verschiedenen internen (aus der Sphäre des Steuerpflichtigen stammenden) wie auch externen (aus der Sphäre der Gesetzgebung und Verwaltung stammenden) Komplexitätstreibern.

1. Externe Komplexitätstreiber

An erster Stelle unter den externen Komplexitätstreibern steht die immer stärker zunehmende Komplexität der steuerlichen Regelungen. Diese wird noch dadurch verschärft, dass trotz größerer Interpretationsbedürftigkeit der Regelungen „helfende" Verwaltungsanweisungen selbst dann lediglich verzögert erlassen werden, wenn sie gesetzlich ausdrücklich vorgesehen sind. Dabei bedient sich nicht nur der deutsche Steuergesetzgeber immer öfter auch des Instruments der steuerlichen Rückwirkung, so dass nur mit hellseherischen Fähigkeiten ausgestattete Steuerpflichtige ohne zusätzlichen Administrationsaufwand auskommen.

Um nicht stets zu Illustrationszwecken auf die vor ein paar Jahren in § 1 Abs. 3 S. 9 AStG verankerte Funktionsverlagerung zurückgreifen zu müssen, lassen sich für diesen Trend und die dadurch entstehende Komplexität auch ganz aktuelle Beispiele finden. So ist die Einführung des sog. „Authorized OECD Approaches" (AOA) in § 1 Abs. 5 und 6 AStG hervorragend geeignet, alle drei angesprochenen Aspekte aufs Eindrucksvollste zu belegen. Mit dem AOA hat die OECD Mitte 2010 im OECD-Musterabkommen (MA) in Art. 7 einen neuen Ansatz zur Betriebsstättengewinnermittlung eingefügt. Verkürzt gesagt wurde bislang – sowohl im OECD-MA als auch nach deutschem Recht (und dem so ziemlich aller Staaten) – die Betriebsstätte eines Unternehmens für Zwecke der Betriebsstättengewinnermittlung als das behandelt, was sie auch ist: ein Teil des Unternehmens. Daraus resultierte, dass zwischen dem Unternehmen und seiner Betriebsstätte keine steuerlich relevanten Beziehungen bestehen konnten. Diesen gedanklichen Ansatz gibt der AOA auf und fingiert die Betriebsstätte für Zwecke der steuerlichen Gewinnermittlung zu einem vollständig selbständigen und unabhängigen Unternehmen mit der Folge, dass nunmehr auch steuerlich relevante Beziehungen zwischen der Betriebsstätte und ihrem Stammhaus bestehen. Dieser Richtungswechsel der OECD ist zunächst ohne direkte praktische Auswirkungen, da ja die bestehenden Doppelbesteuerungsabkommen (DBA) zwischen den verschiedenen Staaten noch auf dem alten Konzept aufgebaut sind und insofern geändert werden müssten, bevor der AOA auch abkommensrechtlich anzuwenden wäre. Obwohl Deutschland nun in den letzten Jahren erst eine Handvoll DBA von den insgesamt über 90 deutschen Abkommen abgeschlossen hat, die auch den AOA beinhalten, hat der deutsche Gesetzgeber den AOA mit Gesetz v. 23.6.2013[2] in § 1 Abs. 5 und 6 AStG in deutsches Recht umgesetzt. Man darf sich getrost fragen, welchen Sinn es haben soll, sich bewusst mit über 90 Prozent der eigenen DBA in Konflikt zu setzen und die Steuerpflichtigen mit einer enormen Komplexität zu überziehen. Denn nunmehr müssen auch sog. Dealings oder Innengeschäfte zwischen einem Stammhaus und seiner Betriebsstätte steuerlich korrekt erfasst, also u.a. bepreist und dokumentiert werden, nur um dann in eine abkommenswidrige Doppelbesteuerung zu laufen. Aber auch dies hat der Gesetzgeber natürlich vorhergesehen und eine Ausnahme ins Gesetz aufgenommen – nur dass insofern dem Steuerpflichtigen die Beweislast aufgebürdet wird. Er muss die – offensichtliche – Abkommenswidrigkeit der deutschen Besteuerung vortragen und die daraus resultierende Doppelbesteuerung nachweisen. Und damit nicht genug ist die Regelung auch noch rückwirkend ab dem 1.1.2013 für alle nach dem 31.12.2012 beginnenden Wirtschaftsjahre anzuwenden. Steuerpflichtige müssen also zumindest für sechs Monate rückwirkend versuchen, den neuen gesetzlichen Anforderungen genüge zu tun. Ein Umstand, der hier besonders schwierig ist, da es ja um rechtlich nicht existente bloße Innenbeziehungen geht, die somit regelmäßig gar nicht bzw. nicht ausreichend dokumentiert sein werden. § 1 Abs. 5 und 6 AStG zeichnen sich überdies auch dadurch aus, dass sie viele unbestimmte Rechtsbegriffe beinhalten, die ihre Anwendbarkeit aus Sicht des Steuerpflichtigen erschweren. Dies hat auch der Gesetzgeber gesehen und der Finanzverwaltung in § 1 Abs. 6 AStG aufgetragen, nähere Details durch Rechtsverordnung zu regeln. Obwohl der Erlass dieser Rechtsverordnung (es handelt sich um die Betriebsstättengewinnaufteilungsverordnung) bereits im Sommer 2013 noch bis Ende 2013 zugesagt war, hat es bis zum Oktober

---

[2] Gesetz zur Umsetzung der Amtshilferichtlinie sowie zur Änderung steuerlicher Vorschriften, BGBl. I 2013, 1809.

2014 gedauert, bis diese endlich verabschiedet worden ist.[3] Offensichtlich darf man also den durch eine steuerliche Regelung belasteten Steuerpflichtigen sogar rückwirkend die Anwendung von Vorschriften aufbürden, die so komplex sind, dass selbst das BMF länger als ein Jahr braucht, um eine finale erläuternde Rechtsverordnung zu erlassen. Und das, obwohl das BMF ja das Gesetz selbst entworfen hat, also es doch eigentlich auch so ausreichend verstehen sollte, dass es dieses den Steuerpflichtigen hinreichend klar und zeitnah erklären können sollte. Da das bei einem Eingriffsrecht wie dem Steuerrecht verfassungsrechtlich mehr als problematisch ist, sieht § 40 BsGaV vor, dass die BsGaV erst für Wirtschaftsjahre gilt, die nach dem 31.12.2014 beginnen. Die Regelungen des AStG gelten hingegen nach wie vor für alle nach dem 31.12.2012 beginnenden Wirtschaftsjahre. Wer sich an die bereits erwähnte Einführung der Funktionsverlagerung erinnert fühlt, irrt nicht. Damals warteten die Steuerpflichtigen fast jahrelang auf den Erlass der Rechtsverordnung sowie der flankierenden BMF-Richtlinien.

Komplexität wird aber auch durch realitätsferne Anforderungen geschaffen. Als Beispiel hierfür mag die Gelangensbestätigung dienen. Um die Umsatzsteuerbefreiung für innergemeinschaftliche Lieferungen bzw. Ausfuhren in Anspruch nehmen zu können, sollte der liefernde Unternehmer ab 1.10.2013 eine Bestätigung darüber beibringen, dass die gelieferten Gegenstände auch tatsächlich zu ihrem Adressaten gelangt sind.[4] Das hört sich einfach an. Aber das erste Problem besteht schon allein darin, dass sich alle Speditionsfirmen geweigert haben (basierend auf einer Empfehlung ihres Verbandes), eine solche Bestätigung vom Lieferempfänger entgegenzunehmen und diese dem liefernden Unternehmer zu überbringen. Man mag das als übertriebene Vorsicht bezeichnen, es ändert aber nichts an der Tatsache, dass bei einer harten Anwendung der Regelungen zur Gelangensbestätigung der exportierende Unternehmer sich nach einem alternativen Weg hätte umsehen müssen, in den Besitz der Gelangensbestätigung zu kommen. Ein weiterer Komplexitäts- und Kostentreiber.

Dass das Steuerrecht gerne und häufig geändert wird, trägt mit Sicherheit auch nicht dazu bei, die Komplexität zu reduzieren. In jedem Jahr wird mittlerweile ein sog. Jahressteuergesetz erlassen, in dem sich von der Behebung redaktioneller Fehler über rein technische Änderungen bis hin zu echten inhaltlichen Änderungen so gut wie alles finden lässt. Daneben wird fast jedes Jahr mindestens ein weiteres Steuergesetz erlassen, stets mit klingendem Namen, wie etwa Steuervereinfachungsgesetz,[5] Steuerbürokratie-

---

3 Verordnung zur Anwendung des Fremdvergleichsgrundsatzes auf Betriebsstätten nach § 1 Abs. 5 des Außensteuergesetzes (Betriebsstättengewinnaufteilungsverordnung – BsGaV) v. 13.10.2014, BGBl. I 2014, 1603.
4 Verschärfung eingeführt durch die Elfte Verordnung zur Änderung der Umsatzsteuer-Durchführungsverordnung v. 25.3.2013, BGBl. I 2013, 602.
5 Etwa das Steuervereinfachungsgesetz 2011 v. 1.11.2011, BGBl. I 2011, 2131.

abbaugesetz⁶ (mit dem – ein Schelm, der Böses dabei denkt – die äußerst bürokratieaufwendige E-Bilanz eingeführt wurde) oder ähnlichem. Hinzu kommen weitere Änderungen steuerlicher Regelungen, die sich in Omnibusgesetzen „verbergen" oder harmlos getarnt daher kommen – wie z.B. das Gesetz zur Anpassung des nationalen Steuerrechts an den Beitritt Kroatiens zur EU und zur Änderung weiterer steuerlicher Vorschriften.⁷ Es ist insofern bereits für einen spezialisierten Experten kaum noch möglich, mit allen Änderungen in seinem Bereich Schritt zu halten. Für einen Generalisten stellt dies fast ein Ding der Unmöglichkeit dar und vom normalsterblichen Steuerpflichtigen will man gar nicht erst reden. Im Konzern kommt hinzu, dass ja nicht nur Deutschland eine hohe Umschlagshäufigkeit in der Steuergesetzgebung kennt, sondern andere Länder mindestens gleichziehen. Auch die supranationalen „Gesetzgeber" OECD und EU sind im Zeitalter von „Base Erosion & Profit Shifting" (BEPS) besonders aktiv.

Im grenzüberschreitenden Wirtschaftsverkehr werden überdies identische Sachverhalte oftmals unterschiedlich behandelt. Aus der aktuellen Diskussion rund um BEPS kennt man dazu das Beispiel der hybriden Finanzierung. Die Zahlung für die Überlassung von Geld wird in einem Staat als steuerlich abzugsfähiger Zins qualifiziert, vom anderen Staat hingegen als steuerfreie Dividende gesehen. Dieser Qualifikationskonflikt geht zugunsten des Steuerpflichtigen und soll daher bekämpft werden. Unglücklicherweise stellen diese aus Sicht des Steuerpflichtigen positiven Interpretationsunterschiede jedoch ganz und gar nicht die Mehrzahl der Qualifikationskonflikte dar. Vielmehr kommt es selbst im europäischen Binnenmarkt noch in einer Vielzahl von Fällen zu Doppelbesteuerung wegen negativer Qualifikationskonflikte, die oft allein fiskalisch motiviert sind. Als bestes Beispiel hierfür lässt sich die italienische Betriebsprüfungspraxis anführen. Da, wo der italienische Prüfer eine Betriebsstätte sieht, ist man aus deutscher Sicht von derselben noch Lichtjahre entfernt. Das DBA zwischen Deutschland und Italien sieht zwar ein Verständigungsverfahren vor, nicht aber einen Einigungszwang – und die EU-Schiedskonvention, die einen Einigungszwang enthält, ist auf einen Betriebsstätten-Qualifikationskonflikt nicht anwendbar. Nimmt man dann noch die italienische Verhandlungsstrategie hinzu,

---

6 Gesetz zur Modernisierung und Entbürokratisierung des Steuerverfahrens v. 28.12.2008, BGBl. I 2008, 2850.
7 V. 25.7.2014, BGBl. I 2014, 1266 – Das BMF sagt dazu: „In verschiedenen Bereichen des deutschen Steuerrechts hat sich u.a. wegen des Beitritts Kroatiens zur EU fachlich notwendiger Gesetzgebungsbedarf ergeben. Das Gesetz zur Anpassung des nationalen Steuerrechts an den Beitritt Kroatiens zur EU und zur Änderung weiterer steuerlicher Vorschriften dient der Umsetzung dieses fachlich notwendigen Gesetzgebungsbedarfs. Weitere Maßnahmen dienen der redaktionellen Anpassung nach anderen Gesetzgebungsverfahren und der Vereinfachung." (sic!) Man kann getrost sagen, dass sich die durch den Beitritt Kroatiens erforderlichen Anpassungen auf maximal 1,2 Prozent der in dem genannten Gesetz geregelten Änderungen beschränken.

auf Betriebsprüfungsfeststellungen 2,5-fache Penalties festzusetzen, diese aber im Fall einer gütlichen Einigung auf ⅙ zu reduzieren und kombiniert das mit den ans *Dolce-Far-Niente* erinnernden Verfahrensdauern, kann man sich mit Fug und Recht fragen, ob die OECD nicht noch etwas mehr Energie auf ihr angestammtes Ziel der Verhinderung von Doppelbesteuerung hätte verwenden können, anstatt den Steuergestaltungen amerikanischer Multinationals hinterherzujagen.

Hand in Hand mit der unterschiedlichen Auslegung identischer Sachverhalte geht das stark differierende Qualitätsniveau der jeweiligen lokalen Steuerverwaltungen. Dieses schwankt bereits innerhalb Deutschlands leicht von Bundesland zu Bundesland, noch stärker aber in der EU und immens, sobald man die EU verlässt. Mit Finanzbeamten, die weder die eigenen Steuergesetze kennen, noch diese anwenden können und wollen, lassen sich Sachthemen nur schwer diskutieren. Und daran wird auch ein Country-per-Country-Reporting nichts ändern können, sondern allein weitere sachfremde Pseudoargumente dafür liefern, sich nicht mit der gesetzlichen Grundlage beschäftigen zu müssen, sondern durch schlichten Zahlenvergleich einen Steueranspruch ableiten zu wollen.

Letztlich ist aber auch die aktuelle Stimmungslage zur angeblich niedrigen Steuermoral von Konzernen und reichen Steuerbürgern dazu angetan, zusätzlichen Druck auf die Tax Compliance zu bringen. Dies liegt nicht zuletzt daran, dass in den Medien unterschiedslos und ohne jede Differenzierung über teilweise komplexeste Sachverhalte berichtet wird. So etwa über die Steueroase ‚Delaware' – ein US-Staat der von vielen Ausländern wegen seines stabilen Gesellschaftsecht zur Gründung einer US-Gesellschaft geschätzt und genutzt wird. Neben dem stabilen Gesellschaftsrecht müssen jedoch auch die Gesellschafter einer Delaware-Gesellschaft nicht ins Gesellschaftsregister eingetragen werden. Es ist leicht nachvollziehbar, dass dies zur Verschleierung der Gesellschafterstruktur genutzt werden kann. Zur Steueroase wird Delaware gleichwohl nicht, denn auch dort unterliegen Einkünfte der Delaware-Gesellschaft der US-Körperschaftsteuer i.H.v. 35 Prozent sowie der Steuer des Staates Delaware. Gleichwohl werden Konzerne, die ihre Delaware-Töchter im Gesellschaftsverzeichnis offenlegen, mit Anfragen überhäuft, warum sie in einer Steueroase wie Delaware eine Tochtergesellschaft besitzen. In einer so angeheizten Atmosphäre wächst auch der Druck auf die Finanzverwaltung, selbst bei einfachsten und klaren – nicht vorsätzlich begangenen – Arbeitsfehlern die Steuerfahndung einzuschalten. Da kann eine weitere Einschränkung der Möglichkeit zur strafbefreienden Selbstanzeige schon gar nicht mehr schrecken. Ist diese doch im anschlussgeprüften Konzern ohnehin bereits tatbestandsmäßig ausgeschlossen.

2. Interne Komplexitätstreiber

Die denkbare Landschaft interner Komplexitätstreiber ist sehr heterogen, da diese stark von dem jeweiligen Konzern abhängt. Dabei beginnt es bereits bei der jeweiligen Geschäftsorganisation. Übernimmt nur die Konzernmutter die Stellung eines Vollunternehmers und agieren alle Konzerntochtergesellschaften als reine risiko- und funktionsarme Vertriebs- oder Produktionseinheiten, wird Komplexität reduziert. Können hingegen alle Konzerneinheiten eigenunternehmerisch tätig werden und verfügen somit über entsprechende Funktionen und Risiken, steigt die Komplexität an. Diese beschränkt sich dabei nicht nur auf den rein konzerninternen Leistungsverkehr. Bezieht sich der Geschäftsauftrag der einzelnen Konzerneinheiten nicht nur auf deren Ansässigkeitsstaat, sondern werden diese auch jeweils grenzüberschreitend gegenüber im Ausland ansässigen Kunden tätig, kann es dazu kommen, dass der Konzern über mehrere Betriebsstätten unterschiedlicher Tochtergesellschaften in ein und demselben Staat verfügt, für die selbstverständlich jeweils die steuerliche Compliance sichergestellt werden muss.

Die Art des Geschäfts entscheidet schließlich ganz materiell über den Aufwand, der in die Sicherstellung steuerlicher Compliance investiert werden muss. Bei reinem Produktgeschäft und einer Konzernstruktur, die den Vertrieb über eigene Tochtergesellschaften oder selbständige Agenten organisiert, müssen die steuerlichen Pflichten der Tochtergesellschaften abgedeckt werden. Diese müssen nach jeweiligem lokalen Recht Abschlüsse erstellen, so dass regelmäßig ein Ausgangspunkt für die steuerliche Gewinnermittlung besteht. Agiert ein Konzern hingegen über Betriebsstätten bzw. begründet er im Anlagenbau solche zwangsläufig, steigt der Aufwand der steuerlichen Pflichterfüllung. Die Betriebsstättengewinnermittlung ist nicht erst seit der Einführung des AOA hochkomplex.

Ein anderer wesentlicher Faktor ist der wachsende Kostendruck. So können für kleinere Länder keine internen Steuerexperten mehr eingestellt werden, sondern es muss auf externe Expertise zurückgegriffen werden. Das ist an sich nichts Schlechtes, fügt aber eine weitere Schnittstelle in den Steuererklärungsprozess ein. Denn der Idealfall, dass derjenige, der auch schon während des Jahres die operative Tätigkeit einer Gesellschaft steuerlich begleitet, dann auch deren Steuererklärung erstellt, ist natürlich sehr weit von der Konstellation entfernt, in der ein externer Steuerberater nach Ablauf des Wirtschaftsjahres eine Steuererklärung erstellt. Hier muss der Informationsfluss gut organisiert sein und eine zentrale Koordination erfolgen, um den Externen die erforderliche Sachverhaltskenntnis zu vermitteln.

Auch scheinbar banale Dinge, wie etwa die Anzahl der Standorte, können die Komplexität steigern. Und dies nicht nur wegen der Gewerbesteuerzerlegung, sondern auch für sonstige Steuern, wie etwa die Stromsteuer.

Hat ein Konzern den Versorgerstatus für Stromsteuerzwecke, muss er sicherstellen, dass für Zwecke der Stromsteuererklärung auch alle Zählerstände an sämtlichen Standorten und in allen Gebäuden abgelesen und übermittelt werden – und zwar in eigenen und angemieteten Gebäuden. Das ist bei ein paar Dutzend Standorten noch nicht der Rede wert; bei etlichen hundert und häufigen Wechseln im Bestand kann sich aber auch ein so schlichter Prozess zur faktischen Herausforderung auswachsen.

Ein weiterer interner Komplexitätstreiber kann aus häufigen Änderungen der Legal- bzw. Organisationsstruktur resultieren. Wird etwa die Anzahl der Legaleinheiten im Konzern aus Kostengründen reduziert, steht die Steuerfunktion unter Strom. Die Liquidierung oder die Verschmelzung von Legaleinheiten bedeuten immer einen zusätzlichen Aufwand, beginnend bei der schlichten Prüfung der steuerlichen Folgen, über besondere Anmeldeerfordernisse oder auch dadurch, dass evtl. eine Schlussbetriebsprüfung ausgelöst wird – wie dies in vielen Ländern der Fall ist. Werden Organisationsstrukturen verändert, ändern sich auch die Schnittstellen. Damit wird der interne Informationsfluss regelmäßig eher nicht verbessert. Wird etwa das Accounting für Zwecke der internationalen Rechnungslegung für mehrere Länder in einem Servicecenter gebündelt, wird zwangsläufig die lokale Abschlussqualität leiden, sofern nicht gegengesteuert wird. Und der lokale Abschluss ist in aller Regel der Ausgangspunkt für die Aufstellung der Steuerbilanz und damit auch für die steuerliche Compliance.

Schließlich bringt auch exogenes Wachstum Herausforderungen für die Tax Compliance. Werden Gesellschaften oder andere Konzerne akquiriert, müssen diese nicht zwingend den gleichen Compliance Standards gefolgt sein, wie der eigene Konzern. Und auch über die beste Due Diligence lassen sich Lücken in der Compliance nur aufdecken, nicht aber schließen. Dabei sind insbesondere Länderspezifika zu beachten. Die Aufmerksamkeit, die deutsche Konzerne etwa in Ländern wie Brasilien der makellosen Tax Compliance widmen, wird von lokalen Unternehmen noch nicht einmal annähernd an den Tag gelegt. Bevor eine solche Akquisition in den Konzern integriert wird, muss also sehr genau analysiert werden, inwieweit dadurch „gesunde" Konzerneinheiten infiziert werden können.

V. Steuerstrafrechtliche Rahmenbedingungen der Tax Compliance

Die nicht ordnungsgemäße Erfüllung steuerlicher Verpflichtungen kann unter bestimmten Voraussetzungen den Straftatbestand der Steuerhinterziehung (§ 370 AO) erfüllen. Ein persönlicher Strafaufhebungsgrund wird durch die Möglichkeit zur strafbefreienden Selbstanzeige nach § 371 AO begründet.

1. Der Straftatbestand der Steuerhinterziehung (§ 370 AO)

Gemäß § 370 AO setzt der objektive Tatbestand der Steuerhinterziehung voraus, dass entweder (1) den Finanzbehörden oder anderen Behörden unrichtige oder unvollständige Angaben über steuerlich erhebliche Tatsachen gemacht werden, oder (2) die Finanzbehörden pflichtwidrig über steuerlich erhebliche Tatsachen in Unkenntnis gelassen werden oder (3) die Verwendung von Steuerzeichen oder Steuerstemplern pflichtwidrig unterlassen wird **und** dadurch Steuern verkürzt oder für den Täter oder einen anderen nicht gerechtfertigte Steuervorteile erlangt werden. Dabei muss der Täter im subjektiven Tatbestand vorsätzlich handeln, also mindestens über Eventualvorsatz verfügen. Fehlt der Vorsatz, kann in der Form der leichtfertigen Steuerverkürzung gem. § 378 AO eine Ordnungswidrigkeit vorliegen, sofern die besondere Fahrlässigkeitsform der Leichtfertigkeit festgestellt werden kann. Daneben kann auch der bereits oben angesprochene § 130 OWiG einschlägig sein.

2. Beziehung zwischen Strafrechtstatbestand der Steuerhinterziehung und materiellem Steuerrecht

Das materielle Steuerrecht findet über den Begriff der „steuerlich erheblichen Tatsachen" (über die der Täter einer Steuerhinterziehung den Finanzbehörden oder anderen Behörden gegenüber unrichtige oder unvollständige Angaben macht) Eingang in den Straftatbestand des § 370 AO. Steuerlich erheblich sind alle die Tatsachen, die den Tatbestand einer Norm des materiellen Steuerrechts ausfüllen. Es ist offensichtlich, dass über diese Brücke das materielle Steuerrecht nicht nur einen losen Bezugspunkt für den § 370 AO darstellt, sondern es gleichsam durch diese Bezugnahme in den Straftatbestand inkorporiert wird. Insofern kann man insofern auch von der „Nahtstelle" zwischen Steuerstrafrecht und materiellem Steuerrecht sprechen. Mit Blick auf verschiedene Entwicklungen und Umstände im Steuerrecht lässt sich hier die Frage nach der ausreichenden Bestimmtheit des aus dieser Verbindung resultierenden Strafrechtsanspruchs stellen (nachfolgend a)). Komplettiert wird das objektive Tatbestandselement noch durch den erforderlichen subjektiven Tatbestand – mangels einer tatbestandsmäßigen Einschränkung muss der Täter einer Steuerhinterziehung auch bzgl. des Tatbestandselements der „steuerlich erheblichen Tatsachen" vorsätzlich, also mindestens mit bedingtem Vorsatz handeln (dazu nachfolgend b))

a) Ist der Tatbestand der Steuerhinterziehung (noch) ausreichend bestimmt?

Strafrecht ist die schärfste Form des Eingriffsrechts, entsprechend hoch sind die Anforderungen an die Bestimmtheit der Strafrechtstatbestände. Der staatliche Strafrechtsanspruch besteht nur dort, wo er so ausreichend formuliert ist, dass sich die strafbewehrten Handlungen sicher unter den

Wortlaut der Strafrechtsnorm fassen lassen. Oder anders gewendet: der Straftatbestand für den normal verständigen Bürger ausreichend verständlich ist. Der BGH[8] formuliert diesen Befund in seiner Entscheidung zum Tatbestand des § 261 StGB (Geldwäsche) wie folgt:

„Schließlich erfordert bei dem Tatbestand der Geldwäsche nach § 261 StGB letztendlich auch das verfassungsrechtliche Bestimmtheitsgebot nach Art. 103 Abs. 2 GG eine restriktive Auslegung der Strafvorschrift. Durch die Kombination von einerseits Katalogtaten (mit teilweise zusätzlichen Erfordernissen) mit einer Vielfalt von Tathandlungen, die nahezu jedweden Umgang mit dem deliktsbehafteten Gegenstand unter Strafe stellen, *bewegt sich dieser Straftatbestand an der Grenze der Verständlichkeit*. Um eine noch ausreichende Bestimmtheit und Übersichtlichkeit dieser Strafvorschrift sicherzustellen, ist eine restriktive Auslegung der Tatbestandsmerkmale geboten. *Dies bedeutet, dass nur solche Handlungen als tatbestandsmäßig angesehen werden können, die sich ohne weiteres und sicher dem Wortlaut der Bestimmung unterordnen lassen*".

Die Tathandlungen „ohne weiteres und sicher dem Wortlaut" der Steuerhinterziehung unterordnen zu können, ist in vielen Fällen, insbesondere den besonders prominenten Schwarzgeldkonten in der Schweiz, unproblematisch. Wer als in Deutschland ansässiger Steuerpflichtiger Zinsen in erheblichem Umfang auf einem Schweizer Bankkonto erzielt und diese nicht in seiner deutschen Steuererklärung deklariert, handelt offensichtlich wissentlich und willentlich in Bezug auf eine Steuerhinterziehung. Noch offensichtlicher ist dies beim Handwerker, der seine Arbeitsleistung „schwarz", also ohne Rechnung erbringt und dafür dem Kunden einen entsprechenden „Rabatt" gewährt oder in Fällen des Umsatzsteuerkarussells. In allen diesen Fällen ist der Normbefehl der nicht ordnungsgemäß angewendeten Steuernormen eindeutig und klar. Probleme mit der Bestimmtheit des durch die Brückenvorschrift der Steuerhinterziehung bewirkten Normgefüges aus Steuerstrafrecht und materiellem Steuerrecht entstehen nicht.

Wendet man aber die Vorgabe des BGH, dass nur solche Handlungen als tatbestandsmäßig angesehen werden können, die sich „ohne weiteres und sicher dem Wortlaut unterordnen lassen", auf andere Fälle im steuerrechtlichen Kontext an, ist man schnell erstaunt, warum nicht auch hier eine restriktive Auslegung erwogen werden muss. Die Beispiele hierzu wären Legion, zwei mögen den kritischen Ist-Zustand verdeutlichen:

Beispiel 1:
Die börsennotierte A AG will im Sommer 2012 eigene Aktien von der Börse zurückkaufen.

Beispiel 2:
Die A AG verfügt seit dem Jahr 2011 über eine Montagebetriebsstätte in einem DBA Land (Freistellungsmethode)

---

8 BGH, Urt. v. 24.5.2008, 5 StR 89/09.

Im Beispiel 1 scheint die Würdigung auf den ersten Blick unproblematisch: es liegt ein Anschaffungsgeschäft vor, das steuerlich zunächst keine Auswirkungen nach sich ziehen sollte (Aktivtausch Geld gegen eigene Anteile) – allerdings hat das BMF ein Schreiben aus dem Jahre 1998,[9] in dem es für den Rückkauf eigener Aktien ausdrücklich klargestellt hatte, dass insofern ein Anschaffungsvorgang vorliegt, im Jahre 2010 aufgehoben.[10] In der Folge waren deutsche Unternehmen verunsichert, ob die Rücknahme des alten BMF-Schreibens nunmehr so ausgelegt werden muss, dass die ursprüngliche Aussage nicht mehr gelten soll und der Rückkauf eigener Aktien etwa wie eine Kapitalherabsetzung bzw. Ausschüttung mit der Folge der Verpflichtung zur Einbehaltung von Kapitalertragsteuer zu werten sei. Erst mit Schreiben vom 27.11.2013 stellte das BMF dann wieder klar, dass es sich insofern nach wie vor um ein Anschaffungsgeschäft handelt.[11] Eine Einordnung des Rückkaufs eigener Aktien unter das materielle Steuerrecht war somit alles andere als „ohne weiteres und sicher" möglich.

Im Beispiel 2 ist zu beachten, dass sich im Juni 2013 die Methodik der Betriebsstättengewinnermittlung durch Einfügung des § 1 Abs. 5 und 6 AStG grundlegend geändert hat – und zwar mit prinzipieller Rückwirkung zum 1.1.2013 (dazu oben IV.1.). Die dringend erforderliche klarstellende Rechtsverordnung ist vom BMF erst im Oktober 2014 erlassen worden. Steuerpflichtige sahen sich daher nunmehr mit der Unsicherheit der rückwirkenden Anwendung eines hochkomplexen neuen Regelungsgefüges konfrontiert – und das auch noch rückwirkend und ohne jede weitere, vom Gesetzgeber vom BMF eingeforderter Hilfestellung. Das einzige was hier „ohne weiteres und sicher" ist, ist die Verzweiflung auf Seiten der betroffenen Steuerpflichtigen.

Was hier deutlich wird, ist die Besonderheit der Brückennorm des § 370 AO. Noch weitaus dramatischer als bei dem Katalogstraftatbestand des § 261 StGB wirkt dabei die durch diese bewirkte Inkorporation des gesamten materiellen Steuerrechts in das Strafrecht. Auf diese Weise entsteht ein mehrere hundert Seiten langer Straftatbestand und damit ein vollständig eigenständiges neues Normgefüge, welches sich durch eine fast schon übersteigerte Komplexität und weitreichende Unsicherheiten auszeichnet. Die Antwort der Rechtsprechung auf diese Komplexität ist, dem Steuerpflichtigen bei Unsicherheiten in der Auslegung des materiellen Steuerrechts eine Art Anzeigepflicht aufzubürden (s. dazu auch nachfolgend 2.). So formuliert das BVerfG etwa: „… ist es Steuerpflichtigen regelmäßig möglich und zumutbar, aus ihrer Sicht bestehende **offene Rechtsfragen** nach Aufdeckung des vollständigen und wahren Sachverhalts im Besteuerungsver-

---

9 V. 2.12.1998, BStBl. I 1998, 1509.
10 Mit Schreiben v. 10.8.2010, BStBl. I 2010 S. 659.
11 Vgl. dazu *Blumenberg/Lechner*, Steuerrechtliche Behandlung des Erwerbs und der Veräußerung eigener Anteile nach dem BMF-Schreiben v. 27.11.2013, DB 2014, 141.

fahren zu klären, statt auf das Bestehen einer vermeintlichen Strafbarkeitslücke zu hoffen."[12] Auf diese Weise wird aber unzulässig ein Aspekt des objektiven Tatbestands mit dem subjektiven Tatbestand vermengt: der Gesetzgeber ist im Bereich des Strafrechts verfassungsrechtlich verpflichtet, seinen Strafrechtsanspruch ausreichend bestimmt zu formulieren. Und zwar so, dass er „ohne weiteres und sicher" erkannt und verstanden wird. Dieses Erfordernis bezieht sich auf den objektiven Tatbestand – die subjektive Beziehung des Täters zum objektiven Tatbestand, also sein Wissen um die Erfüllung desselben und sein Wollen in Bezug auf die Tatbegehung bzw. den Tatererfolg treten additiv hinzu. Ist wegen der durch den Gesetzgeber selbst verursachten Komplexität bzw. Missverständlichkeit des Steuerrechts für den Steuerpflichtigen gerade unklar, was das materielle Steuerrecht vorgibt, schlägt diese mangelnde Bestimmtheit auf den Tatbestand der Steuerhinterziehung durch und lässt diesen entweder unbestimmt werden oder ist durch eine entsprechende restriktive Auslegung zu heilen. Dies ist die Folge der durch die Brückennorm des § 370 AO bewirkten Verschränkung des objektiven Straftatbestands mit dem gesamten materiellen Steuerrecht. Andernfalls müsste der objektive Tatbestand lauten: „Bestehen Zweifel an einer steuerlichen Rechtsfolge und setzt der Steuerpflichtige die Finanzbehörde über diese Zweifel nicht in Kenntnis".

Man kann diese Erkenntnis im Übrigen auch umdrehen, kommt aber zum selben Ergebnis. Der Gesetzgeber konfrontiert den Steuerpflichtigen in der Gestalt des Steuerrechts mit strafbewehrten Vorgaben. Ihn trifft insofern eine Garantenpflicht, seinen Steueranspruch so bestimmt auszugestalten, dass auch der strafrechtliche Schutzbereich hinreichend erkennbar ist. Egal welchen Ansatz man verfolgt: § 370 AO muss wegen seiner tatbestandsmäßigen Verbindung mit dem materiellen Steuerrecht entweder in weiten Teilen restriktiv ausgelegt werden oder ist als unbestimmte Regelung insoweit verfassungswidrig.

b) Geht die Auslegung des Eventualvorsatzes bei der Steuerhinterziehung durch die Strafgerichtsbarkeit zu weit?

Steuerhinterziehung setzt vorsätzliches Handeln voraus, also entweder Dolus Directus 1ten oder 2ten Grades oder Eventualvorsatz. Probleme bestehen im Wesentlichen im Bereich des bedingten Vorsatzes. Nach der ständigen Rechtsprechung des BGH handelt mit bedingtem Vorsatz, wer den Erfolgseintritt für möglich hält und dies billigend in Kauf nimmt.[13] Der Eventualvorsatz besteht somit aus einem Wissenselement, der Erkenntnis der Möglichkeit des Erfolgseintritts, und einem Willenselement, der Bil-

---

12 BVerfG v. 16.6.2011 – 2 BvR 542/09 zu § 370 AO, NJW 2011, 3778.
13 Ständige Rspr.: BGHSt 7, 363; BGHSt 14, 256; BGHSt 21, 283 (285); BGHSt 36,1; BGHSt 44, 99; BGH NStZ 1982, 506; BGH NStZ 1998, 616; BGH StV 1986, 197; BGH NStZ 2009, 629 (630); BGH NStZ 2011, 699 (701 f.).

ligung des Erfolgseintritts. An der Stelle des **Wissenselements** setzt der BGH ein und bürdet dem Steuerpflichtigen die Verantwortung für die aus der Komplexität des materiellen Steuerrechts resultierenden Unsicherheiten auf: „Hält er (der Täter) die Existenz eines Steueranspruchs für möglich und lässt er die Finanzbehörden über die Besteuerungsgrundlagen gleichwohl in Unkenntnis, findet er sich also mit der Möglichkeit der Steuerverkürzung ab, handelt er mit bedingtem Tatvorsatz".[14] Ist bereits der objektive Tatbestand unbestimmt, kann jedoch kein Strafrechtsanspruch daraus abgeleitet werden, dass der „Täter" diese Unbestimmtheit erkennt. Er vertraut mit dieser Erkenntnis auch nicht auf eine „vermeintliche Strafbarkeitslücke" (so aber BVerfG, vgl. Fn. 10), sondern ist vielmehr schutzwürdig in seinem Vertrauen darauf, dass es Aufgabe des Gesetzgebers ist, sowohl seinen Steuer- als auch seinen mit diesem Steueranspruch korrespondierenden Strafrechtsanspruch ausreichend bestimmt zu fassen. Alles andere hieße, die teilweise Unbestimmtheit und hohe Komplexität des materiellen Steuerrechts als Determinanten des objektiven Tatbestands korrektivlos zu akzeptieren. Dazu bereits oben a) und zusammenfassend c).

Auf das additiv erforderliche Willenselement scheint der BGH sogar vollständig verzichten zu wollen. In der Entscheidung vom 8.9.2011 (Fn. 10) heißt insofern:"... Ob der Täter will, dass ein Steueranspruch besteht, ist für den Hinterziehungsvorsatz bedeutungslos. Es kommt insoweit allein auf die Vorstellung des Täters an, ob ein solcher Steueranspruch besteht oder nicht.". Damit wird allein auf das Wissenselement abgestellt. Und insofern kann man auch schlecht darauf abstellen, dass gerade beim Eventualvorsatz mit Blick auf das Willenselement Beweisprobleme bestehen und man regelmäßig auf die Ableitung aus objektiven Tatumständen angewiesen ist. Eine Schwierigkeit, die auch bei anderen Tatbeständen nicht zur schlichten Unterstellung des Willenselements führt, sondern eine eigenständige Überprüfung nach sich zieht. Exemplarisch lässt sich dies an der Entscheidung des BGH vom 27.1.2011[15] zum Eventualvorsatz bei Tötungsdelikten aufzeigen. In dem Fall hatten zwei Rocker (Hells-Angels) einen Angehörigen einer verfeindeten Rockerbande auf einer Landstraße gestoppt, um ihm seine Kutte (= die Weste mit den Vereinsabzeichen) abzunehmen. Da der Überfallene sich heftig wehrte, stach einer der beiden Täter ihm mit einem Messer mehrfach in den Oberkörper, während der andere das Opfer festhielt. Der BGH führt dazu aus, es sei das „Willenselement bei Tötungsdelikten nur gegeben, wenn der Täter den von ihm als möglich erkannten Eintritt des Todes billigt oder sich um des erstrebten Zieles willen damit abfindet". Weiter: „Hatte der Täter dagegen *begründeten Anlass darauf zu vertrauen und vertraute er darauf, es werde nicht zum Erfolgseintritt kommen*, kann bedingter Vorsatz nicht angenommen werden."

---

14 BGH v. 8.9.2011 – 1 StR 38/11, NStZ 2012, 160.
15 BGH v. 27.1.2011 – 4 StR 502/10, sog. Hells-Angels Fall, NStZ 2011, 699.

„Insbesondere bei Würdigung des voluntativen Vorsatzelements ist es regelmäßig erforderlich, dass der Tatrichter ... *seine Motivation und die zum Tatgeschehen bedeutsamen Umstände* ... mit in Betracht zieht." Besonders betont der BGH auch, „Allein aus dem Wissen um den möglichen Erfolgseintritt ... kann nicht ohne Berücksichtigung etwaiger *sich aus der Tat ... ergebender Besonderheiten* geschlossen werden, dass auch das Willenselement des Vorsatzes gegeben ist." In diesem Zusammenhang wurde auch berücksichtigt, dass den Tätern ein „ein tödlicher Ausgang *unerwünscht* war". Überträgt man diese Ausführungen auf den Regelfall der unternehmerischen Tax Compliance, wird man konstatieren müssen, dass ein Unternehmen, dass sich ernsthaft bemüht, den verschiedenen steuerlichen Verpflichtungen gewissenhaft nachzukommen, ein Eventualvorsatz jedenfalls nicht schlicht unterstellt werden kann. Dies muss bei schlichten Arbeitsfehlern zwingend geltend. Alles andere hieße, dass insbesondere bei großen Unternehmen die Verwirklichung einer Steuerhinterziehung ausnahmslos unvermeidbar wäre. Denn alle Unternehmen in Deutschland (nicht die in einen Karussellbetrug involvierten Mantelgesellschaften natürlich) bemühen sich nach bestem Wissen und Gewissen danach, mit dem immer komplexer werden steuerrechtlichen Vorschriften zu Recht zu kommen, werden aber ab einer bestimmten Größe und Komplexität etwa kaum jemals auch nur eine fehlerfreie Umsatzsteuervoranmeldung produzieren können.

Unterstellte man das Willenselement im Bereich des § 370 AO schlechthin bei bloßer Kenntnis einer unsicheren Rechtslage, würde der Steuerpflichtige auch in einen unabwendbaren Strudel verschiedener in einander greifender Vorschriften gerissen: Aus § 153 AO folgt die Berichtigungspflicht, sofern die Unrichtigkeit bzw. Unvollständigkeit einer Steuererklärung erkannt wird. Schließt man aus dem Wissenselement auf das Willenselement, greift also die Vermutung eines bedingten Vorsatzes, müsste eine Berichtigung als Selbstanzeige wirken, um entlasten zu können. Da die Berichtigung als konkludente Selbstanzeige i.S.d. § 371 AO gewertet werden kann, wäre dies an sich soweit unproblematisch – aber: die Selbstanzeige wirkt nur bei Vollständigkeit und in den Schranken des § 371 Abs. 2; und damit ohnehin nicht für anschlussgeprüfte Betriebe. Aus diesem Grund kann nicht auf ihre Entlastungswirkung vertraut werden. Unterlässt nun der Steuerpflichtige die Berichtigung, weil er in dem Wissen um ihre fehlende Entlastungswirkung kein Verfahren in Gang setzen möchte, erfüllt dieses Unterlassen der Berichtigung jedoch für sich den Tatbestand des § 370 AO. Durch eine weite Auslegung des bedingten Vorsatzes wird der Steuerpflichtige somit in die Illegalität getrieben!

3. Ergebnis: Die Unbestimmtheit des § 370 AO wird durch eine ausufernde Auslegung des Eventualvorsatzes auf dem Rücken des Steuerpflichtigen eingegrenzt!

Die Möglichkeit einer Steuerverkürzung besteht nach Ansicht des BGH schon dann, wenn die Auslegung einer Steuernorm unsicher ist und die Verwaltung eine andere Auslegung als der Steuerpflichtige anwendet – unabhängig davon, ob die Auslegung der Verwaltung grob fehlerhaft oder sogar offensichtlich falsch ist, ob die ganz überwiegende Meinung der Literatur sich anders geäußert hat oder sogar bereits abweichende finanzgerichtliche Urteile vorliegen. Statt hier aber den naheliegenden Schluss zu machen, dass zumindest in diesen Fällen der Straftatbestand der Steuerhinterziehung bereits dem objektiven Tatbestand nach nicht ausreichend bestimmt ist, um einen Strafvorwurf tragen zu können, überbrückt der BGH diese Unbestimmtheit durch einen Kunstgriff: allein, dass der Steuerpflichtige das Bestehen eines Steueranspruchs für möglich gehalten hat (haben kann), soll bereits ausreichen, ihn als Steuerhinterzieher zu verurteilen. Die Unbestimmtheit schadet daher nicht, sie trägt vielmehr nach Ansicht des BGH in eigenständiger Qualität den Strafrechtsanspruch – denn die Möglichkeit des Bestehens eines Steueranspruchs ist nichts anderes als die Kehrseite des Umstandes, dass die entsprechende Norm des materiellen Steuerrechts offensichtlich nicht so ausreichend klar gefasst ist, dass sich das Bestehen des Steueranspruchs sicher aus ihr ergibt. Diese Auslegung des BGH geht aber bereits über den so einfachen, wie klaren Wortlaut des § 370 AO hinaus. § 370 AO spricht von „steuerlich erheblichen Tatsachen", nicht „möglicherweise steuerlich erheblichen Tatsachen". Vor dem Hintergrund des strafrechtlichen Bestimmtheitsgrundsatzes ist damit jedenfalls eher die „sicher" steuerlich erhebliche Tatsache als die „eventuell" steuerlich erhebliche Tatsache gemeint. Es ist die Aufgabe des Gesetzgebers, sein Eingriffsrecht so hinreichend bestimmt zu fassen, dass der Gesetzesadressat den Normbefehl erfassen kann. Es kann jedoch nicht Sache des Gesetzesadressaten sein, unbestimmte Normbefehle in der für sich denkbar negativsten Weise auszulegen. Das offenbart ein bedenkliches Verständnis des Rechtsstaats.

VI. Selbstregulierende Tax Compliance

1. Begriff der selbstregulierenden Tax Compliance

Der Begriff der selbstregulierenden Tax Compliance ist gesetzlich nicht definiert. Allgemein versteht man unter selbst regulierten Bereichen solche, in denen die Akteure selbst Regeln setzen und deren Einhaltung überwachen. Damit eignet sich das Steuerrecht per se nicht für eine Selbstregulierung entsprechend dieses engen Verständnisses. Allerdings kann man unter Selbstregulierung im weiteren Sinne auch solche Ansätze fassen, in denen nur bestimmte Aktivitäten, insbesondere auch Kontrollen, oder Teilbereiche dem Steuerpflichtigen überlassen werden. Legt man dieses weitere Verständnis an, ließen sich etwa eine Selbstveranlagung, wie sie bei der Umsatzsteuer bereits teilweise erfolgt und für die direkten Steuern diskutiert wird (nachfolgend 3.), oder kooperative Compliance-Formen (nachfolgend 4.) darunter fassen. Ganz allgemein kann man auch alle die Maßnahmen als selbstregulierende Tax Compliance verstehen, die der Steuerpflichtige ergreift, um die ordnungsgemäße Erfüllung seiner steuerlichen Verpflichtungen sicher zu stellen (nachfolgend 2.).

2. Unternehmenskultur und Wechselwirkungen im Bereich des subjektiven Tatbestands

Die allgemeine Einstellung eines Unternehmens zur ordnungsgemäßen Pflichterfüllung, seine entsprechende Kultur, müssen bei der Frage der Ableitung des Willenselementes im Rahmen der Prüfung eines bedingten Vorsatzes berücksichtigt werden. Machen die Unternehmensführung und die verantwortlichen Mitarbeiter deutlich, dass für sie die ordnungsgemäße Erfüllung steuerlicher Pflichten prioritär ist, kann schlecht unterstellt werden, dass der Eintritt einer objektiv tatbestandsmäßigen Steuerhinterziehung billigend in Kauf genommen worden ist, ohne dass weitere Indizien hinzutreten. Für die Ermittlung der entsprechenden Einstellung zum Erklärungsverhalten sind etwa entsprechende klare Richtlinien und Vorgaben zu berücksichtigen. Ein weiteres Indiz kann auch die Gewichtung von Zielen zur Steueroptimierung sein – es ist grundsätzlich unschädlich, wenn eine Minimierung der Steuerbelastung als Zielvorgabe definiert wird; wird jedoch im Zielsystem verdeutlicht, dass die Tax Compliance niemals durch eine Steueroptimierung beeinträchtigt werden darf, muss dies als positives Indiz gewertet werden. Ebenfalls müssen die organisatorischen Bemühungen eines Unternehmens berücksichtigt werden. Klare Verantwortungsstrukturen und ausreichende Ressourcen verdeutlichen, dass die Pflichterfüllung ernst genommen wird. Gleiches gilt für die Beziehung zu und den Umgang mit der Finanzverwaltung. Eine transparente Informationspolitik, die Offenlegung der Bilanzierungsgrundsätze, Vorlage der Prozessdokumentation etc. sind indikativ für die Willensrichtung des Steuerpflichtigen, seine Steuererklärungsverpflichtungen ordnungsgemäß zu erfüllen. Dies muss in gesteigertem Maß bei Steuern gelten, bei denen der Steuerpflichtige Hilfsbüttel des Fiskus ist und insbesondere seine Inhaftungnahme vermeiden will, wie z.B. bei der Lohnsteuer oder auch bestimmten Bereichen der Umsatzsteuer (dazu nachfolgend 4.).

3. Selbstveranlagung und strafrechtliche Verantwortung

Bei der Umsatzsteuer qualifiziert die Voranmeldung gem. § 168 AO bereits als (Selbst-)Veranlagung. Für die direkten Steuern wird seit geraumer Zeit darüber diskutiert, ob nicht ebenfalls dieser Weg eingeschlagen werden soll. Dabei darf man nicht verkennen, dass die Steuererklärung bei anschlussgeprüften Betrieben in Praxis schon jetzt den Charakter einer Selbstveranlagung hat. Die Finanzämter prüfen in der Regel die eingehenden Steuererklärungen in diesen Fällen nicht, sondern verbescheiden entsprechend der Erklärung. Die eigentliche Veranlagung erfolgt damit durch den Steuerpflichtigen, es erfolgt ein fast nahtloser Übergang in die Außenprüfung. Bedenklich erscheint dabei, immer weitergehende Teile des Steuerprozesses (Erklärung – Veranlagung – Prüfung) auf den Steuerpflichtigen zu verlagern, ohne diese Verlagerung mit entsprechenden Maßnahmen zu flankieren bzw. auszugleichen. Oder anders gewendet: bei Fehlern der Veranlagungsstelle des Finanzamtes liegt in der Regel keine Steuerhinterziehung vor, auch wenn es sich um Fehler zugunsten des Steuerpflichtigen handelt. Auch kommt es nur in den seltensten und absolut extremen Fällen zu einer Schadensersatzverpflichtung aus dem Gedanken der Amtshaftung bei Fehlern zuungunsten des Steuerpflichtigen, da diesem grundsätzlich die Überprüfung des Bescheids und Geltendmachung einer abweichenden Rechtsauffassung obliegt. Wird der Steuerpflichtige nun zur „Veranlagungsstelle" sollte der gleiche Maßstab für ihn gelten, wie für die Veranlagungsstelle des Finanzamtes. Andernfalls entsteht ein strukturelles Dilemma, aus dem es für den Steuerpflichtigen kein Entkommen gibt: da auch die die Veranlagungsstelle eine bestimmte Rechtsentscheidung bei offenen Rechtsfragen treffen kann, kann der Steuerpflichtige nicht anders behandelt werden, übernimmt er deren Aufgabe. Und die bereits oben angesprochene Garantenpflicht des Gesetzgebers, eindeutige Gesetze und Anwendungsregelungen zu erlassen und offene Rechtsfragen unverzüglich zu klären, gewönne ebenfalls noch mehr an Bedeutung, würde der Steuerpflichtige noch weiter in den Erklärungs- und Veranlagungsprozess eingebunden.

4. Ansätze für weitergehende Lösungen im Bereich bestimmter Abzugssteuern

Bei Abzugssteuern, wie etwa der Lohnsteuer, der Abgeltungssteuer oder der Bauabzugsteuer, bedient sich der Fiskus einiger Steuerpflichtiger als besonderer „Erfüllungsgehilfen". Sie sichern den staatlichen Zugriff bereits an der Quelle – ohne besondere Entlohnung, versteht sich. Und mit dem Risiko, in Haftung genommen zu werden, sofern sie ihren Abzugsverpflichtungen nicht ordnungsgemäß nachkommen. Aus rechtsstaatlicher Sicht sollte in diesen Bereichen dem Fiskus eine besondere Fürsorgepflicht für seine Erfüllungsgehilfen obliegen. Werden schon Teil der staatlichen Aufgaben auf Private ausgelagert, darf diesen die Pflichterfüllung nicht unnötig erschwert werden und sollte darauf vertraut werden dürfen, dass eine kooperative Herangehensweise eingeschlagen wird. Strafrechtlich kann davon ausgegangen werden, dass hier das Interesse (= Willenselement) des Erfüllungsgehilfen regelmäßig auf die vollständige und ordnungsgemäße Pflichterfüllung gerichtet ist – gibt es doch für ihn nichts zu gewinnen, da es nicht um seine Steuerschuld geht, aber viel zu verlieren, da er riskiert, bei Fehlern in Haftung für eine fremde Steuerschuld genommen zu werden.

Prozessual bietet es sich in diesen Bereichen an, die Finanzverwaltung um Hinweise zu bitten, ob die eigenen Bemühungen um eine organisatorische und sonstige Abdeckung der entsprechenden Verpflichtungen als ausreichend erachtet werden oder etwa auch, bestehende Systeme und Prozesse zu prüfen und entsprechende Rückmeldung zu geben. Solche Ansätze werden in Deutschland bereits bei einigen Steuerpflichtigen fallweise verfolgt – meist im Nachgang zu Prüfungsfeststellungen und Streitigkeiten über die Ordnungsmäßigkeit bestimmter Prozesse. Im Ausland ist man insofern bereits weiter: in Singapore wird etwa im „Assisted Compliance Assurance Programm" (ACAP) dem Steuerpflichtigen die Möglichkeit offeriert, seine Prozesse im Bereich der indirekten Steuern erst von einem Wirtschaftsprüfer testen und dann von der Finanzverwaltung zertifizieren zu lassen. Erlangt man ein entsprechendes Zertifikat, wird für einen bestimmten Zeitraum auf eine Außenprüfung in dem zertifizierten Bereich verzichtet. Und das ist wirklich einmal eine vernünftige Form risikobasierter Prüfung! Gerade der Bereich der Abzugssteuern und indirekten Steuern bietet sich für solche innovativen Wege an.

VII. Fazit

Es bleibt festzuhalten, dass die Komplexität des materiellen Steuerrechts nicht durch den Steuerpflichtigen verursacht wird, sondern durch den Gesetzgeber. Inkorporiert eine Strafrechtsvorschrift wie § 370 AO diese Komplexität in ihren objektiven Tatbestand, muss sie etwa mit Blick auf bestimmte Zweifelsfragen des materiellen Steuerrechts restriktiv ausgelegt werden. Andernfalls kann sie verfassungsrechtlich keinen Bestand haben. Wenn der BGH als Wissen um die Möglichkeit des Erfolgseintritts das Wissen um die Unbestimmtheit des materiellen Steuerrechts und die Zweifelhaftigkeit einer bestimmten Rechtsansicht ausreichen lässt, übergeht er dieses im objektiven Tatbestand angelegte Bestimmtheitsproblem und bürdet es in einer Deformierung des objektiven Tatbestands dem Steuerpflichtigen auf. Und auch bzgl. des Willenselements geht die Rechtsprechung des BGH zu weit. In jedem Fall muss auch beim bedingten Vorsatz ein Willenselement vorliegen und kann nicht schlicht unterstellt werden; es ist vielmehr anhand objektiver Indizien zu ermitteln, wobei den Gesamtumständen maßgebliche Bedeutung zu kommt. Dabei ist alles positiv zu berücksichtigen, was der Steuerpflichtige für eine ordnungsgemäße Sicherstellung der Tax Compliance getan hat. In diesem Kontext muss auch die selbstregulierenden Tax Compliance gesehen werden.

Diskussion

zu den Referaten von Prof. Dr. *Hinrich Rüping*, Hon.-Prof. Dr. *Roman Leitner*, Dr. *Thomas Weckerle* und Dr. *Christian Kaeser**

Prof. Dr. *Klaus-Dieter Drüen*, Düsseldorf

Ich habe keine Frage, sondern eine Anmerkung, die zu allen Referaten passt, die jetzt zu diskutieren sind: Wir müssen uns davor hüten, den Kontrollzeitpunkt und den Kontrollmaßstab mit dem Handlungszeitpunkt zu verwechseln, den uns *Christian Kaeser* aus der Unternehmenspraxis vorgestellt hat. Das Unternehmen hat in erster Linie die unternehmerische Tätigkeit vor Augen. Die Steuer knüpft daran an. Der Handlungszeitpunkt ist der der Erstellung der Steuererklärung. Das ist bei ungewissen Rechtsfragen der richtige Anknüpfungspunkt. Der Vorwurf, den man hinterher leicht erhebt, dass Organisationsfehler vorhersehbar waren und darin eine Fahrlässigkeit oder sogar ein bedingter Vorsatz liegt, ist bedenklich. Im öffentlichen Recht gilt eigentlich die Erkenntnis, dass zwischen dem Handlungszeitpunkt und dem Kontrollzeitpunkt zu unterscheiden ist und bessere spätere Erkenntnis zumindest nicht strafrechtliche Konsequenzen haben darf.

Dr. *Jürgen Pelka*, Köln

Ich habe eine Frage an Herrn *Weckerle*: Sie haben darauf hingewiesen, dass die Steuererklärungen nach § 150 der Abgabenordnung eigenhändig vom Steuerpflichtigen zu unterzeichnen sind und daraus abgeleitet, dass die Steuererklärung eine Erklärung des Steuerpflichtigen und nicht des Beraters ist. Nun entspricht dies heute nicht mehr der Rechtslage und auch nicht mehr der Realität. Heute müssen die regelmäßig abzugebenden Steuererklärungen elektronisch eingereicht werden und dies erfolgt nahezu ausschließlich durch den Berater eingereicht. Der Steuerpflichtige hat häufig gar nicht die Möglichkeit, seine Steuererklärungen selbst elektronisch seinem Finanzamt einzureichen. Selbst die wichtigsten Anlagen der Steuererklärungen, die Jahresabschlüsse, werden in Form der E-Bilanz durch den Berater dem Finanzamt übermittelt. Die berufsständischen Vereinigungen empfehlen dem Berater, dass der Steuerpflichtige einen Papierausdruck der Steuererklärung unterschreibt für die Akten des Beraters. Eine rechtliche Verpflichtung dazu gibt es aber bisher nicht, selbst wenn dies erfolgt ist. Ist die Bestätigung des Steuerpflichtigen gegenüber seinem Berater eine Steuererklärung gegenüber dem Finanzamt? Wer gibt im Fall der vom Berater erstellten und nur von ihm dem Finanzamt übersandten elektronischen Steuererklärung die Erklä-

---

* Die Diskussion am Mittag zu den Referaten von Dr. *Rainer Spatscheck* und Prof. Dr. *Lothar Kuhlen* ist ausgefallen.

rung ab? Wer ist für etwaige Fehler verantwortlich? Der Berater, das haben Sie eben gesagt, kann und soll es wohl nicht sein, da er nur für seinen Mandanten auftritt und sein Verhalten dem Steuerpflichtigen zugerechnet wird. Der Mandant hat aber im Allgemeinen die Steuererklärung gar nicht gesehen. Jedenfalls aber hat er die Angaben in dieser Steuererklärung nicht gegenüber dem Finanzamt erklärt. Die mit der elektronischen Steuererklärung und der ohne den Steuerpflichtigen stattfindenden Kommunikation zwischen Berater und Finanzamt verbunden Fragen scheinen mir rechtlich nicht geklärt zu sein. Wenn der Berater – schon mangels Vorsatz – strafrechtlich für falsche Steuererklärungen nicht verantwortlich sein kann und der Steuerpflichtige ebenfalls nicht, weil er nicht der Erklärende ist, entfällt dann die Strafbarkeit falscher Steuererklärungen ganz? Das wäre ja eine ganz interessante Konsequenz.

Klaus Herrmann, Koblenz

Eine Frage an den Herrn *Kaeser*: Sie haben auf Ihrer Folie selbstregulierende Tax Compliance und Willenselemente aufgeführt, klare Richtlinien, interne Prüfungen. Wie weit legen Sie gegenüber den Prüfern der Finanzverwaltung die Richtlinien, aber auch das Ergebnis Ihrer internen Prüfungen offen?

Dr. *Thomas Weckerle*, Hagen

Herr *Pelka*, es ist richtig, dass im Authentifizierungsverfahren – ich habe das angesprochen – die Steuererklärung im Auftrag des Mandanten vom Steuerberater beim Finanzamt eingereicht wird. Ich kann nur von mir sagen: Wir senden dem Steuerpflichtigen einen Ausdruck der Erklärung und lassen uns von ihm unterzeichnen, dass wir ermächtigt sind, diese Steuererklärung beim Finanzamt im elektronischen Verfahren einzureichen. Dass es letztlich eine Fiktion ist, anzunehmen, der Steuerpflichtige mache eine Angabe gegenüber der Finanzbehörde, das ist so. Aber in anderen Fällen – wenn Sie z.B. an denjenigen denken, der jetzt beim VIII. Senat zur Aufhebung der früheren Rechtsprechung des IV. Senats geführt hat – ist es auch so: Dort war ein Arzt an einer Laborgemeinschaft beteiligt; der in einer GSE gesondert festgestellte Verlustanteil aus der Laborgemeinschaft wurde vom Steuerberater in der Einnahmen-Überschussrechnung nochmals erfasst; die Steuererklärung mit der fehlerhaften Einnahmen-Überschussrechnung wurde vom Steuerpflichtigen beim Finanzamt eingereicht. Der VIII. Senat vertritt mit der h.M. die Auffassung, dass der Steuerpflichtige, der die Erklärung abgegeben hat, strafrechtlich nicht den Fehler verantworten muss, den der Steuerberater gemacht hat. Es sollte m.E. Ziel der Rechtsprechung sein, eine Einschränkung des steuerstrafrechtlichen Bereiches herbeizuführen; und wenn das dann zur Konsequenz hat, dass insoweit kein steuerstrafrechtlicher Vorwurf mehr erhoben werden kann, dann muss das hingenommen werden.

Dr. *Christian Kaeser*, München

Ich meine, dass wir den Prüfern mehr mitteilen als die Prüfer uns. Wir haben bereits vor einigen Jahren eine Vereinbarung mit dem Bayerischen Ministerium der Finanzen zur Einführung der zeitnahen Betriebsprüfung getroffen. In der Vereinbarung hatten wir uns damals verpflichtet, bestimmte Themen frühzeitig offenzulegen, u.a. haben die Finanzbehörden auch Zugang zu unserem Intranet. Auf unserer Homepage liegen sämtliche unsere Richtlinien, Prozessdokumentationen etc., d.h. also, da haben sie denselben Einblick wie jeder Mitarbeiter in unserer internen Steuerfunktion. Wir haben uns auch verpflichtet – ohne jetzt über den Rechtscharakter so einer Vereinbarung diskutieren zu wollen –, „materielle" Transaktionen bereits im Zeitpunkt, in dem wir sie durchführen, zu diskutieren oder anzusprechen. Da können Sie jetzt nur noch streiten, was ist die Auslegung von „materiell"? Wir haben auch in vielen anderen Bereichen außerhalb der direkten Steuern, so etwa bei der Stromsteuer, ähnliche Vereinbarungen getroffen. So haben wir etwa in einem Fall eine Prüfung unter der Voraussetzung unstreitig abgeschlossen, dass die Stromsteuerprüfung sich unsere Prozessdokumentationen und unsere Prozessabläufe anschaut und danach mitteilt, ob sie meinen, dass das o.k. ist oder ob wir etwas anders machen sollen. Das halte ich auch für das Minimum, was ich erwarten kann: Wenn ich später für etwas kritisiert werde, was der Steuerprüfung von Anfang an bekannt ist, dann kann man mir das, insbesondere wenn ich explizit danach frage, auch gleich mitteilen und damit dem Steuerpflichtigen helfen, die gesetzlich vorgegebenen Steuerverpflichtungen zu erfüllen. Das ist etwas, was meines Erachtens viel zu wenig gemacht wird. Wir haben Vergleichbares jetzt auch für die Lohnsteuer eingeführt. Wir legen alle Prozesse offen, erwarten dann natürlich auch den entsprechenden Input von der Prüfung – das ist ja nichts Unanständiges – und Hinweise, wo sie Problemstellen sehen. Die bereinigen wir natürlich. Dann ist zumindest systemseitig von der Frage eines Organisationsverschuldens eine sinnvolle Balance gefunden und wir haben an der Ecke unseren Rücken etwas von der Wand wegbekommen.

Stefan Rolletschke, Alfter

Wir haben leider heute ein bisschen wenig oder besser gar keine Zeit gehabt, auf den aktuellen Referentenentwurf einzugehen. Ich hoffe aber, dass die Eckpunkte soweit bekannt sind. Falls nicht, es ist für einen Bereich, der zumindest seit der aktuellen Gesetzeslage vom 3.5.2011 problematisch ist, nämlich Umsatzsteuervoranmeldungen, mit Abstrichen gilt das auch für Lohnsteueranmeldungen, eine Lösung gefunden worden, mit der sich die Frage des Vollständigkeitsgebots i.S. von § 371 Abs. 1 Abgabenordnung auflösen wird. Herr *Kaeser* hat es eben schon angesprochen und an die Adresse würde ich auch gerne die Frage stellen. Der Entwurf enthält bislang keine Lösung in der Frage der Anschlussprüfung. Das ist vielleicht eine etwas andere Klientel als die, die der Gesetzgeber im Auge hatte. Aber das Problem stellt sich für Ihr Unternehmen und nicht nur für Ihr Unternehmen, Herr *Kaeser*. Gibt es Überlegungen in der Frage der Anschlussprüfung (Schaffung eines Selbstanzeigeerstattungskorridors)? Ich möchte gerne wissen, ob man an die Bundesregierung herantreten möchte oder kann, um die etwas unglückliche Gesetzeslage zu reparieren?

Gert Müller-Gatermann, Koblenz

Herr *Kuhlen*, Sie hatten heute Mittag gesagt, bei einem Irrtum über die normativen Elemente des Steuerrechts, dass der Irrtum nur zum Vorwurf der Fahrlässigkeit führen kann. Bei Herrn *Kaeser* habe ich die Sorge herausgehört, dass nach der BGH-Entscheidung aus 2011 man doch sehr leicht dem Vorwurf des dolus eventualis ausgesetzt ist, wenn man sich nicht genügend informiert. Das klingt fast so, wenn der Irrtum vermeidbar ist, dann ist man doch der vorsätzlichen Steuerhinterziehung schuldig. Könnten Sie dazu, zum BGH und Ihrer Einschätzung noch einmal etwas sagen?

Dr. *Carl Gerber*, Baldham

Herr *Weckerle*, ich folge Ihnen in Ihren Ausführungen zur strafrechtlichen Verantwortung des Beraters. Sie haben aber vorhin das Beispiel gebildet, wenn ein Fall der Berichtigungspflicht nach § 153 Abgabenordnung auftritt und Sie legen es dem Mandanten vor, gehen mit ihm auch einig, dass der Berater das nicht dem Finanzamt mitteilen darf. Aber jetzt taucht das Problem auf: Heute Morgen haben wir gehört von Herrn *Spatscheck*, wenn ich mich richtig erinnere, wenn die Berichtigungspflicht da und auch bekannt ist, dann taucht hier die Grenze auf, wo sich dann der Steuerpflichtige strafbar macht, wenn er das nicht korrigiert und das Problem für den Berater – da fängt seine strafrechtliche Verantwortung an – wenn er nämlich aufbaut auf diesem unrichtigen Ergebnis, das der Mandant nicht berichtigt. Noch schlimmer in den Fällen, in denen tatsächlich eine Hinterziehung vorliegt, und der Berater führt das Gespräch um die Selbstanzeige mit dem Mandanten. Man rechnet durch, was das Ding kostet und dann sagt der Mandant nein, ich mache keine Selbstanzeige, ich gehe das Risiko ein. Dann stehen Sie als Berater in der Pflicht, Ihr Mandat aufzugeben: Gehen Sie damit einig?

Dr. *Christian Kaeser*, München

Ich verstehe das jetzt als Frage danach, ob wir in diese Richtung lobbyieren. Natürlich ist das nicht nur ein Problem von uns. Das ist ein Problem aller Unternehmen. Das Lobbyieren im Bereich der strafbefreienden Selbstanzeige ist momentan massiv erschwert, weil sich so gut wie kein Unternehmen traut, sich dazu in der Öffentlichkeit zu äußern. Das geht auch durch unseren Vorstand durch und zieht sich durch alle Gespräche auf hoher Unternehmensebene, weil man mit jeder entsprechenden Äußerung in der Presse sofort in die Ecke von irgendwelchen Schweizer Konten, *Uli Hoenessen, Alice Schwarzern* etc. gestellt wird. Wir sind daher sehr vorsichtig, was das Lobbyieren angeht. Wir haben das eingestreut und ein paarmal unserem Finanzvorstand und auch dem CEO mitgegeben, wenn diese etwa Gespräche im Bundeskanzleramt hatten. Insgesamt agieren wir hier aber sehr zurückhaltend. Das ist momentan in der aktuellen öffentlichen Wahrnehmung und Gemengelage einfach ein schwieriges Thema.

Prof. Dr. *Lothar Kuhlen*, Mannheim

Das Verhältnis dessen, was ich gesagt habe, zu der BGH-Entscheidung, ist Folgendes: Ich habe mich heute Morgen auseinandergesetzt mit einer *materiell-rechtlichen* Erweiterung des Vorsatzbegriffes, die aktuell diskutiert wird. Die hätte zur Folge, dass der rechtliche Irrtum über den Steueranspruch nicht mehr vorsatzausschließend wirkt, sondern allenfalls einen Verbotsirrtum begründet und da kommt es auf die Vermeidbarkeit an. Ich habe versucht, die bisherige Auffassung, also diesen bislang relativ festen Pflock, erneut zu befestigen, und gesagt, wir sollten es dabei belassen, dass wir den Vorsatz bezüglich des Steueranspruchs brauchen und dass er ausgeschlossen wird durch fehlende Kenntnis, beruhe die nun auf einem rechtlichen oder auf einem tatsächlichen Irrtum. Das ist der eine Punkt.

Wenn man diesen Pflock einmal als gesichert betrachtet, dann stellt sich die zweite Frage: Können wir denn nicht auf der Basis dieser bislang ganz herrschenden Meinung trotzdem den Vorsatz erweitern? Da ist natürlich das Instrument der Wahl der *bedingte Vorsatz*. Der eignet sich vor allem deshalb, weil er dogmatisch völlig ungeklärt ist, und das ist jetzt die Frage. Der BGH hat die materiell-rechtliche Lösung nur angedeutet und gesagt, wir müssen aber auf jeden Fall die Anforderungen an den *Nachweis* des bedingten Vorsatzes neu bestimmen oder müssen das jedenfalls klären. Das hat auch schon eine gewisse Signalwirkung und insofern würde ich sagen – ich habe jetzt die Entscheidung nicht hier, aber ich habe sie zeitnah (wie man heute so schön sagt) gelesen –, da gibt es anfechtbare Formulierungen in dieser Entscheidung.

Mit Blick auf den bedingten Vorsatz und seinen Nachweis müssen wir erstens Folgendes bedenken. Auch für den bedingten Vorsatz gilt: Wir brauchen *Kenntnis*, das ist nach § 16 Abs. 1 Satz 1 Strafgesetzbuch zwingend. Es wird zwar gesagt, das sei ungenau, neben der Kenntnis reiche das Für-Möglich-Halten. Es ist jedoch nicht ungenau, sondern wir brauchen für den Vorsatz Kenntnis. Das ist gesetzlich zwingend, wir müssen deshalb den bedingten Vorsatz, der ja allgemein akzeptiert wird, als eine Form der Kenntnis auffassen, sei es auch eine abgeschwächte Modalität, die nachgewiesen werden muss. Alles andere ist mit § 16 Abs. 1 Strafgesetzbuch nicht verträglich.

Zweiter Punkt: Eine solche Kenntnis kann man meines Erachtens, und dafür sind heute viele eindrückliche Beispiele vorgetragen worden, definitiv nicht allein deshalb annehmen, weil eine *statistische Möglichkeit* erkannt wird. Die Erkenntnis einer statistischen Möglichkeit unterscheidet nur zwischen mehr oder weniger intelligenten Leuten. Erstere erkennen in rechtlich unklaren Konstellationen, dass auch falsch sein kann, was sie machen. Das kann jedoch nicht reichen. Dann ist die Frage, was stattdessen? Naheliegend ist, dass man bei dem *voluntativen Element* anklopft. Ich habe da keine großen Hoffnungen, ehrlich gesagt, sondern würde zunächst einmal, was den Vorsatz angeht, verlangen, dass eine *ernsthafte* Möglichkeitserkenntnis vorliegt. So ist es in der Literatur auch immer verstanden worden. Aber auch das ist nur der zweite Schritt für eine vernünftige Strafbarkeitsbegrenzung.

Wenn man für die Erzielung von angemessener Straffreiheit auf den Vorsatz angewiesen ist, ist das schon immer misslich. Ich fand es sehr eindrucksvoll, was uns hier gesagt wurde: Man muss einmal einen Schritt zurücktreten von aller Rechtsdogmatik, es ist ein Gebot der Fairness, dass in Fällen, wie den von Herrn *Kaeser* geschilderten, kein strafrechtliches Risiko besteht, das die Leute um ihren Schlaf bringt; das darf doch nicht sein. Diese Einsicht ist elementar, man kann sagen, schlimm, dass so etwas elementar sein muss in unserem Strafrecht, aber es ist so. Das muss der erste Schritt sein und dann muss die Frage sein, wie kann man denn das möglichst vernünftig machen?

Ich würde sagen, es ist ein Problem des *objektiv tatbestandsmäßigen* Verhaltens. Wenn mir jemand nicht ernsthaft sagen kann, wie ich es denn besser machen soll, und wenn ich sogar noch nachfrage und kriege da keine andere Antwort, dann ist mit dem, was ich tue, kein rechtlich missbilligtes Risiko verbunden, und das ist nach allgemeinen Grundsätzen, die im Vordringen begriffen sind, allerdings auch schon seit über zwanzig Jahren, eben kein tatbestandsmäßiges Verhalten, egal, um welchen Tatbestand es geht. Es kann sein, dass man das für die Steuerhinterziehung mit Gewinn noch konkretisieren kann, aber die Kommentare, die ich dazu gelesen habe, sind teilweise sehr gut und das ist da zum Teil auch schon berücksichtigt. Das darf kein tatbestandsmäßiges Verhalten sein und deshalb darf es auf den Vorsatz dabei gar nicht mehr ankommen.

Dr. *Carl Gerber*, Baldham

Auf Ihre Frage, wenn der Mandant auf Ihren Hinweis keine Berichtigung vornimmt, dann sind Sie im Bereich des direkten Vorsatzes und wenn Sie im Folgejahr dann bei den entsprechenden Erklärungen mitwirken, spätestens da sind Sie strafrechtlich befangen und dann ist Ihre Frage als Berater: Legen Sie das Mandat nieder oder nicht?

Außenprüfung und Steuerstrafverfahren

Prof. Dr. *Klaus-Dieter Drüen*
Heinrich-Heine-Universität Düsseldorf
Richter am FG Düsseldorf

Inhaltsübersicht

I. Einleitung: Der „Klimawandel" im Prüfungsalltag und seine Folgen
II. Grundlagen: Abschichtung der Verfahren und ihrer Funktionen
  1. Außenprüfung als Instrument steuerlicher Verifikationsverwaltung
  2. Ziele und Einsatzbedingungen des Steuerstrafverfahrens neben einer Außenprüfung
  3. Unabhängigkeit und Eigenständigkeit von Außenprüfung und Steuerstrafverfahren
III. Schnittstellen von Außenprüfung und Steuerstrafverfahren in der Praxis
  1. Anordnung einer Außenprüfung trotz Anhaltspunkten für eine Steuerstraftat oder -ordnungswidrigkeit
  2. Überleitung der Außenprüfung in das Steuerstrafverfahren: Ziel- und Rollenkonflikte bei der Unterrichtungs-, Mitteilungs- und Unterbrechungspflicht nach § 10 BpO
  3. Steuerstrafrechtlicher Vorbehalt am Schluss der Außenprüfung
IV. Weichenstellungen gegen eine Überkriminalisierung im Zuge der Außenprüfung
  1. Die zweifelhafte Garantenpflicht des Außenprüfers und seine Strafbarkeit wegen Strafvereitelung im Amt nach §§ 258, 258a StGB als Triebfeder
  2. Teleologische Reduktion der strafbewehrten Berichtigungspflicht (§ 153 AO) bei Aufklärung durch Außenprüfung
  3. Konkludente und kooperative bußgeldbefreiende Selbstanzeige (§ 378 Abs. 3 AO) bei der Außenprüfung
V. Fazit und Ausblick

I. Einleitung: Der „Klimawandel" im Prüfungsalltag und seine Folgen

Die mehrfache Durchsuchung eines börsennotierten norddeutschen Großunternehmens durch die Steuerfahndung, der laut Medienberichten Rückfragen im Rahmen einer Außenprüfung zur Bildung von Rückstellungen vorausgegangen sein sollen,[1] hat das Thema jüngst in die Schlagzeilen der

---

1 Handelsblatt online vom 24.3.2014: „Anfangsverdacht: Steuerfahndung durchsucht Salzgitter AG" mit dem Hinweis, „es bestehe ein nicht genau benannter Anfangsverdacht, dass Tochtergesellschaften von 2006 bis 2009 steuerrechtlich unzulässige Rückstellungen gebildet hätten. Der KonzeRz wies die Vorwürfe zurück". NDR1 Niedersachsen berichtete online am 4.6.2014 über eine „erneut(e) Razzia beim Stahlkonzern Salzgitter AG", der wiederum auch steuerrechtlich unzulässige Rückstellungen zugrunde liegen sollen, was die Salzgitter AG aber zurückweise, weil sie in allen Steuererklärungen den steuergesetzlichen Vorschriften gefolgt sei.

Tagespresse gebracht:[2] Außenprüfung und Steuerstrafverfahren gehen immer häufiger miteinander einher. Damit ist aber nur der Befund ins Licht der allgemeinen Aufmerksamkeit gerückt worden, der in der Prüfungspraxis schon länger festzustellen ist. Bereits vor zehn Jahren konstatierten Steuerstrafverteidiger die signifikante Zunahme von steuerstrafrechtlichen Ermittlungsverfahren aufgrund von Feststellungen von Außenprüfern.[3] Die Berichte aus der Praxis über Außenprüfungen, die zu Durchsuchungsmaßnahmen und Arrestanordnungen[4] oder sonstigen strafrechtlichen Ermittlungsverfahren führen,[5] häufen sich.[6] Der Vorwurf der Steuerhinterziehung oder leichtfertigen Steuerverkürzung steht bei Außenprüfungen zunehmend im Raume.[7] Von einem „Klimawandel" ist gerade mit Blick auf die Außenprüfung und das Steuerstrafrecht die Rede.[8] Mit Zahlen ist dieser schwer zu belegen, weil Statistiken hierzu nicht geführt werden oder nicht öffentlich zugänglich sind.[9] Aber bereits eine gefühlte Klimaverschärfung regt zu einer rechtlichen Analyse des Verhältnisses von Außenprüfung und Steuerstrafverfahren an. Diese führt in ein schwieriges Grenzgebiet.

Der bisherige Erkenntnisstand der Deutschen Steuerjuristischen Gesellschaft e.V. (DStJG) lässt sich an ihren Tagungsbänden ablesen: Auf ihrer Düsseldorfer Tagung im Jahre 1982 hat sich die DStJG mit den Grundfragen des Steuerstrafrechts beschäftigt,[10] wobei das Verhältnis von Außenprüfung und Steuerstrafverfahren nicht Gegenstand eines eigenen Referates war. *Michael Streck* hat sich seinerzeit zwar der grundlegenden Frage des Verhältnisses von Steuer- und Strafverfahren gewidmet, ohne dabei die Au-

---

2 In der Fachpresse ist das Thema „Außenprüfung und Steuerstrafverfahren" seit langem präsent (dazu *Glade*, StbJb. 1978/79, 530 [545 ff.]; *Streck*, BB 1980, 1537; *Papperitz*, DStZ 1987, 55; *M. Meyer*, DStR 2001, 461; *Mösbauer*, StBp 2004, 229; *Weyand*, INF 2005, 717; *Kemper*, StBp. 2007, 263; *Buse*, DB 2011, 1942; *Mack*, Stbg 2013, 156; zuletzt *Madausz*, NZWiSt, 2014, 296).
3 *Burkhard/Adler*, Fehlerquellen in der Betriebsprüfung, 2004, Rz. 630 f., mit dem Hinweis auf erhebliche regionale Divergenzen und niedrigere Toleranzschwellen im ländlichen Bereich gegenüber Großstädten, ebenda, Rz. 632; zur unterschiedlichen Praxis in den einzelnen deutschen Ländern auch *Kaligin*, Betriebsprüfung und Steuerfahndung, 2014, S. 129.
4 *Schwedhelm*, Zum Unwerte der Steuerhinterziehung, in FS Streck, 2011, S. 561 (571).
5 *Klötzer-Assion* in Flore/Tsambikakis, Steuerstrafrecht, 2013, § 404 AO Rz. 29.
6 Dazu aus Sicht der Unternehmenspraxis *Kaeser*, Steuerstrafrechtliche Verantwortung in Unternehmen und selbstregulierende Tax Compliance, in diesem Band.
7 *Randt*, Reichweite und Grenzen der steuerlichen Erklärungspflicht im Steuerstrafrecht, in FS Schaumburg, 2009, S. 1255 (1257).
8 *Joecks*, Klimawandel, in FS Schaumburg, 2009, S. 1225; dies aufgreifend z.B. *Salditt* in Flore/Tsambikakis, Steuerstrafrecht, 2013, Zur Einführung Rz. 1.
9 Der BMF-Monatsbericht v. **21.10.2013**, Ergebnisse der Steuerfahndung im Jahr 2012, berichtet nur über die (sinkende) Anzahl der Ermittlungsfälle (2.1) und (steigende) Mehrergebnisse (2.2), ohne nach Gründen für die Einleitung zu differenzieren (2.3).
10 *Kohlmann* (Hrsg.), Strafverfolgung und Strafverteidigung im Steuerstrafrecht – Grundfragen des Steuerstrafrechts heute, DStJG 6 (1983).

ßenprüfung ins Zentrum zu rücken.[11] 25 Jahre später hat unsere Gesellschaft die Stuttgarter Tagung dem „Steuervollzug im Rechtsstaat" gewidmet. Dabei stand das allgemeine Verhältnis von Steuerverfahren und Strafverfahren auf der Agenda,[12] aber auch Grenzaspekte von Außenprüfung und Steuerfahndung wurden aufgegriffen.[13] Darauf aufbauend gilt es sich in diesem Jahr, vertieft den „Schnittstellen von Steuerrecht und Steuerstrafrecht" zuzuwenden.

In meinem Referat geht es zunächst grundlegend um die verfahrensbezogene Abschichtung von Außenprüfung und Steuerstrafverfahren und ihrer Funktionen (II.). Auf dieser Grundlage sind sodann wichtige Schnittstellen von Außenprüfung und Steuerstrafverfahren in der Praxis nachzuzeichnen (III.). Im dritten Schritt werde ich exemplarisch Weichenstellungen aufzeigen, die einer Überkriminalisierung im Zuge der Außenprüfung de lege lata entgegenwirken können (IV.).

Der vorgegebene Rahmen zwingt zur Themeneingrenzung: Angesichts ihrer Verifikationstiefe wirft die Außenprüfung typischerweise materielle[14] wie verfahrensrechtliche Fragen[15] auf, die sich im Zuge einer Außenprüfung häufig stellen, aber nicht darauf beschränkt sind. Diese Folgefragen müssen im Folgenden außen vor bleiben.[16] Die im Zuge der Außenprüfung geschlossenen Verständigungen und ihre Wirkung für Steuer und Strafverfahren sind ein eigenes Thema.[17]

II. Grundlagen: Abschichtung der Verfahren und ihrer Funktionen

Besteuerungs- und Steuerstrafverfahren sind bekanntlich von unterschiedlichen Verfahrensprinzipien und -zielen geprägt, die zugleich Aufschluss für die Abgrenzung und Überschneidungen der Verfahren liefern.

---

11 *Streck*, Das Recht des Verhältnisses von Steuer- und Strafverfahren, DStJG 6 (1983), S. 217 (238).
12 *Randt*, Verhältnis zwischen Besteuerungs- und Steuerstrafverfahren, DStJG 32 (2008), S. 263.
13 *Rüsken*, Außenprüfung, Nachschau und Steuerfahndung im Rechtsstaat, DStJG 31 (2008), S. 243 (245 ff.).
14 Ein typisches Beispiel ist das Betriebsausgabenabzugsverbot für Schmiergelder (dazu zuletzt *Pelz*, DStR 2014, 449).
15 Klassische Folgefrage ist die Schätzung nach § 162 AO bei oder im Anschluss an eine Außenprüfung, gerade wenn die Buchführung nach den Prüfungsfeststellungen punktuell erschüttert oder gar insgesamt verworfen wird (dazu *Tormöhlen*, AO-StB 2013, 256 [257 ff.]). Zur Frage der Hinnahme von „Strafschätzungen im Steuerverfahren, um Steuerstrafverfahren zu vermeiden" aus Beratersicht *Mack*, Stbg 2012, 116.
16 Auch die Kanäle und Inhalte des Informationsaustauschs zwischen Außenprüfung und Strafverfahren und umgekehrt und ihre Grenzen aufgrund des Steuergeheimnisses (§ 30 AO) können nicht eigens behandelt werden.
17 Dazu *Seer*, Verständigungen im Steuer- und Steuerstrafverfahren, in diesem Band.

1. Außenprüfung als Instrument steuerlicher Verifikationsverwaltung

Steuerverwaltung ist Verifikationsverwaltung.[18] Die steuerliche Außenprüfung[19] (§§ 193 ff. AO) ist ein besonderes Verifikationsinstrument. Sie ist ein spezielles Verwaltungsverfahren zur Erfüllung der den Finanzbehörden durch § 85 AO gestellten Ermittlungsaufgabe.[20] Nach Ansicht des BFH dient sie „vornehmlich dem Ziel, Steuergerechtigkeit durch gleichmäßige Vollziehung der Steuergesetze zu verwirklichen".[21] Die AO selbst ist nüchterner: Die Außenprüfung ist Teil der Sachverhaltsermittlung, indem die steuerlichen Verhältnisse des Steuerpflichtigen bei diesem aufgrund seiner Aufzeichnungen (§§ 194 Abs. 1 Satz 1, 199 Abs. 1, 200 AO) ermittelt werden. Die Außenprüfung ist die *nachgehende* Überprüfung der steuerlichen Angaben,[22] Sie ist auf umfassende und zusammenhängende Ermittlung der Besteuerungsgrundlagen angelegt.[23] und unterscheidet sich durch die Intensität und den Umfang von anderen Ermittlungsmaßnahmen der Finanzbehörde.[24] Die vollzugssichernde Außenprüfung ist nicht nur ein zulässiges, sondern ein verfassungsrechtlich gebotenes Aufklärungs- und Verifikationsmittel zur Verwirklichung der Besteuerungsgleichheit[25] im Rahmen des strukturellen Vollzugssicherungsauftrags der Finanzbehörden.[26] Die Außenprüfung löst erhebliche Mitwirkungspflichten des geprüften Steuerpflichtigen aus,[27] die im Rahmen der digitalen Außenprüfung[28] noch inten-

---

18 *Drüen*, Die Zukunft des Steuerverfahrens, in Schön/Beck, Zukunftsfragen des deutschen Steuerrechts, MPI Studies on Intellectual Property, Competition and Tax Law 11, 2009, S. 1 (8 f.).
19 Die Abgabenordnung verwendet den Begriff der „Außenprüfung" statt des verbreiteten Begriffs der „Betriebsprüfung" (dazu *Seer* in Tipke/Kruse, AO/FGO, Vor § 193 AO Tz. 10 [Okt. 2013]; kritisch zur begrifflich Konzentration darauf *Mösbauer*, Steuerliche Außenprüfung², 2005, S. 4). Dem liegt die berechtigte Überlegung zugrunde, dass „die Außenprüfung bei allen Steuerpflichtigen möglich sein soll und dass die Außenprüfung sich anschaulich von der Prüfung an Amtsstelle unterscheiden muss" (BT-Drucks. VI/1982, 161). Die Allgemeinheit des persönlichen Anwendungsbereiches über Betriebe hinaus und die Besonderheit der Ermittlungsmaßnahmen der Prüfung kennzeichnen dabei den Begriff der Außenprüfung. Gegenüber der „Betriebsprüfung" von Unternehmen als Ausschnitt ist die Außenprüfung der Oberbegriff.
20 *Seer* in Tipke/Kruse, AO/FGO, Vor § 193 AO Tz. 9 (Okt. 2013).
21 BFH v. 2.10.1991 – X R 89/89, BStBl. II 1992, 220 (221).
22 *Rüsken*, DStJG 31 (2008), 243 (245), Hervorhebung im Original; weitergehend *Wenzig*, Außenprüfung/Betriebsprüfung¹⁰, 2014, S. 28, 197.
23 *Kamps* in Streck/Mack/Schwedhelm, Tax Compliance, 2010, Rz. 3.4.
24 *Wenzig* (Fn. 22), S. 28.
25 Näher *Seer*, StuW 2003, 40 (50) sowie *Drüen*, StuW 2007, 112 (113); *Drüen*, StbJb. 2007/2008, 273 (275) m.w.N., auch zur Gegenansicht.
26 *Seer* in Tipke/Kruse, AO/FGO, Vor § 193 AO Tz. 9, 20 (Okt. 2013).
27 Monographisch dazu *A. T. Jochum*, Die Mitwirkungspflichten in der Außenprüfung, 2011; zuletzt *Rogge*, DB 2013, 2470.
28 Dazu *Drüen* in Tipke/Kruse, AO/FGO, § 147 AO Tz. 69–86 (Mai 2013) sowie monographisch *Ebert*, Die digitale Außenprüfung, 2009; *Panek*, Die steuerliche Außenprüfung – Digitale Außenprüfung unter Berücksichtigung der §§ 146, 147 und 200 AO,

siviert worden sind.[29] Sie ist rechtfertigungsbedürftiger, aber im Rahmen der Verhältnismäßigkeit auch rechtfertigungsfähiger Freiheitseingriff. Neben der Individualkontrolle hat das Institut der Außenprüfung erhebliche Breitenwirkung und prophylaktische Wirkung.[30] Sie ist ein Instrument der Steueraufsicht.[31]

Die Außenprüfung ist in der Realität des Steuervollzugs, gerade bei der Unternehmensbesteuerung, die erste über bloße Plausibilität der Deklaration hinausgehende rechtliche und tatsächliche Überprüfung. Potentiell ist jede Außenprüfung ein Vorposten des Steuerstrafverfahrens, weil sie immer die Möglichkeit bietet, eine Steuerverkürzung als Teil des objektiven Tatbestands einer Steuerstraftat i.S.d. § 370 Abs. 1 AO aufzudecken.[32] Allerdings dürfen Mehrergebnis der Außenprüfung und Verkürzung als strafrechtlicher Taterfolg (§ 370 Abs. 4 S. 1 AO) nicht einfach gleichgesetzt werden. Nicht jedes steuerliche Mehrergebnis ist strafrechtlich oder bußgeldrechtlich relevant.[33] Eine solche Relevanz setzt nämlich neben dem Mehrergebnis als Taterfolg voraus, dass die Außenprüfung zugleich die Tathandlung unrichtiger oder unvollständiger Angaben über steuerlich erhebliche Tatsachen aufdeckt.[34] Darum erfüllt keineswegs jedes Mehrergebnis aufgrund der Außenprüfung bereits den objektiven Tatbestand der Steuerhinterziehung. Nur und erst dann, wenn der Außenprüfer erkennt, dass dem Mehrergebnis unvollständig oder unrichtig erklärte Tatsachen zugrunde liegen, stellt sich die Frage nach steuerstrafrechtlichen Konsequenzen.[35]

Die Außenprüfung hat gleichwohl nicht den Zweck und die Aufgabe, Steuerstraftaten und -ordnungswidrigkeiten aufzudecken und zu verfolgen.[36] Das kann eine ihrer Folgen sein, ist aber nicht der Zweck der §§ 193 ff. AO.[37] Aus der Zuständigkeit der Finanzbehörden nach § 386 Abs. 1 S. 1 AO bei Verdacht einer Steuerstraftat folgt nichts anderes. Zwar ist die Au-

---

2008; *Schüßler*, Der Datenzugriff der Finanzverwaltung im Rahmen der (digitalen) Außenprüfung, 2010.
29 Zu den Konsequenzen s. sub II. 3.
30 *Klug*, Zur Rechtmäßigkeit steuerstrafrechtlicher Ermittlungen der Betriebsprüfer, S. 10.
31 Dazu bereits *Tipke*, Betriebsprüfung im Rechtsstaat, 1968.
32 So *Reiß*, Besteuerungsverfahren und Strafverfahren, 1987, S. 284.
33 Zutreffend *Burkhard/Adler* (Fn. 3), Rz. 630.
34 Insoweit missverständlich *Buse*, DB 2011, 1942 (1945).
35 Überdies wäre es verfehlt, bei jedem Mehrergebnis der Außenprüfung ohne Prüfung der Verschuldensfrage eine Straftat oder Ordnungswidrigkeit zu unterstellen (dagegen bereits *Seer* in Tipke/Kruse, AO/FGO, Vor § 193 AO Tz. 28 [Okt. 2013]; zustimmend *Buse*, DB 2011, 1942 [1945]).
36 Ebenso *Seer* in Tipke/Kruse, AO/FGO, Vor § 193 AO Tz. 27 (Okt. 2013).
37 Zum primär verfolgten Fiskalzweck der Außenprüfung schon *Streck*, BB 1980, 1537 (1541).

ßenprüfung Teil der Finanzbehörde (§ 386 Abs. 1 S. 2 AO), allerdings schichtet § 386 AO in erster Linie die Zuständigkeitsregeln zwischen der Staatsanwaltschaft und den Finanzbehörden ab.[38] Auch § 399 Abs. 2 AO, der das Legalitätsprinzip trotz Zuständigkeitskonzentration festschreibt, begründet zwar Rechte und Pflichten der zuständigen Finanzbehörde,[39] insbesondere zur Anordnung unaufschiebbarer Maßnahmen, um die Verdunklung der Sache zu verhindern. Dieses Recht des ersten Zugriffs begründet aber keine originäre steuerstrafrechtliche Aufgabe der Außenprüfung.[40] Es sichert lediglich einen ersten Zugriff im Sinne einer Eilzuständigkeit für die staatliche Strafverfolgung ab. Dadurch erstarkt die Strafverfolgung aber nicht zur steuerstrafrechtlichen Pflicht der Außenprüfung und des Außenprüfers.[41] Aus dieser den Erstzugriff absichernden Zuständigkeit lässt sich keine eigenständige Strafverfolgungsaufgabe der Außenprüfung ableiten.[42] Randkompetenzen charakterisieren nicht die behördliche Kernaufgabe. Dass der Außenprüfer als Teil des Finanzamtes nach der Einleitung des Verfahrens (§ 397 Abs. 1 AO) steuerstrafrechtliche Kompetenzen wahrnehmen *kann*, ändert daran nichts. § 193 Abs. 1 AO erklärt – anders als § 208 Abs. 1 Nr. 1 AO für die Steuerfahndung – die Erforschung von Steuerstraftaten und -ordnungswidrigkeiten nicht zur Aufgabe der Außenprüfung. Die institutionelle Doppelfunktion von steuerverfahrensrechtlicher und steuerstrafrechtlicher Ermittlungsbehörde ist bei der Außenprüfung – anders als bei der Steuerfahndung[43] – nicht explizit im Gesetz angeordnet. Überschneidungen sind zwar in der AO angelegt, ohne dass diese zur Annahme einer „Doppelfunktionalität"[44] der Außenprüfung führen. Diese kennzeichnet die Steuerfahndung, nicht aber die Außenprüfung. Die Außenprüfung bezweckt die Überprüfung der Besteuerungsgrundlagen zur gleichmäßigen und gesetzmäßigen Steuerfestsetzung und nicht die Strafverfolgung.

---

38 *Rüping* in Hübschmann/Hepp/Spitaler, AO/FGO, § 386 AO Rz. 6 ff. (März 2003); *Seipl* in Beermann/Gosch, AO/FGO, § 386 AO Rz. 5 f. (August 2011).
39 Übereinstimmend *Hellmann* in Hübschmann/Hepp/Spitaler, AO/FGO, § 399 AO Rz. 57 (Nov. 2010): „Pflicht der Finanzbehörde und deren Beamter".
40 Ebenso *Hellmann* in Hübschmann/Hepp/Spitaler, AO/FGO, § 393 AO Rz. 69 (Juni 2009), mit dem Hinweis, dass die Erforschung einer Steuerstraftat nicht generell von der Besteuerungsdienststelle durchgeführt werden dürfe.
41 Möglicherweise anders *Hellmann* in Hübschmann/Hepp/Spitaler, AO/FGO, § 397 AO Rz. 40 (Nov. 2009): „Die Außenprüfung darf mit steuerrechtlichen Mitteln nur dann vorgesetzt werden, wenn die Strafsachenstelle das Strafverfahren übernimmt und dadurch den Amtsträger von seinen steuerstrafrechtlichen Pflichten entlastet."
42 Zu den Konsequenzen für die strafrechtliche Verfolgung des Außenprüfers wegen Strafvereitelung s. noch sub IV. 1.
43 Dazu *Herrmann*, Doppelfunktion der Steuerfahndung als Steuerkriminalpolizei und Finanzbehörde, in diesem Band.
44 So *Madausz*, NZWiSt, 2014, 296 m.w.N.

2. Ziele und Einsatzbedingungen des Steuerstrafverfahrens neben einer Außenprüfung

Das Strafverfahren hat zum Ziel, den staatlichen Einsatz von Strafe zu lenken.[45] Das Verfahrensziel lässt sich allgemein als Herbeiführung einer im Hinblick auf die Strafzwecke richtigen Entscheidung beschreiben, durch die Rechtsfrieden[46] eintritt und zugleich die Strafzwecke zielgenau verwirklicht werden.[47] Diese Grobzielsetzung[48] gilt gleichermaßen für das Steuerstrafverfahren. Gerade durch das staatliche Strafverfahren sollen die Strafbedürfnisse des Staates kanalisiert werden.[49] Dabei ist der Rechtsgüterschutz[50] durch das Strafrecht nicht die einzige Möglichkeit, vielmehr ist das Instrumentarium der Rechtsordnung vielfältiger.[51] Das Strafrecht ist sogar nur das letzte unter allen in Betracht kommenden Schutzmaßnahmen und darf nur dann eingesetzt werden, wenn andere Mittel, insbesondere nichtstrafrechtliche Sanktionen versagen. Das Subsidiaritätsprinzip macht das Strafrecht zur ultima ratio.[52] Deshalb gilt Strafe nur als „ultima ratio der Sozialpolitik" und dient dem *subsidiären* Rechtsgüterschutz.[53] Das Strafrecht hat nur fragmentarische Natur[54] und fordert vom Gesetzgeber nur solche Lücken im strafrechtlichen Schutz von Rechtsgütern zu schließen, die ansonsten Taten mit strafwürdigem Unrechtsgehalt straflos ließen.[55] Der Einsatz des Strafrechts folgt nach dem Verhältnismäßigkeitsgrundsatz nur dort, wo mildere Mittel keinen ausreichenden Rechtsgüterschutz versprechen. Nur dann darf das Strafrecht als härtester aller staatlichen Eingriffe in die Freiheit des Bürgers eingesetzt werden.[56] Der Einsatz der Strafe ist damit in beide Richtungen begrenzt: Einerseits nach oben durch das Verbot übermäßigen Strafens, auf der anderen Seite nach unten durch das Untermaßverbot.[57]

---

45 *Böse*, Wirtschaftsaufsicht und Strafverfolgung, 2005, S. 15 m.w.N.
46 Dafür primär *Meyer-Goßner*/Schmitt, StPO^{57}, 2014, Einl Rz. 4.
47 *Böse* (Fn. 45), S. 14, 25.
48 Unterschiedliche Reihenfolgen und Gewichtungen der Ziele sind freilich diskutabel (vgl. nur *Krey*, Deutsches Strafverfahrensrecht, Bd. 1, 2006, § 1 Rz. 15, 21).
49 *Ostendorf*, Strafprozessrecht, 2012, § 2 Rz. 13.
50 Zum Streit über das durch die §§ 369 ff. AO geschützte Rechtsgut zusammenfassend Franzen/Gast/*Joecks*, Steuerstrafrecht^7, 2009, Einl Rz. 8 ff. m.w.N.
51 Hierzu und zum Folgenden *Roxin*, Strafrecht Allgemeiner Teil, Bd. I^4, 2006, § 2 Rz. 97
52 Lackner/*Kühl*, StGB^{28}, 2014, Vor § 13 Rz. 3; einschränkend zum Subsidiaritätsprinzip *Jakobs*, Strafrecht, Allgemeiner Teil^2, 1991, 2. Abschnitt Rz. 26 ff.
53 *Roxin* (Fn. 51), § 2 Rz. 97; ebenso *Stree*/Kinzig in Schönke/Schröder, StGB^{29}, 2014, Vor §§ 38 Rz. 1 m.w.N.
54 Nochmals *Roxin* (Fn. 51), § 2 Rz. 97.
55 Lackner/*Kühl*, StGB^{28}, 2014, Vor § 13 Rz. 3 m.w.N.
56 In der Sache bereits *Roxin* (Fn. 51), § 2 Rz. 92, 98.
57 Vgl. nur die Nachweise bei *Stree*/Kinzig in Schönke/Schröder, StGB^{29}, 2014, Vor §§ 38 Rz. 1.

Diese Vorgaben führen zu einer wichtigen Weichenstellung für das Verhältnis von Außenprüfung und Steuerstrafverfahren. Ein flächendeckender Einsatz von Strafverfahren neben und nach der Außenprüfung quasi als Standardmaßnahme wäre übermäßig. Spiegelbildlich würde ein völliger Verzicht auf eine strafrechtliche Verfolgung, selbst in Fällen der Aufdeckung von gezielten Buchführungsmanipulationen, bei gefälschten Urkunden und vorgespiegelten Rechtsverhältnissen durch die Außenprüfung das Untermaß unterschreiten. Der Einsatz von Strafverfahren neben der Außenprüfung als Verifikationsinstrument der Steueraufsicht muss demnach austariert werden. Er ist unter den Bedingungen des (faktischen) Selbstvollzugsverfahrens im Steuerrecht zu überdenken. Unter dem neudeutschen Stichwort der Tax Compliance[58] hat *Christian Kaeser* bereits kooperative Lern- und Abstimmungsprozesse zwischen Unternehmen und Finanzbehörden angerissen,[59] die den Einsatz von Strafverfahren relativieren können. Der Rechtsgüterschutz lässt sich mitunter durch präventive, selbstregulierende Kontrolle der Unternehmen und ergänzende, punktuelle Nachkontrolle der Außenprüfung effektuieren. Dieses freilich noch ausbaubedürftige Konzept regulierter Selbstregulierung[60] wirft natürlich die Frage auf, ob und inwieweit ein ergänzender und repressiver Einsatz von Strafe noch verhältnismäßig ist. Der Rechtsgüterschutz lässt sich möglicherweise auch dadurch hinreichend sichern, dass der Staat Systeme präventiver und struktureller Selbstkontrolle fordert und sich darauf zurückzieht, diese durch die Außenprüfung „auf die Probe zu stellen" sowie punktuell Fehler aufzudecken. Das Unternehmen müsste im selbst- und fremdlernenden Kontrollprozess freilich dafür Vorsorge treffen, dass dieser Fehler und vergleichbare in der Zukunft ausgeschlossen sind. Allein im Fall der Fehlerwiederholung wäre über eine strafrechtliche Flankierung der Außenprüfung nachzudenken. Dem subsidiären Rechtsgüterschutz durch das Strafrecht lässt sich durch diese Fortentwicklungen auch in der Außenprüfungspraxis Rechnung tragen. Freilich stehen diese Diskussionen noch am Anfang.

3. Unabhängigkeit und Eigenständigkeit von Außenprüfung und Steuerstrafverfahren

Für das Verhältnis von Besteuerungsverfahren und Strafverfahren gilt der Grundsatz der Unabhängigkeit und Eigenständigkeit.[61] Beide Verfahren stehen grundsätzlich gleichrangig mit den ihnen eigenen Verfahrensregeln

---

58 Monographisch *Streck/Mack/Schwedhelm*, Tax Compliance, 2010.
59 *Kaeser*, in diesem Band.
60 Zur regulierten Selbstregulierung im Steuerrecht näher bereits *Seer*, FR 2012, 1000 (1002 f.); *Drüen*, FR 2011, 101 (104 ff.).
61 Zuletzt zum Nebeneinander von Besteuerungs- und Steuerstrafverfahren *Jesse*, DB 2013, 1803 (1807) m.w.N.

nebeneinander.[62] Für die Außenprüfung als besonderes Ermittlungsverfahren gilt diese grundsätzliche „Doppelgleisigkeit" von Besteuerungs- und Strafverfahren[63] gleichermaßen. Versuche einen Vorrang des Strafverfahrens oder umgekehrt einen Vorrang der Außenprüfung zu etablieren, haben sich nicht durchgesetzt.[64] Beide Verfahren können zeitgleich und parallel nebeneinander verlaufen,[65] was angesichts der verschiedenen Verfahrensordnungen zu erheblichen Schwierigkeiten in der Rechtspraxis führt.[66] Nach § 393 Abs. 1 Satz 1 AO richten sich die Rechte und Pflichten des Steuerpflichtigen und der Finanzbehörde nach den für das jeweilige Verfahren geltenden Vorschriften. Ein parallel laufendes Steuerstrafverfahren entbindet den Steuerpflichtigen nicht von seiner Mitwirkungspflicht im Besteuerungsverfahren,[67] auch im Außenprüfungsverfahren kann seine Mitwirkung allerdings nach § 393 Abs. 1 S. 2 AO nicht erzwungen werden.[68] Die Konfliktsituation des Steuerpflichtigen aufgrund der verschiedenen Prinzipien in Besteuerungs- und Steuerstrafverfahren[69] ist ein eigenes Thema.[70] Die Doppelstellung des Betroffenen[71] spitzt sich gerade im Außenprüfungsverfahren wegen der Intensität der Mitwirkungspflichten nach § 200 AO zu. Dabei scheinen die Entwicklungen im Rahmen der digitalen Außenprüfung noch nicht hinreichend reflektiert. § 200 AO legt dem geprüften Steuerpflichtigen eine umfassende Mitwirkungspflicht auf und statuiert quasi eine „permanente" Aufforderung zur Mitwirkung.[72] Die Zugriffsrechte auf Daten und Datenverarbeitungssysteme im Rahmen der Außenprüfung nach § 147 Abs. 6 AO sind Teil der Mitwirkungspflichten bei der Außenprüfung (§ 200 Abs. 1 Satz 2 AO). Mit der Eröffnung des Datenzugriffs in den drei

---

62 *Hartmann*, Strafprozessuale Verwertungsverbote im Besteuerungsverfahren, 2001, S. 65 ff.; Klein/*Jäger*, AO[12], 2014, § 393 Rz. 1; *Seer* in Tipke/Kruse, AO/FGO, § 208 AO Tz. 130 (Mai 2011) m.w.N.; *Webel* in Flore/Tsambikakis, Steuerstrafrecht, 2013, § 393 AO Rz. 3.
63 *Böse* (Fn. 45), S. 481.
64 Nachweise bei *Hellmann* in Hübschmann/Hepp/Spitaler, AO/FGO, § 393 AO Rz. 11 f. (Juni 2009).
65 *Hilgers-Klautzsch* in Kohlmann, Steuerstrafrecht, § 393 AO Rz. 31 (April 2013).
66 Die Parallelität beider Verfahren ist verfassungsmäßig (näher *Böse* [Fn. 45], S. 472 ff., 552, 569, der allerdings die Ausnahmen vom Verwertungsverbot nach § 393 Abs. 2 S. 2 AO als verfassungswidrig ansieht, ebenda, S. 526 ff., 554).
67 Der Steuerpflichtige ist im Besteuerungsverfahren zur Mitwirkung verpflichtet ist (§§ 90, 200 Abs. 1 und 2 AO) und hat wahrheitsgemäß alle für die Besteuerung erheblichen Tatsachen vollständig offenzulegen und die ihm bekannten Beweismittel anzugeben. Seine Mitwirkung kann durch Zwangsmittel (§§ 328 ff. AO) erzwungen werden. Daneben können die Besteuerungsgrundlagen bei Verweigerung der Mitwirkung geschätzt werden (§ 162 Abs. 2 AO).
68 BFH v. 28.10.2010 – VIII R 78/05, BStBl. II 2010, 455.
69 *Rolletschke*, Steuerstrafrecht[4], 2012, Rz. 782.
70 *Salditt*, Doppelstellung des Betroffenen als Steuerpflichtiger und Beschuldigter, in diesem Band.
71 *Webel* in Flore/Tsambikakis, Steuerstrafrecht, 2013, § 393 AO Rz. 2.
72 *Hellmann* in Hübschmann/Hepp/Spitaler, AO/FGO, § 393 AO Rz. 68 (Juni 2009).

gesetzlich vorgesehenen Formen („Z1, Z2, Z3") hat der Außenprüfer eine umfassende Zugriffsmöglichkeit auf die ihm überlassenen Daten des Unternehmens und damit Einblick in einen Teil des „Herzstücks des Unternehmens".[73] Mit dem zur Verfügung gestellten Datenmaterial kann der Außenprüfer Verprobungen und Kalkulationen mit den Daten des Unternehmens sowie Vergleichsdaten aus behördlichen Datensammlungen (§ 88 AO) vornehmen und gezielt ergänzend nachfragen. Durch diese digitale Außenprüfung[74] seit 2001 haben sich die Erkenntnismöglichkeiten, die Erkenntnistiefe und vor allen Dingen die Erkenntnisgeschwindigkeit deutlich zugunsten der Außenprüfung verschoben. War die Aufdeckung von Unregelmäßigkeiten im Kassenbestand (Kassenfehlbeträge) vorher noch eine Fleißaufgabe, lassen sich heute solche Unstimmigkeiten mit Hilfe von Standardprogrammen per Knopfdruck aufdecken. Die Zurverfügungstellung von Datenträgern eröffnet dem Außenprüfer weit gehende Prüfungsmöglichkeiten, wodurch sich die Befugnisse der Betriebsprüfung de facto denen der Steuerfahndung nach § 404 AO annähern.[75] War die frühere Gleichsetzung der Außenprüfung mit einer strafprozessualen Vernehmung[76] fragwürdig,[77] so ändert sich möglicherweise die Beurteilung, wenn bei der Außenprüfung im digitalen Zeitalter bereits mit dem Beginn der Prüfung das ganze Datenmaterial in den Händen des Außenprüfers liegt und dieser aufgrund des Datenabgleichs und von Verprobungen gezielt den Steuerpflichtigen zu Unstimmigkeiten befragt. Da es verschiedene Lösungsmöglichkeiten gibt, einen Verstoß gegen den Nemo-tenetur-Grundsatz durch gesetzliche Mitwirkungspflichten im Verwaltungsverfahren zu vermeiden,[78] erscheint diskussionswürdig, ob der alte mittelbare Schutz des Steuerpflichtigen durch § 393 AO bei der Außenprüfung nach Eröffnung des Datenzugriffs weiterhin zeitgemäß und ausreichend ist.

Die Teilidentität der Verfahrensgegenstände des Besteuerungs- und Steuerstrafverfahrens schafft Gefahren für die Rechtsstellung des Betroffenen.[79] Sie verlangt auch im Bereich der Außenprüfung nach rechtsstaatlichen Sicherungen für die funktionale Abschichtung der Verfahren.[80] *Michael Streck* hat be-

---

73 So *Klug* (Fn. 30), S. 157.
74 S. Nachweise in Note 28.
75 *Tormöhlen*, AO-StB 2014, 243 (246) spricht von „De-facto Steufa-Kompetenzen".
76 Für eine vernehmungsähnliche Situation Franzen/Gast/*Joecks*, Steuerstrafrecht[7], 2009, § 393 Rz. 46; *Kindler*, PStR, 2011, 44 (46).
77 Ablehnend *Madausz*, NZWiSt, 2014, 296 (300).
78 *Böse* (Fn. 45), S. 455 f.
79 *Hellmann* in Hübschmann/Hepp/Spitaler, AO/FGO, § 393 AO Rz. 6 ff., 34 (Juni 2009).
80 In der Sache auch *Mösbauer*, StBp 2004, 229 (334), der indes als angemessenes Mittel auf ein Verwertungsverbot für rechtswidrig erlangte Kenntnisse verweist. Im Rechtsstaat sollte aber nicht auf (ungeschriebene) Verwertungsverbote vertraut werden, vielmehr muss das Recht früher ansetzen und gegen einen dysfunktionalen Einsatz geschützt werden.

reits auf der Düsseldorfer Tagung im Jahr 1982 zu Recht die Grundsätze der Zweckrichtigkeit und der Klarheit des Verfahrens betont.[81] Diese Gebote des Rechtsstaats[82] gelten gerade bei der Außenprüfung, weil die Verifikationstätigkeit des Außenprüfers als neutrale Prüfungshandlung nicht ohne weiteres dem Steuerverfahren oder dem Strafverfahren zuzuordnen ist. Allein an seiner Prüfungstätigkeit ist nicht zu erkennen, in welchem Verfahren der Außenprüfer agiert.[83] Darum bedarf es einer den Zwecken der Verfahren angemessenen und für den Steuerpflichtigen transparenten Zuordnung, in welchen Verfahren mit welchen Kompetenzen der Außenprüfer tätig wird. Eine schematische Trennung danach, ob der Außenprüfer den objektiven Tatbestand der Steuerverkürzung als Teil des Steuerverfahrens oder aber deren subjektive Komponente im Steuerstrafverfahren ermittelt,[84] überzeugt nur vordergründig. In formeller Hinsicht verstößt diese Abgrenzung gegen das Gebot, dem Steuerbürger in klar erkennbarer Funktion entgegenzutreten[85] und die Zäsur zwischen den Verfahren offenzulegen (vgl. § 397 Abs. 2 und 3 AO). Da Steuernormen wie die Änderungssperre nach einer Außenprüfung (§ 173 Abs. 2 AO), die verlängerte Festsetzungsfrist (§ 169 Abs. 2 S. 2 AO), die Haftung des Steuerhinterziehers (§ 71 AO) sowie die Verzinsung von hinterzogenen Steuern (§ 235 AO) den strafrechtlichen Tatbestand zum steuerrechtlichen Tatbestandsmerkmal erheben, ist der subjektive Tatbestand zudem nicht allein eine rein strafrechtliche Frage, sondern zugleich eine steuerrechtliche Vorfrage, die als Feststellung von Besteuerungsgrundlagen im Rahmen des Besteuerungsverfahrens zu beantworten ist. Demnach ist weder die Prüfungstätigkeit als solche noch die den Prüfer anleitende Prüfungsfrage zur klaren Abschichtung der Verfahren geeignet.

Aufgrund der bestehenden Parallelitäten von Außenprüfung und Steuerstrafverfahren muss verhindert werden, dass dysfunktional strafprozessuale Instrumente zur Ermittlung des Sachverhalts für das Besteuerungsverfahren oder umgekehrt steuerverfahrensrechtliche Instrumente zur Ermittlung des Sachverhalts für das Strafverfahren verwendet werden.[86] Darum ist Ver-

---

81 *Streck*, DStJG 6 (1983), S. 217 (236 ff.); zuvor bereits *Streck*, BB 1980, 1537.
82 Näher zur Steuerfahndung *Seer* in Tipke/Kruse, AO/FGO, § 208 AO Tz. 131 (Mai 2011).
83 Zur möglichen „Doppelwertigkeit" der Prüfungshandlung bereits *Streck*, BB 1980, 1537.
84 Dazu *Reiß* (Fn. 32), S. 279 ff., nach dessen Ergebnis ein Steuerstrafverfahren bei einer Außenprüfung dann eingeleitet sei, wenn der Prüfer Nachforschungen zur subjektiven Tatseite anstelle, die zur Feststellung von Besteuerungsgrundlagen nichts beitragen können (ebenda, S. 281); ebenso *Buse*, DB 2011, 1942 (1945). Allerdings knüpft § 397 Abs. 1 AO nicht an steuerstrafrechtliche Prüfungen, sondern an Maßnahmen an, die „erkennbar darauf abzielen, gegen jemanden wegen einer Steuerstraftat strafrechtlich vorzugehen".
85 *Streck*, DStJG 6 (1983), S. 217 (238).
86 Treffend zur Steuerfahndung *Seer* in Tipke/Kruse, AO/FGO, § 208 AO Tz. 131 (Mai 2011).

suchen entgegenzuwirken, strafprozessuale Eingriffsvoraussetzungen durch eine „verwaltungsrechtliche Formenwahl" zu unterlaufen.[87] Verdeckte Ermittlungen im Wege der Außenprüfung bei Verdacht einer Steuerstraftat sind nicht zulässig.[88] Darum dürfen nicht aufgrund der steuerverfahrensrechtlichen Mitwirkungspflichten Erkenntnisse für das Strafverfahren gewonnen werden, die auf dem steuerstrafrechtlichen Weg wegen des Verweigerungsrechts des Betroffenen nicht gewonnen werden könnten. Der gebotene funktionsgerechte Einsatz schließt die Kombination beider Verfahren nicht schlechthin aus,[89] wohl aber eine freie Kombination und Vermischung beider Verfahren.[90] Bei der kombinierten Prüfung durch Steuerfahndung und Außenprüfung,[91] ist darum zu fordern, dass die jeweilige Prüfung nach ihren jeweiligen Verfahrensregeln unter Wahrung der jeweiligen Verfahrensprinzipien erfolgt. Im Sinne der geforderten klaren Funktionszuordnung muss der Amtsträger dem Bürger „mit offenem Visier" entgegentreten,[92] damit der Betroffene klar erkennen kann, in welchem Verfahren welche Mitwirkungspflichten von ihm eingefordert werden und welche Verweigerungsrechte für ihn gelten.

III. Schnittstellen von Außenprüfung und Steuerstrafverfahren in der Praxis

Die Tagung sucht nach „Schnittstellen" und greift die Rede von „Schnittstellen Steuerverfahren/Strafverfahren"[93] auf. Derartige Schnittstellen sind angesichts der vielfach betonten Parallelität von Steuerverfahren und Strafverfahren (§ 393 AO) eine mathematische Herausforderung. Nach der *Euklid*ischen Geometrie sind Geraden, die keinen Punkt gemeinsam haben, sich also nicht schneiden, parallel. Nach der projektiven Geometrie schneiden sich zwei Geraden stets in *einem* Punkt[94] im Unendlichen. Die im Folgenden präsentierten „verfahrensrechtlichen Schnittstellen"[95] von Außenprüfung und Strafverfahren sind demnach ein juristisches Phänomen, was

---

87 *Böse* (Fn. 45), S. 573.
88 *Durst*, PStR 2012, 274 (275).
89 Ein Beispiel ist die ergänzende Steuerfahndung die den Fall aufgreift, wenn der Außenprüfer mit eigenen Ermittlungen nicht weiterkommt bzw. einen Hinterziehungstatbestand vermutet, weil der geprüfte Steuerpflichtige die Mitwirkung verweigert oder unrichtige Angaben macht (*Weyand* in Graf/Jäger/Wittig, Wirtschafts- und Steuerstrafrecht, 2011, Abschnitt 900, § 404 AO Rz. 47).
90 Zum Nebeneinander von Außenprüfung und Steuerfahndung *Stahl* in Vogelsang/Stahl, BP-Handbuch, 2008, Abschnitt M Rz. 35.
91 Zur sog. Kombiprüfung *Stahl* in Vogelsang/Stahl, BP-Handbuch, 2008, Abschnitt M Rz. 41.
92 So bereits *Streck*, DStJG 6 (1983), S. 217 (237).
93 So der Titel von *Mack*, Stbg 2012, 440.
94 Vgl. das Tagungsthema „Steuerstrafrecht an *der* Schnittstelle zum Steuerrecht".
95 So auch *Hartmann* (Fn. 62), S. 61.

vielleicht zur Fortentwicklung der projektiven Geometrie anregt. Neben der Sperrwirkung für die strafbefreiende Selbstanzeige, die nicht mehr mit dem Erscheinen des Prüfers, sondern bereits mit der Bekanntgabe der Anordnung einer Außenprüfung eintritt (§ 371 Abs. 2 Nr. 1a AO),[96] gibt es in der Prüfungspraxis in chronologischer Folge immer wieder drei praxiswichtige Schnittstellen zwischen den Verfahren[97]: Die Anordnung einer Außenprüfung trotz Anhaltspunkten für eine Steuerstraftat oder -ordnungswidrigkeit (III. 1.), die Überleitung der Außenprüfung in das Steuerstrafverfahren (III. 2.) sowie Steuerstraf- oder Bußgeldverfahren im Anschluss an eine Außenprüfung (III. 3.).

1. Anordnung einer Außenprüfung trotz Anhaltspunkten für eine Steuerstraftat oder -ordnungswidrigkeit

Auf der Stuttgarter Tagung hat *Reinhard Rüsken* die Sicht der Rechtsprechung zum Verhältnis von Außenprüfung und Steuerfahndung vor einigen Jahren wie folgt umschrieben: Aus den Zuständigkeiten der Steuerfahndung ergebe sich keine Schranke für die Anordnung einer Außenprüfung. Es sei vielmehr eine Frage der Zweckmäßigkeit, mit welchen Mitteln das Finanzamt seiner steuerverfahrensrechtlichen Ermittlungspflicht bei Verdacht einer Steuerstraftat nachkomme.[98] Nach der übereinstimmenden Rechtsprechung des BFH[99] und BGH[100] darf eine Außenprüfung auch nach Einleitung des Strafverfahrens angeordnet und durchgeführt oder fortgesetzt werden. Voraussetzung ist allerdings beim Verdacht einer Straftat die Bekanntgabe und Belehrung des Steuerpflichtigen (§ 393 Abs. S. 3 f. AO). Es besteht keine Verpflichtung, eines der beiden Verfahren bis zur Beendigung des anderen auszusetzen. Eine sich insoweit gegenseitig ausschließende Zuständigkeit

---

96 I.d.F. des Schwarzgeldbekämpfungsgesetzes (Gesetz zur Verbesserung der Bekämpfung von Geldwäsche und Steuerhinterziehung v. 28.4.2011, BGBl. I 2011, 676); dazu näher *Helml*, Die Reform der Selbstanzeige im Steuerstrafrecht, 2014, S. 100 ff. Die Sperrwirkung endet mit dem Abschluss der steuerlichen Prüfung und damit lebt für nicht aufgedeckte Taten die Möglichkeit einer strafbefreienden Selbstanzeige wieder auf (Klein/*Jäger*, AO[12], 2014, § 371 Rz. 55 m.w.N.).
97 Die ebenfalls verbreitete Ausdehnung des Prüfungszeitraumes bei Verdacht einer Steuerstraftat oder -ordnungswidrigkeit (§ 4 Abs. 3 S. 2 BpO) betrifft die Zeitkomponente des Verfahrens der Außenprüfung, ohne Rücksicht auf den Ausgang des Straf- oder Bußgeldverfahrens (aus der Rechtsprechung zur Anordnung einer Außenprüfung für einen Zeitraum von elf Jahren jüngst FG Düsseldorf v. 26.9.2013 – 13 K 4630/12 AO, EFG 2014, 11, NZB beim BFH unter Aktz. IV B 133/13). Denn die Erweiterung bleibt rechtswirksam, wenn sich der Verdacht nicht bestätigt und die gewonnenen Erkenntnisse können durch die Außenprüfung verarbeitet und ausgewertet werden (so *Wenzig* [Fn. 22], S. 95).
98 *Rüsken*, DStJG 31 (2008), S. 243 (245 f.).
99 BFH v. 27.7.2009 – IV B 90/08, BFH/NV 2010, 4.
100 BGH v. 16.6.2005 – StR 118/05, NJW 2005, 273 (274 ff.).

von Außenprüfung und Steuerstrafverfolgung besteht danach nicht.[101] Der BFH spricht von einer „gefestigten und immer wieder bestätigten Rechtsprechung", wonach die Anordnung einer Außenprüfung auch zulässig ist, soweit ausschließlich festgestellt werden soll, ob und inwieweit Steuerbeträge hinterzogen oder leichtfertig verkürzt worden sind.[102] Der BFH liegt gleichwohl falsch.[103] Die Wahl zwischen den Verfahren der Außenprüfung und des Steuerstrafverfahrens ist keine Frage bloßer Zweckmäßigkeit.[104] Das Kriterium der Zweckmäßigkeit ist sachgerecht bei der Wahl zwischen ziel- und strukturgleichen Verfahren. Dagegen ist finanzbehördliche Opportunität aber der falsche Maßstab zwischen Verfahren, die nach Ablauf, Zielen und den Rechten des Betroffenen grundverschieden sind und seine Mitwirkung entweder vorschreiben oder ihm aber freistellen. Die Anordnung einer Außenprüfung allein zur Aufdeckung von Steuerstraftaten und -ordnungswidrigkeiten ist überdies auch unzulässig, weil dies nicht der Zweck der Außenprüfung ist.[105]

2. Überleitung der Außenprüfung in das Steuerstrafverfahren: Ziel- und Rollenkonflikte bei der Unterrichtungs-, Mitteilungs- und Unterbrechungspflicht nach § 10 BpO

Problematische Betriebsprüfungen können „ins Steuerverfahren abgleiten".[106] Bereits mit der Prüfungsanordnung wird der Steuerpflichtige durch ein Merkblatt auf seine wesentlichen Rechte und Mitwirkungspflichten bei der Außenprüfung hingewiesen (§ 5 Abs. 2 Satz 2 BpO 2000),[107] das auch zum Ablauf der Außenprüfung beim Verdacht einer Steuerstraftat oder einer Steuerordnungswidrigkeit Stellung nimmt.[108] Diese abstrakte Informa-

---

101 So zusammenfassend *Hilgers-Klautzsch* in Kohlmann, Steuerstrafrecht, § 393 AO Rz. 32 (April 2013) m.w.N.
102 BFH v. 29.12.2010 – IV B 46/09, BFH/NV 2011, 634, Rz. 11 m.w.N. Eine dagegen gerichtete Verfassungsbeschwerde hat das BVerfG im Kammerbeschluss v. 9.8.2012 – 1 BvR 1902/11 (juris), ohne Begründung nicht zur Entscheidung angenommen.
103 Ebenso *Hellmann* in Hübschmann/Hepp/Spitaler, AO/FGO, § 393 AO Rz. 69 (Juni 2009) m.w.N.
104 So auch *Seer* in Tipke/Kruse, AO/FGO, Vor § 193 AO Tz. 27 (Okt. 2013).
105 S. bereits II. 1.
106 Plastisch bereits im Titel *Mack*, Stbg 2013, 156.
107 BMF v. 24.10.2013, BStBl. I 2013, 1264; dazu kritisch *Eichhorn*, StBp. 2014, 114.
108 Der Text dieser Hinweise lautet: „Ergibt sich während der Außenprüfung der Verdacht einer Steuerstraftat oder einer Steuerordnungswidrigkeit gegen Sie, so dürfen hinsichtlich des Sachverhalts, auf den sich der Verdacht bezieht, die Ermittlungen bei Ihnen erst fortgesetzt werden, wenn Ihnen die Einleitung eines Steuerstraf- oder Bußgeldverfahrens mitgeteilt worden ist (vgl. § 397 AO). Soweit die Prüfungsfeststellungen auch für Zwecke eines Steuerstraf- oder Bußgeldverfahrens verwendet werden können, darf Ihre Mitwirkung bei der Aufklärung der Sachverhalte nicht erzwungen werden (§ 393 Abs. 1 Satz 2 AO). Wirken Sie bei der Aufklärung der Sachverhalte nicht mit (vgl. §§ 90, 93 Abs. 1, 200 Abs. 1 AO), können daraus allerdings im Besteuerungsverfahren für Sie nachteilige Folgerungen gezogen werden; ggf. sind die

tion dient in Kombination mit der späteren konkreten Belehrung nach § 393 Abs. 1 S. 4 AO dem Schutz des Betroffenen.[109] In welchem Zeitpunkt bei der Außenprüfung konkrete Belehrungspflichten wegen des Übergangs zu steuerstrafrechtlichen Ermittlungen bestehen,[110] hat erhebliche Bedeutung für das weitere Verfahren. Die Schwelle für den Übergang der Außenprüfung in das Steuerstrafverfahren[111] ist ambivalent. Aus Sicht der Strafverteidigung ist sie zugunsten des Steuerpflichtigen niedrig anzusetzen, damit dem Steuerpflichtigen nicht durch faktisch strafrechtliche Ermittlungen im Besteuerungsverfahren seine strafprozessualen Beschuldigtenrechte und insbesondere das Recht auf Aussageverweigerung, genommen werden.[112] Dem Schutz des Betroffenen vor Selbstbelastung steht auf der anderen Seite gegenüber das Ziel, ihn nicht vorschnell strafrechtlichen Ermittlungen mit allen psychologischen, rechtlichen und wirtschaftlichen Folgen auszusetzen. Überdies fehlt dem Außenprüfer als nicht geborener Steuerstrafrechtsexperte[113] ein originäres Interesse, die Straf- und Bußgeldstelle einzuschalten, weil er dadurch riskiert, sein Prüfungsverfahren nicht zeitnah und „statistikkonform"[114] abschließen zu können und das Prüfungsklima zu belasten. Der Interessenkonflikt des Außenprüfers wurde bereits hinlänglich beschrieben.[115] Eine zum Teil gegenläufige Triebfeder resultiert aus der Versuchung, die parallelen Verfahren dysfunktional einzusetzen.[116]

Als norminterpretierende und ermessensleitende Verwaltungsanweisung für die Außenprüfungsdienste der Finanzverwaltung sieht die Betriebsprüfungsordnung (BpO) Vorgaben über die Unterrichtungs-, Mitteilungs- und Unterbrechungspflicht bei Verdacht einer Steuerstraftat oder -ordnungswidrigkeit vor. Ebenso wie bei den Vorgängeranweisungen[117] sind die in § 10 BpO statuierten Voraussetzungen einer Mitteilungspflicht des Außenprüfers lebhaft umstritten.[118] § 10 Abs. 1 Satz 2 BpO ist weit formuliert und sieht eine Verdachtsmitteilung an die Straf- und Bußgeldstelle bereits dann vor, „wenn lediglich die Möglichkeit besteht, dass ein Strafverfahren

---

Besteuerungsgrundlagen zu schätzen, wenn eine zutreffende Ermittlung des Sachverhalts deswegen nicht möglich ist (§ 162 AO)."
109 Positiv *Hellmann* in Hübschmann/Hepp/Spitaler, AO/FGO, § 393 AO Rz. 110 (Juni 2009): „vollständiger Schutz".
110 Näher *Klug* (Fn. 30), S. 63 ff.
111 Dazu aus Praxissicht *Stahl* in Vogelsang/Stahl, BP-Handbuch, 2008, Abschnitt M Rz. 15.
112 So *Klug* (Fn. 30), S. 69.
113 *Buse*, AO-StB 2008, 50 (53).
114 *Mösbauer*, StBp 2004, 229 (234).
115 *Glade*, StbJb. 1978/79, 530 (545 f.); Franzen/Gast/*Joecks*, Steuerstrafrecht[7], 2009, § 393 Rz. 42; *Mösbauer*, StBp 2004, 229 (232); *Streck*, BB 1980, 1537 (1538).
116 Dazu bereits II. 3.
117 *Klug* (Fn. 30), S. 67 f. (mit Abdruck des Textes der Vorschrift).
118 Näher berits *Randt*, DStJG, 32 (2008), S. 263 (272 ff.).

durchgeführt werden muss".[119] Das schafft Verunsicherung bei den Steuerpflichtigen, vor allem aber bei den Außenprüfern wegen der Gefahr eigener strafrechtlicher Verantwortlichkeit.[120] Inzwischen versucht ein gleichlautender Ländererlass im Einvernehmen mit dem Bundesministerium der Finanzen zu „Anwendungsfragen zu § 10 Abs. 1 BpO" diese Unsicherheiten über eine Unterrichtung der Bußgeld- und Strafsachenstelle bei der Außenprüfung zu begrenzen. Darin wird betont, dass § 10 Abs. 1 Satz 2 BpO „im Lichte des vorhergehenden Satzes 1 und der allgemeinen strafprozessualen Grundsätze dahingehend auszulegen (ist), dass immer nur dann eine Unterrichtungspflicht an die BuStra begründet wird, wenn Anhaltspunkte für die auch nur mögliche Durchführung eines Strafverfahrens vorliegen. Die Schwelle des Anfangsverdachts nach § 152 Abs. 2 StPO muss dabei noch nicht überschritten sein".[121] Eine bloße Vermutung[122] – löst dagegen noch keine Unterrichtungspflicht des Außenprüfers aus.[123] Die mit der beschriebenen Weisungslage verbundene Rechtsunsicherheit ist weder den Bediensteten der Finanzverwaltung noch den betroffenen Steuerpflichtigen zuzumuten. Dass die Betriebsprüfungsordnung als nach Art. 108 Abs. 7 GG von der Bundesregierung mit Zustimmung des Bundesrates erlassene allgemeine Verwaltungsvorschrift[124] für die Betriebsprüfung durch einen koordinierten Ländererlass einer „Auslegung" bedarf und letztlich „eingefangen" werden muss, ist bereits bemerkenswert.[125] Dies ist offenbar den besonderen Abstimmungsgepflogenheiten im föderalen Steuerstaat geschuldet.[126] Da es aber nicht allein um die interne Frage des Rangverhältnisses von Verwaltungsvorschriften geht,[127] sondern die Unsicherheit in die Prüfungspraxis ausstrahlt, sollte die Verwaltungssicht zur Mitteilungspflicht des Außenprüfers konsolidiert und präzisiert werden.[128] Die Mitteilungspflicht sollte auf

---

119 BpO 2000 v. 15.3.2000, BStBl. I 2000, 368.
120 Dazu sub IV. 1.
121 Gleichlautender Ländererlass v. 31.8.2009, BStBl. I 2009, 829.
122 Nr. 113 Abs. 1 der Anweisung für das Straf- und Bußgeldverfahren (Steuer), AStBV (St), spricht von nicht hinreichenden „vagen Vermutungen".
123 Ebenso *Nieland*, AO-StB 2009, 330.
124 *Seer* in Kahl/Waldhoff/Walter, Bonner Kommentar zum Grundgesetz, Art. 108 Rz. 190 (April 2011).
125 Inhaltlich bemerkenswert ist, dass der koordinierte Ländererlass betonen muss, dass die BpO als allgemeine Verwaltungsvorschrift gegenüber den förmlichen Bundesgesetzen niederen Ranges ist und darum keine weitergehenden Pflichten begründen kann.
126 Zum Verhältnis dieser Verwaltungsanweisungen *Nieland*, AO-StB 2009, 330 (331).
127 Allgemein zur Konkurrenz von Verwaltungsvorschriften *Seer* in Kahl/Waldhoff/Walter, Bonner Kommentar zum Grundgesetz, Art. 108 Rz. 192 ff. (April 2011), mit Betonung des generellen Vorrangs von Verwaltungsvorschriften der Bundesregierung (ebenda, Rz. 194).
128 Positiv ist der Versuch durch einen Positiv- und einen Negativkatalog im Ländererlass den Außenprüfern ein Wertungsrichtmaß an die Hand zu geben, auch wenn einzelne konkrete Beispiele fragwürdig sein mögen.

Fälle begrenzt werden, bei denen aus der antizipierten Sicht der Strafverfolgungsbehörden mit einer Anklage des potentiellen Steuersünders oder zumindest einer Einstellung gegen eine Geldauflage nach § 153a StPO zu rechnen ist. Im Bereich bloßer Steuerordnungswidrigkeiten sollte – entsprechend der für eine Anklage (§ 170 Abs. 1 StPO) erforderlichen Verurteilungswahrscheinlichkeit – die Verhängung eines Bußgeldes überwiegend wahrscheinlich sein. Denn die Unterrichtungspraxis der Außenprüfung muss auf die tatsächlichen Strafverfolgungsressourcen und ihre Usancen abgestimmt werden.[129] Es wäre ehrlicher statt eines vermeintlichen Legalitätsprinzips sich insoweit offen zum „Kapazitätsprinzip"[130] zu bekennen. Anstelle einer schematischen Festlegung, wonach das steuerliche Mehrergebnis aufgrund einer Außenprüfung von mehr als 5000 Euro regelmäßig zu einer Unterrichtungspflicht der Straf- und Bußgeldstelle führen soll,[131] ist ein Blick auf die Relation des Fehlers zur Größe des Unternehmens unverzichtbar. Denn die Entscheidung über die Unterrichtung kann nicht von einer festen betragsmäßigen Größe, sondern nur nach den konkreten Umständen des Einzelfalls (Art und Größe des Unternehmens, Geschäftstätigkeit, Kundenstruktur, etc.) beantwortet werden.[132]

Konsequenz der Unterrichtungspflicht ist zugleich eine Unterbrechungspflicht für die Außenprüfung,[133] wie sie auch § 10 Abs. 1 Satz 3 BpO vorsieht. Danach ist die Außenprüfung *insoweit*[134] zwingend zu unterbrechen und der Prüfer darf im Außenprüfungsverfahren nicht weiterprüfen.[135] Zum Teil wird eine Voll- oder Komplettunterbrechung der Außenprüfung gefordert,[136] wonach auch unverdächtige Geschäftsvorfälle oder Einkunftsarten nicht weiter geprüft werden dürfen.[137] Diese Forderung kollidiert bei größeren Unternehmen mit dem Ziel zeitnaher Außenprüfung. Bei den Rechtsfolgen ist eine Differenzierung geboten: Bei Kleinunternehmen, wird eine Komplettunterbrechung angebracht sein, wenn die Verkürzung von Einnahmen mutmaßlich die ganze Tätigkeit durchzieht. Dagegen sollte bei Groß- und Konzernunternehmen eine Teilfortsetzung der Außenprüfung

---

129 Es gibt in der Außenprüfungspraxis begrüßenswürdige Modelle für den Austausch der Dienststellen, etwa durch inoffizielle Voranfragen bei der Straf- und Bußgeldstelle oder bestimmte Verbindungsbeamte, die eine straf- und bußgeldrechtliche Vorprüfung vornehmen.
130 Vorsichtig mahnend *Wenzig* (Fn. 22), S. 292.
131 So *Buse*, DB 2011, 1942 (1946) sowie für leichtfertige Steuerverkürzung Gleichlautender Ländererlass v. 31.8.2009, BStBl. I 2009, 829.
132 Zutreffend *Madausz*, NZWiSt, 2014, 296 (300).
133 Zuletzt explizit BFH v. 8.1.2014 – X B 112, 113/13, BFH/NV 2014, 487.
134 Für eine Teilunterbrechung Schleswig-Holsteinisches FG v. 24.9.2004 – 1 V 72/04, EFG 2005, 678, Rz. 38; *Seer* in Tipke/Kruse, AO/FGO, Vor § 193 AO Tz. 30 (Okt. 2013).
135 *Griesel/Mertes*, PStR 2006, 85; *Mack*, Stbg 2012, 440 (441).
136 Dafür *Stahl* in Vogelsang/Stahl, BP-Handbuch, 2008, Abschnitt M Rz. 19 f.
137 *Meyer*, DStR 2001, 461 (462).

die Regel sein. Allgemein sollte die Abschichtung der straf- und bußgeldrelevanten Bereiche und die Fortsetzung der Außenprüfung im Rahmen der Groß- und Konzernbetriebsprüfung eher möglich sein als im Rahmen der Amtsbetriebsprüfung.

3. Steuerstrafrechtlicher Vorbehalt am Schluss der Außenprüfung

Schließlich stellt sich die Frage, ob im Anschluss an eine Außenprüfung noch ein Steuerstrafverfahren eingeleitet werden kann. Besteht die Möglichkeit, dass auf Grund der Prüfungsfeststellungen ein Straf- oder Bußgeldverfahren durchgeführt werden muss, soll der Steuerpflichtige in der Schlussbesprechung darauf hingewiesen werden, dass die straf- oder bußgeldrechtliche Würdigung einem besonderen Verfahren vorbehalten bleibt (§ 201 Abs. 2 AO). Dieser strafrechtliche Vorbehalt führt zum Thema „Betriebsprüfung und Rotbericht".[138] Spätestens nach Abschluss der Prüfung hat der Außenprüfer den Vermerk über straf- und bußgeldrechtliche Feststellungen zu fertigen.[139] Der sog. Rotbericht[140] enthält Angaben zu festgestellten Tatsachen, die für eine straf- oder bußgeldrechtliche Prüfung des Falles durch die Straf- und Bußgeldstelle von Bedeutung sein können und die Einschätzung des Außenprüfers zum Verhalten des Steuerpflichtigen während der Prüfung.[141] In der Praxis gab es immer wieder Hinweise, dass Außenprüfungen trotz erheblicher Anhaltspunkte auf Steuerstraftaten oder -ordnungswidrigkeiten fortgeführt werden.[142] Die Gründe hierfür können in strafrechtlicher Reserve des Außenprüfers liegen oder aber eher taktischer Natur sein.[143] Teilweise wird in derartigen Fällen[144] erst am Ende der Außenprüfung der genannte strafrechtliche Vorbehalt angebracht und es kommt zu einer überraschenden Einleitung eines Strafverfahrens, die der Steuerpflichtige anlässlich einer einvernehmlich abgeschlossenen Außenprüfung nicht erwartet hat.[145] Das ist ebenso verfehlt wie umgekehrt die anlasslose Möglichkeitsmitteilung nach § 10 BpO.[146] Der strafrechtliche

---

138 *Buse*, AO-StB 2008, 50 (53 f.).
139 Näher *Burkhard*, PStR 2003, 61.
140 Gegenstück des Rotberichts ist der Grünbericht, wobei die heutige Praxis aufgrund des Einsatzes von Umweltpapier keine farbigen Bögen mehr verwendet (*Burkhard/Adler* [Fn. 3], Rz. 629).
141 *Burkhard/Adler* (Fn. 3), Rz. 628; *Wenzig* (Fn. 22), S. 803.
142 *Pflaum* in Wabnitz/Janovsky, Handbuch des Wirtschafts- und Steuerstrafrechts⁴, 2014, Kap. 20 Rz. 180, der einer solchen Praxis, vor allem eines Verzichts auf Einleitung der Strafverfolgung gegen „strafkompensierende Steuerzahlungen" in Form willkürlicher Hinzuschätzungen entgegtritt.
143 Dazu *Mack*, Stbg 2012, 116 (123).
144 Nach *Papperitz*, DStZ, 1987, 55 (59), wurde seinerzeit die Mehrzahl der Strafverfahren erst nach Abschluss der Prüfungshandlungen eingeleitet. Das hat sich inzwischen wohl geändert.
145 Gegen eine solche Praxis zuletzt *Kaligin* (Fn. 3), S. 128 f.
146 Dazu bereits III. 2.

Hinweis ist nur in den Fällen angebracht, in denen in der laufenden Außenprüfung noch kein hinreichender Tatverdacht vorlag.[147] Da eine Belehrung unverzüglich erfolgen muss,[148] ist eine erst in der Schlussbesprechung erfolgte Belehrung nach § 393 Abs. 1 Satz 4 AO regelmäßig verspätet.[149] Der überraschende strafrechtliche Vorbehaltsvermerk nährt Zweifel, ob nicht der Außenprüfer bereits während der Prüfung einen Anfangsverdacht hatte, darum die Prüfung unterbrechen und die Straf- und Bußgeldsachenstelle informieren sowie den Steuerpflichtigen hätte belehren müssen.[150] Sollten sich die Zweifel bestätigen steht die Frage nach Verwertungsverboten im Raume. Sofern der Außenprüfer ohne Belehrung über das Mitwirkungsverweigerungsrecht weiterprüft, verstößt er gegen § 393 Abs. 1 Satz 4 AO.[151] Dies zieht zumindest ein steuer*straf*rechtliches Verwertungsverbot nach sich, dessen Reichweite und ihre Fernwirkungen[152] umstritten sind.[153] Ein *steuer*rechtliches Verwertungsverbot[154] wegen der Verletzung von Belehrungspflichten im Rahmen der Außenprüfung wird zwar erwogen,[155] von der Rechtsprechung aber abgelehnt.[156]

IV. Weichenstellungen gegen eine Überkriminalisierung im Zuge der Außenprüfung

Entkriminalisierung gilt unter Strafrechtlern zum Teil als Gebot des Rechtsstaats.[157] Es stellt sich durchaus die Frage, ob eine Entpönalisierung nicht auch speziell eine Forderung des Steuerstaats ist.[158] Strafwürdigkeit und Strafbedürftigkeit[159] sind dabei nicht allein Aspekte der Kriminalpolitik des Gesetzgebers, sondern haben wegen der beschriebenen Subsidiarität

---

147 *Wenzig* (Fn. 22), S. 793.
148 Franzen/Gast/*Joecks*, Steuerstrafrecht⁷, 2009, § 393 Rz. 41.
149 *Burkhard/Adler* (Fn. 3), Rz. 954.
150 Weitergehend *Burkhard/Adler* (Fn. 3), Rz. 633.
151 *Durst*, KÖSDI (2011), 17579 (17585).
152 Dazu *Klug* (Fn. 30), S. 93 ff., 169 ff.
153 *Tormöhlen*, DStZ 2001, 850; *Tormöhlen*, AO-StB 2012, 344; *Kindler*, PStR 2011, 44.
154 Dazu *Burkhard/Adler* (Fn. 3), Rz. 1023 ff.
155 *Geuenich*, DStZ 2006, 295; umgekehrt nimmt *Hartmann* (Fn. 62), S. 123 ff., 138 f., ein steuerrechtliches Verwertungs*gebot* zur Sicherung der Gleichmäßigkeit der Besteuerung an, von dem nur im Einzelfall nach Abwägung abzuweichen sei.
156 Zuletzt BFH v. 8.1.2014 – X B 112, 113/13, BFH/NV 2014, 487 (488) m.w.N.; ebenso *Mack*, Stbg 2012, 440 (444).
157 Für „Entkriminalisierung als Gebot des Rechtsstaats" bereits *Albrecht*, KritV 1996, 330, mit der Fundierung normativer Entkriminalisierung durch verfassungsrechtliche Prinzipien.
158 In diese Richtung bereits *Seer*, Steueramnestie und Idee einer Entpönalisierung des Steuerrechts, in GS Traskalik, 2005, S. 457.
159 Zu diesen, in verschiedenen Bedeutungen und Funktionen verwendeten Begriffe vgl. nur *Roxin* (Fn. 51), § 23 Rz. 34 ff., 37 ff. m.w.N.

des Strafrechts durchaus verfassungsrechtliche Impulse.[160] Kriminalisierungen im Zuge der Außenprüfung sind derzeit auf beiden Seiten festzustellen, sowohl auf der Seite der Steuerpflichtigen, aber auch auf der Seite der Prüfer.[161] Ich möchte die Frage der Entkriminalisierung des Steuerrechts nicht rechtspolitisch vertiefen, sondern de lege lata exemplarisch wichtige Punkte herausgreifen, die einer Überkriminalisierung des Unternehmenssteuervollzugs und der Außenprüfungspraxis entgegenwirken können. Denn Steuerstraf- und Bußgeldverfahren sollten nicht regelmäßiger Begleiter der Außenprüfung sein.

1. Die zweifelhafte Garantenpflicht des Außenprüfers und seine Strafbarkeit wegen Strafvereitelung im Amt nach §§ 258, 258a StGB als Triebfeder

In der Betriebsprüfungspraxis werden in jüngerer Zeit auch bei weniger gravierenden Verfehlungen die Straf- und Bußgeldstellen unterrichtet. Neben des denkbaren (dysfunktionalen) Einsatzes des Steuerstrafverfahrens als Druckmittel[162] liegt der Grund hierfür offenbar in der Sorge des Außenprüfers vor einer eigenen Strafbarkeit wegen Strafvereitelung im Amt (§ 258a StGB).[163] Da die strafrechtliche Beurteilung nicht zum Alltagsgeschäft des Prüfers gehört, schaltet er auch aus einer gewissen Verunsicherung heraus im Zweifel die Strafsachenstelle ein.[164] Zu dieser Verunsicherung trägt auch § 10 Abs. 1 S. 2 BpO[165] und der erläuternde Ländererlass bei, nach dem „eine Strafvereitelung im Amt nach § 258a StGB" unter weiteren Voraussetzungen „im Raum (steht)".[166] Dabei lohnt ein näherer Blick, unter welchen Voraussetzungen der Außenprüfer überhaupt das Grunddelikt des § 258 StGB oder die Qualifizierung des § 258a StGB als unechtes Amtsdelikt verwirklicht.[167]

---

160 Ähnlich bereits Lackner/*Kühl*, StGB[28], 2014, Vor § 13 Rz. 3 m.w.N.
161 Gegen letztere auch *Seer* in Tipke/Kruse, AO/FGO, Vor § 193 AO Tz. 29 (Okt. 2013).
162 Dazu aus der Perspektive der Strafverteidigung *Joecks*, in FS Schaumburg, 2009, S. 1225 (1233); *Randt*, in FS Schaumburg, 2009, S. 1255 (1257).
163 Zum letzteren auch *Seer* in Tipke/Kruse, AO/FGO, Vor § 193 AO Tz. 29 (Okt. 2013).
164 So *Randt*, in FS Schaumburg, 2009, S. 1255 (1257).
165 Allgemeine Verwaltungsvorschrift für die Betriebsprüfung – Betriebsprüfungsordnung (BpO 2000) v. 15.3.2000, BStBl. I 2000, 368.
166 Gleichlautende Erlasse der obersten Finanzbehörden der Länder zu Anwendungsfragen zu § 10 Abs. 1 BpO v. 31.8.2009, BStBl. I 2009, 829: „Aus diesem Grund steht korrespondierend zum Verstoß gegen das Legalitätsprinzip eine Strafvereitelung im Amt nach § 258a StGB nach wie vor nur dann im Raum, wenn trotz konkreter tatsächlicher Anhaltspunkte für eine Steuerstraftat (d.h. trotz Bestehen eines Anfangsverdachts i.S.d. § 152 Abs. 2 StPO) kein Kontakt mit der BuStra aufgenommen wird".
167 Näher zur Strafvereitelung (im Amt) durch Unterlassen von Finanzbeamten *Dusch/Rommel*, NStZ 2014, 188, die eine Strafbarkeit von Finanzbeamten als (Amts-)Be-

§ 258 StGB schützt nach überwiegender Ansicht die staatliche (deutsche) Strafrechtspflege.[168] Eine Verfolgungsvereitelung durch Unterlassen kann nach § 258 StGB tatbestandsmäßig sein, setzt aber eine Garantenpflicht voraus,[169] die sich konkret auf das Rechtsgut der Strafvereitelung bezieht.[170] Täter kann nur sein, wer von Rechts wegen dazu berufen ist, an der Strafverfolgung mitzuwirken, also in irgendeiner Weise dafür zu sorgen oder dazu beizutragen hat, dass Straftäter ihrer Bestrafung oder sonstigen strafrechtlichen Maßnahmen zugeführt werden.[171] Das setzt voraus, dass der Täter selbst „Teil des staatlichen Strafverfolgungsapparats"[172] ist. Darum erscheint bereits der Grundtatbestand des § 258 StGB beim untätigen Außenprüfer zweifelhaft. Dieser hat speziell die Aufgabe, die Besteuerungsgrundlagen zu überprüfen (§ 199 Abs. 1 AO) und allgemein die Pflicht, Steuern nach Gesetz gleichmäßig festzusetzen (§ 85 S. 1 AO). Der Außenprüfer hat eine Garantenpflicht für die Gewähr der Gleichmäßigkeit und Gesetzmäßigkeit der Besteuerung, aber nicht für den staatlichen Strafanspruch. Er ist nicht „auf Posten gestellt", um die Strafrechtspflege vor Schäden zu bewahren.[173] Denn allein die Verantwortlichkeit des Amtsträgers für den Schutz eines Rechtsguts reicht nicht aus.[174] Die Garantenpflicht setzt vielmehr voraus, dass es der Person obliegt, die *Durchsetzung* des staatlichen Strafanspruchs zu gewährleisten.[175] Daran fehlt es aber beim Außenprüfer trotz der Zuständigkeit des Finanzamts nach § 386 Abs. 1 AO.[176] Eine institutionelle Wahrnehmungspflicht der Behörde reicht nicht für eine Garantenpflicht aus,[177] vielmehr muss die Wahrnehmungspflicht gerade individuell den konkreten Amtsträger treffen.[178] Aber selbst bei der zweifelhaften Qualifikation des Außenprüfers als Beschützergaranten[179]

---

triebsprüfer mangels Garantenpflicht (§ 13 StGB) ablehnen und dazu maßgeblich auch auf den Charakter der BpO als allgemeine Verwaltungsvorschrift und damit als „Innenrecht" abstellen (ebenda 189, 191 m.w.N.).

168 Lackner/*Kühl*, StGB[28], 2014, § 258 Rz. 1; *Stree/Hecker* in Schönke/Schröder, StGB[29], 2014, § 258 Rz. 1; *Walter* in Leipziger Kommentar, StGB[12], 2010, § 258 Rz. 4, jeweils m.w.N.
169 Lackner/*Kühl*, StGB[28], 2014, § 258 Rz. 7a; *Pfleger* in Dölling/Duttge/Rössner, Gesamtes Strafrecht-Handkommentar[3], 2013, § 258 StGB Rz. 9; *Walter* in Leipziger Kommentar, StGB[12], 2010, § 258 Rz. 87.
170 *Stree/Hecker* in Schönke/Schröder, StGB[29], 2014, § 258 Rz. 17.
171 *Fischer*, StGB[61], 2014, § 258 Rz. 11 m.w.N.
172 Treffend *Altenhain* in Kindhäuser/Neumann/Paeffgen, StGB[4], 2013, § 258 Rz. 44.
173 Zu dieser Formel *Bülte* in Graf/Jäger/Wittig, Wirtschafts- und Steuerstrafrecht, 2011, Abschnitt 10, § 258 StGB Rz. 21 m.w.N.
174 *Stree/Hecker* in Schönke/Schröder, StGB[29], 2014, § 258 Rz. 17.
175 *Altenhain* in Kindhäuser/Neumann/Paeffgen, StGB[4], 2013, § 258 Rz. 44.
176 A.A. *Bülte* in Graf/Jäger/Wittig, Wirtschafts- und Steuerstrafrecht, 2011, Abschnitt 10, § 258 StGB Rz. 28.
177 A.A. offenbar *Cremer/Pascal* in Münchener Komm. StGB[2], 2012, § 258a Rz. 4, 8.
178 Zur Bedeutung der konkreten Zuständigkeitsverteilung für die Garantenstellung allgemein *Stree/Hecker* in Schönke/Schröder, StGB[29], 2014, § 258a Rz. 9.
179 Zur Definition *Fischer* (Fn. 171), § 13 Rz. 14.

mit einer Obhutspflicht für das Rechtsgut der Strafverfolgung scheidet jedenfalls die Qualifikation des § 258a StGB aus. Im Einklang mit einer Entscheidung des Reichsgerichts[180] gelten nicht sämtliche „Beamte der Finanzverwaltung" als Amtsträger und potentielle Täter des § 258a StGB,[181] sondern gerade die zur Strafverfolgung berufenen Beamten der Steuerfahndung[182] und der Straf- und Bußgeldstellen[183] trifft eine Garantenpflicht konkret für das Rechtsgut der Strafvereitelung.[184] Der Außenprüfer ist nicht zur Mitwirkung an dem Strafverfahren, sondern nur zur Ermöglichung der Strafverfolgung durch die Mitteilung berufen.[185]

Damit erscheint jedenfalls der Hinweis in dem Ländererlass auf eine Strafbarkeit wegen Strafvereitelung im Amt nach § 258a StGB rechtlich fragwürdig. Solange die Verwaltungsanweisungen den Umfang der Pflicht zur Unterrichtung nicht klar und widerspruchsfrei festlegen und es ergänzender Länderanweisungen zur „Interpretation" oder „Richtigstellung" der BpO bedarf, verbleibt Unsicherheit für die Außenprüfer. Da in der Strafrechtslehre auch (rechtsgültige) innerdienstliche Verwaltungsvorschriften als Grundlage einer Garantenstellung nicht ganz ausgeschlossen werden,[186] besteht bereits wegen der dienstrechtlichen Fürsorgepflicht Handlungsbedarf, die Verwaltungsanweisungen auf das gesetzlich Gebotene zurückzuschneiden.[187] Eine Kriminalisierung der Außenprüfung ist insoweit verfehlt[188] und vermeidbar. Im gemeinsamen Interesse von Prüfern und geprüften

---

180 RG v. 29.1.1934 – IV 1010/23, RGSt 58, 79, zu einem Angeklagten Obersteuersekretär, der von seinem Vorgesetzten zur Vornahme der weiteren zur Durchführung eines Strafverfahrens wegen Steuerhinterziehung erforderlichen Ermittlungen beauftragt war.
181 Ohne weitere Differenzierung aber Lackner/*Kühl*, StGB[28], 2014, § 258a Rz. 2; *Pfleger* in Dölling/Duttge/Rössner, Gesamtes Strafrecht-Handkommentar[3], 2013, § 258a StGB Rz. 4; *Stree/Hecker* in Schönke/Schröder, StGB[29], 2014, § 258a Rz. 5; *Walter* in Leipziger Kommentar, StGB[12], 2010, § 258a Rz. 5.
182 *Altenhain* in Kindhäuser/Neumann/Paeffgen, StGB[4], 2013, § 258a Rz. 4; *Walter* in Leipziger Kommentar, StGB[12], 2010, § 258 Rz. 102 m.w.N.
183 *Cremer/Pascal* in Münchener Komm. StGB[2], 2012, § 258 Rz. 16.
184 Zu dieser Eingrenzung allgemein *Stree/Hecker* in Schönke/Schröder, StGB[29], 2014, § 258 Rz. 17.
185 Ebenso *Bülte* in Graf/Jäger/Wittig, Wirtschafts- und Steuerstrafrecht, 2011, Abschnitt 10, § 258 StGB Rz. 29.
186 So Lackner/*Kühl*, StGB[28], 2014, § 258 Rz. 7a, unter der Voraussetzung, dass sie die Verfolgung von Straftaten in bestimmten Bereichen sicherstellen sollen; a.A. *Cremer/Pascal* in Münchener Komm. StGB[2], 2012, § 258 Rz. 19.
187 Immerhin verbleibt unabhängig von der strafrechtlichen Verfolgung für den Prüfer die Gefahr einer disziplinarrechtlichen Ahndung bei Unterlassen der Unterrichtung (*Pflaum* in Wabnitz/Janovsky, Handbuch des Wirtschafts- und Steuerstrafrechts[4], 2014, Kap. 20 Rz. 180), weshalb *Dusch/Rommel*, NStZ 2014, 188 (192), Finanzbeamten die Mitteilung an die Straf- und Bußgeldstelle als „sichersten Weg" anraten.
188 Ebenfalls kritisch *Seer* in Tipke/Kruse, AO/FGO, Vor § 193 AO Tz. 29 (Okt. 2013).

Steuerpflichtigen sollte nicht allein aus Angst vor Sanktionen der Fortgang der Außenprüfung beeinträchtigt werden.

2. Teleologische Reduktion der strafbewehrten Berichtigungspflicht (§ 153 AO) bei Aufklärung durch Außenprüfung

Eine weitere Quelle der Verunsicherung und einer möglichen Überkriminalisierung ist die nach ihrem Wortlaut sehr weitreichende Berichtigungspflicht nach § 153 Abs. 1 Satz 1 Nr. 1 AO.[189] Die Pflicht zur Berichtigung[190] entsteht danach, sobald ein Steuerpflichtiger nachträglich – aber vor Ablauf der Festsetzungsfrist – erkennt, dass eine von ihm (oder für ihn) abgegebene Erklärung unrichtig oder unvollständig ist und es dadurch zu einer Verkürzung von Steuern kommen kann oder bereits gekommen ist. Voraussetzung für das Entstehen der Berichtigungspflicht ist, dass der Steuerpflichtige – oder der für den Steuerpflichtigen Handelnde – die Unrichtigkeit *nachträglich* erkennt. Der Steuerpflichtige muss dabei die Unrichtigkeit *positiv* erkannt haben, wohingegen Erkennenmüssen oder Erkennenkönnen nicht genügt.[191] Der Prozess der „Erkenntnisfindung" kann sich in komplexeren Fällen durchaus über einen längeren Zeitraum erstrecken und ist erst dann abgeschlossen, sobald „zum einen die Tatsachengrundlage des Fehlers – auch zahlenmäßig – vollständig aufgearbeitet ist (und zum anderen) hieraus die zutreffenden rechtlichen Schlüsse gezogen werden, nämlich dass die abgegebene Erklärung wegen des Fehlers ‚unrichtig' oder ‚unvollständig' ist".[192]

Gerade im Zuge einer Außenprüfung erscheint eine teleologische Reduktion der Pflicht zur Berichtigung nach § 153 AO angezeigt. Sofern die Finanzverwaltung durch die Außenprüfung Kenntnis von der Unrichtigkeit erlangt hat, erscheint fragwürdig, ob gleichwohl noch eine Pflicht des Steuerpflichtigen *entsteht*, formell eine Richtigstellung nach § 153 AO vorzunehmen.[193] Der Zweck der Berichtigung nach § 153 AO liegt darin, die Finanzverwaltung in Kenntnis des für die Besteuerung relevanten Sachverhalts zu setzen, damit sie die Steuer (nachträglich) zutreffend festsetzen kann, was ihr zuvor wegen der bisher unrichtigen Erklärung nicht möglich

---

189 Dazu monographisch *Möller*, Die Berichtigungspflicht nach § 153 Abs. 1 AO und die strafrechtlichen Folgen einer Pflichtverletzung, 1996; *Deibel*, Die Reichweite des § 153 Abs. 1 S. 1 AO – Steuerverfahrensrechtliche und strafrechtliche Aspekte der Verpflichtung zur „Berichtigung von Erklärungen", 2011.
190 Dazu bereits *Spatschek*, Reichweite der Steuerhinterziehung: strafbares Unterlassen und Berichtigungspflicht, in diesem Band.
191 Statt aller *Seer* in Tipke/Kruse, AO/FGO, § 153 AO Rz. 12 (Juni 2012).
192 Dazu *Jehke/Dreher*, DStR 2012, 2467 (2471); *Stöcker* in Beermann/Gosch, AO/FGO, § 153 AO, Rz. 17 (April 2000).
193 *Heuermann* in Hübschmann/Hepp/Spitaler, AO/FGO, § 153 AO Rz. 13a (April 2014); *Seer* in Tipke/Kruse, AO/FGO, § 153 AO Rz. 12 (Juni 2012).

war.[194] Die Berichtigungspflicht nach § 153 AO ergänzt und verlängert die Erklärungspflichten aus § 149 AO. Wenn aber die Finanzbehörde mit der Verifikation der Deklaration im Wege der Außenprüfung bereits begonnen hat, bedarf es einer besonderen Berichtigungsanzeige nicht mehr. Allerdings suspendiert die Außenprüfung keineswegs allgemein das Entstehen der Berichtigungspflicht durch den Steuerpflichtigen. Das illustriert der Fall, wenn der Außenprüfer nur eine Rückfrage stellt, weil er Zweifel an der Richtigkeit hat und der Steuerpflichtige daraufhin die Unrichtigkeit als solche erkennt.[195] In diesem Fall hat nicht der Außenprüfer die Unrichtigkeit positiv erkannt, sondern „nur" Zweifel, aber der Steuerpflichtige selbst, den dann die Anzeigepflicht trifft. Erkennt aber der Außenprüfer die Unrichtigkeit positiv, so macht eine Berichtigungsanzeige, die an die örtlich und sachlich zuständige Finanzbehörde zu richten ist,[196] schlicht keinen Sinn mehr. Vielmehr würde nur das Festsetzungsfinanzamt im Zuge der Außenprüfung mit fortschreitendem Erkenntnisfortschritt quasi laufend mit Berichtigungsanzeigen ausgestattet, die es ohnehin bis zum Ergehen des Prüfungsberichts nicht auswerten wird.

Selbst wenn danach eine Berichtigungspflicht ausnahmsweise trotz Durchführung einer Außenprüfung entsteht, so stellt sich die Folgefrage, ob nicht die Berichtigungspflicht *entfällt*, sobald die Finanzverwaltung den zutreffenden Sachverhalt im Rahmen einer Außenprüfung selbst ermittelt oder auf anderem Wege von ihm erfahren hat.[197] Mit Blick auf den Zweck der Regelung kommt eine teleologische Reduktion der Vorschrift dahingehend in Betracht, die Berichtigungspflicht auf Fälle zu beschränken, in denen die Finanzverwaltung noch keine (anderweitige) Kenntnis vom Sachverhalt erlangt hat. Denn § 153 AO bezweckt, die Finanzbehörde über Tatsachen in Kenntnis zu setzen, die ihr bislang noch nicht bekannt waren, um ihr eine gesetzmäßige Besteuerung (§ 85 AO) zu ermöglichen.[198] Ist sie bereits „in Kenntnis" dieser Tatsachen, macht es wiederum wenig Sinn, den Steuerpflichtigen zur abermaligen „In-Kenntnis-Setzung" eben dieser Tatsachen zu verpflichten. Gerade tatsächliche Feststellungen der Außenprüfung als zentrales Instrument der Verifikationsverwaltung bedürfen nicht einer erneuten Deklaration durch

---

194 *Heuermann* in Hübschmann/Hepp/Spitaler, AO/FGO, § 153 AO Rz. 1a, 14 (April 2014); *Seer* in Tipke/Kruse, AO/FGO, § 153 AO Rz. 1 (Juni 2012).
195 *Seer* in Tipke/Kruse, AO/FGO, § 153 AO Rz. 12 (Juni 2012).
196 *Heuermann* in Hübschmann/Hepp/Spitaler, AO/FGO, § 153 AO Rz. 15 (April 2014); *Seer* in Tipke/Kruse, AO/FGO, § 153 AO Rz. 15 (Juni 2012); jeweils m.w.N.
197 Dafür *Seer* in Tipke/Kruse, AO/FGO, § 153 AO Rz. 15 (Juni 2012); ebenso Kohlmann/*Ransiek*, Steuerstrafrecht, § 370 AO Rz. 340 (Okt. 2013): „da dann die Finanzbehörde schon zutreffend informiert ist"; a.A. aber Klein/*Rätke*, AO[12], 2014, § 153 Rz. 20.
198 Explizit *Seer* in Tipke/Kruse, AO/FGO, § 153 AO Rz. 2 (Juni 2012); übereinstimmend *Heuermann* in Hübschmann/Hepp/Spitaler, AO/FGO, § 153 AO Rz. 1a, 14 (April 2014); *Kuhfus* in Kühn/v. Wedelstädt, AO/FGO[20], 2011, § 153 AO Rz. 1; Klein/*Rätke*, AO[12], 2014, § 153 Rz. 1.

den Steuerpflichtigen. Insoweit steht der weite Wortlaut im Widerspruch zum (unbestrittenen) engeren Zweck der Vorschrift, so dass eine teleologische Reduktion erforderlich ist.[199] Unbestritten ist dies aber nicht,[200] weshalb in der Praxis aus Sorge vor neuen Strafbarkeitsrisiken der prophylaktische Aufwand einer „pro forma" Berichtigungserklärung angeraten wird. Gerade bei im Zuge einer Außenprüfung aufgedeckten Fehlern wäre eine förmliche Berichtigungserklärung aber bloße Förmelei. Die vorgeschlagene teleologische Reduktion der Berichtigungspflicht nach § 153 AO würde das Verfahren für beide Seiten vereinfachen, eine Multiplikation strafbewährter Pflichten und damit eine Strafbarkeitsspirale für die Steuerpflichtigen ausräumen.

3. Konkludente und kooperative bußgeldbefreiende Selbstanzeige (§ 378 Abs. 3 AO) bei der Außenprüfung

Seit der Verschärfung der *strafbefreienden* Selbstanzeige[201] durch das Hinterziehungsbekämpfungsgesetz ist wegen des Sperrgrundes der Bekanntgabe der Prüfungsanordnung nach § 196 AO (§ 371 Abs. 2 Nr. 1a AO) das alte Thema der prüfungsvorbereitenden Selbstanzeige passé. Demgegenüber wurde die bußgeldbefreiende Selbstanzeige nach § 378 Abs. 3 AO lediglich sprachlich an die Neufassung des § 371 Abs. 1 AO angepasst, ohne ihre Voraussetzungen zu verändern.[202] Darum besteht auch im Laufe einer Außenprüfung[203] bis zur Bekanntgabe der Einleitung eines Straf- oder Bußgeldverfahrens noch die Möglichkeit einer bußgeldbefreienden Selbstanzeige.[204] Freilich setzt die Bußgeldfreiheit zudem die fristgerechte Nachentrichtung der verkürzten Steuern voraus (§ 378 Abs. 3 Satz 2 i.V.m. § 371 Abs. 3 AO).

---

199 Allgemein zu den Voraussetzungen einer teleologischen Reduktion *Drüen* in Tipke/Kruse, AO/FGO, § 4 AO Rz. 381 f. (Okt. 2011).
200 Zuletzt folgert Klein/*Rätke*, AO[12], 2014, § 153 Rz. 20 aus BFH v. 23.7.2013 – VIII R 32/11, BFH/NV 2013, 1831, dass die Berichtigungspflicht nicht entfalle, nur weil der zutreffende Sachverhalt zwischenzeitlich dem Finanzamt bekannt geworden sei.
201 Zur vieldiskutierten jüngsten Neuregelung der Selbstanzeige vgl. *Rüping*, Rechtfertigung und Grenzen der Selbstanzeige aus deutscher Sicht, in diesem Band.
202 Kohlmann/*Schauf*, Steuerstrafrecht, § 378 AO Rz. 124 (Juli 2011).
203 Zur Möglichkeit einer Selbstanzeige trotz laufender Betriebsprüfung näher *Wulf*, Stbg 2013, 269.
204 Anders als bei § 371 AO sind die Bekanntgabe einer Prüfungsanordnung, die Tatentdeckung und die Kenntnis des Täters davon oder ein Verkürzungsbetrag von über 50 000 Euro für die Wirksamkeit der bußgeldbefreienden Selbstanzeige unbeachtlich. Die Sperrwirkung ist zudem bei § 378 Abs. 3 AO auf solche Taten begrenzt, bei denen die Einleitung des Straf- oder Bußgeldverfahrens bekannt gegeben wurde, so dass es – abweichend gegenüber § 371 Abs. 2 Nr. 1 Buchst. b AO – zu keiner zeitlichen Ausweitung der Sperrwirkung kommt (Kohlmann/*Schauf*, Steuerstrafrecht, § 378 AO Rz. 125, 146 [Juli 2011]).

Die Anforderungen an die nach § 378 Abs. 3 AO erforderliche Berichtigungserklärung sind indes „äußerst umstritten",[205] gerade wenn die Außenprüfung die unrichtige Erklärung aufgedeckt und die besteuerungswürdigen Umstände ermittelt hat und es für den Steuerpflichtigen nichts „Neues" mehr zu bericht(ig)en gibt. Der Streit dreht sich um die Frage, ob es ausreicht, sich die Feststellungen des Prüfers zu eigen zu machen oder ein darüber hinausgehender *eigener* Aufdeckungsbeitrag zu leisten ist.[206] Rechtsprechung und Literatur sind zum Teil der Auffassung, dass „der Steuerpflichtige einen eigenen, von der Ermittlungstätigkeit der Behörde unabhängigen Beitrag zur Richtigstellung der bisher unrichtigen Angaben"[207] leisten muss und es nicht ausreiche, dass er „das von einem amtlichen Betriebsprüfer erarbeitete Ergebnis anerkennt".[208] Selbst wenn der Steuerpflichtige seinen Pflichten in der Außenprüfung nach § 200 AO vollumfänglich gerecht wird, also „von vornherein sämtliche relevante Unterlagen ausgehändigt",[209] liege darin keine hinreichende Berichtigungshandlung. Nach einer anderen, im Vordringen befindlichen Ansicht soll es für § 378 Abs. 3 AO indes bereits genügen, dass der Täter gemeinsam mit dem Betriebsprüfer Prüfungsergebnisse erarbeitet, Inventuren richtig stellt oder bestimmte Vorgänge nachbucht.[210] Zu Recht wird vor einer zu formalistischen Sicht gewarnt.[211] Bereits der BGH hatte in einer Entscheidung aus dem Jahre 1952 angedeutet, dass Tätigkeiten auch „im Zusammenwirken mit dem amtlichen Prüfer" ausreichen können.[212] Teilweise wird sogar davon ausgegangen, dass die schlichte Anerkennung des Prüfungsergebnisses ausreiche, wenn die Außenprüfung den Sachverhalt bereits vollständig ermittelt hat.[213] Das dürfte angesichts des Wortlauts von § 378 Abs. 3 AO

---

205 So Klein/*Jäger*, AO[12], 2014, § 378 Rz. 42 m.w.N.
206 Eingehend Kohlmann/*Schauf*, Steuerstrafrecht, § 378 AO Rz. 130 ff. (Juli 2011/Okt. 2009) m.w.N. zum Streitstand.
207 OLG Oldenburg v. 18.9.1997 – Ss 335/97, wistra 1998, 71.
208 BGH v. 13.11.1952 – 3 StR 398/52, BGHSt 3, 373, allerdings zur strafbefreienden Selbstanzeige nach § 410 RAO i.d.F. v. 20.4.1949; dem folgend BGH v. 24.9.1954 – 2 StR 683/53, DB 1954, 1015; ebenso *Blesinger* in Kühn/v. Wedelstädt, AO/FGO[20], 2011, § 378 AO Rz. 22, der allerdings grds. „geringe Anforderungen" an den Aufdeckungsbeitrag stellen will.
209 OLG Oldenburg v. 18.9.1997 – Ss 335/97, wistra 1998, 71.
210 So Klein/*Jäger*, AO[12], 2014, § 378 Rz. 42; ebenso *Bülte* in Hübschmann/Hepp/Spitaler, AO/FGO, § 378 AO Rz. 122 (Apr. 2014), jeweils m.w.N.
211 So *Meyer* in Beermann/Gosch, AO/FGO, § 378 AO Rz. 26 (März 2012).
212 BGH v. 13.11.1952 – 3 StR 398/52, BGHSt 3, 373, mit der Einschränkung, dass der Beitrag des Steuerpflichtigen „wesentlich" sein muss; relativierend auch BGH v. 5.9.1974 – 4 StR 369/74, NJW 1974, 2293 u. OLG Hamburg v. 12.2.1985 – 1 Ss 191/84, NStZ 1985, 322: „keine zu hohen Anforderungen" an den Inhalt der Selbstanzeige.
213 OLG Hamm v. 24.5.1961 – 3 Ss 354/61, DB 1961, 968, für den Fall, dass die „Verkürzung bereits (…) in allen Einzelheiten festgestellt ist" und der Steuerpflichtige daher „nichts mehr richtigstellen" kann; dem folgend BayObLG v. 30.3.1978 – 3 Ob OWi

("berichtigen") zu großzügig sein.[214] Allerdings ist zu bedenken, dass bei einer leichtfertigen Steuerverkürzung – anders bei der vorsätzlich begangenen Steuerhinterziehung – der Steuerpflichtige häufig erst während der Überprüfung bemerkt, dass eine Verkürzung aufgrund einer unrichtigen Erklärung vorliegt.[215] Erforderlich ist in einer solchen Außenprüfungssituation – um dem Wortlaut "berichtigen" gerecht zu werden – über das bloße Anerkenntnis des Ergebnisses hinaus das vorherige (aktive) Mitwirken bei der Aufklärung des Sachverhaltes, insbesondere durch "Materiallieferung".[216] Hierin liegt in diesen Fällen der Außenprüfung bereits die Berichtigungserklärung bzw. -handlung i.S.v. § 378 Abs. 3 AO. Die Gegenauffassung, die einen über die Feststellungen in der Außenprüfung hinausgehenden wesentlichen Aufklärungsbeitrag fordert, führt in Situationen, in denen der Sachverhalt durch vorherige Mitwirkung des Steuerpflichtigen bereits vollständig aufgeklärt ist, gewissermaßen den Sperrgrund der Tatentdeckung (contra legem) "durch die Hintertür" ein.[217] Steuerpflichtige, die sich zunächst in der Außenprüfung eher abwartend verhalten und sich erst bei eigener Erkenntnis der Verkürzung mit einer Selbstanzeige öffnen, würden tendenziell besser stehen als solche, die von vornherein alles zur Aufklärung beisteuern und darum später gar nichts mehr richtigstellen können.[218] Nach vorzugswürdiger Ansicht sind bereits die (tatkräftige) Mitwirkung bei der Außenprüfung und das gemeinsame Erarbeiten der Prüfungsergebnisse hinreichende Berichtigungshandlungen i.S.v. § 378 Abs. 3 AO und erfüllen insoweit die Voraussetzungen der bußgeldbefreienden Selbstanzeige.[219] Dafür spricht, dass sich gerade in der Außenprüfung die Aufdeckung einer (leichtfertigen) Steuerverkürzung regelmäßig nur sukzessive vollzieht. In diesem Prozess kann der Steu-

---

11/78, ZfZ 1978, 312; ebenso OLG Karlsruhe v. 30.11.1995 – 2 Ss 158/95, wistra 1996, 117.
214 Kritisch auch *Bülte* in Hübschmann/Hepp/Spitaler, AO/FGO, § 378 AO Rz. 117, 119 (Apr. 2014) m.w.N.
215 *Blesinger* in Kühn/v. Wedelstädt, AO/FGO[20], 2011, § 378 AO Rz. 22; Kohlmann/*Schauf*, Steuerstrafrecht, § 378 AO Rz. 126 (Juli 2011); *Wenzig* (Fn. 22), S. 292.
216 Explizit Kohlmann/*Schauf*, Steuerstrafrecht, § 378 AO Rz. 136 f. (Okt. 2009); ebenso *Bülte* in Hübschmann/Hepp/Spitaler, AO/FGO, § 378 AO Rz. 118 (Apr. 2014): "Der eigenständige Mitwirkungsbeitrag kann (…) in der Mitwirkung durch Auskunftserteilung oder Offenbarung anderer Informationen etc. liegen".
217 Kohlmann/*Schauf*, Steuerstrafrecht, § 378 AO Rz. 136 (Okt. 2009); relativierend *Bülte* in Hübschmann/Hepp/Spitaler, AO/FGO, § 378 AO Rz. 118, 121 (Apr. 2014).
218 Vgl. OLG Karlsruhe v. 30.11.1995 – 2 Ss 158/95, wistra 1996, 117; Kohlmann/*Schauf*, Steuerstrafrecht, § 378 AO Rz. 136 (Okt. 2009); unter Verweis auf eine "opportune Lösung über § 47 OWiG" einschränkend *Bülte* in Hübschmann/Hepp/Spitaler, AO/FGO, § 378 AO Rz. 120 (Apr. 2014).
219 Gegen zu hohe Anforderungen an den Aufklärungsbeitrag des Steuerpflichtigen auch *Wenzig* (Fn. 22), S. 292.

erpflichtige durch seine Mitarbeit zeigen, dass er den Anspruch auf Bußgeldfreiheit nach § 378 Abs. 3 AO erworben bzw. ihn sich verdient hat.[220] Insgesamt setzt eine bußgeldbefreiende Selbstanzeigeerklärung keine formelle Reuegeste voraus. Ausreichend ist, dass frühere Erklärungsfehler oder -defizite in Kooperation mit der Außenprüfung ausgeräumt werden. Die bußgeldbefreiende Selbstanzeige ist konkludent möglich und die erforderliche Nachholung bzw. Berichtigung kann zudem im Rahmen der Außenprüfung direkt gegenüber dem Außenprüfer erfolgen und muss nicht an das zuständige Veranlagungsfinanzamt gerichtet werden.[221] Eine derart konkludente und kooperative bußgeldbefreiende Selbstanzeige wirkt weiterhin bei fahrlässiger Begehung einer Kriminalisierung der Außenprüfung entgegen.

V. Fazit und Ausblick

Der Steuerstaat bedarf der Deklaration des Steuerpflichtigen, allerdings darf er nicht allein vertrauen. Zur Sicherung gleich- und gesetzmäßiger Besteuerung ist er auf eine effektive Verifikation und effektive Verifikationsinstrumente angewiesen. Das intensivste Standardinstrument ist die Außenprüfung als Individualkontrolle mit zugleich generalpräventiver oder prophylaktischer Funktion. Daneben steht flankierend das steuerstraf- und bußgeldrechtliche Instrumentarium. Es ist auf straf- und bußgeldwürdige Verfehlungen zugeschnitten und darauf auch zu begrenzen. Außenprüfung und Steuerstrafverfahren sollen sich trotz unterschiedlicher Rechtsgrundlagen Verfahrensziel und -mittel und unterschiedlicher Zuständigkeiten ergänzen. Die verfahrensrechtliche Trennung ist und bleibt aber Herausforderung für einen rechtstaatlichen Steuervollzug. Es gilt im Rahmen der Außenprüfung einen dysfunktionalen Einsatz des strafprozessualen Instrumentariums auszuschließen. Verfehlt wäre es, die steuerstrafrechtliche „Karte" im Rahmen der Außenprüfung beim Streit über „große Zahlen" als Druckmittel für eine Einigungsbereitschaft einzusetzen. Es bedarf Eingrenzungen gegen eine Überkriminalisierung, damit nur die wirklich straf- und bußgeldwürdigen Fälle durch die Außenprüfung strafrechtlich „aufgegriffen" werden. Immerhin erfüllt jede auch noch so geringe Pflichtverletzung den objektiven Tatbestand der Steuerhinterziehung.[222] Allerdings sind allein ein Mehrergebnis der Außenprüfung oder seine Höhe noch kein hinreichender Anlass für ein

---

220 Explizit auch Franzen/Gast/*Joecks*, Steuerstrafrecht[7], 2009, § 378 AO Rz. 69; Kohlmann/*Schauf*, Steuerstrafrecht, § 378 AO Rz. 137 (Okt. 2009); ähnlich *Bülte* in Hübschmann/Hepp/Spitaler, AO/FGO, § 378 AO Rz. 123 (Apr. 2014).
221 BayObLG v. 2.12.1980 – RReg. 4 St 168/80, DB 1981, 874; Kohlmann/*Schauf*, Steuerstrafrecht, § 378 AO Rz. 129 (Juli 2011); *Blesinger* in Kühn/v. Wedelstädt, AO/FGO[20], 2011, § 378 AO Rz. 22.
222 *Kruse*, Rechtfertigung des Themas – Ziel der Tagung, DStJG 6 (1983), 1 (2).

steuerstrafrechtliches Verfahren.[223] Geboten ist eine strafrechtliche Verfolgung, wenn das Mehrergebnis darauf beruht, dass die Außenprüfung die bewusste Vorenthaltung, Unterdrückung oder Verfälschung von steuerrelevanten Tatsachen, Erlöskürzungen, Schwarzeinnahmen und ähnliche Manipulationen aufdeckt.[224] Nicht angezeigt ist dagegen der Einsatz des Strafrechts bei Divergenzen über Rechts- und Bewertungsfragen.[225] Über den richtigen Gewinn, die Angemessenheit von Leistungen zwischen nahestehenden Personen und den richtigen Verrechnungspreis[226] kann man trefflich streiten und der richtige Ort zur Streitschlichtung sind hierfür die FG als spezialisierte Fachgerichte.[227] Sie sollten die erste Anlaufstelle für die steuerrechtliche Würdigung umstrittener Sachverhalte sein.[228] Die Prüfungspraxis sollte in diesen Fällen wieder zu einer Streitkultur zurückzukehren, die früher durchaus gepflegt wurde.[229] Eines Einsatzes von Steuerstrafverfahren bedarf es insoweit nicht. Mit diesen Weichenstellungen lässt sich verhindern, dass Strafverfahren zum regelmäßigen Begleiter der Außenprüfung werden.

---

223 Beispielhaft für einen verbreiteten Grund für ein Mehrergebnis genannt sei der Streit über die Reichweite des nicht abzugsfähigen Beteiligungsaufwands nach § 8b Abs. 3 KStG, um die es in zahlreichen finanzgerichtlichen Entscheidungen mit erheblicher fiskalischer Auswirkung geht. Eine vom Steuerpflichtigen abweichende Beurteilung der Außenprüfung führt zu einem endgültigen Mehrergebnis und nicht zur bloßen zeitlichen Ergebnisverlagerung. Die Rechtsfrage hat indes im Regelfall keinen Berührungspunkt mit dem Steuerstrafrecht.
224 Einen strafrechtlichen Anfangsverdacht können folgende Feststellungen des Außenprüfers begründen: gefälschte Eingangsrechnungen, Scheingeschäfte, gefälschte oder fingierte Belege, nicht erklärte Einkunftsarten, Geld(rück)transfer über verschwiegene Bankkonten, oder Vor- oder Rückdatierungen von Verträgen (Auswahl aus der Liste von *Burkhard/Adler* [Fn. 3], Rz. 634 sowie Rz. 462).
225 Zur Steuerhinterziehung bei steuerrechtlichen Streit- und Zweifelsfragen zuletzt *Sontheimer*, DStR 2014, 357.
226 Bei der finanzbehördlichen Kontrolle internationaler Konzernverrechnungspreise hat das Steuerstrafrecht an Bedeutung gewonnen (*Puls* in Wassermeyer/Baumhoff, Verrechnungspreise international verbundener Unternehmen, 2014, Rz. 12.19), ist aber allenfalls in Extremfällen relevant (*Gocke/Ditz*, Internationale Verrechnungspreise und das Steuerstrafrecht, in FS Streck, 2011, 495 [517]), wenn etwa der Steuererklärung gezielt falsche Verrechnungspreisdokumentationen untergeschoben werden.
227 So – trotz oder besser gerade wegen der Selbstbetroffenheit als Finanzrichter – bereits *Drüen*, DStZ 2014, 562 (570).
228 Ebenso *Mellinghoff*, Stbg 2014, 97 (105).
229 Deutlich aus Beratersicht *Burkhard/Adler* (Fn. 3), Rz. 630: „Es ist traurige Rechtswirklichkeit, dass aus Betriebsprüfungsverfahren heutzutage weit mehr Strafverfahren gegen die geprüften Steuerpflichtigen entstammen, als dies in der Vergangenheit der Fall war. Betriebsprüfungen führen nicht erst in jüngerer Zeit im Regelfall zu steuerlichen Mehrergebnissen."

Doppelfunktion der Steuerfahndung als Steuerkriminalpolizei und Finanzbehörde

Regierungsdirektor *Klaus Herrmann*, Koblenz*
Oberfinanzdirektion Koblenz

Inhaltsübersicht

I. Vorbemerkung
II. Vom Kavaliersdelikt zu Tax Compliance
III. Aufgabe der Steuerfahndung
   1. Strafrechtliche Ermittlungen nach § 208 Abs. 1 Nr. 1 AO
   2. Ermittlung von Besteuerungsgrundlagen nach § 208 Abs. 1 Nr. 2 AO
   3. Ermittlung unbekannter Steuerfälle, § 208 Abs. 1 Nr. 3 AO
   4. Steuerliche Prüfungen durch die Steuerfahndung, § 208 Abs. 2 Nr. 1 AO
   5. Sonstige übertragene Aufgaben, § 208 Abs. 2 Nr. 2 AO
IV. Befugnisse der Steuerfahndung, § 208 Abs. 1 S. 2 AO
   1. Steuerliche Ermittlungsbefugnisse
   2. Strafrechtliche Ermittlungsbefugnisse
   3. Verhältnis der beiden Bereiche und Aufgabentrennung
   4. Mögliche Fehlerquellen
V. Risikokontrolle durch Steueraufsicht nach § 208 Abs. 1 Nr. 3 AO
VI. Zusammenfassung

I. Vorbemerkung

Auf der Jahrestagung der Deutschen Steuerjuristischen Gesellschaft in Bremen wurde mehrfach über den Eindruck berichtet, dass das strafrechtliche Risiko von Großunternehmen und Konzernen gestiegen sei, was an der Vielzahl von Meldungen an die Bußgeld- und Strafsachenstellen während oder nach einer Betriebsprüfung abzulesen sein soll. Korrespondierend dazu sei das strafrechtliche Risiko für Steuerberater gestiegen, gegen die immer öfter Verfahren eingeleitet würden.

Gegen Eindrücke ist schwer anzukommen. Vielleicht helfen einige Zahlen weiter. Die Fallmeldungen nach BP liegen in den allermeisten Bundesländern im niedrigen einstelligen Prozentbereich des gesamten Falleingangs. Darunter fallen aber alle Meldungen von Betriebsprüfungsstellen, also auch der örtlichen Betriebsprüfungsstellen, die Kleinst-, Klein- und Mittelbetriebe prüfen. Fallmeldungen aus der Groß und Konzernbetriebsprüfung sind

---

* Der Autor war Leiter des Referates für Steuerfahndung und Strafsachen bei der Oberfinanzdirektion Koblenz. Die nachfolgenden Ausführungen sind nicht in dienstlicher Eigenschaft verfasst. Seit 1.3.2015 ist er Hochschullehrer an der Hochschule Worms, Fachbereich Steuerwesen.

nach wie vor die große Ausnahme. Hier ist keine zunehmende Tendenz festzustellen.

Die Zahl der Strafverfahren gegen Steuerberater, die von der Finanzverwaltung an die Berufskammer zu melden sind, liegen bei einem kleinen Bundesland im mehrjährigen Schnitt bei ca. 30 Verfahren pro Jahr. Hiervon ist ungefähr die Hälfte durch eigene steuerliche Verfehlungen von Steuerberatern bedingt (inklusive Steuerhinterziehung durch Nichtabgabe von eigenen Steuererklärungen), so dass etwa 15 Verfahren (mit kleinen jährlichen Abweichungen der Quote) den Bereich von Steuerverfehlungen zugunsten von Mandanten betreffen. Großbetriebe sind darunter keine. Diese Zahl sollte man in Beziehung setzen zur Gesamtzahl der Steuerberater im Land mit ca. 3200 Berufsträgern. Angesichts der Kompliziertheit des Steuerrechts und des dadurch bedingten gefahrgeneigten Umfelds für Steuerhinterziehung und Steuerordnungswidrigkeit ist diese Quote eher als gering anzusehen.

II. Vom Kavaliersdelikt zu Tax Compliance

Steuerhinterziehung wurde in der Vergangenheit oftmals als eine Art Kavaliersdelikt angesehen, das weit verbreitet war und mit dessen Begehung man sich sogar brüsten konnte. Steuerhinterziehung wurde als cleveres Instrument gegen eine als ausufernd empfundene Besteuerung eingesetzt und quasi als „Notwehr" gegen ein gefühltes staatliches Besteuerungsunrecht gerechtfertigt. Seine Steuern ohne Gestaltungs- und Umgehungsversuche einfach zu bezahlen, wurde in bestimmten Kreis als undenkbar, ja sogar als „dumm" angesehen und niemand wollte der letzte Dumme sein.

Es ist jedoch eine gesellschaftliche Entwicklung nicht zu verkennen, die sozialschädlichen Wirkungen von Steuerhinterziehungen deutlicher wahrzunehmen und das Verhalten der Steuerhinterzieher sozial zunehmend zu ächten. Deutliches Indiz dafür ist die zunehmende Berichterstattung über steuerstrafrechtliche Großverfahren gegen Prominente, die in allen Medien eine breite Öffentlichkeit findet. Ob das dem weiteren Ablauf dieser Verfahren gut tut, sei einmal dahingestellt. Auch das Bekannt werden dieser steuerstrafrechtlichen Verfahren ist im Verfahrensrecht nicht vorgesehen und wird oftmals mit einer nicht gerechtfertigten Verletzung des Steuergeheimnisses (§ 30 AO) einhergehen. Diese ist sogar strafbewehrt durch § 355 StGB, aber es liegt in diesen Fällen in der Natur der Sache, dass die Täter nicht zu ermitteln sind. Das Steuergeheimnis verpflichtet alle Amtsträger, nicht nur Finanzbeamte, so dass rechtswidrige Verstöße dagegen von allen Stellen herrühren können, die mit dem Steuerstrafverfahren befasst sind.

Parallel dazu gerät die Steuerfahndung zunehmend in das Blickfeld der Öffentlichkeit. Der Blick ist einerseits ein durchaus freundlicher, sorgen die

Steuerfahnder doch in effizient wahrgenommener Weise dafür, dass das gemeinschaftsschädliche Verhalten von (am besten größeren) Steuerhinterziehern verfolgt und letztlich geahndet werden kann. Auf der anderen Seite wird jedoch ein gewisses Unbehagen über die angeblich übergroße Machtfülle der Steuerfahndung artikuliert, die es im Interesse der Bürgerrechte zu beschneiden gilt.

Die Kritik an der Aufgabenfülle der Steuerfahndung, die dazu mit den entsprechenden Befugnissen ausgestattet sein muss, ist nicht neu. Insbesondere stand die Doppelfunktion der Steuerfahndung als Kriminalpolizei der Finanzverwaltung einerseits und als steuerlicher Ermittlungsdienst für das Besteuerungsverfahren andererseits seit Inkrafttreten der Abgabenordnung 1977 im kritischen Fokus der Wissenschaft. Die Kritik an der Steuerfahndung und ihrer Arbeit bemüht eine Vielzahl von Argumenten vom angeblich **negativ besetzten Begriff der „Fahndung"**,[1] von dem eine gewisse Stigmatisierung der Bürger, die mit dieser Stelle zu tun haben, ausgehen soll[2] über eine angeblich verwirrende **Doppelfunktion der Steuerfahndung**, die gegenüber dem Bürger sowohl als steuerlicher Ermittlungsdienst wie auch als strafrechtliche Ermittlungsstelle auftreten kann bis hin einer als bedrohlich empfundenen **Machtfülle** der Steuerfahndung. Diese Aufzählung ist nicht abschließend, aber ausreichend um das Unbehagen mit diesem staatlichen Instrument auszudrücken.

Unbestritten ist wohl die Notwendigkeit der Einrichtung „Steuerfahndung" als ein Instrument von mehreren zur Herstellung von **Steuergerechtigkeit** (§ 85 AO), die als eine der wesentlichen Grundlagen des staatlichen Besteuerungsrechts anzusehen ist. Die Erfolge der Steuerfahndungsdienste, gemessen an ermittelten Mehrsteuern und erwirkten Geld- und Freiheitsstrafen tragen zweifellos bei vielen Steuerzahlern zu einer gefühlten Steigerung der Steuergerechtigkeit bei und bewirken damit eine Erhöhung der Steuermoral, selbstverständlich auch durch eine nicht zu vernachlässigende Angst der hinterziehenden Steuerbürger vor einer möglichen Tatentdeckung.

Unser Steuersystem setzt in großem Umfang auf die freiwillige Erfüllung einer Vielzahl von Mitwirkungspflichten, die zwar freiwillig, aber nicht immer unbedingt auch gerne erfüllt werden. Manchmal werden sie nicht einmal freiwillig erfüllt.

Hier setzen die sog. „Tax Compliance"-Bestrebungen an, mit denen die Bereitschaft der Bürger zur freiwilligen Erfüllung ihrer steuerlichen Pflichten gesteigert werden soll. Im Gegensatz zu anderen europäischen Staaten, in denen Gedanken der Tax Compliance seit Jahren in vielen steuerlichen Ab-

---
1 Hübschmann/Hepp/Spitaler, AO, 10. Aufl. Stand 137. Lieferung, § 208 Rz. 7.
2 BFH v. 4.12.2012 – VIII R 5/10, BFH/NV 2013, S. 431.

läufen verankert worden sind, hat sich der Tax Compliance Gedanke in Deutschland noch nicht so sehr weit durchgesetzt. Allenfalls im Außenprüfungsbereich sind hier erste Ansätze zu erkennen. Anstelle von Belohnungen für die freiwillige Mitwirkung setzen wir allzu oft auf die Bestrafung der Nichterfüllung dieser Pflichten. Repression statt Stimulation. Steuerfahndung ist als Strafverfolgungsstelle Teil dieser Repression. Durch ihre Tätigkeit werden nicht nur bereits begangene Steuerstraftaten und steuerliche Ordnungswidrigkeiten verfolgt, sondern auch die Furcht vor Tatentdeckung bei denen geweckt und gesteigert, die dazu Anlass haben und noch nicht Gegenstand eines steuerstrafrechtlichen Ermittlungsverfahrens sind. Furcht vor Tatentdeckung ist in repressiven Systemen ein wesentliches Motiv für Steuerehrlichkeit.

Aber auch die Stimulation, die Schaffung von Anreizen zur freiwilligen Erfüllung der steuerlichen Mitwirkungspflichten sollte nicht vergessen werden. Das ist aber eine andere Aufgabe.

III. Aufgabe der Steuerfahndung

Die steuerstrafrechtliche Aufgabenzuweisung an eine Organisationseinheit der Finanzverwaltung erfolgte bereits in der Reichsabgabenordnung 1919 von Enno Becker. Becker verwendete durchgängig nur die Begriffe „Finanzamt" oder „Finanzbehörde", wie es auch heute noch für die Organisationseinheiten der Bußgeld- und Strafsachenstellen der Fall ist. Die interne Bezeichnung „Steuerlicher Außenprüfungsdienst" wurde in den dreißiger Jahren des vergangenen Jahrhunderts erstmals durch den Begriff „Steuerfahndung" ersetzt und in der Abgabenordnung 1977 in §§ 208, 404 AO dann auch gesetzlich verwendet.

Die maßgebende Vorschrift des § 208 AO bestimmt die Aufgaben und Befugnisse der Steuerfahndung. Die Vorschrift findet sich im vierten Teil der AO „Durchführung der Besteuerung", womit schon ein starker Bezug zum Verwaltungsverfahren angedeutet wird. Sie hätte auch in den achten Teil eingefügt werden können, in dem an sich die Vorschriften für das Straf- und Bußgeldverfahren geregelt sind. Die Entscheidung des Gesetzgebers über die Positionierung der Aufgabenzuweisung an die Steuerfahndung ist schon ein erstes Indiz für die nicht nur strafrechtlichen Aufgaben der Steuerfahndung.

Der Wortlaut des § 208 AO stellt die Doppelfunktion der Steuerfahndung absolut klar. Nach § 208 Abs. 1 S. 1 AO hat die Steuerfahndung drei voneinander unabhängige Aufgaben, von denen zwei (Nr. 2 und Nr. 3) eindeutig einem Verwaltungsverfahren (Besteuerungsverfahren) zuzuordnen sind. Lediglich die Nr. 1 „Erforschung von Steuerstraftaten und Steuerordnungswidrigkeiten" bestimmt die strafrechtliche Aufgabe der Steuerfahndung und steht damit systematisch an der falschen Stelle. Diese Bestimmung hätte zum Preis des Auseinanderreißens der Aufgaben – Aufzählung für die Steuerfahndung auch im achten Teil der AO niedergelegt werden können.

1. Strafrechtliche Ermittlungen nach § 208 Abs. 1 Nr. 1 AO

Nach § 208 Abs. 1 Nr. 1 AO muss die Steuerfahndung Steuerstraftaten und Steuerordnungswidrigkeiten ermitteln, hat also eine eindeutige Funktion als Strafverfolgungsbehörde.

Steuerstraftaten sind die nach den Steuergesetzen (AO und Einzelsteuergesetzen, z.B. § 26c UStG, § 23 Rennwett- und Lotteriegesetz) strafbaren Taten, also hauptsächlich die Steuerhinterziehung nach § 370 Abs. 1 AO und die versuchte Steuerhinterziehung.[3]

Eine Steuerhinterziehung kann auch vorliegen, wenn gar kein Steuerschuldverhältnis vorliegt, sondern es nur vorgetäuscht wird, in dem das Vorhandensein eines Steuerschuldverhältnisses lediglich fingiert wird, um beispielsweise ungerechtfertigte Vorsteuererstattungen zu erschleichen.[4]

Ebenso fallen in den Zuständigkeitsbereich der Steuerfahndung die **Anstiftung** und die **Beihilfe** zu einer Steuerstraftat sowie die **Begünstigung** (§ 257 StGB) einer Person, die eine der vorstehend genannten Taten begangen hat. Letzteres gilt allerdings nur für die sachliche Begünstigung, die dem Täter die Vorteile aus seiner Tat sichern will, nicht dagegen für die persönliche Begünstigung mit dem Zweck, den Täter der Strafverfolgung zu entziehen. Für diese Strafvereitelung (§ 258 StGB) bleibt die Staatsanwaltschaft zuständig.

Zudem fallen die den Steuerstraftaten **gleichgestellten Taten** in die Zuständigkeit der Steuerfahndung. Das sind in der Hauptsache Straftaten im Subventionsbereich wie die ungerechtfertigte Erlangung von Altersvorsorgezulagen, von Wohnungsbauprämien und weitere sowie der Betrug in Bezug auf die Eigenheimzulage nach dem Eigenheimzulagengesetz (§ 15 Abs. 2 EigZulG).[5]

Ob eine Steuerstraftat vorliegt, kann nicht ohne das Steuerrecht beurteilt werden, so dass die Doppelfunktion der Steuerfahndung bereits in den Besonderheiten des Delikts der Steuerhinterziehung angelegt ist. Der steuerstrafrechtliche Vorwurf setzt u.a. zwingend die Ermittlung der Besteuerungsgrundlagen der hinterzogenen Steuer voraus. Aus den zutreffend

---

3 Nr. 18 der Anweisungen für das Straf- und Bußgeldverfahren (AStBV 2014), Gleich lautende Erlasse der obersten Finanzbehörden der Länder v. 1.11.2013, BStBl. I 2013, 1394 ff.
4 BGH v. 23.3.1994 – 5 StR 91/94, wistra 1994, 194.
5 Ausführliche Aufzählung in Nr. 19 der AStBV.

ermittelten Besteuerungsgrundlagen bestimmt sich die gesetzlich geschuldete Steuer. Eine Steuer ist hinterzogen, wenn die festgesetzte Steuer von der gesetzlich geschuldeten Steuer nach unten abweicht. Bei Nichtabgabe von Steuererklärungen (nach Ablauf bestimmter Zeitläufe) ist ebenso die gesetzlich geschuldete Steuer zu bestimmen, um die Höhe der Steuerhinterziehung ermitteln zu können. Neben der Bedeutung der richtigen Ermittlung der Besteuerungsgrundlagen auf der Tatbestandsseite des Delikts der Steuerhinterziehung sind diese auch für die Rechtsfolgenseite wichtig. Die Höhe der hinterzogenen Steuern ist beispielsweise einer von mehreren Maßstäben für das kriminelle Unrecht des Steuerhinterziehers. Daraus folgt, dass Steuerstrafrecht zwingend die Befassung mit dem Steuerrecht erfordert. Die Steuerfahndung muss sich also bereits aus strafrechtlichen Gründen mit der Ermittlung der Besteuerungsgrundlagen befassen.

2. Ermittlung von Besteuerungsgrundlagen nach § 208 Abs. 1 Nr. 2 AO

Nach § 208 Abs. 1 S. 1 Nr. 2 AO gehört weiter zu den Aufgaben der Steuerfahndung die „Ermittlung der Besteuerungsgrundlagen in den in Nr. 1 bezeichneten Fällen". Das verwundert, gehört doch nach den vorstehenden Ausführungen die Ermittlung der Besteuerungsgrundlagen bereits zwingend zum Aufgabenkreis nach Nr. 1. Ist damit die Nr. 2 überflüssig?

Die Vorschrift wäre nur dann überflüssig, wenn sich ihre Bedeutung ausschließlich in der Ermittlung der Besteuerungsgrundlagen einer konkret verfolgten Steuerstraftat erschöpfen würde. Nach dem Wortlaut des Gesetzes geht die Aufgabenbestimmung aber darüber hinaus. Fälle nach Nr. 1 sind nämlich auch die Fälle, in denen Steuerstraftaten begangen wurden, die aber aus den unterschiedlichsten Gründen nicht mehr strafrechtlich verfolgt werden können. Das kann insbesondere der Eintritt der strafrechtlichen Verjährung sein, der Tod des Beschuldigten, Strafklageverbrauch, eine wirksame Selbstanzeige oder auch der Eintritt eines Strafverfolgungshindernis nach § 398a AO. In allen diesen Fällen müssen auch ohne Durchführung eines Strafverfahrens die Besteuerungsgrundlagen ermittelt werden, weil und soweit die Steuer noch festzusetzen ist. Sinnvoll ist, dies dem Aufgabenkreis der Steuerfahndung zuzuordnen, weil in diesen Fällen die Ermittlung der Besteuerungsgrundlagen im Zusammenhang mit einer (nicht mehr verfolgbaren) Steuerhinterziehung besteht. Insbesondere in den Fällen, in denen verjährte Steuerhinterziehungen neben nicht verjährten Steuerhinterziehungen stehen, erscheint es offenkundig vorteilhaft, die Ermittlungen über alle Jahre in einer Hand zu haben. Es würde dem Gesichtspunkt der Verwaltungsökonomie Hohn sprechen, die verjährten Jahre von einem anderen Prüfungsdienst der Finanzverwaltung oder gar dem Innendienst bearbeiten zu lassen.

Klar ist aber auch, dass zur Erfüllung der Aufgabe nach § 208 Abs. 1 Nr. 2 AO außerhalb eines Steuerstrafverfahrens nur die steuerlichen Mittel der AO zu Verfügung stehen. Der Zusammenhang mit einer (verjährten) Steuerstraftat führt nicht zu einer Ausweitung der Befugnisse der Steuerfahndung. Strafprozessuale Mittel stehen nur für Ermittlungen der strafrechtlich noch verfolgbaren Taten zur Verfügung. Der Umstand, dass ein Steuerhinterzieher seine vergleichsweise hohe kriminelle Energie sowohl in den noch verfolgbaren wie auch in den strafrechtlich nicht mehr verfolgbaren Jahren eingesetzt hat, erschwert die Ermittlungen für die letzte Fallgruppe, da hierfür nur die steuerlichen Ermittlungsinstrumente zur Verfügung stehen. Der Nachweis der vermuteten Hinterziehung, der auch steuerlich für das Eintreten der langen Festsetzungsverjährung nach § 169 Abs. 2 S. 2 AO erforderlich ist, ist dadurch in vielen Fällen nicht mehr möglich. Trotz der grundsätzlichen Eigenständigkeit des Steuerstrafverfahrens und des Besteuerungsverfahrens wendet die höchstrichterliche Rechtsprechung den strafrechtlichen Grundsatz „in dubio pro reo" hier auch auf das Besteuerungsverfahren an.[6] Dadurch, dass einerseits die hohe strafrechtliche Nachweishürde auch für das Besteuerungsverfahren errichtet wird, während andererseits die schärferen strafrechtlichen Ermittlungsinstrumente nicht zur Verfügung stehen, besteht die Gefahr einer Besserstellung des Steuerunehrlichen gegenüber dem Steuerehrlichen. Das ist aber angesichts der gefestigten Rechtsprechung derzeit hinzunehmen.

Festzustellen ist aber, dass die Aufgabe der Steuerfahndung nach § 208 Abs. 1 Nr. 2 trotz des Verweises auf die steuerstrafrechtlichen Fälle der Nr. 1 und damit eines gewissen steuerstrafrechtlichem Zusammenhang dem Besteuerungsverfahren zuzurechnen ist.

3. Ermittlung unbekannter Steuerfälle, § 208 Abs. 1 Nr. 3 AO

Die Regelung in § 208 Abs. 1 Nr. 3 AO gibt der Steuerfahndung eine Aufgabe, die in einem noch geringeren bis keinem steuerstrafrechtlichen Zusammenhang steht. Aufdeckung und Ermittlung unbekannter Steuerfälle gehört nach der Nr. 3 zum Aufgabenbereich der Steuerfahndung. Da hierfür ebenfalls nur die steuerlichen Ermittlungsinstrumente zur Verfügung stehen, liegt es nahe, auch diese Aufgabe dem Steuerverwaltungsverfahren und nicht dem Strafverfahren zuzuordnen.[7] Diese Aufgabe der Steuerfahndung hat jedoch mehrere Facetten.

§ 208 Abs. 1 Nr. 3 AO ist die Rechtsgrundlage für sog. **Vorfeldermittlungen**, die dann anzustellen sind, wenn aufgrund einer Anzeige oder in anderer Weise (z.B. aus einem anderweitigen Ermittlungsverfahren) Anhaltspunkte für ein steuerlich riskantes Verhalten vorliegen, ohne dass ein

---

6 BFH v. 29.1.2002 – VIII B 91/01, BFH/NV 2002, 749.
7 Vgl. BFH v. 20.4.1983 – VII R 2/82, BStBl. II 1983, 482.

Anfangsverdacht oder tatsächliche Hinweise auf einen solchen gegeben sind. Die Einleitung eines Steuerstrafverfahrens kommt in diesen Fällen nicht in Betracht. Gleichwohl muss die Finanzverwaltung im Rahmen der Erfüllung ihres Gesetzesauftrages (§ 85 AO) den Anhaltspunkten nachgehen.

Das Ergebnis von Vorfeldermittlungen kann in der Feststellung bestehen, dass **kein steuerliches Risiko** vorliegt oder dass zwar ein **steuerliches Risiko gegeben ist, dem jedoch kein strafrechtlicher Gehalt** zukommt. Eine dritte und zahlenmäßig kleinste Gruppe ist diejenige, bei der die Vorfeldermittlungen zu einem **Anfangsverdacht einer Steuerstraftat** führen. Vorfeldermittlungen sind die am weitesten von einem Strafverfahren entfernten Ermittlungen, anders als beispielsweise die sog. Vorermittlungen (s.u.).

Ein steuerliches Risiko kann oftmals schon zu einem Zeitpunkt erkennbar werden, indem noch kein strafrechtliches Risiko vorliegen kann, z.B. wegen noch nicht abzugebender Steuererklärung. Niemand wird ernsthaft fordern, dass die Finanzverwaltung oder die Steuerfahndung zuwarten sollen, bis sich das steuerliche Risiko zu einem strafrechtlichen verdichtet hat, um dann nach Vorliegen des vorhersehbaren Anfangsverdachts ein Steuerstrafverfahren einzuleiten. Das wäre nur im Sinne einer höheren Mehrergebnisstatistik sinnvoll, sollte aber angesichts frühzeitig möglicher Präventionsmaßnahmen nicht das Ziel staatlichen Handelns sein. Der Zielerreichung soll vielmehr ein sich entwickelndes neues Instrument der Finanzverwaltung dienen, dessen Befugnisse ebenfalls § 208 Abs. 1 Nr. 3 AO entnommen sind und das immer wichtiger werden wird: die **Steueraufsicht**,[8] deren Aufgabe ebenfalls als steuerliche angesehen wird.

Insgesamt ist es daher nach h.M. gerechtfertigt, Vorfeldermittlungen insgesamt dem Besteuerungsverfahren zuzuordnen, weil auch die Befugnisse zur Erfüllung dieser Aufgabe aus diesem Bereich kommen und weil strafrechtliche Implikationen insgesamt nicht so bedeutsam sind, dass eine Zuordnung des gesamten Instruments zum strafrechtlichen Bereich gerechtfertigt wäre. Das folgt auch der Begründung des Finanzausschusses, nach der die Aufgabe aus § 208 Abs. 1 Nr. 3 AO als Teil der allgemeinen Steueraufsicht nach § 85 AO angesehen wurde.[9]

Stellenweise besteht auch eine gewisse Unklarheit der verwendeten Begriffe. Von den Vorfeldermittlungen zu unterscheiden sind die **Vorermittlungen** (Verdachtsprüfung), bei denen schon gewisse tatsächliche Anhaltspunkte für eine Steuerstraftat vorliegen, so dass ein Anfangsverdacht näher rückt. Angesichts des weiten Begriffs des Anfangsverdachts bedarf dieser

---

[8] Wegen des Umfangs der hierzu notwendigen Ausführungen und um die zusammenhängende Darstellung der Aufgaben der Steuerfahndung nicht zu stören, wird das Thema Steueraufsicht unter Punkt 4 dargestellt.
[9] *Kohlmann*, Steuerstrafrecht, § 404 AO (Stand 48. Lieferung 4.2013), Rz. 81 m.w.N.

einer Einschränkung, so dass nicht jeder (vage) tatsächliche Anhaltspunkt zur Bejahung eines Anfangsverdachts führen muss, sondern nur Anhaltspunkte einer gewissen Häufigkeit oder Schwere. Dies zu ermitteln ist Aufgabe der Vorermittlungen, die konkret die Entscheidung über das Bestehen eines Anfangsverdachtes zum Ziel haben. Eine größere Nähe zum Strafverfahren ist unverkennbar, obwohl auch im Vorermittlungsverfahren noch keine strafprozessualen Mittel zur Verfügung stehen.

Nur der Vollständigkeit halber: **Vorbereitende Ermittlungen** dienen nach Bejahung eines Anfangsverdachts und der Einleitung des Strafverfahrens der Abklärung der dann zu ergreifenden strafprozessualen Maßnahmen.

Wenn von Teilen der Literatur als „ungeschriebenes" Tatbestandsmerkmal des § 208 Abs. 1 Nr. 3 AO gesehen wird, dass danach Ermittlungen nur in einem strafrechtlichen Zusammenhang zu sehen sind, so greift das zu kurz und negiert, dass diese Aufgabe viel weiter ist und überwiegend vom Gedanken der steuerlichen Risikokontrolle geprägt ist. Diese Aufgabe wird in Zeiten zunehmender risikoorientierter Bearbeitung ständig wichtiger. Die Steuerfahndung handelt insoweit nach h.M. im Besteuerungsverfahren.[10]

4. Steuerliche Prüfungen durch die Steuerfahndung, § 208 Abs. 2 Nr. 1 AO

Die Aufgabenbereiche der Steuerfahndung nach § 208 Abs. 2 AO gehören ebenfalls zum steuerlichen Ermittlungsverfahren bzw. zum Verwaltungsverfahren. Nach § 208 Abs. 2 Nr. 1 AO ist die Steuerfahndung dazu berufen, im Auftrag der zuständigen Finanzbehörde steuerliche Ermittlungen vorzunehmen. Der Steuerfahnder agiert dabei in gleicher Weise wie ein Betriebsprüfer und kann die Prüfung nur bei solchen Steuerpflichtigen vornehmen, bei denen sachlich eine Außenprüfung möglich ist, § 194 AO. Die Prüfung bedarf einer Prüfungsanordnung des zuständigen Festsetzungsfinanzamtes, § 196 AO. Er meldet seine Prüfung vorher an, weist sich zu Beginn seiner Prüfungshandlungen mit seinem (Steuerfahndungs-)Dienstausweis aus (§ 198 AO) und prüft grundsätzlich – wie ein Betriebsprüfer – in den Räumen des Steuerpflichtigen und zu den Zeiten, die ihm der Steuerpflichtige dafür zur Verfügung stellt (z.B. Geschäftszeiten des Betriebes). Über das Ergebnis seiner Prüfung hält er eine Schlussbesprechung ab (§ 201 AO) und legt seine Prüfungsfeststellungen in einem Schlussbericht für die Veranlagungsstelle nieder, § 202 AO. Selbstverständlich bedarf es für eine Prüfung nach § 208 Abs. 2 Nr. 1 AO keines Anfangsverdachts, weil der Prüfer rein steuerlich ermittelt.

Aus Kapazitätsgründen kommen solche steuerlichen Prüfungen durch Bedienstete der Steuerfahndung nicht sehr häufig vor. Sie machen jedoch Sinn

---

10 Vgl. BFH v. 20.4.1983 – VII R 2/82, BStBl. II 1983, 482.

in den Fällen, in denen für die Vorjahre bereits ein Steuerstrafverfahren durchgeführt werden musste und bei dem nicht alle relevanten Zeiträume geprüft werden konnten, etwa weil für den letzten Veranlagungszeitraum noch keine Steuererklärung abgegeben worden war. Um zu überprüfen, ob der Steuerpflichtige nach der Tatentdeckung für die Vorjahre in den folgenden Jahren zur Steuerehrlichkeit zurückgekehrt ist, bietet sich – ohne Anfangsverdacht – eine steuerliche Prüfung nach § 208 Abs. 2 Nr. 1 AO an. Ich habe in den von mir betriebenen Fällen keinen Fall erlebt, in dem die steuerliche Prüfung in eine (erneute) strafrechtliche Prüfung übergeleitet werden musste.

5. Sonstige übertragene Aufgaben, § 208 Abs. 2 Nr. 2 AO

Schließlich können nach § 208 Abs. 2 Nr. 2 AO die sonstigen im Rahmen der Zuständigkeit der Finanzbehörden übertragene Aufgaben zum Aufgabenbereich der Steuerfahndung gehören. Dies sind regelmäßig ebenfalls steuerliche Aufgabenbereiche. Ich kenne in Rheinland-Pfalz dazu nur die Aufgabe der sog. NATO – Prüfstelle, die Vertragsgestaltungen im Rahmen des Nato Truppenstatuts überprüft und die mit Steuerfahndern besetzt ist. Aus anderen Bundesländern sind mir keine besonderen Aufgabenzuweisungen im Rahmen des § 208 Abs. 2 Nr. 2 AO bekannt.

Zusammenfassend ist die Tätigkeit der Steuerfahndung sowohl als strafrechtliche Ermittlungsbehörde wie auch als steuerliches Sachverhaltsermittlungsorgan anzusehen. Das ist vom Gesetzgeber so angelegt und wird von der Rechtswirklichkeit auch so gelebt, selbst wenn zahlenmäßig der Schwerpunkt der Tätigkeit im Aufgabenbereich nach § 208 Abs. 1 Nr. 1 AO liegt.

Die Kritik, die sich damit nicht abfindet und Einschränkungen der Befugnisse bzw. eine Abschaffung der Zweigleisigkeit des Aufgabenbereichs der Steuerfahndung fordert, ruft im Grunde nach einer Abhilfe de lege ferenda, ohne dass sich das zum jetzigen Zeitpunkt auf die rechtlichen Aufgaben und Befugnisse der Steuerfahndung auswirken kann.

Die Kritikpunkte greifen zudem oftmals Ängste und Befürchtungen auf, die sich in der Realität bei richtiger Gesetzesanwendung gar nicht oder nur in Ausreißerfällen so ergeben.

IV. Befugnisse der Steuerfahndung, § 208 Abs. 1 S. 2 AO

Von den Aufgaben der Steuerfahndung sind die ihr zur Erfüllung der Aufgaben zugewiesenen Befugnisse zu unterscheiden. Aus der Doppelfunktionalität der Steuerfahndung folgen Rechte (und Pflichten) aus den beiden Aufgabenbereichen, also sowohl aus der Abgabenordnung wie der Strafprozessordnung. Daraus soll eine **Machtfülle der Steuerfahndung** herrühren, die verschiedentlich angeprangert und als Gefährdungspotential für die Freiheitsrechte von Bürgern angesehen wird. Fraglich ist, wo diese behauptete Machtfülle herkommen soll und ob sie tatsächlich besteht?

1. Steuerliche Ermittlungsbefugnisse

Die Steuerfahndungsstellen haben nach § 208 Abs. 1 S. 2 AO die Ermittlungsbefugnisse, die auch den Finanzämtern zustehen, mithin die normalen steuerlichen Ermittlungsbefugnisse im Besteuerungsverfahren, die zur Erfüllung des gesetzlichen Auftrages aus § 85 AO erforderlich sind. Der Untersuchungsgrundsatz (§ 88 AO) verpflichtet die Finanzbehörden von Amts wegen alle erforderlichen Ermittlungen anzustellen zur Erforschung der für den Einzelfall (steuerlich) bedeutsamen Umstände, § 88 Abs. 2 AO. Begrenzt wird dieser Amtsermittlungsgrundsatz durch die Erfüllung der Mitwirkungspflichten des Steuerpflichtigen (§ 90 AO). Verletzt dieser eine ihm obliegende Mitwirkungspflicht, reduziert sich entsprechend die Ermittlungspflicht der Behörde.

Im Rahmen der steuerlichen Ermittlungsbefugnisse stehen der Steuerfahndung die in den §§ 88 ff. AO geregelten Ermittlungsbefugnisse zu, wie sie jedem Finanzbeamten zur Erfüllung seines gesetzlichen Auftrages zustehen. Ein gewisser praktischer Unterschied dürfte darin bestehen, dass sich die Beamten der Steuerfahndung aufgrund ihrer Ausbildung und Erfahrung dieser Rechte mehr bewusst sind als die in der Sachverhaltsermittlung oftmals weniger geübten Beamten/Innen des Innendienstes.

- **Einholung von Auskünften von Beteiligten und dritten Personen,** §§ 92, 93 AO.
  Nach § 93 Abs. 1 S. 3 AO dürfen Dritte aber grundsätzlich erst dann befragt werden, wenn der Steuerpflichtige selbst keine Auskunft gibt oder seine Befragung keinen Erfolg verspricht.
- Das Recht, **Sachverständige hinzuziehen,** §§ 92, 96 AO.
- Das Recht, **Augenschein einzunehmen,** §§ 92, 98 AO
- **Betretungsrecht von Grundstücken und Räumen** zum Zwecke des Augenscheins und für hinzugezogene Sachverständige, § 99 AO. Dies betrifft Grundstücke, Räume, Schiffe, umschlossene Betriebsvorrichtungen und ähnliche Einrichtungen während der üblichen Geschäfts- und Arbeitszeiten. Voraussetzung ist eine steuerliche Relevanz der Ermittlungsmaßnahme.

Wohnungen dürfen nur mit Genehmigung des Wohnungsinhabers betreten werden, es sei denn, es besteht eine zu verhütende dringende Gefahr für die öffentliche Sicherheit und Ordnung.

Ausnahme: Die Wohnung dient gleichzeitig als Geschäftsraum (s.o.).

– Recht, die **Vorlage von Urkunden** (§ 97 AO) oder **von Wertsachen** (§ 100 AO: Geld, Wertpapiere, Kostbarkeiten) zu verlangen.

Diese Rechte können grundsätzlich auch mit den **Zwangsmitteln** der Abgabenordnung (§§ 328 ff. AO) durchgesetzt werden, d.h. nach entsprechender Androhung (§ 332 AO) kann ein Zwangsmittel (§ 328 AO) festgesetzt werden. Diese sind das Zwangsgeld, das ggf. in Ersatzzwangshaft umgewandelt werden kann (§§ 329, 334 AO), eine Ersatzvornahme (§ 330 AO) oder der unmittelbare Zwang (§ 331 AO). Allerdings ist hierbei das Zwangsmittelverbot des § 393 Abs. 1 AO zu beachten, das auf jeden Fall Zwangsmittel nach Einleitung eines Steuerstrafverfahrens untersagt, § 393 Abs. 1 S. 3. Aber auch im Besteuerungsverfahren können Zwangsmittel unzulässig werden, wenn der Steuerpflichtige durch die Befolgung des Finanzbefehls gezwungen würde, sich wegen einer von ihm begangenen Steuerstraftat oder Steuerordnungswidrigkeit selbst zu belasten, § 393 Abs. 1 S. 2 AO. Je näher die Möglichkeit einer Selbstbelastung rückt, desto eher ist der Steuerpflichtige über seine Verweigerungsrechte zu belehren, § 393 Abs. 1 S. 4 AO.

Weiterhin stehen der Steuerfahndung dieselben **Rechte wie der Betriebsprüfung** zu, §§ 193 ff. AO:

– Nach der Bekanntgabe einer Prüfungsordnung können die tatsächlichen und rechtlichen Verhältnisse, die für die Steuerpflicht und die Bemessung der Steuer maßgebend sind, zugunsten wie zuungunsten des Steuerpflichtigen geprüft werden, §§ 196 ff. AO.

– Ebenso wie der Betriebsprüfer kann der Steuerfahnder die Herausgabe der digital gespeicherten Daten verlangen, §§ 146, 147 AO, hilfsweise das Datenverarbeitungssystem des Steuerpflichtigen zur Prüfung dieser Unterlagen nutzen oder verlangen, dass die Daten nach seinen Vorgaben auf Kosten des Steuerpflichtigen maschinell ausgewertet werden, § 147 Abs. 6 AO (sog. Z1 – Z3 – Zugriffe).

Nur in einem Detail weicht die steuerliche Ermittlungsbefugnis der Steuerfahndung von den allgemeinen Befugnissen jedes Finanzbeamten ab: das Eskalationsprinzip des § 93 Abs. 1 S. 3 AO gilt nach § 208 Abs. 1 S. 3 AO nicht für die Steuerfahndung. Während Beamte des Innendienstes oder Betriebsprüfer von dritten Personen nur dann Auskünfte über die steuerlichen Verhältnisse eines Steuerpflichtigen verlangen können, wenn die Ermittlung beim Steuerpflichtigen selbst erfolglos war oder keinen Erfolg verspricht, dürfen sich die Beamten der Steuerfahndung auch im Besteuerungsverfahren direkt und unmittelbar auch an dritte Auskunftspersonen wenden. Im Strafverfahren gilt diese Befugnis ohnehin.

Aber selbst für die Steuerfahndung endet diese Verstärkung ihrer Befugnisse, wenn die Auskünfte von einem Kreditinstitut begehrt werden. Nach

§ 30a Abs. 5 S. 2 AO soll bei bekannter Identität des Steuerpflichtigen im Besteuerungsverfahren das Kreditinstitut erst um Auskunft angegangen, wenn das Auskunftsersuchen an den Steuerpflichtigen nicht zum Ziel geführt hat oder keinen Erfolg verspricht. Insofern unterscheiden sich die Befugnisse der Steuerfahndung nicht mehr von den allen Finanzbeamten zustehenden Rechte.

Damit kann als Zwischenergebnis festgestellt werden, dass zumindest im steuerlichen Bereich die angebliche Machtfülle der Befugnisse der Steuerfahndung überschaubar bleibt, es sei denn, man will diese Machtfülle den Finanzbeamten allgemein unterstellen.

2. Strafrechtliche Ermittlungsbefugnisse

Die Beamten der Steuerfahndung haben nach §§ 404, 399 Abs. 2 S. 2 AO neben ihren steuerlichen Befugnissen als Ermittlungspersonen der Staatsanwaltschaft die Befugnisse nach den Vorschriften der Strafprozessordnung (StPO). Danach können sie ...

- **Steuerstraftaten erforschen** und alle **Maßnahmen zur Verhütung der Verdunkelung** der Sache durchführen, § 163 Abs. 1 StPO; Ermittlungen aller Art im Rahmen ihrer Zuständigkeit und auf Weisung der Staatsanwaltschaft, § 161 Abs. 1 StPO.
- **kurzfristige Observationen** durchführen, § 163 StPO; Langfristige Observationen (mehr als 24 h) bedürfen der richterlichen Erlaubnis, § 163 f StPO.
- **Durchführung von Durchsuchungen** aufgrund richterlicher Durchsuchungsanordnung, §§ 102, 103 StPO
  Ausnahme: Es besteht Gefahr im Verzug.
- **Sicherstellung von Beweismitteln und Beschlagnahme** aufgrund richterlichen Beschlusses, §§ 102, 103 StPO
- **Durchsichtsrecht von Papieren und Daten** des von der Durchsuchung Betroffenen, § 404 S. 2 AO, § 110 Abs. 1 und Abs. 3 StPO.
- **Durchführung von Vernehmungen** des Beschuldigten, von Zeugen und Sachverständigen, § 163a StPO;
- **Automatisierter Abruf von Kontoinformationen** nach § 24c KWG
- **Festnahme des Störers** einer Durchsuchung, § 164 StPO, Nr. 63 Abs. 6 AStBV
- **Sicherstellung von Gegenständen**, die dem **Verfall oder der Einziehung** unterliegen, §§ 94, 98 Abs. 1, 11b, 111e StPO
- **Identitätsfeststellung** des einer Steuerstraftat Verdächtigen, § 127 Abs. 2, 163b Abs. 1 StPO; auch beim unverdächtigen Dritten zulässig (Verhältnismäßigkeit beachten), § 163b Abs. 2 StPO

Bei Gefahr im Verzug:

- **Anordnung von Durchsuchung, Beschlagnahme oder sonstigen Maßnahmen**, um die Verdunklung der Sache zu verhindern, § 399 Abs. 2 S. 2 AO
- **Vorläufige Festnahme**, wenn die Voraussetzungen eines Haftbefehls vorliegen, § 127 Abs. 2 StPO, Nr. 73 Abs. 1 und 2 AStBV.

Sonderfälle:

- Bei bandenmäßiger Umsatzsteuerhinterziehung nach § 370 Abs. 3 Nr. 5 AO ist der **Einsatz verdeckter Ermittler** möglich, § 110a Abs. 1 S. 1 Nr. 3 StPO
- In diesen Fall ist auch eine **Überwachung des Fernmeldeverkehrs (TKÜ)** möglich, § 100a Abs. 2 Nr. 2a StPO;
- Sogar ein Lauschangriff ist zulässig in besonders schweren Fällen der Geldwäsche (§ 261 Abs. 4 StGB), wenn eine bandenmäßige Umsatzsteuerhinterziehung als Vortat vorliegt;

Und zuletzt:

- **Sonderrechte im Straßenverkehr**, soweit es der Ermittlungszweck erfordert, § 35 StVO.

Verstärkung:

- Das Durchsichtsrecht der Papiere des von der Durchsuchung Betroffenen steht der Steuerfahndung im Strafverfahren nach § 404 S. 2 AO unmittelbar zu, während andere Ermittlungspersonen der Staatsanwaltschaft (z.B. Kriminalpolizei) dies nur nach Anordnung der Staatsanwaltschaft tun dürfen, § 110 Abs. 1 StPO.

Diese Verstärkung der Rechtsposition der Steuerfahndung ist jedoch in der Praxis nur marginal, weil die Staatsanwaltschaften schon aus Praktikabilitätsgründen die Durchsicht von Papieren des Beschuldigten durch die ermittelnden Kriminalbeamten stets anordnen. Daraus auf eine besondere Machtfülle der Steuerfahndung zu schließen wäre sicherlich übertrieben.

3. Verhältnis der beiden Bereiche und Aufgabentrennung

Eine besondere Machtfülle der Steuerfahndung könnte sich aber aus der Kombination beider Rechtssysteme ergeben, dem Zusammenwirken von steuerlichen und steuerstrafrechtlichen Befugnissen. Nach dem Willen des Gesetzgebers umfassen die Aufgabenbereiche der Steuerfahndung gleichzeitig sowohl steuerliche wie steuerstrafrechtliche Aufgaben. Dem entspricht das kumulative Nebeneinander der Befugnisnormen in der Abgabenordnung und der Strafprozessordnung bzw. deren Verweisnormen (§§ 393, 404 AO).

Je nachdem, in welchem Befugniskreis sich der Steuerfahnder bewegt, hat er die dafür geltenden Verfahrensvorschriften zu beachten. Die Rechtsordnung geht dabei durchaus von einem Nebeneinander der beiden Verfahrensordnungen aus, § 393 Abs. 1 S. 1 AO. Dabei unterscheiden sich seine Befugnisse aus beiden Verfahrensordnungen in der Basis kaum voneinander. Er kann sowohl steuerlich (§ 93 AO) wie auch strafrechtlich (§ 136 StPO) Vernehmungen des Beschuldigten durchführen. In beiden Verfahrenskreisen müssen die zu Befragenden nicht bei der Steuerfahndung erscheinen (das müssen sie nur bei der Staatsanwaltschaft, der BuStra oder dem Gericht). Nach beiden Verfahrenskreisen darf er Urkundsbeweise erheben oder sich Wertsachen vorlegen lassen (§ 100 AO, § 160 StPO i.V.m. § 404 AO). Der Steuerfahnder kann steuerlich wie strafrechtlich Geschäftsräume zu den üblichen Geschäftszeiten betreten und unter Umständen dieses Betretungsrecht zwangsweise durchsetzen. Beide Verfahrensordnungen kennen außerdem ähnliche Auskunftsverweigerungsrechte für Angehörige, bestimmte Berufsträger und dritte Personen (§§ 101 ff. AO, §§ 52 ff. StPO), allerdings steuerlich nicht für den Steuerpflichtigen selbst und den für ihn Auskunftspflichtigen, deren Mitwirkungspflichten aus fiskalischen Gesichtspunkten nicht eingeschränkt werden dürfen.

Strafrechtlich werden diese Rechte allerdings verstärkt. Nur im Strafverfahren hat die Steuerfahndung beispielsweise ein aufgrund richterlichen Beschlusses zwangsweise durchsetzbares Betretungsrecht für Wohnungen. Nur im Strafverfahren besteht die Möglichkeit eines persönlichen Arrestes des Beschuldigten aufgrund richterlicher Anordnung (§ 112 StPO für die Untersuchungshaft). Im Strafverfahren kann der Leiter einer strafprozessualen Maßnahmen sogar selbst die Arretierung des Störers der Maßnahme anordnen, § 164 StPO.

Es besteht damit ein auf der Basis im Wesentlichen gleiches oder ähnliches Eingriffssystems, das auf der strafprozessualen Ebene eine deutliche Verstärkung erfährt. Im Strafverfahren gibt es für die Steuerfahndung grundsätzlich mehr und einschneidendere Ermittlungsmöglichkeiten, die jedoch sämtlich unter einem Richtervorbehalt und damit starker rechtsstaatlicher Kontrolle stehen. Für den Ermittler ist daher regelmäßig das Steuerstrafverfahren das Ziel,[11] vor das das Gesetz die Hürde des Anfangsverdachtes gestellt hat.

---

11 An dieser Stelle soll einmal die in der Praxis ganz wesentliche Kapazitätsgrenze außer Betracht gelassen werden, die Ermittlungsbestrebungen der Finanzverwaltung oftmals bremst. Wenn die vorhandenen Ermittler ausgelastet sind, können keine neue Ermittlungsfälle zugeteilt werden. Wenn sie zugeteilt würden, könnten sie nicht bearbeitet werden oder die Bearbeitung schon früher zugeteilter Strafverfahren müsste unterbrochen werden. Darüber droht die Verjährung.

Sieht man sich das Ganze aus Sicht des Steuerpflichtigen an, treffen ihn im Besteuerungsverfahren mehr (Mitwirkungs-)Pflichten wie im Strafverfahren, in dem er aufgrund des nemo – tenetur – Grundsatzes nicht mitwirken muss. Seine steuerlichen Mitwirkungspflichten bleiben aber im Steuerstrafverfahren unberührt und sind von ihm weiter zu erfüllen. Allerdings können sie nach § 393 Abs. 1 S. 3 AO nicht mehr erzwungen werden, was in der Praxis die Finanzbehörden oft vor unlösbare Probleme stellt.

Können die steuerlichen Bemessungsgrundlagen in Folge der Mitwirkungsverweigerung nicht mehr ermittelt werden, reduziert sich zwar die Amtsermittlungspflicht der Behörde. Dies führt jedoch nicht zu einer Umkehrung der Beweislast, die für steuerbegründende und steuererhöhende Umstände mit gewissen Einschränkungen stets bei der Finanzbehörde verbleibt. Zwar kann die Behörde in diesen Fällen schätzen nach § 162 AO. Schätzungen sollen das höchstmögliche Maß an Wahrscheinlichkeit erreichen, dass ein bestimmter steuerlich relevanter Sachverhalt so ist, wie ihn die Schätzung ermittelt. Schätzungen dürfen aber nicht den Beweislastbereich betreffen, d.h. die Finanzbehörde darf beispielsweise nicht die Existenz einer (steuerbegründenden) Einkunftsquelle schätzen, sondern nur die Höhe der daraus erzielten Einkünfte. Führt die Mitwirkungsverweigerung dazu, dass die Finanzbehörde die Existenz einer Einkunftsquelle nach aller bisherigen Erfahrung zwar vermuten, aber nicht nachweisen kann, dürfen keine steuerpflichtigen Erträge geschätzt werden und die Mitwirkungsverweigerung des Steuerpflichtigen ist in seinem Sinne erfolgreich.

Diese Problematik bedeutet für die Praxis, dass der Steuerfahnder im Zweifel versuchen wird, strafrechtlich vorzugehen. Dazu benötigt er einen Anfangsverdacht, der erst einmal gesucht und mit nachvollziehbaren Gründen gefunden werden muss. Seine Entscheidung unterliegt ja schließlich der nachfolgenden Überprüfung durch Staatsanwaltschaft (oder BuStra) bzw. Gericht.

Regelmäßig ist es weniger zielführend, sich wegen der Mitwirkungspflichten des Steuerpflichtigen an das Besteuerungsverfahren zu klammern. Einmal abgesehen davon, dass ein solches Verhalten große Risiken birgt, wenn in seinem Verlauf ein Anfangsverdacht deutlich (und übersehen s.u. 3.4.) wird, ist es blauäugig zu glauben, dass der betreffende Personenkreis sich durch steuerliche Mitwirkungspflichten beeindrucken lässt, wenn er erkennt, dass diese nicht mehr durchsetzbar sind und wenn er die Vorteilhaftigkeit einer Mitwirkungsverweigerung erkennt.

Nach § 393 Abs. 1 S. 4 AO ist der Steuerpflichtige über seine Rechte zu belehren, wenn dazu ein Anlass besteht. Ein Anlass besteht stets dann, wenn für den Steuerpflichtigen die Gefahr besteht, sich selbst oder seine Angehörigen durch seine Aussage steuerstrafrechtlich oder im Ordnungswidrigkeitenverfahren zu belasten. Je mehr der Prüfer vom steuerlichen Risiko des zu ermittelnden Sachverhaltes überzeugt ist (aber noch unterhalb der Schwelle eines Anfangsverdachts), desto eher ist er gehalten den Steuerpflichtigen zu belehren. Belehrungsfehler führen strafrechtlich unweigerlich zur starken Gefahr eines Verwertungsverbotes.

4. Mögliche Fehlerquellen

Dem Steuerfahnder, der nach den für ihn geltenden Verfahrensordnungen sowohl steuerlich wie strafrechtlich unterwegs ist, muss jederzeit klar sein, in welchem Verfahren er sich befindet. Das ist nicht in jedem Fall einfach und klar ersichtlich, weil zwischen beiden Bereichen eine mehr oder minder breite Grauzone verläuft. Einerseits ist die Schwelle zum Anfangsverdacht nicht sehr hoch, so dass bei Vorliegen von nennenswerten tatsächlichen Anhaltspunkten für eine Steuerstraftat ein Strafverfahren eingeleitet werden kann. Diese Anhaltspunkte müssen aber in den meisten Fällen erst einmal ermittelt werden – entweder vom Steuerfahnder selbst oder von strafrechtlich weniger geschulten Prüfern anderer Prüfungsdienste oder von Sachbearbeitern des Innendienstes.

– **In welchem Verfahren befinden wir uns?**

Es besteht eine gewisse Gefahr, dass im Verlauf von fortschreitenden Ermittlungen der Moment verpasst wird, von dem an auf jeden Fall ein Anfangsverdacht zu bejahen und damit ein Steuerstrafverfahren einzuleiten ist. Verpasst der Ermittler diesen Zeitpunkt und ermittelt er aufgrund seiner bisherigen Vermutungen weiter, befindet er sich in der großen Gefahr eines verdeckten Strafverfahrens, denn nach § 397 Abs. 1 AO wird das Strafverfahren durch jede Maßnahme eingeleitet, die erkennbar darauf abzielt, gegen jemanden wegen einer Steuerstraftat strafrechtlich vorzugehen. Wenn seine Ermittlungen schlussendlich auch ihm klar machen, dass ein Strafverfahren einzuleiten ist und auch eingeleitet wird, sind alle Maßnahmen, die nach dem ersten Vorliegen eines Anfangsverdachtes durchgeführt wurden, objektiv nach § 397 Abs. 1 AO zu subsumieren zur Prüfung, ob ein „verdecktes Strafverfahren" vorliegt.

Dieser Irrtum über das Vorliegen eines Anfangsverdachtes wird regelmäßig schwerwiegende Konsequenzen haben, denn niemand kann sich richtig verhalten, wenn ihm nicht klar ist, in welchem Verfahren er agiert. Die Verwaltungsanweisungen sind klar: nach § 10 Abs. 1 Betriebsprüfungs-Ordnung (BpO)[12] ist eine steuerliche Prüfung zu unterbrechen, wenn auch nur die **Möglichkeit** besteht, dass ein Steuerstrafverfahren durchgeführt werden muss. Dieser Zeitpunkt liegt regelmäßig deutlich unterhalb der Schwelle eines Anfangsverdachtes.

---

12 BpO 2000 v. 15.3.2000, BStBl. I 2000, 368, zuletzt geändert vgl. BStBl. I 2011, 710.

Befindet sich ein Prüfer der Finanzbehörde nicht mehr in steuerlich neutralen Ermittlungen, nähert er sich also dem vorstehend angeführten „Möglichkeits-Bereich", muss er regelmäßig in seinen Überlegungen und Ermittlungen innehalten um zu überprüfen, wo er eigentlich steht: Hat er schon einen Anfangsverdacht oder kann er noch steuerlich weiterprüfen? Im Zweifel haben die Prüfer nach dem gleichlautenden Ländererlass vom 31.8.2009 frühzeitig – auch formlos – Kontakt mit der BuStra aufzunehmen. Dies gilt insbesondere dann, wenn aufgrund der bisher getroffenen Prüfungsfeststellungen erhebliche Nachzahlungen zu erwarten sind und der Verdacht einer Steuerstraftat nicht offensichtlich ausgeschlossen ist.[13] In diesem Ländererlass finden die Prüfer auch eine lange Auflistung von Fallgruppen, in denen eine Kontaktaufnahme mit der BuStra angezeigt ist. Zur Vermeidung von Fehlern gilt es in Schulungen immer wieder darauf hinzuweisen.

- **Bekanntgabe der Verfahrenseinleitung und Belehrung**

  Ein grober Fehler wäre die fehlende Bekanntgabe einer Verfahrenseinleitung vor weiteren Ermittlungsmaßnahmen, wie sie als Folge der Unkenntnis über den eigenen verfahrensrechtlichen Standort regelmäßig eintreten wird. Die Bekanntgabe wird regelmäßig mit der Belehrung zu verbinden sein, die im Steuerstrafrecht stets eine doppelte Belehrung ist:

  Strafrechtlich wird der Beschuldigte belehrt werden müssen, dass er nicht zu seiner Belastung beitragen muss.

  Steuerlich muss der Steuerpflichtige darüber belehrt werden, dass seine Mitwirkungspflichten im Besteuerungsverfahren fortbestehen, aber nicht mehr erzwungen werden können. Bei einer Verletzung von Mitwirkungspflichten ist das Finanzamt aber berechtigt zu schätzen.

  Belehrungsfehler können zu Verwertungsverboten führen, wenn es nicht gelingt, die Erkenntnisse in verfahrensrechtlicher korrekter Weise zu erlangen. Gegebenenfalls muss die Belehrung als „**qualifizierte Belehrung**" nachgeholt werden, in der der Beschuldigte auf die Nichtverwertbarkeit seiner bereits getätigten Aussage und die Möglichkeit einer erneuten Aussage nach Belehrung hingewiesen werden muss.

- **Offenlegung des Verfahrens gegenüber den Betroffenen**

  Sie geschieht durch deutliches Auftreten im jeweiligen Verfahren, also durch Verwendung des zutreffenden Briefkopfes, durch ausweisen bei persönlichen Maßnahmen, durch die ausdrückliche Angabe des betreffenden Verfahrens mit Angabe der einschlägigen Rechtsvorschriften und nicht zuletzt auch durch eine zutreffende Belehrung. Unerlässliches Ziel

---

13 Vgl. Nr. 113 Abs. 4 AStBV.

muss es sein, dass beim Betroffenen kein Zweifel darüber besteht, in welchem Verfahrensstand er sich befindet und zu was er verpflichtet ist. Dazu können die Belehrungen beitragen, die zu diesem Zweck auch schriftlich ausgehändigt werden sollten. Je nach Empfängerhorizont werden bloß mündlich erteilte Belehrungen unter Umständen nicht ausreichend verstanden. Allerdings wird man auch hier – wie in anderen Bereichen der Rechtsordnung auch – verlangen können, dass Betroffene ohne ausreichende eigene Kenntnisse und Verständnismöglichkeiten sich selbst um Rechtsrat bemühen müssen.

- **Kein willkürliches Wechseln zwischen beiden Verfahren**

Ein willkürliches Wechseln zwischen beiden Verfahren erschwert diese Verfahrenstransparenz sowohl für den Steuerpflichtigen/Beschuldigten wie auch für den Prüfer, weil er dann wieder in die Gefahr gerät, zu falschen Instrumenten zu greifen. Das grundsätzliche Nebeneinander bei beiden Verfahren hat Grenzen, die aber nicht überschritten sind, wenn es objektiv nachvollziehbare Gründe für den Verfahrenswechsel gibt.

Solche Gründe, die einen willkürlichen Verfahrenswechsel ausschließen würden, liegen beispielsweise vor, wenn steuerliche Ermittlungen in den **steuerstrafrechtlich verjährten Zeiträumen** zu führen wären, also in den Fällen des § 208 Abs. 1 Nr. 2 AO. Hier könnten strafprozessuale Maßnahmen gar nicht mehr zum Einsatz kommen und der Gesetzesauftrag einer zutreffenden Besteuerung ist nur mit steuerlichen Mitteln zu erfüllen.

Dieselbe Konstellation liegt vor, wenn sich die Ermittlungen zwar auf hinterzogene Steuern beziehen, die Steuerhinterziehung aber aus anderen Gründen nicht mehr verfolgt werden kann, weil ein persönlicher **Strafausschlussgrund** oder ein anderes **Strafverfolgungshindernis** vorliegt. Dazu gehören einerseits eine wirksame Selbstanzeige oder der Tod eines Beschuldigten, andererseits aber auch die Fälle der schweren Steuerhinterziehung, bei denen eine Selbstanzeige nicht mehr möglich ist, jedoch durch die Zahlung des Zuschlags nach § 398a AO ein Strafverfolgungshindernis eingetreten ist.

Nicht mehr von einem willkürlichen Hin-und-Her-Springen kann gesprochen werden, wenn ein **Strafverfahren erfolglos** eingestellt wurde, etwa weil sich nachträglich die tatsächlichen Anhaltspunkte für den Anfangsverdacht oder die Beweislage sich als nicht ausreichend tragfähig herausgestellt haben. Wenn in diesen Fällen Teile des steuerlichen Sachverhalts offen geblieben ist, muss ermittelt werden, wozu nach Lage des Falles nur steuerliche Ermittlungsinstrumente verbleiben. Es gehört zur sachlichen Verfahrensherrschaft der Finanzverwaltung, welche Stelle sie mit diesen Ermittlungen betraut. Dies kann grundsätzlich auch die Steuerfahndung sein, die zuvor das erfolglose Steuerstrafverfahren geführt hat, wenn sie unmissverständlich deutlich macht, dass sie nunmehr im Besteuerungsverfahren ermittelt.

Der BFH sah allerdings hier eine sich aus dem Gesamtumständen ergebende Diskriminierungsgefahr, weil beim Rechtsunkundigen der Eindruck entstehen könnte, dass gegen ihn trotz Einstellung des Strafverfahrens weiter strafrechtlich ermittelt wird.[14] Es gilt also zwingend, einen solchen Eindruck zu vermeiden. Aus dem steuerlichen Tätigwerden der Steuerfahndung auf eine Diskriminierung des Steuerpflichtigen zu schließen, verkennt meines Erachtens die Doppelfunktion der Steuerfahndung. Wenn die Steuerfahndung auch steuerlich tätig werden darf und im Rahmen ihres gesetzlichen Auftrages auch tätig werden muss, kann es letztlich keinen Unterschied machen, ob auch andere Stellen der Verwaltung dasselbe tun dürfen. Wieso dieselbe Maßnahme eine unterschiedliche Eingriffstiefe haben soll, wenn sie von unterschiedlichen Stellen der Finanzverwaltung ausgeht, erschließt sich angesichts des gleichen Befugnisrahmens beider Stellen nicht.

Im Recht der **internationalen Rechtshilfe** ist anerkannt, dass die Einleitung eines Strafverfahrens das Vorgehen über ein (steuerliches) Amtshilfeersuchen nicht ausschließt,[15] so dass auch hier ein grundsätzliches Nebeneinander von Besteuerungsverfahren und Strafverfahren anerkannt ist. Dies gilt mindestens dann, wenn die Ermittlungen zwar für ein strafbefangenes Jahr, aber nicht für einen strafbefangenen Sachverhalt zu führen sind.

- **Aufbau von strafrechtlichen Drohkulissen**

... sollen nach Beschwerden von Beraterseite nicht selten vorkommen. Dies ist jedoch kein Problem der Doppelfunktionalität der Steuerfahndung. Im Besteuerungsverfahren damit zu drohen, ein Strafverfahren einzuleiten bzw. den Vorgang an die BuStra zu melden, wenn eine vorgeschlagene steuerliche Behandlung nicht akzeptiert wird, ist ein steuerstrafrechtlicher GAU, hier allerdings abweichend vom allgemeinen Sprachgebrauch als „größter Anzunehmender Unfug" gemeint.

Entweder bestehen hinreichende tatsächliche Anhaltspunkte für eine Steuerstraftat, dann **muss** die Prüfung unterbrochen und der Fall der BuStra vorgetragen werden, wenn nicht der jeweilige Prüfungsdienst selbst das Strafverfahren einleiten will. Die Verweigerung von Erledigungsvorschlägen des Prüfungsdienstes stellt niemals einen tatsächlichen Anhaltspunkt für eine Steuerstraftat vor.

---

14 BFH v. 4.12.2012 – VIII R 5/10, BFH/NV 2013, 431.
15 Tz. 1.3. des BMF-Schreibens v. 16.11.2006 – IV B 1 - S 1320 - 66/06, BStBl. I 2006, 698.

Bestehen keine hineichenden Anhaltspunkte für eine Steuerstraftat, ist eine Fallmeldung an die BuStra ohne weitere Auswirkungen. Es muss dort regelmäßig eine sorgfältige und professionelle Prüfung des strafrechtlichen Gehalts der Vorwürfe stattfinden. Selbst wenn diese im Einzelfall zu falschen Ergebnissen kommen könnte, steht danach eine Überprüfung durch die Staatsanwaltschaft und ggf. das Gericht an, möglicherweise über mehrere Instanzen.

Etwas Vertrauen in das Funktionieren unserer staatlichen Behörden und Instanzen sollte man schon haben. Ich persönlich glaube allerdings, dass hier Einzelfälle aufgebauscht werden und dass es sich nicht um ein verbreitetes Phänomen handelt.

– **Die Risiken von Falschbehandlungen**

... im Spannungsfeld zwischen Steuerrecht und Steuerstrafrecht ist für einen Prüfer oder Prüfungs-Sachgebietsleiter, der hier Fehler macht, nicht als gering einzuschätzen.

Wird zu lange im Besteuerungsverfahren geprüft, obschon ausreichende tatsächliche Anhaltspunkte für den Anfangsverdacht eines Steuerstrafverfahrens vorliegen, riskiert der Prüfer bzw. sein Sachgebietsleiter den Eintritt eines strafrechtlichen Verwertungsverbotes.

Verfolgt er hinreichende tatsächliche Anhaltspunkte für einen Anfangsverdacht nicht, kann der Amtsträger eine **Strafvereitelung im Amt** begehen, § 258a StGB. Während er sich dabei häufig auf einen fehlenden Vorsatz zurückziehen kann, ist ihm dieser Ausweg bei einem Aufbau einer oben erwähnten Drohkulisse verwert. Zumindest wird er Schwierigkeiten haben zu erklären, wieso er gegenüber dem Steuerpflichtigen eine Steuerhinterziehung für möglich gehalten hat ohne die nach den Verwaltungsanweisungen[16] vorgeschriebenen Konsequenzen zu ziehen. Außerdem hätte er Anlass gehabt, den Steuerpflichtigen zu belehren, § 393 Abs. 1 S. 4 AO.

Unabhängig von den möglichen strafrechtlichen Konsequenzen besteht auch ein disziplinarrechtliches Risiko. Es sind Fälle bekannt geworden, in denen rechtswidrige Absprachen über strafrechtlich relevante Sachverhalte zwischen Prüfungsbediensteten und Steuerpflichtigen zu Disziplinarverfahren gegen den Amtsträger geführt haben. Solche Vorgänge werden nicht an die große Glocke gehängt, weswegen sie wenig bekannt sind. Werden derartige Sachverhalte offenbar, kann der Sach- und Fachvorgesetzte gar nicht anders handeln, will er ein eigenes Risiko vermeiden. Und die Verwaltung hat jeden Grund, solchen rechtswidrigen und unwürdigen Vorgehensweisen Einhalt zu gebieten.

---

16 Vgl. § 10 BpO und die dazu ergangenen Verwaltungsanweisungen, Tz. 12.

Selbst wenn die handelnden Personen darauf vertrauen, dass ihr Fehlverhalten für sie keine Konsequenzen haben wird, weil es auch in der Vergangenheit keine solchen gehabt hat – vertrauen dürfen sie darauf nicht. Es ist davon auszugehen, dass es Teil der gegenwärtigen Entwicklung ist, bei steuerstrafrechtlichen und strafrechtlich relevanten Sachverhalten genauer hinzuschauen.

V. Risikokontrolle durch Steueraufsicht nach § 208 Abs. 1 Nr. 3 AO

Ein verhältnismäßig neues Betätigungsfeld der Steuerfahndung findet sich der Aufgabe der systematischen Steueraufsicht, bei der in den meisten Bundesländern Personen aus verschiedenen Prüfungsdiensten der Finanzverwaltung meist in einer Steuerfahndungsstelle mit Steuerfahndern zusammenarbeiten. Die Übernahme der Aufgabe einer systematischen Risikokontrolle durch die Steuerfahndung soll als weiterer Beleg für die Doppelfunktion der Steuerfahndung dienen.

Die Arbeit der Steueraufsichtsstellen, deren Bezeichnung in den Bundesländern nicht einheitlich ist (Task Force, Sondereinheit Steueraufsicht (SES), Servicestelle Steueraufsicht (Servista) u.Ä.) ist Teil des steuerlichen Risiko – Managements der Finanzverwaltungen der Länder und hat eine starke Präventionsaufgabe. Es handelt sich dabei definitiv um eine steuerliche Aufgabe, selbst wenn ein geringer Teil der Kontrollverfahren letztendlich nach weiteren Ermittlungen zu strafrechtlich relevanten Vorgängen führen kann.

Rechtlich ziehen die Steueraufsichtsstellen ihre Befugnisse aus § 208 Abs. 1 Nr. 3 AO. Zwar gehörte die Aufdeckung und Ermittlung unbekannter Steuerfälle schon immer zur Aufgabenbereich der Steuerfahndung, die diese Aufgabe auch stets anlassbezogen und punktuell erfüllt hat. Neu ist die systematische Suche nach riskanten Tätigkeitsfeldern, die gleichwohl ihre Präzedenzfälle (s.u. hinreichender Anlass) braucht.

– **Organisation**

Organisatorisch handelt es sich um vergleichsweise kleine Einheiten, die je nach Bundesland zwischen 3 und 20 Personen umfassen, die überwiegend aus dem Prüfungsbereich kommen und eine entsprechende Ausbildung und Sozialisation haben. Die Stellen sind ungeachtet ihrer organisatorischen Ansiedlung (bei einer Mittelbehörde oder einem Finanzamt) stets der Steuerfahndung zugeordnet. Die dort tätigen Personen haben die Befugnisse der Steuerfahndung.

– **Aufgabe**

Inhaltlich befassen sich die Steueraufsichtsstellen mit der Erkennung steuerlicher Risiken, überwiegend von neuen Risiken aus allen Bereichen der Besteuerung. Natürlich spielen die vielfältigen Erscheinungsformen des E-Commerce hier eine große Rolle, aber nicht nur. Wegen der hohen Bedeutung der Bekämpfung des Umsatzsteuerbetrugs nehmen sich einzelne Steueraufsichtsstellen diesem Bereich in eigenen Untergliederungen besonders an.

Der Arbeit der Steueraufsichtsstellen liegt die Erkenntnis zugrunde, dass die Finanzverwaltung im Regelfall zur Durchführung einer gerechten und gesetzestreuen Besteuerung (§ 85 AO) nur **reagiert, aber selten agiert**. Sie reagiert auf Erklärungen, Anmeldungen, Anzeigen oder Kontrollmitteilungen, aber selten autonom aus sich heraus. Eine Vielzahl der erhaltenen Informationen sind entweder bereits alt (s. Steuererklärungsfristen) oder beruhen auf nicht ohne weiteres überprüfbaren Angaben des Steuerpflichtigen (z.B. Fragebogen zur Gewerbeanmeldung, wo die Antworten die weitere Fallbehandlung der Finanzbehörde quasi „fernsteuern"). Das mag im „Normalfall" unproblematisch sein, im „Risikofall" aber nicht. Hierfür bedarf es eines Korrektivs, wozu die Steueraufsichtsstellen einen Teil beitragen.

Wichtig ist dabei die zeitliche Komponente. Im Regelfall kann es viele Jahre dauern, bis ein neues steuerliches Risiko anlässlich einer regulären Prüfung oder im normalen Veranlagungsverfahren entdeckt wird. Selbst dann ist nicht sichergestellt, dass aus diesem Einzelfall ein u.U. vorliegendes systematisches Risikofeld erkennbar wird. Oftmals sind Informationen aus flächenmäßig größeren Organisationseinheiten notwendig, um ein mehrfach auftretendes Phänomen oder Risikofeld richtig würdigen zu können. Steueraufsichtsstellen müssen zwingend überregional organisiert sein[17] und versuchen im engen Kontakt mit den Prüfungsdiensten und den Innendiensten der Finanzverwaltung solche Risikofelder früher zu erkennen, indem sie gezielt Hinweisen nachgehen und gezielt Hinweise geben, auf was die anderen Stellen der Finanzverwaltung achten sollen.

– **Arbeitsweise**

Potentielle Prüffelder kommen aus den Prüfungsdiensten und den Veranlagungsstellen der Finanzämter, aus Ermittlungen im Internet oder aufgrund von Hinweisen anderer Steueraufsichtsstellen. Die Beobachtung von Wirtschaftsentwicklungen, bei der das weite Feld des E-Commerce an erster Stelle steht, ist eine weitere wichtige Quelle von Prüffel-

---

17 Aber derzeit noch begrenzt auf die Länderebene.

dern. Da steuerliche Risiken selten auf ein Bundesland beschränkt bleiben, ist die bundesweite Zusammenarbeit sehr wichtig.

Nachdem ein potentielles Risikofeld identifiziert ist, kommt als wichtigstes Arbeitsinstrument der Steueraufsicht ein Sammelauskunftsersuchen nach § 208 Abs. 1 Nr. 3, 93 Abs. 1 AO in Betracht. Das Sammelauskunftsersuchen wird in der Regel an dritte Personen oder Institutionen gerichtet (Auskunftspflichtige), die in irgendeiner Beziehung zu den Personen stehen, bei denen das Risiko vermutet wird. Da es für die Aufgabe der Steueraufsichtsstellen nicht zielführend ist, Einzelfallrisiken aufzufinden, werden die Auskunftsersuchen regelmäßig als **Sammelauskunftsersuchen** für eine Vielzahl von Personen desselben Risikobereichs gestellt.

Beispiel:
Der Lebensmittelgroßhändler führt für seine Kunden Kundennummern und Ausweise. Daneben kaufen manche (viele) Kunden mit einem sog. Tagesausweis ein, dessen Umsätze auf ihrem Kundenkonto nicht erfasst werden. Es besteht so das Risiko, dass Gastwirte als Kunden des Großhandels einen Teil ihrer Einnahmen verbergen können, ohne dass das bei einer Verprobung auffällt. Durch ein Auskunftsersuchen wird der Großhändler verpflichtet, der Steueraufsichtsstelle diejenigen Kunden samt Umsätzen mitzuteilen, die per Tagesausweis eingekauft haben, obwohl sie einen Kundenausweis haben. Wegen der Vorschrift des § 144 AO muss der Großhändler dies in seinen Unterlagen festgehalten haben, um einem möglichen Bußgeld zu entgehen (§ 379 Abs. 2 Nr. 1a AO).

Voraussetzung eines Sammelauskunftsersuchens ist stets, dass ein steuerliches Risiko vorhanden ist, das zu einem **hinreichenden Anlass** für die Ermittlungen führt. Der hinreichende Anlass ist notwendige Voraussetzung für ein Sammelauskunftsersuchen.[18] Ein solcher kann sich aus mehreren Einzelfällen ergeben, in denen sich das Risiko bereits verwirklicht hat.[19] Das Tätigwerden kann auch durch die Besonderheiten des Objektes, die Höhe des Wertes oder aufgrund konkreter Erfahrung für bestimmte Gebiete erforderlich sein.[20] Ermittlungen „ins Blaue hinein", also ohne konkrete Anhaltspunkte für ein steuerliches Risiko, sowie Rasterfahndungen sind nicht zulässig.[21] Nach dem Urteil des BVerfG vom 4.4.2006 ist eine präventive polizeiliche Rasterfahndung mit dem Grundrecht auf informationelle Selbstbestimmung nur vereinbar, wenn eine konkrete Gefahr für

---

18 BFH v. 29.10.1986 – VII R 82/85, BStBl. II 1988, 359 im Chiffre-Anzeigen Urteil: In zwei Chiffre Anzeigen wurden hochwertige Grundstücke im Ausland angeboten. Das Finanzamt wollte von der Zeitung wissen, wer die Anzeigen aufgegeben hatte. Klage und Revision waren erfolglos.
19 BFH v. 5.10.2006 – VII R 63/05, BStBl. II 2007, 155 im Hormonspiralen-Urteil: In der Betriebsprüfung waren sechs Frauenärzte aufgefallen, die das Einsetzen der Spirale bei Ihren Kundinnen nicht versteuert hatten. Das Finanzamt wollte vom Hersteller der Spiralen wissen, über welche Apotheken (nur die 50 Apotheken mit dem größten Umsatz) diese verkauft wurden.
20 BFH v. 29.10.1986, a.a.O.
21 Vgl. BFH v. 21.3.2002 – VII B 152/01, BStBl. II 2002, 495 m.w.N.

hochrangige Rechtsgüter besteht. Im Vorfeld der Gefahrenabwehr scheidet eine solche Rasterfahndung aus.[22] Da die Steueraufsichtsstellen hier nicht im Strafverfahren handeln, ist allerdings auch die Vorschrift zur Regelung der Rasterfahndung in § 98a StPO nicht anwendbar.

Darüber hinaus ist für die Maßnahme zu beachten, dass die Steueraufsicht nach allgemeiner Meinung die Auskunft nur verlangen kann, wenn sie zur Sachverhaltsaufklärung **geeignet und erforderlich, verhältnismäßig** und **zumutbar** ist. Sie ist nicht erforderlich, wenn der Verwaltung ein anderes (nicht übermäßig aufwendiges) Mittel zur Verfügung steht, um an die Informationen zu gelangen. Die Zweck – Mittel – Relation muss gewahrt sein; das bedeutet, dass nicht unterschiedslos alle möglichen Informationen abgefragt werden, sondern nur die mit einer gewissen erheblichen Bedeutung. Das Auskunftsverlangen muss selbstverständlich vom Auskunftsverpflichteten mit vertretbarem Aufwand erfüllbar sein und darf ihn nicht mehr als unbedingt notwendig belasten. Einschränkungen in seinen Kundenbeziehungen sind dabei allerdings regelmäßig hinzunehmen, wenn das Interesse der Behörde an der Auskunft höher zu bewerten. Darin drückt sich der allgemeine Grundsatz aus, dass es für ein rechtmäßiges Auskunftsersuchen stets einer Abwägung der Interessen der Allgemeinheit an einer möglichst lückenlosen Verhinderung von Steuerverkürzungen einerseits und andererseits den Interessen des jeweils Betroffenen, von staatlichen Eingriffen verschont zu werden, bedarf. Das Interesse der Allgemeinheit hat einen hohen Stellenwert. Die Interessen des Betroffenen wiegen aber umso schwerer, je stärker sich der Eingriff in seine grundrechtlich geschützte Position auswirkt.[23]

Dabei bereitet die internationale Verflechtung der Unternehmen den national aufgestellten Finanzbehörden zunehmende Schwierigkeiten. Allerdings hat der 9. Senat des BFH die Position der Finanzverwaltung jüngst erheblich gestärkt. Nach der BFH – Entscheidung vom 16.4.2013 steht es der Erfüllbarkeit des Auskunftsersuchens an einen Internetanbieter nicht entgegen, wenn die Daten auf einem ausländischen Server eines verbundenen Unternehmens gehalten werden und sich beide Unternehmen privatrechtlich zur Geheimhaltung verpflichtet haben.[24]

Die Notwendigkeit der Belastung einer dritten Person durch ein Sammelauskunftsersuchen wird mittlerweile oft dadurch zweifelhaft, dass die angeforderten Informationen auch auf andere Weise erreichbar sind, etwa im Internet. Allerdings ist es nicht praktikabel, in möglicherweise vielen tausend Fällen Einzelabfragen durchzuführen. Informationstech-

---

22 BVerfG v. 4.4.2006 – 1 BvR 518/02.
23 BFH v. 29.10.1968, a.a.O.
24 BFH v. 16.4.2013 – IX R 22/11, BFH/NV 2013, 1287, sog. Amazon-Urteil.

nisch kann das Problem aber durch die Programmierung eines sog. „Web-Crawlers" gelöst werden: das ist ein Programm, das automatisiert auf einer oder mehreren voreingestellten Webseiten bestimmte Abfragen durchführt, sammelt und so speichert, dass eine spätere Auswertung möglich ist.

Beispiel:
Ein steuerliches Risiko könnte vorliegen, wenn jemand in einem der Autoverkaufsportale mehr als dreißig Fahrzeuge zum Verkauf anbietet, steuerlich aber als Arbeitnehmer geführt ist, was aus seiner Steuernummer leicht erkennbar ist. Da dem Betreiber des Portals die Steuernummer seiner Kunden regelmäßig nicht bekannt ist, müsste er zur Auskunft über alle Kunden verpflichtet werden, die die o.g. Merkmale aufweisen. Das wäre schnell unverhältnismäßig. Die Informationen müssen daher durch einen Web-Crawler erhoben und anschließend mit den Datenspeichern der Finanzverwaltung abgeglichen werden, um den gesuchten Personenkreis herauszufiltern.

Das Ergebnis der Arbeit der Steueraufsichtsstellen ist regelmäßig die **Fertigung von Kontrollmitteilungen** für die Innendienste und Prüfungsdienste der Finanzverwaltung zu solchen Bereichen, bei denen sich in einer hinlänglich großen Fallzahl bereits ein steuerliches Risiko manifestiert hat. Diese Kontrollmitteilungen dienen der Risikokontrolle weiterer Fälle mit denselben Merkmalen wie denjenigen, bei denen sich in der Vergangenheit das steuerliche Risiko bereits verwirklicht hat.

Es ist festzustellen, dass bereits das bloße Aufgreifen eines Prüffeldes durch eine Steueraufsichtsstelle eine erhebliche präventive Wirkung erzeugt, die mit der nachfolgenden Auswertung der Kontrollmitteilungen durch die steuerlichen Prüfungsdienste oder den Veranlagungsinnendienst noch verstärkt wird. Aus dem Informationsrückfluss der die Kontrollmitteilungen auswertenden Stellen ergeben sich Anhaltspunkte für weitere Entwicklungen und Risikofelder.

– **Ausgewählte Prüffelder der Vergangenheit**

Insgesamt haben die Steueraufsichtsstellen der Bundesländer in den vergangenen Jahren mehrere hundert Prüffelder aufgegriffen. Da es sich um Maßnahmen der Risikokontrolle handelt, konnten nicht alle Prüffelder erfolgreich sein. Erfreulicherweise steht nicht jedem riskanten Vorgang auch ein tatsächlicher Steuerausfall gegenüber. Aber auch die Erkenntnis, dass sich ein mögliches Risiko nicht verwirklicht hat, ist eine wertvolle Erkenntnis, zeigt sie doch, dass unser Besteuerungssystem funktioniert.

Wichtige Prüffelder der Vergangenheit waren (Auswahl):

Berufsbetreuer erhalten vom Staat für ihre Betreuungstätigkeit eine Vergütung, ausgezahlt von den AG. Deren Versteuerung wies bei einer bestimmten Anzahl von Berufsbetreuern Lücken auf.

Internet Anbieter Afiliates organisieren die Werbe-Links im Internet und zahlen an den jeweiligen Anbieter des Links einen Mini-Betrag pro Klick. Je nach Attraktivität der Angebote summieren sich diese Minibeträge auf vier- bis fünfstellige Summen monatlich. Die papierlosen Abläufe im Netz und bestimmte Organisationsstrukturen der Afiliates erschweren die Kontrolle der Versteuerung dieser Einnahmen und stellen ein hohes Risiko dar, dem nachgegangen werden muss.

Private Autoverkäufer im Internet, die eine Vielzahl von Fahrzeugen vermutlich gewerblich verkaufen, aber steuerlich nicht als Gewerbetreibende erfasst sind.

Inhaber von Aufführungsrechten erhalten von der **GEMA** Gebühren für die Aufführung ihrer Stücke. Verschiedene Abläufe und Organisationsstrukturen schaffen ein erhöhtes steuerliches Risiko, dem nachzugehen war.

Freelancer Problematik: Viele Firmen beschäftigen projektbezogen freies Personal, das gut bezahlt wird. Besondere Abrechnungsstrukturen erlauben es einem Teil dieses Personenkreises, nicht alle Honorare zu versteuern. Ermittlungen bei den Einsatzstellen sollen diesen Personenkreis herausfinden. Hohe Präventionswirkung.

Die Steueraufsicht ist als Teil des Risikomanagements der Finanzverwaltung eine zwingend notwendige, zukunftsorientierte Aufgabe der Verwaltung und dort der Steuerfahndungsstellen, die einmal mehr nicht strafrechtlich, sondern steuerlich tätig werden. Bei ständig abnehmendem Personal hat die Finanzverwaltung keine andere Wahl als ihr Risikomanagement zu forcieren, weil eine flächendeckende Kontrolle wie bisher immer weniger möglich wird. Es gibt in der derzeitigen Struktur der Finanzverwaltung auch keine Alternative zur Ansiedlung dieser Aufgabe in der Steuerfahndung, weil sich zu Beginn eines Prüffeldes (und vor der Identifikation der betroffenen Personen) und vor Versand der Kontrollmitteilungen keine andere zuständige Stelle der Finanzverwaltung finden lässt.

VI. Zusammenfassung

Es besteht ein gewisses Dilemma zwischen dem fiskalischen Interessen des Staates und dem staatlichen Interesse an einer funktionierenden Strafrechtspflege.

Fiskalisch würde es zu unvertretbaren Ergebnissen führen, steuerstrafrechtlich belangte Personen aus ihrer Mitwirkungspflicht zu entlassen, weil sich dann dieser Personenkreis steuerlich besser stellen würde als die strafrechtlich nicht belangten Steuerpflichtigen. Diese Besserstellung wäre unabhängig davon, ob dieser Personenkreis tatsächlich Steuern hinterzogen hat. Die

Schlechterstellung der „Steuerehrlichen" wäre auch unabhängig davon, ob die Steuerhinterziehungen dieser Personen bloß noch nicht entdeckt sind.

Strafrechtlich ist das hohe Schutzgut des Selbstbelastungsverbotes zu beachten. Niemand muss sich wegen einer von ihm begangenen Straftat selbst belasten. Für außersteuerliche Straftaten bestimmt dies ausdrücklich § 393 Abs. 2 S. 1 AO: die Staatsanwaltschaft oder das Gericht dürfen keine Erkenntnisse aus Steuerakten verwerten, die der Steuerpflichtige vor Einleitung eines Strafverfahrens oder in Unkenntnis der Einleitung offenbart hat. Für Steuerstrafverfahren gilt diese Einschränkung nicht. Das Dilemma wäre zu lösen durch ein vergleichbares Verwertungsverbot auch im Steuerstrafverfahren, was aber de facto in den meisten Fällen einer Abschaffung der Strafbarkeit von Steuerhinterziehungen gleich käme.

Für dieses Dilemma gibt es keine einfache Lösung. Dafür die nach ihren Verfahrensordnungen in beiden Bereichen tätige Steuerfahndung verantwortlich zu machen, wäre jedenfalls genauso verfehlt wie der Versuch, die ihr zur Erfüllung ihrer gesetzlichen Aufgaben gegebenen Befugnisse ohne Gesetzesänderung zu beschneiden.

Bürger zwischen Steuerrecht und Strafverfolgung

Prof. Dr. *Franz Salditt*, Neuwied
FernUniversität Hagen

Inhaltsübersicht

I. Die neue Verbindung zwischen Steuer- und Polizeibehörden
II. Das Nemo-Tenetur-Prinzip bei der Besteuerung krimineller Geschäfte
   1. Die rechtsgeschichtliche Entwicklung an der Schnittstelle von Steuerrecht und Strafrecht
   2. Die Lösungen, mit denen das Nemo-Tenetur-Prinzip an der Schnittstelle von Steuerrecht und Strafrecht außer Kraft gesetzt wird
      a) Symmetrie? Die Auslegung des § 393 Abs. 2 AO
      b) „Freiwilligkeit" als Verzicht auf den Nemo-Tenetur-Schutz?
      c) Selbstbelastung durch Erfüllung gesetzlich vorgeschriebener Aufzeichnungs- und Vorlagepflichten?
      d) Herabstufung von Offenbarungen „in Erfüllung steuerrechtlicher Pflichten" ohne angedrohtes oder veranlasstes Zwangsmittel?
      e) Ein Umweg: Offenbarung ohne konkrete Selbstbelastung?
III. Selbstbelastung durch indirekte Offenbarung begangener Steuerstraftaten
   1. Das Dilemma und dessen richterrechtliche Lösung
   2. Die sich aus der Verschärfung des Rechts der Selbstanzeige ergebenden Folgen
IV. Die Alternative

I. Die neue Verbindung zwischen Steuer- und Polizeibehörden

Ist zu erwarten, dass die Finanzämter Verrichtungsgehilfen der Polizei werden sollen? Die Schnittstelle von Steuerrecht und Strafrecht verändert sich. Die umfassende Mitwirkung und Transparenz, die der Steuerpflichtige den Finanzbehörden schuldet, erreicht einen exemplarischen Höhepunkt in der sog. digitalen Außenprüfung (§ 147 Abs. 6 AO). Hier muss der Steuerpflichtige, wenn dies verlangt wird, einen maschinell verwertbaren Datenträger zur Verfügung stellen. Dann kann Prüfungssoftware eingesetzt und das betroffene Unternehmen „vollumfänglich durchleuchtet" werden.[1] Dies dient, wie

---

[1] Dazu *Drüen* in Tipke/Kruse, AO 2013, Rz. 69 und 80 zu § 147 AO. Besonderer Druck geht in diesem Zusammenhang von dem Verzögerungsgeld nach § 146 Abs. 2b AO aus, dessen Einsatz bei gleichzeitiger Anhängigkeit eines Steuerstrafverfahrens fragwürdig ist. Zu erwähnen ist auch § 150 Abs. 4 und 5 AO, der konkrete Anforderungen an Form und Inhalt der Steuererklärung enthält. Beizufügen sind nach § 60 Abs. 1 EStDV bei Gewerbetreibenden die Bilanz und die GuV-Rechnung, was heute elektronisch zu geschehen hat (§ 5b EStG). Dabei handelt es sich um „Teile der Steuererklärung" (*Seer* in Tipke/Kruse, AO 2012, Rz. 23 zu § 150 AO). „Durchleuchtung" als Teil eines Risi-

alle steuerliche Mitwirkungspflichten, letztlich der fiskalischen Gleichbehandlung der Bürger, weil deren Deklaration durch Verifikation „abgestützt" wird.² Aber dient es auch der polizeilichen Ermittlung und der Verfolgung von Straftaten?

Der moderne Gesetzgeber hat diese Frage mit § 31b AO beantwortet. Unter dem Vorzeichen der Bekämpfung von Geldwäsche werden auf dieser normativ laufend erweiterten Grundlage die Finanz- und Polizeibehörden miteinander verbunden. Als Folge sollen die Kriminalämter „ihre eigenen Erkenntnisse um die Erkenntnisse erweitern" können, „die die Finanzbehörden in anderem Zusammenhang vor Ort generiert haben."³ Wie zu lesen ist, ermöglicht dies „eine ressourcensparende Aufsichtstätigkeit in einem föderal organisierten Aufsichtssystem." Die zur Kooperation angehaltenen Finanzbeamten sollen „zweifelhafte Transaktionen oder Geschäftsbeziehungen" aufgreifen und den Sachverhalt „nach allgemeinen Erfahrungen und beruflichem Erfahrungswissen unter dem Blickwinkel seiner Ungewöhnlichkeit und Auffälligkeit im jeweiligen geschäftlichen Kontext ... würdigen." Das verändert die Perspektive.

---

komanagements der Finanzverwaltung wird im Zuge der Veranlagungsarbeiten durch das sog. „Prinzip Flankenschutz" gefördert, das in einer laufenden Kooperation mit der Steuerfahndung im Vorfeld besteht (dazu *C. Haumann*, Die „gewichtende Arbeitsweise" der Finanzverwaltung, Berlin 2008, S. 138 ff.; BFH v. 4.12.2012 – VIII R 5/10 BStBl. II 2008, 850).

2 BVerfG v. 27.6.1991 – 2 BvR 1493/89, NJW 1991, 2129; BVerfG im Fall Klaus Tipke BVerfGv. 9.3.2004 – 2 BvL 17/02, NJW 2004, 1022.

3 So in der Begründung des Entwurfs eines (Omnibus)-Gesetzes zur Anpassung der Abgabenordnung an den Zollkodex der Union und zur Änderung weiterer steuerlicher Vorschriften mit Stand 26.8.2014, aus dem im Text weiter zitiert wird. § 31b AO ist mit dem FinanzmarktförderungsG v. 21.6.2002 (BGBl. I, 2010) eingeführt worden. Mit dem Ges. zur Ergänzung der Bekämpfung der Geldwäsche und der Terrorismusfinanzierung v. 13.8.2008 (BGBl. I, 1690 [1706]) sowie dem Ges. zur Optimierung der Geldwäscheprävention v. 22.12.2011 (BGBl. I, 2959 [2969]) wurde die Vorschrift erweitert. Heute bedarf es hinsichtlich der Vortaten nach § 261 StGB nicht einmal mehr eines Anfangsverdachts: *Drüen*, a.a.O., Fn. 1 Rz. 3 zu § 31b AO. Die Geschichte des § 31b AO beruht auf EU-Vorgaben, die eine ausgedehnte Überwachung ungewöhnlicher oder verdächtiger Transaktionen zum Ziel haben (so etwa der Kommissionsvorschlag v. 5.2.2013 für eine neue Geldwäscherichtlinie, BR-Drucks. 89/13). *Schirrmacher* (FAZ v. 10.7.2013) hat digitalisierte Überwachungen als „algorithmisch aufgerüstete Informationsökonomie" bezeichnet, in welcher „der totale Verdacht" zur Norm geworden sei. Zur Nutzung von Algorithmen durch staatliche Stellen: *Y. Hofsteller* in FAZ 18.7.2013. – Eine vergleichbare, aber eingeschränkte, Sonderregelung, die dem Schutz der Sozialversicherung dient, enthält § 31a AO. Dazu *St. Rütters*, Behördliche Mitteilungen nach § 31a AO und Freiheit von Zwang zur Selbstbelastung, wistra 2004, 378 ff.: *Rütters* sieht das Spannungsverhältnis zur Selbstbelastungsfreiheit „nicht in entscheidender Weise verschärft." Der BFH v. 4.10.2007 – VII B 110/07, BStBl. II 2008, 42 = wistra 2008, 30 hält die Vorschrift für mit dem Grundgesetz vereinbar (dazu *Rütters*, wistra, 378 [380]).

Die Reichweite dieses innovativen Verbundes, der eine strafrechtlich anlasslose Überwachung ermöglicht, ist keineswegs auf das Delikt der Geldwäsche beschränkt. Mit dem Katalog der Vortaten des § 261 StGB erstreckt sie sich auf Wahrnehmungen von Korruption bis hin zu bestimmten Erscheinungsformen von Betrug und Untreue. Ein Informationstransfer folgt auch aus Sonderregeln wie § 4 Abs. 5 Nr. 10 S. 3 EStG; diese Vorschrift begründet Anzeigepflichten der Finanzbehörde bei dem Verdacht der rechtswidrigen Zuwendung von Vorteilen.[4] Ein solcher Verdacht kann sich insbesondere ergeben, wenn der ehrliche Steuerpflichtige bei einschlägigen Aufwendungen zwar auf den Betriebsausgabenabzug verzichtet, dem Betriebsprüfer aber den Beleg zugänglich macht, aus dem die Person des Begünstigten ersichtlich ist. Da in diesen Fällen das Steuergeheimnis nach § 30 Abs. 4 Nr. 2 AO durch Gesetz ausdrücklich aufgehoben worden ist, wird angenommen, die derart übermittelten Informationen könnten ohne weiteres zur Strafverfolgung verwendet werden.

Der Bürger ist dem Staat gegenüber aber nur steuerlich zur umfassenden Auskunft, Mitwirkung und Transparenz verpflichtet.[5] Strafrechtlich wird er vor dem Staat durch die Mauer seines Schweige- und Verweigerungsrechts („nemo tenetur se ipsum prodere/accusare") geschützt.[6] Die beiden Prinzipien stoßen nicht erst dann hart aufeinander, wenn ein Strafverfahren bereits eingeleitet ist. Reibung schlägt Funken schon vorher – zum Beispiel, wenn der Steuerpflichtige, weil er das nach § 40 AO muss, dem Finanzamt profitable Straftaten offenbart, die der Einkommensteuer unterliegen. Mit der Schnittstelle von Steuer- und Strafverfahren befasst sich eine umfangrei-

---

4 Dazu *K. Randt*, Abgabenbehördliche Prüfungen als Speerspitze der Korruptionsbekämpfung in Deutschland?, in *Dannecker/Leitner*, Handbuch Korruption, Finanzstrafrecht 2011, Wien 2012, S. 131 ff.; *Bernsmann/Gatzweiler*, Verteidigung bei Korruptionsfällen, Heidelberg 2008, S. 189 ff. (Rz. 861 ff.); *Heerspink* in Flore/Tsambikakis, Steuerstrafrecht 2013, Rz. 191 ff. zu § 4 EStG; aus der Rspr. BFH v. 14.7.2008 – VII B 92/08, BStBl. II 2008, 850; dazu *K. Randt*, wistra, S. 129 f., 136 f. Zu dem aktuellen Streitstand (selbständige Anzeigepflicht?, abhängig von der Behandlung als Aufwand durch den Stpfl.?, mit möglichem Verwendungsverbot als Folge?, für alle Korruptionsdelikte?) s. *N. Madauß*, Reichweite der Mitwirkungspflicht nach § 4 Abs. 5 S. 1 Nr. 10 S. 3 EStG und Korruptionsbekämpfung, NZWiStG 2013, 176 ff. m. Nachweisen. Im Landtag BW hat die Landesregierung (Drucks. 15/2008) sich in der Antwort auf eine Anfrage mit dem Beurteilungsspielraum zur Mitteilungspflicht, mit Nr. 130 Abs. 3 AStGV (Anhaltspunkte unterhalb des Anfangsverdachts nach § 152 StPO) und mit § 10 Abs. 1 S. 2 BpO auseinandergesetzt.
5 §§ 90, 93, 200 AO. Die Erfüllung kann mit Zwangsmitteln (§§ 328 ff. AO) durchgesetzt werden.
6 *M. Nothelfer*, Die Freiheit von Selbstbezichtigungszwang, Heidelberg 1989; *M. Böse*, Die verfassungsrechtlichen Grundlagen des Satzes „Nemo tenetur se ipsum accusare", GA 202, 98 ff. Im Folgenden wird der abgekürzte Begriff „Nemo-Tenetur-Recht" oder „Nemo-Tenetur-Prinzip" verwendet.

che und anhaltende Auseinandersetzung auf hohem Niveau.[7] Die darin geübte Kritik hat die Praxis der Behörden und Gerichte aber kaum beeinflusst. Diese nimmt, wie zu zeigen sein wird, in immer stärkerem Maße Rücksicht auf polizeiliche und strafrechtliche Interessen.

Dafür ist nicht nur der Gesetzgeber verantwortlich. Die Gerichte ziehen keine klaren Grenzen. Sie lassen offen, ob es bei dem Schutz vor auferlegter Selbstbelastung in erster Linie um die (an sich unantastbare) Menschenwürde, um den Rechtsstaat, um das Persönlichkeitsrecht oder doch um alle drei Prinzipien zugleich geht. Indem die Unantastbarkeit der Menschenwürde auf einen harten Kern reduziert wird, öffnet sich auch diese Bastion (wie bereits das Rechtsstaatsprinzip und das Persönlichkeitsrecht) der Abwägung.[8] Damit werden die Unterschiede zwischen den drei Wurzeln der Selbstbelastungsfreiheit eingeebnet und hängt die Wirkungskraft des Nemo-Tenetur-Rechts nur noch von einer wertenden Gesamtschau ab.[9]

Die sich in diesem Grenzgebiet ergebenden Konflikte und Spannungen sind allenfalls für Experten verständlich. Der betroffene Bürger steht der Ge-

---

7 W. *Reiß*, Besteuerungsverfahren und Strafverfahren, Köln 1987; S. *Rüster*, Der Steuerpflichtige im Grenzbereich zwischen Besteuerungsverfahren und Strafverfahren, Göttingen 1989; V. *Berthold*, Der Zwang zur Selbstbezichtigung aus § 370 Abs. 1 AO und der Grundsatz des nemo tenetur, Frankfurt/M. 1993; M. *Bruder*, Beweisverbote im Steuerrecht und Steuerstrafrecht, Frankfurt/M. 2000; M. *Aselmann*, Die Selbstbelastungs- und Verteidigungsfreiheit, Frankfurt/M. 2004; O. *Sahan*, Keine Steuererklärungspflicht bei Gefahr strafrechtlicher Selbstbelastung, Köln 2006; S. A. *Winkler*, Aushöhlung der Individualrechte für fiskalische Zwecke, Frankfurt/M. 2007; L. *Eidam*, Die strafprozessuale Selbstbelastungsfreiheit am Beginn des 21. Jahrhunderts, Frankfurt/M. 2007. Grundlegend auch W. *Joecks*, Der nemo-tenetur-Grundsatz und das Steuerstrafrecht, in H. J. Hirsch u.a. (Hrsg.), FS G. Kohlmann, Köln 2003, S. 451 ff.; K. *Rogall*, Das Verwendungsverbot des § 393 II AO, in H. J. Hirsch, wie vor, S. 465 ff.; M. *Böse*, Die Strafbarkeit wegen Steuerhinterziehung und der Nemo-tenetur-Grundsatz, wistra 2003, 47 ff.; M. *Böse*, Wirtschaftsaufsicht und Strafverfolgung, 2005.
8 Allgemein zur Auslegung von Art. 1 Abs. 1 GG *Herdegen* in Maunz/Dürig, GG 2009 Rz. 44, 47, 49 zu Art. 1 Abs. 1 GG.
9 Der Begriff der Gesamtschau findet sich bei *Herdegen*, wie vor, unter Rz. 49. Die 1. Kammer des Zweiten Senats des BVerfG hat im Beschl. v. 9.5.2004 die Befugnis des Gesetzgebers ausdrücklich bejaht, im Zusammenhang mit staatlichem Zwang zur Selbstbezichtigung „die Belange der verschiedenen Beteiligten gegeneinander abzuwägen", weil das Verfassungsrecht hier „keinen lückenlosen Schutz" vorschreibe (BVerfG wistra 2004, 383). Das BVerfG hat sich einer Richtervorlage des LG Göttingen zu § 393 Abs. 2 S. 2 AO (LG Göttingen, wistra 2007, 231) durch Beschl. v. 27.4.2010 verweigert (wistra 2010, 341). Zur Begründung wird auf den Beschl. des Vorprüfungsausschusses des Zweiten Senats BVerfG v. 21.4.1988 – 2 BvR 330/88 (wistra 1988, 302) verwiesen. Darin ist freilich offen geblieben, ob die in § 393 Abs. 2 S. 2 AO „für besonders schwerwiegende Taten vorgesehene Ausnahme verfassungsrechtlichen Anforderungen entspricht." Auch ist offen geblieben, wie sich die Rechtslage dargestellt hätte, wenn der Betroffene an der Erstattung einer wirksamen (strafaufhebenden) Selbstanzeige gehindert gewesen wäre (dazu O. *Sahan*, a.a.O., Fn. 7, S. 79).

mengelage der beiden prinzipiell unabhängigen Verfahrensarten (§ 393 Abs. 1 S. 1 AO) verwirrt und orientierungslos gegenüber.[10] Die Strafgerichte blicken in erster Linie auf den Fiskus. Sie betrachten als geschütztes Rechtsgut des § 370 AO das öffentliche Interesse des Staates am vollständigen und rechtzeitigen Steueraufkommen.[11] Der BFH hebt im Steuerverfahren auf den Grundsatz der steuerlichen Gleichbehandlung ab, mit dem es z.b. nicht vereinbar wäre, strafrechtlich unverwertbare Auskünfte eines mutmaßlichen Steuerhinterziehers auch bei der Veranlagung zu ignorieren, während ehrliche Steuerpflichtige uneingeschränkt zur Besteuerung herangezogen werden.[12] Dieses Argument stellt das Interesse der redlichen Bürger ins Zentrum. Die Beschreibungen haben sich in jüngerer Zeit einander angenähert. Der zuständige Strafsenat des BGH formuliert: „Der Staat ist darauf angewiesen, die ihm gesetzlich zustehenden Steuereinnahmen tatsächlich zu erzielen, um seinen vielfältigen Aufgaben gerecht zu werden. Darüberhinaus ist die gleichmäßige Erfassung aller Steuerpflichtigen im Blick auf Art. 3 Abs. 1 GG geboten."[13]

Es empfiehlt sich aber, die Unterschiede nicht zu verwischen. Die Finanzbehörden leben von dem hohen Ansehen, das sie in der Vergangenheit als fiskalischer Arm des Rechtsstaats erworben haben. Sollten sie ihre Rolle nicht mehr nur als Garant der Steuergerechtigkeit wahrnehmen, sondern als polizeilicher Beobachter der Bürger, wäre dieses Ansehen bedroht – und mit ihm auch ihre ureigene Aufgabe. Je enger die Verbindung der Finanzbehörden zur Polizei wird, desto deutlicher ist an das Nemo-Tenetur-Recht zu erinnern. Mehr als bisher besteht Anlass, die vielfältigen kasuistischen Lösungen kritisch zu hinterfragen, die sich bislang damit begnügen, an vermeintliche Einzelfälle anzuknüpfen. In ihrer Gesamtheit tragen diese Lösungen eher dazu bei, den Schutz vor Zwang zur Selbstbelastung auszuhöhlen.

---

10 Zum Verhältnis von Steuer- und Strafverfahren hat *Michael Streck* im Jahre 2008 vor der DStJG einen grundsätzlichen Vortrag gehalten: Das Recht des Verhältnisses von Steuer- und Strafverfahren, in Kohlmann (Hrsg.), Strafverfolgung und Strafverteidigung im Steuerstrafrecht, Köln 1983, S. 217 ff. Darin hat er die nach § 393 Abs. 1 S. 1 AO gleichrangigen und unabhängigen Verfahren nach ihrem jeweiligen Zweck unterschieden (S. 219, 226 ff.).
11 BGH v. 23.3.1994 – 5 StR 91/94, BGHSt 40, 109; 41, 1 (5).
12 BFH v. 23.1.2002 – XI R 10, 11/01, BFHE 198, 7; dazu *Hilgers-Klautzsch* in Kohlmann, Steuerstrafrecht, Köln 2013, Rz. 169 AO m. weiteren Nachweisen. Zum Gleichheitssatz als Grundprinzip des Steuerrechts BVerfG v. 27.6.1991 – 2 BvR 1493/89, NJW 1991, 2129; im Fall Klaus Tipke BVerfG v. 9.3.2004 – 2 BvL 17/02, NJW 2004, 1022.
13 BGHSt 53, 210, 218 (25).

II. Das Nemo-Tenetur-Prinzip bei der Besteuerung krimineller Geschäfte

1. Die rechtsgeschichtliche Entwicklung an der Schnittstelle von Steuerrecht und Strafrecht

Man kann über die Schnittstelle von Steuer- und Strafverfahren nicht sprechen, ohne die historische Entwicklung zu skizzieren. Bald nach dem Ersten Weltkrieg ist die alte Rechtsprechung gefallen, die sich geweigert hatte, auch verbotene und sittenwidrige Erwerbe zu besteuern.[14] Die damit beginnende Einbeziehung krimineller Geschäfte in die Besteuerung sollte die Bösen nicht besser als die Guten behandeln.[15] Das zielte auf steuerliche Gerechtigkeit; es war nicht darauf angelegt, die Bürger mit Hilfe der Finanzbehörden zu überwachen. Noch im Jahre 1923 hat Popitz für die Finanzbehörden formuliert:

> „Nach dem Grundsatz, dass niemand verpflichtet ist, sich selbst einer strafbaren Handlung zu bezichtigen, geht es nicht an, auf der einen Seite die Angaben zur Steuer zu verlangen, auf der anderen Seite diese Angaben den polizeilichen oder staatsanwaltschaftlichen Behörden weiterzugeben."[16]

Eine gesetzliche Vorschrift, die den Finanzbehörden ausdrücklich gestattete, über ihre aus den Erklärungen der Steuerpflichtigen gewonnenen Informationen die Polizei und die Staatsanwaltschaft zu unterrichten, hat bis zum Jahre 1977 gefehlt.[17] Doch war bereits lange zuvor von einer „Pflicht" der Steuerbeamten zur Anzeige die Rede.[18] Während des Dritten Reichs hat das Steuergeheimnis praktisch nicht mehr existiert.[19] Danach hat der Deutsche Juristentag noch 1972 beschlossen, „daß die Finanzbehörden nach der derzeitigen Rechtslage trotz des Steuergeheimnisses zur Auskunftserteilung (Aktenvorlage)" an die Verfolgungsbehörden verpflichtet seien. Er regte dazu „Richtlinien" an, mit denen die Weitergabe geregelt werden sollte.[20] Aus einer solchen Sicht ging es, soweit die Finanzbehörden Erkenntnisse über kriminelle Geschäfte gewannen, nicht mehr nur um Steuergerechtigkeit, sondern um die Strafverfolgung.

---

14 So Preuß. OVG PrOVGSt 1, 282, 283; KG DJZ 1906, 1321. Das BVerfG hat mit Beschl. v. 12.4.1996 – 2 BvL 18/93 eine Vorlage des AG Braunschweig verworfen, die sich gegen § 40 AO richtete, soweit strafbare Einkünfte aus einem Bordell der Steuerpflicht unterliegen (NJW 1996, 2086).
15 *H. W. Kruse*, Steuerdruck und Steuergerichte, NJW 1970, 2185 f.; RFH 3, 173 (174 f.). (1920); RGSt 54, 49; 54, 68 (1919).
16 RdF v. 9.11.1923 – III D 2602; dazu *Reiß*, a.a.O., Fn. 7 S. 104.
17 *Reiß* wie vor S. 100 ff.
18 *Reiß* wie vor S. 100 (dort Fn. 98).
19 *Reiß* wie vor S. 106 (dort Fn. 118m. Nachweisen).
20 NJW 1972, 2073 (2076), Nr. 8.

Der Gesetzgeber des Jahres 1976[21] hat die strafrechtliche Verwendung von Tatsachen und Beweismitteln, die ein Steuerpflichtiger der Finanzbehörde in Erfüllung steuerrechtlicher Pflichten offenbart, im Zusammenhang mit Straftaten geregelt, an deren Verfolgung ein zwingendes öffentliches Interesse besteht (§ 393 Abs. 2 S. 2 AO). Darunter fallen nach der Legaldefinition des § 30 Abs. 4 Nr. 5 AO nicht nur Verbrechen, sondern auch die dort angesprochenen schwereren Vergehenstatbestände. Unumstritten ist ein allgemeines strafrechtliches Verwendungsverbot nur für Selbstbelastungen unterhalb dieser Schwelle (§ 393 Abs. 2 S. 1 AO). Diese Vorschrift stammt aus der Zeit vor dem bekannten und fundamentalen Beschluss des BVerfG aus dem Jahre 1981.[22] In dem Beschluss ging es um die erzwingbare Auskunftspflicht des Gemeinschuldners gegenüber dem Konkursverwalter alten Rechts, die keinen Nemo-Tenetur-Schutz für den Fall drohender Strafverfolgung kannte und damals auch durch kein Verwendungsverbot eingehegt war. Die Karlsruher Richter haben aus diesem Anlass eine verfassungsrechtliche Grenze gezogen und dem Persönlichkeitsrecht des Gemeinschuldners Vorrang eingeräumt, „wenn seine unter Zwang herbeigeführten Selbstbezichtigungen gegen seinen Willen zweckentfremdet und der Verwertung für eine Strafverfolgung zugeführt würden." Das so entstandene strafrechtliche Verwendungsverbot sah keine Ausnahme für den Fall zwingenden öffentlichen Interesses vor. Dabei ist es auch im Zuge der späteren gesetzlichen Regelung (§ 97 Abs. 1 S. 3 InsO) geblieben. § 393 Abs. 2 S. 2 AO dagegen nimmt, so scheint es und so wird es verstanden, den Katalog der Strafsachen, deren Verfolgung mit dem Etikett des zwingenden öffentlichen Interesses ausgezeichnet wird, aus dem Schutz des strafrechtlichen Verwendungsverbots heraus.[23] Hier und an anderer Stelle dominieren poli-

---

21 AO v. 16.3.1976 BGBl. I, 613; 1977, 269. Bereits kurz danach hat *Reiß* auf die verfassungsrechtliche Problematik des § 393 Abs. 2 AO hingewiesen (*W. Reiß*, Zwang zur Selbstbelastung nach der neuen Abgabenordnung, NJW 1977, 1436 ff.).

22 BVerfG v. 13.1.1981 – 1 BvR 116/77, NJW 1981, 1431 = BVerfGE 56, 37; dazu auch der Beschl. des Vorprüfungsausschusses des Zweiten Senats, BVerfG v. 21.4.1988 – 2 BvR 330/88, wistra 1988, 302. Der Entscheidung v. 13.1.1981 ist ein Minderheitsvotum des Richters *Heußner* beigefügt, der das „Verwertungsverbot" durch ein Offenbarungsverbot abgesichert wissen wollte. Am 9.5.2004 hat die 1. Kammer des Zweiten Senats der Entscheidung v. 21.4.1988, nunmehr für den Fall zivilrechtlicher bzw. zivilprozessualer Offenbarungspflichten, entnommen, der Gesetzgeber sei „zur Erfüllung eines berechtigten Informationsbedürfnisses ... befugt, die Belange der verschiedenen Beteiligten gegeneinander abzuwägen" (a.a.O. Fn. 9). Zu einer (umstrittenen) aktuellen Konstellation (§§ 12a Abs. 2, 31a Abs. 1 ZollVG) OLG Düsseldorf, StV 2014, 269m. krit. Anm. *M. Böse*.

23 Zur Befugnis des Gesetzgebers, im Zusammenhang mit staatlichem Selbstbelastungszwang „die Belange der verschiedenen Beteiligten gegeneinander abzuwägen", weil das Verfassungsrecht hier „keinen lückenlosen Schutz" vorschreibe: BVerfG v. 9.5.2004, a.a.O., Fn. 9u. 22. In der Begründung des Beschl. v. 27.4.2010 (a.a.O. Fn. 9) ist auf die frühere Entscheidung v. 21.4.1988 (a.a.O. Fn. 9) verwiesen worden. Darin war freilich offengeblieben, ob die in § 393 Abs. 2 S. 2 AO „für besonders schwerwiegende Taten vorgesehene Ausnahme verfassungsrechtlichen Anforderungen entspricht."

zeiliche Interessen. Daran entzündet sich eine der großen Auseinandersetzungen über eine gemeinsame Grundfrage von Steuer- und Strafrecht.

2. Die Lösungen, mit denen das Nemo-Tenetur-Prinzip an der Schnittstelle von Steuerrecht und Strafrecht außer Kraft gesetzt wird

a) Symmetrie? Die Auslegung des § 393 Abs. 2 AO

Aus der Sicht der Justizpraxis wird das gesetzliche Verwendungsverbot nach § 393 Abs. 2 AO durch statische Übernahme des Katalogs der in § 30 Abs. 4 Nr. 5 AO definierten Deliktkategorien ausgehebelt, deren Verfolgung im zwingenden öffentlichen Interesse liegen soll. Dies hat zwei Konsequenzen. Zum einen bleibt – nach bisherigem Verständnis – kein Raum für eine individuelle Abwägung. Und zum anderen stellt dieser Maßstab das Grundrecht auf den Kopf, weil es seinen Schutz ausgerechnet dann verlieren soll, wenn das steuerlich selbstbelastend zu offenbarende Unrecht besonders schwer wiegt. Dem Nemo-Tenetur-Prinzip kommt jedoch gerade dort die größte Bedeutung zu, wo die höchsten Strafen drohen. Dieser Befund ist ebenso schlicht wie evident: Eine zu erwartende lebenslange Freiheitsstrafe (oder, gäbe es sie noch, die Todesstrafe) erfordert stärkeren Schutz vor gesetzlich auferlegter Selbstbelastung als eine anstehende nur finanzielle Sanktion.[24]

Man muss bezweifeln, dass die methodische Grundlage, von der sich die Praxis leiten lässt, nämlich die Annahme einer Symmetrie von § 393 Abs. 2 S. 2 AO und § 30 Abs. 4 Nr. 5 AO, zutrifft. § 30 AO entscheidet darüber, in welche Umfang die Finanzbehörde befugt ist, Staatsanwaltschaft oder Gericht mit Informationen zu beliefern. Diese Befugnis ist auf eine erhebliche Bandbreite angewiesen. Die „Verhältnisse" des Steuerpflichtigen, die zu der vom Steuergeheimnis geschützten Sphäre gehören, beschränken sich nicht auf dessen persönliche Merkmale.[25] Aus diesem Grund wird die Be-

---

[24] Dazu bereits *Eidam*, a.a.O., Fn. 7 S. 55: „und je höher die Straferwartung ist, desto höher ist auch das Schutzbedürfnis." *T. Verrel*, Nemo tenetur, NStZ 1997, 361 ff. (362), kritisiert die „Relativierung des Tenetur-Elements bei außerstrafrechtlichem Aussageverhalten" durch das BVerfG. Diese Kritik teilt *Eidam*, wie vor, S. 179 ff., 181; aus der Rspr. des BVerfG gehe Nemo Tenetur „mit deutlichen Blessuren" hervor.

[25] Zum Gegenstand des Steuergeheimnisses *Drüen* in Tipke/Kruse, AO 2012, Rz. 12 zu § 30 AO. Das Steuergeheimnis erstreckt sich auf alles, was über eine Person bekannt werden kann, also auf die gesamten persönlichen, wirtschaftlichen, rechtlichen, öffentlichen und privaten Verhältnisse einer Person. Der Schutz reicht von Details einzelner Geschäftsvorfälle bis zu der Form der Betriebsführung. Benennt der Steuerpflichtige im Steuerverfahren Mitarbeiter und Geschäftspartner, sind diese Teil seiner „Verhältnisse." – Nach M. Böse, Wirtschaftsaufsicht und Strafverfolgung, a.a.O., Fn. 7, S. 538, ist § 393 Abs. 2 S. 1 AO auch auf die Übermittlung gem. § 31a AO anwendbar, ohne dass das Verwertungsverbot durch die Ausnahmen für Delikte des zwingenden öffentlichen Interesses eingeschränkt werde. § 393 Abs. 2 S. 1 AO verbiete eine Verwertung durch die Strafverfolgungsbehörden aber nur gegen den Steuerpflichtigen, nicht gegen Dritte.

hörde vom Steuergeheimnis in dessen ganzer Bandbreite befreit, wenn sich der Steuerpflichtige wegen eines der von § 30 Abs. 4 Nr. 5 AO erfassten schweren Delikte offenbart hat. Geht es z.b. um gewerbs- und bandenmäßige Geldfälschung oder Hehlerei, sind nicht nur der Steuerpflichtige selbst, sondern über dessen Identität hinaus auch die von ihm offenbarten Geschäftspartner (als mögliche Mittäter sowie Teilnehmer) betroffen. Die notwendige Abwägung und die Feineinstellung des zwingenden öffentlichen Interesses obliegen dem Empfänger der in der Steuerakte vermerkten Informationen, also dem Staatsanwalt oder Richter.[26] Bei Geldfälschung etwa wird das zwingende öffentliche Interesse die Stilllegung des kriminellen Betriebs, das Aufspüren der in Verkehr gebrachten „Blüten" und auch die Bestrafung der Mittäter und Teilnehmer gebieten, die an der Selbstbelastung nicht beteiligt waren. Diesen „Nachteil" hat der Steuerpflichtige hinzunehmen.

Ob es aber im zwingenden öffentlichen Interesse liegt, den Steuerpflichtigen zu bestrafen, der sich und sein Geschäft in Erfüllung seiner gesetzlichen Pflichten offenbart hat, das ist unter Würdigung des Nemo-Tenetur-Rechts ohne Bindung an den Schweregrad des Delikts zu entscheiden. Der insoweit erforderlichen Differenzierung zwischen dem Steuerpflichtigen und Mittätern oder Gehilfen wird mit der Durchbrechung des Steuergeheimnisses nicht vorgegriffen. „*Public interest*", so heißt es im Saunders-Urteil des EGMR, „*cannot be invoked to justify the use of answers compulsorily obtained in a non-judicial investigation to incriminate the accused during the trial proceedings.*"[27] Im Fall J. B. ./. die Schweiz hat der EGMR den Nemo-Tenetur-Grundsatz an der Schnittstelle von Steuer- und Strafrecht als „Kernstück" des in Art. 6 Abs. 1 EMRK garantierten fairen Verfahrens bezeichnet.[28] Weil es aber kein zwingendes öffentliches Interesse daran geben kann, das Grundrecht ohne Abwägung allein wegen des Verdachts einer besonders schweren Straftat apodiktisch auszuschließen, muss die überkommene Auslegung in Frage gestellt werden.

---

26 Das BVerfG hat in dem Beschl. v. 27.4.2010 (a.a.O. Fn. 9, dort [41 bis 43]) die Frage aufgeworfen, ob das Verwendungsverbot auch davon abhänge, dass StA und Gericht die offenbarten Tatsachen in bestimmter Weise (aus den Steuerakten, § 393 Abs. 2 S. 1 AO) bekanntgeworden sind. Wenn aber die Selbstbelastung der Stpfl. gegenüber der Finanzbehörde als Quelle feststeht und ursächlich für die Information der Strafjustiz ist, gibt es keinen sachgerechten Grund, das Verwendungsverbot vorzuenthalten, nur weil der gesetzliche Wortlaut defizitär erscheint.

27 EGMR, Saunders ./. Vereinigtes Königreich, Reports 1996 – VI, § 74; dazu *R. Esser*, Auf dem Weg zu einem europäischen Strafverfahrensrecht, Berlin 2002, S. 530 ff. (532). Das BVerfG entnimmt in seinem Beschl. v. 27.4.2010 (a.a.O. Fn. 9) der Rspr. des EGMR, dass es bei der Frage, ob die Selbstbelastungsfreiheit in ihrem Wesensgehalt angetastet worden sei, auf die „Art und den Grad des angewendeten Zwangs" ankomme. Darauf geht der vorl. Beitrag an späterer Stelle ein.

28 EGMR, J. B. ./. Schweiz, EuGHMR v. 3.5.2001 – 31827/96, NJW 2002, 499 (501).

Dies führt zu einer **ersten These**: *Die §§ 30, 393 AO sind in dem hier interessierenden Teil nur scheinbar symmetrisch angelegt. Entsprechend ihren unterschiedlichen Zwecken stehen sie in einem asymmetrischen Verhältnis zueinander. Man kann deshalb § 393 Abs. 2 S. 2 AO als Hinweis darauf verstehen, dass an dieser Stelle zunächst dem Staatsanwalt und abschließend dem Gericht die Befugnis zur differenzierenden Einschränkung des Verwendungsverbots in Abwägung des öffentlichen Interesses übertragen wird.*[29] *Diesen obliegt damit die Entscheidung, welche steuerlich generierten und unter Aufhebung des Steuergeheimnisses in vollem Umfang transferierten Informationen strafrechtlich in welcher Weise genutzt werden können und wer wegen des Nemo-Tenetur-Rechts durch Verwendungsverbot zu schützen ist. Im Regelfall wird die Abwägung dazu führen, dass der Steuerpflichtige in den strafrechtlichen Verfahren gegen Mittäter und Gehilfen, die er durch seine steuerliche Offenbarung ausgelöst hat, die Rolle eines Kronzeugen einnimmt und selbst durch Verwendungsverbot zu schützen ist. Die Aussagen der vom ihm benannten Mittäter und Teilnehmer, die ihn belasten, sind Beweismittel i.S.v. § 393 Abs. 2 S. 1 AO. Sie unterliegen ebenfalls grundsätzlich einem (nur) den Steuerpflichtigen schonenden Verwendungsverbot.*[30] Hätte § 393 Abs. 2 S. 2 AO die Strafjustiz gesetzlich von vornherein daran hindern sollen, eine solche Abwägung überhaupt vorzunehmen, wäre die Bezugnahme der Vorschrift auf das „zwingende öffentliche Interesse" völlig überflüssig gewesen.[31]

---

29 In anderem Zusammenhang, nämlich bei § 4 Abs. 5 Nr. 10 S. 3 EStG, hat der BFH zutreffend betont, dass nicht die Finanzbehörde, sondern der Staatsanwalt zuständig für die Prüfung ist, ob ein Verwendungsverbot eingreift und ob dieses einer Einschränkung unterliegt (BFH v. 14.7.2008 – VII B 92/08, BStBl. II 2008, 850, s. Fn. 4); dazu *Madauß*, a.a.O., Fn. 4 S. 178 f.
30 Dies stimmt mit § 97 Abs. 1 S. 3 InsO überein, wie zuletzt der bemerkenswerte Beschluss des LG Potsdam (StV 2014, 407) gezeigt hat. Danach kommt dieser Vorschrift eine Fernwirkung in dem Sinne zu, „dass im Strafverfahren auch diejenigen Erkenntnisse nicht verwertet werden können, die erst durch die Auskunft des Schuldners i.S.v. § 97 Abs. 1 S. 1 und 2 InsO ermittelt worden sind." Als weiteres Beispiel ist auf die Entscheidung des BGH zum G 10 zu verweisen (BGH v. 18.4.1980 – 2 StR 731/79, BGHSt 29, 244 und BGH v. 28.4.1987 – 5 StR 666/86, NJW 1987, 2525 = StV 1987, 470). Die bisher eher restriktive Meinung zu § 393 Abs. 2 AO hat – wie übrigens das LG Potsdam (wistra 2007, 231) auch – übersehen, dass in diesem Fall der gesetzliche Wortlaut („Tatsachen oder Beweismittel") erst recht eine Fernwirkung nahelegt.
31 Bereits *Eidam* (a.a.O. Fn. 7 S. 191) hat angesichts der unbestimmten Regelbeispiele des § 30 Abs. 4 Nr. 5 AO, auf die § 393 Abs. 2 S. 2 AO Bezug nimmt, ausgeführt, dass die vom Gesetz verwendeten Begriffe „wohl kaum geeignet sind, konkrete Vorgaben zu machen, sondern lediglich den Weg in eine Abwägungsdogmatik freigeben." Die davon abweichende Meinung der Gerichte wird durch den bisherigen Umgang des BVerfG mit der Problematik bestärkt, das sich in der schon beschriebenen Weise und durch Verwerfung einer Richtervorlage der Festlegung entzogen hat.

b) „Freiwilligkeit" als Verzicht auf den Nemo-Tenetur-Schutz?

Das Verwendungsverbot soll nach Auffassung des BGH auch entfallen, wenn die kriminelle Quelle bislang unversteuerter Einkünfte mit einer Selbstanzeige nach § 371 AO offengelegt wird (BGHSt 49, 136, 146). Dazu verweisen die Richter auf § 393 Abs. 1 AO, der Zwangsmittel ausschließt, wenn der Steuerpflichtige genötigt wäre, sich wegen einer von ihm begangenen Steuerstraftat selbst zu belasten. Doch wird die Erklärungspflicht durch Selbstanzeige erfüllt, ehe sie als Folge der so herbeigeführten Entdeckung eine logische Sekunde später wegen des steuerstrafrechtlichen Verweigerungsrechts suspendiert sein kann (§ 393 Abs. 1 S. 1 und 2 AO).[32] Bei Steuerpflichtigen, deren Tat noch nicht entdeckt war, tritt die Suspendierung nämlich frühestens ein, wenn der Betreffende die Entdeckung selbst herbeiführt oder sich zumindest auf § 393 Abs. 1 S. 2 AO ausdrücklich und plausibel beruft.[33] Bis zu diesem Zeitpunkt entfällt das Erzwingungsverbot auch nach Auffassung des BFH und gilt daher das gesetzliche Gebot fort, weil es in der Hand des Betroffenen liegt, „die Strafverfolgung zu verhindern".[34]

Dies trägt die **zweite These**: *Selbstanzeigen, die vor der Entdeckung erstattet werden, erfüllen den bis zu diesem Zeitpunkt erzwingbar fortbestehenden Anspruch auf steuerliche Mitwirkung.* Nach der Erfüllung bleibt nichts mehr, was in einen Schwebezustand versetzt werden könnte. Es gibt deshalb keine rechtliche Grundlage dafür, die Aufdeckung einer nichtsteuerlichen Straftat durch Selbstanzeige als „freiwillig" zu qualifizieren und dem zur Ehrlichkeit zurückkehrenden Steuerpflichtigen auf diese Weise den Schutz vor gesetzlich gebotener Selbstbelastung zu entziehen.[35] Die harte Konsequenz der vom BGH vertretenen Meinung bestünde darin, dass ein Steuerpflichtiger, der Einkünfte aus einer kriminellen Tat erzielt und ver-

---

32 Zur Suspendierung der strafbewehrten Pflicht BGHSt 47, 8 (14); dazu ergänzend BGHSt 53, 210.
33 *K. Webel* in Flore/Tsambikakis, Steuerstrafrecht 2013, Rz. 50 zu § 393 AO: „Fehlt die Einleitung des Straf- oder Bußgeldverfahrens, so muss der Steuerpflichtige die Gründe, aus denen sich die Verfolgungsgefahr ergeben könnte, glaubhaft machen."
34 BFH 1.2.2012 – VII B 134/11, wistra 2012, 278.
35 Das BVerfG hat die Verfassungsbeschwerde gegen die Entscheidung des BGH BGHSt 49, 136 (146) mit Beschl. der 3. Kammer des Zweiten Senats v. 15.10.2004 (NJW 2005, 352 – wistra 2005, 175) nicht angenommen. Es hat zwar bestätigt, die uneingeschränkte steuerliche Auskunftspflicht rechtfertige nicht, „dass der Steuerpflichtige zu seiner strafrechtlichen Verurteilung beitragen muss." Doch hat der Beschl. die einschränkende Auslegung des BGH, wonach die Zwangslage, in der sich ein Selbstanzeigender befindet, für die verfassungsrechtliche Begründung eines Beweisverwertungsverbots nicht ausreiche, nicht als Verstoß gegen das Analogieverbot des Art. 103 Abs. 2 GG betrachten wollen. Die Vorschriften über die Beweisverwertung seien von der Verfassungsgarantie des Art. 103 Abs. 2 GG nicht erfasst, sondern unterlägen nur dem rechtsstaatlichen Vertrauensschutz nach Art. 20 Abs. 3 GG. Dieser stehe der „teleologischen Reduktion" nicht entgegen.

schwiegen hat, seine gesetzliche Pflicht nur um den Preis einer durch Offenbarung ausgelösten Strafe erfüllen könnte. So würde das Nemo-Tenetur-Prinzip ausgerechnet für den, der zur Steuerehrlichkeit zurückkehrt, abgeschafft.[36]

c) Selbstbelastung durch Erfüllung gesetzlich vorgeschriebener Aufzeichnungs- und Vorlagepflichten?

In dem Fall, in dem das BVerfG mit Beschluss vom 27.4.2010 die Vorlage des LG Göttingen zu § 393 Abs. 2 S. 2 AO als unzulässig verworfen hat, war dem Finanzamt die Kenntnis begangener Straftaten in Erfüllung gesetzlich vorgeschriebener Aufzeichnungs- und Vorlagepflichten verschafft worden.[37] Bei einem – hinter der Fassade einer legalen Druckerei operierenden – Geldfälscher z.b. würden zur (ungeschützten) Dokumentation die ihm von den Lieferanten des speziellen für die Herstellung von Banknoten geeigneten Papiers und der seltenen Druckmaschinen gestellten auffälligen Rechnungen gehören. Stolpert der Betriebsprüfer darüber, gibt es kein Verwendungsverbot. Die Belege zählen, wie das BVerfG ausführt, nicht zum Kernbereich der grundgesetzlichen Selbstbelastungsfreiheit. Ihre Auswertung kann zum Schutz von Gemeinwohlbelangen gerechtfertigt sein.

In diesem Zusammenhang ist jedoch nicht hinreichend zwischen dem geduldeten Zugriff und einer Offenbarung unterschieden worden. Die Offenbarung erfordert Auskünfte, die der Steuerpflichtige dem Finanzamt erteilen muss und erteilt. Ob Aufzeichnungen und Dokumente, die er den Finanzbehörden zugänglich macht, mit derartigen Auskünften gleichzusetzen sind, hängt vom Einzelfall ab. Auch Beweismittel, die der Steuerpflichtige für die Finanzbehörde heraussucht und dieser übergibt, werden vom Verwendungsverbot des § 393 Abs. 2 S. 1 AO ausdrücklich erfasst. Aus diesem Grund schließt übrigens § 4 Abs. 5 Nr. 10 S. 3 EStG das Verwendungs-

---

36 In dem Beschl. der 3. Kammer des Zweiten Senats des BVerfG v. 15.10.2004 (a.a.O. Fn. 35), mit dem die Verfassungsbeschwerde nicht zur Entscheidung angenommen worden ist, wird die Auffassung vertreten, im Falle einer Offenbarung durch Selbstanzeige bestehe zwar die Pflicht zur umfassenden Auskunft, diese sei aber nicht mit Zwangsmitteln durchsetzbar. Der Beschl. spricht in diesem Zusammenhang von einer nur „faktischen Zwangswirkung". Dies ist aber im Blick auf die zutreffende Entscheidung des BFH v. 1.2.2012 (a.a.O. Fn. 34) so nicht mehr haltbar.
37 BVerfG v. 27.4.2010 – 2 BvL 13/07, wistra 2010, 341, zur Vorlage des LG Göttingen, wistra 2007, 231 (vgl. auch Fn. 9 und 23). Der Beschl. hat in Abschnitt (56) sowie (58) auf die eigene Rspr. und die des EGMR verwiesen (EGMR Jalloh ./. Deutschland 2006, 3117, 3123 (102); J. ./. B. Schweiz, a.a.O., Fn. 28; O'Halloran und Francis ./. UK NJW 2008, 3549 [55]). Der BGH hatte schon im Jahre 1992 über einen Fall entschieden, bei dem es um Unterlagen ging, die der Stpfl. im Rahmen steuerlicher Offenbarungspflichten vorhalten musste (BGH NStZ 1993, 87). Er hat eine Anwendung des Verwendungsverbots (§ 393 Abs. 2 S. 1 AO) abgelehnt, weil sonst „unerträgliche Verfolgungsfreiräume" im Bereich von Wirtschaftsstraftaten entstünden.

verbot jedenfalls nicht explizit aus.[38] Die **dritte These** lautet daher: *Wenn der Steuerpflichtige Transparenz herstellt, indem er gesetzlich vorgeschriebene Aufzeichnungen und Dokumente vorlegt, kann dies eine Offenbarung in Erfüllung steuerlicher Pflichten sein. Dieser Vorgang steht dann dem Sachverhalt gleich, der in § 393 Abs. 2 S. 1 AO geregelt ist.* Stellt der Geschäftsführer der X-GmbH dem Betriebsprüfer den maschinell verwertbaren Datenträger nach § 147 Abs. 6 AO pflichtgemäß zur Verfügung und weist er diesen dabei ausdrücklich auf den einschlägigen nicht als Aufwand gebuchten Beleg hin, ist auch dieser Vorgang durch das strafrechtliche Verwendungsverbot geschützt. Nach § 34 AO ist in diesem Fall der Geschäftsführer „der Steuerpflichtige."

d) *Herabstufung von Offenbarungen „in Erfüllung steuerrechtlicher Pflichten" ohne angedrohtes oder veranlasstes Zwangsmittel?*

Das Verwendungsverbot des § 393 Abs. 2 S. 1 AO setzt voraus, dass der Steuerpflichtige die einschlägigen Tatsachen oder Beweismittel „in Erfüllung steuerrechtlicher Pflichten" offenbart hat. Der innere Grund dafür liegt in dem gesetzlichen Gebot (§§ 90, 93, 200 AO) und dem zum Vollzug eröffneten Zwangsmittel (§ 328 AO).[39] Dafür reicht es aber aus, dass die Offenbarung erzwingbar ist. Es wäre zynisch, wollte man dem Betroffenen abverlangen, mit steuerlichen Auskünften solange zuzuwarten, bis das Finanzamt die Transparenz zu erzwingen beginnt. Zwar hat das BVerfG erwogen, dass es „maßgeblich auf die Art und den Grad des angewendeten Zwangs" ankomme, etwa auf die „Androhung oder Anwendung von Zwangsmitteln."[40] Dem aber ist als **vierte These** entgegenzuhalten: *Der Bürger, der sich mit seinen konkreten steuerlichen Angaben strafrechtlich selbst belastet, weil ihn bereits das erzwingbare Gesetzesgebot beeindruckt, darf – übrigens nach dem ausdrücklichen Wortlaut der Vorschrift – nicht schlechter stehen als ein Anderer, der schlau ist und erst handeln will, wenn das Finanzamt die steuerliche Durchsetzung veranlasst.*

---

38 Dazu *Madauß* (a.a.O. Fn. 4 S. 178m. Nachweisen). *Madauß* hält § 4 Abs. 5 Nr. 10 S. 3 EStG für eine eigenständige Vorschrfit, die nach der gesetzlichen Offenbarungsbefugnis i.S. gem. § 30 Abs. 4 Nr. 2 AO keiner Einschränkung unterliegt. Dem Gesetz kann aber kein Ziel entnommen werden, das Nemo-Tenetur-Recht pauschal zu negieren.
39 BGHSt 49, 136 (147); zustimmend BVerfG v. 27.4.2010 – 2 BvL 13/07, wistra 2010, 341 (343) (51 f.).
40 BVerfG v. 27.4.2010 – 2 BvL 13/07, wistra 2010, 341, (344) (58). In dem Beschl. der 3. Kammer des Zweiten Senats v. 15.10.2004 (a.a.O. Fn. 35 u. 36) wird Bezug darauf genommen, dass es um Offenbarungen aufgrund „erzwingbarer" Auskunftspflichten gehe. Darum soll es sich nicht handeln, wenn für den Fall der Nichterfüllung einer gesetzlichen Auskunftspflicht keine Zwangsgelder drohen.

e) Ein Umweg: Offenbarung ohne konkrete Selbstbelastung?

Scheinbar fürsorglich beugt der BGH einer drohenden Bestrafung vor, indem er den Inhalt der Erklärungspflicht verwässert (BGHSt 50, 299, 316). Er lädt den Steuerpflichtigen dazu ein, sich ohne Offenbarung so besteuern zu lassen, wie es mit Offenbarung geschehen müsste. Im entschiedenen Fall ging es um Bestechlichkeit, steuerpflichtige Schmiergelder und die aus deren Anlage erzielten Kapitalerträge. Aus der Sicht des seinerzeit zuständigen 5. Strafsenats kann in solchen Fällen die strafrechtliche Verfolgung vermieden werden, wenn der Empfänger seine kriminellen Einkünfte „betragsmäßig offenlegt und einer Einkunftsart zuordnet, ohne die genaue Einkunftsquelle zu benennen."[41] Auch auf Nachfrage (§ 93 AO) soll z.B. der korrupte Leiter eines großstädtischen Bauamts, der bisher nur mit Einkünften aus nichtselbständiger Tätigkeit hervorgetreten ist, bei unbenannter Angabe zusätzlicher Einnahmen nicht zu weitergehenden Erläuterungen gezwungen werden können. Diese vermeintlich schonungsvolle Handreichung löst den Konflikt nicht. Im Ergebnis bestünde sie darin, dass ausgerechnet der kooperative oder naive Betroffene, der dem Finanzamt mehr als den scheinbar unverfänglichen Kern des Sachverhalts mitteilt, aus der Sicht des BGH „freiwillig" handelt und deshalb das Verwendungsverbot verspielt.

In der Praxis hätte die Lösung des BGH auch nur selten Bestand. Schlanke und wortkarge Angaben, wie sie dem Strafsenat vorschweben, müssten, um eine Aufdeckung zu verhindern, im Nebel und Ungefähren verweilen. So aber würden sie auf Seiten der erfahrenen Finanzbehörde (auch im Blick auf § 31b AO) Spekulationen und Ermittlungen auslösen, die den vorsichtigen Steuerpflichtigen alsbald zu Fall brächten, dies dann jedoch wegen vermeintlicher Freiwilligkeit ohne den Schirm des Verwendungsverbots. Dem entspricht die **fünfte These**: *Es gibt keinen Um- oder Ausweg, der in einer Offenbarung ohne Offenbarung bestünde.*

III. Selbstbelastung durch indirekte Offenbarung begangener Steuerstraftaten

1. Das Dilemma und dessen richterrechtliche Lösung

§ 393 Abs. 1 AO schützt durch Suspendierung der Erzwingbarkeit und der Strafbewehrung – bei Fortbestand der schlichten steuerlichen Mitwirkungs-

---

41 BGHSt 50, 299 (317). Der 4. Leitsatz lautet: „Wer Bestechungsgelder erhält, muss diese versteuern. Dem steht der Grundsatz der Selbstbelastungsfreiheit auch in den Fällen des § 393 Abs. 2 S. 2 AO nicht entgegen, soweit sich die Erklärungspflicht auf die betragsmäßige Angabe der Einnahmen beschränkt und nicht deren deliktische Herkunft umfasst."

pflicht – davor, ein schon begangenes Steuerdelikt offenbaren zu müssen.[42] Der Steuerpflichtige in dieser Lage ist daher unter dem Aspekt des Nemo-Tenetur-Grundsatzes nicht auf eine Selbstanzeige angewiesen. Aus diesem Grund kann der Gesetzgeber die Strafaufhebung durch Selbstanzeige auch davon abhängig machen, dass die hinterzogene Steuer nachentrichtet wird (§ 371 Abs. 3 AO).

Anders jedoch verhält es sich mit einem Dilemma, das in den Jahren nach dem Steuerdelikt entsteht. Die Suspendierung der strafbewehrten Pflicht findet nämlich „dort (eine) Grenze, wo es nicht mehr um ein bereits begangenes steuerliches Fehlverhalten des Betroffenen geht ..."[43] Dem hat der BGH erklärend hinzugefügt: „Selbst wenn die Abgabe der Steuererklärungen für nachfolgende Besteuerungszeiträume mittelbar Auswirkungen auf das laufende Steuerstrafverfahren haben sollte, könnte das nicht ihre Unterlassung rechtfertigen, weil anderenfalls neues Unrecht geschaffen würde, zu dem das Recht auf Selbstschutz nicht berechtigt ..."[44] Aus diesem Anlass brauchte der BGH freilich nicht zu entscheiden, ob die damit erzwingbare mittelbare Selbstbelastung, die sich aus der wahrheitsgemäßen Erklärung des Steuerpflichtigen in den Folgejahren der Hinterziehung für die Zeit davor ergäbe, durch ein strafrechtliches Verwendungsverbot kompensiert werden muss.[45]

In einer besonderen Konstellation, es ging um die Berichtigungspflicht zu § 153 AO, hat der BGH eine Lösung entwickelt, die sich auch auf das vorliegende Dilemma erstreckt. Der Fall und die rechtlichen Ausführungen dazu sind komplex. Die Karlsruher Richter haben es im Blick auf das staatliche Steuerinteresse als „sachlich gerechtfertigt" bezeichnet, dem Steuerpflichtigen eine wahrheitsgemäße Auskunft selbst dann abzuverlangen, wenn dieser damit eine zuvor bedingt vorsätzlich begangene Steuerstraftat

---

42 BGHSt 47, 8 (14 f.); Anm. d. Verf. in NStZ 2001, 544; ergänzend BGHSt 53, 210.
43 BGHSt 47, wie vor, 15.
44 BGHSt 47, wie vor, 15. Bei dem zitierten Satz handelt es sich um ein Obiter Dictum. In der Sache selbst ist darüber entschieden worden, dass bei Anhängigkeit eines Strafverfahrens wegen der Abgabe unrichtiger Umsatzsteuervoranmeldungen die Strafbarkeit hinsichtlich der Nichtabgabe der Umsatzsteuerjahreserklärung während der Dauer des Strafverfahrens entfällt.
45 In der Entscheidung BGH v. 12.1.2005 (NJW 2005, 763 [765] = StV 2005, 316) musste sich der BGH damit befassen, ob der indirekte Nemo-Tenetur-Konflikt bei Abgabe zutreffender Steuererklärungen für die Hinterziehung nachfolgenden Jahre durch Selbstanzeige aufgelöst werden kann. Soweit die angesichts einer die frühere Hinterziehung betreffenden Einleitung und Bekanntgabe eines Strafverfahrens unwirksame Selbstanzeige keine Strafaufhebung ermöglicht, hat der BGH ein Verwendungsverbot zugebilligt: „Für das laufende Strafverfahren dürfen diese Informationen (aus den nachfolgenden Steuererklärungen, d.U.), soweit sie unmittelbar oder auch mittelbar zum Nachweis einer Steuerhinterziehung für das zurückliegende Steuerjahr führen können, nicht herangezogen werden." Ob Gleiches für den Fall finanziellen Unvermögens gelten würde, blieb offen (dazu d. Verf. in StuW 2005, 367 [368]).

offenbaren muss.[46] Die Pflicht, eine bedingt vorsätzliche Steuerhinterziehung zu berichtigen, sobald sich im weiteren Verlauf sicheres Wissen entwickelt hat, soll ungeachtet des vorangegangenen sanktionsbewehrten Fehlverhaltens erfüllt werden müssen.[47] In diesem Zusammenhang hält der BGH es für ausreichend, dass der Steuerpflichtige den evidenten Nemo-Tenetur-Konflikt durch Selbstanzeige neutralisieren kann, mit der für die Vergangenheit „regelmäßig Straf- bzw. Sanktionsfreiheit" erlangt wird.[48] Dieses zu § 153 AO gefundene Ergebnis soll analog auch auf solche Sachverhalte angewendet werden, bei denen in zukünftigen Veranlagungszeiträumen eine mittelbare Selbstbelastung durch wahrheitsgemäße Aufdeckung z.B. bestimmter schon früher bestehender Einkunftsquellen droht. Ein klassisches Beispiel dafür war in der Vergangenheit das legendäre geheime Bankkonto in einem Oasenstaat.

Die Richter des BGH waren sich aber bewusst, dass eine Auflösung des Konflikts durch Selbstanzeige in der Praxis an Grenzen stößt, wenn § 371 AO bei der früheren Tat eine Strafaufhebung nicht zulässt.[49] In einem solchen Fall, etwa bei anhängiger Prüfung, soll den Anforderungen des Nemo-Tenetur-Prinzips durch Annahme eines „Beweismittelverwertungs- oder Verwendungsverbot" abgeholfen werden.[50] Scheitert jedoch eine wirksame Selbstanzeige lediglich daran, dass der Steuerpflichtige wirtschaftlich nicht mehr in der Lage ist, die hinterzogene Steuer nachzuentrichten, fällt der Schutz vor Strafe aus Sicht des BGH einer ungeschriebenen Ausnahme zum Opfer. Der Schutz soll nämlich jedenfalls dann verweigert werden, „wenn der Steuerpflichtige bei pflichtgemäßer und rechtzeitiger Erfüllung seiner steuerlichen Pflichten zur Zahlung noch in der Lage gewesen wäre."[51] Diese richterrechtliche Ausnahme von der Ausnahme des Verwendungsverbots hat Sanktionscharakter. Sie macht wirtschaftliche Leistungsfähigkeit innerhalb des Nemo-Tenetur-Grundsatzes zu einer Bedingung und nähert sich damit Betrachtungen an, die im Zivilrecht denkbar sind, im Strafrecht aber nicht.

Man sollte sich nicht darauf verlassen, dass diese Restriktion des Nemo-Tenetur-Schutzes auf wirtschaftlich leistungsfähige Steuerhinterzieher eine extreme Ausnahme bleiben wird. Zwar knüpft der BGH an die umsatzsteuerrechtliche Thematik an, die Gegenstand der Entscheidung war.[52] Dazu

---

46 BGHSt 53, 210, 218 (25).
47 BGHSt 53, 210, 218 (25).
48 BGH wie vor, S. 218 (26). Zu § 371 AO als „Ausgleichsmechanismus" im Zusammenhang mit dem Nemo-Tenetur-Prinzip *Eidam*, a.a.O., Fn. 7 S. 207, 210 ff.
49 BGH, a.a.O., Fn. 47 S. 219 (27).
50 BGH, wie vor, unter Hinweis auf BVerfGE 56, 37; BGH wistra 2005, 141 und § 97 Abs. 1 S. 2 InsO.
51 BGH, a.a.O., Fn. 47 S. 219 (29).
52 BGH, wie vor, S. 219 (29).

heißt es in dem Beschluss, „dass die Hinterziehung von Umsatzsteuer untreueähnlichen Charakter hat, weil der Unternehmer die Umsatzsteuer letztlich nur für den Steuerfiskus verwaltet."[53] Die so hervorgehobene Besonderheit ist aber mehr Rhetorik als Argument. Das Dilemma, ein früheres Steuerdelikt entweder durch eine neue Tat zu verdecken oder die alte Tat zu offenbaren und sich der Bestrafung auszusetzen, wird letztlich für alle Steuerarten ähnlich gelöst werden müssen. Auf der Grundlage der vom BGH vertretenen Auffassung wird der Täter, der seine wirtschaftliche Leistungsfähigkeit verloren hat und eine wirksame Selbstanzeige nicht erstatten kann, bei nachfolgenden Steuererklärungen einem fortbestehenden Zwang zur ungeschützten Selbstbelastung unterworfen. Dem ist daher die **sechste These** entgegenzuhalten: *Es ist unzulässig, dem wirtschaftlich nicht mehr Leistungsfähigen den Nemo-Tenetur-Schutz durch Verwendungsverbot zu entziehen, mit dem Strafe als Konsequenz von Steuerehrlichkeit (in den nachfolgenden Jahren) vermieden werden soll.*

2. Die sich aus der Verschärfung des Rechts der Selbstanzeige ergebenden Folgen

Die schlichte Lösung des für die Folgejahre der Hinterziehung auftretenden Nemo-Tenetur-Konflikts durch Selbstanzeige steht und fällt mit der wirksamen Strafaufhebung. Das als Kompensation vom BGH zugestandene Verwendungsverbot setzt aus Sicht der Karlsruher Richter andauernde wirtschaftliche Leistungsfähigkeit zur nachträglichen Erfüllung der offenen Steueransprüche voraus. Bleibt es bei dieser Rechtsprechung, muss man das Nemo-Tenetur-Dilemma, um das es hier geht, als faktisch ungelöst betrachten. Demnächst wird der Gesetzgeber die ohnehin schon erhöhten finanziellen Anforderungen an die Wirksamkeit von Selbstanzeigen nochmals verschärfen. Damit könnten die finanziellen Hindernisse zum Regelfall werden, die es erschweren, das Spannungsverhältnis zwischen der für die Folgejahre nach der Hinterziehung gebotenen Steuerehrlichkeit und dem darauf beruhenden mittelbaren Selbstbelastungs-Konflikt zu überwinden. Wenn man Nemo-Tenetur und § 371 AO als kommunizierende Röhren eines Systems betrachtet, das in der zeitlichen Abfolge jährlich vorgeschriebener Steuererklärungen wirksamen Schutz vor auferlegter Selbstbelastung ermöglicht, dann verliert dieses Konzept gegenwärtig seine sichere Grundlage.[54]

---

53 BGH, wie vor, S. 219 (30).
54 Diese Entwicklung hat nicht erst mit den nachfolgend dargestellten gesetzlichen Maßnahmen begonnen. Sie ist durch den Beschluss des BGH aus dem Jahre 2010 ausgelöst worden, deren Gegenstand „Anforderungen an eine strafbefreiende Selbstanzeige" sind (BGHSt 55, 180). Die darin entwickelten Regeln werden erstmals ausdrücklich genutzt, um § 371 AO als gesetzlichen „Verzicht auf den staatlichen Strafanspruch" restriktiv auszulegen (BGH, wie vor, S. 184 (17)). Gerechtfertigt wird dies mit einem moralisierenden Verständnis der Selbstanzeige als „Rückkehr zur Steuerehrlichkeit"

Der Gesetzgeber hat bereits damit begonnen, die Selbstanzeige weiter zu beschneiden. Er hat sich dazu entschieden, deren Wirksamkeit von zusätzlichen wirtschaftlichen Belastungen abhängig zu machen. Seit dem Jahre 2011 tritt keine Straffreiheit durch Selbstanzeige mehr ein, wenn die verkürzte Steuer einen Betrag von 50 000 € je Tat übersteigt (§ 371 Abs. 2 Nr. 3 AO).[55] In diesem Fall wird, statt Strafaufhebung zu bewirken, nur von der Verfolgung einer Steuerstraftat abgesehen, und dies auch nur, wenn der Täter zusätzlich zu den hinterzogenen Steuern einen Geldbetrag von derzeit fünf Prozent der Hinterziehungssumme an die Staatskasse zahlt (§ 398a AO). Diese Regelung soll nach einem Beschluss der Finanzminister vom 9.5.2014 noch in diesem Jahr deutlich verschärft werden.[56] Es ist vorgesehen, den Zuschlag von fünf Prozent in gestaffelter Form zu erhöhen. Bei hinterzogenen Steuern von 25 000 bis 100 000 € wird er zehn Prozent betragen, darüberhinaus bis zu einer Mio. € fünfzehn Prozent und oberhalb einer Mio. € zwanzig Prozent. Außerdem soll die sofortige Entrichtung der Hinterziehungszinsen von sechs Prozent pro Jahr künftig zusätzliche Wirksamkeitsvoraussetzung der Selbstanzeige werden. Steuern, Sanktionszuschlag und Hinterziehungszinsen steigern sich kumulativ in eine Dimension, die erheblich oberhalb der Bemessungsgrundlage liegen wird.[57]

Im Ergebnis wird bei Selbstanzeigen in den schwereren Fällen der Steuerhinterziehung auf das zum Urteil führende Verfahren prozessual durch (bedingte) Einstellung verzichtet (§ 398a AO). Der Verzicht wird entscheidend davon abhängen, dass der Täter mit Liquidität weit über den Betrag der hinterzogenen Steuern hinaus ausgestattet ist. Sind aber Selbstanzeigen der Behelf, um dem Nemo-Tenetur-Prinzip für die im Jahrestakt aufeinander folgenden Besteuerungszeiträume Rechnung zu tragen, setzt der Schutz künftig mehr denn je wirtschaftliche Leistungsfähigkeit voraus. Zwar be-

---

(BGH, wie vor, S. 183 (10)). Dass die Wirksamkeit der Selbstanzeige von der Nachentrichtung der hinterzogenen Steuern abhängig gemacht wird, ist sachgerecht. Es gibt keinen Anspruch auf Strafaufhebung. Davon zu unterscheiden ist aber das Dilemma, das hinsichtlich der Folgejahre nach der Hinterziehungstat entsteht.

55 Schwarzgeldbekämpfungsgesetz v. 17.3.2011 (BGBl. I 2011, 676); zu § 398a AO im Licht des europäischen Grundsatzes ne bis in idem: *J. Bülte*, NZWiSt 2014, 321 f.
56 Wistra 6/2014 S. XIII.
57 Sollte die allgemeine steuerstrafrechtliche Frist der Verfolgungsverjährung von fünf auf zehn Jahre verdoppelt werden, so wie dies durch das Jahressteuergesetz 2009 schon mit § 376 Abs. 1 AO für die in § 370 Abs. 3 S. 2 Nr. 1 bis 5 AO genannten Fälle besonders schwerer Steuerhinterziehung geschehen ist, würde dies die Bemessungsgrundlage für den progressiven Zuschlag nach § 398a AO nochmals anheben. In der Kumulation mit der Zahlung auch von Hinterziehungszinsen als Voraussetzung der Wirksamkeit von Selbstanzeigen würde das sehr schnell zu Größenordnungen führen, die nur noch selten bewältigt werden können. Das Gleiche würde gelten, wenn die strafrechtlichen Verjährungsfristen unverändert bleiben, aber die Wirksamkeit der Selbstanzeige davon abhängig gemacht wird, dass die nachzuentrichtenden Steuern sowie Hinterziehungszinsen auch für verfolgungsverjährte Jahre gezahlt werden, soweit die steuerliche Festsetzungsverjährung von zehn Jahren noch nicht eingetreten ist.

ruht der gesetzlich auferlegte pauschale Zuschlag auf keinem richterlichen Schuldspruch und handelt es sich bei den finanziellen Bedingungen der Einstellung auch nicht um eine Vorstrafe. Doch geht es offenkundig um eine Sanktion sui generis, die Strafe ersetzen soll, indem das ordentliche Verfahren abgebrochen wird.[58] Die gesetzlich geregelten Zuschläge wirken wie ein wesensgleiches Minus der Strafe. In entwaffnender Offenheit hat die schleswig-holsteinische Finanzministerin die geplante Verschärfung des Rechts der Selbstanzeige mit dem Satz präsentiert: „Für ganz dicke Fische ist die Strafe vervierfacht worden".[59]

Es erscheint deshalb schon fraglich, ob diese neue finanzielle Belastung der Selbstanzeige überhaupt noch mit einer Strafaufhebung gleichgesetzt werden kann. Wäre das zu verneinen, liefe die Selbstanzeige in den davon betroffenen Fällen darauf hinaus, die an sich verwirkte Strafe gegen eine andere und mindere Sanktion auszutauschen. Häufig wird aber selbst dies daran scheitern, dass der Steuerpflichtige die sich kumulierenden hohen Zahlungen nicht aufbringen kann, von denen die Verfahrenseinstellung abhängen soll. Damit wird der Schutz vor Strafe als Folge (mittelbarer) Selbstbelastung durch steuerliche Erklärungen in den Jahren nach der Hinterziehung unsicher und für viele vereitelt. Setzt der Schutz voraus, dass sanktionsähnliche finanzielle Leistungen erbracht werden, steht er nur selektiv zur Verfügung. Dies führt zu der **siebten These**: *Mit der voranschreitenden Verschärfung des Rechts der Selbstanzeige verliert die kasuistische Lösung von Einzelfragen des Nemo-Tenetur-Prinzips im Falle jährlich abzugebender Steuererklärungen eine tragende Grundlage. Es ist daher auch deshalb erforderlich, die bisherigen Argumentationen zu überprüfen und einen rechtlichen Ansatz zu suchen, der verfehlte Abwägungen und innere Widersprüche vermeidet.*

IV. Die Alternative

Die Schnittstelle von Steuerrecht und Strafrecht hat sich mit der dargestellten Verknüpfung steuerlicher und polizeilicher Aufgaben (z.B. nach § 31b AO) verändert. Unter diesen Bedingungen kann das Nemo-Tenetur-Problem nicht mehr nur durch fallbezogene Ansätze ohne Gesamtkonzept gelöst werden. Ein Steuerverfahren, das auch in den Dienst strafrechtlicher

---

58 *Schauf* (in Kohlmann, Steuerstrafrecht Köln 2012, Rz. 9 zu § 398a AO) bezeichnet die gesetzliche Auflage als „besondere nichtstrafrechtliche Sanktion." § 398a AO führt nicht zu einem Strafklageverbrauch analog § 153a Abs. 1 S. 5 StPO. Deshalb könne eine Tat trotz Einstellung des Strafverfahrens weiterhin verfolgt werden, wenn sich nachträglich die Unwirksamkeit der Selbstanzeige herausstellt (*J. Bülte*, a.a.O., Fn. 55 S. 322; dazu schon *K. Beckemper/R. Schmitz/C. Wegner/M. Wulf*, Zehn Anmerkungen ..., wistra 2011, 281 ff. [285 f.]).
59 SZ v. 2.5.2014. Aus Bayern war vorgeschlagen worden, bei einer Hinterziehungssumme von mehr als einer Mio. € die Selbstanzeige ganz abzuschaffen.

Ausforschung gestellt wird, darf nicht auf das Verweigerungsrecht verzichten, das zu den Grundbedingungen des Strafverfahrens gehört[60] Die Ausübung eines derartigen allgemeinen Nemo-Tenetur-Rechts muss freilich, soweit es auch im Steuerverfahren gelten soll, ausdrücklich kommuniziert werden.[61] Es wäre nicht hinnehmbar, als Folge eines umfassenden Nemo-Tenetur-Schutzes die straflose Unterlassung oder Unvollständigkeit von Steuererklärungen zu ermöglichen. Sonst würde der Schutz vor Zwang zur Selbstbelastung zu einem stillen Privileg; die Wirkung gliche einem bis zum Eintritt der Verfolgungsverjährung funktionierenden Perpetuum Mobile. Damit ginge das Nemo-Tenetur-Recht weit über dessen klassische Ausprägung im Strafverfahren hinaus, die es dem an sich zur Aussage verpflichteten Zeugen erlaubt, die Beantwortung solcher Fragen ausdrücklich zu verweigern, die ihm die Gefahr strafrechtlicher Verfolgung zuziehen würden. Dieses Verweigerungsrecht muss der Zeuge geltend und nach § 56 StPO glaubhaft machen.

Soweit bei den hier untersuchten Sachverhalten ein ähnliches Recht des Steuerpflichtigen gegenüber dem Finanzamt in Betracht zu ziehen ist, muss der Betroffene sich deshalb im Veranlagungsverfahren darauf berufen. Auf diesem Wege wird der Wille zur Verweigerung bekannt und aktenkundig. Die Rechtsvergleichung bietet ein interessantes Beispiel dafür, dass dies funktionieren kann. In den Vereinigten Staaten wird eine solche richterrechtliche Lösung aus dem geschriebenen Nemo-Tenetur-Recht des Fünften Verfassungszusatzes (*„no person ... shall be compelled in any criminal case to be a witness against himself"*) abgeleitet. Einzelheiten dazu finden sich in der instruktiven Dissertation von Sabine Stetter aus dem Jahre 2007.[62] Danach wenden die amerikanischen Gerichte den Fünften Verfassungszusatz (auch) bei Gefahr der Selbstbelastung wegen eines früheren Steuerdelikts an.[63] Das Schutzrecht erlaubt es (insoweit übereinstimmend mit der Auffassung der deutschen Gerichte) grundsätzlich nicht, die Abgabe einer weiteren Steuererklärung schlicht zu unterlassen oder zu falschen

---

60 Die Grundlagen des strafprozessualen Nemo-Tenetur-Rechts werden ausführlich in der Entscheidung des BGH v. 27.2.1992 – 5 StR 190/91, BGHSt 38, 214 (220 ff.) dargestellt.
61 Zu einer einschlägigen Fragestellung des SchwArbG hat das OLG Bamberg (2 Ss OWi 897/12, wistra 2013, 288) entschieden, dass sich der Auskunftspflichtige ausdrücklich auf sein Verweigerungsrecht berufen muss; sonst sei er weiterhin zur Auskunft verpflichtet.
62 *S. Stetter*, Die Lösung der Fälle mittelbarer Selbstbelastung durch Erfüllung steuerrechtlicher Erklärungspflichten, Berlin 2007, dort zur Gefahr der Selbstbelastung wegen einer Steuerstraftat S. 133 ff. Die amerikanische Lösung kann damit zusammenhängen, dass die Steuerpolizei (CID) in der Vergangenheit weitgehend mit dem FBI und der DEA kooperiert hat (dazu *M. Zahner*, Das Steuerstrafrecht der USA, in Dannecker/Jansen (Hrsg.), Steuerstrafrecht in Europa und den Vereinigten Staaten, Wien 2007, S. 511 ff., 540 f.).
63 *S. Stetter*, wie vor, S. 134 f.

Angaben Zuflucht zu nehmen.[64] Vielmehr muss der betroffene Steuerpflichtige in den USA der Finanzbehörde mitteilen, hinsichtlich welchen Teil-Abschnitts der anstehenden Steuererklärung er sich auf das Verweigerungsrecht beruft oder ob er, was nur ausnahmsweise zulässig ist, den Schutz sogar zur Gänze geltend macht.

Für die Überprüfung stellen die amerikanischen Gerichte ein besonderes Verfahren (*in camera review*) zur Verfügung. Dort erhält der Betroffene Gelegenheit, seine Gründe an Eides Statt zu konkretisieren, ohne mit diesen (zu versiegelnden) Angaben den Schutz zu verlieren. Der Richter entscheidet, ob Selbstbelastungsgefahr besteht und anerkannt werden muss.[65] Dieses gerichtlich kontrollierte Procedere macht es möglich, dass der Steuerpflichtige hinter seinen Erklärungspflichten straflos zurückbleiben kann, um Selbstbelastung zu vermeiden. Im deutschen Strafrecht wird das In-Camera-Verfahren abgelehnt.[66] Ein solches Verfahren würde bei den hier abgehandelten Sachverhalten aber in die steuerliche Zuständigkeit der FG fallen. Wäre das Prozessgrundrecht auf Gehör damit vereinbar, die betroffenen Finanzbehörden von der Information über den konkreten Inhalt des In-Camera-Verfahrens auszuschließen? Gehör (Art. 103 Abs. 1 GG) steht auch öffentlichen Gebietskörperschaften zu.[67] Das BVerfG hält jedoch im Verwaltungsrecht eine Beschränkung des Akteneinsichtsrechts von Verfahrensbeteiligten für damit vereinbar, „wenn sich erst durch diese Beschränkung der von Art. 19 Abs. 4 gebotene effektive Rechtsschutz ermöglichen lässt."[68] Genau darum würde es bei der In-Camera-Kontrolle gehen, die einen Missbrauch des Nemo-Tenetur-Rechts verhindert und eine strafrechtliche Verwendung der zur Rechtfertigung notwendigen Angaben ausschließt.

Die amerikanischen Gerichte haben sich in einer Reihe von Entscheidungen auch mit der Steuerpflicht krimineller Einkünfte und dem sich daraus ergebenden Zwang zur Selbstbelastung befasst, die Stetter im Einzelnen dargestellt hat.[69] Dazu hat der Supreme Court im Jahre 1969 bestätigt, dass der Fünfte Verfassungszusatz nicht zu falschen Angaben in Steuererklärungen berechtigt.[70] Knox war wegen illegalen Glücksspiels angeklagt. Er sollte aber auch bestraft werden, weil er in den vorgeschriebenen Steuererklärungen die Zahl der Mitarbeiter, die für ihn illegale Wetten angenommen hatten, nur zum Teil offenbart hatte. Das zuständige erstinstanzliche Gericht hat Knox insoweit freigesprochen, weil ihn der Fünfte Verfassungszusatz

---

64 S. *Stetter*, wie vor, S. 135 f.
65 S. *Stetter*, wie vor, S. 136 ff. m. Nachweisen.
66 *Schoreit* in KK StPO 6. Aufl. 2008, Rz. 29 zu § 261 StPO; BGH NStZ 2000, 265.
67 *Schmidt-Aßmann* in Maunz/Dürig, GG 2006, Rz. 32 zu Art. 103 Abs. 1 GG m. Nachweisen.
68 BVerfG NStZ 2000, 151.
69 S. *Stetter*, a.a.O., Fn. 62 S. 125 ff.
70 United States v. Knox, 396 U.S. 77 (1969).

schütze und er deshalb wegen Verletzung der in Rede stehenden Erklärungspflicht nicht verurteilt werden dürfe.[71] Der Fall gelangte zum Supreme Court. Dieser entschied zugunsten der Anklagebehörde; Knox sei vom Schutzbereich des Fünften Verfassungszusatzes nicht gedeckt gewesen. Das Nemo-Tenetur-Recht rechtfertige nicht die Abgabe falscher Steuererklärungen. Vielmehr hätte sich Knox darauf beschränken müssen, unter ausdrücklicher Berufung auf den Fünften Verfassungszusatz von der Abgabe der Erklärung abzusehen, anstatt die Behörde zu belügen.[72]

Mithin hängt das Verweigerungsrecht in den Vereinigten Staaten, auch wenn es um außersteuerliche Straftaten geht, von seiner ausdrücklichen Geltendmachung gegenüber den Behörden ab. Der Steuerpflichtige muss seinen Willen zur Verweigerung mitteilen, ohne gezwungen zu sein, sich einer Bestrafung auszusetzen. Im Fall United States v. Troescher im Jahre 1996[73] hat der Court of Appeals (Ninth Circuit) entschieden, *„that the self-incrimination clause of the Fifth Amendment applies in all instances where a taxpayer has reasonable cause to apprehend criminal prosecution, whether tax related or not."*[74] Die Breite dieses Dictums zeigt, dass der Schutz sich in gleicher Weise auf Steuerstraftaten wie auf allgemeine Straftaten bezieht. Wir dürfen annehmen, dass die gerichtliche Überprüfung, wenn der Betroffene sich auf das Recht beruft, wiederum im In-Camera-Verfahren möglich ist, ohne das Grundrecht zugunsten eines zwingenden öffentlichen Interesses auszuheben.[75] Dies bedeutet übrigens nicht unbedingt, dass eine (nur) steuerliche Verwendung unzulässig wäre. Mit seiner eingangs erwähnten Entscheidung hat der BFH das Verwertungsverbot, das im Strafrecht aus einer unterlassenen Belehrung folgt, im Steuerrecht für unanwendbar erklärt und so den prozessualen Unterschied der beiden Verfahren betont.[76] Mittelbar wird damit die Bedeutung des strafrechtlichen Schweigerechts und der daraus folgenden Sperre unterstrichen. Haltbar wird dieser gespaltene Ansatz aber nur, wenn

---

71 S. *Stetter*, a.a.O., Fn. 62 S. 131.
72 S. *Stetter*, wie vor, S. 132 f.
73 99 F. 3d 933, 936 (9th Cir. 1996); dazu S. *Stetter*, wie vor, S. 134 f.
74 S. *Stetter*, wie vor, Fn. 62 S. 134 f.
75 S. *Stetter*, a.a.O., wie vor S. 164 f., weist auf die Probleme hin, die in den USA dann bestehen, wenn der Steuerpflichtige von der Abgabe der Erklärung insgesamt absehen will. Wie sie mitteilt, behilft man sich in der amerikanischen Rechtspraxis regelmäßig mit einer Erklärung, „in der die Abgabe einer vollständigen Steuererklärung nach Abschluss des Steuerstrafverfahrens in Aussicht gestellt und die Steuerschuld geschätzt wird, die gleichzeitig per Scheck bezahlt wird." Der pragmatische Behelf kann nicht überzeugen. In Deutschland wäre, wenn ein Verweigerungsrecht ähnlich wie in den Vereinigten Staaten anerkannt würde, zumindest mit steuerlichen Schätzungen zu rechnen, die zwar nicht an den unverwertbaren Sachverhalt anknüpfen würden, doch an die Zweifel, die durch die Anrufung des Rechts und die Verweigerung ausgelöst werden. Da die Unverwertbarkeit nur vor Strafe schützen soll, nicht aber vor Steuerlast, wäre dagegen nichts einzuwenden.
76 Dazu BFH v. 23.1.2002 – XI R 10, 11/01, BFHE 198, 7 und *Hilgers-Klautzsch*, a.a.O., Fn. 12.

es gelingt, das Steuerrecht auch durch ein neues Verständnis der Vorschrift des § 393 Abs. 2 S. 2 AO wirksam und nachhaltig vom Strafrecht abzuschotten.

Sollte sich nichts an der bisherigen Auslegung ändern, wonach das Verwendungsverbot in den Fällen des abstrakten Katalogs schwerer Straftaten von vornherein entfällt, wird der bestehende gravierende Widerspruch zum Nemo-Tenetur-Prinzip eine neue Lösung erzwingen. Gleiches gilt für die Rechtsprechung, die gesetzlich auferlegte Selbstbezichtigungen als „freiwillig" missversteht und diesen deshalb den Schutz verweigert. Und nicht zuletzt wird das abgehandelte Dilemma des Straftäters, der vergangene Steuerdelikte durch zukünftige Erklärungen offenbaren muss, ohne dass ihm Strafaufhebung durch Selbstanzeige zur Verfügung steht, die Auseinandersetzung andauern lassen. Auch darauf bezieht sich die abschließende **achte These**: *Je häufiger und intensiver die Finanzbehörde Funktionen ausübt, die polizeilicher und strafrechtlicher Überwachung dienen, desto dringender wird es werden, dem Grundrecht, das dem Fünften Verfassungszusatz der Vereinigten Staaten entspricht, den gebotenen Gehorsam zu leisten, anstatt Lösungen zu suchen, die es im Ergebnis umgehen und aushöhlen. Bleibt es bei der subtilen, aber effizienten, Verknüpfung von steuerlichen und polizeilichen Interessen, wird ein im Steuerverfahren ausdrücklich geltend zu machendes Verweigerungsrecht auf verfassungsrechtlicher Grundlage nach amerikanischem Vorbild eingeräumt werden müssen. Für dessen Kontrolle (in camera) wären die Finanzgerichte zuständig.* Den Betroffenen freilich würde damit der Mut abverlangt, den man braucht, um die Verstrickung als Grund des Verweigerungsrechts einer (geheimen) richterlichen Prüfung zu unterwerfen. Das, so meint der Strafverteidiger, könnte mittelbar ein erster Schritt zur Resozialisierung werden.

Diskussion

zu den Referaten von Prof. Dr. *Klaus-Dieter Drüen, Klaus Herrmann* und Prof. Dr. *Franz Salditt*

Roswitha Götz, Gruppenleiterin im Landesamt für Steuern, Koblenz

Herr Professor *Drüen*, ich habe eine Frage an Sie. Sie haben vorhin einen Sachverhalt beziehungsweise ein Thema angesprochen, das auch mich umtreibt, und zwar haben Sie das Subsidiaritätsprinzip, das für das Strafrecht gilt, erläutert und haben ausgeführt, dass bei größeren Unternehmen nur Sachverhalte strafrechtlich aufgegriffen werden sollten, die in einem Verhältnis auch zur Größe des Unternehmens stehen. Sachverhalte, in denen es steuerlich um weniger als beispielsweise 5000 € geht, seien danach in großen Unternehmen strafrechtlich nicht zu verfolgen. Nun sieht es so aus, dass mit großer Wahrscheinlichkeit im Rahmen von Betriebsprüfungen großer Unternehmen nur Sachverhalte mit steuerlicher Auswirkung größer als 5000 € aufgegriffen werden, weil wir uns hier sehr strikt auf wesentliche Schwerpunkte beschränken. Aber ich sehe ein Problem bei Ihrer Auffassung, der ich vom Grunde her gerne folgen würde, in der Vorschrift des § 152 Strafprozessordnung begründet, im Legalitätsprinzip. Wir haben in anderen Sachverhalten und Kontexten, beispielsweise zu Rentenbezugsmitteilungen, intern diskutiert, ob wir hier so etwas wie Nichtaufgriffsgrenzen nach dem Verhältnismäßigkeitsgrundsatz überhaupt schaffen dürfen und sehen ein sehr striktes Gebot im Legalitätsprinzip, uns um alle Sachverhalte zu kümmern, streng genommen, vom ersten Euro an, wenn sie strafrechtliche Relevanz haben. Wenn man vorsätzlich einen Euro hinterzieht, müssen wir streng genommen auch solchen Sachverhalten nachgehen. Andererseits haben wir natürlich Kapazitätsbeschränkungen, Herr *Herrmann* hat das erläutert, und können uns aus der Natur der Sache heraus gar nicht um solche Bagatellsachverhalte kümmern. Wir müssen auch jetzt schon gewichtet, also risikoorientiert arbeiten. Wir lösen das in der Praxis unter Berücksichtigung des Grundsatzes der Verhältnismäßigkeit. Aber sollte man nicht angesichts der Diskussion, die hier zur Komplexität des Steuerrechts mit der Schnittstelle Steuerstrafrecht geführt wurde, noch einmal eine Überlegung aufgreifen, die ich in der Literatur gefunden habe. In den 70er Jahren gab es eine Diskussion, ob man nicht Bagatellfälle aus dem Steuerstrafrecht herausnehmen und ins Ordnungswidrigkeitengesetz überführen sollte, weil wir dann im Opportunitätsprinzip wären. Natürlich könnten wir auch dann noch Bagatellsachverhalte aufgreifen, wenn dies im Einzelfall angezeigt ist. Im europäischen und internationalen Ausland ist das vielfach so geregelt. Das würde sich also sehr gut hier einfügen, wenn man über eine Harmonisierung auch des Steuerstrafrechts – wenn man so weit gehen möchte – nachdenkt. Es passt ganz gut in die Landschaft und vor allen Dingen passt es sehr gut in die Themenstellung der AG Modernisierung des Besteuerungsverfahrens, die im Moment auf Bund-Länder-Ebene aktiv ist und die die Aufgabenstellung hat, die bereits bestehende Praxis des risikoorientierten und am Grundsatz der Wirtschaftlichkeit ausgerichteten Arbeitens an die Abgabenordnung anzupassen. Auch da ist man bemüht, eine bessere Rechtsgrundlage für die bestehende Praxis zu schaffen. Meine Frage an Herrn *Drüen:* Gibt es derzeit Überlegungen, im Steuerstrafrecht Bagatelldelikte abzustufen und ins Ordnungswidrigkeitengesetz zu überführen und wird das als eine Lösung angesehen?

Prof. Dr. *Klaus-Dieter Drüen*, Düsseldorf

Vielen Dank für diese Frage, die zwei Ebenen hat. Die eine Ebene ist rechtspolitischer Natur und greift alte Überlegungen wieder auf, nicht einen großen Teil der Bevölkerung zu kriminalisieren und darum die Grenze zwischen Ordnungswidrigkeitenrecht und Strafrecht neu zu vermessen. Gerade die beiden letzten Tage haben gezeigt, dass die Anforderungen angesichts der Komplexität und der zu bewältigenden Erklärungsaufgaben der Steuerpflichtigen und der Unternehmen besondere sind. Die Beispiele von Herrn *Kaeser* haben dies besonders plastisch gemacht. Daraus ergibt sich die Frage, die ich unter dem Stichwort der Entkriminalisierung angesprochen habe. Ich bin der Ansicht, diese Debatte sollte für den Steuervollzug geführt werden. Man kann dabei darüber nachdenken, ob europäische Parallelbewegungen ein Impuls sind. Die zweite Ebene umfasst das geltende Recht. Die Diskussion von gestern zur Abgrenzung zwischen Vorsatz und Fahrlässigkeit zeigt, dass man nicht aus der Erfüllung des objektiven Tatbestandes immer zugleich auf das subjektive Element schließen kann. Mein Gedanke der Subsidiarität der Bestrafung war auch auf solche Fälle bezogen, in denen, wie Herr *Kaeser* es dargestellt hat, Unternehmen versuchen, mit der Verwaltung zu kooperieren. Größere Unternehmen sind dabei aufgrund von regulatorischen Vorgaben oder aufgrund von Compliance-Bestrebungen schon weiter als andere Steuerpflichtige. Ich sehe darin aber nur eine Vorreite- und Modellfunktion und keine Besonderheit. Stets geht es um angemessene Sanktionen für Fehlverhalten. Diese richten sich nach der Größe des Unternehmens und dem Bestreben nach Kooperation mit der Finanzverwaltung, wie Herr *Kaeser* es illustriert hat. Wird zum ersten Mal ein Mangel aufgegriffen, sehe ich kein Strafbedürfnis, wenn das Unternehmen sich darauf einstellt und diese Mängel für die Zukunft ausräumt. Häufig sind gerade in großen Unternehmen fehlende Informationswege Ursache dafür, dass die Informationen von der einen Abteilung nicht an die Steuerabteilung weitergegeben werden und umgekehrt. Bereits bei der Anwendung des geltenden Rechts ist darüber nachdenken, ob insoweit überhaupt ein strafrechtliches Sanktionsbedürfnis besteht oder nicht. Mitunter reicht auch die Nachzahlung der Steuern, die immerhin mit erheblichen Zinslasten verbunden ist, um dem staatlichen Anspruch Genüge zu tun. Im Wiederholungsfall muss allerdings das schwere Geschütz des Straf- und Ordnungswidrigkeitenrechts aufgefahren werden. Gerade, wenn Staat und Verwaltung das Bestreben von Unternehmen fördern will, sich rechtstreu zu verhalten, sollten erst bei einer nachhaltigen Verletzung dieses Bestrebens strafrechtliche Sanktionen greifen.

Prof. Dr. Dres. h.c. *Paul Kirchhof*, Heidelberg

Wir haben in den drei eindrucksvollen Referaten immer als Ausgangspunkt, Herr *Drüen* hat es ausdrücklich gesagt, die Unabhängigkeit der beiden Verfahren und die Gleichheit der beiden Verfahren. Ich ziehe für mich von dem Vormittag die Resonanz, dass die Unabhängigkeit gestärkt werden muss, die Gleichheit nicht existiert. Es gibt kaum größere Unterschiede im Verfahren von der Gesetzgebung her, von der Verhältnismäßigkeit her, vom Ziel her wie zwischen Steuerermittlung und Steuerfahndung. Bei der Steuerermittlung geht es um Geld und dann gibt es, was den Gesetzesvorbehalt angeht, Zahlungspflichten und Erklärungspflichten, der allgemeine Gesetzesvorbehalt in der Ungenauigkeit und Breite, wie wir ihn allgemein kennen. Bei der Steuerfahndung geht es um Freiheit. Da geht es um den Art. 103 Abs. 2 Grundgesetz, ein strengerer Bestimmtheitsgrundsatz und ein Bestimmtheitsgrundsatz, der von jedem Bürger verstanden werden muss. Wir haben nicht die Rechtspflicht des Bürgers, er möge sich steuerlich schulen, das haben wir im Straßenverkehr, wer teilnehmen will am Straßenverkehr, muss Fertigkeiten und Wissen erwerben, den Führerschein, sonst darf er nicht teilnehmen. Die Parallelregel, wer steuerlich unkundig ist, nimmt nicht am Besteuerungsverfahren teil, die gibt es nicht. Ergo brauchen wir Normen, also ich spreche jetzt nur von der Strafbarkeit, die prinzipiell der Laie in der Parallelbewertung, in der Laiensphäre schon ab der Tatbestandlichkeit, nicht bei der Schuld, verstehen kann. Das bedeutet, dass wir auf die Tatsachen, die einen Verdacht begründen, in diesem Tatbestand meines Erachtens die Steuerfahndung sehr deutlich reduzieren müssen. Jedenfalls komplizierte Rechtsfragen können in diesem Verfahren nicht geklärt werden und sollen nicht geklärt werden, weil es nur um die Strafwürdigkeit des Jedermann geht. Dann: Die Verhältnismäßigkeit ist eine ganz andere. Wenn jemand Geld zahlen muss und er hat zu viel gezahlt, dann kann man es zurückzahlen und mit Zins und Zinseszins einen Ausgleich schaffen. Wenn jemand zu einer Freiheitsstrafe verurteilt wird, fehlerhafter Weise, dann können wir das nicht wiedergutmachen. Wir können ihm die Freiheit nicht zurückgeben und deswegen haben wir den Art. 104 (GG), die präventive Richterkontrolle. Wenn wir in die Nähe des Vollzugs einer Haft kommen, dann haben wir den vorbeugenden Richtervorbehalt (Art. 104 Abs. 1 Grundgesetz), während wir normalerweise (Art. 19 Abs. 4 Grundgesetz) nur die nachfolgende gerichtliche Kontrolle haben. D.h., wenn die Steuerfahndung in die Nähe einer Haft kommt, ist es ein vorjudizielles Verfahren, das durch die Verwaltung durchgeführt wird und dann natürlich die Verfahrensziele. Wenn wir im Steuerrecht arbeiten, dann gilt die Gleichheit, jeder soll Gleiches bezahlen nach dem Steuergesetz, während beim Steuerstrafrecht, lieber zwei Schuldige laufen lassen als einen unschuldigen Inhaftieren – in dubio pro reo. Und dann kooperatives Verfahren bei der Besteuerung und nemo tenetur, Herr *Salditt*, das ist klar, nur im Strafverfahren, das mag in den USA anders sein, bei uns kategorisch nur im Strafverfahren. Er muss sogar kooperieren, wenn das Strafverfahren möglicherweise schon läuft. Im Steuerverfahren: Wie das dann ist mit der Verwertung, ist eine schwierige Frage. Ich wollte nur sagen im Hinblick auf die Doppelfunktion der Fahnder, im Hinblick auf das Angstszenario: Bei der Steuerermittlung wird ja schon energisch auf die potentielle Strafe hingewiesen. Und wenn jetzt noch ein Angstszenario entsteht für die Beamten, interessant, wie werden die Beamten belehrt, das würde ich einmal gerne wissen, wenn da möglicherweise ein Strafverfahren droht, wann und wie werden die belehrt? Ich meine, wir müssen nicht nur lege ferenda ganz beharrlich und entschieden die strukturelle Verschiedenheit beider Verfahren betonen und, Herr *Drüen*, ich hatte den Eindruck auch für den Wissensverbund selbstverständlich, auch da müssen wir die beiden Verfahren unterscheiden. Ich hatte Ihren Vortrag so gehört als ein eindrucksvolles Plädoyer für die Verschiedenheit der beiden Verfahren.

Prof. Dr. *Klaus-Dieter Drüen*, Düsseldorf

Herr *Kirchhof*, ich darf das als Bestätigung werten. Gerade für den Bereich der Außenprüfung bin ich entgegen einiger Stimmen der Auffassung, dass es keine planmäßige im Gesetz angelegte Doppelfunktionalität gibt. Eine Außenprüfung kann zwar faktisch in Strafverfahren münden. Stets gilt es sich zu verdeutlichen, in welchem Verfahren mit welchen Mitwirkungspflichten man sich befindet. Mein Thema war nicht die Doppelfunktionalität der Steuerfahndung, dem sich Herr *Herrmann* gewidmet hat. Aber auch bei der Steuerfahndung gilt aus den von Ihnen noch einmal sehr strukturiert dargestellten Gründen die klare Unterscheidung der Verfahren, damit der Bürger sich darauf einrichten kann. Insoweit haben Sie mein Plädoyer völlig richtig verstanden. Die Verfahren sind strukturverschieden. Die Außenprüfung ist ein Instrument des Besteuerungsverfahrens, nicht der Strafverfolgung.

Prof. Dr. *Jochen Lüdicke*, Düsseldorf

Eine Frage an Herrn *Herrmann*: Wir haben jetzt auch schon von Herrn *Kirchhof* gerade noch einmal dieses Doppelverhältnis gehört und auch die Kritik daran, auch in der Rechtsprechung des BFH. Warum macht man das eigentlich? Belasten wir nicht den Bürger durch diese Doppelfunktion, die von ihm generell nicht wahrgenommen wird, nicht verstanden wird, belasten wir den Bürger nicht übermäßig durch ein Organisationsverschulden der Finanzverwaltung, dass hier nicht Beamte zwei Dienststellen zugeordnet werden, mit zwei unterschiedlichen Briefköpfen arbeiten, das ist ja heute in der EDV-Zeit überhaupt kein Problem, so etwas einzurichten, zwei Dienstausweise bekommen können und dann wird völlig klar, wenn der mit dem Dienstausweis Steuerfahndung unterwegs ist, ist er als Steuerfahnder und Kriminalpolizist unterwegs, wenn er mit dem Dienstausweis Betriebsprüfer unterwegs ist, ist er in der Form in einem solchen Finanzamt zuständig. Es wäre organisatorisch ein absolut Leichtes, das einzurichten und wir belasten hier den Bürger, indem man ihn in Unkenntnis darüber lässt, in welcher Form der Beamte ihm gegenüber auftritt. Man belastet auch den Beamten, indem er sich möglicherweise in Unkenntnis befindet, in welcher Verfahrensart er ist. Wenn die Trennung besser durchgeführt würde, wäre es – glaube ich – ein rechtsstaatlicher Fortschritt und vielleicht kann man das heute zum Anlass nehmen, diesen rechtsstaatlichen Fortschritt umzusetzen. Wir brauchen keinen Gesetzgeber. Das ist ein reines Verwaltungsinternum und ich wäre allen dankbar, die aus der Verwaltung hier sind, wenn man sich darüber im Sinne einer gelebten Demokratie Gedanken machen könnte.

Klaus Herrmann, Koblenz

Vielen Dank für die Frage und die Anregungen. Ich persönlich halte jetzt nichts davon, der gleichen Person zwei Dienstausweise zu geben, um deutlich zu machen, sie ist mal im einen und mal im anderen Verfahren unterwegs. Also wenn, dann müssten wir die Stellen richtig trennen. Es müsste eine Stelle geben, die ist eigentlich nach der Abgabenordnung so nicht vorgesehen, denn das ist eigentlich der Grund, warum wir das so tun, weil der § 208 Abs. 1 Nr. 3 Abgabenordnung diese Doppelfunktion im Gesetz hat. Das ist von Anfang an kritisiert worden mit den Gründen, die Sie genannt haben. Ich sehe nicht, dass wir das mit der jetzigen Abgabenordnung einfach umsetzen können. Das ist nicht nur innerorganisatorisch, das ist eine Aufgabenzuweisung aus § 208 der Abgabenordnung und das ist eine gesetzgeberische Aufgabe. Dieses Unter-zwei-Flaggen-Segeln, um den Anschein zu erwecken – jetzt bin ich steuerlich, jetzt bin ich strafrechtlich unterwegs – löst das Problem eigentlich nicht, denn es sind ja immer noch dieselben Personen, die da handeln.

Dr. *Alexander Sommer*, Sindelfingen

Eine Praktikerfrage an Sie, Herr Herrmann, Sie haben vorher das Stichwort Sammelauskunftsersuchen gebracht. Ich habe in Ihren Ausführungen vermisst, dass Sie etwas zu dem derzeit beim BMF wohl vorbereiteten Sammelauskunftsersuchen in die Schweiz sagen. Ich glaube, sowohl die Verwaltung – es sind auch einige Verwaltungsbeamte hier – als auch wir Praktiker rätseln über die anzulegenden Kriterien, Voraussetzungen und vielleicht auch etwas über den zeitlichen Horizont. Das Schweizer Amtshilfegesetz ist am 1. Februar 2013 in Kraft getreten, also ist schon einige Zeit vergangen. Können Sie dazu etwas sagen?

Klaus Herrmann, Koblenz

Ich habe das bewusst nicht gesagt, weil das zum Thema Doppelfunktion nicht unbedingt dazugehört. Wenn Sie über die Reichweite dieser Möglichkeit des Sammelauskunftsersuchens rätseln, da sind wir schon zu zweit, denn wir rätseln ebenfalls. Im Moment ist es ein bisschen blockiert durch eine Arbeitsgruppe beim BMF, die es auszuloten versucht. Im Anschluss daran stellt sich sofort die nächste Frage: Was geschieht in Österreich, wo seit diesem Jahr das Gleiche gilt? Die Stellen – lassen wir einmal dahingestellt, wo – haben fertige Sammelauskunftsersuchen liegen und können sie nicht stellen, weil eben die Freigabe durch den Bund noch nicht erfolgt ist. Erst will diese Arbeitsgruppe tagen. Ich selber verspreche mir nicht so sehr viel von diesen Sammelauskunftsersuchen, weil ich davon ausgehe, dass die Adressatenstaaten ihrerseits relativ hohe Maßstäbe anlegen werden. Was in letzter Zeit wesentlich besser funktioniert, sind diese bilateralen Auskünfte nach dem TIEAs, mit diesen Oasenstaaten, das kommt tatsächlich gut, aber das sind keine Sammelauskunftsersuchen, das sind Einzelauskunftsersuchen.

Dr. *Jochen Bachmann*, Bremen

Meine Frage geht – anknüpfend an das, was Herr *Salditt* gesagt hat – an Herrn *Herrmann* – zum Verwendungsverbot. Das ist ein Begriff, den Herr *Herrmann* in seinem Vortrag vollständig vermieden hat. Ich habe Herrn *Salditt* so verstanden, dass er dem Verwendungsverbot auch nicht wirklich traut und ihm auch nicht wirklich glaubt. Ich sehe, dass der Bundesgerichtshof sagt, das Verwendungsverbot ist der Reflex aus der Pflicht, auch im Strafverfahren für die zukünftigen Zeiträume Steuererklärungen abzugeben, und zwar wahrheitsgemäß abzugeben. Das Problem ist, dass sich das in der Praxis nicht durchgesetzt hat, weil kein Finanzbeamter weiß, dass es ein solches Verwendungsverbot gibt und eigentlich auch kein Strafrichter, jedenfalls nicht am Amtsgericht. Wenn man einem Finanzbeamten sagt, er dürfe die Kenntnisse aus den laufenden Voranmeldungen nicht für die alte Betriebsprüfung oder für die alte Fahndung verwenden, erntet man Kopfschütteln und wenn Sie selber sagen, Sie würden im laufenden Verfahren eine Prüfung ansetzen für die laufenden Voranmeldungszeiträume, dann frage ich mich, warum Sie das tun? Tun Sie das, um sicherzustellen, dass er jetzt rechtmäßig handelt, um sich damit zu bestätigen, dass er vorher falsch gehandelt hat, weil der Grieche jetzt plötzlich einen 50 % höheren Aufschlagssatz hat oder im Karussellgeschäft, wenn Sie feststellen, die Geschäfte laufen weiter, ist das dann der Eintritt in den Haftbefehl wegen Wiederholungsgefahr, obwohl das ja nicht verwertet werden dürfte? Das sehe ich auch in jeder Hauptverhandlung beim Amtsgericht, wenn der Vertreter des Finanzamts auf Fragen des Gerichts die aktuellen Einkommensverhältnisse mitteilt, die auch nicht verwendet werden dürften, denn der

Steuerpflichtige, der Beschuldigte, am Gericht der Angeklagte, ist verpflichtet, laufende Einkommensteuererklärungen abzugeben und es ist eigentlich eine Selbstverständlichkeit, dass diese Erkenntnisse im Gerichtsverfahren nicht verwertet werden dürfen. Nun ist das aus den Anweisungen für das Bußgeld- und Strafverfahren herausgenommen. Früher war es sogar ausdrücklich geregelt, dass es verwendet werden darf. Das ist gestrichen. Es wäre schön gewesen, wenn man da hineingeschrieben hätte, dass es selbstverständlich nicht verwertet werden darf. In der Praxis gibt es das nicht. Ich habe noch nie erlebt, dass eine Fahndung darauf verzichtet, laufende Erkenntnisse zu verwerten oder dass ein Strafrichter – jedenfalls beim Amtsgericht – auch nur daran denken würde, dass es richtig sein könnte, wenn man es nicht verwertet. Die Frage ist, wie gehen Sie damit um? Wie schulen Sie da Ihr Personal? Gibt es da überhaupt so etwas wie eine Empfindlichkeit in dieser Hinsicht?

Klaus Herrmann, Koblenz

In einem Punkt haben Sie mich falsch verstanden. Diese Nachfolgeprüfung findet nicht im laufenden Verfahren statt, sondern nach Abschluss des ursprünglichen Verfahrens, denn das wäre hochproblematisch, das im laufenden Verfahren zu machen. Ich muss Ihnen vermutlich Recht geben, dass die Sensibilität im normalen Betrieb für das Verwendungsverbot nicht so hoch ausgeprägt ist, wie sie sein sollte. Für alles Weitere verweigere ich die Auskunft.

Prof. Dr. h.c. *Rudolf Mellinghoff*, München

Herr *Herrmann*, ein Lieblingsthema von mir ist der Flankenschutzfahnder. Sie haben sehr deutlich gemacht, dass Sie Ihre Mitarbeiter sehr schulen, dass sie kenntlich machen, in welcher Funktion sie auftreten. Nun kann man das natürlich so machen, dass man einem Ermittlungsbeamten einen Fahndungsbeamten zur Seite stellt. Dieses Problem kennen wir nicht nur vom Flankenschutzfahnder. Steuerberater berichten mir, dass es durchaus bei der Betriebsprüfung vorkommt, dass plötzlich ein Steuerfahnder beteiligt ist. Ist denn das nicht problematisch? Der eine handelt aufgrund steuerverfahrensrechtlicher Befugnisse, der andere mit strafrechtlicher Befugnis. Beide sitzen fröhlich in einer Betriebsprüfung nebeneinander, die auch zum Ziel haben kann, eine Vereinbarung mit dem Steuerpflichtigen zu treffen. Was würden Sie zum Beispiel davon halten, dass immer dann, wenn ein Steuerfahnder am Tisch sitzt, von vornherein eine tatsächliche Verständigung oder andere Vereinbarungen verboten sind? Und wie sehen Sie den Flankenschutzfahnder, den Nordrhein-Westfalen auch in der Literatur als rechtmäßig verteidigt?

Klaus Herrmann, Koblenz

Zur Frage des Flankenschutzes: Wenn ich richtig orientiert bin, wird es nicht einmal in ganz Nordrhein-Westfalen mit voller Intensität durchgezogen und meine persönliche Meinung und bitte nur die, ist, dass es schon bessere Ideen gegeben hat, zum einen. Zum anderen: Was soll ein Steuerfahnder bei einer Betriebsprüfung, bei einer Schlussbesprechung? Der muss sich doch fragen lassen, ob er hier ein verdecktes Strafverfahren hat. Oder es ist keine Schlussbesprechung, eine Art von Vorbesprechung, die in ein Strafverfahren mündet? Da muss er sich doch sagen lassen, er wäre schon mit einem Anfangsverdacht gekommen und wollte erst einmal noch etwas heraushorchen, ob da etwas kommt. Ich bin auch komplett gegen den „sachverständigen Zeugen". Entweder habe ich meinen Anfangsverdacht, dann wird die Fahndung tätig in so einer Prüfungsmaßnahme, ansonsten hat er da wegzubleiben. Das sieht ja so aus, als hätte die Fahndung so viel Personal, dass sie einfach irgendwo einmal so mitgehen kann und schauen. So ist es einfach nicht. Es mag im Einzelfall vorkommen. Die Polizei fragt sehr oft bei Polizeidurchsuchungen an, ob da ein Fahnder mitgehen kann. Sachverständiger Zeuge – ich bin auch dagegen, denn wenn dieser mitgeht und es kommt zum Strafverfahren, habe ich genau wieder den gleichen Vorwurf: Die hatten schon vorher etwas und haben eigentlich ein verdecktes Verfahren geführt, das ist mir zu viel Durchmischung. Das sollten wir nicht tun und ich denke, es wird nur ausnahmsweise passieren, dass bei einer Betriebsprüfung ein Fahnder dabei ist. Ich kenne es aus zwanzig Jahren Erleben nicht.

Prof. Dr. *Klaus-Dieter Drüen*, Düsseldorf

Daran knüpfe ich unmittelbar an. Gerade diese Durchmischung, die Sie angesprochen haben, ist eine Angriffsflanke. Diesbezüglich müssen klare Verhältnisse geschaffen werden. Diese von mir angesprochene Kombiprüfung kann ich mir nicht als inoffiziellen Beistand vorstellen, wie Sie es gesagt haben, Herr *Mellinghoff*. Vielmehr muss, wie Herr *Herrmann* es gerade ausgeführt hat, der Anfangsverdacht bestehen. Dann wird ein normales Strafverfahren eröffnet und es können Ermittlungsaufgaben hinsichtlich der Besteuerungsgrundlagen nach wie vor mit einem offenen Auftrag durch die Außenprüfung wahrgenommen werden. So läuft in der Praxis meines Wissens auch in Konzernbetriebsprüfungsfällen. Die Strafverfolgung betreibt in diesen Fällen allein die Steuerfahndung. Diese Verfahrenstransparenz und -trennung ist rechtsstaatlich unabdingbar.

Klaus Herrmann, Koblenz

Selbstverständlich kennen wir auch Kombiprüfungen, aber das sind dann Prüfungen im eingeleiteten Strafverfahren, wobei der Strafrechtspart nicht unbedingt vom Fahnder gemacht werden muss, das kann auch die Bußgeld-

und Strafsachenstelle machen. Die Prüfung wird vom Prüfer gemacht, der strafrichtet halt von der BuStra. Auch das ist denkbar.

Dr. *Simon Kempny*, Köln

Ich habe eine Anmerkung zu dem, was Herr *Salditt* gesagt hat. Und zwar – gestatten Sie mir die Verknappung – habe ich Sie so verstanden, dass Sie angeregt haben, den Grundsatz „Geld hat man zu haben" für das Steuerstrafrecht sozusagen zu Fall zu bringen. Sie haben Kritik an einer Rechtsprechung des Bundesgerichtshofs geübt, die zum Ergebnis hat, dass jemand nicht mehr vom Verwertungsverbot profitieren kann, dessen Selbstanzeige allein daran scheitert, dass er in der Zwischenzeit das nötige Geld nicht mehr hat. Dahinter steckt, wenn man das verallgemeinert, die Idee: Jemand, der auf den Boden des Rechts zurückkehren möchte, dem darf das nicht von Bedingungen abhängig gemacht werden, die er nicht mehr beeinflussen kann. Ich möchte daran nur zu bedenken geben, dass wir das im allgemeinen Kernstrafrecht anders machen. Wenn ein Mörder – oder jemand, der es werden will – jemand anderen umbringen möchte und ihn zu diesem Behufe am Fuße eines Berges ankettet, dann auf den Berg steigt und einen riesigen Felsen ins Rollen bringt, der den anderen in drei Minuten zerschmettern soll, und sich das dann nach einer Minute anders überlegt, dann hinunterläuft, den Felsen überholt – verzeihen Sie mir die physikalischen Unmöglichkeiten – und dann feststellt: Beim Rennen ist ihm irgendwie der Schlüssel für die Kette aus der Tasche gefallen. Er kann dann den anderen nicht mehr losketten, und er kann sich dem riesigen Felsen auch nicht wirksam in den Weg stellen. Dann wird der andere getötet, und das entlastet den Täter nicht mehr. D.h. also, das freiwillige Bemühen um die Verhinderung des strafgesetzlich als solchen definierten Erfolges hilft nur, wenn es dann auch Früchte trägt oder wenn es ernsthaft war und der Erfolg aus anderen Gründen ausbleibt. Aber wenn man den Felsen ins Rollen gebracht hat, dann ist das eine verschuldensunabhängige Haftung; und wenn wir jetzt sehen, dass die Selbstanzeige ja noch weiter geht, also in einem noch späteren Stadium dem Täter sozusagen den Rückweg ins Recht ermöglicht, dann weiß ich nicht, ob hier dem Gesetzgeber strengere Maßstäbe angelegt werden müssen.

Prof. Dr. *Franz Salditt*, Neuwied

Sie haben – und insoweit begrüße ich Ihren Beitrag – ein Missverständnis offenbart. Es veranlasst mich zu einer Klarstellung. Selbstverständlich hat der Gesetzgeber das Recht, die Strafaufhebung durch Selbstanzeige an jede angemessene Bedingung, die ihm vorschwebt, zu knüpfen. Selbstverständlich ist daher auch hinzunehmen, dass die strafaufhebende Wirkung der Selbstanzeige abhängig gemacht wird von der Entrichtung von Steuern, von Zinsen, möglicherweise auch anderer Nebenleistungen. Mir ging es also nicht um die Selbstanzeige allgemein, sondern um einen Ausnahmefall. Er betrifft das Dilemma eines Steuerhinterziehers, der in der Abfolge der Veranlagungsjahre eine Steuerverkürzung verantworten muss, die auf einem Dauersachverhalt beruht. Beispiel: X war hinsichtlich der Einkünfte aus Kapitalvermögen aus einem Konto in der Schweiz im Steuerjahr 2012 unehrlich. Soweit er für das Folgejahr (2013) wiederum eine Steuererklärung abgeben muss, hat er kein Recht dazu, eine neue Steuerhinterziehung zu begehen. Indirekt wird er nunmehr, wenn er steuerehrlich ist, die Tat für 2012 offenbaren. Hieraus folgt ein faktischer Zwang, sich entweder in dieser Weise preiszugeben oder durch erneute Steuerunehrlichkeit zu schützen. Ein solches Dilemma wird in den Vereinigten Staaten durch das Nemo Tenetur-Recht, das ich beschrieben habe, gelöst. Bei uns wird es durch die Möglichkeit zur Selbstanzeige für das Jahr 2012 gelöst, mit der die Zwangslage aus der Welt geschafft wird. Wo aber die Selbstanzeige für 2012 nicht funktioniert, erkennt der Bundesgerichtshof prinzipiell an, dass das Dilemma durch ein Verwendungsverbot hinsichtlich der steuerehrlich für 2013 gemachten Angaben aufgehoben wird. Dieses Verwendungsverbot unterliegt jedoch einer wesentlichen Einschränkung. Es entfällt nach Auffassung des Bundesgerichtshofs, wenn für 2012 eine wirksame Selbstanzeige deshalb nicht erstattet werden kann, weil die Mittel zur Nachentrichtung der Steuern verlorengegangen sind, zum Beispiel durch Börsenverluste. Was ich kritisiere, ist diese Lücke im Schutz vor dem Zwang zur Selbstoffenbarung. Sie beruht auf einer Bedingung („Geld muss man haben"), die im Nemo-Tenetur-Recht keine Grundlage findet. Richtig wäre es, auch für diesen Ausnahmefall das Verwendungsverbot anzuerkennen. Ihr Beispiel beruht also auf einem Missverständnis.

Prof. Dr. *Gerhard Dannecker*, Heidelberg

Herr *Drüen*, ich würde gerne noch einmal die Frage nach der Entkriminalisierung aufgreifen. Wenn wir von Steuerhinterziehung reden, sollte zwischen Steuerhinterziehung des normalen Bürgers und Steuerhinterziehung von Unternehmern differenziert werden. Wenn eine falsche Mehrwertsteuererklärung abgegeben wird, betrifft das nicht Privatpersonen, sondern ausschließlich Unternehmer. Gleiches gilt für die Gewerbesteuer oder für verdeckte Gewinnausschüttungen. Nur letzterer Bereich gehört zum Wirtschaftsstrafrecht, und hier können erhöhte Anforderungen an den Bürger gestellt werden, so jedenfalls das Bundesverfassungsgericht, das z.B. hinsichtlich der Bestimmtheitsanforderungen nach dem Normadressaten differenziert. Im berufsrechtlichen Umfeld können erhöhte Anforderungen an den Bürger gestellt werden. Allerdings hat der Strafgesetzgeber eine solche Differenzierung im Rahmen des Steuerhinterziehungsstraftatbestands nicht vorgenommen, sondern Fahrlässigkeit generell straflos gestellt, obwohl im beruflichen Umfeld sehr häufig auch fahrlässiges Verhalten strafbar ist. Steuerverkürzungen können nur bei Leichtfertigkeit (grober Fahrlässigkeit) mit Geldbuße geahndet werden. Subventionserschleichungen, die im Wesentlichen nur von Unternehmern begangen werden können und im Unrechtsgehalt häufig Steuerhinterziehungen entsprechen, sind demgegenüber mit Kriminalstrafe bedroht. Wirtschaftssubventionen können in Form von Steuervorteilen oder Subventionszahlungen gewährt werden – dies ist lediglich eine Frage der Gesetzestechnik. Dennoch hat der Gesetzgeber die leichtfertige Steuerhinterziehung mittels Steuervergünstigungen nicht unter Strafandrohung gestellt. Der Gesetzgeber hat gleichsam ausnahmsweise darauf verzichtet, den Berufstäter zu kriminalisieren, weil hierfür zwei unterschiedliche Sanktionsvorschriften – Geldbußen bei leichtfertigen Steuerverkürzungen von Privatpersonen, Kriminalstrafen bei Steuerverkürzungen von Berufsträgern – notwendig gewesen wären. Deshalb wird einheitlich eine Bußgeldvorschrift vorgesehen, obwohl für unternehmerisch Tätige die Androhung von Kriminalstrafe systemkonform wäre. Eine generelle Einführung von Ordnungswidrigkeiten bei steuerdelinquentem Verhalten widerspräche somit letztlich den sonst im Wirtschaftsstrafrecht geltenden Grundsätzen und wäre mit der geradezu typischen Strafbarkeit fahrlässigen Verhaltens im wirtschaftlichen Kontext nicht vereinbar.

Hinzu kommen internationale Vorgaben der Europäischen Union, und zwar sowohl des Parlaments als auch der Kommission, weiterhin der OECD und der UN. Die Mitgliedstaaten der Europäischen Union haben mehrfach versucht, Bagatellgrenzen für die Strafbarkeit vorzusehen. Die EU hat ihnen eine Grenze von 10 000 Euro zugestanden, um leichte Delikte aus der Strafbarkeit auszunehmen. Für Deutschland würde eine solche Grenze allerdings keine spürbare Entkriminalisierung bedeuten, da solche Fälle bereits gegenwärtig nach § 153a StPO eingestellt werden können. Gerade für spürbare Steuerhinterziehungen im unternehmerischen Umfeld ist angesichts der Forderungen, die auf internationaler und europäischer Ebene erhoben werden, kein Spielraum.

Herr *Salditt* hat in eindrucksvoller Weise dargelegt, dass der Grundsatz „nemo tenetur" auch im Besteuerungsverfahren eine Rolle spielt. Der Kernbereich dieses Grundsatzes betrifft aber das Strafverfahren. Im Strafprozess muss der Angeklagte nicht aktiv dazu beitragen, dass ihm die Straftat nachgewiesen werden kann. Herr *Salditt* hat zu Recht hervorgehoben, dass wir im Besteuerungsverfahren einen Abwägungsprozess benötigen. In diesem Zusammenhang sollte die Möglichkeit der Selbstanzeige in die Abwägung einbezogen werden, die möglicherweise aus Verfassungsgründen nicht nur möglich, sondern sogar geboten ist. In Österreich wurde diese Frage, anders als in Deutschland, von der Rechtsprechung bejaht. Wenn man sich die zahlreichen und weitreichenden steuerlichen Mitwirkungspflichten vor Augen führt, drängt sich die Frage auf, ob der Gesetzgeber die Selbstanzeige weitgehend aushöhlen darf oder ob diese doch unter verfassungsrechtlichen Gesichtspunkten geboten und deshalb vom Gesetzgeber vorzusehen ist. Diesbezüglich würde ich gerne Herrn *Salditts* Meinung hören.

Prof. Dr. *Franz Salditt*, Neuwied

Ganz kurz: Auch das begrüße ich. Selbstverständlich bin ich davon ausgegangen, dass das Steuerverfahren und das Strafverfahren streng voneinander zu trennen sind. Nur, Herr *Kirchhof*, das ist die reine Lehre gewesen, die sich im Jahre 1982 im Jahrbuch findet als Vortrag von Michael *Streck*. Die Gesellschaft hat ja ein kollektiv ewiges Gedächtnis und wird das noch genau wissen, was vorgetragen worden ist. Mein Problem ist, dass die Faktizität der Entwicklung, nämlich der Verbund, der möglicherweise her gestellt wird, innovativ durch § 31b Abgabenordnung diese Systematik der Unabhängigkeit und Gleichrangigkeit der beiden Verfahren überwindet und in dem Maße, in dem die Finanzverwaltung polizeilichen Interessen dienstbar gemacht wird. Das ist in der Zeit der Digitalisierung nicht zu unterschätzen. In dem Maße ändert sich das und man kann von dieser Gleichrangigkeit nicht mehr ausgehen. In dem Maße, in dem das geschieht, stellt sich die Frage: Gibt es ein nemo-tenetur-Recht entgegen unserer rechtlichen Tradition im Steuerverfahren zum strafrechtlichen Schutz? Das war das eine. Das zweite ist: Selbstverständlich ist für mich persönlich die Selbstanzeige verfassungsrechtlich normativ disponibel. Das Problem ist nur, in Europa haben wir – und ich habe Ihr Buch gelesen, das von Ihnen herausgegebene Buch zum europäischen Strafrecht und dem der Vereinigten Staaten – eine Situation, in der viele Staaten nicht ein Legalitätsprinzip, sondern ein Opportunitätsprinzip praktizieren, und zwar große Staaten auch, z.B. England, und wenn ich es richtig sehe, auch andere Große unserer Nachbarn. Da ersetzt das Opportunitätsprinzip unsere Selbstanzeige. Da wird eine verspätete Korrektur und Steuerehrlichkeit honoriert, so wie man es nach Opportunität – übrigens wenig rechtsstaatlich, finde ich – honorieren kann. Wir haben eine möglicherweise singuläre Lage nicht nur durch das theoretische Legalitätsprinzip, sondern auch dadurch, dass wir das mit aller Ernsthaftigkeit praktizieren, was ja richtig ist. Solange wir das tun, ist im europäischen Vergleich eine wirksame, effiziente und leicht zu handhabende Selbstanzeige selbst politisch unverzichtbar. So sehe ich das. Das ist für mich ein Ausgleich sozusagen für eine Lage, die in Europa nicht gleichmäßig exekutiert wird.

Prof. Dr. *Klaus-Dieter Drüen*, Düsseldorf

Herr Kollege *Dannecker*, mir ging es um angemessenes Strafen. Ihre beiden Anmerkungen gehören zusammen. Die erste Anmerkung ist eine Frage der Opportunität im europäischen Rahmen. Das ist natürlich eine politische Entscheidung. Die 10 000 Euro-Schwelle würde viel helfen. Die Beamten aus den zuständigen Ämtern würden diese Schwelle als Hilfe ansehen, die es erleichtern würde, den gesetzlichen Auftrag zu erfüllen. Zu Ihrer zweiten Anmerkung betreffend „der Profis": Auch und gerade diese Gruppe von Steuerpflichtigen hat gehörige Probleme und nimmt Anstrengungen auf sich, um den gesetzlichen Anforderungen gerecht zu werden. Dies hat die Schilderung von Herrn *Kaeser* gestern deutlich gemacht. Die Selbstanzeige ist nicht einfach nur ein schönes Geschenk, sie hat für den komplexen Vollzug des Unternehmenssteuerrechts durchaus eine innere Berechtigung. Aus diesem Grunde stimme ich mit Ihnen überein, dass wir die Selbstanzeige im direkten Zusammenhang mit der Intensität und der Erfüllbarkeit der gesetzlichen Mitwirkungspflichten sehen müssen. Umso höher die Pflichten sind, umso eher muss es eine praktikable Möglichkeit geben, begangene Fehler ohne Strafrechtsfolgen zu beseitigen. Insoweit besteht gar kein Dissens zwischen uns.

Verständigungen in Steuer- und Steuerstrafverfahren

Prof. Dr. *Roman Seer*
Ruhr-Universität Bochum

Inhaltsübersicht

I. Vorbemerkung
II. Verständigungen in Steuerverfahren
  1. Kooperatives Verwaltungshandeln im Steuerrechtsverhältnis
  2. Richterrechtliches Institut der sog. tatsächlichen Verständigung
  3. Umfang und Grenzen der Bindung durch sog. tatsächliche Verständigungen
III. Verständigungen in Steuerstrafverfahren
  1. Verständigungen im Ermittlungsverfahren
    a) Einstellung wegen Geringfügigkeit
    b) Einstellung gegen Geldauflage
    c) Antrag auf Erlass eines Strafbefehls
  2. Verständigungen vor den Strafgerichten
IV. Verfahrensverknüpfung und Gesamtbereinigung im Steuerstrafrecht
  1. Verständigungen nach einer Außenprüfung
  2. Verständigungen im steuerstrafrechtlichen Ermittlungsverfahren
  3. Verständigungen im Strafprozess
V. Verfahrensfolgerungen

I. Vorbemerkung

Das Handelsblatt titelte in seiner Ausgabe vom 14.8.2014 als „Aufmacher":

„**Die Freikauf-Justiz** – Den Gerichten fehlt es oft an Personal und Geld, Wirtschaftsstraftäter zu überführen. An die Stelle des Urteils tritt der Deal zwischen Angeklagtem und Ankläger, wie jetzt bei Ecclestone. Auf der Strecke bleibt die Gerechtigkeit."

Nun ging es im Fall von Herrn Ecclestone um kein Steuerstrafverfahren. Wie wir aber sehen werden, spielt im Steuerstrafverfahren die Einstellung gegen Geldauflage nach § 153a StPO in der Praxis keine weniger wichtige Rolle als im reinen Wirtschaftsstrafrecht. In meinem Vortrag geht es um ein typisches *Schnittstellenthema*, dem ich mich auf drei Ebenen nähern möchte: Den Auftakt bildet unter II. ein Überblick über die den Steuerrechtlern wohlbekannte sog. tatsächliche Verständigung im Steuerverfahren. Dem werde ich unter III. die Verständigungen im Steuerstrafverfahren gegenüberstellen, um schließlich im Schlussteil unter IV. die besonders interessanten, beide Verfahren verbindenden Gesamtbereinigungen unter die Lupe zu nehmen.

II. Verständigungen in Steuerverfahren

1. Kooperatives Verwaltungshandeln im Steuerrechtsverhältnis

Vor gut einem Jahrzehnt hat *Markus Achatz* auf der 28. Jahrestagung unserer Gesellschaft die Möglichkeiten und Grenzen von Verständigungen im Steuerrecht eingehend untersucht.[1] Seine damaligen Thesen und Erkenntnisse sind auch heute noch aktuell und decken sich im Wesentlichen mit den eigenen Arbeiten.[2] Deshalb könnte ich einfach auf diese Beiträge verweisen und mich direkt dem Steuerstrafrecht zuwenden. Jedoch erschließt sich das Spannungsfeld „kooperativer Gesamtbereinigung von Besteuerungs- und Steuerstrafverfahren"[3] erst, nachdem man sich der steuerrechtlichen Ausgangslage vergewissert hat. Ohne jeden Zweifel darf die Finanzbehörde auf die Erhebung der nach dem Gesetz geschuldeten Steuer nicht im Wege einer Steuervereinbarung ganz oder teilweise verzichten. Die Steuer ist keine „Handelsware", über welche die Finanzbehörden disponieren können. Allerdings erweist sich das Steuerrecht keineswegs als ein ius strictum, sondern enthält gerade auch in seinen Kernbereichen *Konkretisierungsspielräume*, welche die Finanzbehörde im Wege einer Verständigung mit dem Steuerpflichtigen ausfüllen kann. Gerade steuerliche Kernvorschriften enthalten *unbestimmte Rechts- und Wertbegriffe*. Treffend fordert auch *Rolf Eckhoff* die „Einsicht in die begrenzte Steuerungsfähigkeit des Steuerrechts".[4] So bergen Begriffe wie „Teilwert", „gemeiner Wert", „verdeckte Gewinnausschüttung", „unangemessene Betriebsausgaben", die „Funktion", der „Fremdvergleich" mit „Bedingungen, die voneinander unabhängige Dritte vereinbart hätten" keine Gesetzesbefehle, welche die Verwaltung subsumtionsautomatisch vollziehen könnte.[5] Gesetz und Verwaltungshandeln verhalten sich hier nicht wie Befehl und Ausführung, sondern wie Grundsatz und Konkretisierung.

Derart ausfüllungsbedürftige Konkretisierungsspielräume eröffnen sich außerdem im Bereich der *Sachverhaltsaufklärung*. Zwar gilt hier nach § 88 AO der Untersuchungsgrundsatz. Er erweist sich jedoch als maßstablos.[6] Er verneint die Abhängigkeit vom Vortrag der Beteiligten, lässt im Übrigen aber offen, wie und mit welchem Überzeugungsgrad die Finanzbehörde die

---

1 M. *Achatz*, Verständigungen im Steuerrecht, DStJG 27 (2004), 161 ff.
2 R. *Seer*, Verständigungen in Steuerverfahren, Köln 1996, passim; R. *Seer* in Tipke/Kruse, AO/FGO, Kommentar, Vor § 118 AO Tz. 8 ff. (Oktober 2010).
3 So der gleichnamige Titel der Dissertation v. U. *Pflaum*, Kooperative Gesamtbereinigung von Besteuerungs- und Steuerstrafverfahren – Die Verbindung von steuerrechtlicher und strafprozessualer Verständigung, Berlin 2010.
4 R. *Eckhoff*, Rechtsanwendungsgleichheit im Steuerrecht, 1999, 300 ff.
5 Siehe zuletzt zur Bewertung als Rechtsproblem R. *Seer*, DStJG 36 (2013), 337 (340 ff.), zum internationalen Steuerrecht; allg. M. *Krumm*, Steuerliche Bewertung als Rechtsproblem, Köln 2014, 234 ff.
6 R. *Seer*, Der Vollzug von Steuergesetzen unter den Bedingungen der Massenverwaltung, DStJG 31 (2008), 7 (11 f.).

ihr unbekannten Tatsachen in Erfahrung bringen soll. Der Untersuchungsgrundsatz bestimmt als *verfahrensrechtliche Kompetenznorm* lediglich, *dass* alle entscheidungserheblichen Tatsachen von Amts wegen zu ermitteln und zu berücksichtigen sind, lässt jedoch die Fragen nach den Voraussetzungen der Entscheidungserheblichkeit offen.[7] § 88 Abs. 1 Satz 2 Halbs. 1 AO legt es in das pflichtgemäße Ermessen der Finanzbehörde, Art und Umfang der Ermittlungen zu bestimmen. Sie bewegt sich damit bei der Sachverhaltsaufklärung innerhalb eines gewissen *Ermittlungsspielraums*, den sie auch im Konsens mit dem Steuerpflichtigen ausfüllen kann. Die Breite dieses Ermittlungsspielraums hängt unmittelbar vom *Beweismaß* ab:[8] Je niedriger das Beweismaß, umso größer werden die tolerierten Sachverhaltsunsicherheiten und damit gleichzeitig der Spielraum, innerhalb dessen sich beide Seiten ohne Verstoß gegen das Gesetz über den der Besteuerung zugrunde zu legenden Sachverhalt einigen können.

Wer Verständigungen im Steuerrecht gleichwohl kategorisch mit dem Bannstrahl der Unzulässigkeit belegt,[9] erzielt keineswegs einen Zuwachs an Gesetz- und Gleichmäßigkeit der Besteuerung. Kooperation und Konsens sind in dem von der Mitwirkung des Steuerpflichtigen geprägten (und abhängigen) Besteuerungsverfahren ein Faktum, das durch kein Verbot aus der Verwaltungsrealität geschafft werden kann. Wer steuerlichen Verständigungen kategorisch die Berechtigung und Verbindlichkeit versagt, erhält *informale Absprachen*. Eine Gefahr für die Gesetz- und Gleichmäßigkeit der Besteuerung droht weniger durch formalisierte, aktenkundige und damit nachprüfbare Verträge, sondern vielmehr durch informale (nicht dokumentierte) Absprachen, deren gesetzeswidrige Inhalte dann nachfolgende einseitig-hoheitliche Verwaltungsakte mit bestandskräftiger Wirkung absprachegemäß umsetzen.[10] Deshalb hat das Recht die Verständigung fortzuentwickeln, um den berechtigten Bedürfnissen nach einvernehmlicher Vorabklärung Rechnung zu tragen, gleichzeitig aber die Gesetz- und Gleichmäßigkeit durch Fehlerfolgen und Kontrollinstrumente abzusichern.

2. Richterrechtliches Institut der sog. tatsächlichen Verständigung

Diesen Rechtsfortbildungsauftrag hat der BFH wahrgenommen und die sog. tatsächliche Verständigung senatsübergreifend zu einem eigenständigen Rechtsinstitut entwickelt.[11] Zwar ist die von einer alten Entscheidung des

---

7 *L. Osterloh*, Gesetzesbindung und Typisierungsspielräume, Baden-Baden 1992, 221 (224 f.).
8 Ausf. *R. Seer*, Verständigungen in Steuerverfahren, Köln 1996, 175 ff. (181 f.).
9 So *S. Müller-Franken*, Maßvolles Verwalten, Tübingen 2004, 186 ff.
10 Siehe *R. Seer* (Fn. 8), 476 ff.; von *S. Müller-Franken* (Fn. 9) leider gar nicht erst behandelt.
11 Grundlegend BFH v. 11.12.1984 – VIII R 131/76, BStBl. II 1985, 354 (357 f.); seitdem st. Rspr., s. zuletzt BFH v. 22.8.2012 – I B 86/11 u.a., BFH/NV 2013, 6 (7 f.); v. 20.2.2014 – XI B 85/13, BFH/NV 2014, 828 (829).

Reichsfinanzhofs[12] übernommene Terminologie schief. Gemeint ist nicht die Tatsache einer Verständigung, sondern die *Verständigung über Tatsächliches*. Die Praxis einschließlich der Finanzverwaltung hat sich allerdings daran gewöhnt und verwendet den Terminus als Abkürzung für eine mehrseitig-bindende Verständigung über einen in der Vergangenheit liegenden, steuerlich relevanten Sachverhalt.[13]

Die Rechtsprechung unterscheidet so zwischen unzulässigen Vereinbarungen über den Steueranspruch und zulässigen Vereinbarungen über die Sachbehandlung. Danach bindet eine tatsächliche Verständigung sowohl die Finanzbehörde als auch den Steuerpflichtigen unter den folgenden *Voraussetzungen*: Die Verständigung darf keine Rechtsfragen, sondern nur Fälle erschwerter Sachverhaltsermittlung zum Gegenstand haben. Darunter versteht die Rechtsprechung insbesondere Fälle der Schätzung, Wertermittlung und zukunftsorientierten Prognose. Sie bejaht eine erschwerte Sachverhaltsermittlung dann, wenn sich einzelne Sachverhalte nur mit einem nicht mehr vertretbaren Arbeits- oder Zeitaufwand ermitteln lassen. Nach Auffassung der Finanzverwaltung sind dabei auch das Verhältnis zwischen erwartetem Arbeitsaufwand und steuerlichem Erfolg und die Belastung in Betracht zu ziehen, die auf das zuständige Finanzamt bei der Durchführung eines finanzgerichtlichen Verfahrens zukommen kann. Allein die Kompliziertheit eines Sachverhalts soll aber nicht genügen, eine erschwerte Sachverhaltsermittlung anzunehmen.[14]

Der BFH folgt der von ihm grundsätzlich propagierten Trennung zwischen (zulässigen) Verständigungen über den Sachverhalt und (unzulässigen) Verständigungen über Rechtsfragen jedoch in praktisch wichtigen Bereichen nicht. So hält er eine „tatsächliche" Verständigung über die Angemessenheit einer Geschäftsführer-Gesamtvergütung (§ 8 Abs. 3 Satz 2 KStG: Grenze der verdeckten Gewinnausschüttung) für zulässig und beiderseits bindend.[15] Der BFH toleriert damit eine *Verständigung über Rechtsfragen*, wenn diese in einem so engen Zusammenhang mit Tatsachen stehen, dass sie sachgerechterweise nicht auseinandergerissen werden können.[16] Dies trifft vor allem bei Ungewissheiten über die Bewertung, Schätzung (einschl.

---

12 RGH v. 20.10.1925 – II A 453/25, RFHE 18, 92 (94 f.).
13 Siehe nur BMF v. 30.7.2008 – IV A 3 - S 0223/07/10002, BStBl. I 2008, 831.
14 BMF (Fn. 13), Tz. 3.
15 BFH v. 13.8.1997 – I R 12/97, BFH/NV 1998, 498 (499); bestätigt in der nachfolgenden Judikatur: BFH v. 1.2.2001 – IV R 3/00, BStBl. II 2001, 520 (524); v. 3.4.2008 – IV R 54/04, BStBl. II 2008, 742 (747); v. 8.10.2008 – I R 63/07 BStBl. II 2009, 121 (123).
16 *R. Seer* (Fn. 8), 209; *R. Eckhoff* (Fn. 4), 327 f.; *K. Buciek*, DStZ 1999, 389 (396 f.): „mixed questions of law and fact"; *K. Offerhaus*, DStR 2001, 2093 (2094); *M. Achatz* (Fn. 1), 171 ff.; *J. Englisch*, Bindende „tatsächliche" und „rechtliche" Verständigungen zwischen Finanzamt und Steuerpflichtigen, ifst-Schrift Nr. 417, Berlin 2004, 31 ff.; s.a. BMF (Fn. 13), Tz. 2.3.

der Vollschätzung) und Angemessenheit von Leistungsbeziehungen zu. Unzulässig bleibt nach Auffassung des BFH aber weiterhin eine Verständigung über *reine Rechtsfragen*.[17]

Das Rechtsinstitut der tatsächlichen Verständigung ist von den FG und der Praxis dankbar angenommen worden. Im breiten Konsens wenden sie es mittlerweile auf allen Verfahrensstufen an, in denen ein erhebliches Bedürfnis nach verbindlichen Verständigungen über schwer ermittelbare Sachverhalte existiert.[18] Zulässig ist eine tatsächliche Verständigung in jedem Stadium des Veranlagungsverfahrens, so in einer Außenprüfung (s. §§ 193 ff. AO), während anhängiger Rechtsbehelfsverfahren oder bei Steuerfahndungsprüfungen bzw. nach Einleitung eines Strafverfahrens. Im letzteren Fall sind nach dem BMF-Schreiben zur sog. tatsächlichen Verständigung die für Straf- und Bußgeldverfahren zuständigen Stellen bzw. die Staatsanwaltschaft im Verfahren allerdings frühzeitig zu beteiligen.[19]

3. Umfang und Grenzen der Bindung durch sog. tatsächliche Verständigungen

Die Rechtsprechung leitet die Bindungswirkung sog. tatsächlicher Verständigungen nach wie vor aus dem (unbestimmten) allgemeinen Rechtsgrundsatz von *Treu und Glauben* her, wonach die Akteure sich nicht in Widerspruch zum eigenen Verhalten, auf das der andere vertraut und unwiderruflich disponiert hat, setzen dürfen (*venire contra factum proprium*). Eine die Bindung auslösende Disposition erkennt sie bereits darin, dass die Beteiligten ihre unterschiedlichen Ausgangspositionen aufgeben und einvernehmlich auf weitere Ermittlungen in Bezug auf den durch die Verständigung festgelegten Sachverhalt verzichten.[20] Damit folgt die Rechtsprechung unmittelbar aus der Verständigung deren Verbindlichkeit: „Die gegenseitige Bindung ist jeder tatsächlichen Verständigung immanent".[21] Die Forderung nach einer Disposition ist in Wahrheit eine überflüssige Floskel.[22] Bindet die tatsächliche Verständigung – wie der BFH richtig annimmt – bereits aus sich heraus beide Seiten, so handelt es sich um nichts anderes als um einen *öffentlich-rechtlichen Vertrag*.[23]

---

17 BFH v. 31.7.1996 – XI R 78/95, BStBl. II 1996, 625 (626); s. außerdem die Judikatur in Fn. 15.
18 Nachweise von FG-Entscheidungen bei *R. Seer*, in Tipke/Kruse (Fn. 2), Vor § 118 AO Tz. 12 (Oktober 2010).
19 BMF (Fn. 13), Tz. 1.
20 BFH v. 31.7.1996 – XI R 78/85, BStBl. II 1996, 625 (626).
21 So bereits BFH v. 11.12.1984 – VIII R 131/76, BStBl. II 1985, 354 (358), erläuternd Anm. HFR 1985, 213 (214): „pacta sunt servanda"; s.a. BFH v. 12.9.1999 – XI R 27/98, BFH/NV 2000, 537 (538).
22 Klarsichtig *K. Offerhaus* DStR 2001, 2093 (2098).
23 So die mittlerweile h.M. in der Literatur, s. *M. Achatz* (Fn. 1), 176 ff.; Aufzählung bei *R. Seer* in Tipke/Kruse (Fn. 2), Vor § 118 AO Tz. 15 (Oktober 2010).

Dagegen qualifiziert *Ulrich Pflaum* in seiner Arbeit über die „kooperative Gesamtbereinigung von Besteuerungs- und Steuerstrafverfahren" die tatsächliche Verständigung als eine die Beteiligten nach Treu und Glauben bindende *übereinstimmende Wissenserklärung*.[24] Finanzbehörde und Steuerpflichtige würden sich auf den für sie höchstwahrscheinlichen Sachverhalt verbindlich festlegen; dem sei eine rechtsgeschäftliche Willenserklärung fremd. Jedoch trifft diese Charakterisierung nicht den Punkt. Die Beteiligten sind sich über die einvernehmlich festgelegten Besteuerungsgrundlagen bei einer sog. tatsächlichen Verständigung gerade nicht sicher. Dementsprechend geben sie nicht bloß einvernehmlich ein bestimmtes „Wissen" preis. Vielmehr ist für sie entscheidend, dass sich die jeweils andere Seite im Verfahren an den Inhalt der Verständigung verbindlich hält. Die Finanzbehörde verspricht, die Besteuerungsgrundlage der tatsächlichen Verständigung entsprechend in einem nachfolgenden Verwaltungsakt umzusetzen. Der Steuerpflichtige verspricht umgekehrt, den nachfolgenden Verwaltungsakt jedenfalls insoweit nicht mehr in Frage zu stellen, als er sich mit dem Inhalt der tatsächlichen Verständigung deckt. Es stehen sich damit zwei *verwaltungsrechtliche Willenserklärungen* gegenüber. Behördenseits entspricht dies der Zusicherung, einen bestimmten Verwaltungsakt zu erlassen. Der Adressat erklärt umgekehrt einen gegenständlich beschränkten, materiell-rechtlichen Einwendungsverzicht. Im allgemeinen Verwaltungsrecht bezeichnet § 55 VwVfG dies als sog. Vergleichsvertrag.

Die abweichende Konstruktion *Pflaums* erklärt sich letztlich daraus, dass er einerseits ebenso wie einige andere Autoren[25] von einem *Vertragsformverbot* im Steuerrecht ausgeht, andererseits aber – ebenso wie ich – ein verfahrensrechtliches Bedürfnis nach konsensualen Vorabklärungen erkennt. Sowohl die einseitige Zusicherung als auch der mehrseitige öffentlich-rechtliche Vertrag beinhalten bereits vertypte Konkretisierungen des Prinzips von Treu und Glauben. Der das gesamte Vertragsrecht beherrschende Rechtssatz „pacta sunt servanda" verkörpert wie kaum ein zweiter den Rechtsgedanken von Treu und Glauben.[26] Die Rechtsform des öffentlich-rechtlichen Vertrages erweist sich dem unbestimmten Treu und Glauben-Ansatz in mehrfacher Hinsicht als überlegen. Es ist hier nicht der Ort, den Inhalt meiner nun schon fast 20 Jahre alten Schrift auszubreiten.[27] Deshalb sei an dieser Stelle nur so viel gesagt: Es ist zwischen *Rechtsform* und *Inhalt* des Verwaltungshandelns zu unterscheiden.[28] Weder im Zivilrecht noch im

---

24 *U. Pflaum* (Fn. 3), 133.
25 So vor allem *S. Müller-Franken* (Fn. 9), 186 ff., 199 ff.
26 Siehe bereits *W. Jellinek*, RVerwBl. Bd. 52 (1931), 805 (808); *A. Schüle*, VerwArch Bd. 38 (1933), 399 (427).
27 *R. Seer* (Fn. 2); deren Kernthesen finden sich zusammengefasst in BB 1999, 78 ff.
28 So bereits *J. Sontheimer*, Der verwaltungsrechtliche Vertrag im Steuerrecht, 1987, 75 f.; *A. Eich*, Die tatsächliche Verständigung im Steuerverfahren und im Steuerstrafverfahren, 1992, 33 f.; dem folgend *R. Seer* (Fn. 2), 128 ff.; s.a.A. *Leisner-Egensperger*, DÖV

sonstigen öffentlichen Recht würde man aus der Möglichkeit sitten-/gesetzwidriger Verträge auf die generelle Unzulässigkeit vertraglicher Bindungen schließen.[29] Mit der Rechtsform des öffentlich-rechtlichen Vertrags ist ebenso wenig wie mit der des Verwaltungsakts unmittelbar ein rechtmäßiger oder rechtswidriger Inhalt verbunden. Die Rechtsform sagt über den Inhalt des Verwaltungshandelns nichts aus. Der Inhalt eines Verwaltungsvertrages kann ebenso wie der eines Verwaltungsakts rechtmäßig oder rechtswidrig sein. Das Gesetzmäßigkeitsprinzip fordert daher nicht die Unzulässigkeit der Vertragsform, sondern nur eine wirksame Sanktion, wenn der Vertrag inhaltlich das Gesetz verletzt.

Aus dem Gesetzmäßigkeitsprinzip folgt das *Verbot einer gesetzesabweichenden Steuervereinbarung*. Im Gegensatz zu den Grundrechtsträgern genießt die Verwaltung keine Willensfreiheit, kraft derer sie zu autonomen Vereinbarungen mit dem Stpfl. berechtigt wäre. Eine „Vertragsfreiheit", welche die Verwaltung von den „Fesseln der Gesetzmäßigkeit" befreit, existiert nicht.[30] Als Grundrechtsverpflichtete kann sie vielmehr gem. Art. 20 Abs. 3 GG nur in den von Gesetz und Recht gezogenen „Maschen" agieren. Der Verwaltung ist es deshalb verwehrt, dem einseitigen Interesse des Steuerpflichtigen, das naturgemäß auf eine möglichst niedrige Steuerlast gerichtet ist, aus falsch verstandener Verwaltungsökonomie, Bequemlichkeit oder Opportunismus contra legem nachzugeben.[31] Ein gesetzesabweichender Steuervertrag/-vergleich verstößt gegen ein *gesetzliches Verbot* i.S.d. *§ 134 BGB* und ist daher nichtig. Die beiden Fundamentalprinzipien der Gesetz- und Gleichmäßigkeit der Besteuerung erfordern, dass das Besteuerungsergebnis nicht etwa nur deshalb anders ausfällt, *weil* der Sachverhalt nicht einseitig, sondern konsensual festgestellt worden ist.[32] Die Rechtsprechung versagt deshalb mit Recht die Bindungswirkung der tatsächlichen Verständigung, wenn ihr Inhalt zu einer *offensichtlich unzutreffenden Besteuerung* führt. Dies kann dann der Fall sein, wenn die Verständigung gegen die Regeln der Logik oder gegen allgemeine Erfahrungssätze verstößt.[33] Die Verständigung unterliegt damit einer Evidenzkontrolle aus der *ex ante-Perspektive* der Beteiligten im Zeitpunkt des Vertragsschlusses.[34] Da den Steuerpflichtigen eine Mitverantwortung für den konsensual festgestellten Sachverhalt trifft, muss der tatsächlichen Verständigung die Bindungswirkung versagt werden, wenn er aus seiner Sphäre stammende,

---

2005, 399 f. (Rezension zu *S. Müller-Franken* [Fn. 9]); *J. Hey* in Tipke/Lang, Steuerrecht, 21. Aufl., Köln 2013, § 3 Rz. 241.
29 *J. Englisch* (Fn. 16), 34.
30 *W. Spannowsky*, Grenzen des Verwaltungshandelns durch Verträge und Absprachen, Berlin 1994, 276.
31 *R. Seer* (Fn. 2), 123.
32 *R. Seer*, BB 1999, 78 (83).
33 BMF (Fn. 13), Tz. 8.1.
34 *J. Englisch* (Fn. 16), 54 ff.

entscheidungserhebliche Tatsachen zurückhält und es bei Kenntnis der Finanzbehörde von diesen Tatsachen unter objektivierter Betrachtung nicht zum Abschluss der tatsächlichen Verständigung gekommen wäre.[35]

Die Fundamentalprinzipien der Gesetz- und Gleichmäßigkeit der Besteuerung werden darüber hinaus durch zwei weitere Anforderungen an den verbindlichen Abschluss einer sog. tatsächlichen Verständigung gesichert. Zum einen ist die Existenz der *Vertretungsmacht* des handelnden Amtsträgers zu nennen. Dazu verlangt die Rechtsprechung[36] für die Bindungswirkung, dass auf Seiten der Finanzbehörde ein innerbehördlich zur Entscheidung über die Steuerfestsetzung zuständiger Amtsträger am Abschluss der tatsächlichen Verständigung beteiligt sein muss. Dies bedeutet, dass auch im Falle eines Steuerstrafverfahrens das zuständige Festsetzungs- oder Feststellungs-Finanzamt zu beteiligen ist, um auch eine Bindungswirkung für das Besteuerungsverfahren zu erzeugen. Auch Beamte des Außenprüfungsdienstes können danach nur dann eine wirksame Verständigung für die Finanzbehörden eingehen, wenn sie zugleich mit der Steuerfestsetzung betraut sind (sog. veranlagende Außenprüfung).[37] Zu weit geht allerdings die Forderung nach einer höchstpersönlichen Teilnahme des verwaltungsintern zuständigen Amtsträgers.[38] Dies ist dem Organisationsrecht fremd, da die Funktionsfähigkeit der Verwaltung die Delegation von Amtsgeschäften gerade erfordert.[39] Ein Vertretungsmangel kann daher durch eine ausdrückliche nachträgliche Zustimmung gegenüber allen Beteiligten geheilt werden.[40]

Als weitere Wirksamkeitsvoraussetzung ist das *Schriftformerfordernis* zu nennen. Zwar meint der BFH, dass auch formlos (mündlich) geschlossene tatsächliche Verständigungen Bindungswirkung erzeugen können.[41] Das Fehlen der Schriftlichkeit soll aber ein Indiz gegen den Rechtsbindungswillen der Beteiligten sein.[42] Im Wege einer Verfahrensrechtsfortbildung lässt sich das Schriftformgebot aus dem *Grundsatz der Formenakzessorietät* ableiten.

---

35 *R. Seer* (Fn. 2), 389.
36 BFH v. 5.10.1990 – III R 19/88, BStBl. II 1991, 45 (46); v. 31.7.1996 – XI R 78/85, BStBl. II 1996, 625 (626); v. 31.3.2004 – I R 71/03, BStBl. II 2004, 742 (746); v. 22.9.2004 – III R 9/03, 2005, 160 (163 f.); v. 8.10.2008 – I R 63/07 BStBl. II 2009, 121 (123).
37 BFH v. 22.9.2004 – III R 9/03, BStBl. II 2005, 160 (164); v. 27.2.2007 – X B 178/06, BFH/NV 2007, 1073 (1076).
38 So aber BFH v. 28.7.1993 – XI R 68/92, BFH/NV 1994, 290 (291); unklar BFH v. 11.6.2014 – IX B 6/14, BFH/NV 2014, 1496 (1497).
39 Ebenfalls ablehnend *K. Buciek*, DStZ 1999, 389 (397); *K. Offerhaus*, DStR 2001, 2093 (2095); *W. Dannecker*, FS Schmitt Glaeser, 2003, 371 (381); *H. Fittkau*, DStZ 2003, 231 (232 f.); *J. Englisch* (Fn. 16), 40.
40 So auch BMF (Fn. 13), Tz. 5.3.
41 BFH v. 31.7.1996 – XI R 78/85, BStBl. II 1996, 625 (626); v. 22.9.2004 – III R 9/03, 2005, 160 (164); v. 20.9.2007 – IV R 20/05, BFH/NV 2008, 532 (534).
42 BFH v. 21.6.2000 – IV B 138/99, BFH/NV 2001, 2; v. 16.2.2006 – X B 176/05, BFH/NV 2006, 1052 (1053).

Die AO verlangt im Vorfeld einer Steuerfestsetzung bei Vorwegbindungen jeweils die Schriftform (s. § 89 Abs. 2 AO i.V.m. StAuskV; § 205 AO, § 181 Abs. 1 Satz 1 AO). Um das für die Endentscheidung des Steuerbescheides nach § 157 Abs. 1 Satz 1 AO geltende Schriftformgebot nicht zu umgehen, muss dieses auch für die (vorgelagerte) tatsächliche Verständigung gelten.[43] Das Schriftformerfordernis besitzt nicht bloß eine *Beweisfunktion*, sondern gewährleistet darüber hinaus einen wirksamen Übereilungsschutz (*Warnfunktion*).[44] Darüber hinaus kommt der Schriftlichkeit eine nicht zu unterschätzende *Kontrollfunktion* zu. Durch den Konsensakt verliert das Mittel der richterlichen Fremdkontrolle an Bedeutung; es verbleibt im Wesentlichen die *verwaltungseigene Selbstkontrolle* der Fach- und Rechtsaufsicht. Um die Kontrolle innerhalb der Finanzverwaltung überhaupt wirksam durchführen zu können, muss der Inhalt der Verständigungen dokumentiert sein. Das Schriftformerfordernis stellt damit eine Grundbedingung für eine wirksame Binnenkontrolle der „tatsächlichen Verständigungen" auf ihre Vereinbarkeit mit dem Gesetzmäßigkeitsprinzip dar.[45]

III. Verständigungen in Steuerstrafverfahren

1. Verständigungen im Ermittlungsverfahren

a) Einstellung wegen Geringfügigkeit

Das Strafverfahren (so auch nach § 385 Abs. 1 AO im Steuerstrafverfahren) wird gem. §§ 152 Abs. 2, 160 Abs. 1 StPO nicht minder vom *Legalitätsprinzip* geprägt. Zu einer Verurteilung darf es nur kommen, wenn das Strafgericht von der Verwirklichung des Straftatbestandes und der Schuld des Täters überzeugt ist. Nach Art. 1, 2 Abs. 1 GG, Art. 6 Abs. 2 EMRK genießt der Angeklagte die Unschuldsvermutung. Dies deutet zunächst sogar noch stärker als im Steuerrecht darauf hin, als böte das deutsche Strafprozessrecht mangels Spielräumen keinen Platz für Verständigungen. Jedoch enthält die AO im Zusammenwirken mit der StPO ein beachtliches Arsenal von Maßnahmen, die dem *Opportunitätsprinzip* folgen und zu einer schnelleren Verfahrensbeendigung auf der Basis eines geringeren Wahrscheinlichkeitsmaßstabs führen.

Nach § 398 Satz 1 AO kann die Staatsanwaltschaft von der Verfolgung einer Steuerhinterziehung, bei der nur eine *geringwertige Steuerverkürzung* eingetreten ist oder nur geringwertige Steuervorteile erlangt sind, auch ohne Zustimmung des Strafgerichts absehen, wenn die *Schuld des Täters als ge-*

---

43 Schriftform verlangt denn auch BMF (Fn. 13), Tz. 5.5; ebenso *K. Buciek*, DStZ 1999, 389 (397 f.); *K. Offerhaus*, DStR 2001, 2093 (2096); *W. Dannecker*, FS Schmitt Glaeser, 2003, 371 (381 f.); *J. Englisch* (Fn. 16), 59.
44 Ausf. *O. Weihrauch*, VerwArch 82 (1991), 543 (557 ff.).
45 *R. Seer* (Fn. 2), 347 f., 476 ff.

ring anzusehen ist und kein öffentliches Interesse an der Verfolgung besteht. An die Stelle der Staatsanwaltschaft tritt bei ausschließlichen Steuerstraftaten nach § 386 Abs. 2 AO die Finanzbehörde (d.h. die zentralisierte Bußgeld- und Strafsachenstelle der Finanzämter – BuStra, das Strafsachen-Finanzamt oder das Hauptzollamt), die das Ermittlungsverfahren jeweils selbständig durchführt. §§ 398 AO, 153 StPO begnügen sich mit einer bloßen *Schuldhypothese*. Die Einstellung erfordert keinen Nachweis der Schuld und darf auch keine Schuldfeststellung enthalten.[46] Allerdings setzt die Einstellung die Geringwertigkeit der steuerlichen Folgen voraus, wobei die Literatur eine bemerkenswerte Spannweite hinsichtlich der Geringwertigkeitsobergrenze offenbart. Diese reicht von dem an der Geringwertigkeit einer gestohlenen Sache i.S.d. § 248a StGB orientierten Bagatellbetrag von 50 Euro[47] bis hin zu einem maximalen Betrag von 5000 Euro.[48] Die von den obersten Landesfinanzbehörden herausgegebenen Anweisungen für das Straf- und Bußgeldverfahren (Steuer) – AStBV 2014 vom 1.11.2013[49] geben in Nr. 82 Abs. 2 und 3 keine klare Orientierung und sprechen lediglich davon, dass für die Frage der Geringwertigkeit die Summe der verkürzten Steuern relevant sei und die Schuld im Vergleich mit Steuerstraftaten gleicher Art nicht unerheblich unter dem Durchschnitt liegen müsse. Daher fehlt es an einer bundeseinheitlichen Grenze oder Praxis; es existieren regionale Unterschiede.[50] Wie die Steuerstrafsachenstatistik für das Jahr 2012 zeigt, haben die Bußgeld- und Strafsachenstellen der Landes-Finanzämter von ca. 70 000 erledigten Strafverfahren mehr als 13 % (ca. 9500) wegen Geringfügigkeit eingestellt.[51]

b) Einstellung gegen Geldauflage

Die praktisch größere Bedeutung besitzt jedoch die Einstellung gegen Geldauflage nach § 153a Abs. 1 Satz 1 StPO. Von den ca. 70 000 in 2012 vorgenommenen Erledigungen entfielen ca. 17 500 (ca. 25 %) auf § 153a StPO-Einstellungen gegen Geldauflagen.[52] Hinzu kamen noch 1976 Verfahren, die (erst) durch Staatsanwaltschaften oder Strafgerichte gegen Geldauflage nach

---

46 BVerfG v. 29.5.1990 – 2 BvR 254/88, 2 BvR 1343/88, BVerfGE 82, 106 (116).
47 So *U. Hellmann* in Hübschmann/Hepp/Spitaler, AO/FGO, Kommentar, Köln, § 398 AO Rz. 24 (August 2010).
48 *J. Seipl* in Bermann/Gosch, AO/FGO, Kommentar, Bonn, § 398 AO Rz. 17 (Januar 2005); *S. Peters* in Kohlmann, Steuerstrafrecht, Köln, § 398 AO Rz. 29 (Oktober 2013).
49 BStBl. I 2013, 1395.
50 *D. Quedenfeld* in Flore/Tsambikakis, Steuerstrafrecht, Kommentar, Köln 2013, § 398 AO Rz. 4.
51 BMF-Monatsbericht, Berlin, Oktober 2013, 29 (30).
52 Noch größer ist der Anteil der Verfahren, die bereits nach § 170 Abs. 2 StPO (z.B. mangels hinreichenden Tatverdachts) eingestellt wurden: 27 263 ≙ ca. 39 %. Außerdem haben Staatsanwaltschaften und Gerichte in 2012 4559 Steuerstrafverfahren (außerhalb des § 153a StPO) eingestellt, s. BMF-Monatsbericht, Berlin, Oktober 2013, 29 (30 f.).

§ 153a StPO zur Einstellung gebracht worden sind.[53] Eine Einstellung i.S.d. § 153a StPO kann von den Finanzbehörden als selbständig tätige Strafverfolgungsbehörden verfügt werden, bedarf dabei der *Zustimmung* sowohl des Beschuldigten als auch des zuständigen Strafgerichts. Sie ist damit bereits von ihrem Ansatz her auf eine *konsensuale Verständigung* angelegt. In ihrer seit 1993 geltenden Fassung[54] erweitert die Norm die Möglichkeit der Einstellung gegen Auflagen auch auf *Fälle mittlerer Kriminalität*, in denen die Schwere der Schuld dem nicht entgegensteht. Der Wegfall des zuvor geltenden, einschränkenden Merkmals der „geringen Schuld" war gerade auch durch die dadurch erleichterte Anwendbarkeit des § 153a StPO auf Steuerdelikte motiviert.[55] In Steuerstrafverfahren kommen als Auflagen und Weisungen i.S.d. § 153a Satz 2 StPO in Betracht:[56]

Nr. 1: Die Wiedergutmachung des durch die Tat verursachten Schadens (insbesondere durch die Entrichtung der verkürzten Steuerbeträge innerhalb einer bestimmten Frist),

Nr. 2: Die Zahlung eines bestimmten Geldbetrages zugunsten einer gemeinnützigen Einrichtung oder der Staatskasse,

Nr. 3: Die Erbringung gemeinnütziger Leistungen.

Die Verfahrenseinstellung verläuft dabei *zweistufig*. Im ersten Schritt wird das Verfahren vorläufig eingestellt, die Auflagen bzw. Weisungen genau bezeichnet und nach § 153a Abs. 1 Satz 3 StPO eine Frist von höchstens 6 Monaten zu deren Erfüllung gesetzt (s. Nr. 83 Abs. 3 AStBV 2014). Hat der Beschuldigte die Auflagen oder Weisungen erfüllt, stellt die Ermittlungsbehörde das Verfahren mit der Wirkung eines auf Vergehen *begrenzten Strafklageverbrauchs* gem. § 153a Abs. 1 Satz 5 StPO endgültig ein.

Anders als bei §§ 398 AO, 153 StPO reicht für die Einstellung aber keine bloße Schuldhypothese aus. Stattdessen muss die *Schuld festgestellt* werden. Dies kann in dem Stadium des Ermittlungsverfahrens außerhalb einer Hauptverhandlung aber schlechterdings nicht auf dem Niveau voller richterlicher Überzeugung geschehen; vielmehr muss ein für die Anklageerhebung erforderlicher hinreichender Tatverdacht (§§ 170 Abs. 1, 203 StPO) genügen.[57] Es bedarf zudem der Prüfung, ob das öffentliche Interesse an der Strafverfolgung durch die angeordnete Auflage oder Weisung beseitigt wird und

---

53 BMF-Monatsbericht, Berlin, Oktober 2013, 29 (30 f.).
54 Ausgedehnt durch das Gesetz zur Entlastung der Rechtspflege v. 11.1.1993, BGBl. I 1993, 50.
55 So ausdrücklich *L. Meyer-Goßner*, NJW 1993, 498 (499).
56 Siehe AStBV 2014 (Fn. 49), Nr. 83 Abs. 2.
57 Siehe BVerfG v. 6.12.1995 – 2 BvR 1732/95, NStZ-RR 1996, 168 (169); *H. Diemer* in Karlsruher Kommentar zur StPO, 7. Aufl., München 2013, § 153a Rz. 11; *L. Meyer-Goßner/B. Schmitt*, Strafprozessordnung, 57. Aufl., München 2014, § 153a Rz. 7; a.A. *U. Hellmann* in Hübschmann/Hepp/Spitaler (Fn. 47), § 398 AO Rz. 10 (August 2010).

dem die Schwere der kursorisch angenommenen Schuld nicht entgegensteht. In der Literatur wird nach wie vor behauptet, dass Einstellungen nach § 153a StPO in der Praxis bei Steuerhinterziehungsbeträgen bis zu 500 000 Euro vorkämen.[58] Dieses weitreichende Spektrum widerspricht im Regelfall allerdings den Leitlinien des BGH, die dieser für die Strafzumessung bei der Steuerhinterziehung entwickelt hat. Das seit dem 1.1.2008 gültige Regelbeispiel des § 370 Abs. 3 Satz 2 Nr. 1 AO eines *besonders schweren Falls* einer Steuerhinterziehung („in großem Ausmaß Steuern verkürzt") legt der BGH *objektiv* aus und nennt nun betragsmäßige Wertgrenzen, die sich auf die Höhe der jeweiligen Steuerverkürzung beziehen. Ein großes Ausmaß einer Steuerhinterziehung soll danach bei aktiven Täuschungshandlungen (z.B. dem Vortäuschen von Betriebsausgaben oder Vorsteuerbeträgen) bereits eine Steuerverkürzung von 50 000 Euro sein; wurde der Steueranspruch (z.B. durch das Verschweigen bestimmter Einkünfte) gefährdet, soll die Grenzen bei 100 000 Euro liegen.[59] Ab einer Steuerverkürzung i.H.v. 100 000 Euro soll eine Geldstrafe nur bei *gewichtigen Milderungsgründen* und ab einer Steuerverkürzung i.H.v. 1000 000 Euro soll eine Freiheitsstrafe auf Bewährung sogar nur noch bei *„besonders gewichtigen Milderungsgründen"* in Betracht kommen.[60] Zieht man in Betracht, dass ein besonders schwerer Fall obligatorisch zu einer Freiheitsstrafe von mindestens 6 Monaten zwingt, wird auf der Basis dieser Rechtsprechung bei einer Steuerverkürzung von 100 000 Euro und mehr eine Einstellung i.S.d. § 153a AO nur noch unter Reklamation besonderer Strafmilderungsgründe möglich sein.

Bei der Verständigung zwischen dem Beschuldigten und den Strafverfolgungsbehörden wird es deshalb besonders darum gehen, die *Indizwirkung des Steuerschadens* im Rahmen einer Gesamtwürdigung der Tat, des Täters und dessen Schuld *zu entkräften*. In seinem Urteil vom 7.2.2012 hat der BGH im Zusammenhang mit der 1 000 000 Euro-Schwelle für die Aussetzbarkeit einer Freiheitsstrafe auf Bewährung in einem Einzelfall dargelegt, dass eine Vorstrafenfreiheit, die Nachzahlung der verkürzten Steuern und die mit einer 3,5-jährigen Verfahrensdauer verbundene psychische Belastung des Angeklagten noch keine besonders gewichtigen Milderungsgründe darstellten, die eine Aussetzung der Freiheitsstrafe rechtfertigten.[61] Damit ist indessen nicht gesagt, dass diese Umstände für eine einvernehmliche Einstellung des Verfahrens, insbesondere bei geringeren Steuerverkürzungsbeträgen ge-

---

58 So *K. Randt*, Der Steuerfahndungsfall, München 2004, Abschnitt D, Rz. 99; *S. Peters* in Kohlmann (Fn. 48), § 398 AO Rz. 15 (Oktober 2013).
59 BGH v. 2.12.2008 – 1 StR 416/08, BGHSt 53, 71 (84 f.).
60 BGH (Fn. 59), BGHSt 53, 71 (86); BGH v. 7.2.2012 – 1 StR 525/11, BGHSt 57, 123 (130 f.); zusammengefasst durch das Senatsmitglied *M. Jäger*, DStZ 2012, 737.
61 BGH (Fn. 60), BGHSt 57, 123 (132 f.). Dabei ist allerdings zu berücksichtigen, dass das Gericht in dem Urteilsfall auch in der Person des Angeklagten liegende Strafverschärfungsgründe erkannt hat.

nerell irrelevant sind. Es bleibt letztlich eine Frage des Einzelfalls und damit zugleich eine *nicht unerhebliche Rechtsunsicherheit*. Jedenfalls bildet die Strafzumessungsrechtsprechung des BGH für die Strafverteidigung eine Herausforderung, die strafmildernden Umstände so herauszuarbeiten, dass es den Ermittlungsbehörden und dem Strafgericht ohne ersichtlichen Bruch mit der jüngeren BGH-Judikatur möglich ist, noch zu einer Einstellung gegen Geldauflagen zu gelangen. Die umfassende, schadenswiedergutmachende Kooperationsbereitschaft und ein damit verbundenes Geständnis wird man im Rahmen dieser Gesamtwürdigung nach wie vor zugunsten des Beschuldigten anführen können. In diesem Zusammenhang spielt auch der Aspekt einer Gesamtbereinigung des Steuerfalls eine praktisch nicht zu unterschätzende Rolle (dazu unten IV.).

c) Antrag auf Erlass eines Strafbefehls

Können sich Verteidigung und Ermittlungsbehörde bzw. Strafgericht nicht auf eine Einstellung des Ermittlungsverfahrens nach § 153a StPO verständigen, bleibt als weitere Option der einvernehmliche Antrag auf Erlass eines Strafbefehls i.S.d. § 407 StPO. Dieses Instrument wird in der Praxis in knapp 10 % der Steuerstrafverfahren von den Finanzbehörden genutzt.[62] Nach § 400 AO besitzt die Finanzbehörde in Steuerstrafsachen ein eigenes Antragsrecht in dafür geeigneten Fällen. Nach § 407 Abs. 2 StPO kann durch einen vom AG (Strafrichter oder Schöffengericht) erlassenen Strafbefehl eine Geldstrafe, bei Existenz eines Verteidigers auch eine zur Bewährung ausgesetzte Freiheitsstrafe von maximal 1 Jahr verhängt werden. Auch hier wirkt sich die jüngere BGH-Strafzumessungsrechtsprechung begrenzend aus. Auf deren Grundlage wird ein Strafbefehl bei Steuerverkürzungen von 1 Million Euro und höher grundsätzlich nicht mehr als geeignetes Instrument betrachtet werden können.[63]

Der Strafbefehl beruht letztlich ebenso wie die Einstellung nach § 153a StPO auf einem *summarischen Verfahren*. Allerdings ist strittig, ob bereits ein hinreichender Tatverdacht (s. Umkehrschluss aus § 408 Abs. 2 Satz 1 StPO) für den Erlass eines Strafbefehls ausreicht,[64] oder eine richterliche Überzeugung auf der vorgelegten eingeschränkten Beweismittelbasis wegen der Urteilswirkung des Strafbefehls erforderlich wird.[65] Die letztgenannte Ansicht muss sich aber eingestehen, dass nur selten eine echte volle richterliche Überzeugung i.S.d. § 261 StPO, sondern zumeist nur eine „*Überzeu-*

---

[62] In 2012 wurden von 69 474 erledigten Steuerstrafverfahren 6727 durch einen Strafbefehlsantrag erledigt, BMF-Monatsbericht, Berlin, Oktober 2013, 29 (30 f.). In dem Berichtszeitraum haben die Amtsgerichte insgesamt 5993 Strafbefehle erlassen.
[63] *J. Schützeberg* in Rolletschke/Kemper, Steuerstrafrecht, Neuwied u.a., § 400 AO Rz. 46 (Juni 2011).
[64] So etwa *L. Meyer-Goßner/B. Schmitt* (Fn. 57), Vor § 407 StPO Rz. 1; *J. Schützeberg* in Rolletschke/Kemper (Fn. 63), § 400 AO Rz. 2 (Juni 2011).
[65] So *L. Maur* in Karlsruher Kommentar (Fn. 57), § 408 StPO Rz. 15.

gung nach Aktenlage" gewonnen werden kann.[66] Seine Legitimation erhält das Strafbefehlsverfahren im Bereich der *kleineren bis mittleren Kriminalität* letztlich aus dem *Konsensprinzip mit einer Art von Selbstunterwerfung.*[67] Dabei unterscheidet es sich von dem früheren (verfassungswidrigen) Unterwerfungsverfahren[68] dadurch, dass nicht die Finanzbehörde, sondern das unabhängige Strafgericht den Strafbefehl erlässt. Unterlässt es der Beschuldigte, gegen den Strafbefehl einen Einspruch einzulegen, steht der erlassene Strafbefehl gem. § 410 Abs. 3 StPO einem Strafurteil gleich.

Das Strafbefehlsverfahren bietet für den Angeschuldigten den Vorteil, das belastende Steuerstrafverfahren schnell und diskret außerhalb einer öffentlichen Hauptverhandlung (§ 169 Satz 1 GVG) ohne weitere intensive Ermittlungen zum Abschluss zu bringen. Da die Antragstellung noch in der Hand der Finanzbehörde liegt, kann die Strafverteidigung taktisch versuchen, den zusammen mit dem Strafbefehl zu einer Gesamtbereinigung sowohl des Steuer- als auch des Strafverfahrens zu gelangen (dazu unten IV.2.). Sowohl die Einstellung gem. § 153a StPO als auch das Strafbefehlsverfahren nach §§ 407 ff. StPO sind letztlich auf den *konsensualen Abschluss des Strafverfahrens ausgerichtet*, entweder durch ausdrückliche Zustimmung und Mitwirkung oder durch bewusste Hinnahme im Wege des Unterlassens eines Einspruchs.[69]

Das Ermittlungsverfahren wird also nicht unmaßgeblich vom Opportunitätsprinzip und einem dadurch eröffneten kooperativen Abschluss geprägt. Dies entspricht der Realität der Strafverfahren, insbesondere der Steuerstrafverfahren. Gleichwohl gibt es *rechtlich keine bindende Verständigung im Ermittlungsverfahren.* Eine von der Ermittlungsbehörde versprochene Einstellung gem. § 153a StPO oder ein „versprochener" Strafbefehl kann daher nicht klageweise durchgesetzt werden.[70] Dabei gilt es zu berücksichtigen, dass es regelmäßig auch keiner rechtlichen Bindungswirkung bedarf, weil der Abschluss des Verfahrens *zeitnah* herbeigeführt wird und sich die Rechtsverbindlichkeit der Verständigung ebenso zeitnah über den Strafklageverbrauch nach § 153a Abs. 1 Satz 5 StPO oder die Rechtskraft des Strafbefehls nach § 410 Abs. 3 StPO einstellt. In dem Verständigungsprozess zwischen den Finanzbehörden und der Verteidigung kommt den *unabhängigen Strafgerichten* schließlich eine *Wächteramtsfunktion* zu, die sie aufgrund des Zustimmungsbedürfnisses bei der Einstellung nach § 153a StPO

---

66 Klarsichtig *H. J. Schaal* in Gedächtnisschrift für K. H. Meyer, 1990, 427 (441).
67 *L. Maur* in Karlsruher Kommentar (Fn. 57), § 408 StPO Rz. 15; *B. Hilgers-Klautzsch* in Kohlmann (Fn. 48), § 400 AO Rz. 7 (September 2009).
68 Das frühere Strafbescheids- und Unterwerfungsverfahren der Finanzämter hat BVerfG v. 6.6.1967 – 2 BvR 375/60 u.a., BVerfGE 22, 49 (73 ff.) für verfassungswidrig erklärt.
69 *U. Pflaum* (Fn. 3), 72.
70 *K. Randt*, Der Steuerfahndungsfall (Fn. 58), Abschnitt A, Rz. 96; *U. Pflaum* (Fn. 3), 75.

sowie als das zur Entscheidung über den Strafbefehl berufene Organ auch wirksam ausüben können.

2. Verständigungen vor den Strafgerichten

Verständigungen werden aber nicht nur im Ermittlungsverfahren, sondern auch im späteren Stadium des Zwischen- und Hauptverfahrens vor den Strafgerichten gesucht und gefunden.[71] In diesem Zusammenhang ist eingangs zur Kenntnis zu nehmen, dass im Jahr 2012 insgesamt 2278 Steuerstrafverfahren (ca. 3 % der Gesamtzahl der Steuerstrafverfahren) durch Urteil mit Straf- bzw. Bußgeldfestsetzung abgeschlossen worden sind, eine Zahl, die signifikant hinter den Einstellungen, aber auch hinter den Strafbefehlen zurückbleibt.[72] Die Rechtsprechung (insbesondere der Große Senat) des BGH hat in den letzten beiden Jahrzehnten seinen Rechtsfortbildungsauftrag wahrgenommen und Rechtsgrundsätze für die strafprozessuale Behandlung des lange Zeit unbeachteten Phänomens der Verständigungen im Strafprozess entwickelt.[73] Danach verstoßen *Urteilsabsprachen*, welche die Abgabe eines *Geständnisses* seitens des Angeklagten *gegen die Zusage einer Strafmilderung* zum Inhalt haben, zwar nicht von vornherein gegen verfassungs- und verfahrensrechtliche Prinzipien. Jedoch sind sie *außerhalb der Hauptverhandlung* wegen des Grundsatzes der Öffentlichkeit (§ 169 GVG) *unzulässig*. Vielmehr muss der Inhalt informeller Absprachen in der Hauptverhandlung offengelegt und im Protokoll (§ 273 StPO) festgehalten werden. Die richterliche Entscheidung darf darüber hinaus nicht durch eine absprachegemäße Festlegung auf eine bestimmte Strafe (sog. „*Punktstrafe*")[74] vorweggenommen werden. Für unbedenklich hat es der BGH aber gehalten, wenn das Gericht für den Fall eines glaubhaften, auf seine Zuverlässigkeit geprüften Geständnisses im Wege der Verständigung eine *Strafobergrenze* angibt, die es nicht überschreiten werde.[75] Dem Gericht ist es aber verwehrt, auf einen Rechtsmittelverzicht als „Gegenleistung" des Angeklagten hinzuwirken.[76] Das Ge-

---

71 Siehe rechtstatsächliche Erhebungen von *K. Altenhain/F. Dietmeier/M. May*, Die Praxis der Absprachen in Strafverfahren, Berlin 2013.
72 BMF-Monatsbericht, Berlin, Oktober 2013, 29 (31).
73 Grundlegend BGH v. 3.3.2005 – GSSt 1/04, BGHSt 50, 40 (46 ff.) – GrS, mit bemerkenswerten Ausführungen zum richterlichen Rechtsfortbildungsauftrag und einem Appell an den Gesetzgeber; zuvor BGH v. 28.8.1997 – 4 StR 240/97, BGHSt 43, 195 (203 ff.); v. 15.1.2003 – 1 StR 464/02, BGHSt 48, 161 (167 f.); v. 19.2.2004 – 4 StR 371/03, BGHSt 49, 84 (87 ff.).
74 BGH v. 28.9.2010 – 3 StR 359/10, StV 2011, 78 (79); v. 17.2.2011 – 3 StR 426/10, StV 2011, 338 f.
75 S. auch BGH v. 8.10.2010 – 1 StR 347/10, wistra 2011, 75 (76), wonach die Formulierung einer Strafuntergrenze eher im Interessenbereich der Staatsanwaltschaft liegt.
76 GrS (Fn. 73), BGHSt 50, 40 (48): „unzulässiger Handel mit Gerechtigkeit" – Das Gericht hat den Angeklagten sogar (qualifiziert) darüber zu belehren, dass er ungeachtet der Absprache in seiner Entscheidung frei sei, Rechtsmittel einzulegen. Nur dann sei ein daraufhin erklärter Rechtsmittelverzicht wirksam.

richt soll nach dem Grundsatz des *fair trial* umgekehrt nur an seine Zusage gebunden sein, sofern sich nicht in der Hauptverhandlung neue tatsächliche oder rechtliche Umstände ergeben.[77]

Auf einen Appell des Großen Senats des BGH hin hat der Gesetzgeber mit dem Gesetz zur Regelung der Verständigung im Strafverfahren v. 29.7.2009 reagiert.[78] §§ 160b; 202a; 212; 257b StPO n.F. sehen für alle Verfahrensstadien (Ermittlungs-, Zwischenverfahren, Hauptverhandlung) die Möglichkeit von Erörterungsterminen für die Staatsanwaltschaft (Straf- u. Bußgeldstelle) und das Gericht vor. Die *Verständigung in der Hauptverhandlung* regelt § 257c StPO n.F. Gemäß § 257c Abs. 3 Satz 1 StPO n.F. gibt das Gericht bekannt, welchen Inhalt eine Urteilsabsprache haben könnte. Eine angeregte, aber nicht zustande gekommene Verständigung hat für die Beteiligten jedoch noch keine Bindungswirkung.[79] Allerdings können informelle Äußerungen des Vorsitzenden eines Spruchkörpers einen Vertrauenstatbestand erzeugen, wenn sie die Verfahrensführung oder das Verteidigungsverhalten des Angeklagten beeinflusst haben.[80] Das Gericht kann nach § 257c Abs. 3 Satz 2 StPO n.F. einen *Strafrahmen i.S. einer Ober- und Untergrenze* vorgeben.[81] Inhalt der Verständigung können grundsätzlich alle Maßnahmen sein, die das erkennende Gericht verfügen kann (erkenntnis- und verfahrensbezogene Maßnahmen), Maßnahmen der Staatsanwaltschaft sowie Handlungen, die in der Sphäre des Angeklagten liegen (z.B. Verzicht auf weitere Beweisanträge, Geständnis, Zusage von Schadenswiedergutmachung). Ausgeschlossen ist eine Verständigung über den Schuldspruch an sich[82] oder Maßregeln der Besserung und Sicherung (§ 257c Abs. 2 StPO n.F.). Eine Verständigung auf einen *Rechtsmittelverzicht* ist ebenfalls *unzulässig* (§ 302 Abs. 1 Satz 2 StPO n.F.). Dies soll sicherstellen, dass sich die Rechtsmittelberechtigten in Ruhe und ohne Druck überlegen können, ob

---

77 GrS (Fn. 73), BGHSt 50, 40 (50); für eine weiter gehende Bindung trat noch BGH v. 28.8.1997 – 4 StR 240/97, BGHSt 43, 195 (206 ff.) ein.
78 BGBl. I 2009, 2353. – Zu den Motiven s. BT-Drucks. 16/11736, 16/12310 und 16/13095.
79 BGH v. 6.10.2010 – 2 StR 354/10, wistra 2011, 28 = JR 2011, 167, m. Anm. *Bachmann/Goeck*, JR 2011, 168; BGH v. 12.7.2011 – 1 StR 274/11, StV 2011, 645. Dies gilt insb. für die informelle Anbahnung einer Verständigung durch den Vorsitzenden ohne Kenntnis der anderen Mitglieder des Spruchkörpers, s. BGH v. 20.10.2010 – 1 StR 400/10, wistra 2011, 139 (140).
80 BGH v. 6.10.2010 – 2 StR 354/10, wistra 2011, 28; BGH v. 30.6.2011 – 3 StR 39/11, wistra 2011, 468. Dies setzt allerdings voraus, dass der Inhalt seiner Art nach auch Gegenstand einer Absprache sein dürfte.
81 Bei einem zugesicherten Strafrahmen ist das Gericht nicht gehindert, die Obergrenze als Strafe zu verhängen, s. BGH v. 27.7.2010 – 1 StR 345/10, wistra 2010, 412.
82 Das Geständnis soll aber trotz unzulässiger Verständigung nach BGH v. 1.3.2011 – 1 StR 52/11, wistra 2011, 235, verwertbar sein.

sie Rechtsmittel einlegen wollen oder nicht.[83] Nach § 257c Abs. 4 StPO n.F. entfällt die Bindung des Gerichts an die Verständigung, wenn das Gericht rechtlich oder tatsächlich bedeutsame Umstände übersehen hat und es deswegen zu der Überzeugung gelangt, dass der in Aussicht gestellte Strafrahmen nicht mehr tat- oder schuldangemessen ist. Gleiches gilt, wenn das weitere Prozessverhalten des Angeklagten nicht dem Verhalten entspricht, das der Prognose des Gerichts zugrunde gelegt worden ist. Da ein Geständnis in diesen Fällen unter „falschen Voraussetzungen" gemacht worden ist, statuiert § 257c Abs. 4 Satz 3 StPO n.F. insoweit ein Verwertungsverbot. Der Angeklagte ist darüber gem. § 257c Abs. 5 StPO zu belehren.[84] Umfangreiche Protokollpflichten sollen schließlich für eine höchstmögliche Transparenz des Verfahrens sorgen (§ 273 Abs. 1a StPO).[85]

Das BVerfG hat das Verständigungsgesetz vom 29.7.2009 verfassungsrechtlich gebilligt, zugleich aber die gesetzlichen Grenzen der Urteilsabsprachenpraxis auf ungewöhnlich umfangreiche Weise verfassungsrechtlich untermauert.[86] Es ist hier nicht der Ort und die Zeit, die Entscheidung in aller Ausführlichkeit zu würdigen. Ich möchte mich auf die aus meiner Sicht für unser Schnittstellenthema wichtigsten Aussagen beschränken:

Das BVerfG betont das dem Schutz der Menschenwürde (Art. 1 Abs. 1 GG) und dem Rechtsstaatsprinzip entnommene *Schuldprinzip* („*nulla poena sine culpa*") und fasst gesicherte verfassungsrechtliche Erkenntnisse zusammen: Das Schuldprinzip ist im Strafprozess zu verwirklichen. Zentrales Anliegen des Strafprozesses ist daher die *Ermittlung des wahren Sachverhalts*, ohne den sich das materielle Schuldprinzip nicht verwirklichen lässt.[87] Dem Täter müssen Tat und Schuld prozessordnungsgemäß nachgewiesen werden. Bis zum Nachweis seiner Schuld ist seine Unschuld zu vermuten.[88] Der Beschuldigte darf nicht bloß Objekt des Strafverfahrens sein. Er besitzt das Recht auf ein faires Verfahren im Sinne einer „Waffengleichheit" und genießt das Recht zur Aussagefreiheit. Der Beschuldigte muss frei von Zwang eigenverantwortlich entscheiden können, ob und gegebenenfalls inwieweit er im Strafverfahren mitwirkt.[89]

---

83 Bericht des Rechtsausschusses v. 20.5.2009, BT-Drucks. 16/13095, 10; nach BGH v. 14.4.2010 – 1 StR 64/10, BGHSt 55, 82, soll aber die Zurücknahme des kurz zuvor eingelegten Rechtsmittels vor Ablauf der Einlegungsfrist möglich sein, dazu krit. Anm. *Gericke*, NStZ 2011, 110.
84 Zum Umfang der Belehrungspflicht s. BGH v. 17.8.2010 – 4 StR 228/10, wistra 2010, 452; BGH v. 19.8.2010 – 3 StR 226/10, wistra 2011, 73.
85 Zur mangelhaften Beweiskraft des Protokolls bei fehlender Aufnahme des Abschlusses und Inhalts der Verständigung s. BGH v. 29.9.2010 – 2 StR 371/10, BGHSt 56, 3 (5).
86 BVerfG v. 19.3.2013 – 2 BvR 2628/10, 2 BvR 2883/10, 2 BvR 2155/11, BVerfGE 133, 168 (197 ff.).
87 BVerfG (Fn. 86), 168 (197 ff.), Rz. 54 u. 56.
88 BVerfG (Fn. 86), 168 (202), Rz. 61.
89 BVerfG (Fn. 86), 168 (200 f.), Rz. 59 u. 60.

Vor diesem Hintergrund erkennt das BVerfG klar die Gefahr der Verlockung zur Ablegung eines Geständnisses gegen eine milde Höchststrafe. Auf eine Kurzformel gebracht besitzt der folgende Strafmaßdeal gerade auch für das Steuerstrafrecht eine besondere praktische Relevanz: *„Geständnis gegen 2 Jahre auf Bewährung"*.[90] Immerhin bejaht das BVerfG, dass eine wirksame Strafrechtspflege auch eines *Beschleunigungsgebots* bedarf.[91] Hier wäre es aber angezeigt gewesen, das Verhältnis des Beschleunigungsgebots zu dem zuvor hochgehaltenen Prinzip materieller Wahrheit auszuloten. Gerade umfangreiche Wirtschafts- und Steuerprozesse, bei denen Hunderte von Akten sowie umfangreiches Datenmaterial zu sichten sind, beweisen, dass es *natürliche Kapazitätsgrenzen für die Sachverhaltsfeststellung* gibt. Hier stellt sich die praktische Frage, wie die Strafgerichte diese Verfahren in angemessener Zeit ohne Urteilsabsprachen, Teil-Abtrennungen und Einstellungen etc. bewältigen sollen. Ein ausermittelnder „Endlos"-Prozess würde sicher noch weit weniger den verfassungsrechtlichen Anforderungen genügen.

Stattdessen weist das BVerfG auf die überragende Bedeutung des § 257c Abs. 1 Satz 2 StPO hin, wonach der in § 244 Abs. 2 StPO statuierte Untersuchungsgrundsatz unberührt bleibe. Der Gesetzgeber habe damit ausdrücklich klargestellt, dass kein neues „konsensuales" Verfahrensmodell geschaffen worden sei, sondern er am Ziel der Erforschung der materiellen Wahrheit festhalte. Eine Verständigung könne daher niemals allein Urteilsgrundlage sein.[92] Ein *verständigungsbasiertes Geständnis* (s. § 257c Abs. 2 Satz 2 StPO) sei zwingend auf seine Richtigkeit hin zu überprüfen. Ein Geständnis dürfe nicht zur „Handelsware" werden und könne als Grundlage der Zusage einer Strafobergrenze nur akzeptiert werden, wenn es – aus sich heraus oder aufgrund der Beantwortung von Fragen – überprüfbar sei.[93] Es reiche nicht aus, das Geständnis bloß mit der Aktenlage abzugleichen.[94]

Sehr apodiktisch und letztlich wenig durchdacht ist die weitgehende Aussage des BVerfG, mit den Vorschriften des Verständigungsgesetzes habe die Zulassung von Verständigungen im Strafverfahren eine abschließende Regelung erfahren, so dass außerhalb des gesetzlichen Regelungskonzepts erfolgende sog. *informelle Absprachen* unzulässig seien.[95] Wie dargelegt, enthält das Ermittlungsverfahren in nicht unerheblichem Umfang konsensuale Elemente, um zu einem zügigen Verfahrensabschluss im Bereich kleiner bis mittlerer Kriminalität zu gelangen. Dies erkennt das BVerfG unter Anknüpfung an frühere Entscheidungen auch an, indem es die Einstellungs-

---

90 So auch *U. Pflaum* (Fn. 3), 65.
91 BVerfG (Fn. 86), 168 (201), Rz. 59.
92 BVerfG (Fn. 86), 168 (204 ff.), Rz. 65, 67 f.
93 BVerfG (Fn. 86), 168 (230), Rz. 110 f.
94 BVerfG (Fn. 86), 168 (209 f.), Rz. 71.
95 BVerfG (Fn. 86), 168 (212), Rz. 75.

vorschriften der §§ 153 ff. StPO ebenso wie das Strafbefehlsverfahren als zulässige Einschränkungen der verfassungsrechtlich fundierten Pflicht zur Erforschung der materiellen Wahrheit ausdrücklich aufführt.[96] Richtigerweise ist das BVerfG daher so zu verstehen, dass das Verständigungsgesetz nur eine abschließende Regelung der *Urteilsabsprache* enthält, also *informelle Urteilsabsprachen* unzulässig und nicht bindend sein sollen.[97] Dementsprechend hat das KG jüngst auch mit Recht festgestellt, dass Gespräche über eine (vollständige) Verfahrenseinstellung i.S.d. §§ 153 ff. StPO keine Erörterungen i.S.d. § 257c StPO sind und daher auch nicht der Mitteilungspflicht des § 243 Abs. 4 StPO unterliegen.[98]

Eine für unser Thema zentrale Aussage betrifft sog. *Gesamtlösungen*, die auch andere Verfahren einbeziehen. Das BVerfG beschränkt die Verständigungen i.S.d. § 257c Abs. 1, 2 StPO ausschließlich auf das zugrunde liegende Erkenntnisverfahren und schließt unter Hinweis auf das *Öffentlichkeitsprinzip* und *Transparenzgebot* die Einbeziehung von Zusagen hinsichtlich anderer Verfahren aus.[99] Die Kontrollfunktion der Öffentlichkeit begründet für das BVerfG die besondere Bedeutung der Hauptverhandlung für die Zuverlässigkeit der Wahrheitsfindung, so dass die außerhalb dieses Forums stattfindenden Verständigungen zu dokumentieren und in die Hauptverhandlung einzubringen sind.

IV. Verfahrensverknüpfung und Gesamtbereinigung im Steuerstrafrecht

1. Verständigungen nach einer Außenprüfung

Zwar stehen Besteuerungsverfahren und Steuerstrafverfahren nach § 393 Abs. 1 AO selbständig nebeneinander; sie folgen eigenen Regeln. Den Ausgangspunkt für ein Steuerstrafverfahren bildet aber regelmäßig ein konkretes Besteuerungsverfahren. *Klaus-Dieter Drüen* hat in diesem Band ausführlich den Zusammenhang zwischen der Außenprüfung und Strafverfolgung behandelt.[100] Der einvernehmliche Abschluss streitiger Feststellungen einer Außenprüfung im Wege einer tatsächlichen Verständigung stößt auf Schwierigkeiten, wenn ein Steuerstrafverfahren eingeleitet worden ist oder dessen Einleitung seitens der Außenprüfung noch droht. Hier wird der Steuerpflichtige regelmäßig nur dann zum Abschluss einer tatsächlichen Verständigung bereit sein, wenn er sich sicher sein kann, dass entweder kein Strafverfahren eingeleitet oder das bereits eingeleitete Steuer-

---
96 BVerfG (Fn. 86), 168 (226 f.), Rz. 103 f.
97 So auch *M. Niemöller*, Zum Geltungsanspruch und -umfang des Verständigungsgesetzes, GA 2014, 179 (180 ff.), in seiner Kritik an der Entscheidung des BVerfG.
98 KG v. 10.1.2014 – (2) 161 Ss 132/13 (47/13), NStZ 2014, 293 (294).
99 BVerfG (Fn. 86), 168 (214), Rz. 79.
100 Siehe oben 219 ff.

strafverfahren ebenfalls einvernehmlich abgeschlossen wird. Umgekehrt besitzen Außenprüfer und Steuerfestsetzung ein großes Interesse am Abschluss des Steuerfalls durch zeitnahe Festsetzung der Mehrsteuern. Hier besteht die *Gefahr einer unzulässigen dysfunktionalen Verfahrensverknüpfung*, wenn die Außenprüfung die Einleitung eines Steuerstrafverfahrens unterlässt, der Steuerpflichtige umgekehrt mit Blick auf die ausbleibende Strafverfolgung einer ihn steuerlich belastenden tatsächliche Verständigung zustimmt.[101] Einen Verzicht auf die Einleitung des Strafverfahrens wird die Außenprüfung aber kaum ausdrücklich in der Verständigung schriftlich zusagen, da die Finanzbehörde nach § 386 Abs. 1 AO bei einem Anfangsverdacht der Steuerhinterziehung ein Steuerstrafverfahren einzuleiten und der Außenprüfer demgemäß nach § 10 BpO 2000 der Straf- und Bußgeldstelle unverzüglich eine Mitteilung zu machen hat. Denn der Außenprüfer wird sich keines Vorwurfs eines Dienstvergehens oder gar einer Strafvereitelung im Amt i.S.d. § 258a StGB aussetzen wollen.[102] Daher wird man einer schriftlich abgeschlossenen (tatsächlichen) Verständigung äußerlich nicht ansehen, dass sie unter Verstoß gegen das *rechtsstaatliche Koppelungsverbot* zustande gekommen ist.

Will sich der Steuerpflichtige von der für ihn ggf. ungünstigen tatsächlichen Verständigung wieder lösen, kann er zwar den Verstoß gegen das Koppelungsverbot rügen, muss ihn aber nachweisen. Dasselbe gilt für die von der Rechtsprechung in entsprechender Anwendung des § 123 Abs. 1 BGB zugelassene Anfechtung der tatsächlichen Verständigung wegen widerrechtlicher Drohung oder arglistiger Täuschung.[103] Pauschale Behauptungen reichen hierfür nicht aus.[104] Dies hat der BFH etwa für die bloße Behauptung, man habe einer bestimmten Hinzuschätzung nur auf Druck der Betriebsprüfung, andernfalls „alles auf den Kopf zu stellen", zugestimmt, angenommen.[105] Ähnlich zurückhaltend zeigte sich das FG Köln in einem Steuerfahndungsfall.[106]

Sollte die Außenprüfung nach Abschluss der tatsächlichen Verständigung dann aber doch eine Mitteilung an die BuStra machen und diese daraufhin ein Steuerstrafverfahren gegen den Steuerpflichtigen einleiten, stellen sich mehrere Fragen: Die Nichteinleitung des Steuerstrafverfahrens könnte eine

---

101 *R. Seer* (Fn. 2), 23 ff., 280 f.
102 Dazu gleich lautende Ländererlasse zu Anwendungsfragen zu § 10 Abs. 1 BpO, BStBl. I 2009, 829; *U. Pflaum* (Fn. 3), 291 f.
103 BFH v. 1.9.2009 – VIII R 78/06, BFH/NV 2010, 593; FG Köln v. 20.10.2011 – 15 K 3692/08, EFG 2012, 574 m. Anm. v. *S. Kühnen*; FG Nds. v. 20.11.2012 – 15 K 268/10, juris (Leitsatz in BB 2013, 2454).
104 BFH v. 8.4.2010 – V B 20/08, BFH/NV 2010, 1616 (1617); FG Nds. (Fn. 103), a.a.O.
105 BFH (Fn. 103), a.a.O., 594 f.
106 FG Köln v. 20.10.2011 – 15 K 3692/08, EFG 2012, 574 m. Anm. v. *S. Kühnen*.

Geschäftsgrundlage der tatsächlichen Verständigung sein.[107] Davon ist allerdings nicht ohne weiteres auszugehen. Der BFH fordert vielmehr erkennbare Anzeichen dafür, dass dieser Umstand Bestandteil der tatsächlichen Verständigung geworden oder von den Beteiligten wenigstens stillschweigend zur gemeinsamen Grundlage der tatsächlichen Verständigung gemacht worden ist.[108] Des Weiteren stellt sich die Frage der *Verwertbarkeit* der in der tatsächlichen Verständigung festgehaltenen Feststellungen für das Steuerstrafverfahren. Auch wenn der Steuerpflichtige beim Abschluss der tatsächlichen Verständigung nicht unter dem Druck eines angedrohten Strafverfahrens gestanden haben mag, hat er sich jedenfalls unter dem Eindruck seiner steuerlichen Mitwirkungspflichten belastet. Wenn bereits während des Außenprüfungsverfahrens ein Anfangsverdacht bestand, hätte er nach § 393 Abs. 1 Satz 4 AO darüber belehrt werden müssen, dass seine Mitwirkung nach § 393 Abs. 1 Satz 2 AO nicht zwangsweise hätte durchgesetzt werden können. Da nicht ausgeschlossen werden kann, dass der Steuerpflichtige bei Kenntnis des Zwangsmittelverbots seine Mitwirkung verweigert hätte, ist sein Mitwirkungsbeitrag *strafprozessual* grundsätzlich unverwertbar.[109] Darauf beschränkt sich aber nach der Rechtsprechung das Verwertungsverbot. Es besitzt weder eine strafprozessuale Fernwirkung[110] noch strahlt es auf das Besteuerungsverfahren aus.[111]

Für den Steuerpflichtigen ist es mithin insgesamt risikobehaftet, einer ihn steuerlich belastenden tatsächlichen Verständigung zuzustimmen, ohne dass er sich über die Eröffnung oder den Ausgang des Steuerstrafverfahrens gewiss sein kann. Deshalb wird er der tatsächlichen Verständigung mit ihrem *gegenständlich-beschränkten Einwendungsausschluss* nur unter der *auflösenden Bedingung der Eröffnung eines Steuerstrafverfahrens* (§ 158 Abs. 2 BGB) oder der *aufschiebenden Bedingung der Einstellung des Steuerstrafverfahrens* (ggf. unter Geldauflage) oder des *Erlasses eines bloßen Strafbefehls* (§ 158 Abs. 1 BGB) zustimmen können. Sollte das Festsetzungs-Finanzamt auf der Basis der tatsächlichen Verständigung während des eingeleiteten, aber noch schwebenden Strafverfahrens Bescheide erlassen, kann er diese prophylaktisch per Einspruch anfechten, um den Eintritt vollendeter Tatsachen zu verhindern. Solange das Strafverfahren nicht abge-

---

107 Ausführlich zum Wegfall der Geschäftsgrundlage im öffentlichen Vertragsrecht s. *R. Seer* (Fn. 2), 423 ff.
108 BFH (Fn. 103), a.a.O., 594.
109 Siehe BGH v. 27.2.1992 – 5 StR 190/91, BGHSt 38, 214 (218 ff.); v. 16.6.2005 – 5 StR 118/05, NJW 2005, 2723 (2725); *U. Hellmann* in Hübschmann/Hepp/Spitaler (Fn. 47), § 393 AO Rz. 121 (Juni 2009).
110 *U. Hellmann* in Hübschmann/Hepp/Spitaler (Fn. 47), § 393 AO Rz. 125 (Juni 2009); *B. Hilgers-Klautzsch* in Kohlmann (Fn. 67), § 393 AO Rz. 175 ff. (April 2013); beide m.w.N.
111 BFH v. 23.1.2002 – XI R 10, 11/01, BStBl. II 2002, 328 (329).

schlossen ist, sollten die Einsprüche sachgerechterweise nach § 363 Abs. 2 Satz 1 AO ruhen.

2. Verständigungen im steuerstrafrechtlichen Ermittlungsverfahren

Werden in einem bereits eingeleiteten Steuerstrafverfahren Verständigungen gesucht, beschränken sich diese zumeist nicht auf strafprozessuale Fragen. Begünstigt durch die Doppelfunktion der Finanzbehörde kommt es zwischen den Strafverfolgungsbehörden (Steuerfahndung, BuStra) und dem Beschuldigten in der Praxis zu umfassenden Verständigungen. Dabei werden auch nicht selten die Festsetzungsfinanzämter mit einbezogen, um insgesamt zu einem Abschluss zu gelangen. Angesichts der Komplexität der Rechts- und Beweislage sowie der belastend langen Verfahrensdauer ist Ziel dieser Verständigungen im Steuerstrafverfahren eine *kooperative Gesamtbereinigung* des Falls, die sowohl das Steuer- als auch das Strafverfahren umfasst.[112]

Für den Steuerpflichtigen/Beschuldigten ist die psychisch belastende Ungewissheit über den Verfahrensausgang sowie der mit einem öffentlichen Strafverfahren verbundene Ansehensverlust quälend. Eine längere öffentliche Hauptverhandlung kann den Angeklagten finanziell und gesellschaftlich ruinieren.[113] Hängt über dem Steuerpflichtigen im Ermittlungsverfahren sowie in einer späteren Hauptverhandlung das *„Damoklesschwert der Haft"*, beschleunigt dies regelmäßig zusätzlich seine Kooperationsbereitschaft. Die Gefahr der Verurteilung zu einer Freiheitsstrafe ohne Bewährung lässt das Ausmaß der steuerlichen Belastung in den Hintergrund treten. Die letztgenannten Aspekte sind für den von den Verfahren betroffenen Bürger insbesondere dann von erheblicher Relevanz, wenn dieser bisher rechtstreu war und sein Leben bestritten hat, ohne durch Straftaten auffällig geworden zu sein. Bemerkenswert ist in diesem Kontext, dass Steuersünder abgesehen vom Konflikt mit den Steuerbehörden und Verkehrsverstößen in der Regel nie in das Fadenkreuz staatlicher Strafverfolgungsbehörden geraten sind. Im Hinblick auf den Grad des Interesses an einer zügigen Beendigung beider Verfahren erscheint folgende *Proportionalregel* realitätsnah: Je rechtstreuer der betroffene Bürger und je gehobener seine gesellschaftliche Stellung, desto größer ist sein Interesse an einer zeitnahen, umfassenden und Aufsehen vermeidenden Erledigung der Verfahren. Vice versa gilt: Je rechtsuntreuer er be-

---

112 Vgl. *A. Eich* (Fn. 28), 120 ff.; *M. Streck*, StuW 1993, 366; *M. Füllsack*, Informelles Verwaltungshandeln im Steuerrecht, Diss., 1995, 91 ff.; *W. Reiß*, Steuer gegen Strafe – Tatsächliche Verständigung zur Gesamtbereinigung von Besteuerungs- und Steuerstrafverfahren, FS für G. Grünwald, Baden-Baden 1999, 495 ff.; *G. Dannecker*, Absprachen im Besteuerungs- und im Steuerstrafverfahren, FS für W. Schmitt Glaeser, Berlin 2003, 371 (384 ff.); *R. Seer*, Konsensuale Paketlösungen im Steuerstrafverfahren, FS für Kohlmann, Köln, 2003, 535 (544 ff.); *U. Pflaum* (Fn. 3), 254 ff.
113 *M. Füllsack* (Fn. 112), 158 f.

reits bisher gewesen ist und je mehr er durch seine bisherige Lebensführung an sozialer Akzeptanz eingebüßt hat, desto weniger berühren den Betroffenen die gegen ihn angestrengten Verfahren und desto geringer ist seine Neigung, die Verfahrensbeendigung voranzutreiben.

Aber auch die strafprozessualen Ermittlungsbehörden befinden sich in einem Dilemma. Für eine strafrechtliche Verurteilung reicht die Feststellung von Besteuerungsgrundlagen auf der Basis eines verminderten Beweismaßes[114] nicht aus. Vielmehr müssen Grund und Höhe der Besteuerungsgrundlagen zur Überzeugung des Strafrichters erwiesen sein.[115] Je komplizierter und schwieriger die Verfahren in tatsächlicher und rechtlicher Hinsicht sind, umso größer ist das Interesse sowohl der Steuer- als auch der Strafverfolgungsbehörden nach einer konsensualen Gesamtbereinigung der parallelen Verfahren.[116] Angesichts der Vielzahl der zu bearbeitenden Fälle stößt die amtswegige Ermittlung schnell an Kapazitätsgrenzen. Um für beide Verfahren weiterzukommen, ist der Finanzbehörde deshalb an einer Kooperation gelegen.[117] Es verwundert nicht, dass gerade solche Strafsachen, welche die Klärung außerstrafrechtlicher Vorfragen bedingen, wegen ihrer tatsächlichen und rechtlichen Schwierigkeiten die Hauptanwendungsgebiete strafprozessualer Verständigungen im Bereich von Steuer-, Wirtschafts- und Umweltstraftaten bilden.[118] Letztlich sind in diesen Bereichen die Strafgerichte sowohl von den Ermittlungen als auch der Expertise der fachlich besonders geschulten Behörden abhängig.

Das besondere Interesse der Finanzbehörden und FG an einer konsensualen Gesamtbereinigung steuerstrafrechtlich relevanter Fälle hat außerdem der Münsteraner Finanzrichter *Hermann Pump* vor einigen Jahren plastisch beschrieben. Da Steuer-, Haftungs- und Zinsbescheide nach §§ 71, 169 Abs. 2 Satz 2, 173 Abs. 2 Satz 2, 235 AO nicht selten umgekehrt von der strafrechtlichen Beurteilung abhängen, sieht er die Gefahr, dass Steuerpflichtige nach einer nur auf das Strafverfahren bezogenen Einigung im finanzgerichtlichen Verfahren befreit vom strafrechtlichen Risiko und Verfolgungsdruck strafrechtliche Vorfragen langwierig ausprozessieren.[119]

---

114 § 162 AO statuiert eine gesetzliche Beweismaßreduzierung auf eine größtmögliche Wahrscheinlichkeit, *R. Seer* in Tipke/Kruse (Fn. 2), § 162 AO Tz. 2 (Mai 2014).
115 BGH-Beschl. v. 10.9.1985 – 4 StR 487/85, wistra 1986, 65; v. 4.2.1992 – 5 StR 655/91, wistra 1992, 147 (148).
116 So auch die Einschätzung von *U. Pflaum* (Fn. 3), 255 f.
117 Zur Abhängigkeit der Sachaufklärung im Besteuerungsverfahren von der Kooperation des Steuerpflichtigen s. *R. Seer*, Reform des Veranlagungsverfahrens, StuW 2003, 40.
118 Siehe *U. Pflaum* (Fn. 3), 26, m.w.N.
119 *H. Pump*, Die Vermeidung von Einsprüchen und Klagen gegen Steuer- und Haftungsbescheide durch koordinierte Straf- und Besteuerungsverfahren, StW 2007, 171.

Deshalb ist es seiner Auffassung nach geboten, soweit wie möglich parallel sog. tatsächliche Verständigungen abzuschließen und strafprozessuale Einstellungen bzw. Strafbefehle durch Rechtsbehelfsverzichte bzw. Klagerücknahmen zu konditionieren. Ich habe aber Zweifel, ob diese Beobachtung wirklich den Kern trifft, und sehe eher folgendes Szenario: Der beschuldigte Steuerpflichtige kooperiert auf beiden Verfahrensebenen, um einen möglichst schonenden Abschluss des Strafverfahrens zu erreichen. Dabei nimmt er ggf. auch ein für ihn teures Steuermehrergebnis in Kauf, um einer strafrechtlichen Sanktion zu entgehen oder wenigstens eine mildere Strafe zu erlangen. Diese Grundtendenz einer Gesamtbereinigung kann mit *Wolfram Reiß* pointiert auf die Tendenz „*Steuer gegen Strafe*" gebracht werden.[120] Allerdings stellt eine derartige Kompensation gerade die von mir eingangs bezeichnete dysfunktionale, zweckwidrige Verknüpfung beider Verfahren dar und ist mit dem *Koppelungsverbot* unvereinbar.[121] Im Zusammenhang mit den Urteilsabsprachen hat das BVerfG mit Recht betont, dass eine Verknüpfung der Strafzumessung mit anderen Verfahren verfassungsrechtlich nicht tolerabel ist. An anderer Stelle habe ich dies als einen „*unzulässigen Ablasshandel*" bezeichnet.[122] Derartige verfahrensübergreifende Austausch-Verständigungen sind gesetzeswidrig und rechtsunwirksam. Dabei verkenne ich nicht, dass es ein rechtspraktisches und auch legitimes Bedürfnis nach einer Gesamtbereinigung durch die Verknüpfung beider Verfahren gibt. Voraussetzung bleibt aber, dass jeder Teil der Verständigung, die tatsächliche Verständigung einerseits und die strafprozessuale Verständigung andererseits, jeweils *für sich betrachtet* gesetzmäßig sein muss.[123] Denn eine gesetzwidrig zu hohe Steuer macht eine gesetzwidrig zu niedrige Strafe nicht zu einer gesetzmäßigen, et vice versa. „Minus" und „Minus" machen – anders als in der Mathematik – das Recht nicht zum „Plus", sondern zum „Doppel-Minus"!

Dies bedeutet zunächst, dass die im Wege einer Gesamtbereinigung abgeschlossene sog. tatsächliche Verständigung zu keinem offensichtlich unzutreffenden Besteuerungsergebnis führen darf und darin verbindlich vorgenommene Hinzuschätzungen, Bewertungen und ähnliche Festlegungen innerhalb des konsensual ausgefüllten Unsicherheitsspielraums (des Konkretisierungsspielraums) verbleiben müssen. Auf strafprozessualer Ebene gilt dies für sich betrachtet ebenso für die das Ermittlungsverfahren abschließenden Maßnahmen im Hinblick auf den Ermessensspielraum, den §§ 398 AO, 153, 153a StPO oder § 400 AO i.V.m. §§ 407 ff. StPO eröffnen. Dabei können die Ermittlungsbehörden das Ergebnis einer im Konkretisie-

---

120 So der provokante Titel eines Festschrift-Beitrages zu Ehren seines akademischen Lehrers: *W. Reiß* (Fn. 112), FS Grünewald, 1999, 495; aus jüngster Zeit *U. Pflaum* (Fn. 3), 259.
121 Ablehnend auch *U. Pflaum* (Fn. 3), 270 ff.
122 *R. Seer* (Fn. 112), FS Kohlmann, 2003, 535 (549).
123 Siehe auch *U. Pflaum* (Fn. 3), 276 f.

rungsspielraum verbliebenen tatsächlichen Verständigung zur Grundlage ihrer strafprozessualen Maßnahmen nehmen, da diese ihrerseits – wie oben unter III.1. dargelegt – immer nur ein Wahrscheinlichkeitsurteil beinhalten.[124] Darüber hinaus sind die im Besteuerungsverfahren mit dem Abschluss einer sog. tatsächlichen Verständigung gezeigte *Kooperation* und die damit verbundene *Bereitschaft zur abschließenden Wiedergutmachung eines zuvor eingetretenen Steuerschadens* relevante *Faktoren für die Bewertung der individuellen Schuld*[125] und damit korrespondierend für die Frage nach einem öffentlichen Interesse an der Strafverfolgung. Daher darf im Zusammenhang mit der Einstellung eines Steuerstrafverfahrens der Abschluss einer sog. tatsächlichen Verständigung legitimerweise zum Gegenstand einer Auflage nach § 153a Abs. 1 Satz 2 Nr. 1 StPO gemacht werden. Dasselbe gilt selbstredend für die Zahlung der sich daraus ergebenden Mehrsteuern.

Für die Eignung des Abschlusses des Strafverfahrens durch einen Strafbefehl nach § 400 AO i.V.m. § 407 Abs. 1 StPO ist die Kooperationsbereitschaft des Beschuldigten bei der Beurteilung der persönlichen Schuld ebenso relevant. Darüber hinaus ist nach § 407 Abs. 1 Satz 2 StPO zu fragen, ob nach dem Ergebnis der Ermittlungen eine Hauptverhandlung erforderlich erscheint. Zwar darf die tatsächliche Verständigung z.B. über eine Umsatz- oder Gewinnzuschätzung (§ 162 AO) nicht einfach für das Strafverfahren als Geständnis des Beschuldigten gewertet werden.[126] Da der Strafbefehl seine Legitimation – wie unter III.1.c) dargelegt – gerade aus dem Konsensprinzip zieht, kann der Abschluss einer tatsächlichen Verständigung den Antrag auf einen Strafbefehl rechtfertigen, wenn die mit dem Strafbefehl abdeckbaren Sanktionen noch tat- und schuldangemessen sind. Soll eine Freiheitsstrafe bis zu einem Jahr auf Bewährung beantragt werden, kann der Abschluss der tatsächlichen Verständigung verbunden mit der Zahlung der dadurch entstehenden Mehrsteuern nach § 56b Abs. 1 Nr. 1 StGB ebenso zur Bewährungsauflage gemacht werden wie die zusätzliche Entrichtung eines Geldbetrages an eine gemeinnützige Einrichtung oder an die Staatskasse.[127]

---

124 *U. Pflaum* (Fn. 3), 275, spricht missverständlich von „unrichtigen" Ergebnissen. Das ist nicht zutreffend. Es geht nicht um gesetzwidrige, sondern um *unsichere* Ergebnisse, bei denen niemand aus der ex ante zutreffenden Entscheidungsperspektive eine punktgenau, sichere Entscheidung treffen kann.
125 Die tatsächliche Verständigung werten ebenfalls als schuldmindernd *J. Burkhard*, Der Strafbefehl im Steuerstrafrecht, Diss., Frankfurt/M. u.a. 1997, 172; *G. Dannecker* (Fn. 112), FS Schmitt Glaeser, 2003, 371 (387); *U. Pflaum* (Fn. 3), 215.
126 *A. Eich* (Fn. 28), 66 ff.; *M. Streck*, StuW 1993, 366 (370), mit dem Bsp. eines in der Praxis verwendeten Formulars (!), wonach die tatsächliche Verständigung ein „Geständnis" sein soll; *J. Burkhard* (Fn. 125), 178.
127 Siehe auch *U. Pflaum* (Fn. 3), 262 f.

3. Verständigungen im Strafprozess

Kommt es zur öffentlichen Anklage, darf das Strafgericht eine tatsächliche Verständigung, selbst wenn sie zuvor von Steuerfahndung, BuStra und Festsetzungs-Finanzamt konsentiert worden sein sollte, nicht als „Geständnis" des Angeklagten übernehmen. Vielmehr hat das Strafgericht nach § 261 StPO seine Überzeugung aus dem Inbegriff der Hauptverhandlung zu gewinnen. Dazu gehört – wie das BVerfG mit Nachdruck betont – gerade auch ein im Rahmen einer Urteilsabsprache gewonnenes *Geständnis* des Angeklagten. Angesichts des bereits angesprochenen (s. oben III.2.) Verlockungseffekts eines „Geständnisses gegen niedrigere Höchststrafe" (aus Sicht des Angeklagten optimal: Freiheitsstrafe von maximal 2 Jahren auf Bewährung) bedarf es zur Wahrung des Selbstbelastungsverbots der frühzeitigen Belehrung nach § 257c Abs. 5 StPO über die lediglich eingeschränkte Bindung des Strafgerichts[128] und einer sorgfältigen Verifikation des Geständnisses. Hintergrund für die kritische Haltung des BVerfG ist die Konfrontation mit der sog. *Sanktionsschere*, die sich bei rechtstatsächlichen Untersuchungen[129] offenbart hat. Es handelt sich dabei um die Diskrepanz zwischen dem im Fall „streitiger" Verhandlung in Aussicht gestellten Strafmaß und der bei einer im Wege einer Urteilsabsprache gegen ein Geständnis versprochene Höchststrafe.

Ebenso wie bei einem Strafbefehl (s. vorstehend 2.) kann das im Besteuerungsverfahren gezeigte oder noch zu zeigende Verhalten des Angeklagten im Strafprozess aber insoweit relevant sein, als es sich auf die Strafzumessung und Ausgestaltung von Bewährungsauflagen auswirkt. Folgerichtig sind das *kooperative Verhalten im Besteuerungsverfahren* und der *Wiedergutmachung des Schadens* bei der Entscheidung über das Strafmaß ebenso wie ein Geständnis als *mildernde Umstände nach § 46 Abs. 2 StGB* zu berücksichtigen. Wenn die Urteilsabsprache nach § 257c Abs. 3 Satz 2 StPO unter freier Würdigung des Falles sowie der allgemeinen Strafzumessungserwägungen sowohl eine Strafober- als auch Strafuntergrenze beinhalten darf, dann braucht die Strafobergrenze nicht allein an das in § 257c Abs. 2 Satz 2 StPO ausdrücklich genannte Geständnis anzuknüpfen, sondern kann auch andere Strafzumessungserwägungen zum Gegenstand nehmen. Ein solcher Strafzumessungsfaktor ist auch die Wiedergutmachung des Steuerschadens. Demgemäß kann im Rahmen einer Urteilsabsprache die Zusage einer Strafobergrenze auch unter dem *Vorbehalt einer auf einer tatsächlichen Verständigung basierenden bestimmten Steuernachzahlung* gemacht werden.[130] Allerdings darf dies nicht außerhalb der Hauptverhandlung geschehen und muss transparent dokumentiert werden.

---

128 Zur Bedeutung jüngst BVerfG v. 25.8.2014 – 2 BvR 2048/13, Rz. 15 (Kammerbeschluss), NJW 2014, 3506.
129 Siehe etwa *K. Altenhain/F. Dietmeier/M. May* (Fn. 71), 122 ff.
130 *U. Pflaum* (Fn. 3), 261.

V. Verfahrensfolgerungen

Aus der vorstehenden Analyse der an der Schnittstelle von Besteuerungs- und Steuerstrafverfahren anzutreffenden Verständigungen können die folgenden verfahrensrechtlichen Folgerungen gezogen werden:

1. Das Besteuerungsverfahren ist vom Steuerstrafverfahren klar und eindeutig zu trennen. Beide Verfahren folgen eigenen Regeln und sind grundsätzlich nicht zu vermischen. Es existiert ein Verbot dysfunktionaler Verfahrensverknüpfung. Kompensationsgeschäfte nach Art „Steuer gegen Strafe" sind unzulässig. Verständigungen, bei denen dieser Zusammenhang nachweisbar ist, können nicht binden und sind nichtig.

2. Vor diesem Hintergrund ist die Doppelzuständigkeit der Finanzbehörden nach §§ 386 Abs. 1, 387 Abs. 1 AO kritisch zu betrachten. Eine gewisse Distanz zwischen Besteuerungsverfahren und Strafverfahren schaffen immerhin die nach § 387 Abs. 2 AO durch Rechtsverordnungen der Länder geschaffenen BuStra-Zentralzuständigkeiten und die Einrichtung eigenständiger Strafsachen-Finanzämter. Ein konsequenter Schritt wäre es, die Zuständigkeit dieser verselbständigten Behörden als Landes-Justizbehörden, die den Staatsanwaltschaften zugeordnet werden, fortzuentwickeln und die Steuerfahndung organisatorisch davon zu trennen.

3. Eine Verfahrensverknüpfung ergibt sich aber aus der Sachmaterie. Zum einen hängt der Steuerstraftatbestand des § 370 AO von der Verwirklichung des materiellen Steuertatbestands ab. Zum anderen beeinflusst die steuerliche Kooperationsbereitschaft und Schadenswiedergutmachung seitens des Beschuldigten bzw. Angeklagten deren individuelle Schuld und die zu erwartende Strafzumessung. Daher kann in strafprozessualen Verständigungen der steuerliche Verfahrensabschluss mit einer im Ergebnis auf einer tatsächlichen Verständigung basierenden Nachzahlung zur Auflage durch die Ermittlungsbehörde gemacht werden. Umgekehrt kann der Steuerpflichtige seine Zustimmung zum Abschluss einer bindenden tatsächlichen Verständigung im Besteuerungsverfahren davon abhängig machen, dass keine oder nur bestimmte steuerstrafrechtliche Folgen gegen ihn eintreten.

4. Den AG kommt im Zusammenhang mit Einstellungen nach § 153a StPO und dem Erlass von beantragten Strafbefehlen die Aufgabe zu, die strafrechtlich zutreffende Wertung der kooperativen Mitwirkung des Beschuldigten im Besteuerungsverfahren zu überprüfen. Steht die genannte Auflage im Zusammenhang mit einer Urteilsabsprache, muss sie in der Hauptverhandlung durch eine transparente, vollständige Dokumentation der Vereinbarung öffentlich gemacht werden, damit eine zugesagte Strafobergrenze wirksam wird. Zudem muss das Gericht offenbaren, ob und wenn ja, mit welchem Inhalt, bereits außerhalb der mündlichen Verhandlung Gespräche

über Absprachen zwischen Gericht, Staatsanwaltschaft und Verteidigung geführt worden sind.

5. Der graduellen Einteilung von leichter – mittlerer – schwerer Steuerkriminalität folgt der Übergang vom Opportunitätsprinzip hin zum strikten Legalitätsprinzip. Leichte Vergehen werden nach §§ 398 AO, 153 StPO, ggf. auch nach § 153a StPO gegen eine Geldauflage eingestellt. Vergehen mittlerer Kriminalität lassen sich ebenfalls bis zu einem gewissen Grad nach § 153a StPO gegen Geldauflage einstellen oder führen über § 400 AO zu einem Strafbefehl. Einen Zwang zur öffentlichen Anklage verbleibt letztlich bei den nicht mehr hiervon abdeckbaren Fällen schwerer Steuerkriminalität. Angesichts dieses Befundes und des Umstandes, dass in der Rechtswirklichkeit überhaupt nur ca. 3 % der Steuerstrafverfahren zur öffentlichen Anklage gelangen, stellt sich die Frage nach einer Fokussierung des Tatbestands der Steuerhinterziehung auf Fälle schwerer Steuerkriminalität. Fälle schlichter Steuerverkürzung ließen sich durch ein Steuerzuschlagsystem gleichmäßiger und verwaltungseffizienter erfassen. Die Strafverfolgungsbehörden und Strafgerichte könnten sich dann auf die gewichtigen Steuerstraftaten konzentrieren. Würden die Bundesländer außerdem deren personelle und sachliche Ausstattung sicherstellen, könnten die Strafverfolgungsorgane tat- und schuldangemessen Strafrechtspflege dem Gesetz entsprechend so betreiben, dass kein falscher Eindruck einer willkürlichen „Freikauf-Justiz" (mehr) entstünde.

Gewinnung und Verwertung von Erkenntnissen Dritter – im Grenzbereich der Legalität?!

Prof. Dr. *Katharina Beckemper*
Universität Leipzig

Inhaltsübersicht

I. Vorbemerkung
II. Verwertbarkeit sog. Steuer-CDs – Nur eine Ausprägung einer allgemeinen Frage
III. Aus dem Rechtsstaat folgendes Verwertungsverbot aufgrund der Strafbarkeit deutscher Amtsträger?
   1. Strafbarkeit des Ankaufs sog. Steuer-CDs
      a) Hehlerei, § 259 StGB
      b) Verrat von Geschäfts- und Betriebsgeheimnissen, § 17 UWG
      c) Begünstigung, § 257 StGB
      d) Ausspähen von Daten, § 202a StGB
      e) Untreue, § 266 StGB
      f) Ergebnis
   2. Folge der Strafbarkeit der Amtsträger: Verwertungsverbot?
IV. Verwertbarkeit strafrechtswidrig erlangter Beweise Privater
   1. Generelle Unverwertbarkeit
   2. Verwertbarkeit privat erlangter Beweise
      a) Grundsatz
      b) Ausnahmen
V. Steuer„dieb" als verlängerter Arm des Staates
   1. Fehlende Zurechnung bei Erst-Ankauf
   2. Zurechnung nach regelmäßigen Ankäufen?
   3. VerfGH Rheinland-Pfalz, VGH B 26/13
      a) Argumentation und Ergebnis
      b) Warnung des Gerichts
      c) Folgerungen?!
VI. Fazit und Ausblick

I. Vorbemerkung

Ist die Frage nach der Verwertbarkeit einer sog. Steuer-CD überhaupt noch aktuell oder wie lange mag sie es bleiben? Ein leiser Zweifel, ob dieses Problem des Ankaufs von entwendeten Daten und der Verwertbarkeit der Erkenntnisse uns dauerhaft beschäftigen wird, ist aus vielerlei Gründen gegeben: Zum einen wird es schon rein tatsächlich zu einem Rücklauf an derartigen Angeboten geben. Zum anderen dürfte durch die erneute Verschärfung der Selbstanzeige auch zumindest *ein* Motiv der staatlichen Stellen für den Ankauf der Daten wegfallen, nämlich die Anreizwirkung für eine Selbstanzeige für Betroffene oder doch vermeintlich Betroffene durch geschickte Veröffentlichungen[1] über den Ankauf einer solchen CD.

---

1 Die Pressemitteilungen der einzelnen Finanzverwaltungen mögen als durchaus unterschiedlich gewertet werden. Ganz von der Hand zu weisen, dass hier eine „Taktik" auch im Spiel war, dürfte der Vorwurf wohl nicht sein.

Dennoch lohnt es sich, noch einmal darüber nachzudenken, ob die Daten, die sich staatliche Stellen durch den Ankauf von sog. Steuer-CDs verschaffen, in einem Strafprozess verwertbar sind. Es lohnt sich darüber nachzudenken, weil die Diskussion über die Verwertbarkeit dieser Erkenntnisse uns nicht zuletzt auch eines zeigt: wie weit bestimmte Konstellationen und „gewünschte" Ergebnisse unsere juristische Argumentationen bisweilen formen – dann aber auch auf andere Konstellationen zurückschlagen müssen.[2]

II. Verwertbarkeit sog. Steuer-CDs – Nur eine Ausprägung einer allgemeinen Frage

Über die Verwertbarkeit der Daten aus den von staatlichen Stellen angekauften Steuer-CDs ist vielerorts[3] nachgedacht worden und die Zweifel, ob sich der Staat (straf-)rechtswidrig erlangter Informationen bedienen darf, sind mehr als laut geworden. Diese Zweifel sind gut und berechtigt. Es muss in einem Rechtsstaat kritisch hinterfragt werden, ob es dem Staat zu Gesichte steht, einen Strafprozess auf rechtswidrig beschaffter Informationsbasis zu beginnen und durchzuführen.

Die Frage, ob von Dritten rechtswidrig erlangte Erkenntnisse verwertet werden dürfen, ergibt sich aber nicht nur bei derjenigen nach der Verwertbarkeit von Daten-CDs. So hat sie auch in einem ganz anderen Kontext eine aktuelle Bedeutung gefunden, nämlich bei der Verwertbarkeit von Erkenntnissen aus vermehrt vorgenommen sog. Internal Investigations.[4] Auch in diesem Kontext wird untersucht, ob die Erkenntnisse, die aus rechtswidrig erlangten Untersuchungen herrühren, Grundlage eines deutschen Strafprozesses sein können.[5] Neu ist es auch keineswegs, rechtswidrig erlangte Daten zu verwenden. So führt etwa eine Anzeige wegen Steuerhinterziehung einer Ehefrau, die sich auf – erkennbar – entwendeten Steuerunterlagen stützt, zu einem Steuerstrafverfahren. Dieser Beispielsfall verdeutlicht, dass die zweifelhafte Verwertbarkeit von privat rechtswidrig beschafften Beweismittel durchaus keine Sonderkonstellation derjenigen der Steuer-CDs oder gar eine gänzlich neue Frage ist.[6] Die Verwertbarkeit rechtswidrig erlangter Beweise von Privaten ist vielmehr ein ganz allgemein geltendes Problem im Strafprozessrecht.[7]

---

2 Mit dieser Forderung *Kölbel*, NStZ 2008, 241 (244).
3 Siehe z.B. *Kölbel*, NStZ 2008, 241; *Ostendorf*, ZIS 2010, 301; *Pawlik*, JZ 2010, 693; *Sieber*, NJW 2008, 881; *Schünemann*, NStZ 2008, 305; *Trüg/Habetha*, NStZ 2008, 481.
4 Dazu mit Betonung der Beschlagnahmefreiheit LG Hamburg NZWist 2012, 26 mAnm *Schuster*; *Beckemper* in Knierim/Rübenstahl/Tsambikakis, Internal Investigations, § 15 Rz. 242 ff.; *Jahn*, StV 2010, 41.
5 Mit diesem Problemaufriss auch *Kaspar*, GA 2014, 206 (207).
6 Vgl. schon *Hassemer/Matussek*, Das Opfer als Verfolger, 1996, S. 75.
7 Vgl. auch die Diskussionen des DJT 2008, L 78 ff. und Beschlussfassung des DJT, 2008, S. 14.

III. Aus dem Rechtsstaat folgendes Verwertungsverbot aufgrund der Strafbarkeit deutscher Amtsträger?

Dennoch hat die Diskussion über die Verwertbarkeit der sog. Steuer-CDs eine ganz eigene Intonation. Das liegt an der von einem nicht unerheblichen Teil der Literatur[8] (und den Strafverfolgungsbehörden der Schweiz) bejahten Strafbarkeit der deutschen Beamten, die eine solche CD für den Staat ankaufen. Sollte diese zu bejahen sein, erhöhen sich die Zweifel über die Zulässigkeit der Verwertbarkeit.

1. Strafbarkeit des Ankaufs sog. Steuer-CDs

Eines jedenfalls kann als gesichert gelten: Die Daten sind von privater Seite strafrechtswidrig erlangt worden. Die Strafbarkeit richtet sich im Einzelnen nach der konkreten Fallgestaltung – eine nicht strafrechtswidrige Beschaffung des (zumeist) Bankangestellten kann aber wohl ausgeschlossen werden. Legt man eine Strafbarkeit des Privaten zugrunde – und dies soll an dieser Stelle vorausgesetzt werden[9] – schließt sich ein bunter Strauß[10] an möglichen Strafrechtsverstößen der deutschen Beamten an.

a) Hehlerei, § 259 StGB

In der deutschen Presse war allerorts zu lesen, der Ankaufs der Steuer-CDs sei eine Hehlerei nach deutschem Recht. § 259 StGB setzt aber den Ankauf einer Sache voraus, die ein anderer gestohlen oder sonst durch eine gegen fremdes Vermögen gerichtete Straftat erlangt hat, voraus. An einer solchen Vortat dürfte es aber in den meisten Fällen fehlen, weil keine Sache gestohlen worden sein wird, sondern nur die Daten. Eine Hehlerei kommt deshalb von vornerein nur in Betracht, wenn nicht nur die Daten über die Bankkunden, sondern auch die CD als solche entwendet wurde. Eine Fallgestaltung, die wohl eher selten vorkommen dürfte. Deshalb scheidet eine Strafbarkeit wegen Hehlerei schon aus diesem Grunde im Regelfall aus.[11]

b) Verrat von Geschäfts- und Betriebsgeheimnissen, § 17 UWG

Geht es aber um den Ankauf „nur" der entwendeter Daten aus einem Unternehmen, ist grundsätzlich der Anwendungsbereich des § 17 UWG eröff-

---

8 Statt vieler s. *Trüg/Habetha*, NStZ 2008, 489; *Sieber*, NJW 2008, 881; *Krug*, NZWist 2014, 433; a.A. *Satzger* in FS für Achenbach, 2011, S. 447.
9 Ausgeklammert wird dabei auch die Frage nach der Anwendbarkeit deutschen Strafrechts.
10 Siehe ausführlich und zusammenfassend dazu *Satzger* in FS für Achenbach, 2011, S. 447. Zu § 44 BDSG – der nur in bestimmten Sachverhaltskonstellationen überhaupt einen Anwendungsbereich hätte *Ignor/Jahn*, JuS 2010, 390 (391); *Küchenhoff*, NJ 2010, 321.
11 *Ostendorf*, ZIS 2010, 303 (304).

net. § 17 Abs. 1 UWG ist ein Sonderdelikt für Beschäftigte eines Unternehmens, der es unter Strafe stellt, ein Geschäfts- oder Betriebsgeheimnis, das dem Beschäftigten im Rahmen seines Dienstverhältnisses anvertraut worden ist, unbefugt mitzuteilen. Die Strafbarkeit der deutschen Beamten hängt hier von derjenigen des Vortäters ab. Erfüllt dieser § 17 Abs. 1 UWG, so ist eine Teilnahme – in Form der Beihilfe oder sogar Anstiftung – denkbar. Daneben steht auch eine täterschaftliche Strafbarkeit im Raum, nämlich nach § 17 Abs. 2 UWG, der die Verwertung unbefugt entwendeter Geschäftsgeheimnisse bestraft.

Voraussetzung der Strafbarkeit ist damit, dass die Daten über deutscher Kunden ausländischer Banken Geschäftsgeheimnisse der Banken und die Beschaffung unbefugt sind. Und schon dies wird bezweifelt. Zum einen wird die Qualität der Daten als Geschäftsgeheimnis negiert, weil der Bank kein Geheimhaltungsinteresse zustehe, da es sich um Daten handele, die auf Straftaten hinwiesen.[12] Zum anderen wird die Unbefugtheit in Frage gestellt, weil eine Strafanzeige das Recht eines jeden ist.[13] Damit entfiele schon die Strafbarkeit des Privaten; damit aber sowohl die Teilnahme daran als auch die täterschaftliche nach Abs. 2.[14]

c) Begünstigung, § 257 StGB

Die ebenfalls erwogene Strafbarkeit wegen Begünstigung entfällt ebenfalls. Schon objektiv wird bezweifelt, dass dem Täter die Vorteile aus der Tat überhaupt gesichert werden, wenn die Daten beim Täter verbleiben.[15] Damit wird nicht der Vorteil aus der Tat gesichert, sondern nur seine Monetarisierung ermöglicht. Eine Begünstigung nach § 257 StGB erfordert daneben nicht nur die Sicherung der Vorteile aus der Tat, sondern subjektiv auch eine Vorteilssicherungsabsicht. An dieser fehlt es den Behördenmitarbeitern aber regelmäßig.

d) Ausspähen von Daten, § 202a StGB

Hat sich der Private unbefugt – unter Überwindung von Zugangssperren – Zugang zu Daten beschafft, die nicht für ihn bestimmt sind, macht er sich wegen Ausspähens von Daten strafbar. Da diese Tat aber abgeschlossen ist, wenn es zum Angebot und Ankauf der Daten kommt, scheidet eine Teilnahmestrafbarkeit der deutschen Beamten aus.[16] Ausgeschlossen ist die Annahme einer solchen Strafbarkeit dennoch nicht, weil nicht nur das Ver-

---

12 *Ostendorf*, ZIS 2010, 303 (304); a.A. *Ignor/Jahn*, JuS 2010, 390 (392).
13 *Satzger* in FS für Achenbach, 2011, S. 447 (451).
14 Ausführlich dazu *Satzger* in FS für Achenbach, 2011, S. 447 (451).
15 *Satzger* in FS für Achenbach, 2011, S. 447 (455).
16 *Satzger* in FS für Achenbach, 2011, S. 447 (457).

schaffen des eigenen Zugangs erfasst ist, sondern auch das eines Dritten. Deshalb kann angenommen werden, dass eine Beihilfe zum Verschaffen des Zugangs eines Dritten darin liegt, die Daten anzukaufen.[17]

e) Untreue, § 266 StGB

Zuguterletzt kann noch darüber nachgedacht werden, ob – unabhängig von der Strafbarkeit des Verkäufers der Daten – eine Untreue angenommen werden kann. Da der Staat Mittel aufwendet für die Beweise, könnte eine pflichtwidrige Verletzung der Vermögensbetreuungspflicht und auch ein Vermögensschaden vorliegen, weil die Beweise auch kostenlos im Wege der Rechtshilfe hätten beschafft werden können.[18] Es mag aber der leise Zweifel erhoben werden, ob dies nicht eher einer irrealen Hoffnung gleicht. Im Regelfall dürften die Beweise gerade nicht durch die Rechtshilfe erreichbar gewesen sein. Auch am Schaden fehlt es wohl durchweg, weil bereits zum Zeitpunkt des Ankaufs die konkretisierte Expektanz auf erhebliche Steuer-Mehreinnahmen bestand.

f) Ergebnis

Es soll hier keine abschließende Stellungnahme über die Strafbarkeit der Beamten abgegeben werden. Dies ist anderenorts umfassend geschehen. Die nur kursorische Nachzeichnung der Diskussion zeigt nämlich ein ganz anderes Ergebnis, nämlich nicht nur wie groß schon die Unsicherheit trotz intensiver Diskussionen darüber ist, ob eine Strafbarkeit überhaupt zu bejahen ist, sondern auch wie intensiv die Suche danach ausgefallen ist. Das Aufkommen der Steuer-CDs hat die wissenschaftliche Beschäftigung damit maßgeblich geprägt. Dies steht in einem auffälligen Kontrast zu der nahezu fehlenden Diskussion über die Verantwortlichkeit der Strafverfolgungsbehörden bei der Verwendung von entwendeten Daten in anderen Konstellationen, in denen die Beweise durch Private strafrechtswidrig erlangt worden sind. So könnte über einige der oben skizzierten Tatbestände mit Fug und Recht auch nachgedacht werden, wenn die Ehefrau entwendete Beweise der Steuerfahndung übergibt.

Argumentativ kann eine Strafbarkeit bejaht werden, nach dem BVerfG[19] ist es aber jedenfalls verfassungsrechtlich nicht zu beanstanden, eine fehlende Strafbarkeit der Amtsträger zu unterstellen.

---

17 Siehe zur problematischen Vorschrift des § 202a *Krug*, NZWist 2014, 433.
18 *Ignor/Jahn*, JuS 2010, 390 (393); *Kühne*, GA 2010, 275.
19 NJW 2011, 241.

2. Folge der Strafbarkeit der Amtsträger: Verwertungsverbot?

Wenden wir uns aber der Frage zu, ob eine bejahte Strafbarkeit der deutschen Amtsträger per se ein Verwertungsverbot nach sich ziehen müsste. Deshalb sei für einen kurzen Moment eine solche unterstellt.

Steht es einem Rechtsstaat zu, sich selbst nicht nur an die Regeln der Strafprozessordnung zu halten, sondern sogar Strafgesetze zu brechen oder wird der Preis für die Aufklärung von Straftaten dadurch zu hoch? Folgt also schon aus dem Rechtsstaatsprinzip, dass ein Verwertungsverbot bei jedem Strafrechtsverstoß durch Vertreter des Staates zwingend folgt? Für einige ist eine auf die Erlangung von Beweisen ausgerichtete Straftat ein solch schwerwiegender Verstoß, dass ein Verwertungsverbot folgen müsse. Wenn schon der Verstoß gegen Regeln der Strafprozessordnung zu einem Beweisverbot führen *könne*, so *müsse* dies das Ergebnis sein, wenn die gebrochenen Regeln sogar mit einer Kriminalstrafe sanktioniert seien.[20] Der Staat nehme ansonsten den Geltungsanspruch einer Strafnorm zurück.[21] Es seien kaum noch Belange zu finden, die es rechtfertigen könnten, die „Früchte der Straftat" im Strafverfahren zu verwerten.

Das lässt sich hören. Der Staat sollte keine Straftaten begehen, um Straftaten aufzuklären. Das steht ihm sicherlich nicht zu Gesichte.

Zwingend ist dieses Ergebnis dennoch nicht. Aus dem Rechtsstaatsprinzip folgt ein solches Verwertungsverbot eben nicht unmittelbar und die Strafprozessordnung kennt kein allgemeines Verbot der Beweisverwertung rechtswidrig erlangter Beweismittel. Das Strafprozessrecht dient der Erforschung des Beweises. Zwar darf es keine Wahrheitsermittlung um jeden Preis geben; ein Verwertungsverbot bleibt aber eine Ausnahme, die Folge eines umfassenden Abwägungsprozesses ist. Das Ergebnis dieser Abwägung ist nicht ausreichend gesichert präjudiziert, wenn eine Straftat deutscher Amtsträger angenommen wird. Zwar mag dieses Ergebnis im Falle des Ankaufs einer Steuer-CD sogar als „richtig" angesehen werden, weil der Staat immerhin Straftätern viel Geld für begangene Straftaten zahlt. Wird in diesen Fällen aber das Abwägungsergebnis alleine mit der unterstellten Strafbarkeit der deutschen Amtsträger bejaht, dürfen die gestohlenen Beweise der Ehefrau ebenfalls nicht angenommen werden, weil konsequenterweise auch in solchen Fällen eine Strafbarkeit der Beamten (etwa wegen Hehlerei oder Verrats von Geschäfts- und Betriebsgeheimnissen) bejaht werden müsste.

Eine unterstellte Strafbarkeit der Amtsträger kann deshalb als alleiniger Grund für die Annahme eines Verwertungsverbotes nicht ausreichen, son-

---

20 *Trüg/Habetha*, NStZ 2008, 481 (490); *Trüg/Habetha*, NJW 2008, 887 (890).
21 *Kölbel*, NStZ 2008, 241 (244 Fn. 29).

dern ist nur ein Gesichtspunkt in einer umfassenden Abwägung, deren Ergebnis aber weiter offen bleibt.

IV. Verwertbarkeit strafrechtswidrig erlangter Beweise Privater

Unter Zugrundelegung der These, die Amtsträger machten sich beim Ankauf der Daten nicht strafbar, läuft alles auf die nicht ganz neue Frage hinaus, ob Ergebnisse privater Ermittlungen auch dann verwertbar sind, wenn sie (straf-)rechtswidrig erlangt worden sind. Hier kann – gleichsam als Axiom – die Strafbarkeit der Privaten angenommen werden, weil unabhängig vom konkreten Sachverhalt eine Beschaffung der Daten ohne eine Strafbarkeit – und sei es nach ausländischem Recht – nicht denkbar erscheint.

Nimmt die h.M. an, die durch einen Strafrechtsverstoß privater Informanten hervorgebrachten Beweise seien grundsätzlich verwertbar, wird doch auch immer wieder die Forderung nach einem Beweisverwertungsverbot laut.[22]

1. Generelle Unverwertbarkeit

Dabei nehmen beide Ansichten erst einmal den gleichen Ausgangspunkt ein, indem sie gleichermaßen betonen, die StPO richte sich nicht an Private, sondern nur an die Strafverfolgungsbehörden. Die Schlussfolgerung ist freilich eine abweichende. Eine generelle Unverwertbarkeit der Erkenntnisse lasse sich aus der fehlenden Adressierung nicht folgern, betonen die einen, weil das Material erst durch die Entgegenahme durch die Strafverfolgungsbehörden überhaupt zu einem Beweismittel würde.[23] Damit sei für den Täter nicht die Existenz der Erkenntnis als solche belastend, sondern nur deren Verwertung im Strafprozess. Nicht die Rechtsverletzung des Privaten wiegt deshalb schwer, sondern die Annahme und Verwendung durch die staatlichen Stellen. Diese perpetuiere darüber hinaus auch den Verstoß des Privaten.[24] Besonders deutlich *Hassemer*,[25] der in der fehlenden Abwägungsfestigkeit privater Verstöße einen Verlust der Rechtskultur sieht, in Folge dessen das Strafverfahren tendenziell den Charakter einer Veranstaltung verliere, die Menschenrechte und Eingriffsgrenzen gleichmäßig und verlässlich für sich gelten lasse. Er beklagt: „das Problem dieser Entwicklung liegt in dem Verlust an Würde und überlegener Distanz, den der ermittelnde Staat sich selber zufügt; er greift zu Mitteln der intimen Ausfor-

---

22 Siehe dazu allgemein in DJT (Hrsg.), Die Beschlüsse des 67. Deutschen Juristentag, 2008, S. 14.
23 *Kölbel*, NStZ 2008, 242.
24 *Hassemer/Matzssek*, 1996, Das Opfer als Verfolger, S. 77.
25 *Hassemer* in FS für Maiwald, 1988, S. 183 (203 f.).

schung, der Hinterlist und des Paktierens mit Tatverdächtigen und verkleinert so die ethische Differenz zwischen Strafverfolgung und Straftat.".[26]

Diese Mahnung ist ernst, und der Einwand, der Staat verspiele seine moralische Überlegenheit und damit die Rechtfertigung des Strafens wiegt schwer.[27] Allein mit kriminalpolitischen Erwägungen kann dem nicht begegnet werden.[28] Auch ist dieser Auffassung zugute zu halten, dass sie es vermag, eine eindeutige Grenzziehung vorzunehmen. Überzeugen kann sie dennoch nicht, weil sie nicht an die maßgebliche Handlung anknüpft.[29] Diese kann nur die staatliche sein, weil Grundlage des Verwertungsverbots ein staatliches Fehlverhalten ist, der auf seinen Strafanspruch unter Umständen verzichten muss, wenn er selbst sich nicht an bestimmte Regeln hält. Dass Private dies nicht tun, ist dagegen unerheblich. Das lässt sich auch nicht dadurch überspielen, indem der Strafrechtsverstoß den staatlichen Stellen schon deshalb zugerechnet wird, weil erst durch die Verwendung der Erkenntnisse im Strafprozess ein Beweis überhaupt entstehe. Dies ändert nichts daran, dass nicht der Staat, sondern ein Privater den Verstoß gegen das Recht begangen hat, der durch die Verwertung auch nicht im Nachhinein gebilligt wird.

2. Verwertbarkeit privat erlangter Beweise

Es entspricht deshalb der Rechtsprechung,[30] privat erlangte Beweise auch dann zu verwerten, wenn sie rechtswidrig oder sogar strafrechtswidrig erlangt worden sind.

a) Grundsatz

Das muss denjenigen überzeugen, der selbst nach einem Strafrechtsverstoß der Amtsträger ein zwingendes Verwertungsverbot ablehnt, weil dies *erst recht* bei einem strafbaren Verhalten eines Privaten gelten muss.

Da sich Beweiserhebungsvorschriften nicht an Privatpersonen richten, liegt nach einem Strafrechtsverstoß eines Privaten aber auch dann kein zwingendes Beweisverwertungsverbot vor, wenn man aus dem Rechtstaatsprinzip ein solches folgert, nachdem staatliche Stellen strafrechtswidrig gehandelt haben. Der Private verletzt aufgrund der fehlenden Bindung an das Rechtsstaatsprinzip und die Grundrechte zwar einen Strafgesetz, aber keine Regeln über die Beweiserhebung im Strafverfahren, weil er in einem solchen

---

26 *Hassemer* in FS für Maiwald, 1988, S. 183 (204).
27 Siehe etwa *Trüg/Habetha*, NStZ 2008, 481 (492): „Mahnende Worte. Sie müssen Gehör finden".
28 Siehe aber auch *Kaspar*, GA 2013, 207.
29 *Kaspar*, GA 2013, 207.
30 BVerfG v. 9.11.2010 – 2 BvR 2101/09, NJW 2011, 2417 (2420); BGHSt 36, 167; 44, 129 (134).

gar nicht tätig war.³¹ Damit sind privat erlangte Erkenntnisse auch dann im Strafverfahren zu verwerten, wenn sie rechtswidrig und sogar strafrechtswidrig erlangt worden sind.

b) Ausnahmen

Von diesem Grundsatz werden in drei Fallkonstellationen Ausnahmen gemacht, namentlich nach einem Eingriff in die Intimsphäre, einer eklatanten menschenwidrigen Behandlung³² oder wenn das private Handeln dem Staat zuzurechnen ist, weil es als staatliches Handeln erscheint.³³ Handelt z.B. der Dritte im Auftrag der Strafverfolgungsbehörden, etwa um gezielt die Vorschriften der StPO zu umgehen, scheidet eine Verwertbarkeit der Beweise aus. Eine Zurechnung ist dabei in allen Fällen zu bejahen, in denen ein bewusstes Zusammenwirken zwischen den staatlichen Behörden und dem Privaten stattgefunden hat und der Staat das Geschehen lenkend in den Händen hielt.³⁴

V. Steuer„dieb" als verlängerter Arm des Staates

Letzterer Ausnahmetatbestand ist die dritte Quelle eines möglichen Verwertungsverbots nach dem Ankauf von Steuer-CDs. Kann das Werk des (ausländischen) Straftäters den staatlichen Behörden zugerechnet werden, weil sie so auf das Geschehen einwirken konnten, dass der Verkäufer der Steuer-CD wie der verlängerte Arm des Staates erscheint, sind die strafrechtswidrig erlangten Erkenntnisse unter Zugrundelegung der Rechtsprechung nicht verwertbar.

1. Fehlende Zurechnung bei Erst-Ankauf

Eindeutig nicht als verlängerter Arm des Staates handelte der Entwender der Daten, der erstmalig das Angebot an die Bundesrepublik Deutschland gerichtet hat. Ersichtlich ging die Initiative vom Privaten aus, der nicht nur aus freien Stücken, sondern auch ohne ein vorher staatlicherseits kommuniziertes Motiv handelte.³⁵ Es war vor dem ersten Fall keinesfalls ausgemacht, ob deutsche staatliche Stellen sich bereit erklären würden, für eine Steuer-CD zu zahlen. Der Private musste sogar vielmehr damit rechnen, strafrechtlich verfolgt zu werden.³⁶ Eine Zurechnung der Vortat zu staatlichem Handeln scheidet deshalb zweifelsohne aus.

---

31 *Kaspar*, GA 2013, 207 (211).
32 *Meyer-Goßner*, 56. Aufl. 2013, § 136a Rz. 3.
33 Dazu auch mit Bezug zu den Steuer-CDs *Kölbel*, NStZ 2008, 241 (242); *Ostendorf*, ZIS 2010, 301 (306).
34 *Kölbel*, NStZ 2008, 241 (242); *Ostendorf*, ZIS 2010, 301 (306).
35 *Kretschmer* in Radtke/Homann, § 136a Rz. 6.
36 *Kaspar*, GA 2014, 207 (220).

2. Zurechnung nach regelmäßigen Ankäufen?

Damit zeigt sich aber auch deutlich, von welchem Kriterium eine mögliche Zurechnung abhängt. Mit dem ersten Ankauf einer Steuer-CD haben deutsche Strafverfolgungsbehörden das deutliche Zeichen gesetzt, solche Angebote würden jedenfalls nicht per se abgelehnt und damit einen Anreiz für Nachahmer geschaffen. Rein tatsächlich hat der Ankauf und das Signal, entwendete Daten könnten in der Bundesrepublik verkauft werden, den wohl einzigen Ansporn für den Mitarbeiter einer ausländischen Bank geschaffen. Ohne die zumindest theoretische Chance die Daten zu verkaufen, hätte der (nach ausländischem Recht strafbar handelnde) Private keinerlei Motiv für die Begehung der Tat gehabt.

Trotz dieser unbestreitbaren Anreizwirkung ist eine Zurechnung abzulehnen.[37] Die Schaffung eines Motivs – vielleicht sogar des einzigen für die Tat – kann nicht ausreichen, weil es an einem wesentlichen Element für eine Zurechnung fehlt: Eine Ausnahme von dem Grundsatz der Verwertbarkeit rechtswidrig erlangter Beweise gibt es nach der Rechtsprechung nur, wenn die Privatperson im gezielten Auftrag der Strafverfolgungsbehörden handelt. An einem solchen gezielten Auftrag fehlt es in den Steuer-CD-Fällen, weil weder die konkrete Person noch Ort oder Zeit der Tat den Behörden bekannt sind. Die Behörden haben auch nicht bewusst die erste CD gekauft, um weitere zu erhalten und so eine konkrete Hoffnung auf ein bestimmtes Geschehen manifestiert. Es war und ist für sie vielmehr völlig unvorhersehbar, ob weitere – und welche konkreten – Straftaten begangen werden. Hätte der Staat es im Übrigen darauf angelegt, durch den Ankauf konkreter CDs ein klares Signal an potentielle Nachahmer zu senden, hätte ein Automatismus etabliert werden oder doch zumindest das klare Bekenntnis geäußert werden müssen, jegliche Daten-CDs, die genügend Material enthalten, anzukaufen. Dies ist aber nicht nur nicht geschehen, sondern mitunter wurde sogar der Eindruck erweckt, dass nicht alle Umstände jedes Ankaufs publik gemacht werden sollten.

In dieser sowohl für den Staat als auch den Privaten fast unübersichtlichen Lage kann von einer gezielten Beauftragung der Privatperson keine Rede sein. Eine Zurechnung scheidet deshalb nicht nur beim ersten Ankauf, sondern auch bei den Folgeankäufen aus.

3. VerfGH Rheinland-Pfalz, VGH B 26/13

a) Argumentation und Ergebnis

Das ist auch die Ansicht des RhPfVerfGH.[38] Der Beschwerdeführer richtete sich gegen einen Durchsuchungs- und Beschlagnahmebeschluss, weil für

---

37 *Kaspar*, GA 2014, 207 (220).
38 VerfGH Rh.-Pf. v. 24.2.2014 – VGH B 26/13, NJW 2014, 1434.

diesen auf einer angekauften CD befindlichen Daten verwertet worden seien. Das Gericht wies die Verfassungsbeschwerde als unbegründet zurück. Dabei rekurrierte es auf das BVerfG,[39] indem es darauf hinwies, es sei verfassungsrechtlich nicht zu beanstanden, von der Annahme der Straffreiheit der den Datenkauf tätigen Beamten auszugehen. Ein solcher Ankauf könne im Übrigen auch auf die allgemeine Ermittlungsklausel gestützt werden, weshalb es jedenfalls verfassungsrechtlich nicht zu beanstanden sei, dass keine spezielle Eingriffsnorm vorhanden sei.[40] Des Weiteren verneint das Gericht auch einen Verstoß gegen den Grundsatz des fairen Verfahrens oder den Rechtsstaatsgrundsatz, weil ein Beweis verwertet worden sei, den ein Privater durch einen Strafrechtsverstoß erlangt habe.

Bis hierin argumentiert der Senat also auf der bislang hier vorgestellten Linie. Beachtenswert ist das Urteil aber auch nicht wegen der darin enthaltenden Argumentation und des Ergebnisses, sondern wegen der offenen Warnung, die das Gericht ausspricht.

b) Warnung des Gerichts

Geht das Gericht mit dem hier vertretenen Ergebnis konform, auch folgende Ankäufe von Daten-CDs seien dem Staat nicht zuzurechnen, so betont es dabei aber sehr ausdrücklich ein „noch". So hält das Gericht es für möglich, dass zukünftig „quasi gleichsam mosaikartig" eine Situation entstehen könnte, die es gerechtfertigt erscheinen ließe, das Handeln des privaten Straftäters den staatlichen Behörden zuzurechnen. Solange sich die Rolle staatlicher Behörden nicht allein auf die schlichte Entgegennahme von Bankdaten ohne Einflussnahme beschränke, seien „die Gesamtumstände in den Blick zu nehmen". Als Kriterien werden dabei die verstärkte Involvierung staatlicher Behörden in das Procedere der Datenbeschaffung oder eine planmäßige Intensivierung der Zusammenarbeit zwischen dem Staat und dem Privaten genannt. Außerdem seien die Gerichte auch zukünftig gehalten, neben dem Grad auch das Ausmaß der staatlichen Beteiligung zu überprüfen, weil auch in Rechnung zu stellen sei, wie häufig und in welchen zeitlichen Abständen es zu einem ernstzunehmenden Angebot und zu einem Ankauf oder der Ablehnung eines solchen gekommen sei.

c) Folgerungen?!

Was bleibt nach dieser Entscheidung? In erster Linie Unsicherheit möchte man sagen.[41] Die Unsicherheit beruht dabei in erster Linie auf dem Begrün-

---

39 BVerfG v. 9.11.2010 – 2 BvR 2101/09, NJW 2011, 2417.
40 Vgl. *Küchenhoff*, NJ 2010, 321.
41 So ging z.T. die Diskussion auf der Tagung der DStJG in Bremen von dem Extrem: „Das ist doch alles nichts Neues" bis zu der Aussage: „Wir als Steuerfahndung wissen nun gar nicht mehr, was wir noch dürfen".

dungsstrang des Gerichts, nicht nur die aktive Beteiligung der Behörden, die sich nicht auf eine schlichte Entgegennahme der CDs beschränke, sondern daneben auch ein Anstieg von Ankäufen sei unter Umständen ein „Mosaikstein", der in die Gesamtbetrachtung mit einzubeziehen sei. Das fordert notwendigerweise die Frage heraus, wie viele Ankäufe noch stattfinden dürfen, ohne dass der folgende das Steinchen ist, das zu einem Verwertungsverbot führt.[42]

Der große Paukenschlag[43] sei ausgeblieben, wird konstatiert. Bisweilen ist aber auch ein kleiner Trommelschlag ausreichend, um ein Verhalten effektiv zu unterbinden. Welche Behörde wird es riskieren, nichtsahnend *den einen* Ankauf vorgenommen zu haben, der den Mosaikboden vollständig macht und so ein Verwertungsverbot heraufbeschwört?[44]

Letztlich hat der Senat den Gerichten deutlich die Aufgabe übertragen, die Grenze für eine Zurechnung des privaten Handelns zum Staat zu ziehen und über die Folgen zu urteilen.

Eines aber ist angesichts dieses Arbeitsauftrages unabdingbar und hier spricht das Gericht in aller Deutlichkeit. Die Gerichte sind auf eine möglichst umfassende Information der staatlichen Behörden über die Umstände eines konkreten Datenankaufs zu informieren, damit sie überhaupt entscheiden können, ob sich die Tätigkeit des Staates in einer schlichten Entgegennahme der Daten beschränkte oder eine planmäßige Intensivierung der Tätigkeit festzustellen ist. Für die Bewertung der Gesamtentwicklung und damit der Entscheidung, ob der Anstieg ein Maß erreicht hat, der eine eindeutige und dem Staat zurechenbare Anreizwirkung geschaffen hat, müssen die Gerichte nicht nur über die Umstände des Einzelfalls, sondern auch über Art und Umfang vorheriger Ankäufe von Daten informiert werden.[45]

VI. Fazit und Ausblick

Die Ankäufe von Steuer-CDs haben sich vielleicht als rechtliches Problem irgendwann und vielleicht schon in naher Zukunft von selbst erledigt. Was bleibt ist die Diskussion. Diese wird auf andere Konstellationen zu übertragen sein. Wer sich auf den Standpunkt stellt, (straf-)rechtswidrig erlangte Beweise Privater seien unverwertbar, wenn der Staat für die Informationen zahlt, muss sich fragen lassen, weshalb dies nicht gelten sollte, wenn der Staat nicht zahlt. Unter dem Strich bliebe dann das Ergebnis, dass solche

---

42 *Wild*, PStR 2014, 100 (102).
43 *Krug*, NZWist 2014, 433 (434).
44 Ähnlich *Wild*, PStR 2014, 100 (102).
45 Dazu und mit kurzer Darstellung vorangegangener Verfahren *Wild*, PStR 2014, 100 (102).

Beweise immer unverwertbar wären. Dann aber müsste die Steuerfahndung auch die entwendeten Beweise der Ehefrau ablehnen und sich stattdessen darauf beschränken, gegen sie Anzeige zu erheben.

Die Diskussion über die Verwertbarkeit der Daten einer angekauften CD kann deshalb zu einer Grundsatzentscheidung führen, die unter Umständen – zu Recht – so gar nicht gewollt war.[46]

---

46 Anders *Kölbel*, der genau diese Grundsatzdiskussion anlässlich des Aufkommens der Steuer-CDs fordert.

Die Bewältigung internationaler Sachverhalte im Steuerstrafrecht

Dr. *Dirk Pohl*
Rechtsanwalt, Steuerberater, München

Inhaltsübersicht

I. Einleitung
II. Internationale Kooperation und (Schweizer) Bankgeheimnis
III. Zwischenstaatliche Amtshilfe im Einzelfall
   1. Überblick
      a) Amtshilfe
      b) Rechtshilfe
   2. Amtshilfe/Auskunftsklauseln in Doppelbesteuerungsabkommen
   3. Abkommen mit dem Fürstentum Liechtenstein
   4. Entwicklung im Verhältnis zur Schweiz
IV. Das Scheitern der „*anonymen*" Erhebung von Quellensteuern
V. USA: Foreign Account Tax Compliance Act (FATCA)
VI. „*Weißgeldstrategie*" der Schweizer Banken
VII. Multilaterale Convention on Mutual Administrative Assistance in Tax Matters
VIII. Gruppenanfragen
IX. Fazit

I. Einleitung

Derzeit stehen zwei große Steuerthemen im internationalen Fokus: Die Herstellung von „*Steuergerechtigkeit*" bei der Unternehmensbesteuerung von Multinationals[1] und die Bekämpfung der Steuerhinterziehung vor allem durch die Nutzung von Offshore-Konstruktionen bei der privaten Vermögensanlage. In beiden Bereichen steht derzeit eine Zeitenwende an. Denn die Staaten sind sich erstmals weitgehend einig, dass insbesondere die Herstellung von grenzüberschreitender Informationstransparenz erforderlich ist, um hier Fortschritte zu erzielen.[2]

---

[1] Ausgangspunkt ist der im Februar 2013 veröffentlichte OECD-Report zu Base Erosion and Profit Shifting („*BEPS*"). Daraus resultierte der von der OECD entwickelte BEPS Action Plan mit 15 Punkten, der im Juli 2013 veröffentlicht und von der G 20 auf dem Gipfel im September 2013 in Sankt Petersburg gebilligt wurde. Siehe näher *Pohl*, JbFStR 2014/2015, S. 500 ff.

[2] Trotz dieser Gemeinsamkeit: Beide Bereiche sind strikt zu trennen. Die mit BEPS und der zeitgleichen Behandlung der eindeutigen Fälle der Steuerhinterziehung bei der Vermögensanlage unter Nutzung von Offshore Konstruktionen führt zunehmend zu einer Stigmatisierung der (legitimen) unternehmerischen Steuerplanung. Die (verbleibenden) Handlungsspielräume im Unternehmenssteuerrecht werden dabei durch ein zunehmendes Hineinziehen in den steuerstrafrechtlichen Bereich eingeengt.

Im Bereich der Unternehmensbesteuerung führt das im Rahmen des BEPS-Projekts der OECD/G 20 Staaten zu einem sog. *„Country-by-Country Reporting"* zur Verrechnungspreisdokumentation durch Multinationals[3] oder die zwischenstaatliche Information über erteilte *„Tax Rulings"* – ebenfalls insbesondere zu den Verrechnungspreisen.[4]

Nach dem Stand 25.2.2015 haben mittlerweile 85 Staaten eine *„Convention on Mutual Administrative Assistance in Tax Matters"* unterzeichnet, die das Verhandeln von tausenden bilatetralen Verträgen ersetzt und zu einem umfassenden automatischen Informationsaustausch im Hinblick auf die Anlage von Kapitalvermögen ab 2017 führen wird. Dazu gehören auch *„Steuerfluchtsstaaten"* wie die Schweiz, das Fürstentum Liechtenstein oder Singapur.

Die Entwicklung bis zu diesem Punkt soll nachgezeichnet und der Frage nachgegangen werden, ob bei Umsetzung der jüngsten zwischenstaatlichen Absprachen ein zufriedenstellender Endzustand im Hinblick auf die steuerliche Erfassung der Einkünfte aus Kapitalvermögen erreicht sein wird. Zusätzlich ist die Frage zu behandeln, wie mit der Vergangenheit – also den bereits verwirklichten, aber noch nicht aufgedeckten – Steuerstraftaten gerade in den Fällen der Vermögensanlage über Schweizer Banken weiter umgegangen wird.

Denn der deutsche Staat konnte und kann es weiterhin weder beim Steuervollzug noch der Strafverfolgung bei dem Fazit des Fürsten Hans-Adam II von Liechtenstein bewenden lassen, dass eine hohe Steuerlast zwangsläufig einen hohen Anreiz einerseits zur (legalen) Steuerflucht aus der *„Steuerwüste"*, z.B. durch Wegzug in eine *„Steueroase"*, aber andererseits auch einen hohen Anreiz zur Steuerhinterziehung setzt.[5]

Zwar enden die hoheitlichen Befugnisse der Behörden eines Landes an dessen Grenzen. Die staatliche Aufgabe, für eine gleichmäßige Besteuerung

---

3 Das *„Country by Country Reporting"* fußt auf der Idee, transnationale Konzerne dazu zu verpflichten, in ihrer Rechnungslegung lückenlos offenzulegen, in welchen Ländern sie tätig sind, welche Umsatzerlöse und Gewinne in diesen Ländern generiert werden und in welcher Höhe Steuern an die entsprechenden nationalen Finanzbehörden abgeführt werden. Es handelt sich um Action item 13 des OECD-Aktionsplans vom 19.7.2013 zu „Base Erosion and Profit Shifting", abrufbar über http://www.oecd.org/ctp/BEPSActionPlan.pdf. Dazu wurde im September 2014 ein umfassender Bereicht vorgelegt.
4 Es handelt sich um Action item 12 des OECD-Aktionsplans (vgl. Fußnote 3) *„Require Taxpayers to Disclose* Their Aggressive *Tax Planning Arrangements"*. Der Report zu diesem Thema stand bei Abschluss des Manuskripts noch aus. Durch Indiskretion wurden zwischenzeitlich die Mandanten von PriceWaterhouseCoopers in Luxemburg gewährten Tax Rulings öffentlich bekannt, wodurch das Thema in der öffentlichen Debatte zusätzliche Aufmerksamkeit gewonnen hat.
5 Fürst Hans-Adam II von Liechtenstein in Spiegel 3/2000.

des Welteinkommens im Rahmen der unbeschränkten Einkommensteuerpflicht seiner Steuerbürger zu sorgen und ein strukturelles Vollzugsdefizit zu vermeiden, bleibt aber bestehen.

Um dem gerecht zu werden, soll hier nicht einer weiteren Absenkung der derzeit moderaten Steuersätze bei den Einkünften aus Kapitalvermögen[6] das Wort geredet werden, um den Abgabendruck abzumildern. Es geht vor allem um die staatlichen Überprüfungs- und Ermittlungsmöglichkeiten im Rahmen des Steuerveranlagungs- und -erhebungsverfahrens sowie – schon aus generalpräventiven Gründen – die Effektivität des Steuerstrafrechts bei grenzüberschreitenden Sachverhalten. Denn es dürfte mittlerweile empirisch mehr als ausreichend belegt sein, dass ohne ein ganz erhebliches Entdeckungsrisiko für den Täter ein hoher Anreiz zur Steuerhinterziehung gesetzt wird. Die bekannt gewordenen Steuerhinterziehungsfälle von Prominenten[7] und der Boom an Selbstanzeigen vor deren Verschärfung ab 1.1.2015[8] belegen das eindrucksvoll.

Um dieses Massenphänomen zu bewältigen, bedarf es bei internationalen Sachverhalten auf Dauer vor allem der zwischenstaatlichen Kooperation und nicht des fallweisen Ankaufs weiterer Daten-CD's von Mitarbeitern ausländischer Banken. Das für die zwischenstaatliche Zusammenarbeit bestehende rechtliche Instrumentarium und dessen Weiterentwicklung wird nachfolgend behandelt.

II. Internationale Kooperation und (Schweizer) Bankgeheimnis

Die Schwierigkeit liegt darin, auch die Staaten zur Kooperation zu bewegen, deren Finanzindustrien von dem Zufluss von *„Steuerfluchtkapital"* bisher in großem Umfang profitiert haben. Ein eigenes wirtschaftliches Interesse an einem Informationsaustausch haben diese Staaten letztlich nicht. Vielmehr wirken ein gesetzlich verankertes Bankgeheimnis und eine damit verbundene mangelnde Bereitschaft dieser Staaten zu Auskünften an ausländische Finanzbehörden auf Steuerhinterzieher anziehend wie ein Magnet.

In diesem Zusammenhang wird mit Bezug auf die Schweiz immer wieder auf die historischen Verdienste des Bankgeheimnisses verwiesen. So schrieb z.B. die Zeitschrift *The Economist* zu dem 1935 in der Schweiz in Kraft getretenen Gesetz über das Bankgeheimnis:

---

6 Derzeit Abgeltungssteuer einschl. Solidaritätszuschlag von insgesamt 26,375 %.
7 Um nur einige zu nennen: *Uli Hoeneß, Alice Schwarzer*, der ehemalige Chef-Redakteur der Zeit *Theo Sommer*.
8 Durch das Gesetz zur Änderung der Abgabenordnung und des Einführungsgesetzes zur Abgabenordnung vom 22.12.2014, BGBl. I 2014, 2415 ff.

„Viele Schweizer sind stolz auf ihr Bankgeheimnis, weil es bewundernswerte Ursprünge hat (das Gesetz, das es einführte, wurde in den dreißiger Jahren beschlossen, um verfolgten Juden zu helfen, ihre Ersparnisse zu schützen)."[9]

Gabriel Zucman[10] sieht das in seiner 2014 auch auf Deutsch erschienen Schrift *„Steueroasen, Wo der Wohlstand der Nationen versteckt wird"* unter Berufung auf zahlreiche historische Untersuchungen weitaus kritischer. Das Schweizer Bankgeheimnis als Bollwerk vor Instabilität und Unterdrückung in den Heimatländern der Kunden sei letztlich nur ein Mythos. Denn der große Zuwachs an ausländischem Vermögen in der Schweiz habe bereits in den zwanziger und nicht den dreißiger Jahren des vorherigen Jahrhunderts stattgefunden. Er sei darauf zurückzuführen, dass in Frankreich nach dem ersten Weltkrieg der Spitzensteuersatz bis auf 72 % gestiegen sei. Das sei die *„Geburtsstunde der Steuerfluchtindustrie"* in der Schweiz gewesen.[11] Das Bankgeheimnis soll nach dieser Sichtweise vor allem dazu gedient haben, diesen massiven Kapitalzufluss abzusichern und weiter auszubauen.

Dass der Staat auf das besondere Vertrauensverhältnis zwischen Bank und deren Kunden Rücksicht zu nehmen hat, ist aber keine spezifisch Schweizer Sichtweise oder – allgemeiner – von *„Steueroasen"*.[12] So sollte man sich gerade aus deutscher Sicht davor hüten, bereits den mit einem strikten Bankgeheimnis verbundenen Ausgangspunkt, dass die Erfüllung von (ausländischen) Steuerpflichten allein Sache des Bankkunden und nicht der Bank sein kann, von vorneherein zu missbilligen. Denn das war auch in Deutschland jahrzehntelang die maßgebliche Sichtweise, obwohl dadurch die Hinterziehung von Einkommensteuer auf Kapitaleinkünften und Wertpapierveräußerungsgewinnen bei der Vermögensanlage über inländische Banken weit verbreitet war.[13] Auch heute ist der Informationsfluss zwischen einer deutschen Bank und den deutschen Finanzbehörden noch beschränkt[14] und – statt voller Transparenz – vielmehr die Steuererhebung durch Einführung der Abgeltungsteuer ab 2009 weitgehend auf die Bank verlagert.

Die sich in den letzten zwei bis drei Jahrzehnte wandelnde Besteuerungswirklichkeit in Ländern wie USA, Deutschland und Frankreich konnte

---

9 The Economist vom 17.2.1996, S. 30 zitiert in der deutschen Übersetzung nach *Gabriel Zucman*, Steueroasen, Wo der Wohlstand der Nationen versteckt wird, 2014, S. 28.
10 Ein Schüler von *Thomas Piketty*.
11 *Zucman*, a.a.O., S. 22, 29.
12 Der Begriff der *„Steueroase"* ist schillernd. Die Schweiz ist jedenfalls außerhalb der Pauschalbesteuerung von zugezogenen Ausländern nach dem Aufwand in manchen Kantonen für in der Schweiz unbeschränkte Steuerpflichtige ein Hochsteuerland.
13 BVerfG v. 27.6.1991 – 2 BvR 1493/89, BVerfGE 84, 239 ff.: *Drüen* in Tipke/Kruse, Abgabenordnung Finanzgerichtsordnung Kommentar, § 30a AO, Tz. 7 ff.
14 Siehe § 30a, § 93 Abs. 7, § 93b AO zum automatisierten Abruf von Kontoinformationen.

aber nicht ohne Auswirkungen auf die Länder bleiben, deren Finanzindustrie bisher von dem Zufluss von Steuerfluchtkapital profitierte. Der notwendige Wandel war und ist aber mit schmerzhaften Anpassungsprozessen verbunden. Es handelt sich um zähes Ringen der beteiligten Staaten. Dabei müssen nicht neue Verfahren für die Zukunft mit diesen Staaten vereinbart, sondern auch die Frage der Vergangenheitsbewältigung gelöst werden.

III. Zwischenstaatliche Amtshilfe im Einzelfall

In der Vergangenheit bestand häufig nicht einmal die Möglichkeit zwischenstaatliche Amts- oder Rechtshilfe zu erhalten. Denn diese war entweder gar nicht oder nur unter engen Voraussetzungen im Einzelfall möglich. Bi- oder multilaterale Vereinbarungen zu Sammelauskunftsersuchen bzw. Gruppenanfragen oder gar einem automatischer Informationsaustausch waren unrealistische Zukunftsvisionen.

1. Überblick

Grundlage für die Inanspruchnahme und Gewährung von Amts- oder Rechtshilfe sind vor allem unionsrechtliche Rechtsakte und multi- bzw. bilaterale Abkommen.[15] Dabei geht es um die Beanspruchung oder Gewährung zwischenstaatlicher Amtshilfe durch den Informationsaustausch in Steuersachen[16] einerseits und die zwischenstaatliche Rechtshilfe in Steuerstrafverfahren andererseits.[17]

a) Amtshilfe

Die Grundregeln für die Amtshilfe aus deutscher Sicht enthält der § 117 AO. Dieser spricht zwar von der Rechts- oder Amtshilfe in Steuersachen. Der in dieser Norm verwandte Begriff bezieht sich aber nicht auf die oben angeführte Rechtshilfe bei der Strafverfolgung. Es geht hier vielmehr um die Amtshilfe für andere Behörden bei Verwaltungsaufgaben bzw. Gerichte bei Rechtspflegeaufgaben, so dass man besser bei § 117 AO kurz nur von Amtshilfe sprechen sollte.[18] Die wichtigsten Anspruchsgrundlagen sind dafür die Auskunftsklauseln in den von Deutschland abgeschlossenen bilateralen Doppelbesteuerungsabkommen und speziellen Verträgen über die Amts- und Rechtshilfe in Steuersachen (sog. *„Tax Information Exchange Agreement, TIEA"*) sowie zwischen den Staaten der Europäischen Union

---

15 Vgl. den Überblick bei *Seer* in Tipke/Kruse, Abgabenordnung Finanzgerichtsordnung Kommentar, § 117 AO. Tz. 8. Dabei bedarf es in Deutschland für die innerstaatliche Anwendbarkeit eines Zustimmungsgesetzes, Art. 59 GG.
16 BMF v. 25.2.2012, BStBl. I 2012, 599 ff., Tz. 1,2.
17 BMF v. 16.6.2006, BStBl. I 2006, 698 ff.
18 *Seer*, a.a.O., § 117 AO, Tz. 5.

die EU-Amtshilferichtlinie[19] bzw. deren Umsetzung in das innerstaatliche Recht (in Deutschland das EU-Amtshilfegesetz (EuAHiG))[20]. Darüber hinaus kann Deutschland nach § 117 Abs. 3 AO unter bestimmten Voraussetzungen (insbesondere bei Gegenseitigkeit) auch freiwillig Auskünfte an andere Staaten erteilen. Entsprechend steht es Deutschland frei, auch ohne Anspruchsgrundlage Auskünfte anzufordern oder unaufgefordert entgegenzunehmen (sog. „Spontanauskünfte"). Nur ist gerade das im Verhältnis zu den hier interessierenden Staaten wie der Schweiz und dem Fürstentum Liechtenstein unrealistisch. Im vorliegenden Zusammenhang soll deshalb davon ausgegangen werden, dass keine derartigen, freiwilligen Auskünfte im Wege der Amtshilfe durch den anderen Staat erteilt werden.

b) Rechtshilfe

Bei der zwischenstaatliche Rechtshilfe in Steuerstrafsachen ist innerhalb der EU eine Vereinfachung durch die Schwedische Initiative erfolgt, wonach die Steuerfahndungsstellen unmittelbar zur Aufklärung von Steuerstraftaten Informationen einschließlich personenbezogener Daten an die Mitgliedstaaten übermitteln können (§ 117a, § 117b AO) bzw. die Übermittlung zur repressiven Strafverfolgung erfolgt, § 92 des Gesetzes über die Internationale Rechtshilfe in Strafsachen.

Hierfür muss jedoch ein strafrechtlicher Anfangsverdacht bestehen. Bei Vorfeldermittlungen der Steuerfahndung nach § 208 Nr. 3 AO kommt nur die Amtshilfe in Betracht.

Außerhalb des EU Bereichs ist für die Rechtshilfe allgemein auf das deutsche Gesetz über die internationale Rechtshilfe in Strafsachen zu verweisen bzw. auf vorrangige bi- oder multilaterale Übereinkommen. Generell gilt nämlich, dass strafprozessuale Maßnahmen wie Durchsuchungen, Beschlagnahme und Sicherheitsverwahrung stets nach den Regeln über die Rechtshilfe in Strafsachen und gerade nicht über die Amtshilfe durchzuführen sind, schon um Verwertungsverbote zu vermeiden. Die Ermittlungsergebnisse können dann aber in der Regel unmittelbar im Besteuerungsverfahren verwendet werden; jedoch macht gerade die Schweiz hier einen Vorbehalt.[21]

---

19 Richtlinie 2011/16/EU des Rates vom 15.2.2011 über die Zusammenarbeit der Verwaltungsbehörden im Bereich der Besteuerung und zur Aufhebung der Richtlinie 77/799/EWG; nach § 19 Abs. 2 Nr. 4 EuAHiG sind entsprechend erteilte Auskünfte anderer Staaten regelmäßig auch im Steuerstrafverfahren verwertbar.
20 EU-Amtshilfegesetz v. 26.6.2013 (BGBl. I 2013, 1809) „EUAHiG".
21 BMF v. 16.6.2006, BStBl. I 2006, 698 ff., Tz. 6.4.; zwar ist insoweit die Verwertung im deutschen Besteuerungsverfahren nicht nur bei Steuerbetrug unter Verwendung falscher Urkunden möglich, aber auch der weitere Abgabenbetrug bei dem eine Verwendung für das Besteuerungsverfahren möglich ist, erfordert besondere Kniffe, Machenschaften oder ganze Lügengebäude, was in der Regel bei Rechtshilfeersuchen eine unüberwindbare Hürde darstellt.

Für die weitere Betrachtung soll die repressive Rechtshilfe nach einem bestehenden Anfangsverdacht gegen einen Steuerhinterzieher ausgeklammert werden. Es wird stattdessen um die Ermittlung für Zwecke des Besteuerungsverfahrens sowie die Vorfeldermittlung und die damit verbundene generalpräventive Wirkung[22] gehen.

2. Amtshilfe/Auskunftsklauseln in Doppelbesteuerungsabkommen

Wichtigste Anspruchsgrundlage gegenüber Drittstaaten außerhalb der EU sind die Doppelbesteuerungsabkommen. Die deutschen Doppelbesteuerungsabkommen folgen regelmäßig dem OECD-Musterabkommen. Dabei gibt es sog. *„kleine Auskunftsklauseln"*, die nur den Informationsaustausch für Zwecke der Durchführung des Doppelbesteuerungsabkommens vorsehen. Diese helfen bei der Ermittlung verschwiegener Einkünfte aus Kapitalvermögen aber nicht weiter. Denn das Besteuerungsrecht steht dann entsprechend Art. 11 OECD-Musterabkommen ausschließlich dem Wohnsitzstaat zu. Bei ersten Anhaltspunkte für verschwiegene Einkünfte aus Kapitalvermögen sind Informationen deshalb nur Anfragen bei dem anderen Staat nach einer *„große Auskunftsklausel"* in einem Doppelbesteuerungsabkommen entsprechend Art. 26 des OECD-Musterabkommens, die auch für die ordnungsgemäße Durchführung des jeweiligen nationalen Steuerverfahrens greift.

3. Abkommen mit dem Fürstentum Liechtenstein

Jedoch haben die großen Industriestaaten in der Vergangenheit mit Niedrigsteuerländern überhaupt keine Doppelbesteuerungsabkommen geschlossen. Denn eines Abkommen zur Vermeidung der Doppelbesteuerung bedurfte es angesichts der fehlenden oder sehr niedrigen Besteuerung in diesen Ländern nicht. Damit war aber auch der Weg zur Erlangung von Auskünften auf diesem Weg verschlossen, so auch im Verhältnis zum Fürstentum Liechtenstein.

Um entsprechende Staaten wie Liechtenstein zur Informationsherausgabe zu bewegen, wurde von der OECD eine Liste der unkooperativen Staaten veröffentlicht[23] (sog. „Blacklist"). Der internationale Druck führte hier letztlich zur Einwilligung in eine Zusammenarbeit. Hinzutrat die Gesetzgebung einzelner Staaten wie Deutschland, wonach an die fehlende Kooperation teils

---

22 Jedoch gilt im Grundsatz aus deutscher Sicht, dass auch noch nach Einleitung eines steuerstraf- oder Bußgeldverfahrens Auskünfte auf dem Amtshilfeweg zum Zweck der Ermittlung der Besteuerungsgrundlagen eingeholt werden können. Im Verhältnis zu dem beschuldigtem Steuerpflichtigen aber nur in den Grenzen des § 393 AO.
23 OECD „*List of uncooperative Tax Havens*", veröffentlicht im Jahre 2000, wobei bereits zwischen 2000 und 2002 31 der auf der Liste aufgeführten Länder sich formal zu einem Informationsaustausch verpflichteten. Seit 2009 ist die Liste nach Zustimmung der Fürstentümer Liechtenstein und Monaco sowie von Andorra leer.

drastische Steuerfolgen für den inländischen Steuerbürger geknüpft wurden.[24] Wie immer man darüber hinaus auch den Ankauf von Daten-CD's bewertet, auch Fälle wie derjenige des Mitarbeiters der liechtensteinischen LGT-Bank *Heinrich Kieber*[25] und die daraus gewonnen Informationen belegten, dass sich etwas ändern musste.

So schloss das Fürstentum Liechtenstein mit Deutschland zunächst ein für ab dem 1.1.2010 beginnende Steuerjahre geltendes Abkommen über die Zusammenarbeit und den Informationsaustausch in Steuersachen ab.[26] Das Abkommen umfasst nach Art. 1 auch die Unterstützung bei Strafverfolgungsmaßnahmen in Steuersachen. Es werden aber generell keine Informationen für frühere Zeiträume erteilt. Außerhalb eines bereits eingeleiteten Steuerstrafverfahrens ist rechtliches Gehör zu gewähren, wenn das den Zweck der Ermittlungen nicht gefährdet. Dabei geht es stets um Ermittlungen im Einzelfall und keine *„fishing expeditions"*. Obschon die namentliche Benennung eines Steuerpflichtigen nicht erforderlich ist, bedarf es doch einer ausreichenden Konkretisierung der anlassbezogenen Einzelfallermittlung.

Dem Informationsaustausch folgte ein umfassendes Doppelbesteuerungsabkommen zwischen Deutschland und dem Fürstentum Liechtenstein.[27] Letzteres enthält eine große Auskunftsklausel entsprechend Art. 26 OECD-Musterabkommen.[28]

---

24 So insbesondere das Steuerhinterziehungsbekämpfungsgesetz aus 2009 (BGBl. I, 2009, 2302). Siehe aber z.B. auch § 15 Abs. 6 AStG, angefügt durch Gesetz v. 19.12.2008, BGBl. I, 2794. In Bezug zu den Staaten der schwarzen Liste sollten die folgenden Regelungen getroffen werden:
 1. Ausgaben zugunsten von Empfängern in diesen Staaten sind nicht oder nur unter bestimmten Nachweisvoraussetzungen als Betriebsausgaben oder Werbungskosten abziehbar.
 2. Erhaltene Ausschüttungen sind nicht ganz oder teilweise steuerbefreit (Teileinkünfte-/Freistellungsverfahren) bzw. unterliegen nicht der ermäßigten Besteuerung nach § 32d EStG (Abgeltungsteuertarif).
 3. Quellensteuern auf Vergütungen an Gesellschaften mit Gesellschaftern in diesen Staaten werden nicht reduziert oder erlassen (auch nicht nach § 50d Abs. 3 EStG).Derzeit gibt keine entsprechenden Staaten mehr, auf die das Gesetz Anwendung findet. Es hat also seinen Zweck erreicht.
25 *Spatscheck* in FS für Michael Streck, Köln 2011, „Die Selbstanzeige – Von der Wiege bis zum Grab?", S. 581.
26 Abkommen zwischen der Regierung der Bundesrepublik Deutschland und der Regierung des Fürstentums Liechtenstein über die Zusammenarbeit und den Informationsaustausch in Steuersachen v. 2.9.2009 (BGBl. II 2010, 950) sowie Gesetz zu dem Abkommen v. 2.9.2009 zwischen der Regierung der Bundesrepublik Deutschland und der Regierung des Fürstentums Liechtenstein über die Zusammenarbeit und den Informationsaustausch in Steuersachen (BGBl. II 2011, 326).
27 Abkommen zwischen der Bundesrepublik Deutschland und dem Fürstentum Liechtenstein zur Vermeidung der Doppelbesteuerung und der Steuerverkürzung auf dem Gebiet der Steuern vom Einkommen und vom Vermögen v. 5.12.2012, BGBl. II S. 1462.
28 Zum zeitlichen Anwendungsbereich s. Protokoll Nr. 9 zu dem Abkommen (Fn. 28).

Anders als mit anderen Staaten[29] gelang es dem Fürstentum Liechtenstein nicht, mit Deutschland auch zu einer Bereinigung der Vergangenheit zu kommen. Das dürfte auch mit der Parallelentwicklung im Verhältnis zwischen Deutschland und der Schweiz zusammenhängen.

4. Entwicklung im Verhältnis zur Schweiz

Im Verhältnis zur Schweiz hat es zusammengefasst folgende Entwicklungen gegeben:

- Bis 2003 gab es im DBA Deutschland Schweiz nur eine kleine Auskunftsklausel zur Durchführung des DBA. Auskünfte waren deshalb letztlich für die Besteuerung der Einkünfte aus Kapitalvermögen nicht erreichbar.

- Nach einer Neuverhandlung war Deutschland ab 2004 einer der sehr wenigen Staaten, denen die Schweiz überhaupt Amtshilfe für innerstaatliche Steuerzwecke nach dem DBA gewährte. Diese große Amtshilfeklausel war aus Schweizer Sicht jedoch auf „*Steuerbetrug*" beschränkt, wofür verfälschte oder inhaltlich unwahre Urkunden wie Geschäftsbücher oder -Bescheinigungen Dritter zur Täuschung gebraucht worden sein mussten, was auch in dem Auskunftsersuchen darzulegen war. Dieses zusätzliche Unrechtselement liegt bei der Hinterziehung allein durch Nichtdeklaration der Einkünfte allerdings nicht vor. Die arglistige Täuschung der Steuerbehörden (z.B. mittels Einsatz eines „Lügengebäudes") genügt nicht, um Auskünfte aus der Schweiz zu erhalten. Auskünfte für die Besteuerung der Einkünfte aus Kapitalvermögen waren deshalb allenfalls in absoluten Ausnahmesituationen erreichbar und in der Praxis eigentlich nicht denkbar.

- Ähnliches gilt auch für den Auskunftsumfang nach Art. 10 des seit 1.7.2005 gültigen Zinsabkommens mit der Europäischen Gemeinschaft.[30] Nach diesem Abkommen mussten die Schweizer Banken ihr Bankgeheimnis nicht preisgegeben, vielmehr wurde in der Schweiz anonym eine Quellensteuer von der Schweizer Bank einbehalten und an den deutschen Fiskus abgeführt (entsprechend wurde innerhalb der EU auch im Verhältnis mit Österreich, Luxemburg und bis 2010 Belgien verfahren).

---

29 Wie beispielsweise mit Österreich.
30 Abkommen in Form eines Notenwechsels zwischen der Europäischen Gemeinschaft und der Schweizerischen Eidgenossenschaft über den Zeitpunkt der Anwendung des Abkommens zwischen der Europäischen Gemeinschaft und der Schweizerischen Eidgenossenschaft über Regelungen, die den in der Richtlinie 2003/48/EG des Rates v. 3.6.2003 im Bereich der Besteuerung von Zinserträgen festgelegten Regelungen gleichwertig sind (ABl. EU 2004 Nr. L 385, 51) in Verbindung mit dem Beschluss 2004/912/EG des Rates v. 25.10.2004 (ABl. EU 2004 Nr. L 385, 50).

- Durch den Ankauf von sog. Steuerdaten-CD's von Mitarbeitern von Schweizer Banken wurden immer mehr Fälle von Steuerhinterziehung bekannt.[31] Auch wurden Verfahren wegen der Beihilfe zur Steuerhinterziehung gegen Mitarbeiter bestimmter Schweizer Banken und Ordnungswidrigkeitsverfahren nach §§ 30, 130 OwiG gegen verschiedene Banken eingeleitet, die teils mit hohen Bußgeldern einschließlich einer entsprechenden Vermögensabschöpfung endeten.
- Seit dem 1.1.2011 gibt es eine uneingeschränkte große Amtshilfeklausel in Art. 27 des DBA zwischen Deutschland und der Schweiz entsprechend Art. 26 OECD-Musterabkommen. Das damalige Verständnis war aber, dass Amtshilfe nur in konkreten Fällen geleistet werde und keine Auskünfte auf Basis vager Vermutungen gegeben werden (sog. *„Fishing Expeditions"*).
- Erst am 17.7.2012 erfolgte eine Revision des Musterkommentars zu Art. 26 OECD-Musterabkommen, wonach die Vorschrift in einem DBA nicht nur Amtshilfe im Einzelfall ermöglichen soll, sondern auch Gruppenanfragen. Letztere dürften zwar nicht *„ins Blaue hinein"* (keine *„fishing expeditions"*) erfolgen, könnten sich aber auf identische Verhaltensmuster stützen (bspw. keine Versendung der Kontoauszüge über die Grenze).
- Eine Bereinigung der Vergangenheit durch ein bereits mit Deutschland ratifiziertes neues DBA mit einer anonymen Abführung einer Abgabe auf das Vermögen in der Schweiz scheiterte am 1.2.2013 an der Zustimmung des Bundesrates in Deutschland.[32]
- Am selben Tag trat in der Schweiz ein Bundesgesetz in Kraft, das auch die Amtshilfe bei Gruppenanfragen regelt, wenn diese in einem DBA vorgesehen sind.
- Die Schweizer Banken begannen Kundenbeziehungen zu beenden, soweit die Kunden nicht nachwiesen, dass sie ihre Erträge im Ausland ordnungsgemäß versteuerten. Denn es zeigte sich, dass der Grat zwischen Diskretion und im Ausland strafbarer Beihilfe sehr schmal sein kann (sog. *„Weißgeldstrategie"*). Im Rückblick mag diese Feststellung offensichtlich

---

31 Vgl. LG Düsseldorf v. 11.10.2010 – 4 Qs 50/10, NStZ-RR 2011, 84; FG Köln v. 15.12.2010 – 14 V 2484/10, DStRE 2011, 1076; FG Hamburg v. 12.10.2011 – 3 V 117/11, DStRE 2012, 1402; FG Rh.-Pf. v. 8.2.2012 – 2 K 1180/11, EFG 2013, 574; FG Münster v. 30.1.2014 – 2 K 3074/12 F; EFG 2014, 885; VerfGH Rh.-Pf. v. 24.2.2014 – VGH B 26/13, NJW 2014, 1434.

32 In Deutschland verweigerte zunächst am 23.11.2012 der Bundesrat, in dem die von SPD, Grünen und Linken regierten Länder die Mehrheit innehaben, dem Steuerabkommen die Zustimmung. Das Bundeskabinett rief den Vermittlungsausschuss an. Das dort erarbeitete Vermittlungsergebnis lehnte die Bundesregierung am 17.1.2013, der Bundesrat am 1.2.2013 ab; damit war das Gesetz gescheitert; s. hierzu: *Kubaile*, Praktische Erfahrungen nach dem Scheitern des Steuerabkommens mit der Schweiz. Wie geht es weiter?, PiStR 2013, S. 62Ff.

erscheinen. Trotz der öffentlich bekannt gewordenen – scharf zu missbilligenden Fälle systematischer Beihilfe zur Steuerhinterziehung – muss man sich dennoch hüten, die Schweizer Banken und deren Mitarbeiter entgegen der Unschuldsvermutung unter einen Generalverdacht zu stellen.

– Die jüngste Vergangenheit kennzeichnet ein „*Domino-Effekt*": Insbesondere auch aus der „*Weißgeldstrategie*" resultierte eine Vielzahl von – teils prominenten, teils missglückten – Fällen von Selbstanzeigen. Auch die drohende – und mittlerweile umgesetzte – Verschärfung der Voraussetzungen für eine Selbstanzeige[33] beflügelte den weiteren Erkenntnisgewinn deutscher Steuerfahndungsstellen.

– Ab 2016/2017 hat die Schweiz formal ihr Einverständnis zu einem automatischen Informationsaustausch erklärt.[34]

IV. Das Scheitern der „*anonymen*" Erhebung von Quellensteuern

Geht man die vorstehende Aufstellung über die Entwicklung in der Schweiz durch, fragt man sich, warum die Entwicklung nicht bereits bei der – zunächst von der Schweiz zugestandenen anonymen Erhebung und Abführung von Quellensteuern stehen bleiben konnte. Das war der Ansatz der Zinssteuerrichtlinie innerhalb der EU,[35] soweit Mitgliedsstaaten nicht zum automatischen Informationsaustausch bereit waren (Österreich, Luxemburg und bis 2010 auch Belgien), und der korrespondierenden Vereinbarungen mit Drittstaaten, insbesondere der Schweiz.[36] An einem Fort-

---

33 Die erste Verschärfung erfolgte durch das Gesetz zur Verbesserung der Bekämpfung der Geldwäsche und Steuerhinterziehung (Schwarzgeldbekämpfungsgesetz; BGBl. I 2011, 676), wonach u.a. keine Teilselbstanzeigen mehr wirksam waren; die zweite Verschärfung erfolgte jüngst durch das Gesetz zur Anpassung der Abgabenordnung an den Zollkodex der Union und zur Änderung weiterer steuerlicher Vorschriften vom 22.12.2014 (BGBl. I, 2417). Primär werden hierdurch erweiterte Anforderungen an die Vollständigkeit kodifiziert sowie die Sperrgründe verschärft.
34 Siehe dazu näher unten unter VII.
35 Abkommen in Form eines Notenwechsels zwischen der Europäischen Gemeinschaft und der Schweizerischen Eidgenossenschaft über den Zeitpunkt der Anwendung des Abkommens zwischen der Europäischen Gemeinschaft und der Schweizerischen Eidgenossenschaft über Regelungen, die den in der Richtlinie 2003/48/EG des Rates v. 3.6.2003 im Bereich der Besteuerung von Zinserträgen festgelegten Regelungen gleichwertig sind (ABl. EU 2004 Nr. L 385, 51) in Verbindung mit dem Beschluss 2004/912/EG des Rates v. 25.10.2004 (ABl. EU 2004 Nr. L 385, 50).
36 Abkommen in Form eines Notenwechsels zwischen der Europäischen Gemeinschaft und der Schweizerischen Eidgenossenschaft über den Zeitpunkt der Anwendung des Abkommens zwischen der Europäischen Gemeinschaft und der Schweizerischen Eidgenossenschaft über Regelungen, die den in der Richtlinie 2003/48/EG des Rates v. 3.6.2003 im Bereich der Besteuerung von Zinserträgen festgelegten Regelungen gleichwertig sind (ABl. EU 2004 Nr. L 385, 51) in Verbindung mit dem Beschluss 2004/912/EG des Rates v. 25.10.2004 (ABl. EU 2004 Nr. L 385, 50).

bestand dieser diskreten Lösung hätte aus Schweizer Sicht ein erhebliches Interesse bestanden: Das Schweizer Bankgeheimnis blieb im Verhältnis zum ausländischen Fiskus unangetastet.

Jedoch bedeutete die Einbehaltung und Abführung von Quellensteuern – zumindest bis zur Einführung der Abgeltungssteuer in Deutschland ab 2009 – immer noch, dass die Einkünfte in der Steuererklärung zu deklarieren und unter Anrechnung der Quellensteuer in der Einkommensteuerveranlagung zu erfassen waren. Auch nach 2009 entfaltet ein Kapitalertragsteuerabzug nur Abgeltungswirkung, wenn die ausländischen Erträge durch ein inländisches Kredit- oder Finanzdienstleistungsinstitut ausgezahlt werden (sog. *„Auszahlende Stelle"*).

Dabei hatte die Konstruktion zwei Geburtsfehler, die zu relativ einfachen Umgehungsmöglichkeiten führten: Es waren einerseits nicht alle Finanzprodukte und andererseits nur Direktanlagen natürlicher Personen erfasst; weiterhin blieb die Frage ungelöst, wie bei Zwischenschaltung (liechtensteinischer) Stiftungen oder andere Zweckvehikel vorzugehen ist.[37]

Die Missbrauchsanfälligkeit zeigte sich zunächst besonders gravierend im bilateralen Verhältnis zwischen der Schweiz und den USA. Die USA hatten ausländische Finanzinstitute bereits ab 2001 in die Pflicht genommen, anonym Quellensteuern einzubehalten und abzuführen. Vor allem der Fall des *„whistleblowers"* *Bradley Birkenfeld* zeigte aber, dass bestehende Lücken systematisch ausgenutzt wurden. So soll die Schweizer UBS Bank US-amerikanische Steuerzahler ermutigt haben, ausländische Briefkastengesellschaften oder Stiftungen in Steueroasen zu gründen, die dann ein Konto bei ihr eröffneten. Die UBS vertrat für diesen Fall die Rechtsauffassung, dass sie keine US-Quellensteuern einbehalten musste. Denn formal handelte es sich bei der kontoführenden Gesellschaft nicht um einen US-Kunden. Das kostete die UBS am Ende eine Geldbuße i.H.v. 780 Mio. USD. Darüber hinaus mussten die Namen von nahezu 4500 Konteninhabern der UBS an den amerikanischen Internal Revenue Service (IRS) mitgeteilt werden.[38]

---

37 Jüngst ist die Commerzbank in den Fokus der Steuerfahndung wegen des Verdachts geraten, dass die Konten deutscher Kunden in der Luxemburger Tochtergesellschaft systematisch durch die Nutzung panamesischer Offshore Gesellschaften geführt wurden, s. Handelsblatt vom 25.2.2015, S. 29; Handelsblatt vom 26.2.2015, S. 31.
38 Vgl. FAZ Online vom 19.8.2009 „UBS legt 4450 amerikanische Bankkonten offen"; vgl. aber auch FAZ Online vom 8.1.2010 „Schwere Schlappe für Schweizer Finanzaufsicht"; hiernach war die Anordnung an die UBS, Kundendaten mutmaßlicher Steuersünder an amerikanische Finanzbehörden herauszugeben, rechtswidrig.

V. USA: Foreign Account Tax Compliance Act (FATCA)

In der öffentlichen Wahrnehmung in Deutschland wird dem erfolgten Ankauf der Daten CD's von Mitarbeitern ausländischer Banken sehr viel Aufmerksamkeit geschenkt. Der eigentliche Motor für die aktuelle Entwicklung hin zu einem weltweiten automatischen Informationsaustausch war jedoch nicht die öffentliche Debatte um rechtswidrig erlangte Beweismittel sondern vielmehr das drakonische Vorgehen der USA bei der Bekämpfung der Steuerhinterziehung.

Denn die USA reagierte schließlich durch den Foreign Account Tax Compliance Act (FATCA) aus 2010. Danach müssen sich ausländische Finanzinstitute zu einem umfassenden Reporting über ihre US-Kunden an den amerikanischen IRS und ggf. Einbehalt von Quellensteuern verpflichten. Das umfasst auch die Konten von Gesellschaften, an denen US-Steuerbürger beteiligt sind, sowie von Stiftungen, Trusts und anderen Zweckvermögen, deren Begünstigte US-Steuerbürger sind. Als Sanktion droht der Ausschluss der Bank vom US-Kapitalmarkt. Schon weil nur die USA ein solch drakonisches Druckmittel hat, dürfte in der unmittelbaren Verpflichtung ausländischer Finanzinstitute kein Vorbild für andere Staaten liegen.

Dabei interessierte es in den USA auch nicht, ob das ausländische Finanzinstitut bei Erfüllung der Pflichten nach FATCA gegen Gesetze in seinem Heimatland, insbesondere den Datenschutz, verstoßen könnte. Jedoch wurden mittlerweile auf der Grundlage sog. *„Intergovernmental Agreements"* bilaterale Verträge geschlossen, die ein modifiziertes Verfahren vorsehen.[39] Nach dem am 31.5.2013 zwischen Deutschland und den USA abgeschlossenen Abkommen zur Förderung der Steuerehrlichkeit[40] müssen die Daten von dem inländischen Institut nicht direkt an den US-amerikanischen IRS geliefert werden, sondern werden – erstmals für den Veranlagungszeitraum 2014 – nur dem Bundeszentralamt für Steuern mitgeteilt. Erst von dort erfolgt dann ab 30.9.2015 die Weiterleitung an den IRS.

Der neue § 117c AO schafft zur Umsetzung dieser völkerrechtlichen Vereinbarung die notwendige Rechtsgrundlage, die durch eine Rechtsverordnung weiter ausgefüllt werden muss. Die Neuregelung führt dazu, dass man bei der Neueröffnung eines Bankkontos in Deutschland seit dem 1.7.2014 auf einem Formblatt ausdrücklich versichern muss, kein US-Steuerpflichtiger zu sein.

Das Entdeckungsrisiko eines Steuerhinterziehers steigt dadurch signifikant. Davon ist eine Vielzahl von Personen betroffen, da die USA die unbeschränkte Steuerpflicht mit dem Welteinkommen nicht nur an Wohnsitz

---

39 Siehe für einen Überblick z.B. *Eimermann*, IStR 2013, 774 ff.; *Lappas/Ruckes*, IStR 2013, 929 ff.
40 BStBl. I 2014, 242.

oder den gewöhnlichen Aufenthalt, sondern auch die US-amerikanische Staatsbürgerschaft bzw. den Besitz der sog. „*Greencard*" knüpft. Flankiert wird das Ganze von eineer strafbewehrten jährlichen Verpflichtung der Steuerpflichtigen, ihre ausländischen Konten dem IRS zu melden, sowie standardisierten Amnestieprogrammen zur Bereinigung der Vergangenheit.[41]

Dadurch wird umgekehrt auch eine indirekte Kontrolle der ausländischen Finanzinstitute ermöglicht, ob diese tatsächlich alle US-Kunden ordnungsgemäß identifiziert und gemeldet haben.

Mag diese Vorgehensweise auch aus Sicht der USA sehr effizient sein und einen weitgehenden Steuervollzug sichern, so bleiben im Hinblick auf das von Deutschland zur Umsetzung von FATCA mit den USA geschlossene Abkommen dennoch Bedenken. Diese richten sich nach meiner Einschätzung aber nicht gegen eine Aufgabe staatlicher Souveränität.[42] Sie beruhen vielmehr auf der fehlenden Gegenseitigkeit: Denn die USA liefert im Gegenzug keine entsprechenden Daten an Deutschland, sondern verspricht nur sich anzustrengen, den Datentransfer in der Zukunft zu ermöglichen. Die erforderliche Rechtsgrundlage dafür fehlt aber in den USA. Aufgrund der politischen Blockade zwischen Republikanern und Demokraten ist in absehbarer Zeit mit einem entsprechenden Gesetz auch nicht zu rechnen. Auch sollen US-Banken schon technisch gar nicht in der Lage sein, entsprechende Anforderungen umzusetzen. So gelten US Banken nach wie vor als sicherer Hafen für ausländische Steuerhinterzieher, wobei auf die Erfahrung der Banken im Finanzdistrikt Brickell in Miami mit der Nutzung einer panamesischen Stiftung als formellem Kontoinhaber hingewiesen wird.[43] Aus pragmatischer Sicht ist jedoch anzuerkennen, dass das von Deutschland mit den USA geschlossene Abkommen immer noch besser ist als die inländischen Banken mit einer nicht auflösbaren Pflichtenkollision zwischen FATCA „*pur*" und den deutschen Vorschriften zum Datenschutz allein zu lassen.

---

41 Vgl. Mitteilung des Bundesministeriums für Finanzen Nr. 37 vom 29.5.2013 – „Förderung der Steuerehrlichkeit: Bundeskabinett beschließt Abkommen mit den USA".
42 U.a. mit dieser Begründung haben in Kanada zumindest zwei US-Staatsbürger, die ihr gesamtes Leben in Kanada verbracht haben, *Virginia Hillis* und *Gwendolyn Louise Deegan* gegen das kanadische Abkommen mit den USA geklagt, cbcnews Online Business v. 13.8.2014 „Virginia Hillis, Gwendolyn Deegan sue Ottawa over new FATCA tax rules – American-born dual citizens, 1 living in Toronto and the other in Windsor, Ont., cite charter rights".
43 Vgl. nur *Merten*, Steueroasen, Ausgabe 2015, passim.

VI. „Weißgeldstrategie" der Schweizer Banken

Die aus deutscher Sicht relevanten europäischen „Steuerfluchtländer" bzw. deren Finanzindustrie – allen voran die Schweiz – haben nicht zuletzt angesichts des unnachgiebigen Vorgehens der USA zwischenzeitlich zwar akzeptiert, dass die Erfüllung (ausländischer) Steuerpflichten nicht mehr länger als bloße Privatangelegenheit des Bankkunden angesehen werden kann. Diese Einsicht konnte aber nichts mehr an dem internationalen Druck ändern, endlich zu einem automatischen Informationsaustausch zu kommen.

Dennoch sollte auch in Deutschland anerkannt werden, dass Schweizer Banken nunmehr den Nachweis von Ihren ausländischen Kunden verlangen, dass die erzielten Einkünfte ordnungsgemäß im Heimatstaat versteuert werden, oder – bei Nichterbringung – rigoros die Kundenbeziehung beenden (sog. „Weißgeldstrategie", in Verhältnis zu deutschen Kunden 2013/2014 umgesetzt).[44] In letzterem Fall verweigert die kündigende Bank Barauszahlungen, so dass der Transfer des Geldes nachvollziehbar bleibt.

Wenn die bisherige Schweizer Sichtweise in der öffentlichen Debatte, dass die Erfüllung der Steuerpflichten Privatsache des Kunden ist, in Deutschland scharf angeprangert wird, darf nicht vergessen werden, dass auch im reinen Inlandsfall bei der Besteuerung von Kapitaleinkünften und Wertpapierveräußerungsgewinnen ursprünglich ein strukturelles Vollzugsdefizit bestand.[45] Dieses bekannte Massenphänomen hätte für einen Schlussstrich unter die Vergangenheit durch das – letztlich am Widerstand einzelner Bundesländer – gescheiterte Doppelbesteuerungsabkommen mit der Schweiz gesprochen.[46]

Auch in Ländern wie den USA, Deutschland und Frankreich hat sich die Besteuerungswirklichkeit erst in der jüngeren Vergangenheit gewandelt.

VII. Multilaterale Convention on Mutual Administrative Assistance in Tax Matters

Auf die Einzelheiten dieses bereits einleitend erwähnten Zukunftsprojekts kann hier nicht eingegangen werden. Am 24.2.2015 hatten bereits 85 Staaten die Vereinbarung unterzeichnet, deren Umsetzung für 2016/2017 ge-

---

44 Vgl. Sueddeutsche.de v. 19.11.2013 „Für deutsche Schwarzgeld-Anleger läuft die Frist ab".
45 BVerfG v. 27.6.1991 – 2 BvR 1493/89, BVerfGE 84, 239 ff.: *Drüen* in Tipke/Kruse, Abgabenordnung Finanzgerichtsordnung Kommentar, § 30a AO, Tz. 7 ff.
46 In Deutschland verweigerte zunächst am 23.11.2012 der Bundesrat, in dem die von SPD, Grünen und Linken regierten Länder die Mehrheit innehaben, dem Steuerabkommen die Zustimmung. Das Bundeskabinett rief den Vermittlungsausschuss an. Das dort erarbeitete Vermittlungsergebnis lehnte die Bundesregierung am 17.1.2013, der Bundesrat am 1.2.2013 ab; damit war das Gesetz gescheitert.

plant ist. Zu den Vertragsstaaten zählen auch die Schweiz, das Fürstentum Liechtenstein und Singapur.

Die Schwachstelle jeder Regelung zu einem Informationsaustausch ist ihre Umgehungsgefahr. Deshalb wäre eine Regelung ohne die Erfassung der wirtschaftlich Berechtigten bzw. Begünstigten von kontoführenden Gesellschaften, Stiftungen, Trusts und anderen Zweckvermögen ein Muster ohne Wert gewesen.[47] Dieser Durchgriff kann aber durch die Anknüpfung an die Vorschriften zur Geldwäsche in den Griff zu bekommen sein, auch wenn es schwierig ist festzustellen, wem die Einkünfte steuerlich zuzurechnen sind.[48] Jedoch bedarf es hierfür zumindest eines wechselseitigen Grundvertrauens zwischen den Staaten, dass die Informationspflichten auch tatsächlich ordnungsgemäß erfüllt werden. Mit *„Schurkenstaaten"* wird man keinen automatischen Informationsaustausch pflegen können.

Den notwendigen Vertrauensvorschuss muss man wohl oder übel trotz der negativen Erfahrungen aus der Vergangenheit leisten. Auch Deutschland hatte schließlich – wie bereits ausgeführt – einen langen Weg bis zur Beseitigung des strukturellen Vollzugsdefizits bei der Vermögensanlage über inländische Banken.

Jedoch gibt es auch mahnende Stimmen. Am weitesten geht dabei wohl *Gabriel Zucman* in seinem 2014 auf Deutsch erschienen Buch *„Steueroasen. Wo der Wohlstand der Nationen versteckt wird"*. Er fordert ein weltweites Finanzkataster zur Identifizierung der wirtschaftlich Berechtigten hinter Trust, Stiftungen und Basisgesellschaften in Steueroasen und die Möglichkeit grenzüberschreitender Kontrollen. Ansonsten würden durch den automatischen Informationsaustausch lediglich die kleinen aber nicht die großen Steuerhinterzieher erwischt. Denn man dürfe nicht glauben, dass die Banker, die sich über Jahre hinweg auf die Seite der Steuerhinterzieher gestellt hätten, nun mit einem Male die Rolle ehrlicher Steuereintreiber übernähmen.[49] Gleiches soll dann auch für die davon profitierenden Steueroasenstaaten selbst gelten. Denn das Bankgeheimnis sei nichts anderes als eine

---

[47] Sonst werden die Fälle nicht erfasst, in denen die natürlichen Person wirtschaftlicher Eigentümer der Konten nach § 39 Abs. 2 Nr. 1 AO ist, ein Missbrauch von rechtlichen Gestaltungsmöglichkeiten nach § 42 AO bei funktions- und substanzlosen Gesellschaften vorliegt, die Hinzurechnungsbesteuerung nach §§ 7–14 AStG für niedrig besteuerte ausländische Zwischengesellschaften mit passiven Einkünften oder die Zurechnung nach § 15 AStG an inländische Stifter, Bezugs- oder Anfallsberechtigte ausländischer Familienstiftungen und vergleichbarer sonstiger Zweckvermögen etc. greift.
[48] Unter den Voraussetzungen des § 15 Abs. 6 AStG sind bspw. die Einkünfte der liechtensteinischen Stiftung und nicht dem inländischen Stifter bzw. Anfalls- oder Bezugsberechtigten zuzurechnen.
[49] a.a.O., S. 9.

versteckte Form von Subventionen, die es Offshore-Banken und damit deren Ansässigkeitsstaaten ermögliche, Nachbarstaaten zu berauben.[50] Wer aber in der Praxis insbesondere das Umdenken gerade der Schweizer Banken und deren konsequente „Weißgeldstrategie" kennt, kann diesen Pessimismus nicht teilen. Jedoch ist es nachvollziehbar, dass eine entsprechende Selbstverpflichtung ausländischer Banken schon angesichts der Erfahrungen der Vergangenheit dem deutschen Fiskus zur Herstellung bzw. Sicherung der Gleichheit bei der Steuererhebung nicht mehr ausreichen konnte und vielmehr ein umfassender automatischer Informationsaustausch erforderlich ist.

VIII. Gruppenanfragen

Auch die vorstehenden Überlegungen könnten für einen Schlussstrich unter die Vergangenheit sprechen. Jedoch beschäftigen sich (derzeit wohl noch intern) die wohl bei verschiedenen Steuerfahndungen gebildeten Sondereinsatzgruppen für Sammelauskunftsersuchen und Gruppenanfragen damit, ob Gruppenanfragen an die Schweiz gerichtet werden, um so „Abschleicher" aus der Schweiz zu ermitteln.[51] Als Einfallstor könnte die neue große Auskunftsklausel im DBA mit der Schweiz für „Abschleicher" ab dem 1.1.2011 dienen.

Jedoch wurde der OECD-Musterkommentar, nach dem von den großen Auskunftsklauseln in den OECD-Musterabkommen auch Gruppenanfragen nach bestimmten Kriterien umfasst sind, erst nach Abschluss des Doppelbesteuerungsabkommens zwischen Deutschland und der Schweiz geändert. Eine dynamische Auslegung eines Doppelbesteuerungsabkommens unter Berücksichtigung später Änderungen der Musterkommentierung würde der BFH-Rechtsprechung widersprechen und dürfte auch nicht der Schweizer Sicht entsprechen. Schließlich handelt es sich bei dem OECD-Musterkommentar letztlich nur um eine Auslegungshilfe durch die bei der OECD zusammenkommenden Finanzbeamten der Mitgliedsstaaten.

Dagegen kann man auch nicht einwenden, dass die Schweiz an die USA umfassende Bankdaten geliefert hat und Deutschland gegenüber der Schweiz eine Gleichbehandlung mit den USA beanspruchen könne.[52] Denn das DBA zwischen Schweiz und USA von 1951/1996, das eine umfassende Herausgabe von Daten Schweizer Banken ermöglicht, geht nach Schweizer Position über Art. 26 OECD-MA hinaus.[53]

---

50 a.a.O., S. 14.
51 Siehe dazu die Monographie von *David Roth*, RD beim staatlichen Rechnungsprüfungsamt für Steuer Münster, Sammelauskunftsersuchen und Gruppenanfragen, 2014.
52 So aber *Roth*, S. 147 ff.
53 Stefan *Oesterhelt*, Amtshilfe im Recht der Schweiz, JusLetter v. 12.10.2009, S. 5.

Auch für die Zeit ab Inkrafttreten des Steueramtshilfegesetzes in der Schweiz am 1.2.2013 und den danach liegenden Zeitraum, bedarf es einer Rechtsgrundlage auf der die zu gewährende Amtshilfe in der Schweiz aufbaut. Diese kann man in dem vor der Änderung des OECD-Musterkommentars abgeschlossenen Art. 27 des Doppelbesteuerungsabkommens mit der Schweiz nicht sehen.

Praktische Erfahrungen mit Gruppenanfragen scheinen in der Schweiz mangels konkreter deutscher Ersuchen noch nicht zu bestehen.

IX. Fazit

Das Massenphänomen der Steuerhinterziehung bei den Einkünften aus Kapitalvermögen im Fall der Vermögensanlage über ausländische Banken dürfte sich für die Zukunft durch den vereinbarten automatischen Informationsaustausch erledigen. Voraussetzung dafür ist, dass in Anknüpfung an die Geldwäschevorschriften die Identifikation der wirtschaftlich Berechtigten gelingt, auch wenn es schwierig sein mag festzustellen, wem die Einkünfte steuerlich zuzurechnen sind. Bedenklich ist dabei der aktuelle Zustand in den USA, die zwar mit der FATCA-Gesetzgebung ihr Steuersubstrat sichern und der Vorreiter der aktuellen Entwicklung waren, aber umgekehrt immer noch ein sicherer Hafen für unverbesserliche ausländische Steuerhinterzieher sind.

Legale Möglichkeiten der Steuervermeidung, wie bspw. der Wegzug in eine *„Steueroase"*, werden bleiben. Die Abwicklung der Vergangenheit wird noch lange dauern, nach dem die Bemühungen gescheitert sind, einen Schlussstrich durch pauschale Amnestielösungen zu ziehen. Dabei dürfte aber der Boom an Selbstanzeigen bis zu deren Verschärfung ab dem 1.1.2015 vorbei sein. Vor allem stehen nunmehr die Banken im Fokus von Ordnungswidrigkeitenverfahren nach § 30, § 130 OWiG (bzw. Verfahren gegen Bankmitarbeiter) wegen Beihilfe zur Steuerhinterziehung. Dabei muss man sich aber davor hüten, die Vergangenheit nach heutigen Maßstäben zu bewerten und auch die vollzogene *„Weißgeldstrategie"* würdigen. Der vorherige Ansatz, dass die Erfüllung der Steuerpflichten eine Sache des Bankkunden ist, war jedenfalls auch innerhalb Deutschlands jahrzehntelang die maßgebliche Sichtweise.

Europäisierung und Internationalisierung des Steuerstrafrechts

Prof. Dr. *Gerhard Dannecker*
Universität Heidelberg

Inhaltsübersicht

I. Zur Notwendigkeit der Bekämpfung steuerdelinquenten Verhaltens auf nationaler, europäischer und internationaler Ebene
II. Aktuelle Rechtslage auf dem Gebiet der Steuerhinterziehung und des Betruges
   1. Modelle der Steuerhinterziehung und aktuelle Gesetzeslage
      a) Steuerstrafrechtlicher Einheitstatbestand mit Qualifikationen oder Regelbeispielen
      b) Steuerstrafrechtlicher Einheitstatbestand, ergänzt durch einen eigenständigen Tatbestand zur Erfassung schwerwiegender Verstöße (Steuerbetrug)
      c) Steuerstrafrechtliche Spezialregelungen in Einzelsteuergesetzen
      d) Einheitstatbestand zur Erfassung von Betrug, Subventionsbetrug und Steuerhinterziehung
   2. Materiell-rechtliche Ausgestaltung der Steuerdelikte
      a) Ausgestaltung als Sonder- oder Allgemeindelikt
      b) Ausgestaltung als Erfolgsdelikt
      c) Anforderungen an die Tathandlungen
      d) Subjektive Anforderungen
      e) Mindesthinterziehungsbeträge
      f) Einbeziehung der finanziellen Interessen der Europäischen Union in die Straftatbestände
      g) Rechtsfolgen und Strafrahmen
      h) Abgabenbetrug in der Schweiz
   3. Betrugsmodelle und aktuelle Gesetzeslage
      a) Deutsches Betrugsmodell: Herbeiführung eines Schadens durch eine (weit gefasste) Täuschungshandlung
         aa) Erfordernis von Täuschungshandlung, Vermögensverfügung und Vermögensschaden
         bb) Strafschärfungen
      b) Französisches Betrugsmodell: Erfordernis einer qualifizierten Täuschung unter Verzicht auf einen Vermögensschaden
         aa) Erfordernis von „manoeuvres frauduleuses" oder speziellen Fällen der schlichten Lüge unter Verzicht auf die Verursachung eines Vermögensschadens
         bb) Strafschärfungen
      c) Englisches Betrugsmodell: dishonest false pretences (unredliche schlichte Lügen) and cheating the public revenue
   4. Einführung von Sondertatbeständen des Subventionsbetrugs
      a) Verzicht auf einen Sondertatbestand
      b) Schaffung eines speziellen Sondertatbestandes zur Erfassung von Subventionsbetrug
      c) Schaffung spezieller Subventionsbetrugstatbestände zur Erfassung von Subventionsbetrug in Einzelgesetzen
   5. Rechtsvergleichung
      a) Anforderungen an die Täuschungshandlung
      b) Erfordernis eines Vermögensschadens
      c) Qualifikationen und Regelbeispiele
      d) Strafhöhe
III. Europäisierung des Steuerstrafrechts
   1. Überblick über Maßnahmen der Europäischen Union

2. Kompetenzen der Europäischen Union zum Erlass strafrechtlicher Regelungen und zur Anweisung der Mitgliedstaaten auf dem Gebiet des Strafrechts
   a) Statuierung von Mindestvorschriften zur Festlegung von Straftaten und Strafen (Art. 83 AEUV)
   b) Erlass von Maßnahmen zur Bekämpfung von gegen die Interessen der Europäischen Union gerichteten Unregelmäßigkeiten (Art. 325 Abs. 4 AEUV)
3. Aktivitäten der Europäischen Union zur Bekämpfung der Steuerhinterziehung und des Betrugs zu Lasten der Europäischen Union
   a) 15-Punkte-Plan des Europäischen Parlaments zur Festlegung von Maßnahmen, um das Vorgehen der Mitgliedstaaten im Bereich der Kriminalprävention zu fördern
   b) Aktionsplan der Kommission vom 6.12.2012 zur Bekämpfung von Steuerhinterziehung und Steuerbetrug in der Europäischen Union
   c) Richtlinienentwurf der Kommission über die strafrechtliche Bekämpfung von gegen die finanziellen Interessen der Europäischen Union gerichtetem Betrug und weitere Maßnahmen
      aa) Hintergrund und Ziele
      bb) Rechtsgrundlage und Wahl der Richtlinie als Rechtsinstrument
      cc) Die Bestimmungen im Einzelnen
      dd) Stellungnahme des Europäischen Parlaments
      ee) Beschluss des Bundesrats zum Vorschlag für eine Richtlinie des Europäischen Parlaments und des Rates über die strafrechtliche Bekämpfung von gegen die finanziellen Interessen der Europäischen Union gerichtetem Betrug
      ff) Stellungnahme des Deutschen Richterbundes
      gg) Stellungnahme der Bundesrechtsanwaltskammer
   d) Eigene Stellungnahme zum Richtlinienentwurf der Kommission
      aa) Kompetenzen der Europäischen Union unter Berücksichtigung des Subsidiaritätsprinzips
      bb) Verfassungsrechtliche Vorgaben der Grundrechtecharta
      cc) Notwendigkeit der Berücksichtigung des nationalen Betrugs- und Abgabenstrafrechts der Mitgliedstaaten
      dd) Einheitsmodell als verbindliche Vorgabe des Richtlinienentwurfs?
      ee) Schutz der Finanzinteressen der Europäischen Union
      ff) Ausgestaltung des Sanktionsrahmens
IV. Internationale Vorgaben zur Bekämpfung der Steuerhinterziehung
1. Missbrauchsbekämpfung
2. Verbesserung des Informationsaustauschs
V. Notwendigkeit der Differenzierung zwischen Steuerplanung, rechtsmissbräuchlichen Gestaltungen und steuerdelinquentem Verhalten
1. Zum Recht des Bürgers zur Steuerplanung
2. Grenzen der Steuerplanung durch Nichtanerkennung von Missbrauch und Scheingeschäften
3. Rechtssicherheit im Steuerrecht als Voraussetzung der Strafbarkeit
VI. Fazit und Ausblick

I. Zur Notwendigkeit der Bekämpfung steuerdelinquenten Verhaltens auf nationaler, europäischer und internationaler Ebene

Angesichts der leeren Kassen der öffentlichen Hand hat die Bekämpfung der Steuerhinterziehung hohe politische Priorität erlangt. Zum einen werden neue Steuergesetze erlassen, um Schwachstellen des Steuersystems zu beseitigen, die zur Umgehung und Hinterziehung von Steuern genutzt werden.[1] Zum anderen werden Maßnahmen zur Verbesserung der internationalen Zusammenarbeit zwischen den Steuerverwaltungen und den Strafverfolgungsbehörden und zum internationalen Informationsaustausch ergriffen, um Steuerhinterziehungen im internationalen Wirtschaftsverkehr effektiver verfolgen zu können.[2] Schließlich wird eine Verschärfung der nationalen steuerstrafrechtrechtlichen Vorschriften gefordert, so von der Europäischen Kommission in einer Mitteilung aus dem Jahr 2012 und vom Europäischen Parlament in seinem 15 Punkte-Programm,[3] um gegen die Einschätzung der Steuerhinterziehung als Kavaliersdelikt vorzugehen und das Stigma des Rechtsbruchs deutlich zu machen sowie um zu verhindern, dass aus den deliktisch erlangten Vorteilen Wettbewerbsvorteile gezogen werden können. Zudem empfiehlt die Kommission in ihrer Mitteilung an das Europäische Parlament und den Rat der Europäischen Union „Aktionsplan zur Verstärkung der Bekämpfung von Steuerbetrug und Steuerhinterziehung"[4] den Mitgliedstaaten, eine allgemeine Vorschrift zur Verhinderung von Missbrauch anzuwenden.[5] Schließlich wird die Einbeziehung schwerer Steuerhinterziehungen in den Vortatenkatalog der Geldwäsche postuliert, um zu verhindern, dass die deliktisch eingesparten Aufwendungen in den legalen Wirtschaftskreislauf gelangen.[6] Alle geforderten Maßnahmen betreffen

---

1 *Hey*, Spezialgesetzgebung und Typologie zum Gestaltungsmissbrauch, in Hüttemann (Hrsg.), Gestaltungsfreiheit und Gestaltungsmissbrauch im Steuerrecht, DStJG 33 (2010), S. 139 ff. m.w.N.
2 Zusammenfassend dazu Bericht der Kommission an das Europäische Parlament und den Rat, Schutz der finanziellen Interessen der Europäischen Union- Betrugsbekämpfung, Jahresbericht 2013, SWD (2014) 243 endg., S. 23 ff.
3 Entschließung des Europäischen Parlaments vom 19.4.2012 zur Forderung nach konkreten Maßnahmen zur Bekämpfung von Steuerbetrug und Steuerhinterziehung (2012/2599/(RSP), http://www.europarl.europa.eu/sides/getDoc.do?pubRef=-//EP//TEXT+TA+P7-TA-2012-0137+0+DOC+XML+V0//DE, abgerufen am 3.2.2015.
4 KOM(2012) 722 endg., S. 7.
5 Ebenso der BEPS-Report der OECD (2013), Action Plan on Base Erosion and Profit Shifting, OECD Publishing, sowie die G 20 Staaten, Communiqué, Meeting of G 20 Finance Ministers and Central Bank Governors, Cairns 22/09/2014, https://www.g20.org/sites/default/files/g20_resources/library/Communique (1.12.2014).
6 Vgl. die Empfehlungen der FATF aus dem Jahr 2012, http://www.fatf-gafi.org/media/fatf/documents/recommendations/pdfs/FATF_Recommendations.pdf, abgerufen am 3.2.2015 (S. 36).

auch das Steuerstrafrecht, das letztlich der Durchsetzung des Steuerrechts dient.

Die zentrale Bedeutung des Steuerstrafrechts beruht darauf, dass das Finanzaufkommen geschützt werden soll. Der staatliche Finanzbedarf wird überwiegend durch Steuern gedeckt. Der Einsatz des Strafrechts erscheint dabei auf den ersten Blick immer als günstigste, da preiswerteste Möglichkeit staatlicher Reaktion auf Missstände. Kostenneutral sind solche Maßnahmen jedoch keineswegs, wenn man sich vor Augen führt, welcher Aufwand mit der Durchführung eines Strafverfahrens und dem anschließenden Vollzug der Strafen, insbesondere bei Freiheitsstrafen, verbunden ist. Hinzu kommt, dass ein rechtsstaatliches Strafrecht nur in wirklich strafwürdigen und strafbedürftigen Fällen eingesetzt werden darf, wenn es seine präventive Wirkung nicht verlieren soll. Für die Strafwürdigkeit und Strafbedürftigkeit kommt es beim Steuerstrafrecht wegen des blankettartigen Charakters auch auf das in Bezug genommene Steuerrecht an. Weist dieses Gerechtigkeitsdefizite auf, so kann nicht mit der für eine effektive Besteuerung erforderlichen Akzeptanz der Bürger[7] gerechnet werden. Diese ist aber umso mehr erforderlich, als der Bürger nicht nur zur Zahlung der Steuern ohne konkrete Gegenleistung verpflichtet ist, sondern darüber hinaus maßgeblich in die Ermittlung steuerlich relevanter Sachverhalte eingebunden wird. Er ist verpflichtet, eigenverantwortlich – und dies bedeutet auch strafbewehrt – an der eigenen Besteuerung mitzuwirken.[8] Die zahlreichen Aufzeichnungs-, Mitwirkungs- und Erklärungspflichten, die den eigenen Interessen der Steuerpflichtigen strukturell widersprechen, machen ihn zum „Erforschungsgehilfen gegen sich selbst[9]". Wenn ein solches Steuersystem funktionieren soll, ist eine gewisse Steuerwilligkeit der Bürger unverzichtbar. Grundvoraussetzung hierfür ist aber die Akzeptanz der Steuerrechtsordnung als sicherste Garantie für eine hohe Durchsetzbarkeit des Steuerrechts[10] und damit als wesentliche Voraussetzung für die Effektivität des Steuerwesens.[11]

Durch die Androhung von Strafen soll sichergestellt werden, dass die steuerrechtlichen Normen eingehalten und die staatlichen Steueransprüche er-

---

7 Zur Akzeptanz als Grundvoraussetzung im Steuerwesen vgl. *Klein*, Steuerreform und Akzeptanz, BB 1998, 1180 ff.
8 *Klein*, BB 1998, S. 1180.
9 So *Kreibich*, Der Grundsatz von Treu und Glauben im Steuerrecht, 1992, S. 14.
10 *Würtenberger*, Rechtsprechung und sich wandelndes Rechtsbewusstsein, in Hoppe/Krawietz/Schulte (Hrsg.), Rechtsprechungslehre, 1992, S. 556.
11 *Maier*, Steuerreform in Theorie und Praxis, in Eisele/Zimmermann (Hrsg.), Steuerrecht im Wandel, Festschrift zum 10-jährigen Bestehen der Fachhochschule für Finanzen Baden-Württemberg, 1989, S. 48; *Oechsle*, Die steuerlichen Grundrechte in der jüngeren deutschen Verfassungsgeschichte, 1993, S. 21; *Herzog*, Von der Akzeptanz des Rechts, in Rüthers (Hrsg.), Festgabe zum 10-jährigen Jubiläum der Gesellschaft für Rechtspolitik, 1984, S. 128 f.

füllt werden. Deshalb ist Steuerrecht ohne Steuerstrafrecht, das dem Schutz des öffentlichen Interesses am rechtzeitigen und vollständigen Steueraufkommen dient,[12] letztlich nicht vorstellbar. Die Strafwürdigkeit folgt dabei nicht bereits aus dem Ungehorsam gegenüber dem Staat, der seine Aufgaben ganz überwiegend durch Steuern finanzieren muss, sondern auch aus der damit verbundenen Schädigung der ehrlichen Steuerzahler, die eine Solidargemeinschaft bilden.[13] Das Steuerstrafrecht hat somit auch die Aufgabe, zur gleichmäßigen Anwendung des Steuerrechts beizutragen.[14] Der Einwand, dass durch die Steuerhinterziehung eines Einzelnen die ehrlichen Steuerzahler nicht geschädigt würden,[15] greift zu kurz, denn auf längere Sicht müssen die Steuerehrlichen mit bezahlen, was die Steuerhinterzieher nicht zu leisten bereit sind. Ein Staat, der seine ehrlichen Steuerzahler nicht schützt, schädigt sich auf längere Sicht auch selbst: Er verführt die bisher Ehrlichen dazu, sich den Unehrlichen zuzugesellen, und fördert so die Steuer- und Staatsverdrossenheit. Daher ist der Schutz des staatlichen Steueraufkommens stets auch im Zusammenhang mit dem Schutz der Steuerehrlichen zu sehen. Sie entwickeln „Normtreue durch Normvertrauen"[16]. Schließlich können durch Steuerhinterziehungen im unternehmerischen Bereich Wettbewerbsverzerrungen entstehen, wenn Mitbewerber aufgrund des Wettbewerbsdrucks gezwungen sind, wirtschaftsdelinquentes Verhalten ihrer Konkurrenten nachzuahmen, um konkurrenzfähig zu bleiben. Man spricht insoweit von der „Sogwirkung" illegaler Verhaltensweisen auf Konkurrenten am Markt.[17] Jedes neue Delikt kann aber wiederum zum Kernpunkt der Ansteckung werden;[18] dieses Phänomen wird als Spiralwirkung bezeichnet.[19]

Die Europäisierung und Internationalisierung des Steuerstrafrechts wird maßgeblich durch Vorgaben und Forderungen der Europäischen Union – des Europäischen Parlaments und des Rats –, der OECD und der UN bestimmt, die sich für eine verschärfte Bekämpfung der Steuerdelinquenz ausgesprochen haben. Diese Vorgaben beziehen sich auf Maßnahmen zur Bekämpfung von Schein- und Umgehungshandlungen und sonstige missbräuchliche Ver-

---

12 BGH v. 1.2.1989 – 3 StR 179/88; BGHSt 36, 100 (102); 40, 109; 41, 1 (5); *Joecks* in Franzen/Gast/Joecks, Steuerstrafrecht mit Zoll- und Verbrauchsteuerstrafrecht, 7. Aufl. 2009, § 370 Rz. 17 m.w.N.
13 *Tipke/Lang*, Steuerrecht, 21. Aufl. 2013, § 23 Rz. 1.
14 *Tipke*, Besteuerungsmoral und Steuermoral, 2000, S. 97 f.; vgl. auch *Salditt*, Die Hinterziehung ungerechter Steuern, in Lang (Hrsg.); FS für Klaus Tipke, 1995, S. 475 (479).
15 So *Hellmann* in Hübschmann/Hepp/Spitaler, AO, Stand: November 2014, § 370 AO Rz. 42.
16 *Jakobs*, Strafrecht, Allgemeiner Teil, 2. Aufl. 1991, 14 ff.
17 Näher dazu *Opp*, Soziologie der Wirtschaftskriminalität, 1975, S. 96 ff.
18 *Zirpins/Terstegen*, Wirtschaftskriminalität. Erscheinungsformen und ihre Bekämpfung, 1963, S. 32.
19 *Tiedemann*, Wirtschaftsstrafrecht und Wirtschaftskriminalität, Bd. 1, 1969, S. 26.

haltensweisen sowie insbesondere auf die internationale Amts- und Rechtshilfe, daneben aber auch auf das materielle Steuerstrafrecht, das hier im Mittelpunkt der Ausführungen stehen soll. Im Hinblick auf das materielle Steuerstrafrecht und dessen Europäisierung ist insbesondere der Kommissionsvorschlag vom 11.7.2012 „für eine Richtlinie des Europäischen Parlaments und des Rates über die strafrechtliche Bekämpfung von gegen die finanziellen Interessen der Europäischen Union gerichtetem Betrug" von Bedeutung.[20] Dieser soll daher, zumal die Vorgaben für die Mitgliedstaaten verpflichtend sein werden, im Mittelpunkt der folgenden Ausführungen stehen. Dieser Richtlinienvorschlag sieht einen einheitlichen Betrugstatbestand zum Schutz der Einnahmen und Ausgaben der Europäischen Union vor, durch den Unregelmäßigkeiten besser erfasst werden sollen. Die darin enthaltenen Harmonisierungsvorgaben werden für die Mitgliedstaaten der Europäischen Union teilweise erhebliche Eingriffe in ihr nationales Steuerstrafsystem bedeuten, wenn eine Angleichung der bisher sehr uneinheitlichen Rechtslage auf dem Gebiet des Haushalts- und Subventionsbetrugs und der Steuerhinterziehung erreicht werden soll. Die Strafrechtsordnungen der Mitgliedstaaten sind bislang ganz überwiegend so ausgestaltet, dass die Einnahmeseite durch das Steuer- und Zollstrafrecht, die Ausgabenseite durch den Betrugstatbestand, teilweise ergänzt durch Subventionserschleichungstatbestände, geschützt werden.[21] Betroffen ist also über die Steuerdelikte hinaus auch das Betrugs- und Subventionsbetrugsstrafrecht. Da die Kommission in ihrem Vorschlag die Rechtsform der Richtlinie gewählt und auf eine Harmonisierung des Steuerstrafrechts mittels Verordnung verzichten will, obwohl Art. 325 AEUV zur Einführung europäischer Strafvorschriften zum Schutz der Finanzinteressen der Europäischen Union ermächtigt, bleibt den Mitgliedstaaten ein Umsetzungsspielraum, der für die Zukunft des Steuer- und Betrugsstrafrechts in der Europäischen Union und den Grad der Harmonisierung bzw. Angleichung von zentraler Bedeutung sein wird und deshalb näher untersucht werden soll.

Bevor auf die Vorschläge der Europäischen Union im Einzelnen eingegangen wird, soll ein Überblick über die Ausgestaltung des Steuer- und Betrugsstrafrechts in ausgewählten Rechtsordnungen der Mitgliedstaaten der Europäischen Union – im Mittelpunkt stehen die Modelle des Steuer- und Betrugsstrafrechts *Deutschlands*, *Frankreichs* und *Englands* – gegeben werden, denn davon hängt maßgeblich ab, inwieweit Änderungen erforderlich sein werden. Anschließend werden in einem zweiten Teil die Forderungen des Europäischen Parlaments in der „Entschließung vom 19. April 2012 zur Forderung nach konkreten Maßnahmen zur Bekämpfung von Steuerbetrug und Steuerhinterziehung", in der Maßnahmen zur Bekämpfung jeglicher

---

20 KOM(2012) 363 endg.
21 *Dannecker/Bürger* in Dannecker/Jansen (Hrsg.), Steuerstrafrecht in Europa und den Vereinigten Staaten, 2007, S. 31 ff.

Steuerhinterziehung, auch wenn die finanziellen Interessen der Europäischen Union nicht tangiert sind, gefordert werden,[22] sowie die Vorgaben des Richtlinienentwurfs dargelegt und kritisch gewürdigt, um in einem dritten und abschließenden Teil aufzuzeigen, welche weitergehenden Maßnahmen international gefordert werden.

II. Aktuelle Rechtslage auf dem Gebiet der Steuerhinterziehung und des Betruges

Das Steuerstrafrecht stellt in allen Mitgliedstaaten der Europäischen Union einen speziellen Teilbereich des Strafrechts dar, der teilweise im Strafgesetzbuch (so in *Spanien*, der *Slowakei*, *Tschechien* und *Ungarn*), teilweise in Spezial- oder Einzelgesetzen (so in *Deutschland*, *Frankreich*, den *Niederlanden*, *Dänemark* und *Slowenien*) oder in seinem speziellen Finanzstrafgesetzbuch (so in *Österreich* und *Portugal*) geregelt ist[23] und in der Regel erhebliche Abweichungen zu den nationalen Betrugsvorschriften aufweist.[24]

1. Modelle der Steuerhinterziehung und aktuelle Gesetzeslage

Die mitgliedstaatlichen Regelungen können in vier Modelle eingeteilt werden.

a) Steuerstrafrechtlicher Einheitstatbestand mit Qualifikationen oder Regelbeispielen

Eine erste Gruppe bilden Mitgliedstaaten, die einen *Einheitstatbestand mit entsprechenden Qualifikationen oder Regelbeispielen* kennen, so z.B. *Deutschland*, *Italien* und *Spanien* sowie *Ungarn*. Der Einheitstatbestand umfasst im Wesentlichen alle Formen der Zoll- und Steuerhinterziehung, in *Ungarn* seit dem 1.1.2012 sogar alle Steuern, Abgaben und Zölle sowie sonstige öffentliche Geldmittel, so dass die Einnahmen- und Ausgabenseite einheitlich geschützt werden, und zwar heute nicht mehr im Nebenstrafrecht, sondern im Strafgesetzbuch. Demgegenüber hat sich der *deutsche Gesetzgeber* im Jahr 1977 auf der Grundlage eingehender Diskussionen der Grundstrukturen der Steuerhinterziehung entschlossen, einen einzigen

---

22 Entschließung des Europäischen Parlaments zur Forderung nach konkreten Maßnahmen zur Bekämpfung von Steuerbetrug und Steuerhinterziehung (2012/2599(RSP)).
23 Ein Überblick zur Rechtslage in ausgewählten Mitgliedstaaten der Europäischen Union findet sich bei *Dannecker/Jansen* (Hrsg.), Steuerstrafrecht in Europa und den Vereinigten Staaten, 2007 (zu Dänemark, Deutschland, England und Wales, Frankreich, Griechenland, Österreich, Portugal, Spanien), sowie bei *Leitner/Toifl* (Hrsg.), Steuerstrafrecht International/International Tax Criminal Law, 2007 (zu Deutschland, Kroatien, Niederlanden, Österreich, Slowakei, Slowenien, Spanien, Tschechien, Ungarn).
24 Eingehend dazu *Dannecker* in Leitner (Hrsg.), Finanzstrafrecht 2012, 2013, S. 61 ff.

Straftatbestand für alle Abgaben und Zölle in der Abgabenordnung zu belassen und so die Nähe zum Steuerrecht deutlich zu machen.

b) Steuerstrafrechtlicher Einheitstatbestand, ergänzt durch einen eigenständigen Tatbestand zur Erfassung schwerwiegender Verstöße (Steuerbetrug)

Eine zweite, mit der ersten eng verwandte Gruppe kennt neben einem einfachen Steuerhinterziehungstatbestand spezielle Tatbestände zur Erfassung schwerwiegender Verstöße, die z.B. als Steuerbetrug qualifiziert werden, weil Scheingeschäfte oder Urkundenmanipulationen vorgenommen worden sind oder Mehrwertsteuern hinterzogen werden. Hierbei handelt es sich nicht um Qualifikationen, sondern um eigenständige Delikte, die neben die einfache Abgaben- oder Steuerhinterziehung treten, wie dies in *Österreich* seit der Finanzstrafgesetznovelle 2010 der Fall ist.[25] Dabei hat sich der *österreichische Gesetzgeber* am schweizerischen Steuerbetrug orientiert, um schwerwiegende Fälle zu erfassen. Der *schweizerische Steuerbetrug* ist wiederum stark durch das romanische Betrugsmodell beeinflusst.

c) Steuerstrafrechtliche Spezialregelungen in Einzelsteuergesetzen

In einer dritten Gruppe, so in *Belgien, Dänemark, Frankreich, Griechenland, Kroatien, Slowakei* und *Slowenien,* sind die steuerstrafrechtlichen Tatbestände in spezialgesetzlichen Einzelsteuerregelungen zu finden. Die genannten Länder kennen neben Steuerstrafvorschriften spezielle Zollstraftatbestände, die die Ein- und Ausfuhrabgaben der Europäischen Union schützen.

d) Einheitstatbestand zur Erfassung von Betrug, Subventionsbetrug und Steuerhinterziehung

In einer vierten Gruppe, so in *Ungarn,*[26] werden Betrug, Subventionsbetrug, Steuerhinterziehung, einfache wie auch schwere, und Haushaltsuntreue zusammen in einem einheitlichen Straftatbestand als eigenständiger und umfassender Betrugstatbestand geregelt.

2. Materiell-rechtliche Ausgestaltung der Steuerdelikte

Vorrangig und bedeutsamer als das gewählte Steuerstrafrechtsmodell dürfte die inhaltliche Ausgestaltung des Steuerstrafrechts sein, und zwar insbesondere die Bestimmung des tauglichen Täterkreises, der Anforderungen an den tatbestandsmäßigen Erfolg und die tatbestandsmäßigen Handlungen sowie die subjektiven Voraussetzungen (Vorsatz und Fahrlässigkeit). Wei-

---

25 BGBl. I Nr. 104/2010; näher dazu *Leitner/Brandl/Schrottmeyer/Toifl,* SWK-Spezial Finanzstrafgesetznovelle, 2010.
26 Dazu bereits oben, II. 1. a).

terhin stellt sich die Frage nach dem Umgang mit Bagatelldelikten und der Einbeziehung des Schutzes der finanziellen Interessen der Europäischen Union. Abschließend sind die Rechtsfolgen zu untersuchen.

a) Ausgestaltung als Sonder- oder Allgemeindelikt

Die Steuerhinterziehung ist in einigen Ländern als Sonderdelikt ausgestaltet, so z.B. in *Spanien* und *Österreich*, mit der Folge, dass Täter der Abgabenhinterziehung nur derjenige sein kann, der eine ihn treffende abgabenrechtliche Pflicht verletzt. Abgabenpflichtiger ist derjenige, den die Abgabenschuld persönlich trifft. Trifft die Abgabenpflicht eine juristische Person, so kann unmittelbarer Täter nur derjenige sein, der die abgabenrechtlichen Pflichten der juristischen Person wahrnimmt. Als Täter kommen damit in erster Linie die Organe einer juristischen Person in Betracht, aber auch diejenigen Personen, die zur Wahrnehmung der abgabenrechtlichen Pflichten beauftragt worden sind oder sie – auch ohne ausdrücklich beauftragt zu sein – faktisch wahrnehmen. Problematisch ist in diesen Rechtsordnungen die Erfassung von Fällen, in denen sich kein Sonderpflichtiger an dem Delikt beteiligt hat. In *Österreich* kann diese Problematik durch das Einheitstätersystem und die Strafbarkeit fahrlässigen Verhaltens gelöst werden.

Kein Sonderdelikt ist die Steuerhinterziehung in *Belgien* und *Deutschland*, zumindest in der Begehungsform des § 370 Abs. 1 Nr. 1 AO, der unvollständige oder unrichtige Angaben über steuerlich erhebliche Tatsachen gegenüber den Finanzbehörden oder anderen Behörden unter Strafe stellt. Hingegen ist die leichtfertige Steuerverkürzung, die eine bloße Ordnungswidrigkeit ist, in *Deutschland* in allen Tatvarianten ein Sonderdelikt: Nur derjenige handelt ordnungswidrig, der selbst Steuerpflichtiger ist (vgl. § 378 AO).

Zum Teil wird auch unterschieden, ob direkte oder indirekte Steuern hinterzogen werden, so z.B. in *England* und hinsichtlich einiger spezieller Tatbestände in *Frankreich*.[27] Dort ist das materielle Steuerstrafrecht im Code général des impôts, das Zoll- und Ausfuhrerstattungsrecht im Code des Douanes geregelt. Haupttatbestand ist der Steuerbetrug, der für alle Steuern, direkte wie indirekte, gleichermaßen gilt. Für die Umsatzsteuer gibt es dann wiederum Spezialtatbestände. Alle Delikte sind als Sonderdelikte ausgestaltet.

Grundsätzlich liegt eine Einordnung der Steuerhinterziehung als Sonderdelikt nahe, da das Steuerrecht durch zahlreiche spezielle Aufzeichnungs- und Mitwirkungspflichten gekennzeichnet ist und hieran im Sinne eines Sonderpflichtdelikts angeknüpft werden kann. Wenn man sich hierfür entscheidet,

---

27 Hierzu sogleich unter c).

muss aber sicher gestellt sein, dass die Pflichtenstellung in Unternehmen, die durch Delegation verändert werden kann, durch das Strafrecht erfasst wird. Hier stellen sich spezifische Fragen wie die nach der Organhaftung, der Anerkennung des Rechtsinstituts des faktischen Geschäftsführers, des speziell Beauftragten etc. Hinzu kommt, dass Rechtsordnungen, in denen das akzessorische Teilnahmemodell gilt, größere Schwierigkeiten bei der Erfassung nicht sonderpflichtiger Personen haben als das Einheitstätermodell, das in *Italien, Österreich* und *Norwegen* sowie im *deutschen Ordnungswidrigkeitenrecht* Anwendung findet. Das Steuerstrafrecht zum Schutz der finanziellen Interessen der Europäischen Union ist aber sicherlich nicht geeignet, den Ausschlag für die generelle Aufgabe des akzessorischen Teilnahmemodells, das in der Mehrzahl der Mitgliedstaaten gilt, und die Übernahme der Einheitstäterschaft zu geben.

b) Ausgestaltung als Erfolgsdelikt

Grundsätzlich verlangen die Mitgliedstaaten der Europäischen Union, dass Steuern verkürzt oder unberechtigte Steuervorteile erlangt worden sind. Damit handelt es sich um Erfolgsdelikte. Lediglich *Deutschland*, das in § 370 Abs. 4 Satz 3 AO das Kompensations- oder Vorteilsausgleichsverbot kennt, bildet eine Ausnahme. Umstände, aus denen die hinterzogene Steuer hätte ermäßigt werden können, sind danach für die Feststellung des verkürzten Betrages irrelevant. Gleiches gilt für den Fall, dass Steuervorteile aus anderen Gründen hätten beansprucht werden können. Das Kompensationsverbot gilt aber nur dann, wenn zwischen den steuererhöhenden und steuerermäßigenden Umständen kein unmittelbarer wirtschaftlicher Zusammenhang besteht.[28]

c) Anforderungen an die Tathandlungen

In den Rechtsordnungen der Mitgliedstaaten der Europäischen Union sind als Tathandlungen, die eine Steuerhinterziehung darstellen können, die unrichtige oder unvollständige Angabe über steuerlich erhebliche Tatsachen gegenüber den Finanzbehörden oder anderen Behörden und das Nichtmachen von Angaben, also das Unterlassen, anerkannt.[29]

---

28 Ständige Rechtsprechung des BGH; vgl. hierzu: *Joecks* in Franzen/Gast/Joecks (Hrsg.), Steuerstrafrecht, 7. Aufl. 2009, § 370 Rz. 67, mit Beispielen aus der Rspr. Rz. 68f sowie zur Auseinandersetzung mit Ansichten der Literatur Rz. 70 ff.
29 Vgl. für Deutschland: *Bürger*, Das deutsche Steuerstrafrecht, in Dannecker/Jansen (Hrsg.), Steuerstrafrecht in Europa und den Vereinigten Staaten, 2007, S. 170 ff.; für Frankreich *Ehrke*, Das französische Steuerstrafrecht, ebenda, S. 281 ff.; für Griechenland: *Papakiriakou*, Das griechische Steuerstrafrecht, ebenda, S. 342 ff.; für Großbritannien *Salter/Ullah*, Criminal Tax Law in England and Wales, ebenda, S. 229 ff.; für Spanien: *S. Bacigalupo*, Das spanische Steuerstrafrecht, ebenda, S. 484 ff.

In den Staaten, die die Steuerhinterziehung als Sonderdelikt ausgestalten – wie z.B. *Österreich* – muss die Tathandlung eine Verletzung einer abgabenrechtlichen Anzeige-, Offenlegungs- oder Wahrheitspflicht darstellen. Diese Pflichten ergeben sich dabei aus den allgemeinen Steuergesetzen. Allerdings kennt *Österreich* das Einheitstätersystem, so dass eine Täterschaft nicht voraussetzt, dass zumindest ein Sonderpflichtiger gehandelt hat.

Frankreich[30] erfasst demgegenüber ganz unterschiedliche Tathandlungen und fordert keinen Verstoß gegen eine steuerliche Mitwirkungs- oder Aufklärungspflicht. Eine Abgabenhinterziehung begeht, wer sich in betrügerischer Absicht (frauduleusement) der Festlegung der Steuerschuld ganz oder teilweise entzieht. Dieses Delikt kann – abweichend zum Betrug (der escroquerie), bei dem die commission par omission nicht anerkannt ist – auch durch Unterlassen oder durch eine bloße Lüge begangen werden. Strafbar ist nicht nur, wer sich der Festsetzung entzieht, sondern auch derjenige, der sich der Entrichtung der Abgaben entzieht, so dass insoweit kein täuschendes Element erforderlich ist. Neben unrichtigen und verspäteten Angaben, dem dauernden und zeitweiligen Verheimlichen ist auch die Herbeiführung der Zahlungsunfähigkeit als Steuerstraftat strafbar.[31] Insofern ist der Schutz des Steueraufkommens nicht auf Täuschungshandlungen beschränkt. Für die direkten Steuern und die Mehrwertsteuer gibt es dann noch spezielle Steuerstraftatbestände. Damit nimmt *Frankreich* mit seinen zahlreichen Einzelregelungen eine Sonderstellung ein.

In den meisten Mitgliedstaaten stellt die bloße Nichtzahlung von Steuern keine Steuerhinterziehung dar. Dies findet seinen Grund darin, dass es an der für die Strafbarkeit erforderlichen Sozialschädlichkeit fehlt, wenn die zuständige Finanzbehörde zumindest in der Lage ist, den Steueranspruch – notfalls durch Schätzung – zu ermitteln. Ist der Steuerschuldner in der Lage, die Steuerschuld zu begleichen, kann es nämlich nicht zu einer auf seiner zunächst unterlassenen Zahlung kausal beruhenden Steuerverkürzung kommen. Denn die Finanzbehörde hat regelmäßig die Möglichkeit, den Anspruch auf Begleichung der Steuerschuld zu vollstrecken. Ist lediglich die Vollstreckbarkeit mangels finanzieller Mittel des Steuerpflichtigen nicht möglich, so beruht die Nichtzahlung der Steuerschuld nach der Wertung der meisten Mitgliedstaaten nicht auf einem strafwürdigen Willensentschluss des Steuerpflichtigen, so dass jedenfalls eine Steuerhinterziehung in Ermangelung strafrechtlich vorwerfbaren Verhaltens ausscheidet. Die Zahlung der Steuerschuld ist in Bezug auf die Steuerhinterziehung keine strafbewehrte Pflicht des Steuerpflichtigen, sondern vielmehr Folge der Festset-

---

30 Zum französischen Steuerstrafrecht *Hamdan/Hamdan*, Das französische Steuerstrafrecht und Steuerverwaltungsstrafrecht. Ein Überblick in materieller und verfahrensrechtlicher Hinsicht, JStR 2007, 390 ff.
31 *Ehrke* in Dannecker/Jansen (Hrsg.), Steuerstrafrecht in Europa und den Vereinigten Staaten, 2007, S. 283.

zung des Steueranspruchs des Staates gegen ihn, an der der Steuerpflichtige mitzuwirken hat. Nur das Verletzen dieser Mitwirkungspflicht ist taugliche Tathandlung einer Steuerhinterziehung.[32]

d) Subjektive Anforderungen

Es besteht weitgehend Einigkeit darüber, dass das Vorliegen einer Steuerstraftat zumindest bedingten Vorsatz hinsichtlich der Verkürzungshandlung und des Verkürzungserfolges erfordert. Eine Sonderstellung nimmt hier allerdings *Österreich* ein. § 34 FinStrG stellt auch die fahrlässige Abgabenverkürzung unter Strafe. Allerdings ist die angedrohte Höchststrafe – Geldstrafe von maximal dem einfachen Verkürzungsbetrag – relativ gering.

Die fahrlässige Verkürzung von Steuern ist in den übrigen Mitgliedstaaten allenfalls als Ordnungswidrigkeit zu ahnden, so z.B. in *Spanien*.[33] In *Deutschland* setzen die Steuerordnungswidrigkeiten[34] leichtfertiges Verhalten voraus, bloß fahrlässiges Verhalten reicht nicht aus (§§ 378–381 AO). Lediglich Handlungen, die die Verkürzung von Einfuhr- und Ausfuhrabgaben vorbereiten können, sind gem. § 382 AO auch bei einfacher Fahrlässigkeit bußgeldbewehrt. Hierzu zählen Pflichtverstöße, die sich auf die zollamtliche Überwachung des Warenverkehrs über die Grenze und die Durchführung von Zollverfahren beziehen.[35]

e) Mindesthinterziehungsbeträge

Beim Verkürzungserfolg setzen die meisten Rechtsordnungen voraus, dass Steuern von einem gewissen Ausmaß hinterzogen werden müssen. Die Strafbarkeit der Hinterziehung kleinerer Beträge ist in den Mitgliedstaaten die Ausnahme. Während in *Deutschland, Slowenien* sowie in *England* keine Schwellenwerte existieren, von denen die Qualifikation der Hinterziehung als Straftat oder Verwaltungsvergehen abhängt, finden sich in *Griechenland, Spanien, Portugal* und anderen Ländern für die unterschiedlichen Delikte unterschiedliche Strafbarkeitsschwellen. So ist in *Portugal* die Unterschlagung ab einem verkürzten Betrag von 1000 Euro, die Steuerhinterziehung hingegen ab einem Betrag von 7500 Euro eine Straftat.[36] Für Zollstraftaten gilt ein Schwellenwert von 7500 Euro, der erreicht sein muss; für den Fall, dass keine Steuer verkürzt wird, gilt ein Schwellenwert von 25 000 Euro

---

32 Hierzu auch unten III. 1. d).ee).
33 Vgl. hierzu *García*, Über Grundlagen des Steuerstrafrechts – Reflexion im Rahmen eines spanisch-deutschen Rechtsvergleichs, in Hirsch (Hrsg.), FS für Kohlmann, 2003, S. 367 ff. (374).
34 Ausführlich hierzu *Bürger* in Dannecker/Jansen (Hrsg.), Steuerstrafrecht in Europa und den Vereinigten Staaten, 2007, S. 193 f.
35 Vgl. *Voß* in Franzen/Gast/Joecks (Hrsg.), Steuerstrafrecht, 7. Aufl. 2009, § 382 Rz. 2.
36 Vgl. *Dias/Brito*, Criminal Tax Law in Portugal, in Dannecker/Jansen (Hrsg.), Steuerstrafrecht in Europa und den Vereinigten Staaten, 2007, S. 457.

Warenwert. In *Kroatien* ist die Abgabenhinterziehung bereits ab einer Höhe von mehr als 1380 Euro strafbar. Eine qualifizierte Zollstraftat liegt erst ab einem Warenwert von über 50 000 Euro vor.[37] Auch in *Slowenien* und der *Slowakei* finden sich niedrige Wertgrenzen. In *Ungarn* kommt dem verursachten Schaden zentrale Bedeutung zu (§ 396 uStGB: 35 bis 1677 Euro: bis zu zwei Jahren; 1677 bis 6711 Euro: bis zu drei Jahren; 6711 bis 167 785 Euro: ein Jahr bis fünf Jahre; 167 785 bis 1 677 852 Euro: zwei bis acht Jahre; über 1 677 852 Euro: fünf bis zehn Jahre).[38] In *Griechenland*[39] handelt es sich bei der Hinterziehung von Steuern durch Nichtabgabe einer Steuererklärung oder durch Abgabe einer unrichtigen Steuererklärung erst dann um eine Straftat, wenn der verkürzte Betrag wenigstens 15 000 Euro beträgt. Wesentlich niedriger liegt die Strafbarkeitsschwelle im Falle der Nichtabführung oder der ungenauen Abführung der Umsatzsteuer oder einbehaltener bzw. abgewälzter Steuern, Abgaben und Beiträge. Hier beginnt die Strafbarkeit bereits bei einem verkürzten Betrag von 3000 Euro. Das Ausstellen unrichtiger Steuerbelege oder das Fälschen von Steuerbelegen ist hingegen auch ohne Verkürzungserfolg eine Straftat. Für die Anwendung des Tatbestands der Abgabenhinterziehung in *Frankreich* muss der hinterzogene Betrag mehr als ein Zehntel der Steuerbemessungsgrundlage ausmachen.[40] Von entscheidender Bedeutung ist die Bestimmung des verkürzten Betrages auch in *Österreich*. Ab einem verkürzten Betrag von 75 000 Euro liegt eine Steuerstraftat vor.[41]

Die höchsten Schwellenwerte kennt derzeit *Spanien*. Die Hinterziehung von Steuern ist erst ab einem verkürzten Betrag von 120 000 Euro strafbar.[42] Im Bereich der Zolldelikte beginnt die Strafbarkeit ab einem Wert der geschmuggelten Ware von 18 000 Euro. Sonderregelungen existieren für Tabakwaren und Drogen. Bei Tabakwaren liegt ein Schmuggel bereits ab einem Warenwert von 6000 Euro vor. Hieran wird deutlich, dass das Strafrecht trotz einer gewissen Tendenz zur Vereinheitlichung den Besonderheiten der einzelnen Tatkomplexe Rechnung trägt. Der Schmuggel mit Zigaretten ist seit langem schon ein unionsweites Problem. Mit der Herabsetzung der

---

37 Vgl. hierzu *Dias/Brito* in Dannecker/Jansen (Hrsg.), Steuerstrafrecht in Europa und den Vereinigten Staaten, 2007, S. 459.
38 *Jacsó*, NZWiSt 2014, 98 (104 f.).
39 Vgl. *Papakiriakou* in Dannecker/Jansen (Hrsg.), Steuerstrafrecht in Europa und den Vereinigten Staaten, 2007, S. 323 ff.
40 Dieser gesetzlich vorgesehene Toleranzrahmen kommt nicht zur Anwendung, wenn es nur um den Verstoß gegen eine Erklärungspflicht geht (Crim, 25.5.1978, Bulletin criminel, n° 166, 420); vgl. hierzu *Ehrke* in Dannecker/Jansen (Hrsg.), Steuerstrafrecht in Europa und den Vereinigten Staaten, 2007, S. 282.
41 Vgl. *Leitner*, Österreichisches Finanzstrafrecht, in Dannecker/Jansen (Hrsg.), Steuerstrafrecht in Europa und den Vereinigten Staaten, 2007, S. 411.
42 Vgl. auch in Bezug auf den Streit, ob der Mindestschaden objektive Strafbarkeitsbedingung oder Tatbestandsmerkmal ist, *Bacigalupo* in Dannecker/Jansen (Hrsg.), Steuerstrafrecht in Europa und den Vereinigten Staaten, 2007, S. 487 f.

Strafbarkeitsschwelle versucht der *spanische Gesetzgeber*, dem Zigarettenschmuggel zielgerichtet entgegenzutreten. Aufgrund der besonderen Gefährlichkeit von Drogen hat der *spanische Gesetzgeber* in diesem Bereich auf Strafbarkeitsschwellen generell verzichtet.[43]

f) Einbeziehung der finanziellen Interessen der Europäischen Union in die Straftatbestände

Die nationalen Zoll- und Steuerstrafgesetze waren traditionell auf den Schutz des nationalen Zoll- und Steueraufkommens beschränkt. Daher bedurfte es für Zölle ausdrücklicher Regelungen, um die Zölle der Europäischen Union in den Schutzbereich einzubeziehen. Solche Vorschriften finden sich inzwischen in allen Mitgliedstaaten.

So stellt das *deutsche Recht* in § 3 Abs. 1 S. 2 AO, §§ 80a, 1 Abs. 3 ZollG und § 2 Abschöpfungsgesetz die Abschöpfungen und die Zölle des Gemeinsamen Zolltarifs den deutschen Abgaben und Zöllen gleich. Der *deutsche Straftatbestand* der Steuerhinterziehung sieht in § 370 Abs. 6 AO vor, dass „die Abs. 1 bis 5 ... auch dann gelten, wenn sich die Tat auf Eingangsabgaben bezieht, die von einem anderen Mitgliedstaat der Europäischen Gemeinschaften verwaltet werden". Damit erstreckt sich das nationale Strafrecht auf den Schutz der Finanzinteressen sowohl der Europäischen Union als auch der Mitgliedstaaten. *Italien* kannte die in der Gesetzesverordnung 429 vom 10.7.1982, umgewandelt in Gesetz 576 vom 7.8.1982, geregelten Sonderstraftatbestände der Abgaben- bzw. Steuerhinterziehung, die auf die Finanzressen der Europäischen Union für anwendbar erklärt wurden. In *Spanien* wurde im Jahre 1977 Art. 349 Código Penal eingeführt, der den strafrechtlichen Schutz auf die Einnahmen der Europäischen Union ausweitete. Die entsprechende *französische Regelung* fand sich in Art. 1741 und 1742 Code général des impôts, die neben den Vorschriften der Art. 410 ff. Code des Douanes anwendbar sind.

In *Griechenland* wird das betrügerische Verhalten gegen die finanziellen Interessen der Europäischen Union im Gesetz Nr. 2803/2000 geregelt, das der Ratifizierung der PIF-Konvention dient (dazu unten III. 1.).

In *Österreich* macht sich gem. § 35 FinStrG der Hinterziehung von Eingangs- oder Ausgangsabgaben schuldig, wer, ohne den Tatbestand des Schmuggels (§ 35 Abs. 1 FinStrG) zu erfüllen, vorsätzlich unter Verletzung einer zollrechtlichen Anzeige-, Offenlegungs- oder Wahrheitspflicht eine Verkürzung von Eingangs- oder Ausgangsabgaben bewirkt. Die Abgabenverkürzung ist bewirkt, wenn eine entstandene Eingangs- oder Ausgangsabgabenschuld bei ihrer Entstehung nicht oder zu niedrig festgesetzt wird

---

43 Vgl. Art. 2.3 des Schmuggelgesetzes LO 12/1995, de 12. Diciembre, de Represión del Contrabando (BOE nr. 297, de 13 de diciembre).

und in den Fällen des § 33 Abs. 3 lit. b bis f FinStrG. Nach § 35 Abs. 3 FinStrG macht sich ferner der Hinterziehung von Eingangs- oder Ausgangsabgaben schuldig, wer vorsätzlich eine Verkürzung einer solchen Abgabe dadurch bewirkt, dass er eingangs- oder ausgangsabgabepflichtige Waren entgegen einem Verbot oder einer Verpflichtung behandelt, verwendet oder verbraucht, und es unterlässt, dies dem Zollamt vorher anzuzeigen.

Für *England*, wo das Finanzstrafrecht im Jahr 2006 neu geregelt wurde, sah section 6 (5) European Communities Act 1972 vor, dass Einfuhrabgaben auf dem Landwirtschaftssektor dem Costums and Excise Management Act 1979 unterfielen, der in section 50 falsche Angaben bezüglich der eingeführten Produkte, Umgehungsverhalten, unrichtige Erklärungen und Urkundenfälschungen unter Strafandrohung stellte.[44] Damit wurde der Schutz der EU-Finanzinteressen gewährleistet.

Betrügereien gegenüber dem Staat bildeten in *England* stets einen Sonderfall des Betrugs. So richtete sich public and private cheat gegen die Justiz, die Krone oder die breite Öffentlichkeit. Voraussetzung hierfür war, dass sich der Täter Hoheitsgewalt anmaßte oder eine justizielle Maßnahme unter fremdem Namen oder einer falschen Eigenschaft vornahm und die Öffentlichkeit betroffen war. Eine schlichte, sei es auch schriftliche Lüge sollte nicht ausreichen; gleichwohl wurden keine hohen Anforderungen an die Arglist gestellt. Im Gegensatz zur Fälschung war hier ein konkreter Schaden erforderlich. Inzwischen wurden im Jahre 2006 entsprechende spezialgesetzliche Straftatbestände eingeführt, die einen Schaden erfordern, der Täuschungsbegriff ist dabei sehr extensiv gefasst.

g) Rechtsfolgen und Strafrahmen

So unterschiedlich das materielle Steuerstrafrecht in den einzelnen Mitgliedstaaten hinsichtlich der Anforderungen beispielsweise an die Hinterziehung eines bestimmten Steuerbetrages sind, so unterschiedlich sind auch die Sanktionensysteme ausgestaltet. Gemein ist allen Rechtsordnungen die Möglichkeit der Verhängung von Strafen einerseits und Verwaltungssanktionen andererseits. Die Gemeinsamkeiten im Rahmen der Strafen sind jedoch begrenzt. Zwar ist, sofern es sich um die Steuerhinterziehung handelt, in jedem untersuchten Mitgliedstaat grundsätzlich die Verhängung einer Gefängnisstrafe vorgesehen. Jedoch zeigen sich deutliche Unterschiede einerseits darin, ob Freiheitsstrafe generell oder nur in bestimmten Ausnahmefällen zu verhängen ist, sowie im Strafrahmen.

In *Deutschland* wird die Steuerhinterziehung mit Freiheitsstrafe bis zu fünf Jahren oder mit Geldstrafe bestraft. Nur in besonders schweren Fällen ist die Verhängung einer Geldstrafe nicht mehr möglich. Maßgebliches Kriteri-

---

44 Blackstone's Criminal Practice 1995, B.17.10.

um für die Art und die Bemessung der Strafe ist die Höhe des verkürzten Betrages. Handelt der Täter aus grobem Eigennutz, erlangt er nicht gerechtfertigte Steuervorteile oder verkürzt er Steuern in großem Ausmaß, missbraucht er seine Befugnisse oder seine Stellung als Amtsträger oder nutzt er die Mithilfe eines Amtsträgers aus, der seine Befugnisse oder Stellung missbraucht, oder erlangt er nicht gerechtfertigte Steuervorteile oder verkürzt er Steuern fortgesetzt unter Verwendung nachgemachter oder verfälschter Belege, so beträgt die Strafe Freiheitsstrafe von sechs Monaten bis zu zehn Jahren. Gleiches gilt, wenn er als Mitglied einer Bande, die sich zur fortgesetzten Begehung von Steuerhinterziehungen verbunden hat, Umsatz- oder Verbrauchsteuern verkürzt oder nicht gerechtfertigte Umsatz- oder Verbrauchssteuervorteile erlangt.

In *Frankreich* kann sowohl Geld- als auch Freiheitsstrafe, isoliert oder zusammen, verhängt werden.[45] Der Strafrahmen reicht in *Frankreich* bis zu fünf Jahren Freiheitsstrafe. Wird der Tatbestand mit Hilfe von Käufen oder Verkäufen ohne Rechnung begangen, so verdoppelt sich die mögliche Geldstrafe. Gleiches gilt, wenn eine unberechtigte Abgabenerstattung angestrebt wurde. In den *Niederlanden* kann Freiheitsstrafe bis zu sechs Jahren verhängt werden. In *Spanien* kann für eine Steuerhinterziehung Freiheitsstrafe von einem Jahr bis zu vier Jahren verhängt werden. Bei Treuhandkonstruktionen, organisierter Verkürzung und bei hohen Verkürzungsbeträgen ist daneben der Ausschluss von Subventionen und Steuervergünstigungen für bis zu sechs Jahren möglich.

In *Österreich* wird die Hinterziehung von Eingangs- oder Ausgangsabgaben nach § 35 Abs. 4 FinStrG mit einer Geldstrafe bis zum Zweifachen des Verkürzungsbetrages geahndet. Wenn es sich um einen Fall der gewerbsmäßigen Abgabenhinterziehung handelt, beträgt die Höchststrafe das Dreifache des hinterzogenen Betrags. Freiheitsstrafe bis zu zwei Jahren darf nur neben der Geldstrafe und nur in Ausnahmefällen verhängt werden, wenn dies aus spezial- oder generalpräventiven Gründen erforderlich ist. Auf Verfall ist nach Maßgabe des § 17 FinStrG zu erkennen.

Die Steuerhinterziehung wird in *Griechenland* durch das Gesetz Nr. 2523/1997 geregelt. Im Einzelnen finden sich drei Straftatbestände: Art. 17 regelt die Nichtabgabe einer Steuererklärung und die Abgabe einer unzutreffenden Steuererklärung; wenn die Steuerverkürzung 15 000 Euro nicht überschreitet, droht Gefängnis von nicht unter einem Jahr bis zu fünf Jahren, und wenn die Steuern 150 000 Euro überschreiten, Gefängnis von fünf bis zu zwanzig Jahren (Erhöhung des Strafrahmens durch Art. 2 Abs. 2, S. 2, 3 des Gesetzes zur Bekämpfung der Hinterziehung Nr. 3943/2011, FEK A 66/31.3.2011). Nach Art. 18 ist das Nichtabführen der Mehrwertsteuer und

---

45 *Ehrke* in Dannecker/Jansen (Hrsg.), Steuerstrafrecht in Europa und den Vereinigten Staaten, 2007, S. 309.

anderer einbehaltener Steuern oder Beiträge bis zu einem Betrag von 3000 Euro mit Gefängnis bis zu fünf Jahren bedroht. Für einen Betrag von 3000 bis 75 000 Euro wird Gefängnis nicht unter einem Jahr und bis zu fünf Jahren angedroht, und wenn der Betrag 75 000 Euro übersteigt, Gefängnis von fünf bis zu zwanzig Jahren (Erhöhung des Strafrahmens durch Art. 2 Abs. 2e des oben genannten Gesetzes Nr. 3943/2011). Art. 19 regelt die Erstellung von gefälschten und von Scheinangaben, die Annahme von Scheinsteuerangaben und die Verfälschung von Steuerangaben; hierfür droht Gefängnis von nicht unter drei Monaten und bis zu fünf Jahren, und zwar unabhängig davon, ob der Täter die Abführung der Steuer dadurch vermieden hat. Bei Erstellung oder Annahme von Scheinsteuerangaben droht Gefängnis nicht unter einem Jahr und bis zu fünf Jahren, wenn der Betrag 3000 Euro nicht übersteigt und Gefängnis von fünf bis zu zwanzig Jahren, wenn der Schaden 150 000 Euro übersteigt.

Auch in *England* ist, wenngleich die Möglichkeit zur Verhängung von Freiheitsstrafe besteht, die monetäre Sanktion die primäre „Strafe". Dies liegt darin begründet, dass das Verfahren regelmäßig von der Inland Revenue, also einer Finanzbehörde, betrieben wird, deren primäre Aufgabe in der Sicherung des Aufkommens des Staates liegt, was wiederum die Entscheidung, ein Strafverfahren einzuleiten, anstatt eine monetäre Entschädigung zu akzeptieren, begrenzt.[46] Aufgrund der Festsetzung einer Entschädigung in Geld anstatt der Durchführung eines Strafverfahrens wird davon ausgegangen, dass es sich bei der zu entrichtenden Geldsumme nicht um eine Strafe im Sinne einer Kriminalstrafe handelt. Vielmehr stellt das Verfahren vor der Inland Revenue zunächst ein nichtstrafrechtliches Verfahren dar.[47]

Auch in den neuen Mitgliedstaaten der Europäischen Union sind regelmäßig Freiheitsstrafen und Geldstrafen vorgesehen. Dabei reicht der Strafrahmen in der *Slowakei* und *Tschechien* bis zu zwölf Jahren Freiheitsstrafe; dabei wird eine Einstufung der Strafhöhe nach dem Schadensumfang vorgenommen, der in vier bzw. fünf Strafgruppen erfolgt. In der *Slowakei*: 200 Euro, 2000 Euro, 100 000 Euro, 200 000 Euro. In *Slowenien* ist Freiheitsstrafe bis zu fünf Jahren angedroht (Ausländern droht darüber hinaus der Landesverweis), und Ungarn kennt vier Betragsqualifikationen, die ab 167 785 Euro oder ab 6711 Euro im Qualifikationsfall mit Freiheitsstrafe von zwei bis acht Jahren bestraft werden können.[48] In *Kroatien* kann bei einer Abgabenhinterziehung ab 1380 Euro Freiheitsstrafe von sechs Monaten bis zu fünf Jahren sowie für die Hinterziehung von größeren Beträgen, die

---

46 Vgl. *Salter/Ullah* in Dannecker/Jansen (Hrsg.), Steuerstrafrecht in Europa und den Vereinigten Staaten, 2007, S. 261 f.
47 Vgl. hierzu *Salter/Ullah* in Dannecker/Jansen (Hrsg.), Steuerstrafrecht in Europa und den Vereinigten Staaten, 2007, S. 261 f.
48 *Jacsó*, NZWiSt 2014, S. 104.

gesetzlich nicht definiert sind, Freiheitsstrafe zwischen drei und zehn Jahren verhängt werden.[49]

h) Abgabenbetrug in der Schweiz

Eine Sonderstellung nimmt das Steuerstrafrecht der *Schweiz* ein, das zwischen Steuerhinterziehung und Steuerbetrug unterscheidet und deshalb für eine europäische Regelung Vorbildcharakter haben könnte. Allerdings ist die Rechtslage äußerst unübersichtlich:[50] Auf der einen Seite steht das System des Steuerharmonisierungsgesetzes/Direkten Bundessteuergesetzes (StHG/DBG) für die Einkommen- und Vermögensteuer, auf der anderen Seite das System des Verwaltungsstrafrechts (VStrR), das auf die übrigen Steuern des Bundes – die Mehrwertsteuer, Stempelabgaben, Verrechnungssteuern, Zölle und Verbrauchsteuern – anwendbar ist. In beiden Systemen wird zwischen Vergehen, Übertretungen und Ordnungswidrigkeiten unterschieden. Steuerhinterziehungen sind Übertretungen, die mit Geldbußen bis zu 10 000 sfr geahndet werden können. In beiden Systemen werden die Geldbußen für die Steuerhinterziehung nach der Höhe der hinterzogenen Steuern bestimmt und es findet eine Kumulierung der Strafen statt. Schließlich kennen beide Systeme einen Straftatbestand des Abgabenbetruges, der als Vergehen ausgestaltet ist.

Allerdings ist der Abgabenbetrug im System StHG/DBG anders ausgestaltet als im System des VStR: Der Steuerbetrug (Art. 59 StHG und Art. 186 DBG) im System StHG/DBG folgt dem Urkundenmodell (Gebrauch gefälschter, verfälschter, inhaltlich unrichtiger Urkunden). Es handelt sich um ein Beweismitteldelikt, bei dem es um den Schutz des Vertrauens der Steuerbehörde in den Beweiswert von Urkunden geht. Wenn ein solcher Abgabenbetrug vorliegt, wird der Täter wegen Steuerbetrugs bestraft und kumulativ die Steuerhinterziehung mit Geldbuße geahndet. Demgegenüber ist der Steuerbetrug im System VStrR gem. Art. 14 Abs. 2 VStrR nach dem Arglistmodell ausgestaltet, das deutlich weiter reicht als das Urkundenmodell. Als Tathandlungen kommen besondere Machenschaften, Kniffe und Lügen in Betracht sowie bloßes Schweigen, wenn der Getäuschte von einer möglichen Überprüfung abgehalten wird. Leichtfertiges Verhalten des Opfers schließt Arglist aus. Wenn eine gesetzliche Pflicht zur vollständigen und wahrheitsgetreuen Auskunftserteilung missachtet wird, liegt Arglist vor, sofern der Täter davon ausgeht, dass die Behörde aufgrund der großen Anzahl der Fälle und der Umstände im Einzelfall die Ermittlungsmöglichkeiten nicht ausschöpfen wird. Seit dem 1.2.2009 kennt die *Schweiz* den

---

49 *Huzanic* in Leitner/Toifl (Hrsg.), Steuerstrafrecht international, 2007, S. 23.
50 So *Holenstein*, Schweizer Steuerstrafrecht im Wandel? Reflexionen im Hinblick auf die neuesten internationalen Entwicklungen, Archiv für Schweizerisches Abgaberecht 2011, S. 3.

qualifizierten Steuerbetrug. Hiernach begeht ein Verbrechen, wer als Mitglied einer Bande (mindestens zwei Personen) fortgesetzt und in der Absicht auf erhebliche Gewinne bei der Ein-, Aus- und Durchfuhr von Waren eine als Abgabenbetrug geltende Handlung vornimmt. Dieser (qualifizierte) Abgabenbetrug verdrängt die Hinterziehung der Mehrwertsteuer, der Verrechnungssteuer und der Stempelabgabe, mit der Folge, dass keine Kumulation der Verfahren und der Strafen stattfindet. Seit 2009 liegt bei einer Mehrwertsteuerhinterziehung unter erschwerenden Umständen eine qualifizierte Steuerhinterziehung vor; das Höchstmaß der angedrohten Buße erhöht sich um die Hälfte und es kann eine Freiheitsstrafe von bis zu zwei Jahren verhängt werden. Letztlich, so *Holenstein*, ist das Rechtsgebiet des Steuerstrafrechts in der *Schweiz* seit Erlass des Verwaltungsstrafrechts von 1974 unheilbar gespalten, weshalb über eine Revision des Steuerstrafrechts nachzudenken sei.[51] Hierbei könnte in Erwägung gezogen werden, den Sonderfall der qualifizierten Mehrwertsteuerhinterziehung (unter erschwerenden Umständen) zu verallgemeinern. Jedenfalls müsse die Ausgestaltung des Abgabenbetrugs einheitlich und nicht im System StHG/DBG als Vergehen und im System VStrR als Verbrechen, sondern einheitlich und nicht mehr je nach Steuerart unterschiedlich ausgestaltet werden. Auch müsse das Verhältnis von Steuerhinterziehung und Steuerbetrug einheitlich geregelt werden. Insbesondere sei die Arglist nicht geeignet, eine klare Abgrenzung zwischen Steuerhinterziehung und Steuerbetrug zu ermöglichen. Akzeptiert man die Vorschläge *Holensteins*, so müsste ein einheitlicher qualifizierter Steuerbetrug geschaffen werden, der durch eine qualifizierte Pflichtstellung des Täters gekennzeichnet ist.

3. Betrugsmodelle und aktuelle Gesetzeslage

Der Straftatbestand des Betruges findet sich in allen Mitgliedstaaten der Europäischen Union. Dabei weichen die Straftatbestände trotz des europäischen Einflusses der *französischen* escroquerie im Code pénal von 1810[52] erheblich voneinander ab.[53] Es können drei Betrugsmodelle ausgemacht werden, die teilweise das Täuschungselement sehr weit fassen und den Vermögensschutz in den Vordergrund stellen (so das *deutsche* Betrugsmodell), teilweise das Täuschungselement betonen und auf einen Vermögensschaden verzichten (so das *französische* Betrugsmodell) und teilweise stärker an den Diebstahl (furtum) anknüpfen (so das *englische* Betrugsmodell).[54] Dies hat zur Folge, dass der strafrechtliche Schutz unterschiedlich weit reicht.[55]

---

51 *Holenstein*, ASA 2011, S. 5.
52 Dazu *Tiedemann* in Leipziger Kommentar, 12. Aufl. 2012, Vor § 263 Rz. 77 m.w.N.
53 Ein Überblick findet sich bei *Tiedemann* in LK, Vor § 263 Rz. 52 ff.
54 *Tiedemann* in LK, Vor § 263 Rz. 93.
55 Zusammenfassend dazu *Tiedemann* in LK, Vor § 263 Rz. 512 ff.; *Faure*, Der strafrechtliche Schutz des Vermögens gegen Täuschung in Belgien, Frankreich und den Nieder-

a) Deutsches Betrugsmodell: Herbeiführung eines Schadens durch eine (weit gefasste) Täuschungshandlung

Das *deutsche* Betrugsmodell, das sich auch in den Strafrechtsordnungen *Dänemarks* (Art. 279), *Griechenlands* (Art. 386), *Italiens* (Art. 640 Codice Penal), *Portugals* (Art. 217 Código Penal), der *Schweiz* (Art. 146 StGB), *Spaniens* (Art. 248 Código Penal) und *Österreichs* (§ 146 StGB) findet,[56] erfordert in einem durchgehenden Kausalzusammenhang eine Täuschungshandlung, eine Irrtumserregung, eine Vermögensverfügung des Getäuschten und einen Vermögensschaden bei Letzterem oder bei einem in hinreichender Nähebeziehung stehenden Dritten. Charakteristisch für dieses Modell ist insbesondere das Erfordernis eines Vermögensschadens.

aa) Erfordernis von Täuschungshandlung, Vermögensverfügung und Vermögensschaden

Für die Täuschung reichen überwiegend einfache Lügen aus, sofern das Opfer in einen Irrtum versetzt wird. Ein besonders raffiniertes Vorgehen ist nicht erforderlich, so in *Deutschland, Griechenland, Italien* und *Österreich.* Allerdings werden in *Deutschland* und *Österreich* Werturteile, Rechtsausführungen, Meinungsäußerungen und Prognosen sowie Übertreibungen aus dem Tatbestand des Betruges ausgenommen. In *Österreich* darf es sich weiterhin nicht um ohne weiteres erkennbare unwahre Behauptungen handeln. In *Spanien* ist seit der Reform von 1983 nicht mehr jede bloße Lüge ausreichend, vielmehr muss eine Täuschung vorliegen, die einen Irrtum hervorzurufen geeignet ist.[57] Hierfür bedarf es einer „betrügerischen Planung" oder „Inszenierung" des Täters.[58] Demgegenüber reicht in *Dänemark* sogar bereits das bloße Ausnutzen eines Irrtums als Täuschungshandlung aus.

Andere Rechtsordnungen kennen grundsätzlich höhere Anforderungen an die Täuschung, relativieren diese aber zunehmend, so dass tendenziell die einfache Lüge strafbewehrt ist. So setzt in *Italien* der Tatbestand des Betrugs (truffa) „artifici o raggiri", Kunstgriffe oder Vorspiegelungen voraus sowie, dass der Täter sich oder einem anderen einen ungerechtfertigten Gewinn zum Schaden eines anderen verschafft. Allerdings werden die Anforderungen an die Täuschungshandlung dadurch abgeschwächt, dass jede Simulation oder Dissimulation als ausreichend angesehen wird. Selbst die

---

landen, ZStW 108 (1996), 527; *T. Walter*, Betrugsstrafrecht in Frankreich und Deutschland, 1999.
56 Näher dazu *Tiedemann* in LK, Vor § 263 Rz. 51 ff. m.w.N.
57 Zur Entwicklung des Betrugstatbestandes in Spanien *Tiedemann* in LK, Vor § 263 Rz. 72.
58 *Bajo Fernández*, Delitos de Estafa en el Còdigo penal, 2004, S. 32 f.; *Pérez Manzano* in Schünemann/Suárez González, Madrid Symposium für Klaus Tiedemann, 2004, S. 217.

bloße Lüge genügt, sofern das Opfer dadurch in einen Irrtum versetzt wird.[59] Die Sorglosigkeit des Opfers schließt den Betrug nicht aus.[60]

Die Rechtslage in *Portugal* und in der *Schweiz* kennt erhöhte Anforderungen an die Täuschungshandlung und nimmt deshalb eine Zwischenstellung zwischen dem *deutschen* und dem *französischen* Modell ein. *Portugal*[61] und die *Schweiz*[62] lassen eine schlichte Täuschung nicht ausreichen, sondern verlangen Arglist, um nur denjenigen zu schützen, der im Geschäftsverkehr eine gewisse Aufmerksamkeit und Sorgfalt walten lässt.[63] So verneint die höchstrichterliche Rechtsprechung in der *Schweiz* das Vorliegen von Arglist, wenn das Opfer es an zumutbarem Selbstschutz fehlen lässt oder die Tatsachenbehauptung ohne Aufwand überprüfbar war.[64] Eine einfache Lüge reicht deshalb nach Auffassung des Bundesgerichts nur aus, wenn die Tatsachenbehauptung nicht ohne besondere Mühe überprüfbar ist oder wenn die Überprüfung dem Getäuschten nicht zumutbar war, weil er sich beispielsweise in einer Zwangslage befand oder er von der Überprüfung abgehalten wurde oder wenn der Täter aufgrund besonderer Umstände davon ausgehen konnte, dass das Opfer keine Überprüfung vornehmen werde.[65]

Damit kann festgehalten werden, dass selbst diejenigen Rechtsordnungen, die nach dem Gesetzeswortlaut eine einfache Lüge nicht ausreichen lassen, in der Rechtspraxis ein solches Verhalten genügen lassen, wenn es zu einem Irrtum gekommen ist und das Opfer schützenswert war.

Während im *deutschen* und *italienischen* Recht die Vermögensdisposition ein ungeschriebenes Tatbestandsmerkmal ist, wird dieses Merkmal im *dänischen*, *griechischen*, *österreichischen*, *schweizerischen* und *portugiesischen* Recht in der entsprechenden Vorschrift ausdrücklich erwähnt.

Zentrales Merkmal der genannten Rechtsordnungen ist das Erfordernis eines Vermögensschadens. Dadurch erlangen die Tatbestände trotz der weit verstandenen Täuschungsbegriffe Konturen. Allerdings weichen die Anforderungen an den Vermögensschaden erheblich voneinander ab. Insbesondere

---

59 *Antoliseil Grosso*, Manuale di Diritto penale Parte Speciale, Bd I, 15. Aufl. 2008, S. 367 f.; *Fiandaca/Musco*, Diritto penale Parte Speziale, Bd II, 5. Aufl. 2007, Kap. 3 I, S. 175 ff.; *Maggini*, La Truffa, 1988, S. 7 ff.
60 *Riandeato* in Crespi/Stella/Zuccalà, Commentario breve al Codice penale, 6. Aufl. 2001, Art. 640 Anm. II 3 m.w.N.
61 Dazu *Tiedemann* in LK, Vor § 263 Rz. 77.
62 *Hurtado Pozo*, Droit pénal Parte Spéciale, 2009, Rz. 1178 ff.; *Trechsel*, Schweizerisches Strafgesetzbuch, 2. Aufl. 1997, Art. 146 Rz. 7.
63 *Arzt* in Niggli/Wiprächtiger (Hrsg.), Basler Kommentar Strafgesetzbuch II, 2003, Art. 146 Rz. 50 f.; *Hurtado Pozo*, Droit pénal Parte Spéciale, 2009, Rz. 1178 ff.; *Esser* in FS für Krey, 2010, S. 81, 100 ff. und *Thomma*, Die Grenzen des Tatsachenbegriffs, insbesondere bei der betrügerischen Täuschungshandlung, 2003, S. 205 ff.
64 Dazu *Arzt* in FS für Tiedemann, 2008, S. 602 m.w.N.
65 Näher dazu *Arzt* in FS für Tiedemann, 2008, S. 602 m.w.N.

Deutschland lässt konkrete Vermögensgefährdungen ausreichen,[66] während in *Österreich* vergleichbare Ausweitungen dieses Merkmals nicht genügen; die höchstrichterliche Rechtsprechung verlangt den „effektiven Verlust an Vermögenssubstanz".[67] In der *Schweiz* wird der Vermögensbegriff auf Gegenstände beschränkt, die zivilrechtlich geschützt sind.[68]

bb) Strafschärfungen

Fragt man nach den in den genannten Rechtsordnungen vorgesehenen Strafschärfungen, so finden sich überwiegend Qualifikationstatbestände, die zu einer Erhöhung des Strafrahmens führen:

In *Österreich* begründen die Unterstützung der Täuschung durch falsche oder verfälschte Urkunden sowie andere falsche Beweismittel, die Beeinträchtigung von Grenzzeichen und der Amtsbetrug einen schweren Betrug, der gem. § 147 Abs. 1 StGB mit Freiheitsstrafe bis zu drei Jahren bedroht ist. Die gleiche Strafe droht für die Herbeiführung eines Schadens von mehr als 3000 Euro gem. § 147 Abs. 2 StGB. Zu einer Freiheitsstrafe von einem Jahr bis zu zehn Jahren ist zu verurteilen, wer durch die Tat einen 50 000 Euro übersteigenden Schaden herbeiführt. § 148 StGB droht für die gewerbsmäßige Begehung des einfachen Betrugs Freiheitsstrafe von sechs Monaten bis zu fünf Jahren und des schweren Betrugs Freiheitsstrafe von einem Jahr bis zu zehn Jahren an.

In *Italien* droht Art. 640 Abs. 2 Codice penale Freiheitsstrafe von einem Jahr bis zu fünf Jahren an, wenn der Betrug gegen den Staat oder eine andere öffentliche Einrichtung begangen wird oder wenn sich der Täter eine Amtsstellung anmaßt, so dass das Opfer davon ausgeht, einen behördlichen Auftrag auszuführen. Art. 640 Abs. 3 Codice penale bedroht den schweren Betrug, bei dem Tatobjekt eine Finanzleistung des Staates oder anderer öffentlicher Einrichtungen oder der Europäischen Union ist, mit Freiheitsstrafe von einem Jahr bis zu sechs Jahren.[69]

Spanien kennt nach Art. 250 Código Penal Qualifizierungen für den Wohnungsbetrug, den Missbrauch von Blankounterschriften, den Missbrauch persönlichen Vertrauens oder der beruflichen oder unternehmerischen Kreditwürdigkeit und die Zugehörigkeit des Tatobjekts zu Kunst, Geschichte, Kultur oder Wissenschaft sowie die Verursachung eines schweren Schadens. *Portugal* bedroht in Art. 218 Código Penal den Betrug bei gewohnheits-

---

66 Eingehend dazu *Dannecker* in Graf/Jäger/Wittig (Hrsg.), Wirtschafts- und Steuerstrafrecht, 2011, § 263 Rz. 89 ff. m.w.N.
67 OGH SSt 57/42, S. 56, 61.
68 *Bommer*, Grenzen des Strafrechts bei rechts- und sittenwidrigen Geschäften, 1996, S. 25 ff. und 127 ff.; *Zieschang* in FS für Hirsch, 1999, S. 831 (832).
69 Zur Entwicklung des Strafrechtsschutzes in Italien: *Verena Weber*, Kontrollen des Europäischen Amtes für Betrugsbekämpfung (OLAF) in Italien, 2003, S. 299 ff.

mäßiger Begehung, Verursachung einer schwierigen wirtschaftlichen Lage des Geschädigten oder beträchtlicher Höhe des Schadens mit Freiheitsstrafe von einem Jahr bis zu zehn Jahren.

In *Griechenland* wird der Betrug[70] mit Gefängnis nicht unter drei Monaten, bei hohem Schaden von mindestens zwei bis zu fünf Jahren Gefängnis bestraft. Wenn der Betrug von einem Berufs- oder Gewohnheitstäter begangen wird und der Gesamtvorteil bzw. der Gesamtschaden 30 000 Euro übersteigt oder wenn der Gesamtvorteil bzw. der Gesamtschaden 73 000 Euro übersteigt, droht Art. 386 Abs. 3 StGB Gefängnis von fünf bis zu zehn Jahren an. Nach Art. 1 Abs. 1 Gesetz Nr. 1608/1950 wird der Täter u.a. von Art. 386 StGB mit Gefängnis von fünf bis zu zwanzig Jahren bedroht, wenn die Tat sich gegen den Staat oder gegen eine juristische Person des öffentlichen Rechts oder gegen eine andere in Art. 263a StGB genannte juristische Person (z.B. eine Bank) wendet[71] und der beabsichtigte Vorteil bzw. der verursachte Schaden 150 000 Euro überschreitet. Bei besonders schärfenden Umständen, insbesondere wenn der Täter die Durchführung der Tat lange Zeit praktiziert hat oder das Tatobjekt von besonders hohem Wert ist, kann eine lebenslange Freiheitsstrafe verhängt werden.

In der *Schweiz* führt gewerbsmäßiges Handeln zu Freiheitsstrafe bis zu zehn Jahren oder Geldstrafe nicht unter 90 Tagessätzen.

In *Deutschland* enthält § 263 Abs. 5 StGB einen Qualifikationstatbestand. Hiernach wird mit Freiheitsstrafe von einem Jahr bis zu zehn Jahren, in minder schweren Fällen mit Freiheitsstrafe von sechs Monaten bis zu fünf Jahren bestraft, wer den Betrug als Mitglied einer Bande, die sich zur fortgesetzten Begehung von Straftaten verbunden hat, gewerbsmäßig begeht. Sieht man von dieser Sonderregelung ab, so kennt *Deutschland* überwiegend keine Qualifikationen, sondern seit dem Sechsten Strafrechtsreformgesetz vom 26.1.1998 Regelbeispiele,[72] bei denen eine Freiheitsstrafe von sechs Monaten bis zu zehn Jahren verhängt werden kann. Hierbei handelt es sich um Konstellationen, in denen die Rechtsprechung bereits zuvor ei-

---

70 Art. 386 Abs. 1 StGB: „Wer in der Absicht, sich oder einem anderen einen rechtswidrigen Vermögensvorteil zu verschaffen, das Vermögen eines anderen dadurch beschädigt, dass er wissentlich durch Vorspiegelung falscher Tatsachen einen anderen zu einer Handlung, Duldung oder Unterlassung bestimmt, wird mit Gefängnis nicht unter drei Monaten und, wenn der verursachte Schaden besonders groß ist, mit Gefängnis nicht unter zwei Jahren bestraft." Die Obergrenze der Freiheitsstrafe ist hier Gefängnisstrafe bis zu fünf Jahren, da es sich um ein Vergehen handelt; in Griechenland wird in Art. 18 StGB eine Dreiteilung der Straftaten in Übertretungen, Vergehen und Verbrechen vorgenommen.
71 „Beamter" ist gem. Art. 13 StGB jeder, dem dauernd oder vorläufig die Ausübung eines öffentlichen Amtes vom Staat, einer Stadt, einer Gemeinde oder einer juristischen Person des öffentlichen Rechts anvertraut ist.
72 Diese weisen den Charakter von Strafzumessungsgründen auf; *Fischer*, StGB, 62. Aufl. 2015, § 46 Rz. 95 m.w.N.; a.A. *Eisele*, JA 2006, 309 ff.

nen besonders schweren Fall angenommen hatte oder die in anderen Vorschriften schon enthalten waren.[73] Ein besonders schwerer Fall liegt nach § 263 Abs. 3 StGB in der Regel vor, wenn der Täter

- gewerbsmäßig oder als Mitglied einer Bande handelt, die sich zur fortgesetzten Begehung von Urkundenfälschungen oder Betrug verbunden hat,
- einen Vermögensverlust großen Ausmaßes herbeiführt (50 000 Euro) oder in der Absicht handelt, durch die fortgesetzte Begehung von Betrug eine große Zahl von Menschen (20 Personen) in die Gefahr des Verlustes von Vermögenswerten zu bringen,
- eine andere Person in wirtschaftlicher Not bringt,
- seine Befugnisse oder seine Stellung als Amtsträger missbraucht oder
- einen Versicherungsfall vortäuscht, nachdem er oder ein anderer zu diesem Zweck eine Sache von bedeutendem Wert in Brand gesetzt oder durch eine Brandlegung ganz oder teilweise zerstört oder ein Schiff zum Sinken oder Stranden gebracht hat.

Liegen diese Voraussetzungen vor, so besteht die Vermutung, dass der Fall insgesamt als besonders schwer anzusehen ist.[74] Wenn keine Anhaltspunkte für ein Abweichen vorliegen, ist keine zusätzliche Prüfung erforderlich, ob die Anwendung des erhöhten Strafrahmens geboten ist.[75] Hiervon kann abgewichen werden, wenn besondere unrechts- oder schuldmindernde Umstände vorliegen. Dies ist der Fall, wenn bei gewerbsmäßiger Begehung ein Bagatellbetrug vorliegt (§ 263 Abs. 4 i.V.m. § 243 Abs. 2)[76] oder wenn der Geschädigte durch seine Sorglosigkeit die Tatbegehung wesentlich erleichtert hat.[77]

Umgekehrt kann nach h.M. im Falle besonders gravierender schulderhöhender Umstände auch ohne Verwirklichung eines Regelbeispiels ein unbenannter besonders schwerer Fall angenommen werden.[78] Den Regelbeispielen kommt dann eine Analogiewirkung zu. Wenn der konkrete Fall einem Regelbeispiel ähnlich ist und nur in Merkmalen abweicht, die keine deutliche Verringerung von Unrecht und Schuld bewirken, soll es naheliegen, einen unbenannten schweren Fall anzunehmen, so bei besonderer Skrupellosigkeit des Täters, bei Ausnutzung besonderen Vertrauens oder bei Ver-

---

73 Zur Regelbeispielsmethode *Eisele*, Die Regelbeispielmethode im Strafrecht: Zugleich ein Beitrag zur Lehre vom Tatbestand, 2004, passim; zur prozessualen Behandlung *Reiß*, GA 2007, 377 ff.
74 BGH, wistra 2004, 339 f.
75 BGH, NStZ 2004, 265 f.
76 BGH, wistra 2001, 303 f.; *Kudlich/Noltensmeier/Schuhr*, JA 2010, 343 f.
77 *Perron* in Eser et al. (Hrsg.), Schönker/Schröder, Strafgesetzbuch, 29. Aufl. 2014, § 263 Rz. 188i.
78 *Dannecker* in Graf/Jäger/Wittig (Hrsg.), § 263 Rz. 149.

ursachung erheblicher immaterieller Tatfolgen.[79] Hiergegen bestehen jedoch wegen der mangelnden Bestimmtheit des Unrechtsgehalts Bedenken, weil die Strafrahmenfestlegung der Judikative überlassen wird.[80]

b) Französisches Betrugsmodell: Erfordernis einer qualifizierten Täuschung unter Verzicht auf einen Vermögensschaden

Für den romanischen Rechtskreis war insbesondere der *französische* Code pénal von 1810 mit seinem Erfordernis einer qualifizierten Täuschungshandlung – betrügerische Machenschaften unter Betonung des Institutionenmissbrauchs (Schwindelfirmen, Kreditschwindel, Personenschwindel) – und dem Erfordernis einer Vermögensverfügung (remettre ou délirer des fonds) prägend.[81] Allerdings hat sich ein Teil der Rechtsordnungen, obwohl von Art. 405 Code pénal von 1810 beeinflusst, so insbesondere das Preußische StGB und das Reichsstrafgesetzbuch von 1871,[82] hiervon entfernt. Hingegen behielt der Code pénal von 1810 prägende Kraft für das *französische, belgische* und *niederländische* Recht.[83]

aa) Erfordernis von „manoeuvres frauduleuses" oder speziellen Fällen der schlichten Lüge unter Verzicht auf die Verursachung eines Vermögensschadens

Das *französische* Tatbestandsmodell des Betrugs (l'escroquerie) gem. Art. 405 Code pénal, auf dem auch die Betrugstatbestände des *belgischen* (Art. 426 Code pénal) und des *niederländischen* (Art. 326 Wetboek von Strafzaken) Strafrechts beruhen,[84] erfordert nicht die Zufügung eines Vermögensnachteils.[85] Der Schwerpunkt liegt auf dem Erfordernis einer qualifizierten Täuschung (manoeuvres frauduleuses). Dadurch wird dem Gedanken des zumutbaren Selbstschutzes des Opfers Rechnung getragen.

Der Straftatbestand der escroquerie lässt nicht jede beliebige Täuschung ausreichen. Die einfache Lüge, auch wenn sie schriftlich vorgetragen wird, ist nicht tatbestandsmäßig. Erforderlich sind arglistige Machenschaften, die nur durch positives Tun begangen werden können. Der die Tathandlung umschreibende Begriff der manoeuvres frauduleuses wird weit ausgelegt und auf ein formales Minimum begrenzt, und zwar: 1. wenn ein Dokument vorgelegt wird, das die Erklärung glaubwürdiger erscheinen lässt, weil ihr

---

79 *Fischer*, StGB, § 46 Rz. 93.
80 *Fischer*, StGB, § 46 Rz. 96f m.w.N.; s.a. *Dannecker* in LK, § 1 Rz. 236.
81 *Tiedemann* in LK, Vor § 263 Rz. 62.
82 Näher dazu *Tiedemann* in LK, Vor § 263 Rz. 15 ff.
83 Dazu *Faure*, ZStW 108 (1996), 527, 529 ff.
84 Näher dazu *Bacigalupo Zapater* in Dannecker (Hrsg.), Die Bekämpfung des Subventionsbetrugs im EG-Bereich, 1993, S. 151.
85 *Faure*, ZStW 108 (1996), 527 (529 ff.).

force et crédit verliehen wird,[86] 2. wenn ein Dritter eingeschaltet wird, 3. wenn eine mise en scène (Inszenierung) erfolgt, indem Scheinfirmen eingesetzt oder sonstige Manipulationen an technischen Geräten, Etiketten an Waren etc. vorgenommen werden. So wird bereits eine überhöhte Rechnung durch eine trügerische Kalkulation zur arglistigen Machenschaft, weil es sich um ein vorlagefähiges Dokument handelt. Mit Hilfe der Inszenierung kann fast jede Vorspiegelung erfasst werden. Die Täuschungshandlungen sind durch die von der Rechtsprechung entwickelten Fallgruppen so stark ausgeweitet worden, dass in der Literatur festgestellt wird, dass letztlich doch nahezu jede einfache Lüge als Betrug geahndet werde. Da es insbesondere im Bereich des Wirtschaftsstrafrechts dem Täter darum geht, erfolgreich zu täuschen, liegt in der Regel eine Inszenierung und damit eine strafbewehrte Täuschung vor.[87]

Neben den manoeuvres frauduleuses kennt Art. 313-1 Code pénal als speziell geregelte Fälle einer strafbaren schlichten Lüge den Gebrauch eines falschen Namens oder einer zu Unrecht behaupteten Eigenschaft des Täters sowie den Missbrauch einer tatsächlich vorhandenen Eigenschaft des Täters.

Der Betrug kann nur durch positives Tun begangen werden. Das Unterlassen ist im Prinzip nicht strafbar, und zwar auch dann nicht, wenn es sich um partielles Unterlassen handelt.[88] Allerdings finden sich auch hier zunehmend Durchbrechungen, wenn unvollständige oder unrichtige Erklärungen abgegeben werden. Wenn eine unvollständige Erklärung abgegeben wird, die mit einem der in Art. 313-3 Code pénal geregelten Täuschungstypen eng verbunden ist, z.B. wenn eine falsche Eigenschaft gebraucht wird, indem Formulare unvollständig ausgefüllt werden, oder wenn inhaltlich falsche Dokumente, z.B. eine falsche Bilanz, vorgelegt werden, kommt ein strafbares Unterlassen in Betracht.[89] Dadurch wird die Straflosigkeit der Unterlassung erheblich eingeschränkt.[90]

Die Anforderungen an die Täuschung in *Belgien* und den *Niederlanden* entsprechen im Wesentlichen der Rechtslage in *Frankreich*. Auch dort werden manoeuvres frauduleuses als spezielle Tathandlungen unter Strafandrohung gestellt, so in *Belgien* die Verwendung eines falschen Namens, in den *Niederlanden* darüber hinaus die Verwendung falscher Eigenschaften, listiger Kunstgriffe oder eines Lügengewebes.

---

86 *Pradel/Danti-Juan*, Droit pénal special, 5. Aufl. 2010, Nr. 880 S. 519 f.; *T. Walter*, Betrugsstrafrecht in Frankreich und Deutschland, S. 112 ff. m.w.N.
87 Näher dazu *Tiedemann* in LK, Vor § 263 Rz. 64.
88 *T. Walter*, Betrugsstrafrecht in Frankreich und Deutschland, S. 158 ff.
89 *Tiedemann* in LK, Vor § 263 Rz. 65 m.w.N.
90 *T. Walter*, Betrugsstrafrecht in Frankreich und Deutschland, S. 555.

Die Vermögensverfügung, die unter der Geltung des Code pénal von 1810 noch zentrales Merkmal darstellte und den Betrug zum Vermögensverschiebungsdelikt machte, kann sich in *Frankreich* seit der Gesetzesnovelle von 1994 auf jedes beliebige Gut und jede beliebige Dienstleistung beziehen. Auch der Abschluss eines Rechtsgeschäfts reicht aus, wenn es dadurch zu einer Verpflichtung oder einer Befreiung von einer Verbindlichkeit kommt.[91] Ein Vermögensschaden ist nicht erforderlich, so dass es sich beim Betrug um ein Delikt handelt, das die Dispositionsfreiheit oder die freie Willensbestimmung schützt.[92]

In subjektiver Hinsicht reicht einfacher Vorsatz aus. Bereicherungsabsicht ist nicht erforderlich. Bei den manoeuvres frauduleuses wird ein dolus ex re, also eine Vorsatzvermutung, zugelassen.[93] Die Höchststrafe beträgt fünf Jahre Freiheitsstrafe.

Des Weiteren wird nach *französischem* Recht – insoweit jedoch anders als im *belgischen* und *niederländischen* Recht – der Versuch in gleicher Weise bestraft wie die vollendete Tat.

Im Hinblick auf die Unbestimmtheit der Abgrenzung von strafbaren manoeuvres frauduleuses und straflosen simples déclarations mesongères hat der Gesetzgeber, indem er für die verschiedenen Fälle der Subventionserschleichung im Nebenstrafrecht eine Vielzahl von Sonderstraftatbeständen geschaffen hat, falsche, unzutreffende oder unvollständige Erklärungen, die zur Erlangung staatlicher Leistungen gemacht werden, ausdrücklich unter Strafe gestellt.[94]

bb) Strafschärfungen

Art. 313-2 Code pénal nennt folgende vier schwere Fälle des Betrugs, die mit einer Höchststrafe von sieben Jahren und 750 000 Euro bedroht sind: den Missbrauch einer öffentlichen Stellung (Nr. 1), die Vorspiegelung einer solchen Stellung (Nr. 2), die Emission von Wertpapieren und den Spendenbetrug (Nr. 3) sowie die Täuschung besonders schutzloser Opfer (Nr. 4). Weiterhin ist gem. Art. 313-3 Code pénal die Tatbegehung in einer organisierten Bande strafschärfend.

c) Englisches Betrugsmodell: dishonest false pretences (unredliche schlichte Lügen) and cheating the public revenue

Die frühesten Täuschungsdelikte des 13. Jahrhunderts betrafen in *England* ausschließlich Täuschungen in Gerichtsverfahren. Im 16. und 17. Jahrhun-

---

91 Näher dazu *Tiedemann* in LK, Vor § 263 Rz. 66 m.w.N.
92 *Tiedemann* in LK, Vor § 263 Rz. 66 m.w.N.
93 *T. Walter*, Betrugsstrafrecht in Frankreich und Deutschland, S. 271 ff., 278.
94 Siehe dazu unten II. 4. c).

dert wurden die Tatbestände der Täuschung und Verschwörung zum Betrug auf Betrügereien außerhalb des Gerichtsverfahrens erstreckt. Täuschungen über die Authentizität von Schriftstücken waren schon im 16. Jahrhundert als Fälschung strafbar, nicht hingegen die einfache Lüge, sei es mündlich oder schriftlich. Das änderte sich 1678, als für strafbar erklärt wurde, wenn sich mehrere zur Begehung einer einfachen Lüge zusammengetan haben. Den danach im 18. Jahrhundert entstandenen Delikten des Schwindels und der false pretences war eine Beschränkung auf Erklärungen vor Gericht von Anfang an fremd. Im Mittelpunkt standen jetzt die von Privaten begangenen Täuschungsdelikte. Entsprechend wurde im Übrigen der Meineid, der ursprünglich als Täuschungsdelikt verstanden wurde, verselbständigt. In *England* hat sich die Einteilung in Fälschung mittels Täuschung über die Authentizität eines Schriftstücks, Verschwörung zum Betrug (conspiracy to defraud) und false pretences (schlichte Lüge) durchgesetzt. Ein Schadenserfordernis wird im englischen Recht für den Betrug nicht statuiert. Auch wird unredliches und ungetreues Verhalten nicht immer strikt getrennt. Vielmehr besteht eine enge Verbindung des Betrugsstrafrechts zum Diebstahl und zur Unterschlagung. So werden neben false pretences (schlichten Lügen) auch Delikte wie Diebstahl und Unterschlagung durch Täuschung verübt, z.B. wenn bei der Unterschlagung „sich der Täter eine ihm anvertraute Sache in betrügerischer Weise aneignet".[95] Das Merkmal der dishonesty weist einen offenen Korrekturmaßstab auf.

In *England* wird nicht zwischen Grunddelikt und Qualifikationen differenziert, sondern ein sehr breiter Sanktionsrahmen von bis zu zehn Jahren Freiheitsstrafe gewählt. Damit bleibt die Bestimmung der Strafe weitestgehend dem Richter überlassen.

Der am 15.1.2007 in Kraft getretene Fraud Act 2007 orientiert sich stärker an den europäischen Betrugsmodellen, behält aber das Korrektiv der dishonesty bei. Außerdem gilt der common-law-Tatbestand der conspiracy to defraud fort, um Strafbarkeitslücken zu vermeiden. Zentraler Betrugstatbestand ist fraud by false representation (s. 2 Fraud Act), der eine vorsätzliche falsche Erklärung über Tatsachen oder Rechtsfragen erfordert und sowohl ausdrücklich als auch konkludent begangen werden kann. Der Tatbestand erfordert weder einen Irrtum noch eine Vermögensverfügung oder einen Vermögensschaden.[96] Um dem Tatbestand Konturen zu verleihen, ist unredliches Verhalten (dishonesty) des Täters erforderlich, das gegen „ordinary standards of reasonable and honest people" (Standards aufrichtiger und vernünftiger Menschen) verstößt, und zwar sowohl objektiv als auch subjektiv. Weiterhin ist die Absicht des Täters erforderlich, einen

---

95 *Darby*, Der Schutz des Vermögens gegen Täuschung, ZStW 108 (1996), 548 (553).
96 *Du Bois Pedain*, Die Strafbarkeit untreueartigen Verhaltens im englischen Recht, ZStW 122 (2010), 325 (332).

Gewinn für sich oder einen anderen zu erzielen oder einen anderen zu schädigen.

Zum allgemeinen Schutz der öffentlichen Hand gilt der common-law-Tatbestand des cheating the public Revenue weiter, der auch das Unterlassen umfasst.[97] Dieser Straftatbestand ist wohl der bedeutendste im englischen Recht.[98] Er wurde von *Mantell J.* in *R. v. Less* wie folgt beschrieben: „Cheating can include any form of fraudulent conduct which results in diverting money from the Revenue to which it is entitled. It has, of course, to be fraudulent conduct. That is to say, deliberate conduct by the defendant to prejudice, or take the risk of prejudicing, the Revenue's right to the tax in question, knowing that he has no right to do so."[99]

4. Einführung von Sondertatbeständen des Subventionsbetrugs

a) Verzicht auf einen Sondertatbestand

Einige der Staaten in Europa kennen keine speziellen Straftatbestände zur Erfassung von Subventionserschleichungen, sondern wenden den Betrugstatbestand an, so *England*;[100] dort wird die Zweckentfremdung wohl durch sections 1 und 5 (3) Theft Act 1968 erfasst.[101]

In *Österreich* unterfallen die Fälle des Subventionsbetrugs dem allgemeinen Betrugstatbestand. Ergänzend stellt § 153b StGB den Förderungsmissbrauch unter Strafandrohung. Dieser Straftatbestand erfordert die missbräuchliche Verwendung von Subventionen zu anderen Zwecken als zu jenen, zu denen sie gewährt worden sind. Nach § 153b Abs. 5 Satz 1 StGB fallen hierunter auch Förderungen nach Recht der Europäischen Union. Ausfuhrerstattungen der Europäischen Union unterfallen hingegen dem Finanzstrafrecht.

b) Schaffung eines speziellen Sondertatbestandes zur Erfassung von Subventionsbetrug

Andere Staaten hielten die Einführung eines Subventionsbetrugstatbestandes für erforderlich, weil bei der strafrechtlichen Erfassung von durch falsche, unzutreffende oder unvollständige Angaben begangenen Subventions- oder Leistungserschleichungen beim allgemeinen Betrugstatbestand Nach-

---

97 *Griew*, The Theft Acts, 7. Aufl. 1995, Kap. 7 Rz. 18; *Leigh* in FS Tiedemann, 2008, S. 1506; *Wagemann*, Die Geschichte des Betrugsstrafrecht in England und den amerikanischen Bundesstaaten, 2005, S. 64 f., 68 ff. m.w.N.
98 Eingehend dazu *Salter/Ullah* in Dannecker/Jansen (Hrsg.), Steuerstrafrecht in Europa und den Vereinigten Staaten, 2007, S. 235 ff.
99 The Times, March 30, 1993.
100 *Tiedemann* in LK, § 274 Rz. 21.
101 *Spencer* in Delmas/Marty/Vervaele, The implementation of the Corpus Juris, Bd III, 2000, S. 861.

weisprobleme auftraten.[102] Diesen Schwierigkeiten trat der *deutsche Gesetzgeber* durch die Einführung eines speziellen Tatbestandes zur Erfassung des Subventionsbetrugs entgegen.[103] Dem *deutschen Modell* des Subventionsbetrugs folgend haben *Spanien* und *Italien*, die das *deutsche* Tatbestandsmodell des Betrugs kennen, ebenfalls Sondertatbestände eingeführt, um den Subventionsbetrug zu erfassen.[104]

(1) Der in § 264 StGB normierte *deutsche Straftatbestand* verzichtet auf den Eintritt eines Schadens und inkriminiert bereits die Täuschung über subventionserhebliche Tatsachen, verlagert also die Strafbarkeit gegenüber dem allgemeinen Betrugstatbestand (§ 263 StGB) ins Vorfeld. Dadurch entfällt die Notwendigkeit, den in der Praxis oft schwierigen Nachweis eines Kausalzusammenhanges zwischen Täuschungshandlung, Irrtumserregung, Vermögensverfügung und Vermögensschaden zu führen. § 264 Abs. 6 StGB bezieht ausdrücklich Leistungen aus öffentlichen Mitteln nach dem Recht der Europäischen Union in den Strafschutz ein. Damit fallen insbesondere die Ausfuhrerstattungen, die bei dem Export landwirtschaftlicher Produkte in Drittländer gezahlt werden, sowie die vom Sozial- bzw. Regionalfonds an Unternehmen und Betriebe geleisteten Beihilfen eindeutig in den Schutzbereich des § 264 StGB.

Der Schutz der Ausgaben der Europäischen Union wird im *deutschen* Strafrecht daneben durch den allgemeinen Betrugstatbestand des § 263 StGB gewährleistet, sofern es sich um die Schädigung der Europäischen Union bezüglich anderer als Wirtschaftssubventionen i.S.v. § 264 Abs. 6 StGB (z.B. Kultur-, Sozial- und Umweltsubventionen) sowie sonstiger Beihilfen handelt. § 263 StGB findet allerdings keine Anwendung, wenn sich das betrügerische Handeln gegen eine durch einseitigen Hoheitsakt des ausländischen Staates auferlegte Zahlungsverpflichtung (wie z.B. Steuern und Zölle) richtet.

(2) In *Spanien* ist der Subventionsbetrug in Art. 308 des neuen Código Penal geregelt. Hierbei handelt es sich um einen die öffentliche Finanzwirtschaft schützenden Straftatbestand, der die missbräuchliche Erlangung und das missbräuchliche Gebrauchmachen öffentlicher Subventionen unter Strafandrohung stellt. Der gleichen Strafandrohung unterliegt die Missachtung der Bedingungen und Auflagen, mit denen die Subventionsbewilligung verbunden ist, wenn dadurch deren Zweck wesentlich vereitelt wird. Hierbei muss es sich um nationale Subventionen von mehr als 120 000 Euro han-

---

102 *Tiedemann*, Der Subventionsbetrug, ZStW 86 (1974), 897 ff.; *Tiedemann*, Der Entwurf eines Ersten Gesetzes zur Bekämpfung der Wirtschaftskriminalität, ZStW 87 (1975), 253 ff. jeweils m.w.N.
103 BGBl. I 1976, 2034.
104 Vgl. dazu *Bacigalupo Zapater* in Dannecker (Hrsg.), Die Bekämpfung des Subventionsbetrugs im EG-Bereich, S. 154 ff.; *Tiedemann* in LK, § 264 Rz. 20 ff.

deln.[105] Subventionen der Europäischen Union, die 50 000 Euro übersteigen, unterfallen Art. 309, die Zweckentfremdung dieser Finanzmittel wird durch Art. 306 Código Penal erfasst. Die bedeutendste Änderung ist die Milderung des Strafrahmens von höchstens sechs auf vier Jahre Freiheitsstrafe, während beim Betrug die Höchstgrenze von sechs Jahren Freiheitsstrafe für besonders schwere Vermögensschäden beibehalten wurde.[106] Problematisch ist allerdings, dass bei staatlichen Subventionen auf einen Betrag von 60 000 Euro abgestellt wird, während bei Subventionen der Europäischen Union ab einem Hinterziehungsbetrag von 50 000 Euro der Subventionserschleichungstatbestand eingreift.[107]

(3) In *Italien* wurde im Jahre 2000 ein Sondertatbestand der Subventionserschleichung in den Codice penale eingefügt. Art. 316 ter sieht Freiheitsstrafe für denjenigen vor, der durch falsche Erklärungen, Dokumente oder Bescheinigungen oder durch Unterlassen geschuldeter Informationen für sich oder einen anderen zu Unrecht Subventionen des Staates oder der Europäischen Union erlangt.

c) Schaffung spezieller Subventionsbetrugstatbestände zur Erfassung von Subventionsbetrug in Einzelgesetzen

In *Frankreich* hat der Gesetzgeber im Hinblick auf die Unbestimmtheit der Abgrenzung von strafbaren manoeuvres frauduleuses und straflosen simples déclarations mesongères für die verschiedenen Fälle der Subventionserschleichung im Nebenstrafrecht eine Vielzahl von Sonderstraftatbeständen geschaffen, um falsche, unzutreffende oder unvollständige Erklärungen, die zur Erlangung staatlicher Leistungen gemacht werden, ausdrücklich unter Strafe zu stellen. Zu nennen ist insbesondere Art. 441-6 Abs. 2 Code pénal, der sich bei den Urkundendelikten befindet und die strafbare Lüge unter Strafandrohung stellt. Es handelt sich insgesamt um Strafvorschriften von rein partieller Bedeutung; die weitgehenden Unterschiede im Rechtsfolgenbereich lassen es auch nicht zu, diese Vielfalt von Sonderbestimmungen auf ein einheitliches kriminalpolitisches Konzept zurückzuführen.[108]

---

105 Näher dazu *Ludwig*, Betrug und betrugsähnliche Delikte im spanischen und deutschen Strafrecht, 2002, S. 514.
106 Art. 250 CP: „Der Betrug wird mit einer Freiheitsstrafe von einem bis sechs Jahren und Geldstrafe von sechs bis zwölf Monaten geahndet, wenn er (...) 6. unter besonderer Berücksichtigung des Wertes des Betrugs, der Bedeutung des Nachteils und der wirtschaftlichen Lage, in die das Opfer oder dessen Familie gebracht wurde, von besonderer Bedeutung ist."
107 Kritisch dazu: *Asua* in FS Tiedemann, 2008, S. 665 ff.
108 *Bacigalupo Zapater* in Dannecker (Hrsg.), Die Bekämpfung des Subventionsbetrugs im EG-Bereich, 1993, S. 151.

5. Rechtsvergleichung

a) Anforderungen an die Täuschungshandlung

Charakteristisch für das *deutsche* Betrugsmodell ist, dass eine Täuschungshandlung, eine Irrtumserregung, eine Vermögensverfügung und ein Vermögensschaden vorliegen müssen. Die Anforderungen an die Täuschung sind dabei niedrig. Grundsätzlich reicht eine einfache Lüge aus, um als strafbare Täuschung qualifiziert zu werden. Selbst in Ländern wie *Italien*, der *Schweiz* und *Portugal*, wo die Straftatbestände erhöhte Anforderungen stellen, besteht die Tendenz, die einfache Lüge ausreichen zu lassen.

Vergleicht man die Rechtslage mit der in den romanischen Ländern, so ist auch dort eine Aufweichung der Anforderungen an die manoeuvres frauduleuses festzustellen, mit der Folge, dass die einfache Lüge in der Regel erfasst werden kann. Diese Tendenzen gehen in *Frankreich* sogar so weit, dass dort namhafte Autoren fordern, die Täuschungsqualifikationen abzuschaffen und jede Machenschaft (machination) als ausreichend anzusehen, und zwar nicht im Sinne der manoeuvres frauduleuses, sondern als sonstige Täuschung.[109]

Auch in *England*, das sich stark den kontinentaleuropäischen Entwicklungen angepasst hat, werden false pretences als strafbare Täuschungen erfasst, sofern es sich um ein unredliches Verhalten (dishonest) handelt. Hierbei handelt es sich um das einzige Merkmal, das dem Straftatbestand Konturen verleiht, da dort weder eine Vermögensverfügung noch ein Vermögensschaden erforderlich ist.

b) Erfordernis eines Vermögensschadens

Der Vermögensschaden wird nach dem *deutschen* Betrugsmodell als Strafbarkeitsbegrenzung anerkannt. Allerdings erweist sich dieses Merkmal als schwierig, wenn es um die Konkretisierung der Anforderungen an den Schaden geht. Während in *Deutschland* konkrete Vermögensgefährdungen als ausreichend angesehen werden, wird in anderen Ländern ein konkreter Schaden gefordert, um Strafbarkeit zu begründen. In *Frankreich* und *England* wird auf dieses Merkmal generell verzichtet. Auch in *Deutschland* wurde, obwohl grundsätzlich am Erfordernis des Vermögensschadens beim Betrug festgehalten wird, für den speziellen Bereich der Subventionen auf das Schadenserfordernis verzichtet. Insgesamt erweist sich angesichts der Entwicklung in den Rechtsordnungen der Europäischen Union das Erfordernis eines Vermögensschadens als wenig geeignet, einem europäischen Betrugstatbestand hinreichende Konturen zu verleihen. Gleichwohl sollte hierauf nicht verzichtet werden, wenn man die einfache Lüge als Täuschung ausreichen lässt, zumal die Steuerdelikte in der Regel einen Schaden der öffentlichen Hand erfordern.

---

109 Dazu *Tiedemann* in LK, § 264 Rz. 20.

c) Qualifikationen und Regelbeispiele

Qualifizierte Anforderungen an die Täuschungshandlung begründen in der Regel einen schweren Betrug, so das gewerbs- oder gewohnheitsmäßige Handeln, die Verwendung gefälschter Urkunden oder sonstiger falscher Beweismittel, der Missbrauch persönlichen Vertrauens, das Handeln als Amtsträger und das bandenmäßig organisierte Vorgehen.

Teilweise werden gegen den Staat oder staatliche Einrichtungen gerichtete Taten sowie Taten, die sich gegen Objekte der Kultur und Wissenschaft richten, als schwerer Fall qualifiziert. Allein der Umstand, dass die Tat gegen den Staat gerichtet ist, kann im Zusammenhang mit dem Schutz der staatlichen Einnahmen jedoch keinen qualifizierten Fall bei Zöllen und Steuern begründen, denn dort geht es bei den staatlichen Einnahmen um das Handlungsobjekt, gegen das sich jede (einfache) Abgaben- oder Zollhinterziehung richtet. Gleiches gilt für den Subventionsbetrug bzw. die Subventionserschleichung. Hingegen kann ein Angriff auf öffentliche Ausgaben als qualifizierter Betrug gewertet werden.

Ferner kann die Schadenshöhe zu einer Qualifikation führen.

In *Deutschland* finden sich den Qualifikationsmerkmalen inhaltlich vergleichbare Regelbeispiele, die teilweise an eine qualifizierte Täuschungshandlung, so der Missbrauch der Befugnisse oder der Stellung als Amtsträger und das Vortäuschen eines Versicherungsfalles, oder an die Gewerbsmäßigkeit anknüpfen.

Daneben spielt die Schwere des Schadens eine zentrale Rolle: die Herbeiführung eines Vermögensverlustes großen Ausmaßes (50 000 Euro), das Handeln in der Absicht, durch die fortgesetzte Begehung von Betrug eine große Zahl von Menschen (20 Personen) in die Gefahr des Verlustes von Vermögenswerten zu bringen, oder die Herbeiführung einer wirtschaftlichen Notsituation des Opfers. Im Zusammenhang mit dem Schutz der öffentlichen Finanzmittel kommt lediglich dem Ausmaß des Schadens Bedeutung zu.

Damit stimmen die Qualifikationsmerkmale und die Regelbeispiele inhaltlich im Wesentlichen überein. Der Vorteil von Qualifikationsmerkmalen gegenüber Regelbeispielen liegt im Zusammenhang mit der Harmonisierung der Strafrechtsordnungen darin, dass der Gesetzgeber mit den qualifizierenden Umständen die Voraussetzungen für den erhöhten Strafrahmen abschließend festlegt und damit den Anforderungen des Gesetzlichkeitsprinzips an die Strafhöhe in besonderer Weise Rechnung trägt. Unter dem Aspekt der Harmonisierung der Rechtsordnungen wird der Spielraum der Gerichte durch die Qualifikationen sehr viel stärker eingeschränkt als durch Regelbeispiele, wodurch eine Angleichung der Rechtsordnungen leichter erreicht werden kann.

d) Strafhöhe

In den Fällen des einfachen Betrugs liegt die Höchststrafe in der Regel bei fünf Jahren Freiheitsstrafe bzw. beträgt in den qualifizierten Fällen des Betrugs, oder wenn, wie in *England*, auf Qualifikationen generell verzichtet wird, in der Regel zehn Jahre Freiheitsstrafe.

III. Europäisierung des Steuerstrafrechts

1. Überblick über Maßnahmen der Europäischen Union

Mitte der 1990-er Jahre erarbeitete die Kommission auf der Grundlage des Vertrags von Maastricht eine globale Betrugsbekämpfungsstrategie,[110] die auf der Angleichung der Rechtsvorschriften der Mitgliedstaaten zum Schutz der finanziellen Interessen der Europäischen Gemeinschaften, der Verbesserung der Rechtsvorschriften der Gemeinschaft in diesem Bereich, der Verstärkung der partnerschaftlichen Zusammenarbeit mit den Mitgliedstaaten und dem Ausbau der eigenen operativen Tätigkeit der Kommission durch eine erhöhte Präsenz vor Ort beruhte. Zu den daraus resultierenden zahlreichen Gesetzgebungsinitiativen auf dem Gebiet der straf- und verwaltungsrechtlichen Sanktionen[111] gehören – neben den Verordnungen Nr. 2988/95 über den Schutz der finanziellen Interessen der EG[112] und Nr. 2185/96 betreffend die Kontrollen und Überprüfungen vor Ort durch die Kommission[113] – insbesondere die Initiativen zum „Schutz der finanziellen Interessen" („Protection des Intérêts Financiers" – PIF-Instrumente), nämlich das Übereinkommen über den Schutz der finanziellen Interessen der Europäischen Gemeinschaft[114] und die hierzu ergangenen Zusatzprotokolle. Die schleppenden Ratifizierungsverfahren bezüglich dieses Übereinkommens veranlassten die Kommission, nach neuen Wegen zu suchen, um den Widerstand in den Mitgliedsländern zu überwinden. Zu diesem Zweck wurden sämtliche Bestimmungen des Übereinkommens und der Zusatzprotokolle, ausgenommen die strafprozessualen Regelungen, in einen Richtlinienentwurf

---

110 Schutz der finanziellen Interessen, Betrugsbekämpfungsstrategie der Kommission, Arbeitsprogramm 1994, KOM(1994) 92 endg. v. 23.3.1994.
111 Siehe dazu *Kuhl/Spitzer*, Die Verordnung (Euratom, EG) Nr. 2185/96 des Rates über die Kontrollbefugnisse der Kommission im Bereich der Betrugsbekämpfung, EuZW 1998, 37 ff.
112 ABl. 1995, Nr. L 312 v. 23.12.1995, 1 ff.; vgl. dazu *Dannecker/Bülte* in Wabnitz/Janovsky (Hrsg.), Handbuch des Wirtschafts- und Steuerstrafrechts, 4. Aufl. 2014, Kapitel 2, Rz. 335 ff.
113 ABl. 1996, Nr. L 292 v. 15.11.1996, 2 ff.; vgl. dazu *Dannecker/Bülte* in Wabnitz/Janovsky (Hrsg.), Handbuch des Wirtschafts- und Steuerstrafrechts, Kapitel 2, Rz. 339 f.
114 Zunächst wurde als Rechtform das Übereinkommen, dann die Gemeinsame Maßnahme gewählt; nach Inkrafttreten des Vertrages von Amsterdam wurde nur noch der Rahmenbeschluss verwendet.

übernommen:[115] Allerdings wurde diese Richtlinie nicht, wie vorgesehen, bis zum 31.12.2001 umgesetzt, und auch eine überarbeitete Fassung eines Richtlinienentwurfs vom 16.10.2002[116] wurde vom Rat nicht angenommen.

Sodann hat die Kommission in einer Mitteilung vom Mai 2011 unter dem Titel „Schutz der finanziellen Interessen der Europäischen Union durch strafrechtliche Vorschriften und verwaltungsrechtliche Untersuchungen" ein „*Gesamtkonzept zum Schutz von Steuergeldern*" verabschiedet,[117] in dem für das Jahr 2020 Steuergelder der Europäischen Union „unter voller Nutzung der im Vertrag von Lissabon festgeschriebenen Möglichkeiten durch eine verbesserte, nicht an Landesgrenzen Halt machende Strafverfolgung und durch gemeinsame strafrechtliche Vorschriften EU-weit gleichwertig geschützt werden".

Zu nennen ist weiterhin die *„Entschließung des Europäischen Parlaments vom 19.4.2012 zur Forderung nach konkreten Maßnahmen zur Bekämpfung von Steuerbetrug und Steuerhinterziehung"*.[118] Darin verweist das Europäische Parlament auf Aktivitäten des Europäischen Rates vom 1. und 2.3.2012 und der OECD vom März 2012 mit dem Titel *„Hybrid mismatch arrangements: Tax policy and compliance issues"* sowie auf den Bericht über den Vorschlag für eine Richtlinie des Rates über eine gemeinsame konsolidierte Steuerbemessungsgrundlage,[119] der vom Ausschuss für Wirtschaft und Währung des Europäischen Parlaments am 21.3.2012 angenommen wurde.

Weitere Maßnahmen zum Schutz der finanziellen Interessen der Europäischen Union betreffen einen *„Aktionsplan der Kommission zur Bekämpfung der Steuerhinterziehung*[120] und den bereits oben genannten *„Richtlinienentwurf der Kommission über die strafrechtliche Bekämpfung von gegen die finanziellen Interessen der Europäischen Union gerichtetem Betrug"*.[121]

---

115 KOM(2001) 272 endg.
116 KOM(2002) 577 endg.
117 KOM(2011) 293 endg. v. 26.5.2011.
118 2012/2599(RSP).
119 Bericht über den Vorschlag für eine Richtlinie des Rates über eine Gemeinsame konsolidierte Körperschaftsteuer-Bemessungsgrundlage (KOM(2011)0121) A7-0080/2012.
120 Mitteilung der Kommission an das Europäische Parlament und den Rat Aktionsplan zur Verstärkung der Bekämpfung von Steuerbetrug und Steuerhinterziehung, KOM (2012) 722 endg. v. 6.12.2012.
121 Vorschlag für Richtlinie des europäischen Parlaments und des Rates über die strafrechtliche Bekämpfung von gegen die finanziellen Interessen der Europäischen Union gerichtetem Betrug, KOM(2012) 363 endg. v. 11.7.2012.

2. Kompetenzen der Europäischen Union zum Erlass strafrechtlicher Regelungen und zur Anweisung der Mitgliedstaaten auf dem Gebiet des Strafrechts

Durch den Vertrag von Lissabon wurde die Europäische Union zur Rechtsnachfolgerin der Europäischen Gemeinschaften. Der Vertrag stellt nach Art. 1 Abs. 2 AEUV eine „neue Stufe bei der Verwirklichung einer immer engeren Union der Völker Europas dar, in der die Entscheidungen möglichst offen und möglichst bürgernah getroffen werden". Dies spiegelt sich auch in den Kompetenznormen wider, die das Strafrecht betreffen.

a) Statuierung von Mindestvorschriften zur Festlegung von Straftaten und Strafen (Art. 83 AEUV)

Art. 83 Abs. 1 AEUV sieht vor, dass das Europäische Parlament und der Rat Mindestvorschriften zur Festlegung von Straftaten und Strafen in den Bereichen der besonders schweren Kriminalität (Art. 83 Abs. 1 UAbs. 2 AEUV) festlegen können. Hierbei handelt es sich ausschließlich um eine Anweisungskompetenz der Union,[122] aufgrund derer sie die Mitgliedstaaten verpflichten kann, durch die Schaffung nationaler Strafvorschriften unionsrechtliche Mindestvorgaben zu erfüllen.[123]

Die Anweisungskompetenz der EU unterliegt allerdings dem Subsidiaritätsprinzip des Art. 5 Abs. 3 UAbs. 1 EUV. Dadurch wird ihre Anweisungskompetenz auf Sachverhalte beschränkt, die auf nationaler Ebene nicht effektiv geregelt werden können.[124] Dabei ist zu beachten, dass das Subsidiaritätsprinzip keine Kompetenzschranke, sondern eine Kompetenzausübungsschranke darstellt, also voraussetzt, dass überhaupt eine Gemeinschaftskompetenz besteht.[125] Freilich spielt der Subsidiaritätsgedanke auch dann eine Rolle, wenn es darum geht, Kompetenzen der Europäischen Union in Randbereichen – wie eben dem Strafrecht – zu konkretisieren.[126] Darüber hinaus dürfen nach dem in Art. 5 Abs. 3 UAbs. 2 S. 1 EUV fest-

---

122 Eingehend dazu *Hecker* in Sieber/Satzger/von Heintschel-Heinegg. (Hrsg.), Europäisches Strafrecht, 2. Aufl. 2014, § 10 Rz. 15 ff.; § 4 Rz. 68; *Dorra*, Strafrechtliche Legislativkompetenzen, S. 21 ff.
123 *Bleckmann*, FS Stree und Wessels, 1993, S. 106, 111; *Dannecker/Streinz* in Rengeling (Hrsg.), EUDUR, Bd. I, § 8 Rz. 62 ff.; *Sieber*, Europäische Einigung und Europäisches Strafrecht, ZStW 103 (1991), 957 (963); *Tiedemann*, NJW 1993, 23 (26); *Vogel* in Dannecker (Hrsg.), Die Bekämpfung des Subventionsbetrugs im EG-Bereich, 1993, S. 170, 172; *Albrecht/Braum*, KritV 2001, 312 (319 f.).
124 *Gröblinghoff*, Die Verpflichtung des deutschen Strafgesetzgebers zum Schutz der Interessen der Europäischen Gemeinschaften, 1999, S. 135 f.; *Dannecker/Streinz* in Rengeling (Hrsg.), EUDUR, Bd. I, § 8 Rz. 62; Müller-Gugenberger/Bieneck, Wirtschaftsstrafrecht, § 5 Rz. 56.
125 Vgl. *Streinz*, Europarecht, Rz. 145a; *Dannecker/Streinz* in Rengeling (Hrsg.), EUDUR, Bd. I, § 8 Rz. 55.
126 *Dannecker/Streinz* in Rengeling (Hrsg.), EUDUR, Bd. I, § 8 Rz. 55.

geschriebenen Verhältnismäßigkeitsprinzip nur dann Anweisungen zum Erlass oder der Harmonisierung strafrechtlicher Regelungen getroffen werden, wenn dies zur Erreichung der Ziele des Vertrages erforderlich ist.

Unter Beachtung strenger Subsidiarität[127] räumt Art. 83 Abs. 2 AEUV auch außerhalb dieser Kriminalitätsbereiche der Union als Annexkompetenz das Recht ein, Vorgaben für die Angleichung strafrechtlicher Rechtsvorschriften zu erlassen.[128] Diese Kompetenz besteht dann, wenn sich die Harmonisierung als „unerlässlich für die wirksame Durchführung der Politik der Union auf einem Gebiet, auf dem Harmonisierungsmaßnahmen erfolgt sind", erweist. In diesem Fall können per Richtlinie Mindestvorschriften für die Festlegung von Straftaten und Strafen auf dem betreffenden Gebiet vorgegeben werden.

b) Erlass von Maßnahmen zur Bekämpfung von gegen die Interessen der Europäischen Union gerichteten Unregelmäßigkeiten (Art. 325 Abs. 4 AEUV)

Weitere Kompetenzen zur Setzung von strafrechtlichen Vorschriften oder Vorgaben ergeben sich aus Art. 325 AEUV auf dem Gebiet der finanziellen Interessen der Europäischen Union:[129] Art. 325 Abs. 4 AEUV räumt der Union – und hier liegt der wesentliche Unterschied zur Situation vor dem Lissabon-Vertrag – explizit die Kompetenz zum Erlass von Maßnahmen zur Bekämpfung von gegen ihre Interessen gerichteten Betrügereien ein.[130] Zwar war bereits unter Geltung der Vorläufernorm des Art. 280 Abs. 4 S. 1 EGV heftig darüber gestritten worden, ob dieser eine Setzung supranationalen Strafrechts zuließ. Dies wurde jedoch vielfach unter Hinweis auf die Vorbehaltsklausel des Art. 280 Abs. 4 S. 2 EGV verneint. Mit dem Wegfall dieses Vorbehalts in Art. 325 AEUV sowie mit Blick auf den Wortlaut der Regelung des Art. 325 Abs. 4 AEUV, der allgemein von Maßnahmen zur Bekämpfung von Betrugshandlungen spricht, beinhaltet das Unionsrecht nunmehr nicht mehr nur eine Kompetenz zur Strafrechtsharmonisierung durch Richtlinien, sondern auch eine solche zum Erlass von unmittelbar geltenden Verordnungen mit strafrechtlichem Inhalt.[131]

---

127 Art. 5 Abs. 3 EUV; s. auch GA *Ruiz-Jarabo Colomer* zu *EuGH*, Urt. v. 3.5.2007 – Rs. C-303/05, Slg. 2007, I-3633, Rz. 61 – *Advocaten voor de Wereld*.
128 Dazu *Hecker* in Sieber/Satzger/von Heintschel-Heinegg, (Hrsg.), Europäisches Strafrecht, 2. Aufl. 2014, § 10 Rz. 17 f.
129 Vgl. hierzu *Hecker* in Sieber/Satzger/von Heintschel-Heinegg, (Hrsg.) Europäisches Strafrecht, 2. Aufl. 2014, § 10 Rz. 23 ff.; *Safferling*, § 10 Rz. 41 ff.
130 Zur Entwicklung der Kompetenz aus Art. 325 AEUV *Meyer*, Strafrechtsgenese in internationalen Organisationen, S. 360 ff.; vgl. auch *Hecker* in Sieber/Satzger/von Heintschel-Heinegg, (Hrsg.) Europäisches Strafrecht, 2. Aufl. 2014, § 4 Rz. 79 ff.
131 Vgl. *Hecker* in Sieber/Satzger/von Heintschel-Heinegg, (Hrsg.) Europäisches Strafrecht, 2. Aufl. 2014, § 4 Rz. 82 m.w.N.

3. Aktivitäten der Europäischen Union zur Bekämpfung der Steuerhinterziehung und des Betrugs zu Lasten der Europäischen Union

Der Begriff Betrugsbekämpfung erfasst neben dem Betrug im strafrechtlichen Sinne auch Korruption sowie weitere Unregelmäßigkeiten, nicht aber Verstöße gegen die Grundsätze der Wirtschaftlichkeit der Haushaltsführung. Bezugspunkt der Betrugsbekämpfung der Europäischen Union im engeren Sinne sind also allein die finanziellen Interessen der Union, und zwar sowohl auf der Einnahmen- als auch auf der Ausgabenseite, insbesondere also der Haushalt der Europäischen Union. Damit fällt auch die Mehrwertsteuerhinterziehung in diesen Bereich,[132] nicht hingegen die Einkommen- und Körperschaftsteuerhinterziehung. Taten zu Lasten der nationalen Haushalte, also Steuerhinterziehungen, fallen nicht unter den Begriff der europäischen Betrugsbekämpfung. Dennoch sind die Organe der Europäischen Union auch auf diesem Gebiet tätig.

a) 15-Punkte-Plan des Europäischen Parlaments zur Festlegung von Maßnahmen, um das Vorgehen der Mitgliedstaaten im Bereich der Kriminalprävention zu fördern

Das Europäische Parlament hat eine *„Entschließung des Europäischen Parlaments vom 19.4.2012 zur Forderung nach konkreten Maßnahmen zur Bekämpfung von Steuerbetrug und Steuerhinterziehung"* veröffentlicht.[133] Es sieht die Notwendigkeit einer verschärften Bekämpfung von Steuerbetrug und Steuerhinterziehung aufgrund der beträchtlichen Einnahmeausfälle infolge steuerdelinquenten Verhaltens, durch welche die Defizit- und Schuldenstände der Mitgliedstaaten ansteigen und weniger Mittel zur Förderung öffentlicher Investitionen sowie von Wachstum und Beschäftigung bereitstehen. Weiterhin wird auf den generalpräventiven Aspekt verwiesen, dass Steuerbetrug und Steuerhinterziehung das Vertrauen der Bürger in die Gerechtigkeit und Legitimität des Steuersystems untergraben. Dabei geht das Parlament davon aus, dass in jedem Mitgliedstaat erhebliche Verbesserungen erforderlich sind und bilaterale Verträge mit Drittstaaten nur ausnahmsweise, wenn sie unbedingt notwendig sind, abgeschlossen werden.

Die Notwendigkeit eines supranationalen Vorgehens wird weiterhin darauf gestützt, dass Mitgliedstaaten, für die Hilfsprogramme aufgelegt worden sind, nach Verbesserung der Steuererhebungen und Abschaffung von Steuervergünstigungen gemäß den Vorschlägen der Troika mit ansehen mussten, dass viele ihrer großen Unternehmen das Land verließen, um von den Steuervergünstigungen in anderen Ländern zu profitieren. Schließlich wird die

---

132 GHN/*Magiera*, Art. 325 AEUV Rz. 13.
133 Eingehend dazu *Dannecker*, Bekämpfung der Steuerdelinquenz auf europäischer Ebene, in FS für Kirchhof, 2013, S. 1809 ff.

Erforderlichkeit klarer Regelungen durch die Europäische Union mit der Verhinderung solcher Formen des steuerlichen Wettbewerbs, die den Konjunkturaussichten der betreffenden Länder schaden, begründet.

Schwerpunkte der rechtspolitischen Forderungen sind die Überprüfung der nationalen Steuersysteme auf Systemgerechtigkeit, die Überprüfung der Wirksamkeit der bereits ergriffenen Maßnahmen, insbesondere der der Zinsbesteuerungsrichtlinie, die Nutzung bestehender Informationsmöglichkeiten zur Erhöhung der Transparenz, insbesondere der Bilanzen, und auf dem Gebiet des Strafrechts bzw. Strafverfahrensrechts der automatische Informationsaustausch (Nr. 3), die Zusammenarbeit zwischen den Verwaltungen der Mitgliedstaaten (Nr. 8) und der Informationsaustausch mit ausländischen Steuerbehörden (Nr. 15).

b) Aktionsplan der Kommission vom 6.12.2012 zur Bekämpfung von Steuerhinterziehung und Steuerbetrug in der Europäischen Union

Der Aktionsplan sieht kurz-, mittel- und langfristige Maßnahmen zur Problemlösung und zur Einforderung der geschuldeten Beträge vor. Die Europäische Union empfiehlt, zunächst gegen Steueroasen und gegen die juristischen Tricks vorzugehen, mit denen manche Unternehmen Steuern umgehen. Es wird hervorgehoben, dass die Länder der Europäischen Union Steueroase derzeit unterschiedlich definieren und daher keine einheitlichen Regelungen hätten, um dagegen vorzugehen. Deshalb könnten Transaktionen mit Nutzung von Steueroasen über die Länder mit den mildesten Bestimmungen geleitet werden. Der Ansatz, Steueroasen zuerst zu ermitteln und dann dagegen vorzugehen, würde Steuerhinterzieher daran hindern, die Unterschiede zwischen den nationalen Systemen auszunutzen.

Die Europäische Union empfiehlt sodann ihren Mitgliedstaaten eine schwarze Liste der als Steueroasen genutzten Orte zu erstellen, um deutlich zu machen, welche Steuerabkommen zu überarbeiten sind, sowie um vor bestimmten Investitionen zu warnen und die Unternehmen abzuschrecken. Um Unternehmen von der Steuerumgehung abzuhalten, sollen Schlupflöcher gestopft werden, die von einigen Unternehmen dazu missbraucht werden, überhaupt keine Steuern zu zahlen. Es geht um die Bekämpfung der „aggressiven Steuerplanung".

Die Europäische Kommission will die Umsetzung dieser Empfehlungen beaufsichtigen und auf die Länder mit schleppenden Fortschritten Druck ausüben. Sie will weiterhin Vorschläge für zusätzliche Initiativen zur Bekämpfung der Steuerhinterziehung ausarbeiten, darunter einen Kodex für die Steuerpflichtigen, eine unionsweite Steueridentifikationsnummer, eine Überprüfung der Missbrauchsbekämpfungsbestimmungen sowie Leitlinien für die Zurückverfolgung von Geldflüssen.

c) *Richtlinienentwurf der Kommission über die strafrechtliche Bekämpfung von gegen die finanziellen Interessen der Europäischen Union gerichtetem Betrug und weitere Maßnahmen*[134]

aa) *Hintergrund und Ziele*

Die Europäische Kommission hat einen Richtlinienvorschlag vorgelegt, der neue Regeln für die strafrechtliche Bekämpfung von Betrug mit Geldern der Europäischen Union vorsieht. Durch die Richtlinie soll ein einheitlicherer Rahmen für die Verfolgung und die Ahndung von Straftaten geschaffen werden, die gegen den Haushalt der Europäischen Union gerichtet sind. Wenn Gelder der Europäischen Union missbraucht werden, so die Kommission in der Begründung des Entwurfs, bestehe die Gefahr, dass das mit dem Haushalt der Europäischen Union verfolgte Ziel, die Lebensbedingungen zu verbessern sowie Wachstum und Arbeitsplätze zu schaffen, nicht erreicht wird. Dies gelte besonders in Zeiten, in denen die Konsolidierung der Haushalte, ein verantwortungsvolles haushaltspolitisches Handeln und Strukturreformen zur Ankurbelung des Wachstums von vorrangiger Bedeutung sind. Nach dem Jahresbericht 2010 der Kommission über den Schutz der finanziellen Interessen der Europäischen Union wurden trotz des bestehenden Rechtsrahmens alljährlich Fälle von Betrugsverdacht mit einem Gesamtschadensvolumen von ca. 600 Mio. Euro (Einnahmen- und Ausgabenseite des Haushalts der Europäischen Union) verzeichnet. Es könne davon ausgegangen werden, dass das tatsächliche Schadensvolumen noch größer ist, denn es werden ja nicht alle Fälle aufgedeckt und gemeldet.

Die Strafvorschriften, nach denen solche Taten geahndet werden, unterscheiden sich von Mitgliedstaat zu Mitgliedstaat erheblich. Dies betrifft sowohl die Strafbarkeit als solche als auch die Höhe der Strafen. Auch die Verurteilungsquote schwankt von Mitgliedstaat zu Mitgliedstaat erheblich, und das, obwohl einschlägige Rechtsvorschriften der Europäischen Union eingeführt und weiterentwickelt wurden, die u.a. auf die Bekämpfung von Betrug, Korruption und Geldwäsche abstellen. Gegenwärtig bestehe kein gleichwertiger Schutz der finanziellen Interessen der Europäischen Union. Dies gelte sowohl für die Ausgestaltung der Straftatbestände des Betruges und der Steuerhinterziehung als auch für die angedrohten Strafen.[135] Die Kommission strebt daher das Ziel an, die einschlägigen Straftatbestände und die Verjährungsfristen zu vereinheitlichen sowie Mindeststrafen vorzugeben. Dadurch soll eine gleichmäßigere Verfolgungspraxis in den Mit-

---

134 Hierzu sowie zum Folgenden *Dannecker*, Der Richtlinienentwurf der Kommission über die strafrechtliche Bekämpfung von gegen die finanziellen Interessen der EU gerichteten Betrug, in Leitner (Hrsg.), Finanzstrafrecht 2013, 2014, S. 143 ff.
135 Siehe die Berichte der Kommission über die Umsetzung des Übereinkommens über den Schutz der finanziellen Interessen der Europäischen Gemeinschaften (KOM(2004) 709 endg. v. 25.10.2004 und KOM(2008) 77 endg. v. 14.2.2008).

gliedstaaten erreicht werden, um die finanziellen Interessen der Europäischen Union wirksamer zu schützen.

bb) Rechtsgrundlage und Wahl der Richtlinie als Rechtsinstrument

Die Kommission stützt ihre Kompetenz für die Richtlinie zur Betrugsbekämpfung auf Art. 325 Abs. 4 AEUV.[136] Obwohl ihr die Kompetenz zur Schaffung supranationaler Strafvorschriften zum Schutz ihrer finanziellen Interessen zukommt, will die Kommission hiervon keinen Gebrauch machen, sondern beschränkt sich darauf, die Mitgliedstaaten zu verpflichten, die europäischen Vorgaben im nationalen Recht umzusetzen. Dadurch trägt die Kommission dem Subsidiaritätsprinzip und dem Verhältnismäßigkeitsprinzip Rechnung.

cc) Die Bestimmungen im Einzelnen

Art. 1 *(Zweck der Richtlinie Sachlicher Geltungsbereich)* bestimmt den Zweck der Richtlinie und begrenzt den sachlichen Geltungsbereich der Richtlinie auf den Schutz der finanziellen Interessen der Europäischen Union.

Art. 2 *(Sachlicher Geltungsbereich)* definiert die finanziellen Interessen der Union als sämtliche Einnahmen und Ausgaben, die im Haushaltsplan der Union erfasst werden oder in den Haushaltsplänen der nach den Verträgen geschaffenen Organe, Einrichtungen, Ämter und Agenturen oder in den von diesen verwalteten und überwachten Haushaltsplänen erfasst werden. Damit ist auch die Mehrwertsteuer umfasst.

Art. 3 *(Betrug zum Nachteil der finanziellen Interessen der Union)* definiert den Betrug zum Nachteil der finanziellen Interessen der Union und verpflichtet die Mitgliedstaaten sicherzustellen, dass das folgende vorsätzliche Verhalten als Straftat geahndet werden kann:

„(a) im Zusammenhang mit Ausgaben jede vorsätzliche Handlung oder Unterlassung

betreffend

i) die Verwendung oder Vorlage falscher, unrichtiger oder unvollständiger Erklärungen oder Unterlagen mit der Folge, dass Mittel aus dem Gesamthaushaltsplan der Union oder aus den Haushaltsplänen, die von der Union oder in deren Auftrag verwaltet werden, missbräuchlich verwendet oder zu Unrecht einbehalten werden;

---

136 Vorschlag für Richtlinie der Europäischen Parlaments und des Rates über die strafrechtliche Bekämpfung von gegen die finanziellen Interessen der Europäischen Union gerichtetem Betrug, KOM(2012) 363 endg. v. 11.7.2012, S. 7.

ii) das Verschweigen einer Information unter Verletzung einer spezifischen Pflicht mit derselben Folge oder

iii) die missbräuchliche Verwendung von Verbindlichkeiten oder Ausgaben zu anderen Zwecken als denen, für die sie ursprünglich gewährt wurden;

(b) im Zusammenhang mit Einnahmen jede vorsätzliche Handlung oder Unterlassung betreffend

i) die Verwendung oder Vorlage falscher, unrichtiger oder unvollständiger Erklärungen oder Unterlagen mit der Folge, dass Mittel aus dem Gesamthaushaltsplan der Union oder aus den Haushaltsplänen, die von der Union oder in deren Auftrag verwaltet werden, missbräuchlich verwendet oder zu Unrecht einbehalten werden;

ii) das Verschweigen einer Information unter Verletzung einer spezifischen Pflicht mit derselben Folge oder

iii) die missbräuchliche Verwendung eines rechtmäßig erlangten Vorteils mit derselben Folge."

Art. 4 *(Betrugsähnliche Straftaten)* regelt gegen die finanziellen Interessen der Union gerichtete betrugsähnliche Straftaten, nämlich unredliches Verhalten von Bietern bei öffentlichen Ausschreibungen, betrugsähnliche Verhaltensweisen, bei denen der Vergabestelle im Vergabeverfahren zwar wahre Angaben übermittelt werden, die Angaben aber auf Informationen basieren, die unrechtmäßig von öffentlichen Stellen erlangt worden sind, Korruption, zweckwidrige, auf eine Schädigung der finanziellen Interessen der Union gerichtete Verwendung von Finanzmitteln oder Vermögenswerten, Geldwäsche von Erträgen aus in der Richtlinie erfassten Straftaten.

Art. 5 *(Anstiftung, Teilnahme, Versuch)* verpflichtet die Mitgliedstaaten, die Vorbereitung und Mitwirkung bei den genannten Straftaten unter Strafe zu stellen. Weiterhin muss der Versuch der Begehung einer Straftat i.S.d. Art. 3 oder des Art. 4 Abs. 4 (missbräuchliche Verwendung durch einen öffentlichen Bediensteten) strafbar sein.

Art. 6 *(Juristische Personen)* trifft Vorgaben für die Verantwortung juristischer Personen, die neben die der natürlichen Personen treten soll.

Art. 7 *(Sanktionen gegen natürliche Personen)* fordert Sanktionen gegen natürliche Personen, die wirksam, verhältnismäßig und abschreckend sind und den festgelegten strafrechtlichen Mindestsanktionen für natürliche Personen entsprechen.

Art. 8 *(Freiheitsstrafen),* der die Freiheitsstrafen betrifft, sieht, ausgehend von den Schwellenbeträgen für die einzelnen Straftatbestände, Mindestfreiheitsstrafen für besonders schwere Straftaten vor, und zwar:

1. wenn ein Vorteil beziehungsweise ein Schaden im Wert von mindestens 100 000 Euro vorliegt:
   – Freiheitsstrafe im Mindestmaß von mindestens sechs Monaten,
   – Freiheitsstrafe im Höchstmaß von mindestens fünf Jahren.
2. wenn ein Vorteil beziehungsweise ein Schaden im Wert von mindestens 30 000 Euro vorliegt:
   – Freiheitsstrafe im Mindestmaß von mindestens sechs Monaten,
   – Freiheitsstrafe im Höchstmaß von mindestens fünf Jahren.
3. wenn die Straftat im Rahmen einer kriminellen Vereinigung im Sinne des Rahmenbeschlusses 2008/841/JI begangen wurde,
   – Freiheitsstrafe im Höchstmaß von mindestens zehn Jahren.

Mit der Einführung von Mindest- und Höchststrafspannen soll in der Union ein wirksamer, gleichwertiger Schutz der finanziellen Interessen der Union erreicht werden (Erwägungsgrund 14). Das Mindeststrafmaß von sechs Monaten ist erforderlich, damit für die in Art. 2 des Rahmenbeschlusses über den Europäischen Haftbefehl aufgeführten Straftaten ein Europäischer Haftbefehl ausgestellt und vollstreckt werden kann.

Art. 9 *(Mindestsanktionen für juristische Personen)*, der Mindestsanktionen für juristische Personen vorsieht, fordert für die Ahndung von juristischen Personen wirksame, verhältnismäßige und abschreckende Sanktionen, zu denen Geldstrafen und Geldbußen gehören und die andere Sanktionen einschließen können, darunter den Ausschluss von öffentlichen Zuwendungen oder Hilfen, ein vorübergehendes oder ständiges Verbot der Ausübung einer Handelstätigkeit, die Unterstellung unter richterliche Aufsicht, die richterlich angeordnete Eröffnung des Liquidationsverfahrens und die vorübergehende oder endgültige Schließung von Einrichtungen, die zur Begehung der Straftat genutzt wurden.

Art. 10 *(Sicherstellung und Einziehung)* schreibt die Sicherstellung und Einziehung von Erträgen (näher dazu Richtlinienvorschlag KOM(2012) 85) aus solchen Straftaten sowie von Tatmitteln vor.

Art. 11 *(Zuständigkeit)* regelt die Zuständigkeit, die an das Territorialitäts- und das Personalitätsprinzip geknüpft wird, und zwar wenn die Straftat ganz oder teilweise in dem Hoheitsgebiet eines Mitgliedstaates begangen worden ist oder der Täter dessen Staatsangehörigkeit besitzt.

Art. 12 *(Verjährung von gegen die finanziellen Interessen der Union gerichteten Straftaten)* legt für die Verfolgungsverjährung von gegen die finanziellen Interessen der Union gerichteten Straftaten eine allgemeine Mindestfrist von fünf Jahren sowie eine Verjährungsfrist für die Strafvollstreckung nach einer rechtskräftigen Verurteilung von zehn Jahren fest. Die Verjährungsfrist muss durch die Handlung einer zuständigen Behörde, u.a. durch die effektive Aufnahme der Ermittlungen oder der Strafverfolgung, bis mindestens zehn Jahre nach dem Zeitpunkt, zu dem die Straftat verübt wurde, unterbrochen werden und von Neuem beginnen. Die Notwendigkeit einheitlicher Verjährungsfristen wird darauf gestützt, dass die Täter mobil sind und wegen der Komplexität der sich daraus ergebenden grenzübergreifenden Untersuchungen alle Mitgliedstaaten geeignete Gegenmaßnahmen ergreifen müssen (Erwägungsgrund 15).

Art. 13 *(Wiedereinziehung zu Unrecht gezahlter Beträge)* verpflichtet die Mitgliedstaaten zur Wiedereinziehung von Beträgen, die unrechtmäßig als Folge einer von dieser Richtlinie erfassten Straftat gezahlt worden sind.

Nach Art. 14 *(Verhältnis zu anderen Rechtsvorschriften der Union)* lässt diese Richtlinie die Anwendung von verwaltungsrechtlichen Maßnahmen, Sanktionen und Geldbußen unberührt, die im Unionsrecht, insbesondere in Art. 4 und 5 der *Verordnung (EG, Euratom) Nr. 2988/95 des Rates vom 18.12.1995 über den Schutz der finanziellen Interessen der Europäischen Gemeinschaften*,[137] oder im einzelstaatlichen Recht im Einklang mit einer besonderen unionsrechtlichen Verpflichtung festgelegt sind. Die ordnungsgemäße und wirksame Anwendung von im Unionsrecht oder in einzelstaatlichen Umsetzungsvorschriften festgelegten verwaltungsrechtlichen Maßnahmen, Sanktionen und Geldbußen, die *nicht* mit einer strafrechtlichen Sanktion gleichgesetzt werden können, darf nicht durch Strafverfahren beeinträchtigt werden, die auf der Grundlage einzelstaatlicher Vorschriften zur Umsetzung dieser Richtlinie eingeleitet worden sind. Dadurch soll die Kohärenz des Unionsrechts gewährleistet und der Grundsatz „*ne bis in idem*" gewahrt werden (Erwägungsgrund 16).

Art. 15 regelt die *Zusammenarbeit zwischen den Mitgliedstaaten und der Europäischen Kommission (Europäisches Amt für Betrugsbekämpfung) und Art. 16 die Aufhebung der Übereinkommen zum Schutz der finanziellen Interessen der Europäischen Gemeinschaften.*

dd) Stellungnahme des Europäischen Parlaments

Das Europäische Parlament hat am 16.4.2014 über die „*Richtlinie zur strafrechtlichen Bekämpfung von gegen die finanziellen Interessen der EU gerichteten Betrug*" abgestimmt und eine unionsweite Angleichung der Mindeststrafen abgelehnt. Zudem wurde die Rechtsgrundlage der Richtlinie, Art. 325 AEUV, geändert und Art. 83 AEUV als Rechtsgrundlage im Bereich der Strafrechtsharmonisierung gewählt. Dies bedeutet, dass mindestens drei Mitgliedstaaten nicht an die Richtlinie gebunden sind.

---

137 ABl. 1995, Nr. L 312 v. 23.12.1995, 1.

ee) Beschluss des Bundesrats zum Vorschlag für eine Richtlinie des Europäischen Parlaments und des Rates über die strafrechtliche Bekämpfung von gegen die finanziellen Interessen der Europäischen Union gerichtetem Betrug

Der deutsche Bundesrat[138] begrüßt, dass die Kommission der Bekämpfung des Betrugs zu Lasten des Haushalts der Europäischen Union und damit zu Lasten der Steuerzahler hohe Bedeutung beimisst. Der Schutz der finanziellen Interessen der Europäischen Union gegen Betrug und Missbrauch müsse in allen Mitgliedstaaten ausnahmslos gewährleistet sein. Allerdings äußert er Zweifel, ob der Rückgriff auf strafrechtliche Mittel unbedingt erforderlich ist, weil keine hinreichend belastbaren Erkenntnisse über das Straftatenaufkommen, die Verfolgungswirklichkeit und die Sanktionspraxis in den Mitgliedstaaten vorlägen. Der Richtlinienvorschlag greife ohne nachvollziehbare rechtstatsächliche Begründung tief in die deutsche Strafrechtsordnung ein. Es drohten insbesondere verfassungsrechtlich problematische Ausweitungen der Strafbarkeit und Wertungswidersprüche mit dem bestehenden Rechtsgüterschutz, so dass die – nicht gerechtfertigte – Schaffung eines Sonderstrafrechts zu befürchten wäre. Sodann werden die Ausgestaltung der verschiedenen Straftatbestände, die vorgeschlagen werden, und die Verjährungsregelungen am *deutschen* Strafrechtssystem und an der *deutschen* Strafrechtsdogmatik gemessen. Weitere Kritikpunkte des Bundesrats betreffen die künftige Europäische Staatsanwaltschaft; insbesondere sollten Vorfestlegungen vermieden werden. Außerdem müssten eine Überschreitung der Kompetenzen des AEUV und eine Verletzung des Subsidiaritätsgrundsatzes vermieden werden.

ff) Stellungnahme des Deutschen Richterbundes

Demgegenüber befürwortet der *Deutsche Richterbund*[139] den Richtlinienentwurf grundsätzlich und fordert sowohl eine Ausweitung des Regelungsbereichs als auch detailliertere Vorgaben, die die Mitgliedstaaten umsetzen müssten, um so eine möglichst weitgehende Harmonisierung zu erreichen.

Zunächst wird kritisch angemerkt, dass die Kompetenzen des Art. 325 Abs. 4 AEUV nicht vollumfänglich genutzt würden, wenn nicht der gesamte Geldmarkt einbezogen werde. Hiermit schließt sich der *Deutsche Richterbund* der Forderung des Europäischen Rechnungshofes (Stellungnahme Nr. 8/2012 vom 12.12.2012) an, den Begriff der finanziellen Interessen auf

---

138 Beschluss des Bundesrates, Vorschlag für eine Richtlinie des Europäischen Parlaments und des Rates über die strafrechtliche Bekämpfung von gegen die finanziellen Interessen der Europäischen Union gerichtetem Betrug – KOM(2012) 363 final.
139 Stellungnahme zum Vorschlag für eine Richtlinie des Europäischen Parlaments und des Rates über die „strafrechtliche Bekämpfung von gegen die finanziellen Interessen der Europäischen Union gerichtetem Betrug" – KOM(2012) 363 final.

Handlungen der Europäischen Zentralbank, der Europäischen Investitionsbank, des Europäischen Investmentfonds und der Europäischen Bank für Wiederaufbau und insbesondere auf den Europäischen Stabilitätsmechanismus ESM und deren Mitarbeiter zu erstrecken. Nur so könne dem Eindruck entgegengewirkt werden, dass Handlungen von Mitarbeitern dieser Organisationen außerhalb des Strafrechts verbleiben und daher in einem quasi rechtsfreien Raum erfolgen. Hierin läge ein eklatanter Verstoß gegen den Gedanken des Raumes der Freiheit, der Sicherheit und des Rechts. Zudem wird gefordert, eine Verordnung in Erwägung zu ziehen, um eine möglichst weitgehende Vereinheitlichung innerhalb der mitgliedstaatlichen Strafrechtsordnungen zu erreichen.

Allerdings hinterfragt der *Deutsche Richterbund*, ob auch die „betrugsähnlichen Straftaten" von der Rechtsgrundlage des Art. 325 Abs. 4 AEUV getragen werden.

Weiterhin kritisiert der *Deutsche Richterbund* die nicht hinreichende Regelungstiefe: Der Betrugstatbestand des Art. 3 Abs. 1 beruhe auf der Vorlage von unrichtigen oder unvollständigen Unterlagen durch den Täter, die zu einer „missbräuchlichen" Mittelverwendung führen. Da der Richtlinienvorschlag auf keine gewachsene europäische Strafrechtsdogmatik zurückgreifen könne, werden Ausführungen zum Tätervorsatz, zur Kausalität, zur Missbräuchlichkeit (z.B. im Vergleich zum *englischen „the misappropriation or wrongful retention"*), zur Abgrenzung von Vollendung und Versuch (wenn z.B. die Behörde die falsche Information bewusst oder unbewusst nicht in ihre Entscheidung einfließen lasse) eingefordert, um eine gleichmäßige Rechtsprechung in den Mitgliedstaaten sicherzustellen. Erforderlich erscheine auch eine Begrenzung des Tatbestandes im Hinblick auf einen Zurechnungszusammenhang, der die Tatbestandsverwirklichung dann ausschließt, wenn die Behörde die tatsächlichen Entscheidungsgrundlagen trotz des falschen Vorbringens kennt.

Problematisch erscheine weiterhin, dass in Art. 3a iii für die missbräuchliche Verwendung von Mitteln der Europäischen Union auf keinen Zeitpunkt zum Tatentschluss abgestellt werde. Wenn der Entschluss zur Zweckentfremdung der gewährten Subventionen erst lange nach Vorlage der Unterlagen und Überweisung der Gelder gefasst werde (weil sich z.B. die finanzielle Situation des Unternehmens in unvorhersehbarer Weise entscheidend verschlechtert hat), erscheine es fraglich, ob dies unter den Tatbestand des „Betruges" subsumiert werden kann. Hier wäre ggf. ein eigener Tatbestand der „Subventionsuntreue" einzuführen. Hervorgehoben wird schließlich, dass Art. 4 Nr. 4 kaum zu einer Strafbarkeit von Bediensteten der Union führen werde. Die im Vorschlag geforderte Absicht der Vermögensschädigung werde zumindest nach *deutschem* Recht kaum nachzuweisen sein. Im Regelfall geht es dem Bediensteten um den eigenen Vorteil und er nimmt den dadurch entstehenden Vermögensnachteil der Union nur „billigend in Kauf". Vorsatzfragen würden nicht angesprochen, obwohl auch hier eine Harmonisierung für eine gleichmäßige Strafverfolgung erforderlich erscheint.

In Art. 5 fehle eine Definition von Beihilfe und Anstiftung. Dies wäre jedoch insofern notwendig, als die meisten der in Art. 3 und 4 angesprochenen Straftaten ohne Mitwirken eines Dritten, der sich z.B. Gelder auszahlen lässt, solche in Empfang nimmt, Bestechungen leistet oder sich versprechen lässt, nicht durchzuführen seien. Eine genaue Abgrenzung zwischen eigener Tat, Anstiftung oder Beihilfe zu fremder Tat und straflosem Verhalten fehle jedoch in der Richtlinie. Weiterhin werden Regelungen zur persönlichen strafrechtlichen Verantwortung von Vorgesetzten und Leitungspersonen innerhalb von Unternehmen und Behörden, insbesondere auch europäischen Einrichtungen, gefordert. Die Lösung des Art. 6, Fehlverhalten von Leitungspersonen juristischer Personen diesen zuzuordnen, greife zu kurz. Die in Art. 6 aufgezählten Verhaltensweisen müssen daher zunächst und zuvorderst zur strafrechtlichen Sanktion der Personen führen, die gehandelt oder unterlassen haben.

Sodann wird kritisiert, dass das Sanktionssystem der Mitgliedstaaten zu wenig einheitlich sei, um harmonisierte Sanktionen festschreiben zu können. Bereits die Frage, ob Freiheitsstrafen ganz, teilweise, nach Teilvollstreckung oder gar nicht zur Bewährung ausgesetzt werden können oder müssen, wann eine Aussetzung erfolgen kann oder muss, zeige, dass die Festlegung eines Strafrahmens alleine nur wenig zur Harmonisierung beitrage. Weiterhin werden Vorgaben für das Strafzumessungsrecht gefordert.

gg) Stellungnahme der Bundesrechtsanwaltskammer

Auch die Bundesrechtsanwaltskammer begrüßt in ihrer Stellungnahme zum Richtlinienvorschlag[140] zunächst das Ziel der Europäischen Union, durch einheitliche Betrugsregelungen einen besseren Schutz der finanziellen Interessen der Europäischen Union zu ermöglichen. Dennoch sieht sie darin einen Verstoß gegen das Subsidiaritätsprinzip, weil die Rechtsgrundlage für eine derart weitreichende Regelung nicht ausreiche. Außerdem seien die empirischen Daten zu den Betrugstatbeständen und Strafdrohungen in den einzelnen Mitgliedstaaten wenigstens für *Deutschland* unvollständig. Bezüglich der vorgeschlagenen Mindest- und Mindesthöchststrafen betont die BRAK, dass dies den sehr unterschiedlich ausgestalteten nationalen Strafzumessungs- und Strafvollstreckungssystemen nicht gerecht werde und zu sehr ungerechten Ergebnissen führe. Gleiches gelte für die starre Einteilung

---

140 Bundesrechtsanwaltskammer, Stellungnahme zum Vorschlag für eine Richtlinie des Europäischen Parlaments und des Rates über die „strafrechtliche Bekämpfung von gegen die finanziellen Interessen der Europäischen Union gerichtetem Betrug" – KOM(2012) 363 final.

der Strafzumessung anhand der Schadenshöhe. Es müsse den Mitgliedstaaten weiterhin möglich sein, ihre gut funktionierenden und auf dem Verhältnismäßigkeitsgrundsatz basierenden Strafzumessungssysteme anzuwenden. Der derzeitige Vorschlag würde zudem dazu führen, dass ein und derselbe Sachverhalt im selben Mitgliedstaat unterschiedlich bestraft wird, je nachdem, ob die finanziellen Interessen der Europäischen Union oder andere finanzielle Interessen geschädigt wurden.

d) Eigene Stellungnahme zum Richtlinienentwurf der Kommission[141]

Das Ziel der Kommission, gleichwertige und abschreckende Maßnahmen zum Schutz der finanziellen Interessen der Europäischen Union zu schaffen, indem ein Rechtsrahmen vorgegeben wird, der bestehende Schwachpunkte beseitigt und den Mangel an Gleichwertigkeit behebt, ist in der Sache ganz überwiegend zu befürworten.[142] Die Kritik beschränkt sich auf einzelne Punkte. Im Rahmen einer Bewertung des Richtlinienentwurfs der Kommission ist es zunächst erforderlich, den Bezugsrahmen zu bestimmen: Der Entwurf muss von den unionsrechtlichen Kompetenzregeln gedeckt sein, an die das *deutsche BVerfG* für *Deutschland* hohe Anforderungen stellt. Wenn sich die Kommission in diesem Rahmen bewegt, ist der Entwurf unter Zugrundelegung der Rechtsprechung des EuGH allein an den europäischen Grundrechten – Gesetzlichkeitsprinzip, Schuldgrundsatz, Verhältnismäßigkeitsgrundsatz, Subsidiaritätsprinzip – und nicht an den Grundrechten der Mitgliedstaaten zu messen. Sodann stellt sich die Frage nach der Notwendigkeit einer Harmonisierung. Schließlich stellt sich die Frage nach der Vereinbarkeit der unionsrechtlichen Vorgaben mit den nationalen Grundkategorien der jeweiligen nationalen Rechtsordnungen, die im Rahmen einer rationalen Kriminalpolitik zu berücksichtigen sind.

aa) Kompetenzen der Europäischen Union unter Berücksichtigung des Subsidiaritätsprinzips

Die Gesetzgebungskompetenz für die Bekämpfung des Betrugs und betrugsähnlicher Delikte gegen die Finanzinteressen der Europäischen Union ergibt sich aus Art. 325 Abs. 4 AEUV. Danach kann die Europäische Union gesetzgeberisch tätig werden, um „Betrügereien, die sich gegen die finanziellen Interessen der Union richten" zu „verhüten". Der Begriff der „Betrügereien" ist in der Zusammenschau mit den „sonstigen gegen die finanziellen Interessen der Union gerichteten rechtswidrigen Handlungen" (Art. 325 Abs. 1 AEUV) zu sehen und daher weit zu verstehen. Insbesondere ist er nicht auf den Betrug im engeren Sinne beschränkt, sondern umfasst alle vorwerfbaren

---

141 *Dannecker*, Der Richtlinienentwurf der Kommission über die strafrechtliche Bekämpfung von gegen die finanziellen Interessen der EU gerichteten Betrug, in Leitner (Hrsg.), Finanzstrafrecht 2013, 2014, S. 143 ff.
142 So auch der Deutsche Richterbund in seiner Stellungnahme Nr. 19/12.

Handlungen, die sich gegen die finanziellen Interessen der Union richten. Da die frühere Beschränkung auf nicht-strafrechtliche Maßnahmen (Art. 280 Abs. 4 Satz 2 EGV) mit dem Vertrag von Lissabon entfallen ist, umfasst die „Verhütung" von Betrügereien nunmehr auch das Strafrecht.

Aber selbst wenn man eine solche Kompetenz verneint, ist der Richtlinienentwurf der Kommission jedenfalls durch Art. 83 AEUV gedeckt. Wenn sich die Kommission hierauf von Anfang an gestützt hätte, hätte die Möglichkeit bestanden, Vorgaben über den Schutz der finanziellen Interessen der Europäischen Union hinaus auch für die Hinterziehung von Einkommen- und Körperschaftsteuer zu statuieren. Diese hätte es Staaten wie *Deutschland*, die einen einheitlichen Steuerhinterziehungstatbestand kennen, leichter gemacht, die europäischen Vorgaben im nationalen Recht umzusetzen.

Das BVerfG hat in seinem Lissabon-Urteil[143] Vorbehalte gegen eine nicht hinreichend legitimierte strafrechtliche Normsetzungskompetenz der Union angemeldet und deutlich gemacht, dass es die Verfassungsidentität der *Bundesrepublik Deutschland* zu schützen bereit ist. Das Gericht legt dar: „Soweit das Volk nicht unmittelbar selbst zur Entscheidung berufen ist, ist demokratisch legitimiert nur, was parlamentarisch verantwortet werden kann." In dieser Entscheidung wird das Prinzip der beschränkten Einzelermächtigung und der Subsidiarität aus Art. 5 EUV hervorgehoben und eine „verfassungsrechtlich bedeutsame Spannungslage" zu diesem Prinzip konstatiert, wenn Unionsorgane Kompetenznormen ergänzend oder erweiternd auslegen. Dadurch entstehe die Gefahr der Überschreitung des vorherbestimmten Integrationsprogramms. Daher fordert das BVerfG eine geeignete innerstaatliche Sicherung zur Wahrung der nationalen Integrationsverantwortung ein und verlangt, dass das Zustimmungsgesetz zum Lissabon-Vertrag und die innerstaatliche Begleitgesetzgebung so beschaffen sein müssen, dass „die europäische Integration weiter nach dem Prinzip der begrenzten Einzelermächtigung erfolgt, ohne dass für die Europäische Union die Möglichkeit besteht, sich der Kompetenz-Kompetenz zu bemächtigen und die integrationsfeste Verfassungsidentität der Mitgliedstaaten, hier des Grundgesetzes, zu verletzen".[144] Das Prinzip der begrenzten Einzelermächtigung ist aber angesichts der ausdrücklichen Regelung des Art. 324 Abs. 4 AEUV, unionsrechtliche Strafrechtsnormen zum Schutz der finanziellen Interessen der Europäischen Union einzuführen, auf die sich die Kommission im vorliegenden Zusammenhang stützt, nicht verletzt.

Das BVerfG hat sich ferner für befugt erklärt, zur Wahrung des unantastbaren Kerngehalts der Verfassungsidentität eine Ultra-vires-Kontrolle durchzuführen und zu prüfen, ob der „unantastbare Kerngehalt der Verfas-

---

143 BVerfGE 123, 267 (351).
144 BVerfGE 123, 267 (353).

sungsidentität" verletzt wird.[145] Wenn im Rahmen einer Richtlinie Mindestvorgaben für das nationale Strafrecht getroffen werden und den Mitgliedstaaten bei der Umsetzung in das nationale Recht erhebliche Spielräume verbleiben, ist der Kerngehalt der Verfassungsidentität nicht tangiert. Vielmehr verbleiben den Mitgliedstaaten hinreichend weite Gestaltungsspielräume zur Berücksichtigung ihrer kulturellen Eigenheiten. Hier wird zugleich deutlich, dass die Forderungen des *Deutschen Richterbundes* hinsichtlich der Detailliertheit insbesondere der Regelungen des Allgemeinen Teils des Strafrechts verfassungsrechtlich problematisch wären. Angesichts der Orientierung an den Strafrechtssystemen der Mitgliedstaaten, die rechtsvergleichend herangezogen werden, sowie angesichts der Beschränkung auf Höchststrafen bleibt für die demokratische Selbstgestaltungsfähigkeit der nationalen Gesetzgeber ein erheblicher Spielraum, so dass auch insoweit keine verfassungsrechtlichen Bedenken gegen den Richtlinienentwurf bestehen.

In Bezug auf die strafrechtliche Mindestvorgabenkompetenz nach Art. 83 Abs. 1 AEUV für grenzüberschreitende Schwerstkriminalität, die Annexkompetenz nach Art. 83 Abs. 2 S. 1 AEUV, die Kompetenz zum Erlass kriminalpräventiver Maßnahmen aus Art. 84 AEUV sowie auf Eurojust und Europäische Staatsanwaltschaft betont das BVerfG,[146] dass die Entscheidung des Gesetzgebers über die Strafbarkeit und die Strafdrohungen wesentlich und elementar für das menschliche Zusammenleben im Allgemeinen und die Funktionsfähigkeit einer demokratischen Gesellschaft im Besonderen seien:[147] „Der Gesetzgeber übernimmt mit der Entscheidung über strafwürdiges Verhalten die demokratisch legitimierte Verantwortung für eine Form hoheitlichen Handelns, die zu den intensivsten Eingriffen in die individuelle Freiheit im modernen Verfassungsstaat zählt. Der Gesetzgeber ist bei der Entscheidung, ob er ein bestimmtes Rechtsgut, dessen Schutz ihm wesentlich erscheint, gerade mit den Mitteln des Strafrechts verteidigen und wie er dies gegebenenfalls tun will, grundsätzlich frei."[148]

Damit betont das Gericht die besondere Bedeutung der Strafrechtshoheit des Gesetzgebers für die Souveränität eines jeden Mitgliedstaates. Das Gericht räumt zwar ein, dass es geboten sein könne, bestimmte Handlungen auch zu dem Zweck unter Strafe zu stellen, völkerrechtlichen Verpflichtungen nachzukommen,[149] aber wegen der „empfindlichen Berührung der demokratischen Selbstbestimmung durch Straf- und Strafverfahrensnormen sind die vertraglichen Kompetenzgrundlagen für solche Schritte [Straf- und Strafverfahrensvorschriften zu schaffen, die den Bedingungen europäischer grenzüberschreitender Sachverhalte Rechnung tragen] strikt – keinesfalls

---

145 BVerfGE 123, 267 (353 f.).
146 BVerfGE 123, 267 (406 ff.).
147 BVerfGE 123, 267 (408).
148 BVerfGE 123, 267 (408 f.).
149 BVerfGE 123, 267 (409).

extensiv – auszulegen und ihre Nutzung bedarf besonderer Rechtfertigung".[150] Das BVerfG macht hier deutlich, dass das Strafrecht in seinem Kernbestand keinesfalls als „rechtstechnisches Instrument zur Effektuierung einer internationalen Zusammenarbeit" gebraucht werden darf, vielmehr stehe es für die „besonders sensible demokratische Entscheidung über das rechtsethische Minimum".[151] Das Zustimmungsgesetz zum Lissabon-Vertrag – über dieses hatte das Gericht zu entscheiden – sei aus diesen Gründen nur deswegen als verfassungsgemäß anzusehen, weil der Lissabon-Vertrag im Hinblick auf alle strafrechtlichen Kompetenznormen verfassungskonform auszulegen sei. Das BVerfG misst damit – in äußerst fragwürdiger Weise – über das Instrument des Zustimmungsgesetzes den Lissabon-Vertrag am deutschen Verfassungsrecht und behält sich bereits damit faktisch auch die Feststellung einer Verfassungswidrigkeit vor.

In diesem Zusammenhang wird auf die Notwendigkeit einer besonders engen Auslegung aller strafrechtlichen Kompetenzen hingewiesen: In Art. 83 Abs. 2 AEUV mit der Annexkompetenz sei das Wort „unerlässlich" ernst zu nehmen. Es müsse nachweisbar feststehen, dass ein „gravierendes Vollzugsdefizit im Unionsrecht tatsächlich besteht und nur durch Strafandrohung beseitigt werden kann".[152] Ähnliches gelte auch für Art. 83 Abs. 1 AEUV: Hier zeige bereits der Katalog, dass es sich um schwere und typischerweise grenzüberschreitende Kriminalität handeln müsse. Zudem seien nur Mindestvorgaben möglich, die den Mitgliedstaaten noch einen substantiellen Gestaltungsfreiraum überlassen. Schließlich betont der Zweite Senat einen materiellen Gesichtspunkt: das Schuldprinzip. Bei der Auslegung europäischen Strafrechts dürfe keinesfalls das Prinzip „nulla poena sine culpa" verletzt werden, das in der Menschenwürde des Art. 1 Abs. 1 GG wurzele und auf dem das Strafrecht beruhe.[153] „Das Schuldprinzip gehört zu der wegen Art. 79 Abs. 3 GG unverfügbaren Verfassungsidentität, die auch vor Eingriffen durch die supranational ausgeübte öffentliche Gewalt geschützt ist."[154]

Für alle grundlegenden strafrechtlichen Maßnahmen mahnt das BVerfG eine besondere demokratische Legitimation an, die dadurch erreicht werden könne, dass „der deutsche Vertreter im Rat die in Art. 82 Abs. 3 und Art. 83 Abs. 3 AEUV genannten mitgliedstaatlichen Rechte nur nach Weisung des deutschen Bundestages und, soweit die Regelungen über die Gesetzgebung dies erfordern, des Bundesrates ausübt". Der Senat betrachtet die konkretisierende Ausfüllung der Ermächtigungen nach Art. 82 Abs. 2 und Art. 83 Abs. 2 AEUV in der Sache als Vertragsänderungen, die einer entsprechen-

---

150 BVerfGE 123, 267 (410).
151 BVerfGE 123, 267 (410).
152 BVerfGE 123, 267 (412).
153 BVerfGE 123, 267 (413).
154 BVerfGE 123, 267 (413).

den Ausübung der Integrationsverantwortung der Gesetzgebungsorgane bedürfen.[155]

Im Ergebnis hält sich der Kommissionsentwurf im Rahmen der vom BVerfG geforderten Vorgaben und trägt, da eine Richtlinie erlassen werden soll und nicht eine Verordnung, die unmittelbar geltende Kriminalstraftatbestände oder Kriminalstrafen enthält, dem Subsidiaritätsprinzip grundsätzlich Rechnung. Die Kommission ist nicht verpflichtet, nur ein „europäisches Modellstrafrecht" vorzugeben, das den Mitgliedstaaten als Orientierungsmaßstab dient, zumal damit eine Harmonisierung der mitgliedstaatlichen Rechtsordnungen nicht sichergestellt werden könnte.

bb) Verfassungsrechtliche Vorgaben der Grundrechtecharta

Die Maßstäbe, an denen der Richtlinienentwurf zu messen ist, ergeben sich aus den Unionsgrundrechten, denn beim Schutz der Finanzinteressen der Europäischen Union geht es um die Durchführung von Unionsrecht. Soweit dabei der unionsrechtlich determinierte Bereich betroffen ist, kommen allein die Unionsgrundrechte zur Anwendung, soweit Handlungsspielräume für die nationalen Gesetzgeber verbleiben, die durch nationale Regelungen ausgefüllt werden können, kommen die Unions- und die nationalen Grundrechte nebeneinander zur Anwendung.[156] Es ist daher zunächst auf die Garantien der Grundrechtecharta abzustellen, und nicht, wie dies in der Stellungnahme des *Deutschen Bundesrats* und der Bundesrechtsanwaltskammer geschieht, auf das nationale Verfassungsrecht.

Art. 49 GRCh enthält rechtsstaatliche Vorgaben für das materielle Strafrecht hinsichtlich des Gesetzlichkeitsprinzips sowie der Verhältnismäßigkeit von Straftaten, Strafen und strafähnlichen Sanktionen. Da die Richtlinienvorgaben von den nationalen Gesetzgebern umzusetzen sind, muss im Mittelpunkt der Überlegungen der Verhältnismäßigkeitsgrundsatz stehen, der in Art. 49 Abs. 3 GRCh garantiert ist. Hiergegen wird verstoßen, wenn das Ob oder das Maß der verhängten oder angedrohten Strafe „unverhältnismäßig" („disproportionate"/„disproportionée") ist. Die angedrohten Strafsanktionen müssen „geeignet und erforderlich" bzw. „angemessen und erforderlich" sein[157] und dürfen „nicht über den Rahmen des zur Erreichung des verfolgten Zieles unbedingt Erforderlichen hinausgehen".[158] Das Ausmaß der Strafe muss im Hinblick auf den Unrechts- und Schuldgehalt

---

155 BVerfGE 123, 267 (414).
156 Näher zur Geltung unionsrechtlichen Grundrechte im Strafrecht *Dannecker*, Grundrechte im europäischen Straf- im Strafverfahrensrecht im Lichte der Rechtsprechung des EuGH, in FS für H. Fuchs, 2014, S. 111 ff.
157 EuGH, Urt. v. 9.2.2012 – Rs. 210/10, Rz. 24 – *Urban*; v. 27.9.2006 – Rs. T-43/02, Slg. 2006, II-3435 Rz. 226 – *Jungbunzlauer*; v. 28.4.2010 – Rs. T- 446/05, Slg. 2010, II-1255 Rz. 171 – *Amann*.
158 EuGH, Urt. v. 12.7.2001, Rs. 262/99, Slg. 2001, I-5547 Rz. 67 – *Louloudakis*.

der Tat angemessen bzw. tragbar sein.[159] Hierbei müssen die Schwere des Verstoßes und das Gewicht der Strafe in einem angemessenen Verhältnis zueinander stehen.

Da alle Staaten das Vermögen gegen Betrug und Steuerhinterziehungen schützen, ist der Einsatz strafrechtlicher Verbotsnormen nicht unverhältnismäßig, zumal die Europäische Union und ihre Mitgliedstaaten verpflichtet sind, Betrügereien und sonstige gegen die finanziellen Interessen der Union gerichtete rechtswidrige Handlungen zu bekämpfen (Art. 310 Abs. 6, 325 Abs. 1 AEUV). Das hierfür geeignete Mittel ist das der Betrugsbekämpfung durch das Strafrecht. Dabei besteht keine Verpflichtung der Mitgliedstaaten, einen einheitlichen Betrugstatbestand zu schaffen, der sowohl den Betrug und Subventionsbetrug als auch die Steuerhinterziehung umfasst. Der Betrug zum Nachteil der finanziellen Interessen der Union ist vielmehr ein Oberbegriff. Die Ausgestaltung der Straftatbestände bleibt den Mitgliedstaaten überlassen. Eigenständige Regelungen sind ohnehin für die betrugsähnlichen Straftaten erforderlich, nämlich die Geldwäsche, die Korruptionsdelikte, einschließlich der Bestechlichkeit und Bestechung im privaten Verkehr, sowie für Manipulationen im Vergabeverfahren. Hier obliegt es den nationalen Gesetzgebern, eine Einpassung in das nationale Straftatensystem vorzunehmen und die Vereinbarkeit mit den strafrechtlichen Grundkategorien des nationalen Rechts sicher zu stellen. Auf eine Einbeziehung des Kapitalmarktstrafrechts sollte jedoch verzichtet werden, da es sich hierbei um einen eigenständigen Regeln folgenden Bereich handelt.

Bei der Betrugsbekämpfung zu Lasten des Haushalts der Europäischen Union und der Bekämpfung von Steuerhinterziehung und Steuerbetrug bestehen Abstimmungserfordernisse, und zwar insbesondere in den Bereichen Fahrlässigkeitsstrafbarkeit, Selbstanzeige bei der Steuerhinterziehung bzw. dem Steuerbetrug, Einführung von Rechtsmissbrauchsregeln für die Mehrwertsteuer, Konkretisierung der strafrechtlichen Verantwortung juristischer Personen und Ausgestaltung der Sanktionen gegen juristische Personen. Insbesondere was die Selbstanzeige betrifft, erfüllt die Richtlinie nicht die Anforderungen an eine sinnvolle Harmonisierung des Steuerstrafrechts. Gerade dieser Bereich sollte in die Harmonisierung einbezogen werden, um auf diesem Gebiet der Begrenzung des strafrechtlichen Schutzes eine gewisse Vereinheitlichung zu erzielen.

Was die Regelungen des Allgemeinen Teils anbetrifft, insbesondere die Anstiftung und Beihilfe sowie den Versuch in erheblichen Fällen und die Anforderungen an den Vorsatz, wird dem Subsidiaritätsprinzip Rechnung getragen, da die Mitgliedstaaten in diesem Bereich ihre eigenen Regelungen zur Anwendung bringen können. Gleiches gilt für die Mindest- und Min-

---

[159] *Blanke*, CR, Art. 49 Rz. 6; Allgemeines dazu bei *Jarass*, Charta der Grundrechte der EU, 2. Aufl. 2013, Art. 52 Rz. 40 f.

desthöchststrafen (einschließlich Freiheitsstrafen), die an bestimmte Begehungsarten und Schadenshöhen geknüpft werden, sowie für die Einziehung und den Verfall.

Da es auch Aufgabe der Europäischen Union ist, die Einhaltung der Verfahrensgarantien der EMRK sicher zu stellen, darf sie diesbezüglich für die Mitgliedstaaten Vorgaben treffen. Daher wird zu Recht auf die Einhaltung von „ne bis in idem" hingewiesen. Außerdem bleibt kritisch anzumerken, dass die Zuständigkeiten der verschiedenen Strafverfolgungsorgane in grenzüberschreitenden Fällen nicht hinreichend geregelt ist. Hierfür bedarf es der Benennung von Kriterien, nach denen sich die Zuständigkeit des für die Verfolgung bestimmter Straftaten zuständigen Mitgliedstaats bestimmt. Weitere verfahrensrechtliche Problembereiche betreffen die Auswirkungen des „ne bis in idem"-Grundsatzes auf den nationalen steuerstrafrechtlichen Schutz des Haushalts und den Grundsatz „nemo tenetur se ipsum accusare" bei natürlichen und insbesondere bei juristischen Personen. Generell sollte jedoch die Verfahrensautonomie der Mitgliedstaaten respektiert und auf unionsrechtliche Vorgaben auf diesem Gebiet verzichtet werden.[160]

cc) Notwendigkeit der Berücksichtigung des nationalen Betrugs- und Abgabenstrafrechts der Mitgliedstaaten

Die Unterschiede in den Strafrechtsordnungen der Mitgliedstaaten der Europäischen Union sind so erheblich, dass der strafrechtliche Schutz der Finanzinteressen der Europäischen Union im Grundsatz europäisch bestimmt werden muss, die Umsetzung in das nationale Recht jedoch den Besonderheiten des jeweiligen Rechts Rechnung tragen sollte. Dadurch wird der kriminalpolitischen Notwendigkeit, die Finanzinteressen der Europäischen Union zu schützen, Rechnung getragen. Zugleich bleibt Raum für die Eigenheiten der nationalen Steuerstrafrechtsordnungen, damit eine Einpassung in die nationalen Steuerstrafrechtssysteme möglich bleibt. Darunter mag zwar die Harmonisierung leiden, weil durch die Berücksichtigung nationaler Besonderheiten keine vollständige Vereinheitlichung der Rechtslage in den Mitgliedstaaten entsteht. Jedoch können durch eine Einpassung in das jeweilige nationale Strafrechtssystem Systembrüche vermieden werden, die Auslegungsschwierigkeiten und die Gefahr in sich bergen, dass die Strafverfolgungsorgane bei der Anwendung der neuen Regelungen zögerlich vorgehen und damit einen effektiven Vollzug der Kontrolle und der Strafverfolgung behindern. Die Möglichkeit zur Vermeidung von Systembrüchen besteht für die Mitgliedstaaten, wenn die Kommission die Rechtsform der Richtlinie wählt, da diese Rechtsform eine Einpassung der europäischen Vorgaben in das nationale Recht ermöglicht.

---

160 Näher dazu *Dannecker* in FS für Fuchs, 2014, S. 111.

Allerdings sollten in den Mitgliedstaaten der Schutz der Ausgaben durch Betrug oder betrugsähnliche Delikte und der Schutz der Einnahmen durch einen abgabenrechtlichen Straftatbestand aufeinander abgestimmt werden. Für eine Orientierung bietet sich hierfür die Finanzstrafrechts-Novelle 2010 in *Österreich* an, in der der Gesetzgeber den Versuch unternommen hat, Betrugs- und Abgabenstrafrecht durch Einführung eines Qualifikationstatbestandes des Abgabenbetrugs einander anzugleichen.

dd) Einheitsmodell als verbindliche Vorgabe des Richtlinienentwurfs?

Die Europäische Union benennt in ihrem Vorschlag einen einheitlichen Straftatbestand zum Schutz der Einnahmen und der Ausgaben. Fraglich ist allerdings, ob damit nur die inhaltlichen Vorgaben verbindlich sein sollen oder ein dem Einheitsmodell zuzuordnender Straftatbestand verpflichtend sein soll, der dann dem vierten Modell zuzurechnen wäre, weil Betrug, Subventionsbetrug, Steuerhinterziehung, die einfache wie auch die schwere, und Haushaltsuntreue zusammen in einem einheitlichen Straftatbestand als eigenständiger und umfassender Betrugstatbestand geregelt werden müssten. Der Richtlinienentwurf lässt offen, ob eine für die Mitgliedstaaten verbindliche Vorgabe geschaffen werden soll oder ob die inhaltlichen Fragen im Vordergrund stehen. Gegen die zwingende Vorgabe eines Einheitsmodells spricht insbesondere der Subsidiaritätsgrundsatz. Hinzu kommt unter inhaltlichen Gesichtspunkten, dass die dabei zu erwartenden Friktionen zur Ausgestaltung des nationalen Strafrechts beträchtlich sind, die Anforderungen an ein ausgewogenes, in sich möglichst widerspruchsfreies Strafrechtssystem können dann nicht mehr eingehalten werden. Daher wird die Bereitschaft der Mitgliedstaaten, die Vorgaben eins zu eins umzusetzen, vergleichsweise gering sein. Berücksichtigt man schließlich, dass die Kommission die Richtlinie auf Art. 325 AEUV und nicht auf Art. 83 AEUV stützen wollte, so wird bereits aus der Kompetenzbeschränkung auf den Schutz der finanziellen Interessen der Europäischen Union deutlich, dass ein alle Steuerarten umfassender Steuerhinterziehungstatbestand nicht angestrebt ist.

ee) Schutz der Finanzinteressen der Europäischen Union

Damit stellt sich die Frage, ob ein einheitlicher Betrugstatbestand erforderlich ist oder ob es ausreicht, wenn der Schutz der finanziellen Interessen der Europäischen Union durch betrugs- und abgabenrechtliche Straftatbestände erfolgt, die sich auf die verschiedenen Handlungsobjekte beziehen, nämlich Eingangs- und Ausgangsabgaben, Subventionen und Mehrwertsteuer und die inhaltlich aufeinander abgestimmt sind.

Grundsätzlich besteht keine Notwendigkeit eines einheitlichen Straftatbestandes. Vielmehr genügt es, wenn die Mitgliedstaaten den strafrechtlichen Schutz in ihr nationales Strafrechtssystem integrieren und so ein dem nationalen Strafrecht vergleichbares Schutzniveau schaffen. Dies bedeutet aber, dass die Zweiteilung in Steuerdelikte und Betrug beibehalten werden sollte, denn beim Betrug geht es um Täuschungsschutz, bei der Steuerhinterziehung um Verletzungen der Mitwirkungspflichten, die der Information der Finanzverwaltung dienen. Wenn eine *Rechtsordnung* alle Steuern und sonstigen Abgaben einheitlich durch einen oder mehrere Straftatbestände schützt wie die *ungarische*, sollte sichergestellt werden, dass die europäischen Einnahmen in den Schutzbereich einbezogen sind. Wenn hingegen ausdifferenzierte Steuer- und Zollstraftatbestände existieren, können entsprechende Sondertatbestände geschaffen werden, die sich speziell auf die Eingangs- und Ausgangsabgaben beziehen. Hierbei ist zu berücksichtigen, dass der Mehrwertsteuerbetrug grundsätzliche Fragen aufwirft, insbesondere was die rechtliche Behandlung von Missbrauchsfällen betrifft.[161]

Angesichts der gravierenden Unterschiede bezüglich des strafrechtlichen Schutzes der Finanzinteressen der Europäischen Union, wie sie die nationalen Rechtssysteme gegenwärtig noch aufweisen,[162] wurde in der Literatur zunächst eine Orientierung am *deutschen* Strafrechtsmodell empfohlen,[163] da dieses für sich in Anspruch nehmen könne, besonders nachhaltig gegen Unregelmäßigkeiten zu Lasten der Europäischen Union vorzugehen. Hierzu ist jedoch kritisch anzumerken, dass eine unbesehene Übernahme der *deutschen* Rechtslage problematisch wäre, weil das *deutsche* Strafrecht die Verkürzung von Einnahmen und diejenige von Ausgaben der Gemeinschaft nicht einheitlich erfasst:[164] Während die Einnahmen durch den Tatbestand der Steuerhinterziehung und damit durch ein Erfolgsdelikt geschützt würden, kenne das Strafgesetzbuch zum Schutz der Ausgaben mit § 264 StGB ein Gefährdungsdelikt. Außerdem stelle § 264 Abs. 3 StGB auch die leichtfertige (grob fahrlässige) Begehensweise unter Kriminalstrafe und bewerte diese nicht nur als Ordnungswidrigkeit, wie dies im Steuerstrafrecht der Fall sei (§ 378 AO). Diese Verschärfung beim Subventionsbetrug wurde damit gerechtfertigt, dass bei der Inanspruchnahme von Wirtschaftssubventionen durch Betriebe und Unternehmen eine erhöhte Pflichtenstellung des Subventionsempfängers im Hinblick auf das Vorliegen der Subventionsvoraussetzungen bestehe; bei der leichtfertigen Steuerhinterziehung gehe es

---

161 Vgl. dazu *Dannecker/Bülte* in Wabnitz/Janovsky (Hrsg.), Handbuch des Wirtschafts- und Steuerstrafrechts, Kapitel 2, Rz. 279 ff.
162 Vgl. dazu bereits oben unter II. 2. f).
163 Zur Vorbildfunktion des deutschen Strafrechts *Bacigalupo Zapater* in Dannecker (Hrsg.), Die Bekämpfung des Subventionsbetrugs im EG-Bereich, 1993, S. 151 ff.; *Grasso* in European Communities Commission (Hrsg.), Legal Protection of the Financial Interests of the Community, 1990, S. 250 f.
164 So *Tiedemann*, Der Strafschutz der Finanzinteressen der Europäischen Gemeinschaft, NJW 1990, S. 2227 f.; vgl. auch *Dannecker* in Dannecker (Hrsg.), Die Bekämpfung des Subventionsbetrugs im EG-Bereich, 1993, S. 32.

demgegenüber regelmäßig nicht um die Erlangung von Vorteilen aus staatlichem Vermögen, sondern um die Nichtabführung eigener Vermögensbestandteile an den Staat.[165] Angesichts der Tatsache, dass Steuervorteile und direkte Subventionen weitgehend austauschbar sind, kann die *deutsche* Differenzierung nicht uneingeschränkt zur Nachahmung empfohlen werden.[166]

ff) Ausgestaltung des Sanktionsrahmens

(1) Bedeutung des Sanktionsrahmens

Der Grundsatz „nullum crimen, nulla poena sine lege" bezieht sich nicht nur auf die Strafbarkeit, sondern auch auf die Rechtsfolgen der Tat. Damit sind die Rechtsfolgen der Tat in den Anwendungsbereich dieses Grundsatzes einzubeziehen. Diesbezüglich führt das *deutsche* BVerfG zutreffend aus, dass Tatbestand und Rechtsfolge gemessen an der Idee der Gerechtigkeit sachlich aufeinander abgestimmt sein müssten. Das Gewicht einer Straftat und der ihr in der verbindlichen Wertung des Gesetzgebers beigemessene Unwertgehalt lasse sich in aller Regel erst aus der Höhe der angedrohten Strafe entnehmen. Insofern sei auch die Strafandrohung für die Charakterisierung, Bewertung und Auslegung des Straftatbestandes von entscheidender Bedeutung. Von daher werde unmittelbar einsichtig, dass sich der Grundsatz „nullum crimen, nulla poena sine lege" sowohl auf den Unrechtstatbestand als auch auf die Höhe der Strafandrohung beziehe.[167] Die Bestimmtheit der Rechtsfolge muss sowohl bezüglich der Art als auch bezüglich der Höhe der Strafe vorliegen.[168] Der Gesetzgeber muss abstrakte Sanktionsunter- und Sanktionsobergrenzen festlegen,[169] um einen Orientierungsrahmen für die richterliche Abwägung nach Tatunrecht und Schuldmaß festzulegen. Diesen Anforderungen genügen uferlose Strafrahmen, welche die Bestimmung der konkreten Strafe zu einem unberechenbaren Akt richterlicher Entscheidung machen, nicht. *Kelsen*[170] hat somit Recht, wenn er ausführt, es sei die Konsequenz des Gesetzlichkeitsprinzips, dass es vom Standpunkt des positiven Rechts keine Tatbestände gibt, die ohne Rücksicht auf die gesetzlich angeordneten Folgen strafrechtliches Unrecht sind. Erst durch die Sanktionsandrohung bringe der Gesetzgeber diese Bewertung zum Ausdruck und mache einen Tatbestand zum strafrechtlichen Unrecht. Wegen der Funktion der gesetzlichen Straf-

---

165 Vgl. dazu *Tiedemann*, ZStW 87 (1975), S. 276 m.w.N.; vgl. auch *Arroyo Zapatero*, Delitos contra la Hazienda Publica en materia de subvenciones, 1987, S. 84 f.
166 So *Tiedemann*, NJW 1990, S. 2228.
167 So zutreffend: BVerfGE 25, 269 (286 ff.).
168 *Baumann/Weber/Mitsch*, Strafrecht Allgemeiner Teil, 11. Aufl. 2003, § 9 Rz. 17; kritisch zu den überweiten Strafrahmen im Besonderen Teil: *Schünemann*, Nulla poena sine lege?, 1978, S. 37.
169 BVerfGE 73, 253 f.
170 *Kelsen*, Reine Rechtslehre, 2. Aufl. 1960, S. 116 ff.

androhung als strafrechtliche Bewertung des Gesetzgebers müssen auch die Rechtsfolgen der Tat dem Gesetzlichkeitsprinzip unterliegen.

(2) Strafrahmen des Grunddelikts

Die Kommission schlägt in ihrem *Entwurf einer Richtlinie als Mindeststrafrahmen für den einheitlichen Betrugstatbestand zum Schutz der finanziellen Interessen der Europäischen Union* vor, dass bei einem Schaden von 100 000 Euro Freiheitsstrafe von sechs Monaten bis zu fünf Jahren vorzusehen ist. Die Freiheitsstrafe stellt hiernach die primäre Strafe dar. Mit diesem Vorschlag orientiert sich die Kommission an einem Mittelfeld der Sanktionen, die die Mitgliedstaaten gegenwärtig androhen. Strafrahmen von bis zu zwei Jahren Freiheitsstrafe werden als zu niedrig angesehen; dies hat die Kommission bereits in ihrem Bericht über die Umsetzung des Übereinkommens über den Schutz der finanziellen Interessen der Europäischen Gemeinschaften und seiner Protokolle zu Recht moniert.[171]

Fraglich ist allerdings, ob die Mitgliedstaaten berechtigt sind, innerhalb dieses Strafrahmens weitere Differenzierungen vorzunehmen, wie dies z.B. in *Österreich*[172] der Fall ist:

- Das Grunddelikt des Betrugs ist in *Österreich* gem. § 146 StGB mit Freiheitsstrafe bis zu sechs Monaten oder mit Geldstrafe bis zu 360 Tagessätzen zu bestrafen.
- Ein schwerer Betrug, der mit Freiheitsstrafe bis zu drei Jahren zu bestrafen ist, liegt gem. § 147 Abs. 1 StGB vor, wenn der Täter zur Täuschung (1.) eine falsche oder verfälschte Urkunde, ein falsches, verfälschtes oder entfremdetes unbares Zahlungsmittel, falsche oder verfälschte Daten, ein anderes solches Beweismittel oder ein unrichtiges Messgerät benützt, (2.) ein zur Bezeichnung der Grenze oder des Wasserstands bestimmtes Zeichen unrichtig setzt, verrückt, beseitigt oder unkenntlich macht oder (3.) sich fälschlich für einen Beamten ausgibt.
- Nach § 147 Abs. 2 StGB ist ebenso mit Freiheitsstrafe bis zu drei Jahren zu bestrafen, wer einen Betrug mit einem 3000 Euro übersteigenden Schaden begeht.
- Wer durch die Tat einen 50 000 Euro übersteigenden Schaden herbeiführt, ist gem. § 147 Abs. 3 StGB mit Freiheitsstrafe von einem bis zu zehn Jahren zu bestrafen.
- Der gewerbsmäßige Betrug nach § 148 StGB ist mit Freiheitsstrafe von sechs Monaten bis zu fünf Jahren, ein schwerer Betrug in der Absicht,

---

171 Zweiter Bericht der Kommission über die Umsetzung des Übereinkommens über den Schutz der finanziellen Interessen der Europäischen Gemeinschaften und seiner Protokolle KOM(2008) 77 endg., S. 3.
172 Siehe dazu bereits ausführlich oben, II. 3. a) bb).

sich durch dessen wiederkehrende Begehung eine fortlaufende Einnahme zu verschaffen, mit Freiheitsstrafe von einem bis zu zehn Jahren zu bestrafen.

Eine solche Ausgestaltung erfüllt die Anforderungen des Richtlinienvorschlags, da bei einem Schaden von mehr als 100 000 Euro nach § 147 Abs. 3 StGB ein Strafrahmen von einem Jahr bis zu 10 Jahren eröffnet ist. Damit bestehen aus unionsrechtlicher Sicht keine Bedenken an der Beibehaltung der bisherigen Betrugsregelungen in *Österreich*. Gleiches gilt für die anderen Mitgliedstaaten, sofern sie für einen Betrug mit einem Schaden von mehr als 100 000 Euro nicht wie z.B. *Belgien* einen Strafrahmen von weniger als sechs Monate bis zu fünf Jahren vorsehen.[173]

Etwas schwieriger stellt sich die Rechtslage bezüglich der Abgabedelikte dar. Bei einem Abgabendelikt wird nur ein Strafrahmen von sechs Monaten bis zu drei Jahren erreicht, wenn der Schaden 50 000 Euro beträgt und eine qualifizierte Tathandlung hinzukommt. Der von der Kommission vorgeschlagene Sanktionsrahmen von sechs Monaten bis zu fünf Jahren wird nicht schon bei einem 100 000 Euro übersteigenden, sondern erst bei einem 250 000 Euro überschreitenden Schaden erreicht. Die gegenwärtige Ausgestaltung des Sanktionsrahmens bleibt deshalb nach wie vor hinter den europäischen Vorgaben zurück, denn es ist durchaus denkbar, dass eine schwerwiegende Täuschung vorliegt, die zu einem Schaden unter 250 000 Euro führt und deshalb einen Strafrahmen von bis zu fünf Jahren Freiheitsstrafe erfordert. Angesichts solcher Schwierigkeiten ist es verständlich, dass das Europäische Parlament sich gegen die Festsetzung von Mindeststrafen ausgesprochen hat.

(3) Strafrahmen eines Qualifikationstatbestandes

Auf einen Qualifikationstatbestand des schweren Betrugs, wie er noch in dem Übereinkommen von 1996 ab einem Schaden von 50 000 Euro vorgesehen war, wurde in dem Richtlinienvorschlag verzichtet. Diese Fälle werden in dem Richtlinienentwurf bereits von dem Grundtatbestand erfasst. Jedoch finden sich in einigen Mitgliedstaaten Straftatbestände, die einen Sanktionsrahmen von bis zu zehn Jahren Freiheitsstrafe vorsehen, so in *Deutschland, England, Griechenland, Kroatien* und *Österreich* (beim Betrug bei einem Schaden von mehr als 50 000 Euro und bei der Abgabenhinterziehung bei einem Schaden von mehr als 500 000 Euro). Wenn jedoch eine Annäherung der Strafen in den Mitgliedstaaten erreicht werden soll, sollte eine weitere Differenzierung erfolgen. Diesbezüglich ist die *österreichische* Finanzstrafrechts-Novelle von 2010 von Interesse, die darauf abziel-

---

173 Zweiter Bericht der Kommission über die Umsetzung des Übereinkommens über den Schutz der finanziellen Interessen der Europäischen Gemeinschaften und seiner Protokolle KOM(2008) 77 endg., S. 3.

te, für die Abgabendelikte einen Qualifikationstatbestand einzuführen, um zu vergleichbaren Strafen wie beim Betrug zu kommen.

Voraussetzung eines qualifizierten europäischen Betrugs muss sein, dass das Grunddelikt verwirklicht ist, also ein Betrug oder eine Abgabenhinterziehung mit einem Schaden von mehr als 100 000 Euro vorliegt, und zudem entweder eine qualifizierte Täuschung oder ein sehr hoher Schaden oder eine Kombination aus Schadenshöhe und qualifizierter Tathandlung vorliegt.

In *Österreich* werden als qualifizierende Tatmodalitäten die Verwendung falscher oder verfälschter Urkunden, falscher oder verfälschter Daten oder anderer solcher Beweismittel, weiterhin die Verwendung von Scheingeschäften und andere Scheinhandlungen (§ 23 BAG) genannt. Diese Qualifikationsmerkmale werden mit der Schadenshöhe kombiniert: Der Abgabenbetrug über 50 000 Euro ist mit Freiheitsstrafe bis zu drei Jahren bedroht, der Abgabenbetrug über 250 000 Euro mit Freiheitsstrafe von sechs Monaten bis zu fünf Jahren und der Abgabenbetrug mit einem 500 000 Euro übersteigenden strafbestimmenden Wertbetrag mit Freiheitsstrafe von einem bis zu zehn Jahren. Diese Vorgaben bleiben, wie dargelegt, hinter dem Richtlinienentwurf der Kommission zurück, der bereits für das Grunddelikt einen Strafrahmen bis zu fünf Jahren vorsieht. Beim Betrug wird in *Österreich* ein Schaden von 3000 Euro als qualifizierendes Merkmal angesehen, das zu einem Strafrahmen von bis zu drei Jahren Freiheitsstrafe führt. Kommt hinzu, dass sich der Täter eine fortlaufende Einnahmequelle verschaffen will oder beläuft sich der Schaden auf mehr als 50 000 Euro, so beträgt der Strafrahmen ein bis zehn Jahre Freiheitsstrafe.

Dieses System ist insgesamt so stark auf das *österreichische* Strafrecht mit seinem System wertbestimmender Beträge zugeschnitten, dass zwar auf die qualifizierten Tathandlungen zurückgegriffen werden kann. Die Ergänzung bzw. Kombination der qualifizierten Tathandlungen mit der Schadenshöhe erweist sich hingegen als wenig geeignet für eine Harmonierung in der Europäischen Union. Deshalb erscheint es vorzugswürdig, die Voraussetzungen für einen europäischen Qualifikationstatbestand eigenständig zu entwickeln.

Wenn der Schaden 500 000 Euro übersteigt, muss noch nicht zwingend ein schwerwiegender Betrug vorliegen, da angesichts oft großer Umsätze im Wirtschaftsverkehr selbst eine Hinterziehungssumme von 500 000 Euro schnell erreicht werden kann. Vielmehr ist – insofern empfiehlt sich eine Orientierung am *österreichischen* Abgabenbetrug – zusätzlich eine qualifizierte Begehung zu fordern. Als qualifizierende Merkmale kommen insbesondere in Betracht:

- die Vorlage (und nicht bereits die Verwendung, z.B. im Rahmen der Buchhaltung)[174] falscher oder verfälschter Urkunden, falscher oder verfälschter Daten oder anderer solcher Beweismittel; dabei ist selbstverständlich, dass hiervon Abgabenerklärungen, Anmeldungen und Aufzeichnungen sowie Gewinnermittlungen nicht erfasst sind, weil diese Dokumente keine erhöhte Glaubwürdigkeit beanspruchen, sondern bereits Mittel zur Begehung der Täuschung sind; ergänzend kann hier an eine Einschränkung auf Fälle der fortgesetzten Verkürzung von Abgaben gedacht werden;
- die Verwendung von Scheingeschäften und Scheinhandlungen; Scheingeschäfte sind solche, die nach außen hin formal abgeschlossen werden, jedoch nicht wirklich von den Parteien gewollt sind; die Willenserklärungen werden nur zum Schein abgegeben, die Rechtswirkungen sind nicht gewollt; Umgehungsgeschäfte, die tatsächlich gewollt sind, sind hiervon nicht erfasst;
- Missbrauch der Stellung oder Befugnisse als Amtsträger;
- Ausnutzen der Mithilfe eines Amtsträgers;
- die fortgesetzte Begehung im Rahmen einer kriminellen Organisation oder als Mitglied einer Bande.

Die Mehrwertsteuerhinterziehung wirft spezielle Probleme bereits auf Tatbestandsebene auf und sollte deshalb eigenständig geregelt werden. Da dieses Delikt untreueähnlichen Charakter hat, weil nicht eigene Mittel einbehalten werden, sondern dem Staat zustehende, die dem Unternehmer treuhänderisch anvertraut sind, wiegt die Mehrwertsteuerhinterziehung schwerer als eine sonstige Abgabenhinterziehung. Deshalb sollte hier in Erwägung gezogen werden, die Schadensgrenze für den Qualifikationstatbestand niedriger anzusetzen als bei der Abgabenhinterziehung.

IV. Internationale Vorgaben zur Bekämpfung der Steuerhinterziehung

Inzwischen haben sich die G20, die G8, die *Organisation for Economic Co-operation and Development* (OECD)[175] sowie weitere internationale Organisationen für mehr internationale Zusammenarbeit und Regulierung in diesem Bereich ausgesprochen. Das *„High-Level Panel of Eminent Persons on the Post-2015 Development Agenda"* der Vereinten Nationen schlägt in seinem ersten großen Bericht von Ende Mai 2013 vor, die Reduzierung ille-

---

174 So BGH v. 12.10.1988 – 3 StR 194/88, BGHSt 35, 374; für Österreich s. *Brandl/Leitner/Schrottmeyer/Toifl*, Die Finanzstrafgesetz-Novelle, 2010, S. 74 ff.
175 Zu den steuerrechtlichen Aktivitäten der OECD s. *Ault*, Akteure des Internationalen Steuerrechts und ihre Handlungsnormen, in Achatz (Hrsg.), Internationales Steuerrecht, DStJG 36 (2013), S. 113, 114.

gitimer Finanzströme, Bekämpfung von Steuerhinterziehung sowie Rückführung der hinterzogenen Mittel in die neue globale Agenda aufzunehmen. Gefordert wird insbesondere, dass Gewinnverlagerungen durch Konzerne in Länder mit besonders niedrigen Steuersätzen entgegengetreten wird. Ebenso soll der Verlagerung von großen Privatvermögen ins niedrig besteuernde Ausland entgegengewirkt werden. Es wird gefordert, die Transparenz zu erhöhen, indem Berichtspflichten eingeführt und die Rechnungslegung der Unternehmen erweitert und vereinheitlicht wird. Außerdem wird eine Verstärkung der internationalen Kooperation und des Informationsaustauschs zwischen den Steuerbehörden empfohlen.

1. Missbrauchsbekämpfung

Die internationalen Entwicklungen auf Ebene der Europäischen Union, der OECD und der G20 zeigen, dass ein Schwerpunkt die Bekämpfung des Missbrauchs von Gestaltungsmöglichkeiten zur Erlangung von Steuervorteilen ist. Nach der OECD-Musterkommentierung sind drei Standardausprägungen des Missbrauchs geläufig: Treaty shopping, Rule shopping und die Auslagerung von Einkünften durch Einschaltung einer passiv tätigen Kapitalgesellschaft in einem Niedrigsteuerland. Die Europäische Kommission empfiehlt, wie dargelegt, in ihrer Mitteilung an das Europäische Parlament und den Rat, *"Aktionsplan zur Verstärkung der Bekämpfung von Steuerbetrug und Steuerhinterziehung"*,[176] eine allgemeine Vorschrift zur Verhinderung von Missbrauch anzuwenden, um in diesem Bereich, in dem die Mitgliedstaaten sehr unterschiedlich vorgehen, Kohärenz und Wirksamkeit zu erreichen. Der BEPS-Report der OECD erhebt dieselbe Forderung.[177] Die G 20-Staaten haben bei ihrer Zusammenkunft in Cairns eine verschärfte Bekämpfung von Missbrauch im Abgabenrecht beschlossen[178] und vereinbart, eine Sünderliste zu veröffentlichen. Zu nennen sind weiterhin Maßnahmen der OECD, insbesondere die sukzessive Absenkung der Betriebsstättenschwelle im OECD-Musterabkommen,[179] die sich im OECD Musterabkommen-Kommentar finden, getragen von der Hoffnung, dass diese Änderungen in Form einer dynamischen Auslegung berücksichtigt werden. Schwerpunkte bilden das „Home-Office als Betriebsstätte", die „Subunternehmer-Betriebsstätte", die Kurzzeit-Betriebsstätte", Bau- und Montagebetriebsstätten, Klarstellungen im Bereich der Hilfsbetriebsstätten und die Behebung von Zweifelsfragen bei Vertreterbetriebsstätten.[180]

---

176 KOM(2012) 722 endg., S. 7.
177 OECD (2013), Action Plan on Base Erosion and Profit Shifting, OECD Publishing.
178 Communiqué, Meeting of G 20 Finance Ministers and Central Bank Governors, Cairns 22/09/2014, https://www.g20.org/sites/default/files/g20_resources/library/ Communique (1.12.2014).
179 Näher dazu *Haase* in Haase (Hrsg.), AStG/DBA, 2. Aufl. 2012, Art. 5 Rz. 42.
180 Näher dazu *Schönfeld* in Achatz (Hrsg.), Internationales Steuerrecht, DStJG 36 (2013), S. 233, 240.

2. Verbesserung des Informationsaustauschs

Schließlich wird international eine Verstärkung und Verbesserung des Informationsaustauschs gefordert. Hierfür hat sich insbesondere das *"Global Forum on Transparency and Exchange of Informations for Tax Purposes"* (Globales Forum für Transparenz und Informationsaustausch) ausgesprochen, das die Arbeit des bereits früher von der OECD ins Leben gerufenen *"Forum against Harmful Practices"* (Forum gegen schädliche Steuerpraktiken) aufgreift, welches sich auf die Bekämpfung der Auswirkungen von Steueroasen und sog. schädliche begünstigende Steuerregime konzentriert hatte. Als besonders schädlich wurde das Fehlen von Transparenz im innerstaatlichen Rechtssystem insbesondere im Zusammenhang mit dem Bankgeheimnis sowie das Fehlen eines angemessenen Informationsaustauschs gesehen. Beim Global Forum handelt es sich um ein von der OECD unabhängiges Organ, das sich jedoch den OECD-Standards für Transparenz und Informationsaustausch verpflichtet sieht. Aufgrund der Unterstützung der Arbeiten des Globalen Forums durch die G 8 und G 20 wurden die politischen Positionen wesentlich gestärkt. Obwohl das Global Forum auf den eingeschränkten Bereich des internationalen Informationsaustauschs konzentriert ist, handelt es sich hierbei um die größte internationale Organisation, die sich ausschließlich mit Steuerangelegenheiten beschäftigt. Insbesondere die großen Mitgliedstaaten der Europäischen Union und die *USA* haben den Druck auf sog. Steueroasen erhöht und auf den Abschluss von Auskunftsabkommen hingewirkt.

V. Notwendigkeit der Differenzierung zwischen Steuerplanung, rechtsmissbräuchlichen Gestaltungen und steuerdelinquentem Verhalten

Die Gestaltung der wirtschaftlichen Verhältnisse ist für Bürger und Unternehmen Ausdruck der freiheitlichen Grundrechtsbetätigung und damit grundrechtlich garantiert. Das hat der Staat grundsätzlich zu respektieren.[181] Zugleich ist der Staat aber auch verpflichtet, seine steuergesetzliche Belastungsentscheidung durchzusetzen und die Lastengleichheit zu verwirklichen. Daher müssen der Gestaltungsfreiheit der Bürger und Unternehmen auch dann Grenzen gesetzt werden, wenn diese ihre Freiheit zur normzweckwidrigen Umgehung der steuerlichen Vorschriften einsetzen. In diesem Spannungsfeld, das den Rechtsanwender vor erhebliche Schwierigkeiten stellt, kommt das Strafrecht zum Tragen, das an die steuerlichen Regelungen und Bewertungen anknüpft und, sofern die Voraussetzungen einer Abgabenhinterziehung erfüllt sind, zur Verhängung von Kriminalstrafen führt. Das Strafrecht ist aber als besonders grundrechtsrelevantes Rechts-

---

181 *Drüen*, StuW 2008, S. 154 (156).

gebiet an sehr hohe verfassungsrechtliche Anforderungen gebunden: an das strafrechtliche Gesetzlichkeitsprinzip mit seinen Ausprägungen des Bestimmtheitsgrundsatzes, des Analogie- und Rückwirkungsverbots (nullum crimen sine lege certa, stricta et praevia), den Schuldgrundsatz sowie an die Unschuldsvermutung und den Grundsatz „in dubio pro reo".

1. Zum Recht des Bürgers zur Steuerplanung

Das Steuerstrafrecht knüpft an das Steuerrecht an, dessen Durchsetzung es sicherstellen will. Hierbei ist jedoch zu beachten, dass es jedermann frei steht, seine Verhältnisse so zu gestalten, dass er die Entstehung einer Steuer vermeidet oder einen entstehenden Anspruch minimiert.[182] Die Normen des Steuerrechts knüpfen an die Ergebnisse des wirtschaftlichen Handelns an, und es ist legitim, wenn eine bestimmte rechtliche Form ausschließlich deshalb gewählt wurde, weil sie mit einer geringeren Steuerbelastung verbunden ist. Jedem Steuerpflichtigen ist es grundsätzlich erlaubt, Steuervorteile in Anspruch zu nehmen; er darf die gesetzlichen Möglichkeiten durch Gestaltung der Sachverhalte zum Zweck der Steueroptimierung einsetzen.[183] Die Absicht, Steuern zu sparen oder zu vermeiden, ist unschädlich. Das Steuergesetz ist die „Magna Charta des Steuerpflichtigen".[184] Der Steuerpflichtige darf von mehreren möglichen Gestaltungen denjenigen Weg wählen, bei dem keine oder die geringste Steuer anfällt.[185]

2. Grenzen der Steuerplanung durch Nichtanerkennung von Missbrauch und Scheingeschäften

Rechtlich missbilligt ist erst der Missbrauch von Gestaltungsmöglichkeiten. Entsprechend hebt der BFH immer wieder das Recht der Steuerpflichtigen zur steueroptimalen Gestaltung ihrer Rechtsbeziehungen hervor;[186] selbst rein steuerlich motivierte Gestaltungen hat die Rechtsprechung immer wieder anerkannt.[187] Auch für internationale Sachverhalte gilt, dass Steuer-

---

182 BVerfGE 9, 237 (249); BFH, Urt. v. 12.9.1995 – IX R 54/93, BStBl. II 1996, 158; s. auch *Crezelius*, Vom Missbrauch zum Misstrauen: Zur geplanten Änderung des § 42 AO, DB 2007, 1428 ff.; *Drüen*, Unternehmensstrukturierung als Steuerumgehung?, DStZ 2006, 539 (544).
183 Siehe nur *Rödl/Grube* in Wabnitz/Janovsky (Hrsg.), Kap. 21 Rz. 8; *Schön*, Legalität, Gestaltungsfreiheit und Belastungsgleichheit als Grundlage des Steuerrechts, in Hüttemann (Hrsg.), Gestaltungsfreiheit und Gestaltungsmissbrauch im Steuerrecht, 2010, S. 29, 38 ff.
184 *Fischer*, Die Umgehung des Steuergesetzes, DB 1996, S. 644 ff.
185 BFH, Urt. v. 29.11.1982 – GrS 1/81, BStBl. II 1983, 272; v. 26.3.1991 – VIII R 55/86, BStBl. II 1992, 486; v. 9.11.2006 – IV R 21/05, BFH/NV 2007, 1002.
186 BFH, Urt. v. 20.3.2002 – I R 63/99, IStR 2002, 568 (570).
187 So z.B. BFH, Urt. v. 17.10.2001 – I R 97/00, DStR 2002, 78 in einem Fall, in dem eine Aktiengesellschaft ihrer Tochter-Kapitalgesellschaft ein zinsloses Darlehen mit dem Ziel gewährt hatte, dass die Tochtergesellschaft durch die Anlage dieser finanziellen Mittel Zinseinnahmen erzielen konnte. Diese Einnahmen führten bei der Tochterge-

planung unter Ausnutzung der Gestaltungsmöglichkeiten unterschiedlicher nationaler Rechtsordnungen und von Doppelbesteuerungsabkommen grundsätzlich keine Vermutung des Rechtsmissbrauchs oder gar der Steuerhinterziehung anhaftet. Auch der EuGH anerkennt das Anliegen der Steuerpflichtigen, ihre Umsätze so zu gestalten, dass möglichst wenig Mehrwertsteuer zu entrichten ist, weil diese Steuer einen wichtigen Kostenfaktor für die Unternehmen und Verbraucher bildet.[188] Es ist also grundsätzlich legitim, wenn Steuerpflichtige versuchen, Auslegungsspielräume oder Lücken im Gesetz zu ihren Gunsten zu nutzen.

3. Rechtssicherheit im Steuerrecht als Voraussetzung der Strafbarkeit

Solche Spielräume im Steuerrecht bestehen jedoch nicht, soweit es sich um Scheingeschäfte oder Scheinhandlungen oder um rechtsmissbräuchliche Gestaltungen handelt. Dabei ist die Abgrenzung des Scheingeschäfts zum Rechtsmissbrauch schwierig, so dass es problematisch erscheint, vom Vorliegen einer Scheinhandlung oder eines Scheingeschäfts den Steuerbetrug abhängig zu machen, wie dies in *Österreich* der Fall ist. Auch die Bestimmung von rechtsmissbräuchlichem Verhalten ist nicht selten mit erheblichen Schwierigkeiten verbunden. Unter welchen Voraussetzungen ein Rechtsmissbrauch vorliegt, bestimmt sich grundsätzlich nach dem nationalen Steuerrecht, kann sich aber im harmonisierten Mehrwertsteuersystem der Union nicht allein aus dem nationalen Recht ergeben. Vielmehr müssen auf nationaler Ebene die Vorgaben der Mehrwertsteuer-Systemrichtlinie und der allgemeinen Rechtsgrundsätze eingehalten werden.[189] Hierbei handelt es sich zunächst um Probleme des Steuerrechts, die zu lösen sind. Rechtssicherheit in diesem Bereich ist jedoch unverzichtbar, wenn hieran strafrechtliche Konsequenzen geknüpft werden sollen.

VI. Fazit und Ausblick

Auf dem Gebiet des materiellen Steuerstrafrechts sind die Vorgaben der Europäischen Union von zentraler Bedeutung. Die internationalen Vorgaben beziehen sich demgegenüber schwerpunktmäßig auf das Steuerrecht

---

sellschaft zu keiner steuerlichen Belastung, da umfangreiche Verlustvorträge bestanden, die, wie erwartet, kurz darauf aufgrund einer Verschmelzung weggefallen sind. Vgl. auch den Vorlagebeschluss des BFH an das BVerfG im Normenkontrollverfahren über die Verfassungswidrigkeit des ErbStG (BFH, Urt. v. 27.9.2012 – II R 9/11, BStBl. II 2012, 899), in dem der BFH steuerlich motivierte Gestaltungen zur Umgehung der Schenkungsteuer nicht als Gestaltungsmissbrauch gem. § 42 AO einstufte.
188 EuGH, Urt. v. 21.2.2006 – Rs. C-255/02, Slg. 2006, I-1609, Rz. 73 – *Halifax*.
189 *Henze*, Gemeinschaftsrechtliche Vorgaben nationaler Missbrauchsbekämpfung im Lichte der neueren Rechtsprechung des Europäischen Gerichtshofs, in Seer (Hrsg.), Umsatzsteuer im Europäischen Binnenmarkt, 2009, S. 247 f.

sowie auf den Informationsaustausch und beeinflussen deshalb das materielle Steuerstrafrecht nur mittelbar.

Durch den Vertrag von Lissabon und die darin geregelten strafrechtlichen Kompetenznormen ist eine neue Ära für das Strafrecht angebrochen. Dies spiegelt sich insbesondere in dem *Richtlinienentwurf der Europäischen Kommission über die Bekämpfung des Betruges zu Lasten der Finanzinteressen der Europäischen Union* und im *Aktionsplan zur Bekämpfung der Steuerhinterziehung und des Steuerbetruges* wider. Aber auch das Europäische Parlament fordert eine verstärkte Anwendung des Steuerstrafrechts, um das Steueraufkommen zu schützen und Wettbewerbsverzerrungen entgegenzutreten. Die Europäische Union will zu Recht auf den Erlass einer Verordnung verzichten und als Handlungsform die der Richtlinie wählen; dadurch trägt sie dem Subsidiaritätsprinzip Rechnung.

Ein zwischen den Mitgliedstaaten der Europäischen Union abgestimmtes Vorgehen beim Betrug zu Lasten der Europäioschen Union, bei der Mehrwertsteuerhinterziehung, bei der Hinterziehung von Einkommen- und Körperschaftsteuer und beim Steuerbetrug ist sinnvoll und geboten, weil eine Vereinheitlichung der relevanten Straftatbestände und Sanktionen die Rechtssicherheit erhöht und die Strafverfolgung erleichtert. Allerdings bedarf es dafür keiner Vollharmonisierung.

Die Kommission hat deshalb zu Recht von der Möglichkeit, selbst Straftatbestände auf der Grundlage des Art. 324 Abs. 4 AEUV einzuführen, abgesehen und so die damit verbundene Frage nach den Grenzen des Subsidiaritätsprinzips vermieden. Die sehr offenen Vorgaben in der Richtlinie müssen von den Mitgliedstaaten in das nationale Recht umgesetzt werden. Dabei verbleibt den Mitgliedstaaten aber ein erheblicher und hinreichender Spielraum, um eine Anpassung an die jeweiligen strafrechtlichen Grundkategorien und eine Einpassung in die jeweilige nationale Strafrechtsdogmatik vorzunehmen. Diese Spielräume sollten die Mitgliedstaaten nutzen, um eine weitgehende Integration in ihr nationales System zu erreichen. Insbesondere müssen die Mitgliedstaaten keinen einheitlichen Betrugstatbestand einführen, der Betrug und (Mehrwert-)Steuerhinterziehungen umfasst. Auch muss der Subventionsbetrug nicht mit der Steuerhinterziehung durch Erlangung unberechtigter Steuervorteile gleichgestellt werden. Die Verjährungsregelungen sollten vereinheitlicht werden.

Insgesamt fügt sich der Richtlinienentwurf in die neueren Bestrebungen der Kommission zur Bekämpfung von Steuerbetrug und Steuerhinterziehung, wie sie sich in den Mitteilungen *KOM(2012) 351* und *KOM(2012) 722* finden, und in den *15-Punkte-Katalog* des Europäischen Parlaments ein und bietet eine dem Subsidiaritätsprinzip Rechnung tragende Rechtsgrundlage für eine Annäherung der Strafrechtsordnungen auf dem Gebiet des Schutzes der finanziellen Interessen der Europäischen Union, die den Mitgliedstaaten hinreichenden Spielraum für eine Einpassung in das nationale Strafrechtssystem belässt.

Im Ergebnis bedeuten die geplanten Vorgaben der Europäischen Union auf dem Gebiet des materiellen Steuerstrafrechts keine Verpflichtung, weitreichende Veränderungen vorzunehmen. Die gegenwärtige Rechtslage insbesondere in *Deutschland*, überwiegend aber auch in den übrigen Mitgliedstaaten der Europäischen Union entspricht bereits in wesentlichen Teilen den geplanten Harmonisierungsverpflichtungen. Gleichwohl spricht für eine Harmonisierung des Steuerstrafrechts, dass durch eine gewisse Einheitlichkeit Ermittlungsmaßnahmen in internationalen Fällen erleichtert werden, weil an einheitliche Vorgaben angeknüpft wird. Dies gilt gleichermaßen im Zusammenhang mit der Geldwäsche, denn schwere Steuerhinterziehungen müssen nach den Vorgaben der FATF von den Mitgliedstaaten der Europäischen Union zu Vortaten der Geldwäsche erklärt werden.[190]

Bedauerlich ist, dass bei den europäischen Vorhaben keine Überlegungen im Hinblick auf eine Angleichung der nationalen Rechtsordnungen im Bereich der strafbefreienden Selbstanzeige, die in den Mitgliedstaaten der Europäischen Union sehr unterschiedlich ausgestaltet ist, angestellt werden, denn hiervon hängt maßgeblich ab, inwieweit in der Praxis die Rückkehr in die Legalität möglich ist. Selbst in Rechtsordnungen, die auf eine vergleichbare Rechtstradition zurückblicken können, wie dies im *deutschen* und *österreichischen* Steuerstrafrecht der Fall ist, sind gerade in neuerer Zeit unterschiedliche Entwicklungen auf dem Gebiet der steuerstrafrechtlichen Selbstanzeige zu verzeichnen.[191] Wenn aber eine Harmonisierung des Steuerstrafrechts in der Europäischen Union angestrebt wird, sollten auch die Grenzen der Strafbarkeit durch das steuerstrafrechtliche Rechtsinstitut der Selbstanzeige in den Harmonisierungsprozess einbezogen werden. Dadurch könnten Konflikte vermieden werden, die insbesondere beim strafrechtlichen Schutz der Finanzinteressen der Europäischen Union auftreten können, wenn mehrere Strafrechtsordnungen Anwendung finden und die nationalen Selbstanzeigeregelungen nicht einheitlich zur Straffreiheit führen. Der Schutz des unionsrechtlichen Grundsatzes „ne bis in idem", der nur einer Doppelbestrafung entgegensteht, entfaltet in solchen Fällen keine Schutzwirkung.

---

190 Dazu *Dannecker* in Böse (Hrsg.), Europäisches Strafrecht mit polizeilicher Zusammenarbeit, 2013, § 8 Rz. 127 m.w.N.
191 Näher dazu die Beiträge im Sonderheft der ZWF 2014, Heft 1, zur Entwicklung in Österreich und die Beiträge im Sonderheft der NZWiSt 2015, Heft 2, zur deutschen Entwicklung.

Diskussion

zu den Referaten von Dr. *Dirk Pohl* und Prof. Dr. *Gerhard Dannecker**

Gert Müller-Gatermann

Eine kurze Anmerkung zu Ihnen, Herr *Pohl*. Sie haben sehr schön die internationale Diskussion aufgezeigt. Zu dem Thema vielleicht noch eine Ergänzung, und zwar Sie erwähnten das Global Forum on Transparency, was in Berlin noch in diesem Herbst zusammenkommt. Das ist eine Gruppe von Ländern bei der OECD, das sind – glaube ich – mittlerweile 110 Länder, die sich alle zur Transparenz verpflichtet haben. Was Transparenz ist, hat man definiert und das wird in der Weise umgesetzt, dass praktisch alle 110 Länder geprüft werden im Rahmen eines Peer-Review und das hat einen enormen Druck erzeugt. Die zwei Fragen, die Sie offengelassen haben, werden wir aufgrund von FATCA von den USA Informationen substantiell bekommen? Die beantworte ich mit einem klaren Ja. Weil der Druck durch diese Peer-Reviews so groß geworden ist, dass die Amerikaner letztlich, das tritt erst später in Kraft, substantiell liefern werden. Das zweite ist, die Schweiz, lassen die Gruppenanfragen zu? Ja. Die Schweiz ist so unter Druck gekommen im Rahmen dieser Peer-Reviews, dass sie sich zu dem Verständnis von Art. 26 des Musterabkommens bekannt hat, dass sie das wie die OECD interpretiert. Frau *Beckemper*, zu Ihrem Vortrag auch sehr interessant ein französischer Aspekt. Sie haben geschlossen damit, dass man prüfen müsste, inwieweit letztlich ein schlechtes Verhalten in der Vorstufe dem Staat zugerechnet wird. Die französischen obersten Gerichte entscheiden im Sinne eines Verwertungsverbots, und zwar hat man da so ein bisschen die Rechtsfigur der Infektion genommen. Wenn also auf der Vorstufe etwas Schlechtes – wie Sie gesagt haben – passiert, dann wirkt das bis zum staatlichen Handeln durch.

Dr. *Dirk Pohl*, München

Vielen Dank, Herr *Müller-Gatermann*, noch einmal für diese klärenden Worte. Sie waren im BMF als derjenige, der für das internationale Steuerrecht verantwortlich war, da an vorderster Front. Wie das mit der Schweiz und den Gruppenanfragen ausgeht, ich weiß es – offen gesagt – im Moment nicht. Ich kann auch nur sagen, aus der Sicht der Praxis kann man jedem sowieso nur raten, noch in diesem Jahr die Selbstanzeige zu erstatten. In Bezug auf die USA teile ich Ihren Optimismus nicht ganz. Wenn Sie heute nach Miami gehen in den Finanzdistrikt, der heißt Brickell, wird Ihnen an-

---

* Die Diskussion am Mittag zu den Referaten von Prof. Dr. *Roman Seer* und Prof. Dr. *Katharina Beckemper* ist ausgefallen.

geboten, eine Offshoregesellschaft in Panama zu gründen. Im Moment gibt es noch kein Steuer- oder Informationsabkommen von Panama mit Deutschland und Sie können davon ausgehen, in den nächsten fünf bis zehn Jahren passiert Ihnen nichts. Wenn die politische Blockade in den USA zwischen Demokraten und Republikanern weitergeht, werden auch in den USA den amerikanischen Instituten weiterhin keine Compliancevorschriften auferlegt werden, die beneficial owner entsprechender Stiftungen und Zweckvermögen zu identifizieren, wie das umgekehrt die USA durch die FATCA-Gesetzgebung ausländischen Instituten auferlegt. Das ist jedenfalls das Bild, das mir meine US Kollegen vermitteln.

Prof. Dr. *Katharina Beckemper*, Leipzig

Ich betrachte das gar nicht als Frage, sondern als Hinweis an mich. Betrachten Sie mich einfach wie einen Schwamm. So bin ich hier hingekommen. Nicht so aufgedunsen, hoffe ich, sondern wirklich mit dem ganz festen Willen, ich will hier etwas mitnehmen. Sie finden kaum einen Kollegen von mir, der nicht zu diesem Thema schon einmal etwas geschrieben hat. Meine Mitarbeiter haben sich irgendwann beschwert über die Kopiermengen. Aber wir haben noch keine Lösung. Wir sind immer noch so ein bisschen auf der Suche und wenn wir im Ausland suchen müssen und da etwas finden – vielen Dank für den Hinweis.

Dr. *Simon Kempny*, Köln

Eine Frage an Herrn *Dannecker* und Frau *Beckemper*: Es kam eben das – wenn ich das richtig verstanden habe – noch fiktive Beispiel der verseuchten 150 000 Euro aus dem Maschinengeschäft, das sozusagen schwarze Wurzeln hatte – Stichwort Infektionstheorie. Hat da schon einmal jemand über Verfall nachgedacht? Das könnten wir ja jetzt noch weiter ziehen. Eben wurde davon gesprochen, dass in den USA Strafen in Höhe von 50 % der Inhalte gewisser Konten denkbar wären, wenn ich jetzt an das Bruttoprinzip denke, ich glaube, da könnte man auch noch weit mehr abschöpfen. Ich wollte nur einmal fragen: Wird daran eigentlich gedacht? Ist das Geld, zumindest bei hinterzogener Kapitalertragsteuer, nicht vielleicht auch irgend so etwas wie ein instrumentum sceleris?

Prof. Dr. *Gerhard Dannecker*, Heidelberg

Einziehung und Verfall können auch im Steuerstrafrecht zur Anwendung kommen. Allerdings wird der erlangte Vermögensvorteil in der Regel durch die nachträgliche Festsetzung und Erhebung der hinterzogenen Steuer wieder beseitigt. Dadurch wird der Anwendungsbereich der Verfallsvorschriften wiederum ganz erheblich eingeschränkt. Interessanter ist daher die Frage, ob das durch die Steuerstraftat Erlangte tauglicher Gegenstand der Geldwäsche sein kann. Wenn ein Rechtsanwalt oder Wirtschaftstreuhänder

Mittel als Bezahlung annimmt oder für seinen Mandanten anlegt, die aus einer Steuerstraftat herrühren, macht er sich wegen Geldwäsche strafbar. Dies ist unstreitig der Fall, wenn es sich um rechtswidrig erlangte Steuererstattungen handelt. Hingegen wird die Geldwäschetauglichkeit ersparter Steueraufwendungen in Deutschland überwiegend und zu Recht abgelehnt. Insoweit kommen nur Einziehung und Verfall in Betracht.

Die Problematik der Geldwäschetauglichkeit ersparter Aufwendungen spielt in der europäischen Diskussion eine zentrale Rolle und wird gegenwärtig in den Gesetzgebungsverfahren der Schweiz und Liechtensteins geführt. Es bestehen grundlegende Bedenken, etwas Erspartes als Gegenstand des Erlangten anzuerkennen. Es fehlt nämlich gerade an einer Konkretisierung im Hinblick auf einen Gegenstand. Das kann und darf durch das Recht nicht überspielt werden. Hinzu kommt bei der Geldwäsche ein weiteres Problem: Der deutsche Geldwäschetatbestand kennt einen Vortatenkatalog, in dem die Tatbestände aufgezählt sind, die zur Anwendbarkeit des § 261 StGB führen können. Es muss daher geklärt werden, welche Straftat der Vortäter begangen hat, damit eine Geldwäsche in Betracht kommt. Es gibt aber eine Reihe von Staaten, so z.B. Belgien, Frankreich und England, die jede Straftat als Vortat ausreichen lassen. In diesen Staaten dürfte es wohl ausreichen, wenn der Empfänger des Geldes weiß, dass die Mittel nicht aus legalen Geschäften, sondern aus irgendeiner Straftat herrühren. Das Anknüpfen an die generelle Vermutung, dass Gelder aus irgendwelchen Straftaten stammen, erscheint mir angesichts der weitreichenden Folgen der Strafbarkeit der Geldwäsche und des Einfrierens solcher Gelder rechtsstaatlich aber als äußerst bedenklich. Strafrecht soll fragmentarischen Charakter haben. Die europäische und internationale Tendenz geht aber in den soeben angesprochenen Bereichen in Richtung einer flächendeckenden Kriminalisierung.

Prof. Dr. h.c. *Rudolf Mellinghoff*, München

Erlauben Sie mir noch eine Frage im Zusammenhang mit den Steuerdaten-CDs. Die Financial Times Deutschland hat einmal in einem ganzseitigen Bericht berichtet, dass Steuerfahnder CDs angekauft hätten, deren Daten aber nicht für eine Strafverfolgung ausreichten. Darauf hätten die Beamten um eine Ergänzung dieser Daten gebeten. Diese Zeitungsberichte sind nicht ohne weiteres von der Hand zu weisen, und – wenn ich richtig informiert bin – stützt die Schweiz darauf auch die Anklagen gegen deutsche Steuerfahnder. Daran knüpfen sich zwei Fragen: Würden Sie diesen Tatbestand nicht als hinreichend ansehen, dass man von vornherein alles, was von diesen Daten-CDs stammt, nicht verwerten kann? Und die andere Frage: Welche Möglichkeiten haben eigentlich die betroffenen Steuerpflichtigen, die ganzen Vorgänge dieses Ankaufs der Daten-CDs wirklich einmal umfassend und hinreichend aufgeklärt zu bekommen? Das Urteil des Verfassungsgerichtshofs Rheinland-Pfalz setzt eigentlich auch voraus, dass jedenfalls diejenigen, die von einer Strafverfolgung betroffen sind, umfassend Kenntnis haben müssen, wie der Staat sich in diesem Zusammenhang verhalten hat.

Klaus Herrmann, Koblenz

Es gibt ein paar Grundregeln beim Einkauf. Grundregel 1: Nie etwas fordern. Wenn es in der Zeitung steht, muss es nicht unbedingt richtig sein. Ich kann mir also nicht vorstellen, dass in Deutschland jemand verantwortlich gehandelt, angefragt und noch zusätzliche Sachen verlangt hat. Wir kommen dann in Richtung Anstiftung, so wahnsinnig sind wir nicht. Also das ist nicht passiert. Selbstverständlich, der Verfassungsgerichtshof Rheinland-Pfalz hat auch die Regeln im Prinzip versucht zu präzisieren. Für mich erfreulich war, dass wir, ohne dieses Urteil zu haben, die Regeln eigentlich instinktiv so auch eingehalten haben. Es gibt im Prinzip bei jedem Kauf einen entsprechenden Vermerk, in dem die Umstände des Kaufs niedergelegt werden. Niemand würde z.B. Daten kaufen, die nicht hinreichend valide sind, d.h., es wird immer eine Probe gezogen von mindestens zehn Prozent und die anhand der Steuerakten still überprüft. Man ist nicht wahnsinnig und kauft einen Datenbestand, von dem anschließend nichts herauskommt. Dann wäre man schon langsam wieder in der Untreue. D.h. also, es wird genau beschrieben, wie gekauft wird, was geprüft wird, das Umfeld wird beschrieben und das hat bis jetzt den Fachgerichten ausgereicht.

Prof. Dr. *Katharina Beckemper*, Leipzig

Das ist praktisch, wenn man eine Frage gestellt bekommt und jemand anderes antwortet. Ich schließe mich meinem Vorredner an. Nein, aber in der Tat – das können Sie gar nicht wissen –, aber ich hatte gerade ein Gespräch mit einem Steuerfahnder, der ein anderes Bild gezeichnet hat als Sie. Nicht, dass er gesagt hat, wir machen das alles anders, sondern – er ist jetzt gegangen, deshalb kann ich ihn leider nicht namentlich benennen – der sagte, wir haben eine gewisse Unsicherheit jetzt bei uns in der Behörde, seit diesem Urteil, weil wir nicht wissen, ob wir das Mosaiksteinchen sind, was dann den Teppich vollmacht. Das wäre genau meine Sorge, wenn ich Sie wäre. Deswegen würde ich Sie gleich fragen, haben Sie Angst, das Mosaiksteinchen zu sein? Aber Ihre erste Frage ging ja in die Richtung, wie könnte eines aussehen? Das einzige, was mir so eingefallen ist, wäre genau der Fall, den Sie sagen, nämlich jemand sagt, ich habe da schon einmal etwas vorbereitet, ihr könnt schon einmal hineinschauen, ob es euch gefällt und bei Wohlgefallen liefere ich dann Weiteres. Da würde ich sagen, bekommen wir mit der Zurechnung wenig Probleme, weil dann tatsächlich die Initiative, selbst wenn sie nur originär von dem Datenstehler ausgegangen ist, sicherlich vom Staat genommen wird, so – besorg' mir einmal etwas. Aber, Herr

Herrmann, wir können jetzt Pingpong spielen und ich gebe Ihnen den Ball zurück.

Klaus Herrmann, Koblenz

Der Verwaltungsgerichtshof Rheinland-Pfalz hat zu diesen Mosaiksteinchen einzelne Sachen gesagt. Die sind schon so, dass man da nicht unbedingt Angst haben muss. Das ist einfach so ein bisschen eine Vorstellung. Es wurde ausgeführt, wenn der Staat vom gleichen Anbieter mehrfach kauft, also wir hätten dann einen neuen Gewerbezweig, Datenbeschaffer bei der Bank, ist nahezu ausgeschlossen. Wenn der Staat Anreize setzt, dass jemand beschafft, das erste ist auch wieder Grundregel, wir versuchen die Daten zeitlich einzuordnen und es kommen nur Daten in Betracht, die vor der ersten Kontaktaufnahme mit uns schon im Besitz des Anbieters waren. Kommt später etwas, werden wir vorsichtig.

Prof. Dr. h.c. *Rudolf Mellinghoff,* München

Ich frage mich, ob es damit getan ist, wenn behauptet wird, der Staat schaffe keine Anreize. Nach all den Vorgängen in den letzten Jahren erscheint dies doch zweifelhaft. Es ist doch nicht zu übersehen, dass alleine aufgrund früherer hoher Geldzahlungen ein gewisser Anreiz besteht, dass weiter Daten beschafft und verkauft werden. Wenn für Daten teilweise Millionenbeträge gezahlt werden, dürfte es eine verkürzte Argumentation sein zu sagen, der Staat habe keine Anreize gesetzt.

Prof. Dr. *Franz-Jürgen Marx,* Bremen

Wir sollten es dabei bewenden lassen. Wir sehen, es ist ein schier unerschöpfliches Thema, facettenreich und sehr gehaltvoll. Ich danke den Referenten des heutigen Nachmittags. Ich danke auch den Diskutanten des heutigen Nachmittags. Ihnen allen danke ich dafür, dass Sie bei der Tagung mitgewirkt haben und dass Sie dabei waren bis zum Schluss. Herr *Mellinghoff* möchte jetzt noch ein Schlusswort zu Ihnen sprechen.

Resümee

Prof. Dr. h.c. *Rudolf Mellinghoff*
Präsident des Bundesfinanzhofs, München

Inhaltsübersicht

I. Einführung
II. Steuerstrafrecht im Wandel
III. Steuerhinterziehung im Strafrechtssystem
   1. Deliktscharakter
   2. Vorsatz und Irrtum
   3. Schutzgut, Stellung im Strafrechtssystem und Strafzumessung

IV. Selbstanzeige
V. Überschneidungen von Besteuerungsverfahren und Steuerstrafverfahren
   1. Funktionentrennung
   2. Nemor-Tenetur-Grundsatz
   3. Verantwortlichkeiten
VI. Die Internationale Perspektive

I. Einführung

Die Jahrestagung der Deutschen Steuerjuristischen Gesellschaft in Bremen behandelte ein Thema, das in den letzten Jahren an Aktualität gewonnen hat. Von daher war es nicht verwunderlich, dass Vorträge und Diskussionen auf reges Interesse stießen. Die Beiträge spannten einen breiten Bogen von steuerpsychologischen Überlegungen zur Wirkung von Steuern, über die systematische Einordnung des Steuerstrafrechts, steuerstrafrechtliche Einzelfragen aus unterschiedlichen Blickwinkeln, die Schnittstellen zwischen Steuerrecht und Strafrecht bis hin zu internationalen Fragen und Problemen. Das Resümee will nicht die Beiträge im Einzelnen zusammenfassen und bewerten; vielmehr soll versucht werden, einige Schwerpunkte, Gemeinsamkeiten aber auch Meinungsunterschiede hervorzuheben und zu würdigen. In diesem Zusammenhang soll insbesondere auf die veränderte Sichtweise auf das Steuerstrafrecht in den letzten Jahren, die Einordnung des Steuerstrafrechts in das Strafrechtssystem, die Selbstanzeige, die Schnittstellen von Steuerrecht und Strafrecht und auf die zunehmende Internationalisierung eingegangen werden.

II. Steuerstrafrecht im Wandel

Seit einigen Jahren wird zunehmend über spektakuläre Fälle von Steuerhinterziehung, Steuerumgehung und Steuervermeidung berichtet. Die Rechtsprechung des BGH zum Steuerstrafrecht hat neue Akzente gesetzt. Der Gesetzgeber reagiert durch Veränderungen im Steuerrecht, Steuerstrafrecht und bei den Regelungen über die strafbefreiende Selbstanzeige.[1] Diese Veränderungen rücken das Steuerstrafrecht in das Licht der Öffentlichkeit, sind für den Steuerpflichtigen spürbar und führen zu erheblichen Verunsicherungen.

Kirchler weist anhand von neueren Studien nach, dass Steuerhinterziehung heute nicht mehr überwiegend als „Kalvaliersdelikt", sondern als unmoralische und vorwerfbare Straftat gesehen wird.[2] Diese veränderte Einstellung zur Steuerhinterziehung könnte zum Teil auf der Furcht vor Sanktionen, teilweise aber auch auf moralische Prinzipien und Überzeugungen zurückzuführen sein. Allerdings greift nach *Kirchler* die Sichtweise, dass Kontrollwahrscheinlichkeit und Strafhöhe für die Steuerehrlichkeit entscheidend seien zu kurz, denn Strafen könnten auch das Gegenteil von Abschreckung bewirken. Aus Sicht der Sozialpsychologie spielen die Gerechtigkeitswahrnehmungen für eine positive Einstellung zur Steuerzahlung eine wesentliche Rolle. Steuerpolitische Ansätze sollten daher auf einen vertrauensvoll, service-orientierten Umgang zwischen Steuerzahlern und Steuerbehörden sowie Transparenz, prozedurale und distributive Gerechtigkeit setzen.

In der Praxis scheint jedoch eher der Weg der Strafandrohung und Strafverschärfung gewählt zu werden. In mehreren Beiträgen wird beklagt, dass sich das Besteuerungsklima merklich verschlechtert habe, die rechtlichen Rahmenbedingungen im Steuerstrafrecht verschärft werden und insgesamt erhebliche Unsicherheiten für Steuerpflichtige und deren Berater bestehen.

Drüen konstatiert einen „Klimawandel" im Prüfungsalltag. Außenprüfung und Steuerstrafverfahren gingen immer häufiger miteinander einher, und es häuften sich Berichte aus der Praxis über Außenprüfungen, die zu strafrechtlichen Ermittlungsmaßnahmen und nachfolgenden Verfahren führten.[3] *Kaeser* zeigt die Schwierigkeiten auf, die sich in großen Unternehmen bei der Erfüllung steuerrechtlicher Pflichten ergeben. Insbesondere die aus seiner Sicht problematische Rechtsprechung zum Eventualvorsatz bei der Steuerhinterziehung führt nach ihm dazu, dass die Schwierigkeiten der Auslegung eines komplexen Steuerrechts nahezu ausschließlich auf dem Rücken der Steuerzahler ausgetragen werden.[4] Die Auslegung des Eventualvorsatzes durch die Strafgerichtsbarkeit geht ihm eindeutig zu weit. Auch *Weckerle* beklagt eine Veränderung der Rechtsprechung, die praktisch zu einer Ausdehnung des Eventualvorsatzes im Steuerstrafrecht führe und für den steuerlichen Berater zu einer erheblichen Ausdehnung des Strafbarkeitsrisikos geführt

---

1 Vgl. zu den Änderungen auch die Ausführungen im Rahmen der Eröffnung der Tagung und Rechtfertigung des Themas, S. 1 ff.
2 *Kirchler*, S. 12.
3 *Drüen*, S. 212 f.
4 *Kaeser*, S. 209.

habe.⁵ *Salditt* stellt eine Veränderung der Schnittstelle von Steuerrecht und Strafrecht fest, in der der Bürger nicht hinreichend geschützt werde. Der Steuerpflichtige stehe der Gemengelage der verschiedenen Verfahrensarten verwirrt und orientierungslos gegenüber.⁶

Zwar weist *Herrmann* darauf hin, dass diese Eindrücke nicht durch Zahlen bestätigt werden könnten. Weder seien die Fallmeldungen von Betriebsprüfungsstellen gestiegen, noch habe die Zahl der Strafverfahren gegen Steuerberater zugenommen.⁷ Auch *Seer* verweist auf die geringe Zahl der Steuerstrafverfahren, in denen eine öffentliche Anklage erhoben wurde.⁸

Alleine diese Zahlen widersprechen jedoch den Berichten aus der Praxis nicht, denn sie erfassen nicht diejenigen Verfahren, in denen Flankenschutzfahnder eingesetzt oder bei der im Rahmen einer Betriebsprüfung auf die Möglichkeit einer Abgabe an die Steuerfahndung hingewiesen wird.⁹ Entscheidend ist vielmehr die in mehreren Beiträgen angesprochene Rechtsunsicherheit, die fehlende Vorhersehbarkeit und die Ungewissheit über die eigene Rechtsposition,¹⁰ die Grund für die veränderte Sichtweise von Steuerpflichtigen und Steuerberatern ist. So fehlt es an einer klaren Grenzziehung zwischen einer schlichten Berichtigung von Erklärungen nach § 153 AO und der die Strafbarkeit unterstellenden Selbstanzeige nach § 371 AO.¹¹ § 10 BpO, der eine Verdachtsmitteilung in der Betriebsprüfung an die Straf- und Bußgeldstelle bereits dann vorsieht, wenn lediglich die Möglichkeit eines Strafverfahrens im Raum steht, trägt zur Verunsicherung und Hilflosigkeit von Steuerpflichtigen bei.¹² Auch die Anwendung von komplexen, auslegungsbedürftigen und auslegungsfähigen Steuerrechtsnormen, zu denen keine gefestigte Rechtsprechung oder gesicherte Verwaltungsauffassung bestehen, verursacht Unsicherheiten mit Blick auf das Steuerstrafrecht.¹³ Die Abgrenzung zwischen zulässiger steuerlicher Gestaltung, die zu nicht unerheblicher Steuerersparnis führt und der strafrechtlichen Verantwortung für die unzulässige Steuerhinterziehung ist alles andere als klar.¹⁴

Der Wandel im Steuerstrafrecht führt damit einerseits zu einem gesteigerten Rechtsbewusstsein für die Sanktionierung der Steuerhinterziehung, die die

---

5 *Weckerle*, S. 178.
6 *Salditt*, S. 281.
7 *Herrmann*, S. 250.
8 *Seer*, S. 340.
9 *Seer* (S. 332) weist ausdrücklich auf die fehlende Dokumentation bei dysfunktionaler Verknüpfung von Steuer- und Steuerstrafverfahren hin.
10 Z.B. *Weckerle*, S. 107; *Kaeser*, S. 205; *Drüen*, S. 234; *Salditt*, S. 295; auch *Seer* schreibt von nicht unerheblichen Rechtsunsicherheiten (S. 325).
11 Dazu *Spatschek*, S. 89 ff.
12 Dazu *Drüen*, S. 233 f.
13 Vgl. dazu *Kaeser*, S. 205.
14 Vgl. *Weckerle* zur Gestaltungsberatung, S. 171 f.; *Dannecker*, S. 435.

Grauzone zwischen „Kavaliersdelikt" und strafbarem Unrecht bereinigt. Es ist grundsätzlich zu begrüßen, dass auch in der breiten Öffentlichkeit die vorsätzliche Schädigung des Staates durch Steuerstraftaten nicht mehr als lässliche Sünde angesehen wird. Auf der anderen Seite fehlt es an der Rechtssicherheit für den planenden und wirtschaftenden Steuerpflichtigen. Die Freiheit des Steuerbürgers bedeutet auch, im Rahmen des geltenden Rechts seine Verhältnisse so gestalten zu können, dass die Steuer vermieden oder verringert wird. Im Hinblick auf die Schwierigkeiten einer sicheren Rechtsanwendung im Steuerrecht, die Komplexität der Erfassung grenzüberschreitender Sachverhalte und unter Berücksichtigung der Fehleranfälligkeit von Steueranmeldungen und Steuererklärungen in Großunternehmen, ist der Steuerpflichtige darauf angewiesen, dass es eine hinreichend klare Trennung zwischen Besteuerungsverfahren und Steuerstrafverfahren auch in der Praxis gibt. Der derzeitige Rechtszustand führt jedoch dazu, dass sich der Steuerpflichtige nur mit großen Schwierigkeiten gegen die vorschnelle Überführung des Besteuerungsverfahrens in das Steuerstrafverfahren wehren kann, und damit einer offene oder auch verdeckten Drohung mit dem Steuerstrafverfahren relativ hilflos ausgesetzt ist. Lösungswege aus diesem Dilemma vermochte auch die diesjährige Tagung der Deutschen Steuerjuristischen Gesellschaft nicht aufzuzeigen; sie sind aber dringend geboten.

III. Steuerhinterziehung im Strafrechtssystem

Die Grundlagen der Strafbarkeit der Steuerhinterziehung im Strafrechtssystem sind weitgehend gefestigt. Angesprochen wurden insbesondere die Deliktsnatur der Steuerhinterziehung, die Stellung und Abgrenzung im Strafrechtssystem und die Strafzumessung. Spezifische strafrechtliche Fragen wurden zum Vorsatz und Irrtum, zum strafbaren Unterlassen und zur strafrechtlichen Verantwortung einzelner Berufs- und Tätigkeitsgruppen erörtert.

1. Deliktscharakter

Für den Strafrechtler stellt sich die Frage, ob es sich bei der Steuerhinterziehung eher um eine Blankettnorm oder um ein normatives Tatbestandsmerkmal handelt. *Jäger* betont unter Hinweis auf die Rechtsprechung des BGH den Blankettcharakter der Steuerhinterziehung,[15] während *Hellmann* den normativen Charakter der Rechtsnorm in den Vordergrund stellt.[16] In der Praxis dürfte dieser Meinungsstreit allerdings in den meisten Fällen kaum praktische Auswirkungen haben;[17] dies wohl auch deshalb, weil der Steuerhinterziehungstatbestand nicht streng nach den Regeln eines Blankettgeset-

---

15 *Jäger*, S. 35.
16 *Hellmann*, S. 53 f.
17 So auch *Jäger*, S. 36.

zes ausgelegt und gehandhabt worden ist.[18] *Hellmann* weist jedoch auf die Konsequenzen für den Tatvorsatz hin, die entweder zu einem Tatbestandsirrtum oder zu einem Verbotsirrtum führen und die Frage betreffen, ob und in welchem Umfang die Kenntnis des Steueranspruchs zum Vorsatz der Steuerhinterziehung gehören.[19] Theoretisch hat dieser Rechtsstreit Auswirkungen auf die Frage, ob und inwieweit die Kenntnis der Steuerpflicht und des Steueranspruchs als solche für den Vorsatz bei der Steuerhinterziehung von Bedeutung sind, und ob der Steuerhinterziehungstatbestand die Tathandlung und den Taterfolg vollständig beschreibt oder einer normativen Ergänzung durch das Steuerrecht bedarf. Unabhängig davon, welche Auffassung man dogmatisch im Einzelnen zugrunde legt, werden jedoch vielfach dieselben Ergebnisse erreicht.

Selbst wenn es sich bei § 370 AO möglicherweise nicht um eine klassische Blankettnorm handelt, besteht weitgehend Einigkeit darüber, dass die verfassungsrechtlichen Anforderungen an die Bestimmtheit der Strafnorm und das Verbot der Auslegung über die Wortlautgrenze hinaus auch für die Vorschriften der Abgabenordnung und der Einzelsteuergesetze gelten.[20] Dies wirft allerdings Probleme auf, wenn sich die Strafbarkeit nach europäischem Recht richtet, was insbesondere bei der Umsatzsteuer und den Verbrauchsteuern von Bedeutung ist. Jedenfalls darf eine unionsrechtskonforme Auslegung, die dem Bestimmtheitsgebot des Art. 103 Abs. 2 GG widerspricht, nicht zu einer Verurteilung wegen Steuerhinterziehung führen.[21] Einigkeit besteht auch insoweit, dass die Strafbarkeit der Steuerhinterziehung voraussetzt, dass der Steuerpflichtige Kenntnis von der Steuerpflicht hat oder dass er das Bestehen eines Steueranspruchs zumindest für möglich hält.[22]

Dieses Ineinandergreifen von Steuerrecht und Strafrecht bedeutet jedoch auch, dass die unterschiedlichen Prinzipien von Steuerrecht und Strafrecht in einem Spannungsverhältnis stehen. Im Ergebnis kann dies dazu führen, dass es im Besteuerungsverfahren und im Steuerstrafverfahren zu unterschiedlichen Bewertungen ein und desselben Sachverhalts kommt. Von der Strafrechtswissenschaft wird daher teilweise gefordert, den Charakter des Strafrechts dadurch zu unterstreichen, dass die entsprechenden Tatbestände nicht mehr in der Abgabenordnung, sondern im Kontext des allgemeinen Strafrechts geregelt werden. Damit würde den strafrechtlichen Prinzipien zum Durchbruch verholfen.[23]

---

18 *Hellmann*, S. 60.
19 *Hellmann*, S. 60 f.
20 *Jäger*, S. 37.
21 *Jäger*, S. 37.
22 *Hellmann*, S. 61.
23 *Hellmann*, S. 54.

Unabhängig vom Ort der Regelung bleibt es jedoch unbefriedigend, wenn es bei der Feststellung des Besteuerungsanspruchs im Besteuerungsverfahren und im Strafverfahren zu divergierenden Ergebnissen kommt. *Jäger* betonte in der Diskussion ausdrücklich, dass derartige Divergenzen hinzunehmen und rechtsstaatlich unbedenklich seien. In den Fällen, in denen die Finanzgerichtsbarkeit aus materiell-rechtlichen Gründen die Steuerbarkeit eines Vorgangs verneinen würde, komme die Durchführung eines Gnadenverfahrens in Betracht.[24] Dies hilft aber nicht, wenn die Haft abgesessen und die wirtschaftliche Existenz ruiniert ist. Von daher stellt sich doch die Frage, ob in komplizierten und streitigen Steuerrechtsfragen nicht die Aussetzung des Verfahrens nach § 369 AO geboten ist.[25] Das löst allerdings auch nicht das Dilemma, dass über die steuerrechtlichen Vorfragen auch bei komplexen Gestaltungen oder neuartigen und schwierigen Rechtsfragen zumeist nicht in einem ordentlichen Gerichtsverfahren, sondern im Rahmen des Ermittlungsverfahrens durch die Straf- und Bußgeldstellen der Finanzämter, die Staatsanwaltschaft oder den Ermittlungsrichter entschieden wird,[26] ohne dass in diesem Zeitpunkt wirksamer Steuerrechtsschutz gewährleistet wäre. Das steuerstrafrechtliche Ermittlungsverfahren bleibt in diesen Fällen die Achillesferse des Rechtsstaats.

Eine Besonderheit der Steuerhinterziehung gegenüber anderen Vermögensdelikten besteht auch darin, dass die Strafbarkeit weit in den Bereich der Vermögensgefährdung vorverlagert wird. Dies folgt zum einen daraus, dass es sich bei der Steuerhinterziehung um ein Erklärungsdelikt handelt. Außerdem tritt der Tatererfolg schon dann ein, wenn die Steuer nicht rechtzeitig festgesetzt wird.[27] Das bedeutet, dass schon die pflichtwidrige nicht rechtzeitige Abgabe einer Voranmeldung den objektiven Tatbestand der Steuerhinterziehung erfüllt. Für den Steuerpflichtigen dürfte dabei der eher akademische Streit, ob es sich bei der Steuerhinterziehung um ein Gefährdungs- oder Verletzungsdelikt[28] handelt, von untergeordneter Bedeutung sein. Er muss sich jedenfalls darauf einstellen, dass er die Steuererklärungen insbesondere bei Steuervoranmeldungen fristgerecht einzureichen hat und eine Verletzung der Berichtigungspflicht nach § 153 Abs. 1 Nr. 1 AO strafbewehrt ist.[29]

In der Praxis spielt diese allgemeine steuerliche Berichtigungspflicht von nachträglich als unzutreffend erkannten Erklärungen eine immer wichtigere Rolle und wirft zahlreiche Fragen auf, die *Spatscheck* in seinem Beitrag im

---

24 *Jäger*, in der Diskussion, S. 87.
25 Dazu *Weckerle*, S. 179.
26 Vgl. den Hinweis von *Seer*, dass nur 3 % der Gesamtzahl der Steuerstrafverfahren durch Urteil mit Straf- oder Bußgeldfestsetzung abgeschlossen werden.
27 *Jäger*, S. 41 f.
28 Dazu *Hellmann*, S. 66.
29 *Jäger* S. 64 f.

Einzelnen vorstellt.[30] Dabei geht es insbesondere darum, wann und wodurch die Berichtigungspflicht ausgelöst wird (nur bei tatsächlichen und nicht bei rechtlichen Veränderungen), welche Frist dem Steuerpflichtigen zur Verfügung steht und wie Fälle mehrfacher Berichtigungen zu behandeln sind.

2. Vorsatz und Irrtum

Die Steuerhinterziehung ist nur vorsätzlich möglich; es genügt allerdings bedingter Vorsatz. Da aber nicht nur unrichtige Angaben, sondern auch unvollständige Angaben (§ 370 Abs. 1 Nr. 1 AO) oder das pflichtwidrige Unterlassen der Abgabe einer Steuererklärung (§ 370 Abs. 1 Nr. 2 AO) als Steuerhinterziehung strafbar sind, bedarf die Annahme eines bedingten Hinterziehungsvorsatzes sorgfältiger Prüfung auch der voluntativen Seite des Tatvorsatzes:[31] Auch in den Fällen, in denen der Steuerpflichtige durch geschickte Steuerplanung sucht, den Tatbestand eines Steuergesetzes zu vermeiden, sollte der Vorsatz der Steuerhinterziehung sorgsam geprüft werden, denn es dürfte nicht genügen, dass der Steuerpflichtige Steuern sparen will; vielmehr ist jeweils im Einzelfall zu prüfen, ob er darüber hinaus einen strafrechtlich relevanten Verkürzungswillen besteht.

Die theoretischen Voraussetzungen des Vorsatzes im Steuerstrafrecht wurden in zahlreichen Beiträgen angesprochen.[32] Insbesondere der Beitrag von *Kuhlen* erörtert die dogmatischen Streitfragen, die sich in diesem Zusammenhang stellen.[33] Er begründet ausführlich, weshalb die Steueranspruchstheorie zu Recht von der herrschenden Meinung für die Prüfung des Vorsatzes maßgeblich ist. Für *Kuhlen* geht es aber im Ergebnis auch darum, dass die Steueranspruchstheorie gewährleistet, dass nur die vorsätzliche, nicht aber die fahrlässige Steuerhinterziehung unter Strafe gestellt ist.

In der Praxis scheint jedoch der Vorsatz im Bereich des Steuerstrafrechts kaum intensiv geprüft zu werden. So weist *Weckerle* darauf hin, dass die neuere Rechtsprechung durch ihre unzureichende Prüfung des Vorsatzes das Strafbarkeitsrisiko für den steuerlichen Berater ausgedehnt habe.[34] *Kaeser* beklagt die ausfernde Auslegung des Eventualvorsatzes bei der Steuerhinterziehung durch Rechtsprechung.[35] In der Mehrzahl der Fälle, die von den Strafgerichten entschieden werden, wissen die Steuerpflichtigen aber sehr genau, dass ihre Angaben unrichtig sind, und der Beweggrund für diese unrichtige Erklärung oder für das Unterlassen einer Erklärung die entsprechende Bereicherungsabsicht ist.[36] Wenn dem aber so ist, stellt sich doch die Frage,

---

30 *Spatscheck*, S. 89 ff.
31 So ausdrücklich *Jäger*, S. 43 (Fn. 65).
32 Z.B. *Hellmann*, S. 60 f.
33 *Kuhlen*, S. 117.
34 *Weckerle*, S. 182.
35 *Kaeser*, S. 199 ff.
36 *Hellmann*, in der Diskussion, S. 80.

warum der Gesetzgeber die Strafbarkeit der Steuerhinterziehung nicht auf die Fälle des direkten Vorsatzes (dolus directus) beschränkt. Auch für die redlichen Steuerpflichtigen wäre damit ein ganz erheblicher Gewinn an Rechtssicherheit verbunden.

3. Schutzgut, Stellung im Strafrechtssystem und Strafzumessung

Nach überwiegender Auffassung wird durch den Straftatbestand der Steuerhinterziehung das öffentliche Interesse am rechtzeitigen und vollständigen Aufkommen jeder einzelnen Steuer geschützt.[37] Da es sich beim Steueraufkommen um das Vermögen des Staates handelt, wird die Steuerhinterziehung den Vermögensdelikten zugordnet. Dies erfordert die Abgrenzung zu anderen Vermögensdelikten, wie dem Betrug, dem Subventionsbetrug und der Untreue.[38]

Insbesondere bei der Strafzumessung wird der Vergleich zu anderen Vermögensdelikten hervorgehoben. *Jäger* betont, dass der Angriff auf das Vermögen des Gemeinwesens genauso schwer wiegend sei, wie derjenige auf privates Vermögen, so dass die Kriminalstrafe als „ultima ratio" nicht zu beanstanden sei. Auch die Anwendung des Regelbeispiels der Hinterziehung „in großem Ausmaß" (§ 370 Abs. 3 Satz 2 Nr. 1 AO) und die Strafzumessung wird vom BGH in Anlehnung an den Tatbestand des Betruges (§ 263 StGB) entwickelt.

Die Besonderheiten des Steuerstrafrechts im Vergleich zu anderen Vermögensdelikten wiegen offensichtlich in der steuerstrafrechtlichen Bewertung nicht sonderlich schwer. Eine Besonderheit ist sicherlich, dass die Tatbestände des Steuerstrafrechts das gesamte materielle und formelle Steuerrecht in das Strafrecht inkorporieren.[39] Im Hinblick auf die Bestimmtheitsanforderungen des Art. 103 Abs. 2 GG bedeutet dies, dass das gesamte Steuerrecht den strengen strafrechtlichen Bestimmtheitsanforderungen genügen müsste. Ob der Zustand des geltenden Steuerrechts diesen Anforderungen genügt, darf bezweifelt werden.

Besondere Schwierigkeiten bereitet auch die Anwendung des Nemo-Tenetur-Grundsatzes. Da das Besteuerungsverfahren durch Mitwirkungspflichten, Aufzeichnungs- und Vorlageverpflichtungen geprägt ist, kann die Erfüllung dieser Pflichten in ein Spannungsverhältnis zum Selbstbezichtigungsverbot führen. Insbesondere die Rechtsprechung des BGH im Zusammenhang mit der Berichtigungspflicht nach § 153 AO führt für den Steuerpflichtigen zu dem Dilemma, ein früheres Steuerdelikt entweder durch eine neue Tat zu verdecken oder die alte Tat zu offenbaren und sich

---

37 *Jäger*, S. 44; *Hellmann*, S. 55.
38 Dazu *Hellmann*, S. 74 ff.
39 Vgl. auch *Kaeser*, S. 205; *Drüen*, S. 254.

der Bestrafung auszusetzen. *Salditt* würdigt diese Problematik in seinem Beitrag ausführlich.[40]

IV. Selbstanzeige

Vor dem Hintergrund der aktuellen Gesetzgebung und dem enormen Anstieg der Zahl der Selbstanzeigen spielte die strafbefreiende Selbstanzeige in den Vorträgen und den Diskussionen eine große Rolle.

Ob es sich bei der Selbstanzeige, die eine Straffreiheit auch nach Tatvollendung vorsieht, um eine Besonderheit der Steuerhinterziehung handelt, wurde durchaus kontrovers beurteilt. Während *Jäger*[41] die Selbstanzeige als Besonderheit des Steuerstrafrechts sieht, weist *Spatscheck*[42] darauf hin, dass sich im deutschen Recht an vielen Stellen Vorschriften finden, die dem Täter Straffreiheit oder Starmilderung zusichern, soweit er sich bereits strafbar gemacht hat.

Gleich mehrere Vorträge widmeten sich im Schwerpunkt der strafbefreienden Selbstanzeige. *Spatscheck* zeichnet die kontinuierliche Verschärfung der gesetzlichen Regelungen nach und erläutert die Voraussetzungen einer strafbefreienden Selbstanzeige nach der jüngsten Gesetzesänderung.[43] Er belegt insbesondere auch die praktischen Schwierigkeiten und dogmatischen Ungereimtheiten, zu denen die ab dem 1.1.2015 geltende Rechtslage führt. *Rüping* widmet sich der Legitimation der Selbstanzeige und stellt das Rechtsinstitut in den Kontext der strafrechtlichen Wiedergutmachung und einer Restitution, die über eine zivilrechtliche Kompensation des Schadens hinausgehe.[44] *Kaeser* zeigt in seinem Vortrag, dass die strafbefreiende Selbstanzeige im anschlussgeprüften Konzern keine Bedeutung hat, da sie sowohl rechtlich wie auch praktisch ausgeschlossen ist.[45] *Drüen* geht auf den Sonderfall der bußgeldbefreienden Selbstanzeige bei einer leichtfertigen Steuerverkürzung (§ 378 Abs. 3 AO) ein, bei der eine Selbstanzeige auch noch während der Außenprüfung möglich ist. Dabei genügt es ihm für die Berichtigungshandlung, wenn der Steuerpflichtige bei der Außenprüfung tatkräftig mitwirkt, sämtliche relevanten Unterlage vorlegt und das Prüfungsergebnis gemeinsam erarbeitet wird. Andere Auffassungen, die über die umfassende Mitwirkung in der Außenprüfung einen eigenen Aufdeckungsbeitrag fordern, würden de facto zu einem Sperrgrund contra legem führen.[46]

---

40 *Salditt*, S. 277 ff.
41 *Jäger*, S. 46.
42 *Spatscheck*, S. 97.
43 *Spatscheck*, S. 89 ff.
44 *Rüping*, S. 143.
45 *Kaeser*, S. 200.
46 *Drüen*, S. 243.

Ebenso wie die Steuerhinterziehung kein rein nationales Problem ist, finden sich auch in ausländischen Rechtsordnungen vielfältige Möglichkeiten der strafbefreienden Selbstanzeige oder der tätigen Reue im Steuerstrafrecht. Der Beitrag von *Leitner* zu Rechtfertigung und Grenzen der Selbstanzeige aus österreichischer Sicht belegt zum einen die vielfältigen Parallelen, aber auch die wesentlich pragmatischere Sicht auf dieses Rechtsinstitut. Hervorzuheben ist, das § 29 FinStrG ausdrücklich Abstand vom Vollständigkeitsgebot nimmt, so dass auch die Möglichkeit einer teilweisen Selbstanzeige eröffnet ist; allerdings seit der Novelle im Jahr 2014 für den nachgemeldeten Teil keine Straffreiheit mehr möglich ist.[47] *Rüping* ergänzt dies durch seinen Hinweis auf die pragmatische Handhabung in der Schweiz.[48] Die Notwendigkeit einer zumindest europarechtlichen Angleichung der Voraussetzungen wird von *Dannecker* betont.[49] Die sehr unterschiedliche Ausgestaltung der strafbefreienden Selbstanzeige in den Mitgliedstaaten der Europäischen Union hat erhebliche Auswirkungen darauf, ob und inwieweit in der Praxis die Rückkehr in die Legalität überhaupt möglich ist.

Die besondere Bedeutung – wenn nicht sogar die Notwendigkeit – einer strafbefreienden Selbstanzeige im Steuerstrafrecht zeigt die Verbindung zum Nemo-Tenetur-Grundsatz. *Jäger* weist darauf hin, dass die Rechtsprechung zur Wahrung des Nemo-Tenetur-Grundsatzes reagieren müsste, wenn der Gesetzgeber das Rechtsinstitut der Selbstanzeige abschaffen würde.[50] Als eine Möglichkeit erwähnt er, dass vermehrt strafrechtliche Verwertungsverbote für steuerrechtlich gebotene Angaben angenommen werden müssten. Zu Recht weist *Salditt* darauf hin, dass schon jetzt die Verschärfung der Selbstanzeige zu einer Überprüfung der bisherigen Behandlung der Nemo-Tenetur-Problematik durch Rechtsprechung und Literatur zwingt. Ihm ist darin zuzustimmen, dass es erforderlich ist, die bisherigen Argumentationen zu überprüfen und einen rechtlichen Ansatz zu suchen, der verfehlte Abwägungen und innere Widersprüche vermeidet.[51] Diese Frage spielte auch in der Diskussion über die Referate eine gewichtige Rolle.[52] Insbesondere in den Fällen, in denen der Täter zwar von sich aus eine strafbefreiende Selbstanzeige abgibt, es ihm aber nicht gelingt, die formalen Anforderungen zu erfüllen, stellt sich die Frage, wie die im Zusammenhang mit der gewollten Rückkehr zur Steuerehrlichkeit gemachten Angaben bewertet werden. Sehr viel konsequenter ist hier das Österreichische Verfassungsgericht, das im Fall zwangsbewehrter Nacherklärungspflichten (Berichtigungspflichten) eine strafaufhebende Selbstanzeige aus grundrechtlichen Gründen für geboten hält.[53]

---

47 *Leitner*, S. 155 ff.
48 *Rüping*, S. 147.
49 *Dannecker*, S. 439.
50 *Jäger*, Diskussionsbeitrag S. 86.
51 *Salditt*, S. 293 f.
52 Diskussion S. 309 ff.
53 Dazu *Leitner*, S. 166.

V. Überschneidungen von Besteuerungsverfahren und Steuerstrafverfahren

Das Zusammenwirken von Steuerrecht und Strafrecht wirft nicht nur dogmatische Fragen auf, sondern erweist sich auch in der Rechtsanwendung als schwierig und problembehaftet. Die Finanzverwaltung besitzt mit der Steuerfahndung eine Zwitterinstitution, die sowohl im Besteuerungs- als auch im Steuerstrafverfahren tätig wird. Der Steuerpflichtige erscheint sowohl als Steuerzahler, der im Besteuerungsverfahren Mitwirkungspflichten hat als auch als Beschuldigter im Steuerstrafverfahren. Im Besteuerungsverfahren spielen Aspekte der Steuerhinterziehung nicht nur in Tatbeständen der Verjährung, der Haftung oder der Verzinsung eine Rolle; vielmehr gibt es Schnittstellen bei der Außenprüfung und der Verständigung. Auf den engen Zusammenhang bei der Auslegung und Anwendung steuerstrafrechtlicher Normen habe ich bereits hingewiesen.

1. Funktionentrennung

Mit erfreulicher Deutlichkeit wurde die Funktionentrennung zwischen Besteuerungsverfahren und Steuerstrafverfahren hervorgehoben.

In der Doppelfunktion der Steuerfahndung ist die Gefahr einer Überschneidung von Besteuerungsverfahren und Steuerstrafverfahren angelegt. Als sachkundiger Vertreter der Steuerfahndung machte *Herrmann* in aller Deutlichkeit klar, dass auch er von einer klaren Trennung des Verwaltungsverfahrens und des Strafverfahrens ausgeht.[54] Nur wenn die Steuerfahndung die Aufgabe wahrnimmt, Steuerstraftaten und Steuerordnungswidrigkeiten zu erforschen (§ 208 Abs. 1 Nr. 1 AO), wird sie als Strafverfolgungsbehörde tätig und darf die strafprozessualen und strafrechtlichen Ermittlungsbefugnisse in Anspruch nehmen. Bei der Ermittlung von Besteuerungsgrundlagen (§ 208 Abs. 1 Nr. 2 AO) sowie bei der Aufdeckung und Ermittlung unbekannter Steuerfälle (§ 208 Abs. 1 Nr. 3 AO) stehen der Steuerfahndung hingegen lediglich die Befugnisse der Abgabenordnung zur Verfügung.

Gleichwohl hält *Herrmann* die Kombination von strafrechtlicher Ermittlungsbehörde und steuerrechtlichem Sachverhaltsermittlungsorgan für sinnvoll und notwendig. Kritik an der Steuerfahndung griffe oftmals Ängste und Befürchtungen auf, die sich in der Realität bei richtiger Gesetzesanwendung gar nicht oder nur ausnahmsweise ergäben. Er sieht auch keine besondere Machtfülle der Steuerfahndung. Den Aufbau von strafrechtlichen Drohkulissen hält er für unsinnig, zumal eine fehlerhafte Fallmeldung an die BuStra ohne weitere Auswirkungen bliebe.[55] Ob diese Sichtweise eines Steuerfahnders von den Steuerpflichtigen und deren Beratern

---
54 *Herrmann*, S. 249 ff.
55 *Herrmann*, S. 268.

geteilt wird, mag bezweifelt werden, denn dabei wird außer Acht gelassen, dass alleine die Prüfung eines Anfangsverdachts durch strafrechtliche Ermittlungsbehörden stigmatisierend wirken kann und jedenfalls im Zusammenhang mit gesellschaftsrechtlichen Complianceregelungen vielfältige Probleme aufwirft.

Sowohl der Einsatz der sog. Flankenschutzfahnder als auch der Einsatz der Steuerfahndung bei einer Betriebsprüfung wurden kritisch beurteilt.[56] Der Einsatz von Steuerfahndern bei einer Betriebsprüfung setzt nach übereinstimmender Auffassung voraus, dass ein strafrechtlicher Anfangsverdacht bejaht wird. *Drüen* weist darauf hin, dass die Außenprüfung nicht den Zweck und die Aufgabe hat, Steuerstraftaten aufzudecken und zu verfolgen.[57] Er zeigt an den Beispielen der Anordnung einer Außenprüfung trotz Anhaltspunkten für eine Steuerstraftat, der Überleitung einer Außenprüfung in das Steuerstrafverfahren und der Einleitung eines Steuerstrafverfahrens im Anschluss an eine Außenprüfung die in der Praxis auftretenden Probleme der Schnittstelle zwischen den beiden Verfahrensarten.

Als bekennender Vertreter eines kooperativen Verwaltungshandelns im Steuerrechtsverhältnis widmet sich *Seer* den Verständigungen im Steuer- und Strafverfahren.[58] Im Zusammenhang mit der Verfahrensverknüpfung und Gesamtbereinigung im Steuerstrafrecht sieht er bei einer verfahrensübergreifenden Verständigung zwar die Gefahr einer unzulässigen dysfunktionalen Verfahrensverknüpfung, und hält ein Kompensationsgeschäft nach der Art „Steuer gegen Strafe" für unzulässig. Auf der anderen Seite sieht er aber eine Gefahr darin, dass Steuerpflichtige nach einer nur auf das Strafverfahren bezogenen Einigung im finanzgerichtlichen Verfahren befreit vom strafrechtlichen Risiko strafrechtliche Fragen langwierig ausprozessieren. Als Lösung schlägt er vor, dass in strafprozessualen Verständigungen der steuerliche Verfahrensabschluss mit einer im Ergebnis auf einer tatsächlichen Verständigung basierenden Nachzahlung zur Auflage durch die Ermittlungsbehörde gemacht wird. Umgekehrt könne der Steuerpflichtige seine Zustimmung zum Abschluss einer bindenden tatsächlichen Verständigung im Besteuerungsverfahren davon abhängig machen, dass keine oder nur bestimmte steuerstrafrechtliche Folgen gegen ihn eintreten.[59] Mir persönlich erscheint es vorzugswürdig, dem Steuerpflichtigen weiter die Möglichkeit offenzuhalten, auch nach einer Verständigung im Strafverfahren den Steueranspruch vor den FG überprüfen zu lassen. Nur auf diese Weise ist sichergestellt, dass die teilweise schwierigen steuerrechtlichen Rechtsfragen unabhängig vom Druck eines Strafverfahrens vor den FG zur Überprüfung gestellt werden können.

---

56 Diskussion S. 306 f.
57 *Drüen*, S. 223.
58 *Seer*, S. 313.
59 *Seer*, S. 331 ff.

2. Nemor-Tenetur-Grundsatz

Die Probleme an der Schnittstelle von Steuerrecht und Strafrecht lassen sich insbesondere im Zusammenhang mit dem Nemo-Tenetur-Grundsatz zeigen. Probleme ergeben sich nicht nur im Zusammenhang mit der strafbefreienden Selbstanzeige (dazu oben D. am Ende). Vielmehr stehen die im Besteuerungsverfahren normierten Mitwirkungspflichten und der verfassungsrechtlich verankerten Nemo-Tenetur-Grundsatzes generell in einem Spannungsverhältnis. Diese Problematik macht *Salditt* zum Thema seines Beitrags zum Bürger zwischen Steuerrecht und Strafverfolgung.[60] Er zeigt eindrucksvoll die Verwerfungen und die Gefährdungen, die sich für die Rechtsstellung der Steuerpflichtigen aus der Überschneidung von Steuerrecht und Strafrecht ergeben. In diesem Zusammenhang formuliert er in mehreren Thesen Forderungen zur wirksamen Durchsetzung des Nemo-Tenetur-Grundsatzes im Strafrecht. Er konstatiert zudem, dass die Finanzbehörden immer häufiger und intensiver Funktionen ausüben, die polizeilicher und strafrechtlicher Überwachung dienen. Als mögliche Lösung fordert er ein Verfahren, dass es dem Steuerpflichtigen – gegebenenfalls in einem In-Camera-Verfahren – ermöglicht, sich wegen der Möglichkeit der Selbstbelastung im Besteuerungsverfahren auf ein Mitwirkungsverweigerungsrecht zu berufen.[61] *Drüen* weist ergänzend darauf hin, dass im digitalen Zeitalter der Außenprüfer über ein umfassendes Datenmaterial verfügt, so dass zu prüfen sei, ober der mittelbare Schutz des Steuerpflichtigen durch § 393 AO bei der Außenprüfung nach Eröffnung des Datenzugriffs weiterhin zeitgemäß und ausreichend ist.[62]

3. Verantwortlichkeiten

Bei der Diskussion um die Steuerhinterziehung steht zunächst der einzelne Steuerpflichtige im Mittelpunkt. Die Steuerpflichtigen nehmen jedoch häufig die Hilfe steuerlicher Berater in Anspruch. Auf die damit zusammenhängenden Probleme geht *Weckerle* in seinem Beitrag zur steuerstrafrechtlichen Verantwortung des Beraters ein.[63] Schon bei der Abgabe der Steuererklärung stellt sich die Frage der Verantwortlichkeit des Beraters, wenn elektronische Steuererklärungen ohne Unterschrift dem Finanzamt übermittelt werden. Die Steuerrechtskenntnisse des Beraters führen dazu, dass der bedingte Vorsatz leichter angenommen werden kann, so dass die Gefahr eines Zweiklassensteuerstrafrechts für Steuerpflichtige mit und ohne Berater besteht. Wegen der obligatorischen Strafmilderung hat die Abgrenzung von Täterschaft und Beihilfe große Bedeutung für die Beraterschaft. *Weckerle* wendet sich insbesondere gegen die Annahme des BGH, dass schon das reguläre Honorar

---
60 *Salditt*, S. 277 ff.
61 *Salditt*, S. 295 ff.
62 *Drüen*, S. 228.
63 *Weckerle*, S. 171.

des Beraters ein Anzeichen für das eigene wirtschaftliche Interesse am Erfolg der Steuerstraftat ist. Insgesamt ergeben sich aus der beruflichen Stellung des Beraters weder erhöhte Sorgfaltspflichten gegenüber der Finanzbehörde, noch besteht eine für den Unterlassenstatbestand notwendige Garantenstellung.

Die steuerstrafrechtliche Verantwortung in Unternehmen schildert *Kaeser* in einem sehr anschaulichen Vortrag aus der Praxis eines großen Unternehmens.[64] *Kaeser* sieht die Tax Compliance als ordnungsgemäße Pflichterfüllung, deren Verletzung im Konzern zu gravierenden Folgen führt. Die Erfüllung gesetzlicher Verpflichtungen ist seiner Meinung nach durch externe und interne Komplexitätstreiber wesentlich erschwert. Dabei verweist er u.a. auf die zunehmende Komplexität steuerrechtlicher Regelungen, realitätsferne Anforderungen und die Schwierigkeiten, die sich bei grenzüberschreitenden Sachverhalten ergeben. Die Organisationsstruktur innerhalb eines Konzerns und der Kostendruck erschweren ebenfalls die Tax Compliance. Die Unbestimmtheit des geltenden Steuerrechts und die ausufernde Auslegung des Eventualvorsatzes dürfen nach *Kaeser* nicht dazu führen, dass die Verantwortung vorschnell beim Steuerpflichtigen gesucht wird. Letztendlich sei die Komplexität des materiellen Steuerrechts nicht durch den Steuerpflichtigen sondern durch den Gesetzgeber verursacht.

Die Besonderheiten der steuerstrafrechtlichen Verantwortung von Unternehmen spielte auch eine Rolle in dem Beitrag von *Drüen* zur Außenprüfung. In der Diskussion wurde hervorgehoben, dass den Unternehmen aufgrund der Compliance-Bestrebungen eine Vorreiterrolle bei der Entkriminalisierung über das Besteuerungsverfahren zukommt. Sanktionen für Fehlverhalten richten sich dabei nach der Größe eines Unternehmens und dem Bestreben nach Kooperation mit der Finanzverwaltung.[65]

VI. Die Internationale Perspektive

Einen eigenen Schwerpunkt bildete die Europäisierung und Internationalisierung im Steuerstrafrecht. Diesem Thema widmeten sich die Vorträge von *Pohl* zur Bewältigung internationaler Sachverhalte und von *Dannecker* zur europäischen und internationalen Bekämpfung der Steuerhinterziehung. Aber auch in anderen Beiträgen spielte die internationale Perspektive eine Rolle.

Insbesondere auf europäischer und internationaler Ebene bedarf es zunächst einer Abschichtung von Steuergestaltungen zur Steuervermeidung gegenüber der strafbaren Steuerhinterziehung. Die Steuerplanung durch global

---

64 *Kaeser*, S. 193.
65 Diskussion, S. 301.

agierende Unternehmen und die Verlagerung von Steuersubstrat in Steueroasen hat zu Recht eine Diskussion um die Steuergerechtigkeit entfacht und zu Vereinbarungen auf internationaler Eben geführt, um „Base Erosion and Profit Shifting" zu verhindern. Von Strafrechtlern und Steuerrechtlern wurde allgemein die Notwendigkeit anerkannt, zwischen Steuerplanung, rechtsmissbräuchlicher Gestaltung und steuerstrafrechtlichem Verhalten zu unterscheiden.[66] Für den Bereich des strafrechtlichen Verhaltens bedarf es sodann Regeln, um grenzüberschreitende und internationale Sachverhalte zu ermitteln und aufzuklären. Das materielle Steuerstrafrecht wird außerdem zunehmend durch die Europäisierung und Internationalisierung geprägt.

Pohl widmet sich den staatlichen Überprüfungs- und Ermittlungsmöglichkeiten bei grenzüberschreitenden Sachverhalten.[67] Hier ist in den letzten Jahren eine sehr dynamische Entwicklung zu beobachten, die sich von der fallweisen zwischenstaatlichen Rechtshilfe durch Einzelauskünfte hin zu einem globalen Informationsaustausch über bestimmte steuerrechtliche Sachverhalte hin entwickelt. Der persönlichkeitsschützende Weg einer globalen anonymen Erhebung von Quellensteuern ist gescheitert. *Pohl* zeichnet den Weg zur Vereinbarung über einen multilateralen internationalen Informationsaustausch nach. In diesem Zusammenhang weist er darauf hin, dass die aktuelle Entwicklung maßgeblich durch das drakonische Vorgehen der USA bei der Bekämpfung der Steuerhinterziehung durch den Foreign Account Tax Compliance Act (FATCA) gefördert worden ist. Der vereinbarte automatische Informationsaustausch wird zwar in Zukunft das Massenphänomen der Steuerhinterziehung bei Kapitaleinkünften erledigen. *Pohl* erläutert in seinem Beitrag aber auch die zur Zeit maßgeblichen Regelungen der zwischenstaatlichen Amtshilfe im Einzelfall, die Veränderungen im Verhältnis zu den Schweizer Banken und die Problematik der Gruppenanfrage an die Schweiz, um mögliche Steuerflüchtlinge zu ermitteln. In diesen Zusammenhang gehört auch der Beitrag von *Beckemper* zur Problematik des Ankaufs der sog. Steuer-CD's, da diese zumeist aus ausländischen Quellen stammen.[68] Sie zeigt, dass es sich bei der Diskussion über eine Verwertbarkeit möglicherweise strafrechtswidrig erlangter Beweise Privater um ein allgemeines Problem der Verwertungsverbote im Strafrecht handelt.

Abgerundet wurde die Tagung durch den umfassenden Überblick von *Dannecker* über die Europäisierung und Internationalisierung des Steuerstrafrechts. In einem ersten Teil gibt er einen beeindruckenden Überblick über die Rechtslage des Steuerstrafrechts in den Mitgliedstaaten der Europäischen Union. Dabei unterscheidet er verschiedene Modelle der Steuerhinterziehung und des Betrugs, erläutert die materiell-rechtliche Ausgestal-

---

66 *Pohl*, S. 355; *Dannecker*, S. 435; vgl. auch *Rüping*, S. 143; *Weckerle*, S. 171 f. zur Gestaltungsberatung.
67 *Pohl*, S. 355.
68 *Beckemper*, S. 341.

tung der Steuerdelikte, des Betrugs und der jeweiligen Sondertatbestände und schließt jeweils mit einer Rechtsvergleichung. Für die Rechtsvergleichung bei der Selbstanzeige sei auf die Beiträge von *Leitner* und *Rüping* verwiesen. Zwar wird die Steuerhinterziehung in den Mitgliedstaaten generell als strafbar angesehen und zumeist in Sonderregelungen oder Sondertatbeständen normiert. Allerdings sind sowohl die materiell-rechtlichen Anforderungen, wie auch das Sanktionssystem sehr unterschiedlich ausgestaltet. Bemerkenswert erscheint, dass in einzelnen Ländern Schwellenwerte – teilweise getrennt nach Steuerarten – existieren, die überschritten sein müssen, um sich strafbar zu machen. So ist nach *Dannecker* in Spanien eine Steuerhinterziehung erst ab einem verkürzten Betrag von 120 000 Euro strafbar; in Griechenland setzt die Strafbarkeit voraus, dass der verkürzte Betrag wenigstens 15 000 Euro beträgt.[69] Andererseits scheint es, dass Griechenland mit Gefängnisstrafen ab einem relativ niedrigen Hinterziehungsbetrag die schärferen Sanktionen verhängt.[70]

Das nationale Steuerstrafrecht wird in Europa zunehmend von europarechtlichen Vorgaben überlagert. Neben anderen Maßnahmen zur Bekämpfung der Steuerhinterziehung stellt *Dannecker* den Richtlinienentwurf der Kommission über die strafrechtliche Bekämpfung von gegen die finanziellen Interessen der EU gerichtetem Betrug und weitere Maßnahmen in den Mittelpunkt seiner Betrachtung. Nach einer ausführlichen Darstellung der Entwicklung des Entwurfs und der hierzu vorliegenden Stellungnahmen, wird das Ziel des Richtlinienentwurfs ausdrücklich begrüßt. *Dannecker* sieht die Kompetenzen der Europäischen Union unter Berücksichtigung des Subsidiaritätsprinzips gewahrt und ist der Auffassung, dass die verfassungsrechtlichen Vorgaben sowohl nach der Rechtsprechung des BVerfG als auch nach der Grundrechtecharta gewahrt sind.[71]

Der Richtlinienentwurf ist noch nicht verabschiedet. Trotzdem haben europarechtliche Vorgaben schon heute Bedeutung im Steuerstrafrecht. So weist *Jäger* in seinem Beitrag darauf hin, dass schon heute insbesondere im Verbrauch- und Umsatzsteuerrecht im Ergebnis das Recht der Europäischen Union über die Anwendbarkeit und die Reichweite des Steuerstrafrechts bestimmt.[72] Dabei ist zu berücksichtigen, dass der Gerichtshof der Europäischen Union weniger strenge Anforderungen an die Bestimmtheit der Strafrechtsnormen stellt und auch im Steuerstrafrecht die effektive Durchsetzung des Unionsrechts betont.[73]

---

69 *Dannecker*, S. 384.
70 *Dannecker*, S. 388.
71 *Dannecker*, S. 412 ff.
72 *Jäger*, S. 36 f.
73 Dazu *Dannecker* in der Diskussion, S. 83.

Laudatio

aus Anlass der Verleihung des
Albert-Hensel-Preises 2014
an Herrn Dr. Ralf Stollenwerk

Univ.-Prof. Dr. *Tina Ehrke-Rabel*
Karl-Franzens-Universität Graz

Der diesjährige Albert-Hensel-Preis geht an Herrn Dr. *Stollenwerk* für seine im Jahr 2013 fertiggestellte Dissertation „Geschäfte zwischen ‚nahestehenden Personen' – Begriff und Funktion der ‚nahestehenden Person' im deutschen Steuer-, Handelsbilanz- und Insolvenzrecht". Betreut und summa cum laude ausgezeichnet wurde die Arbeit von Herrn *Hüttemann* an der Universität Bonn.

Die nahestehende Person taucht im Recht in vielfältigen Zusammenhängen auf. Mit den an diese Figur geknüpften Rechtsfolgen wird überwiegend – dass das nicht immer der Fall ist, zeigt *Stollenwerk* in Feinarbeit auf – das Ziel verfolgt, verschiedene Formen der Rechtsumgehung in Form von gläubigerschädigendem Verhalten zu verhindern oder frühzeitig aufzudecken: Einmal ist der Gläubiger der Staat in der Gestalt des Fiskus, die anderen beiden Male sind es privatrechtliche Gläubiger. Damit dienen die Rechtsfolgen, die das Steuerrecht an mehreren Stellen an Sachverhalte in Verbindung mit dem Steuerpflichtigen selbst oder dessen Anteilseignern „nahestehenden Personen" entwickelt hat, oft der Bekämpfung von Steuerumgehungen. Auch damit hat sich der Namensträger des hier verliehenen Preises, *Albert Hensel*, in seiner nach wie vor erkenntnisreichen Arbeit „Zur Dogmatik des Begriffs ‚Steuerumgehung'"[1] auseinandergesetzt, was die Preiswürdigkeit der hier vorgelegten Arbeit nur untermauert.

Für den diesjährigen Albert-Hensel-Preis wurden zehn Arbeiten eingereicht, davon acht Dissertationen und eine Habilitation. Thematisch war der Bogen weit gespannt und reichte von grundlegenden und besonderen Fragen im Umsatzsteuerrecht über das Bewertungsrecht hin zum Ertragsteuerrecht. Alle Arbeiten waren hochinteressant. Entsprechend herausfordernd war die Entscheidung für die Jury, die aus Herrn *Fischer*, Herrn *Hüttemann* und mir bestand.

---

1 *Hensel*, Zur Dogmatik des Begriffs „Steuerumgehung", in Bonner Festgabe für Ernst Zitelmann, München/Leipzig 1923, 217 bis 288; abgedruckt in *Reimer/Waldhoff* (Hrsg.), System des Familiensteuerrechts und andere Schriften, Köln 2000, 303 ff.

Drei Arbeiten haben den Weg in die engere Auswahl geschafft. Zwei der drei Arbeiten hat die Jury mit einem Druckkostenzuschuss gewürdigt: Es sind dies die Habilitationsschrift von *Marcel Krumm* mit dem Titel „Steuerliche Bewertung als Rechtsproblem – Eine juristische Untersuchung steuergesetzlicher Bewertungsvorschriften unter besonderer Berücksichtigung der Verkehrswerte" und die Dissertation von *Andreas Eggert* „Die Gewinnermittlung nach dem Richtlinienvorschlag über eine Gemeinsame Konsolidierte Körperschaftsteuer-Bemessungsgrundlage – Vergleich mit Gewinnermittlung nach dem HGB, EStG und dem IFRS".

Aber nun zum Werk des Preisträgers:

Stollenwerk geht der Frage nach, ob es eine einheitliche Begriffsbildung der nahestehenden Person gibt. Zu diesem Zweck analysiert er zunächst das Begriffsverständnis der nahestehenden Person im Insolvenz- und im Handelsbilanzrecht, um die daraus gewonnen Ergebnisse dann einzelnen Rechtsnormen des Steuerrechts, welche die nahestehende Person in ihrem Tatbestand erfassen, gegenüberstellt. Aus diesen Einzelanalysen ergibt sich für ihn ein kleinster gemeinsamer Nenner für einen einheitlichen Begriff der nahestehenden Person, aus dem er dann einen Vorschlag de lege ferenda für eine einheitliche Legaldefinition der nahestehenden Person in einem § 15a AO entwickelt.

So widmet sich die Untersuchung zunächst der Legaldefinition der nahestehenden Person in § 138 Insolvenzordnung. Nach einer detaillierten Tatbestandsanalyse wird das insolvenzrechtliche Begriffsverständnis nach teleologischen Gesichtspunkten zusammengefasst. Die nahestehende Person im Insolvenzrecht sei stark auf die spezifischen Bedürfnisse der Insolvenzanfechtung zugeschnitten, was prima facie gegen eine Übertragbarkeit dieser Wertungen auf das Steuerrecht spreche. Dass der insolvenzrechtliche Begriff Freunde nicht umfasst, erkennt der Verfasser als zentrale Schwäche.

An die insolvenzrechtliche Analyse schließt sich die Ergründung der nahestehenden Person im Handelsbilanzrecht. Seit dem Gesetz zur Modernisierung des Bilanzrechts (Bilanzrechtsmodernisierungsgesetz) werden im Anhang des Jahres- und Konzernabschlusses Angaben zu Geschäften mit „nahestehenden Unternehmen und Personen" verlangt. Für das Begriffsverständnis ist letztendlich über IAS-VO der EU IAS 24 einschlägig. In der zusammenfassenden Bewertung attestiert *Stollenwerk* der nahestehenden Person im Handelsbilanzrecht einen eingeschränkten Anwendungsbereich, den er auf die Informationsfunktion der handelsbilanzrechtlichen Angabepflichten zurückführt. Kritisch erkennt er – wie bereits für die Insolvenzordnung –, dass auch im Handelsbilanzrecht befreundete Personen, „obwohl sie nach der Lebenserfahrung den Zielpersonen tatsächlich häufig näher stehen als die Mitglieder der eigenen Familie" nicht als nahestehende Personen erfasst werden. Auch dieses Kapitel schließt mit dem Befund, dass wegen des speziellen sich aus dem Regelungszusammenhang ergebenden Zuschnitts der handelsbilanzrechtliche Begriff der nahestehenden Person nicht auf das Steuerrecht übertragbar sein dürfte.

Der größte Teil der Arbeit ist dem Begriff der nahestehenden Person im Steuerrecht gewidmet. Nach einigen grundlegenden Vorüberlegungen zur Einordnung der „nahestehenden Person" wird die verdeckte Gewinnausschüttung erörtert, die als solche durch die Rechtsprechung entwickelt wurde. Dabei setzt sich *Stollenwerk* eindrucksvoll mit der beweisrechtlichen Bedeutung des Näheverhältnisses auseinander.

Im Anschluss daran wird der Begriff der nahestehenden Person im Außensteuergesetz (§ 1 Abs. 2 AStG) untersucht und mit dem im Rahmen der verdeckten Gewinnausschüttung herrschenden Begriffsverständnis verglichen. Die Regelung im Außensteuergesetz sieht *Stollenwerk* kritisch. Der Gesetzgeber habe bei der Ausgestaltung der „nahestehenden Person" keine „glückliche Hand" gehabt. Im wesentlichen würden das Nahestehen bei der verdeckten Gewinnausschüttung und in § 1 Abs. 2 AStG gleichlaufen ... mit der Einschränkung, dass dem Steuerpflichtigen im Anwendungsbereich des Außensteuergesetzes keine Möglichkeit des Gegenbeweises offensteht, wenn die Existenz einer nahestehenden Person und das Abweichen vom Fremdvergleichsgrundsatz einmal festgestellt worden sind.

Schließlich befasst sich *Stollenwerk* mit der Mindestbemessungsgrundlage nach § 10 Abs. 5 UStG und schließt diesen Abschnitt mit dem Befund, dass dort die nahestehende Person im Sinne deren Verständnis bei der verdeckten Gewinnausschüttung zu erfassen ist.

Ähnlich verfährt der Verfasser schließlich mit den Ausnahmen von der Abgeltungssteuer (§ 32d Abs. 2 EStG), mit der Zinsschranke (§ 8a KStG) und den §§ 8b und 8c KStG.

Auf der Grundlage dieser bereichsspezifischen Analysen zum Steuerrecht unternimmt der Verfasser schließlich eine zusammenfassende Bewertung des Begriffs der nahestehenden Person im Steuerrecht und versucht eine Systematisierung. Zu diesem Zweck wird einerseits danach unterschieden, ob die Rechtsfolge einer Norm die Fremdüblichkeit der zwischen den Beteiligten vereinbarten Bedingungen voraussetzt. Das gelte für die vGA, § 1 AStG, § 10 Abs. 5 UStG, § 8b Abs. 3 S 5 KStG und im Rahmen von § 32d Abs. 2 Nr. 1 Buchst c EStG. Anders spiele die Fremdüblichkeit bei §§ 8a Abs. 2 und 3, 8c Abs. 1 KStG, § 32d Abs. 2 Nr. 1 Buchst a und b EStG keine Rolle. Weitere Systematisierungspunkte sind der persönliche Bezugspunkt des Nahestehens und der Zeitbezug des Nahestehens.

Der entscheidende Befund aus den Einzelanalysen und der daran anschließenden zusammenfassenden Bewertung ist aber – und hier schließt Herr

Stollenwerk an Frau *Knobbe-Keuk*[2] an - „gerade darin zu sehen, dass de lege lata die personale Reichweite des Begriffs der nahestehenden Person regelmäßig mit dem Normzweck und der beweisrechtlichen Ausgestaltung der jeweiligen Vorschrift in einem untrennbaren Zusammenhang steht, der nicht aufgehoben werden kann und nicht aufgehoben werden darf."[3]

Im letzten Abschnitt der Arbeit wird auf Basis der bisherigen Erkenntnisse ein Vorschlag für eine allgemeine steuergesetzliche Regelung des Begriffs der „nahestehenden Person" gemacht. Dabei wird zunächst der Frage nachgegangen, inwieweit der insolvenz- und der handelsbilanzrechtliche Begriff als Regelungsmodell für eine steuerrechtliche Begriffsbildung taugen. Dass dies nur eingeschränkt der Fall ist, wird vorderhand auf den verfahrensrechtlichen Kontext zurückgeführt: In der Insolvenzordnung gilt – anders als im Steuerverfahren – die Dispositionsmaxime, die es erforderliche mache eine zugunsten des Insolvenzverwalters eine erhebliche Beweislastumkehr zu Ungunsten der nahestehenden Person zu schaffen. Dies rechtfertige den eingeschränkten Kreis jener Personen, die nach § 138 InsO als nahestehende Person zu qualifizieren sind. Das Handelsbilanzrecht habe lediglich Informationsfunktion, um den Anhang nicht zu „überlasten" sei es gerechtfertigt, den Kreis der nahestehenden Person – wie in IAS 24.9. erfolgt, abschließend zu formulieren.

Aus einem vergleichenden Überblick der Strukturmerkmale der untersuchten Begriffsbildungen kristallisieren sich aber für *Stollenwerk* der kleinste gemeinsame Nenner einerseits und die für das Steuerrecht inspirationstauglichen „Komponenten" aus Handelsbilanz- und Insolvenzrecht heraus.

Aus alldem ergibt sich für *Stollenwerk*, dass eine einheitliche Begriffsbildung für das Steuerrecht sinnvoll wäre, jedoch angesichts der engen Verbindung der nahestehenden Person mit dem jeweiligen normativen Kontext nur begrenzt möglich sei.

Er plädiert dafür, den Anwendungsbereich auf Vorschriften zu begrenzen, die an die Vereinbarung marktunüblicher Bedingungen anknüpfen. So sei daher etwa die nahestehende Person als Tatbestandsmerkmal in § 8c KStG ungeeignet und solle ersetzt werden.

Einer Legaldefinition der „nahestehenden Person" sei ein „elastischer" Anwendungsbereich zu geben. Dies hält *Stollenwerk* für notwendig, um das Veranlassungsprinzip und das Trennungsprinzip zu realisieren, um eine Besteuerung nach dem Leistungsfähigkeitsprinzip und die Gleichmäßigkeit der Besteuerung zu sichern und um die Einbeziehung faktischer Näheverhältnisse zu ermöglichen.

---

2 *Knobbe-Keuk*, Die Fremdfinanzierung inländischer Kapitalgesellschaften durch nichtanrechnungsberechtigte Anteilseigner, StuW 1982, 201 (206).
3 Seite 291 der Arbeit.

Sein konkreter Vorschlag für einen § 15a AO ist zweistufig ausgestaltet. Ein Abs. 1 würde eine sehr allgemeine Umschreibung der „nahestehenden Person" (eine elastische Begriffsbildung) beinhalten, in Abs. 2 würden dann einzelne Ausprägungen nahestehender Personen beispielhaft genannt. Eine solche allgemeine Bestimmung der nahestehenden Person müsste Anpassungen in den einzelnen (untersuchten) Normen nach sich ziehen. So könnten einzelne Bestimmungen auf § 15a Abs. 1 verweisen, andere müssten sich, wegen ihres Normzwecks, auf einzelne der in Abs. 2 beispielhaft aufgezählten Ausprägungen beziehen. Der Vorschlag besticht durch seine Klarheit. Dessen Umsetzung würde sicher einen Beitrag zur Rechtssicherheit leisten.

Meine Damen und Herren, ich hoffe Ihnen einen kleinen Einblick in die prämierte Arbeit gegeben und vor allem Ihr Interesse an deren Lektüre geweckt zu haben. Den Leser erfreut die Arbeit nicht nur auf Grund ihrer interessanten Thesen, die methodisch einwandfrei in höchster juristischer Präzision entwickelt werden, sondern aufgrund ihrer sprachlichen „Geschmeidigkeit".

Ihnen, Herr *Stollenwerk*, gratuliere ich im Namen der Jury und der Deutschen Steuerjuristischen Gesellschaft ganz herzlich!

Deutsche Steuerjuristische Gesellschaft e.V.[1]

Satzung i.d.F. v. 9.9.2013 (Auszug)

§ 2 Vereinszweck

Der Verein verfolgt ausschließlich und unmittelbar gemeinnützige Zwecke im Sinne des Abschnitts „Steuerbegünstigte Zwecke" der Abgabenordnung. Der Verein hat den Zweck,

a) die steuerrechtliche Forschung und Lehre und die Umsetzung steuerwissenschaftlicher Erkenntnisse in der Praxis zu fördern;

b) auf eine angemessene Berücksichtigung des Steuerrechts im Hochschulunterricht und in staatlichen und akademischen Prüfungen hinzuwirken;

c) Ausbildungsrichtlinien und Berufsbilder für die juristischen Tätigkeiten im Bereich des Steuerwesens zu entwickeln;

d) in wichtigen Fällen zu Fragen des Steuerrechts, insbesondere zu Gesetzgebungsvorhaben, öffentlich oder durch Eingaben Stellung zu nehmen;

e) das Gespräch zwischen den in der Gesetzgebung, in der Verwaltung, in der Gerichtsbarkeit, im freien Beruf und in der Forschung und Lehre tätigen Steuerjuristen zu fördern;

f) die Zusammenarbeit mit allen im Steuerwesen tätigen Personen und Institutionen zu pflegen.

Der Verein ist selbstlos tätig; er verfolgt nicht in erster Linie eigenwirtschaftliche Zwecke.

Mittel des Vereins dürfen nur für die satzungsmäßigen Zwecke verwendet werden. Die Mitglieder erhalten keine Zuwendungen aus Vereinsmitteln. Es dürfen keine Personen durch zweckfremde Ausgaben oder durch unverhältnismäßig hohe Vergütungen begünstigt werden.

§ 3 Mitgliedschaft

(1) Mitglied kann jeder Jurist werden, der sich in Forschung, Lehre oder Praxis mit dem Steuerrecht befasst.

(2) Andere Personen, Vereinigungen und Körperschaften können fördernde Mitglieder werden. Sie haben kein Stimm- und Wahlrecht.

(3) Die Mitgliedschaft wird dadurch erworben, dass der Beitritt zur Gesellschaft schriftlich erklärt wird und der Vorstand die Aufnahme als Mitglied bestätigt.

(4) Die Mitgliedschaft endet durch

---

[1] Sitz der Gesellschaft ist Köln (§ 1 Abs. 2 der Satzung). Geschäftsstelle: Gustav-Heinemann-Ufer 58, 50968 Köln.

a) Austrittserklärung zum Schluss des Geschäftsjahres unter Einhaltung einer Frist von drei Monaten;

b) Wegfall der in Abs. 1 für die Aufnahme als Mitglied genannten Voraussetzungen;

c) Ausschluss durch die Mitgliederversammlung;

d) Ausschluss durch Beschluss des Vorstands, wenn ein Mitglied seinen Beitrag für drei aufeinanderfolgende Jahre nicht gezahlt hat; der Beschluss bedarf keiner Ankündigung und keiner Mitteilung, wenn das Mitglied der Gesellschaft eine Adressänderung nicht angezeigt hat und seine Anschrift der Gesellschaft nicht bekannt ist.

(5) Der Mitgliedsbeitrag ist am 1. April des jeweiligen Jahres fällig. Tritt ein Mitglied während eines Jahres der Gesellschaft bei, ist der volle Beitrag nach Ablauf eines Monats nach Erwerb der Mitgliedschaft gemäß Absatz 3 fällig.

(6) Der Vorstand kann rückständige Mitgliedsbeiträge erlassen, wenn deren Einziehung unbillig oder der für die Einziehung erforderliche Aufwand unverhältnismäßig hoch wäre.

Vorstand und Wissenschaftlicher Beirat der Deutschen Steuerjuristischen Gesellschaft e.V.

Vorstand

Präsident des Bundesfinanzhofs Prof. Dr. h.c. *Rudolf Mellinghoff* (Vorsitzender); Prof. Dr. *Klaus-Dieter Drüen* (Stellv. Vorsitzender); Prof. Dr. Dr. h.c. *Michael Lang*; Ministerialdirektor *Michael Sell*; Verlagsleiter Prof. Dr. *Felix C. Hey* (Schatzmeister und Leiter der Geschäftsstelle); Rechtsanwalt Dr. *Jens Schönfeld* (Schriftführer).

Wissenschaftlicher Beirat

Prof. Dr. *Johanna Hey* (Vorsitzende); Prof. Dr. *Markus Achatz*; Ltd. Ministerialrat *Hermann Bernwart Brandenberg*; Richter am Bundesfinanzhof Dr. *Peter Brandis*; Ltd. Ministerialrat Dr. *Stefan Breinersdorfer*; Rechtsanwalt Prof. Dr. *Axel Cordewener*, LL.M.; Rechtsanwalt Dr. *Christian Dorenkamp*, LL.M.; Prof. Dr. *Klaus-Dieter Drüen*; Prof. Dr. *Tina Ehrke-Rabel*; Prof. Dr. *Joachim Englisch*; Dr. *Wolfgang Haas*; Präsident der Bundesfinanzakademie Dr. *Robert Heller*; Richter am Bundesfinanzhof Dr. *Bernd Heuermann*; Verlagsleiter Prof. Dr. *Felix C. Hey*; Prof. Dr. *Johanna Hey*; Prof. Dr. *Rainer Hüttemann*; Richterin am Bundesfinanzhof Prof. Dr. *Monika Jachmann*; Richter des Bundesverfassungsgerichts a.D. Prof. Dr. Dr. h.c. *Paul Kirchhof*; Rechtsanwalt Dr. *Martin Klein*; Ministerialdirigent *Martin Kreienbaum*; Prof. Dr. *Hanno Kube*, LL.M.; Präsident des FG Berlin-Brandenburg Prof. Dr. *Claus Lambrecht*, LL.M.; Prof. Dr. *Joachim Lang*; Prof. Dr. Dr. h.c. *Michael Lang*; Prof. Dr. *Moris Lehner*; Prof. Dr. *René Matteotti*; Präsident des Bundesfinanzhofs Prof. Dr. h.c. *Rudolf Mellinghoff*; Ministerialdirigent Dr. *Hans-Ulrich Misera*; Ministerialdirigent a.D. *Gert Müller-Gatermann*; Rechtsanwalt und Steuerberater Dr. *Jürgen Pelka*; Ministerialdirektor a.D. Dr. *Albert Peters*; Vorsitzender Richter am Bundesfinanzhof Prof. Dr. *Heinz-Jürgen Pezzer*; Rechtsanwalt Prof. Dr. *Detlev J. Piltz*; Rechtsanwalt und Steuerberater Dr. *Dirk Pohl*; Prof. Dr. *Ekkehart Reimer*; Ministerialdirigent *Eckehard Schmidt*; Prof. Dr. Dr. h.c. *Wolfgang Schön*; Rechtsanwalt Dr. *Jens Schönfeld*; Prof. Dr. *Roman Seer*; Prof. Dr. *Madeleine Simonek*; Präsident des Bundesfinanzhofs a.D. Dr. h.c. *Wolfgang Spindler*; Rechtsanwalt Prof. Dr. *Otmar Thömmes*; Rechtsanwalt, Wirtschaftsprüfer und Steuerberater Dr. *Thomas Weckerle*, LL.M.; Vorsitzender Richter am Bundesfinanzhof *Michael Wendt*; Hofrat Prof. Dr. *Nikolaus Zorn*.

Ehrenmitglieder

Universitätsprofessor (em.) Dr. *Heinrich Wilhelm Kruse*, Bochum
Universitätsprofessor (em.) Dr. *Klaus Tipke*, Köln

Teilnehmerverzeichnis

Achatz, Markus, Prof. Dr., Linz
Acker, Simon, Rechtsanwalt und Steuerberater, Bad Homburg
Albert, Julia, Osnabrück
Albrecht, Anna Helena, Dr., Münster
Anzinger, Heribert M., Prof. Dr., Ulm
Arlt, Michael, Dr., Rechtsanwalt, Würzburg
Arroyo, Susana, Steuerberaterin, Barcelona
Aweh, Lothar, Präsident des FG, Kassel

Bächle, Cornelia, Heidelberg
Bachmann, Jochen, Dr., Rechtsanwalt, Bremen
Baur, Ulrich, Prof. Dr., Rechtsanwalt und Notar, Wiesbaden
Beckemper, Katharina, Prof. Dr., Leipzig
Becker, Werner, Rechtsanwalt, Düsseldorf
Becker, Johannes, Heidelberg
Becker, Maren, Bonn
Beckmann, Claas, Bremen
Beckmann, Thomas, Dr., Richter am FG, Cottbus
Behrendt, Svenja, Düsseldorf
Bergmann, LL.M., Malte, Dr., Rechtsanwalt, Bonn
Beyer, Dirk, Rechtsanwalt, Köln
Bielefeld, Franz, Dr., Rechtsanwalt, München
Biesgen, Rainer, Rechtsanwalt, Dipl.-Fw., Düsseldorf
Birkhan, Hermann Josef, Regierungsdirektor, Königswinter
Bister, Ottfried, Vizepräsident des FG aD, Bremen
Blischke, André, Leipzig
Bollinger, Christian, Stuttgart
Bollinger-Wechsler, Brigitte, Regierungsdirektorin, Koblenz
Bové, José M^{a}, Steuerberater, Barcelona
Brandis, Peter, Dr., Richter am BFH, Neuss
Braunschweig, Rolf, Richter am FG a.D., Freiburg
Brinkmann, Désirée, Osnabrück
Brosig, Klaus, Steuerberater, Varel
Brosig, Oliver, Steuerberater, Dipl.-Kfm., Varel
Bülow, Hans-Joachim, Dr., Steuerberater, Heidelberg
Burret, Gianna, Dr., Rechtsanwältin, Freiburg
Busack, Tim, Werder (Havel)

Chen, Yen-Jen, Köln
Claussen, Jochen, Osnabrück
Columbus, Helmut, Steuerberater, Handorf

Damerow, Max-Dieter, Rechtsanwalt, Steuerberater, Notar a.D., Hannover
Dann, Holger, Dr., Rechtsanwalt und Steuerberater, Köln

Dannecker, Gerhard, Prof. Dr., Heidelberg
Datow, Tilmann, Heidelberg
Derlien, Ulrich, Rechtsanwalt und Steuerberater, Augsburg
Dersch, Andreas, Freiburg/Breisgau
Desens, Marc, Prof. Dr., Leipzig
Diestel, Timm, Dr., Rechtsanwalt, Hamburg
Dinkgraeve, LL.M./EMBA, Daniel, Rechtsanwalt, München
Dommnick, Ralf, Düren
Dorenkamp LL.M., Christian, Dr., Rechtsanwalt, Dipl.-Vw., Bonn
Dörrfuß, Peter C., Stuttgart
Drüen, Klaus-Dieter, Prof. Dr., Düsseldorf
Duensing, Arnike, Rechtsanwältin, Bremen

Ebber, Bodo, Prof. Dr., Dülmen
Echterfeld, LL.M., Kristina, Münster
Eckhoff, Rolf, Prof. Dr., Schlangenbad-Georgenborn
Eggert, Andreas, Rechtsanwalt, München
Ehrke-Rabel, Tina, Prof. Dr., Graz
El-Tounsy, Usama, Rechtsanwalt, Berlin
Elvers, Reinhard, Vors. Richter am FG, Hannover
Endres, Daniela, Dipl.-jur. oec., Nürnberg
Ergenzinger, Patriz, Dr., Rechtsanwalt, Stuttgart
Ergenzinger, Franzisca, Regierungsrätin, Gerlingen

Fischbach, Axel, Vizepräsident, Kiel
Fischer, Peter, Prof. Dr., Vors. Richter am BFH a.D, Düsseldorf
Fischer, Thomas, Köln
Fischer, Christian, Rechtsanwalt, Mainz
Fissenewert, Hans-Ulrich, Richter am FG, Stuttgart
Franke-Roericht, Thorsten, Rechtsanwalt, Frankfurt am Main
Fromm, Rüdiger, Dr., Koblenz
Fromm, Andreas, Dr., Rechtsanwalt und Steuerberater, Koblenz
Fuß, Silvia, Regierungsrätin, Dülmen

Gaede, Karsten, Prof. Dr., Hamburg
Gaibler, Benjamin, Rechtsanwalt, Waiblingen
Gauß, Hermann, Rechtsanwalt, Berlin
Geberth, Georg, Rechtsanwalt, München
Geisenherger, Ute, Dr., Richterin, Freiburg
Gerber, Carl, Dr., Ltd. Regierungsdirektor a.D., Baldham
Gerbers, Axel, Rechtsanwalt, Bremen
Gercke, Christian, Dr., Rechtsanwalt, Bremen
Geuenich, Marco, Dr., Rechtsanwalt, Düsseldorf
Gialouris, Dimitros, Dr., Rechtsanwalt, Melissia-Athen
Gill, LL.M., Juliette, Düsseldorf
Glies, Volker, Rechtsanwalt, Hamburg

Gödden, Hermann, Ltd. Regierungsdirektor, Essen
Gorba, Andreas, Rechtsanwalt, Hamburg
Götz, Roswitha, Abteilungsdirektorin, Trier
Grammel, Thomas, Vors. Richter am FG, Nürnberg
Grill, Sandra, Mag., Graz
Gunacker-Slawitsch, Barbara, Dr., Graz

Haag, Maximilian, Dr., Rechtsanwalt und Steuerberater, München
Haferkamp, Johannes, Präsident, Münster
Hahn, Hans-Heinrich, Ministerialrat a.D., Hannover
Hähn, Christian, Leipzig
Hansen, Christian, Dr., Rechtsanwalt und Steuerberater, Bremen
Haslehner, LL.M., Werner, Prof. Dr., Luxemburg
Hassa, Christian, Rechtsreferendar, Leipzig
Hecht, Bettina, Rechtsanwältin und Steuerberaterin, ZN Den Haag
Heeser, Günther, Dr., Rechtsanwalt, Krefeld
Heidelbach, Volker, Rechtsanwalt, Essen
Helios, Marcus, Dr., Rechtsanwalt und Steuerberater, Düsseldorf
Heller, Robert, Dr., Präsident der Bundesfinanzakademie, Brühl
Hellmann, Uwe, Prof. Dr., Potsdam
Helm, Thorsten, Dr., Rechtsanwalt, Wirtschaftsprüfer und Steuerberater, Mannheim
Helmert, Friedrich, Dr., Rechtsanwalt, Wirtschaftsprüfer und Steuerberater, Münster
Hendricks, Michael, Prof. Dr., Rechtsanwalt und Steuerberater, Bonn
Henkel, LL.M., Matthias, Dipl.-Fw., Norderstedt
Hensel, Claus A., Wirtschaftsprüfer und Steuerberater, Dipl.-Kfm., Frankfurt
Herrmann, Klaus, Regierungsdirektor, Koblenz
Heuermann, Bernd, Dr., Richter am BFH, München
Hey, Felix C., Prof. Dr., Köln
Hey, Johanna, Prof. Dr., Köln
Heyes, Martin, Dr. iur., Steuerberater, Neuss
Hintze, Hans-Rüdiger, Dr., Rechtsanwalt und Notar, Bremen
Hintze, Robert, Dr., Rechtsanwalt, Bremen
Hirschmann, Mathias, Oldenburg
Hoffmann, Daniel, Dr., Berlin
Hoffmann, Lutz, Präsident des FG Bremen, Bremen
Hofner, Andreas, Dr., Rechtsanwalt, München
Holenstein, Daniel, Rechtsanwalt, Zürich
Holzner, Stefan, Dr., Regierungsrat, Ludwigsburg
Hoppe, Jürgen F., Dr., Rechtsanwalt, Hannover
Horvat, Christian, Dr., Rechtsanwalt, Nürnberg
Hummel, David, Dr., Leipzig
Hüttemann, Rainer, Prof. Dr., Bonn

Jacsó, Judit, Dr., Miskolc
Jäger, Adelheid, Richterin am BFH, Schwielowsee
Jäger, Markus, Prof. Dr., Karlsruhe
Jahn, Joachim, Prof. Dr., Berlin
Jahndorf, Christian, Prof. Dr., Rechtsanwalt, Münster
Jope, Daniela, Rechtsanwältin, Berlin
Jost, Philipp, Rechtsanwalt, Frankfurt am Main
Jungeblut, Matthias, Würzburg
Jüptner, Roland, Dr., Finanzpräsident, München

Kaeser, Christian, Dr., München
Kalkbrenner, Paul, Leipzig
Kammeter, Roland T., Oberregierungsrat, München
Kampermann, Mathis, Köln
Kemper, Martin, Dr., Richter, München
Kempny, LL.M., Simon, Dr., Köln
Kempter, Herbert, Abteilungsdirektor, Oldenburg
Keß, Thomas, Dr., Richter am FG, Hannover
Kirch-Heim, Friederike, Rechtsanwältin, Frankfurt am Main
Kirchhof, Paul, Prof. Dr. Dres. h.c., Richter des BVerfG a.D., Heidelberg
Kirchhof, LL.M., Gregor, Prof. Dr., Augsburg
Kirchler, Erich, Prof. Dr., Wien
Kleemann, Björn, Dipl.-Kfm., Drei Gleichen OT Wandersleben
Klein, Ines, Leipzig
Klein, Andrej, Rechtsanwalt, Dresden
Klein, Dennis, Prof. Dr., Rechtsanwalt und Steuerberater, Hannover
Klötzer-Assion, Antje, Rechtsanwältin, Frankfurt am Main
Knaupp, Friederike, Dr., Richterin am FG, Nürnberg
Koberg, Peter, Dr., Rechtsanwalt, Frankfurt
Köchel, Manuel, Frankfurt am Main
Kögel, Corina, Vizepräsidentin des FG Hamburg, Hamburg
König, Sascha, Steuerberater, Lahnstein
Koppermann, Lutz, Rechtsreferendar, Frankfurt
Korfmacher, Michael, Rechtsanwalt und Steuerberater, Rostock
Koßmann, Paul Thomas, Steuerberater, Dipl.-Fw., Bremen
Köstler, Heinz, Steuerberater, Dipl.-Betriebswirt, Abensberg
Krämer, Michael B., Würzburg
Kranz, Meik, Rechtsanwalt, Hannover
Krekeler, Wilhelm, Dr., Rechtsanwalt, Dortmund
Krekeler, Jan, Hamburg
Krüger, Elmar, Osnabrück
Krumm, Marcel, Prof. Dr., Münster
Kruse, Wolfgang, Regierungsdirektor, Oldenburg
Kuhlen, Lothar, Prof. Dr., Mannheim
Kutzner, Lars, Dr., Rechtsanwalt, Berlin

Lahmann, Peter, Rechtsanwalt und Steuerberater, Freiburg i.Br.
Lambrecht, Claus, Prof. Dr., Präsident des FG Berlin-Brandenburg, Cottbus
Langel, Kai, Wirtschaftsprüfer und Steuerberater, Dipl.-Kfm., Köln
Lehner, Moris, Prof. Dr., München
Leitner, Roman, Prof. Dr., Linz
Leonard, Axel, Dr., Richter am FG, Hannover
Leßle, Birgit, Werder (Havel)
Liedtke, LL.M., Stefan, Rechtsanwalt und Steuerberater, Dipl.-Fw., Düsseldorf
Lingemann, Wolfgang, Dr. jur., Rechtsanwalt, Köln
Linnert, Karoline, Bremen
Liu, Zhixin, Essen
Lohman, Torsten, Prof. Dr., Richter am FG, Sottrum
Ludemann, Matthias, Rechtsanwalt, Frankfurt
Lüdicke, Jochen, Prof. Dr., Rechtsanwalt und Steuerberater, Düsseldorf
Lüngen, Larsen, Wirtschaftsprüfer und Steuerberater, Dipl.-Kfm., Erkelenz

Madauß, Norbert, Essen
Martini, Ruben, Richter am LG, Frankenthal (Pfalz)
Marx, Franz Jürgen, Prof. Dr., Bremen
Matthes, LL.M. oec, Marko, Dr., Richter am FG, Ratingen
Mellinghoff, Rudolf, Prof. Dr. h.c., Präsident des BFH, München
Menke, Sven, Dr., Rechtsanwalt und Steuerberater, Hannover
Meyer, Martin, Finanzpräsident OFD Magdeburg, Magdeburg
Meyer, Dieter, Finanzpräsident OFD Niedersachsen, Oldenburg
Mingels, Fabian, Rechtsreferendar, Hannover
Mönius, Thomas, Rechtsanwalt, Forchheim
Müffelmann, Herbert, Dr., Rechtsanwalt und Notar, Bremen
Muhler, Manfred, Dr., Vors. Richter am FG, Gundelsheim
Mulas, Sigrid, Dr., Köln
Müller, Jürgen R., Rechtsanwalt, Mainz
Müller, Nadja, Heidelberg
Müller-Franken, Sebastian, Prof. Dr., München
Müller-Gatermann, Gert, MinDirig a.D., Koblenz

Neumann-Tomm, LL.B., Axel, Steuerberater, Dipl.-Fw., München
Niederberger, Florian, Dipl.-Fw., Ulm
Noël, Paul, Rechtsreferendar, Düsseldorf
Nölle, Jens-Uwe, Dr., Rechtsanwalt, Bremen
Nußbaum, Oliver, Ludwigshafen am Rhein
Obenhaus, Nils, Rechtsanwalt und Steuerberater, Hamburg
Otto, Sabine, Leipzig

Pallas, Alexander, Dr., Rechtsanwalt, Bremen
Pallas, Maren, Dr., Rechtsanwältin, Bremen

Peetz, Carsten, Rechtsanwalt und Steuerberater, Berlin
Pelka, Jürgen, Dr., Rechtsanwalt und Steuerberater, Köln
Peperkorn, Wiebke, Mag., Graz
Peter, Jörg, Richter am FG, Hannover
Peters, Albert, Dr., Ministerialdirektor a.D., Berlin
Peters, Franziska, Dr., Richterin am FG, Münster
Pezzer, Heinz-Jürgen, Prof. Dr., Vors. Richter am BFH, München
Pfizenmayer, Karl-Friedrich, Rechtsanwalt, Steuerberater und Wirtschaftsprüfer, Berlin
Pflaum, Ulrich, Dr., Oberregierungsrat, München
Pohl, Dirk, Dr., Rechtsanwalt und Steuerberater, München
Popp, Thomas, Präsident, Dresden
Prusko, Dietmar, Rechtsanwalt, Steuerberater und Wirtschaftsprüfer, Weiden i.d. Oberpfalz

Reddig, Jens, Dr., Münster
Reger, Franz, Dr., Wien
Rehfeld, Lars, Dr., Rechtsanwalt und Steuerberater, Gevelsberg
Reymann-Brauer, Martin, Rechtsanwalt, Erlangen
Riesenberg, Aenne, Berlin
Rohner, Marcus Heinrich, Rechtsanwalt und Steuerberater, Dortmund
Rolfs, Christoph, Rechtsanwalt, Schwerin
Rolletschke, Stefan, Alfter
Roser, Frank, Dr., RA/WP, Hamburg
Rossmeisl, Norbert, Ministerialrat, München
Rummel, Thomas, Referatsleiter, Chemnitz
Rüping, Hinrich, Prof. Dr., Hannover
Ruppe, Hans Georg, Prof. DDr., Graz

Salditt, Franz, Prof. Dr., Rechtsanwalt, Neuwied
Samborski, Sandra, München
Sauer, Gisbert, Berlin
Schätzlein, Adolf, WP, StB, Neuss
Scheidle, Helmut, Dr., Rechtsanwalt, Steuerberater und Wirtschaftsprüfer, Stadtbergen
Schindler, Frank, Dr., Richter am FG, Hamburg
Schinnerl, Marcus, Mag., Graz
Schmedding, Detlef, Dr., Rechtsanwalt und Steuerberater, Freiburg im Breisgau
Schmieder, Mario, Mag., Rechtsanwalt, Linz
Schmitt, Michael, Prof. Dr., Stuttgart
Schmitz von Hülst, Andreas, Finanzpräsident OFD Nordrhein-Westfalen, Köln
Schneidenbach, Robert, Düsseldorf
Schneider, Zacharias-A., Dr., Rechtsanwalt, Hannover

Schoenfeld, Christoph, Präsident des FG, Hamburg
Schöffler, Daniel, Rechtsanwalt, Stuttgart
Schönfeld, Jens, Dr., Rechtsanwalt, Bonn
Schrinner, Axel, Düsseldorf
Schroth, Ulrich, Prof. Dr., Stockdorf
Schubert, Rüdiger, Rechtsanwalt, Bremen
Schüler-Täsch, Sandy, Dr., Kirchheim
Schultz, Florian, Dr. rer. pol., Wirtschaftsprüfer und Steuerberater, Frankfurt/Main
Schulze, Erhard-Veit, Dr., Steuerberater, Rentenberater, Offenbach am Main
Schuppe, Katja, Düsseldorf
Schütze, Alexandra, München
Schwegmann, Andreas, Bad Homburg
Schwieger, Dirk, Dr., Oberregierungsrat, Bremen
Sckibba, Julia, Berlin
Seer, Roman, Prof. Dr., Bochum
Seitz, Wolfgang, Dr., Wien
Sennlaub, Gunther, Düsseldorf
Sens, Christopher, Leipzig
Sieber, Roland, Wirtschaftsprüfer und Steuerberater, Dipl-Kfm., Korntal-Münchingen
Siegel, Stefan, Rechtsanwalt und Steuerberater, München
Sieven, Beate, Prof. Dr., Stralsund
Sommer, Alexander, Dr., Rechtsanwalt, Sindelfingen
Sorgenfrei, Ulrich, Rechtsanwalt und Steuerberater, Dipl.-Fw., Frankfurt
Spatscheck, Rainer, Dr., Rechtsanwalt, München
Spilker, Bettina, Dr., Münster
Stadie, Holger, Prof. Dr., Leipzig
Stahlschmidt, M.R.F., LL.M., MBA, Michael, Prof. Dr., Rechtsanwalt, Dipl.-Bw. (FH), Medebach
Stapperfend, Thomas, Prof. Dr., Vizepräsident des FG Berlin-Brandenburg, Cottbus
Stauch, Matthias, Staatsrat, Bremen
Stocker, Beate, Mag., Steuerberaterin, Linz
Stodal, Barbara, München
Stollenwerk, Ralf, Dr., Bonn
Stolterfoht, Joachim N., Prof. Dr., Rechtsanwalt und Steuerberater, Umkirch
Stolz, Tobias, Berlin
Straßburger, Benjamin, Dr., Mainz
Stumm, Ocka, Dr., Rechtsanwältin, Frankfurt am Main

Take, Michael, Dr., Rechtsanwalt, Dipl.-Vw., Kiel
Tanski, Joachim, Prof. Dr., Berlin
Taubert, Christian, Freiburg i.B.

Teske, André, Rechtsanwalt und Steuerberater, Köln
Thebrath, Hermann, Dr., Rechtsanwalt und Notar, Schalksmühle
Töben, Thomas, Dr., Berlin
Trossen, Nils, Dr., Richter am BFH, München
Trubrig, Eva, Mag., Wien

Valta, Matthias, Dr., Frankfurt
Vandersmissen, LL.M., Christian, Leipzig
Verhoeven, Jürgen, Rechtsanwalt, Geldern
Vetter, Konrad, Karlsruhe
Viehbacher, Johannes, Rechtsanwalt, Vaduz
Vogel, Max, Hamburg
von der Linden, Christian, Rechtsanwalt und Steuerberater, Dipl.-Kfm., Regensburg
von Pelchrzim, Gero, Rechtsanwalt, Frankfurt

Wagner, Thorsten, Dr., Richter am FG, Ilvesheim
Walter, Lisa Johanna, Bonn
Weckerle, LL.M., Thomas, Dr., Rechtsanwalt, Wirtschaftsprüfer und Steuerberater, Hagen
Weckesser, Artur, Dr., Präsident des FG Baden-Württemberg, Stuttgart
Wehn, Peter, Rechtsanwalt, Hamm
Weigt, Manfred W., Rechtsanwalt, Hage
Weinacht, Herbert, Regierungsdirektor a.D., Denzlingen
Weinreich, Volker, Dr., Rechtsanwalt, Bochum
Welling, Berthold, Rechtsanwalt, Berlin
Wendt, Gerlind, Dr., Vors. Richterin am FG, Bremen
Wendt, Michael, Vors. Richter am BFH, München
Wick, Simone, Dr., Steuerberaterin, Hamburg
Widmann, Werner, Ministerialdirigent a.D., Mainz-Kastel
Wiese, Götz Tobias, Dr., Rechtsanwalt, Hamburg
Winter, Stefan, Dresden
Wittmann, Rudolf, Dr., Rechtsanwalt, Augsburg
Wölke, LL.M., Jens, Rechtsanwalt, Osnabrück
Wrede, Jens, Dr., Rechtsanwalt und Steuerberater, Hamburg

Zech, LL.M., Till, Prof. Dr., Wolfenbüttel
Zimmermann, Thomas, Steuerberater, Dipl.-Bw., Koblenz

Stichwortverzeichnis

Abgaben-Betrug
- gemäß § 263 StGB 75

Abgabenordnung-Änderungsgesetz s. AOÄnderungsgesetz (AOÄndG)

Abgeltungsteuer
- ab 2009 358, 366

Abgrenzung der Steuerhinterziehung
- im Strafrechtssystem 44 ff.

Abkommen zur Förderung der Steuerehrlichkeit
- zwischen Deutschland und den USA 367

Absprache
- informelle 330

Abzugssteuer 211

Adressat
- der strafbefreienden Selbstanzeige 101

Akzessorietät des Strafrechts
- zum Steuerrecht 50

Akzessorisches Teilnahmemodell 382

Alleintäterschaft
- des steuerlichen Beraters 183

Allgemeine Strafrechtsdogmatik 137 f.

Allgemeine Vorsatz- und Irrtumslehre 118, 139

Allgemeiner Betrugstatbestand
- gemäß § 263 StGB 73

Amtshilfe s.a. Rechtshilfe
- gemäß § 117 AO 359 f.
- in Doppelbesteuerungsabkommen 361
- internationale 377 f.
- zwischenstaatliche 359

Amtshilfeklausel
- in Art. 27 des DBA zwischen Deutschland und der Schweiz 364

Analogieverbot 36 f., 39, 50, 436
- des Art. 103 Abs. 2 GG 132, 141

Änderungssperre
- nach der Außenprüfung (§ 173 Abs. 2 AO) 229

Androhung von Zwangsmitteln
- gemäß § 332 AO 260

Anfangsverdacht
- einer Steuerstraftat 234, 256 f., 265, 307

Angstklausel 182

Animus-Theorie 184

Ankauf von Steuerdaten 1; s.a. Steuer-CD

Anlass
- hinreichender für (strafrechtliche) Ermittlungen 272

Anmeldesteuer 108

Anstifter
- gemäß § 26 StGB 73

Anstiftung
- zur Steuerhinterziehung 184
- zu einer Steuerstraftat 253

AOÄnderungsgesetz (AOÄndG) 110

Arglist 393

Arglistmodell 390

Armutsindikator
- Gini-Koeffizient 9

Auflagenzahlung
- Erhöhung gemäß § 398a AO 99
- persönliche Reichweite 116

Auflösende Bedingung
- der Eröffnung eines Steuerstrafverfahrens (§ 158 Abs. 2 BGB) 333

Aufschiebende Bedingung
- der Einstellung des Steuerstrafverfahrens (§ 158 Abs. 1 BGB) 333
- des Erlasses eines Strafbefehls (§ 158 Abs. 1 BGB) 333

Ausgewählte Prüffelder
- der Steueraufsicht 274 f.

Auskunftsklausel
- in Doppelbesteuerungsabkommen 361
- große 361
- kleine 361

Auskunftsverweigerungsrecht
- gemäß §§ 101 ff. AO, §§ 52 ff. (StPO) 263

Auslagerung von Einkünften
- in Niederigsteuerländer 434
Auslegung
- erweiternde 177
- gespaltene 38
Aussageverweigerung
- Recht auf 233
Ausschlussgrund
- gemäß § 371 Abs. 2 Nr. 1 a 143
Außenprüfer 234
- Garantenpflicht 239
- Mitteilungspflicht 234
- Pflichten 240
Außenprüfung 257, 303
- Änderungssperre (§ 173 Abs. 2 AO) 229
- Anordnung 232
- Aufgaben und Zweck 222 f., 224, 232
- Belehrungspflichten 237
- digitale (§ 147 Abs. 6 AO) 222, 227 f., 277
- als Instrument der Steueraufsicht 223
- als Instrument des Besteuerungsverfahrens 303
- Komplettunterbrechung 235
- steuerliche (§§ 193 ff.) 222
- und Steuerstrafverfahren 219 ff.
- Teilfortsetzung/Teilunterbrechung 235
- Unterbrechungspflicht 235
- veranlagende 320
- Verifikationstiefe 221
- Vollunterbrechung 235
- vollzugssichernde 222
Aussetzung
- gemäß § 361 AO im Verwaltungsverfahren 179
- gemäß § 396 AO 179
Ausspähen von Daten
- gemäß § 202a StGB 344 f.
Auszahlende Stelle 366
Authorized OECD Approaches (AOA) 196

Bagatellbetrug 396
Bagatelldelikt 301

Bagatellgrenze für die Strafbarkeit 310
Bankgeheimnis 357
Base Erosion & Profit Shifting (BEPS) 193, 199, 459
Bedingter Vorsatz s. Vorsatz, bedingter; s.a. direkter Vorsatz
Befugnisse nach den Vorschriften der Strafprozessordnung 261 f.
Begünstigung
- gemäß § 257 StGB 253, 344
- gemäß § 369 Abs. 1 Nr. 4 AO i.V.m. § 257 StGB 191
Beihilfe
- zu einer Steuerstraftat 183, 253
Belehrung 237, 266
- qualifizierte 266
Belehrungspflicht
- bei der Außenprüfung 237
Bereicherungsabsicht 79 f.
Berichtigungserklärung 90
Berichtigungspflicht
- gemäß § 153 Abs. 1 Satz 1 Nr. 1 AO 241
- gemäß § 153 Abs. 1 Satz 1 Nr. 1 AO, Zweck 242
- gemäß § 153 AO 90 ff.
- steuerliche 450 f.
Berichtigungsverbund
- bei der strafbefreienden Selbstanzeige 104, 113
Berufskammer
- Anhörung nach § 411 AO 191 f.
Berufsneutrale Handlung 184
Bestechungsdelikt 73
Besteuerung
- gesetzmäßige (§ 85 AO) 242
Besteuerungsverfahren
- Mitwirkungspflicht 85, 90, 227
- Trennung vom Steuerstrafverfahren 339
Bestimmheitsgebot (Art. 103 Abs. 2 GG) 83 f., 449, 452
Bestimmtheitsgrundsatz 39, 50, 55
- Grundsatz aus Art. 103 Abs. 2 GG 436
- im Steuerrecht 176
- im Strafrecht 83, 176

Stichwortverzeichnis

Betriebsprüfung
- zeitnahe 215

Betriebsstätte
- Bau- und Montagebetriebsstätte 434
- Hilfsbetriebsstätte 434
- Home-Office 434
- Kurzzeit-Betriebsstätte 434
- Subunternehmer-Betriebsstätte 434
- Vertreterbetriebsstätte 434

Betriebsstättengewinnaufteilungsverordnung 197

Betrugsbekämpfungsstrategie
- globale 406

Betrugsmodell
- deutsches 391 ff.
- englisches 391, 399 ff.
- französisches 391, 397 ff.

Betrugstatbestand
- allgemeiner (§ 263 StGB) 73
- einheitlicher in der Europäischen Union 427

Beweismaß 315
Beweisverwertungsverbot 348
Blacklist 361
Blankettcharakter des Steuerstrafrechts 4
Blankettgesetz
- § 370 Abgabenordnung (AO) 125, 127

Blankettmerkmal 127
Blankettstrafgesetz
- § 370 Abgabenordnung (AO) 59, 81, 127

Blankettstrafnorm 35
- Steuerhinterziehung 448 f.

Blankettstrafrecht 35 f.
Bundesgerichtshof (BGH)
- Hinterziehung im Millionenbereich 49
- Urteil zur Eine-Million-Euro Grenze für eine unbedingte Freiheitsstrafe 3 f.

Bundesverfassungsgericht (BVerfG) 2
Bußgeldbefreiende Selbstanzeige 243, 245 f., 453
Bußgeldbefreiende Selbstanzeigeerklärung 246

Co-operative Relationship-Konzept
- OECD 2013b 21

Convention on Mutual Administrative Assistance in Tax Matters 356
Country-by-Country-Reporting 356
Crowding out-Hypothese 15 f.

Dauerschuldverhältnis 79
Dealware-Gesellschaft 200
Deklarationsprinzip 2
Deliktsnatur
- der Steuerhinterziehung 34 ff., 41 f.

Determinanten
- der Steuerhinterziehung 14 ff.
- der Steuerhinterziehung, Übersicht 19 f.

Deutsche Steuerjuristische Gesellschaft e.V. (DStJG) 1, 220
- Ehrenmitglieder 469
- Satzung 467 f.
- Vorstand 469
- wissenschaftlicher Beirat 469

Deutsches Betrugsmodell 391 ff.
Digitale Außenprüfung 222, 227, 277; s.a. *Außenprüfung, digitale*
Direkte Steuern 10
Direkter Vorsatz (dolus directus) 452
Doppelbesteuerungsabkommen (DBA) 361

Einflussgröße
- auf die Motivation zur Steuerhinterziehung 18 f.

Einheitstätermodell 382
Einstellung des Steuerstrafverfahrens
aufschiebende Bedingung 333
- gegen Geldauflage gemäß § 153a Abs. 1 Satz 1 StPO 322 ff.
- wegen Geringfügigkeit 321 f.

Einwendungsausschluss 333
Einzelauskunftsersuchen 305
Elektronische Steuererklärung 213
Englisches Betrugsmodell 391, 399 ff.

Enhanced Relationship-Konzept
- OECD 2013b 21
Erfolglose Einstellung eines Strafverfahrens 267
Erfolgsdelikt 382
- Steuerhinterziehung 42 f., 428
Erklärungsdelikt
- Steuerhinterziehung 41 f.
Erklärungspflicht
- gemäß § 149 AO 242
- steuerliche 42
Erlass eines Strafbefehls 325 ff.
- aufschiebende Bedingung 333
Ermittlungsverfahren
- steuerstrafrechtliches 220
Eröffnung eines Steuerstrafverfahrens
- auflösende Bedingung 333
Ersatzvornahme 260
Ersatzzwangshaft 260
Erweiternde Auslegung 177
Eskalationsprinzip
- gemäß § 93 Abs. 1 S. 3 AO 260
EU-Amtshilfegesetz (EuAHiG) 360
EuGH
- Gerichtshof der Europäischen Union 29
Europäischer Stabilitätsmechanismus ESM 418
Europäisches Grundrecht 420
Eventualvorsatz 92, 181 f., 206, 446, 451
Expertenstrafrecht
- Steuerstrafrecht 77

Fahrlässige Steuerhinterziehung 141
Fahrlässige Verkürzung von Steuern 384
Fahrlässigkeit 118
- erhöhte 189
- grobe 428
- unbewußte 160
Fahrlässigkeitsstrafbarkeit 160
Faktischer Geschäftsführer 382
Festsetzungsfrist
- verlängerte (§ 169 Abs. 2 S. 2 AO) 229
Finanzgerichtsbarkeit 450
Fishing Expedition 364

Flankenschutzfahnder 306, 447, 456
Foreign Account Tax Compliance Act (FATCA) 367 f., 459
Formerfordernisse
- der strafbefreienden Selbstanzeige 100
Französisches Betrugsmodell 391, 397 ff.

Garantenstellung
- gemäß § 13 StGB 185 f.
Gefahr im Verzug
- strafrechtliche Ermittlungsbefugnisse 262
Gefährdungsdelikt 66, 428
Gehilfe
- gemäß § 27 StGB 73
Gehilfenvorsatz 181
- doppelter 183
Geldwäsche 441 f.
- gemäß § 261 StGB 439
Generelle Unverwertbarkeit 347 f.
Gerechte Steuer(last) 78
Gerichtshof der Europäischen Union (EuGH) 29
Geringwertige Steuerverkürzung 321
Gesamtkonzept zum Schutz von Steuergeldern
- der Europäischen Kommission 407
Geschäftsführer
- faktischer 382
Geschütztes Rechtsgut 33
Gesetzesvorbehalt 37
Gesetzliches Verwendungsverbot
- gemäß § 393 Abs. 2 AO 284
Gesetzlichkeitsprinzip 37, 50, 84, 420, 429
- strafrechtliches 436
Gesetzmäßige Besteuerung
- gemäß § 85 AO 242
Gesetzmäßigkeitsprinzip 319
Gespaltene Auslegung 38
Geständnis
- verständigungsbasiert 330
Gini-Koeffizient 9
Gleichheitsgrundsatz
- gemäß Art. 3 Abs. 1 GG 57
- Verstoß 105

Stichwortverzeichnis

Global Forum on Transparency 440
Greencard 368
Grenzüberschreitende Informationstransparenz 355
Grundnorm
- steuerstrafrechtliche, § 370 AO 173 ff.
Grundrecht
- europäisches 420
Grundsatz „in dubio pro reo" 55, 86, 91, 255, 436
Grundsatz „ne bis in idem" 439
Grundsatz „nemo tenetur" 47, 85, 166, 228, 279
Grundsatz „nulla poena sine culpa" 329
Grundsatz „nullum crimen sine lege certa, stricta et praevia" 436
Grundsatz „nullum crimen, nullla poena sine lege" 81, 429
Grundsatz der Bestimmtheit s. Bestimmtheitsgrundsatz
Grundsatz der Eigenständigkeit 226
Grundsatz der Formenakzessorietät 320
Grundsatz der Gleichheit s. Gleichheitsgrundsatz
Grundsatz der Klarheit 229
Grundsatz der Öffentlichkeit (§ 169 GVG) 327
Grundsatz der Rechtssicherheit 38
Grundsatz der Unabhängigkeit 226
Grundsatz der Verhältnismäßigkeit 300
Grundsatz der Zweckrichtigkeit 229
Grundsatz des fair trial 328
Grundsatz von Treu und Glauben 317
Gruppenanfrage 371 f.

Haftung
- des Steuerhinterziehers (§ 71 AO) 229
- des steuerlichen Beraters (§ 71 AO) 191
Hehlerei
- gemäß § 259 StGB 343

Hinreichender Anlass
- für (strafrechtliche) Ermittlungen 27
Hinterziehung auf Zeit 49 f.
Hinterziehung der Mehrwertsteuer 433
Hinterziehungsbekämpfungsgesetz 243
Hinterzogene Steuer
- Zuschlag von 5 % 143

In Camera review 297
In-Camera-Verfahren 297, 457
Indirekte Steuern 10
Indizwirkung des Steuerschadens 324
Infektionswirkung 112
Informationstransparenz
- grenzüberschreitende 355
Informelle Absprache 330
Ingerenz
- § 153 AO 187
Internal Investigation 342
Internal Revenue Service (IRS) 366
Internationale Amtshilfe 377 f.
Internationale Rechtshilfe 268, 377 f.
Internationale Verflechtung
- von Unternehmen 273
Internationalisierung
- Steuerrecht, Steuerstrafrecht 445, 458 ff.
Irrtum
- steuerrechtlicher 119
- tatsächlicher 119

Jedermannsdelikt 41 f.
Justizverwaltungsakt 115

Kapazitätsprinzip 235
Kenntnisprinzip 137
Kompensationsverbot 43, 114
- des § 370 Abs. 4 S. 3 AO 67, 69, 382
Konkretisierungsspielraum 314
Konsensuale Verständigung 323
Konsensualer Abschluss des Strafverfahrens 326
Kontrollmitteilung 274
Koppelungsverbot 332, 336

Korrekturanzeige 90
Kriminalpolitik
– opferbezogene 168
Kriminalstrafe 46

Laffer-Kurve 8
Legalitätsprinzip 224, 300, 311, 321, 340
Legitimation der Sebstanzeige
– im Steuerstrafrecht 143 ff.
Leichtfertige Steuerverkürzung
– gemäß § 378 AO 76, 188, 381, 453
– des steuerlichen Beraters 188 ff.
Leichtfertigkeit 189
Leistungsfähigkeitsprinzip
– Besteuerung 464
Lissabon-Urteil
– des Bundesverfassungsgerichts 421
Lohnsteueranmeldung 108 f.
Lohnsteuernachschau (§ 42g EStG) 112
Lorenz-Kurve 9

Materiallieferung
– selbstbefreiende Selbstanzeige 102
Materielles Steuerrecht 203
Materielles Steuerstrafrecht 378
Mehrwertsteuer-Systemrichtlinie 437
Mehrwertsteuerhinterziehung 433
Mittäterschaft 183
Mittelbare Täterschaft
– des steuerlichen Beraters 183
Mitwirkungsbereitschaft
– des Bürgers, Steuerpflichtigen 79
Mitwirkungspflicht 230
– im Besteuerungsverfahren 85, 90, 227
Mitwirkungsvermerk
– auf der Steuererklärung 182
Mitwirkungsverweigerung 264
Mitwirkungsverweigerungsrecht 237, 457
Modell zur Steuerehrlichkeit 18
Motivationsforschung 9
Multilaterale Convention on Mutual Administrative Assistance in Tax Matters 356

Multinational 355
– Verrechnungspreisdokumentation 356
Multiplar-System
– österreichisches 161

Nachzahlungsgebot
– gemäß § 371 Abs. 3 AO 106
Nahestehende Person 461 ff.
– im Außensteuergesetz (§ 1 Abs. 2 AStG) 463
– im Handelsbilanzrecht 462 f.
– im Insolvenzrecht 462
– steuergesetzliche Regelung des Begriffs (Vorschlag) 464 f.
– im Steuerrecht 463 f.
– im Umsatzsteuergesetz (§ 10 Abs. 5 UStG) 463
Nebenstrafrecht 34, 55
Nemo-Tenetur-Grundsatz 47, 85, 166, 228, 279, 452, 454, 457
Nemo-Tenetur-Prinzip
– bei der Besteuerung krimineller Geschäfte 282 ff.
– Lösungen zur Außerkraftsetzung 284 ff.
Nemo-Tenetur-Recht 280, 311
Normatives Tatbestandsmerkmal 127, 129, 448 f.
Nulla-poena-Grundsatz 81, 177

Objektives Tatbestandsmerkmal 130
OECD-Musterabkommen 361
Offenbarung begangener Steuerstraftaten
– Schutz gemäß § 393 Abs. 1 AO 290
Öffentlichkeitsprinzip 331
Offshore-Konstruktion
– bei der privaten Vermögensanlage 355
Opportunitätsprinzip 300, 340
Ordnungswidrigkeit 76, 118, 203
Organhaftung 382
Organisationsverschulden 195
Österreichisches Multiplar-System 161

Parallelwertung 132
Parlamentsvorbehalt
- des Art. 104 GG 177
Personalitätsprinzip 415
Persönlicher Strafaufhebungsgrund 144, 202
Pflichtenzange 172
Potentieller Vorsatz 136
- Begriff 137
Prinzip der beschränkten Einzelermächtigung 421
Projekt „Base Erosion & Profit Shifting" (BEPS) 193
Prospekt-Theorie 13
Protection des Intérets Financiers (PIF-Instrumente) 406
Prüffeld 274 f.
Prüfungsanordnung 257
Psychologie
- und Steuern 7 ff.
Punktstrafe 327

Qualifikationsmerkmal 405
Qualifikationstatbestand 395, 431 ff.
- europäischer 432; s. Steuerordnungswidrigkeit
Qualifizierte Belehrung 266
Quellensteuer
- Abführung 365 f.
- Scheitern der anonymen Erhebung 365 f.

Recht auf Aussageverweigerung 233
Rechtsgut
- geschütztes 33
- des Straftatbestands der Steuerhinterziehung 33
- der Strafvereitelung 240
Rechtsgüterschutz 225 f.
- subsidiärer 225
Rechtshilfe s.a. Amtshilfe
- internationale 268, 377 f.
- zwischenstaatliche 359 ff.
Rechtsinstitutionelles Tatbestandsmerkmal 130
Rechtsmissbrauch
- Abgrenzung zum Scheingeschäft 437

Rechtsnormatives Tatbestandsmerkmal 84, 130
Rechtssicherheit
- im Steuerrecht 437
Rechtsstaatliches Koppelungsverbot 332
Rechtsstaatsprinzip 176, 346
Rechtsunsicherheit
- Steuerrecht/Steuerstrafrecht 447 f.
Rechtzeitigkeit
- gemäß § 29 FinStrG Österreich 162
Regelbeispiel 48
- Hinterziehung in großem Ausmaß (§ 370 Abs. 3 Satz 2 Nr. 1 AO) 48
Restitutive Strafrechtspflege 168
Richterkontrolle
- präventive, Art. 104 GG 302
Richtervorbehalt
- vorbeugender, Art. 104 GG 302
Richtlinienentwurf der Europäischen Kommission
- zur strafrechtlichen Bekämpfung von Betrug 460
Risiko
- strafrechtliches 249
Rotbericht 236
Rücktritt vom Versuch (§ 24 StGB) 94
Rückwirkungsgebot
- des § 2 Abs. 3 StGB 63
- Unanwendbarkeit 63
Rückwirkungsverbot 37 f., 50
- Grundsatz aus Art. 103 Abs. 2 GG 436
Rule Shopping 434

Sachverhaltsaufklärung 314
Sammelauskunftsersuchen 272, 304 f.
Sanktionierung
- der Steuerhinterziehung 75 ff.
Sanktionsschere 338
Schädliches begünstigendes Steuerregime 435
Schattenwirtschaft 12
Scheingeschäft 437
Scheinhandlung 437

Schlussbericht
- gemäß § 202 AO 257

Schlussbesprechung
- gemäß § 201 AO 257

Schnittstelle Außenprüfung/Steuerstrafverfahren in der Praxis 230 ff.

Schnittstelle Steuerrecht/Steuerstrafrecht 221

Schnittstelle Steuerverfahren/Strafverfahren 230

Schuldgrundsatz 420, 436

Schuldhypothese
- §§ 398 AO, 153 Strafprozessordnung 322

Schuldprinzip 329, 423

Schuldtheorie 123

Schutzgarantien des Strafrechts
- Grundsätze aus Art. 103 Abs. 2 GG 50

Schutzgut Selbstbelastungsverbot 276

Schwarzgeldbekämpfungsgesetz 2011 98, 104, 106, 143

Schweigerecht 279

Selbstanzeige 5; *s.a. strafbefreiende Selbstanzeige*
- gemäß § 29 Fin StrG Österreich 155
- im Fall Alice Schwarzer 98
- Beschneidung durch den Gesetzgeber 294
- Gestaltung 143
- Legitimation 143 ff.
- in Österreich 146 f., 153 ff.
- in Schweizer Kantonen 147 f.
- strafbefreiende nach § 371 AO 1, 47
- strafbefreiende nach § 371 AO, Sperrwirkung 231
- strafbefreiende nach § 371 AO, Verschärfung 243
- Teilselbstanzeige 109
- im Fall Uli Hoeneß 98
- Verschärfung ab 01.01.2015 96 ff., 341; *s.a. Verschärfung der Selbstanzeige*
- Verschärfung und die sich daraus ergebenden Folgen 293 ff.
- Vollständigkeitsgebot *s. Vollständigkeitsgebot der Selbstanzeige*
- Voraussetzungen für eine Strafbefreiung *s. strafbefreiende Selbstanzeige*
- wirksame 144, 254
- Zeitpunkt 162

Selbstanzeige zweiter Klasse (§ 398a AO) 98, 109

Selbstbelastung
- durch indirekte Offenbarung begangener Steuerstraftaten 290 ff.

Selbstbelastungsverbot 276
- Wahrung 338

Selbstregulierende Tex Compliance 209 ff.
- Begriff 209

Selbstveranlagung 211

Slippery Slope-Modell 21 f.

Sogwirkung
- illegaler Verhaltensweisen 377

Sonderdelikt 381

Sonderstrafrecht
- Steuerstrafrecht 77

Sperrgrund, neuer
- gemäß Finanzstrafgesetz-Novelle 2014 Österreich 163

Sperrgründe für eine Selbstanzeige
- gemäß § 371 Abs. 2 AO 110 ff.
- gemäß § 371 Abs. 2 AO, Ausweitung 98
- materielle 111
- schriftliche Anordnung einer Außenprüfung (§ 371 Abs. 2 Nr. 1a AO) 111 f.
- Steuerhinterziehung von mehr als 25.000 Euro (§ 371 Abs. 2 Nr. 3 AO) 113 f.
- Umsatzsteuer- oder Lohnsteuernachschau (§ 371 Abs. 2 Nr. 1d AO) 112
- Vorliegen von Regelbesipielen (§ 371 Abs. 2 Nr. 5 AO) 114

Sperrwirkung
- für die strafbefreiende Selbstanzeige 231

Spiralwirkung 377

Spitzen-Ende-Regel 13

Stichwortverzeichnis

Steuer
- direkte 10
- indirekte 10
- und Psychologie 7 ff.

Steuer-CD 1, 341, 364, 442, 459
- Strafbarkeit des Ankaufs 343 ff.
- Verwertbarkeit 342

Steueranspruchstheorie 43, 118 ff., 141, 451

Steuerart
- Vollständigkeitsgebot 106 f.

Steueraufsicht 256, 270 ff.
- Arbeitsweise 256, 271 ff.
- Aufgabe 271
- Organisation 270

Steuerbetrug 380
- qualifizierter 391
- Schweiz 390

Steuerehrlichkeit 7, 22, 80, 144, 153
- Modell zur 18

Steuererklärung
- elektronische 213

Steuerfahndung 249 ff., 455
- Aufgaben 252 ff.
- Aufgaben, steuerliche 262 ff.
- Aufgaben, steuerstrafrechtliche 262 ff.
- Befugnisse 252, 258 ff.
- Dienstausweis 257
- Doppelfunktion 252
- Ermittlung unbekannter Steuerfälle, § 208 Abs. 1 Nr. 3 AO 255 ff.
- Ermittlung von Besteuerungsgrundlagen nach § 208 Abs. 1 Nr. 2 AO 254 f.
- Eskalationsprinzip (§ 93 Abs. 1 S. 3 AO) 260
- als Kriminalpolizei der Finanzverwaltung 251
- NATO-Prüfstelle/NATO Truppenstatus 258
- steuerliche Ermittlungen/Prüfungen gemäß § 208 Abs. 2 Nr. 1 AO 251, 257 f.
- steuerliche Ermittlungsbefugnisse 259 ff.
- strafrechtliche Ermittlung nach § 208 Abs. 1 Nr. 1 AO 253 f.
- strafrechtliche Ermittlungsbefugnisse 261 f.
- Tätigkeit 258

Steuerfluchtkapital 357, 359

Steuerfluchtland 368

Steuerfluchtstaat 356

Steuergeheimnis
- gemäß § 30 Abgabenordnung (AO) 250

Steuergerechtigkeit 7 f., 78, 355
- gemäß § 85 Abgabenordnung (AO) 251

Steuerhehlerei
- gemäß § 374 AO 30
- Abgrenzung zur Steuerhinterziehung (§ 370 AO) 31

Steuerhinterziehung
- Abgrenzung im Strafrechtssystem 44 ff.
- Abgrenzung zum Betrug 73 ff.
- Abgrenzung zum Subventionsbetrug 73 ff.
- Abgrenzung zur Untreue 73
- durch aktives/positives Tun (§ 370 Abs. 1 Nr. 1 AO) 173 ff.
- Begriff 254
- des Beraters 185 ff.
- besonders schwerer Fall 324
- als Blankettstrafgesetz 59
- als Blankettstrafnorm 35 f., 448
- Deliktsnatur 34 f., 41 f., 448 ff.
- Determinanten 14 ff.
- als Erfolgsdelikt 42 f.
- als Erklärungsdelikt 41 f., 450
- fahrlässige 118, 141
- leichtfertige 428
- in Millionenhöhe 34
- normatives Tatbesandsmerkmal 448
- durch positives Tun (§ 370 Abs. 1 Nr. 1 AO) 117
- Schutzgut 55 ff.
- schwerwiegende Begehungsformen 34
- Stellung im Strafrechtssystem 32, 54 ff.
- Steuerstraftat 118
- Strafbarkeit 449
- im Strafrechtssystem 448 ff.

- Tatbestand des Steuerstrafrechts 117
- durch Unterlassen (§ 370 Abs. 1 Nr. 2 und 3 AO) 17, 42
- Vermögensdelikt 84
- versuchte 69, 73, 253
- Vorsatz 449
- als Vorsatzdelikt 43 f.
- vorsätzliche 161
- Vorspiegelungstaten 58
- Zuschlag von 5 % der hinterzogenen Steuer 143

Steuerhinterziehung des steuerlichen Beraters
- durch aktives/positives Tun (§ 370 Abs. 1 Nr. 1 AO) 173 ff.
- durch Unterlassen (§ 370 Abs. 1 Nr. 2 AO) 185 ff.

Steuerhinterziehungstatbestand 53
Steuerhoheit 57
Steuerliche Außenprüfung
- gemäß §§ 193 ff. AO, Begriff 222
- vollzugssichernde 222; s. *Außenprüfung*

Steuerliche Berichtigungspflicht 450 f.
Steuerliche Ermittlungsbefugnisse
- der Steuerfahndung 259 ff.

Steuerlicher Berater
- Alleintäterschaft 183
- Begriff 171
- Haftung gemäß § 71 AO 191
- mittelbare Täterschaft 183
- Tätigkeitsbild 171 f.

Steuermentalität 12
Steuermoral 7 f., 88, 252
- Begriff 12

Steueroase 356, 358
Steuerordnungswidrigkeit 253, 384; *s.a. Ordnungswidrigkeit*
Steuerpflichtiger
- als Anstifter 73
- als Gehilfe 73

Steuerpsychologie
- Wirkung von Steuern 445

Steuerrecht
- materielles 203

Steuerrechtliche Subsumtion 64
Steuerrechtlicher Irrtum 119

Steuerrechtsakzessorietät 64
Steuerschaden
- Indizwirkung 324

Steuerstrafrecht
- Bedeutung 376
- Blankettcharakter 4
- Blankettstrafrecht 35
- Expertenstrafrecht 77
- materielles 378
- Nebenstrafrecht 34, 55
- Schnittstelle Steuerrecht und Strafrecht 445
- Schweiz 390 f.
- Sonderstrafrecht 77
- systematische Einordnung ins Strafrechtssystem 445, 452 f.

Steuerstrafrechtlich verjährter Zeitraum 267
Steuerstrafrechtliche Grundnorm
- gemäß § 370 AO für den steuerlichen Berater 173 ff.

Steuerstrafrechtliche Verantwortung des Beraters 171 ff.
Steuerstrafrechtlicher Vorwurf 253
Steuerstrafrechtliches Ermittlungsverfahren 220
Steuerstrafrechtliches Verwertungsverbot 237

Steuerstraftat
- Anfangsverdacht 253
- Begriff 253
- gleichgestellte Taten 253

Steuerstraftatbestand
- der Begünstigung nach § 369 Abs. 1 Nr. 4 AO i.V.m. § 257 StGB 191

Steuerstrafverfahren
- Auflagen 323
- Einsatzbedingungen 225 f.
- Einstellung gegen Geldauflage 322 ff.
- Einstellung wegen Geringfügigkeit 321 f.
- Verständigung 321 ff.
- Weisungen 323
- Ziel 225 f.

Steuerumgehung 461
Steuerverfahren
- Verständigung 314 ff.

Stichwortverzeichnis 489

Steuerverkürzung 55
- Begriff 57, 118 f.
- geringwertige 321
- gesetzliches Merkmal des objektiven Tatbestandes des Steuerhinterziehung 131
- leichtfertige des steuerlichen Beraters 188 ff.
- leichtfertige gemäß § 378 AO 76, 188 ff., 381

Steuervorteil
- nicht gerechtfertigter 55

Steuerwilligkeit
- der Bürger 376

Steuerwüste 356

Strafaufhebung
- bei nachträglicher Abfuhr von Sozialversicherungsbeiträgen (§ 153c Abs. 3 StGB) 156
- bei Schadensgutmachung im österreichischen Gesetz 154
- bei Schadensgutmachung im österreichischen Vermöhgensstrafrecht 168

Strafaufhebungsgrund
- persönlicher 144, 202

Strafaufhebungswirkung 162
Strafausschlussgrund 267
Strafbares Unterlassen 89, 91
Strafbarkeit
- des Ankaufs von Steuer-CDs 343 ff.
- der Steuerhinterziehung 449
- wegen Strafvereitelung im Amt (§ 258a StGB) 238

Strafbarkeitsrisiko 446
Strafbedürftigkeit 376
Strafbefehl 325
- Antrag auf Erlass 325 ff.

Strafbefehlsverfahren 326
Strafbefreiende Selbstanzeige 1, 47, 446, 453 f.; s.a. bußgeldbefreiende Selbstanzeige; s.a. Selbstanzeige
- Adressat 101
- in ausländischen Rechtsordnungen 454
- Formerfordernisse 100
- Legitimation 143 ff.
- bei mehreren Personen 101

- notwendiger Inhalt 102 ff.
- notwendiger Umfang, Vollständigkeitsgebot 104 ff.
- offene Stellvertretung 101 f.
- schädliche Ankündigung 103
- schädlicher Widerruf 104
- Selbstanzeige „zweiter Klasse" (398a AO) 98, 109
- Sperrgründe (§ 371 Abs. 2 AO) 110 ff.
- Sperrgründe und deren Ausweitung 110 ff.; s.a. Sperrgründe für eine Selbstanzeige
- Sperrwirkung 231
- in Stufen 103
- Teilselbstanzeige 109
- bei unzulässiger Parteifinanzierung (§ 31d Abs. 1 Satz 2 PartG) 97
- verdeckte Stellvertretung 101 f.
- Verschärfung 243

Strafbefreiender Rücktritt vom Versuch (§ 24 StGB) 97
Strafbefreiung
- gemäß § 371 Abs. 1 AO 104

Strafblankett 60
Straffreiheit 97
Strafklageverbrauch 254, 326
- begrenzter 323

Strafmilderungsgrund 49
Strafobergrenze 327
Strafprozessordnung 346
Strafprozessrecht 36, 342
Strafrahmen 328
Strafrecht
- Akzessorietät zum Steuerrecht 50

Strafrechtliche Ermittlungsbefugnisse
- der Steuerfahndung 261 f.

strafrechtliche Verfolgungsverjährung 104; s. Strafverfolgungsverjährung

Strafrechtliche Verjährung 254
Strafrechtliches Risiko 249
Strafrechtliches Verwertungsverbot s. Verwertungsverbot, strafrechtliches

Strafrechtsdogmatik
- allgemeine 137 f.

Strafrechtspflege
– restitutive 168
Strafrechtssystem
– Stellung des Steuerstrafrechts 452 f.
Straftatbestand
– abgabenrechtlicher 427
– betrugsrechtlicher 427
Strafvereitelung im Amt 4, 238, 240, 269
Strafverfahren
– erfolglose Einstellung 267
– konsensualer Abschluss 326
– verdecktes 265
– Ziel 225
Strafverfolgungsbehörde 253, 323
Strafverfolgungshindernis
– gemäß § 398a Abgabenordnung (AO) 254, 267
Strafverfolgungsverjährung 106
– Verlängerung 99
Strafwürdigkeit 376 f.
Strafzumessung 452
Strafzuschlag 102
Subsidiarität
– aus Art. 5 EUV 421
Subsidiarität des Strafrechts 237 f.
Subsidiaritätsprinzip 225, 300, 413, 420, 438
– des Art. 5 Abs. 3 Uabs. 1 EUV 408
Subventionsbetrug 401 ff.
– gemäß § 264 StGB 73, 76
Subventionserschleichungstatbestand 403
Subventionsuntreue
– als eigener Tatbestand 418
System der Strafzwecke 145
Systemprinzip 156, 168

Tatbestandsirrtum 449
Tatbestandsmerkmal
– normatives 127, 129
– objektives 130
– rechtsinstitutionelles 130
– rechtsnormatives 84, 130
Tatbestandsvorsatz 60
Täter-Opfer-Ausgleich 97
Tatherrschaftslehre 184

Tätige Reue 97, 454
– gemäß § 167 StGB Österreich 146 f., 154 f.
Tatsächliche Verständigung 315 f.
– Umfang und Grenzen einer Bindung 317 ff.
Tatsächlicher Irrtum 119
Tatumstand
– in der Terminologie des § 16 Abs. 1 S.1 StGB 61 f.
Tatumstandsirrtum 121
Tax Compliance 79, 193 ff., 226, 251, 458
– Begriff 194
– als ordnungegemäße Pflichterfüllung 458
– selbstregulierende 209 ff.
– selbstregulierende, Begriff 209 f.
Tax Compliance Inventory (TAX-I) 21 f.
Tax Information Exchange Agreement (TIEA) 359
Tax-Ruling 356
Teilselbstanzeige 104, 109
Territorialitätsprinzip 415
Transparenzgebot 331
Treaty Shopping 434
Trennung Besterungsverfahren vom Steuerstrafverfahren 339
Trennungsprinzip 464
Trittbrettfahrer 80

Überschneidung Besteuerungsverfahren/Steuerstrafverfahren 455 ff.
Umsatzsteuerkarussellgeschäft 34
Umsatzsteuernachschau (§ 27b UStG) 112
Umsatzsteuervoranmeldung 108 f.
Unbewußte Fahrlässigkeit 160
Unmittelbarer Zwang 260
Unschädlichkeit geringfügiger Abweichungen 108
Unschuldsvermutung 436
Unterbrechungspflicht
– für die Außenprüfung 235
Unterlassen
– strafbares 89, 91
Untermaßverbot 225

Stichwortverzeichnis   491

Untersuchungsgrundsatz
- gemäß § 88 AO 315
Untreue
- gemäß § 266 StGB 73, 345
Unverwertbarkeit
- generelle 347 f.
Unzulässige Parteienfinanzierung
- Selbstanzeige 97
Urkundenmodell 390
Urteilsabsprache 327

Veranlagende Außenprüfung 320
Veranlassungsprinzip 464
Verbot übermäßigen Strafens 225
Verbotsirrtum 92, 449
- i.S.d. § 17 StGB 60, 120
- unvermeidbarer 121
Verbrauchsteuer 10
Verbrauchsteuer-System-Richtlinie
92/12/EWG 30, 32
Verdachtprüfung 256
Verdecktes Strafverfahren 265
Verfahrenseinstellung (§ 398a
AO) 114 ff.
- persönliche Reichweite der Auflagenzahlung 116
- Struktur 114 ff.
VerfGH Rheinland-Pfalz
- VGH B 26/13 350 ff.
Verflechtung von Unternehmen
- internationale 273
Verfolgungsverjährung
- strafrechtliche 104
Vergleichsvertrag 318
Verhältnismäßigkeitsgrundsatz/-prinzip 225, 413, 420
Verifikationsprinzip 2
Verjährung
- strafrechtliche 254
Verlängerte Festsetzungsfrist 229
Verletzungsdelikt 34, 66
Vermögensbetreuungspflicht
- Verletzung 345
Vermögensdelikt 84
Verrat
- von Geschäfts- und Betriebsgeheimnissen, § 17 UWG 343 f.
Verrechnungspreisdokumentation
- durch Mulitnationals 356

Verschärfung der Selbstanzeige 3,
96 ff., 341
- bisherige Entwicklung 98 ff.
- Entwicklung in den Nachbarstaaten 99 f.
Verständigung
- nach einer Außenprüfung
331 ff.
- im Ermittlungsverfahren 321 ff.
- in der Hauptverhandlung 328
- konsensuale 323
- im steuerstrafrechtlichen Ermittlungsverfahren 334 ff.
- im Steuerstrafverfahren 321 ff.
- im Steuerverfahren 314 ff.
- vor dem Strafgericht 327 ff.
- im Strafprozess 338
- tatsächliche 315 f.
Verständigungsbasiertes Geständnis 330
Verständigungsgesetz vom
29.07.2009 329
Verstoß gegen den Gleichheitsgrundsatz 105
Versuchte Steuerhinterziehung 73,
253
Verweigerungsrecht 230, 279
Verwendungsverbot 305 f., 309
- gesetzliches gemäß § 393 Abs. 2
AO 284, 286 f.
Verwertbarkeit
- privat erlangter Beweise 348 f.
- Steuer-CD 342
- strafrechtswidrig erlangter Beweise
Privater 347 ff.
Verwertungsverbot 97, 298, 329, 333,
346 f.
- prozessualer Unterschied zwischen
Steuer- und Strafrecht 298
- steuerstrafrechtliches 237
- strafrechtliches 86, 269, 454
Verzinsung
- hinterzogener Steuern (§ 235
AO) 229
Vollständigkeitserklärung 181 f.
Vollständigkeitsgebot der Selbstanzeige 99, 104 ff., 143
- Abschaffung der Teilselbstanzeige 98

- Ausnahmen für Lohnsteuer- und Umsatzsteuervoranmeldungen 108 ff.
- Begriff der Steuerart 106 f.
- Bestimmung der unverjährten Steuerstraftaten 106
- Mindestberichtigungszeitraum von zehn Kalenderjahren 104 ff.
- striktes 104
- unbewusste Unvollständigkeit 107 f.

Vorbereitende Ermittlung 257
Vorermittlung 256
Vorfeldermittlung 255
Vorsatz 86, 118, 203
- bedingter 206, 217, 384, 451
- Begriff, materiell-rechtliche Erweiterung 217
- direkter 452
- Eventual- 206
- potentieller 136
- potentieller, Begriff 137

Vorsatz- und Irrtumslehre
- allgemeine 118, 139

Vorsatzdelikt
- Steuerhinterziehung 43 f., 118

Vorsätzliche Steuerhinterziehung 141
Vorspiegelungstat 58
Vorsteuererstattungsbetrug 34
Vorteilsausgleichsverbot 43, 382

Wächteramtsfunktion
- eines unabhängigen Strafgerichts 326

Web-Crawler 274
Weißgeldstrategie
- der Schweizer Banken 100, 364, 368

Welteinkommen 357, 367
Wortlautgrenze 37

Zahlungsauflage pro Tat 115
Zeitpunkt
- der Selbstanzeige 162

Zeitraum
- steuerstrafrechtlich verjährter 267

Zuschlag von 5 % der hinterzogenen Steuern 143
Zwang
- zur Selbstbelastung 47
- zur Selbstbelastung, Verbot 85; *s.a.* Nemo-tenetur-Grundsatz
- unmittelbarer (§ 331 AO) 260

Zwangsgeld 260
Zwangsmittel
- der Abgabenordnung (§§ 328 ff. AO) 260

Zwangsmittelverbot 260
Zwischenstaatliche Amtshilfe 359
Zwischenstaatliche Rechtshilfe 359